Beiträge zum Organisationsverfassungsrecht

Herausgegeben von

Julian Krüper und Arne Pilniok

2

David Kuhn

Der Verfassungsgrundsatz effektiver parlamentarischer Opposition

Mohr Siebeck

David Kuhn, geboren 1990; Studium der Rechtswissenschaft an der Universität des Saarlandes; Studium des französischen Rechts am Centre Juridique Franco-Allemand (CJFA) und an der Université de Lorraine; 2012 Licence de droit; 2014 Erste juristische Prüfung; Wissenschaftlicher Mitarbeiter an der Universität des Saarlandes; Stipendiat der Studienstiftung des deutschen Volkes; seit 2017 Referendariat am Landgericht Mainz; 2018 Promotion.

Gedruckt mit Unterstützung des Deutschen Bundestages, der Johanna und Fritz Buch Gedächtnis-Stiftung und des Landtages des Saarlandes.

ISBN 978-3-16-156542-7 / eISBN 978-3-16-156543-4
DOI 10.1628/978-3-16-156543-4

ISSN 2626-4412 / eISSN 2626-4420
(Beiträge zum Organisationsverfassungsrecht)

Die Deutsche Nationalbibliothek verzeichnet diese Publikation in der Deutschen Nationalbibliographie; detaillierte bibliographische Daten sind über *http://dnb.dnb.de* abrufbar.

Das Buch wurde von Gulde Druck in Tübingen aus der Schrift Times New Roman gesetzt, auf alterungsbeständiges Werkdruckpapier gedruckt und von der Buchbinderei Spinner in Ottersweier gebunden.

Printed in Germany.

Meiner Familie

Vorwort

Die vorliegende Arbeit wurde im Sommersemester 2018 von der Rechtswissenschaftlichen Fakultät der Universität des Saarlandes als Dissertation angenommen. Das Manuskript wurde Ende 2017 abgeschlossen und zur Veröffentlichung geringfügig überarbeitet. Rechtsprechung und Literatur konnten bis August 2018 berücksichtigt werden.

Die Entstehung der Arbeit wurde von Herrn Professor Dr. Jan Henrik Klement gefördert und begleitet. Von seinen umsichtigen Hinweisen und seiner wissenschaftlichen Hingabe durfte ich in vielerlei Hinsicht profitieren. Er hat mich von Anfang bis Ende der Promotionsphase – und darüber hinaus – konsequent unterstützt. Hierfür gilt ihm mein besonders herzlicher Dank. Ebenso möchte ich Herrn Professor Dr. Rudolf Wendt für die Übernahme der Zweitberichterstattung und die überaus schnelle Anfertigung seines Gutachtens danken.

Den Weg in die Wissenschaft eröffnet hat mir – bereits im Laufe meines Studiums – Herr Professor Dr. Dr. h.c. Claude Witz. Während meiner über fünfjährigen Tätigkeit am Centre Juridique Franco-Allemand durfte ich viel von ihm lernen. Seine fachliche Akribie und seine menschliche Herzlichkeit haben mich nachhaltig geprägt. Dafür möchte ich ihm ganz herzlich danken.

Ein weiterer Dank geht an die vielen Kolleginnen und Kollegen des Centre Juridique Franco-Allemand und der Lehrstühle meiner beiden verehrten akademischen Lehrer. Die freundschaftlich-kollegiale Arbeitsatmosphäre und die vielen Diskussionen über fachliche und außerfachliche Themen haben in großem Maße zum Gelingen des Dissertationsprojektes beigetragen und bleiben unvergessen.

Die Entstehung der Arbeit wurde durch ein Promotionsstipendium der Studienstiftung des deutschen Volkes unterstützt. Zur Veröffentlichung des Werkes haben Druckkostenzuschüsse des Deutschen Bundestages, der Johanna und Fritz Buch Gedächtnis-Stiftung (Hamburg) und des Landtages des Saarlandes in erheblichem Umfang beigetragen. Allen genannten Institutionen gilt mein herzlicher Dank.

Ferner danke ich Herrn Professor Dr. Julian Krüper und Herrn Professor Dr. Arne Pilniok für die Aufnahme der Arbeit in die Schriftenreihe „Beiträge zum

Organisationsverfassungsrecht“ sowie stellvertretend Frau Daniela Taudt, LL.M. Eur., und Frau Bettina Gade für die Betreuung durch den Verlag.

Den größten Dank aber schulde ich meiner Familie, die mir in jeder Lebensphase – so auch in der Entstehungszeit dieser Arbeit – den nötigen Rückhalt gegeben und mich uneingeschränkt und bedingungslos unterstützt hat. Ohne sie hätte diese Arbeit nicht entstehen können.

Mainz, im August 2018 *David Kuhn*

Inhaltsübersicht

Inhaltsverzeichnis

Abkürzungsverzeichnis

a. A.	andere(r) Ansicht
AbgG	Gesetz über die Rechtsverhältnisse der Mitglieder des Deutschen Bundestages (Abgeordnetengesetz)
AbgG-LSA	Gesetz über die Rechtsverhältnisse der Mitglieder des Landtags von Sachsen-Anhalt (Abgeordnetengesetz Sachsen-Anhalt)
Abs.	Absatz
a. F.	alte Fassung
AL	Ad Legendum (Zeitschrift)
Alt.	Alternative
Anm. d. Verf.	Anmerkung des Verfassers
AöR	Archiv des öffentlichen Rechts (Zeitschrift)
APuZ	Aus Politik und Zeitgeschichte (Zeitschrift)
ARSP	Archiv für Rechts- und Sozialphilosophie (Zeitschrift)
Art.	Artikel
Aufl.	Auflage
Az.	Aktenzeichen
BayGOLT	Geschäftsordnung für den Bayerischen Landtag
BayVBl.	Bayerische Verwaltungsblätter (Zeitschrift)
BayVerf	Verfassung des Freistaates Bayern
BayVerfGH	Bayerischer Verfassungsgerichtshof
BayVerfGHE	Entscheidungen des Bayerischen Verfassungsgerichtshofs, in: Sammlung von Entscheidungen des Bayerischen Verwaltungsgerichtshofs und des Bayerischen Verfassungsgerichtshofs, herausgegeben vom Bayerischen Verwaltungsgerichtshof in München
BbgGOLT	Geschäftsordnung des Landtages Brandenburg
BbgVerf	Verfassung des Landes Brandenburg
Bd.	Band
BeckRS	Beck-Rechtsprechung
BerlVerf	Verfassung von Berlin
Beschl.	Beschluss
BGBl. I	Bundesgesetzblatt, Teil I
BGH	Bundesgerichtshof
BGHZ	Entscheidungen des Bundesgerichtshofs in Zivilsachen, herausgegeben von den Mitgliedern des Bundesgerichtshofes und der Bundesanwaltschaft
BHO	Bundeshaushaltsordnung
BremStGH	Staatsgerichtshof der Freien Hansestadt Bremen
BremVerf	Landesverfassung der Freien Hansestadt Bremen
BT-Drs.	Drucksache des Deutschen Bundestages

BVerfG	Bundesverfassungsgericht
BVerfGE	Entscheidungen des Bundesverfassungsgerichts, herausgegeben von den Mitgliedern des Bundesverfassungsgerichts
BVerfGG	Gesetz über das Bundesverfassungsgericht (Bundesverfassungsgerichtsgesetz)
BVerfSchG	Gesetz über die Zusammenarbeit des Bundes und der Länder in Angelegenheiten des Verfassungsschutzes und über das Bundesamt für Verfassungsschutz (Bundesverfassungsschutzgesetz)
BVerwG	Bundesverwaltungsgericht
BVerwGE	Entscheidungen des Bundesverwaltungsgerichts, herausgegeben von den Mitgliedern des Gerichts
BWahlG	Bundeswahlgesetz
BWVerf	Verfassung des Landes Baden-Württemberg
bzw.	beziehungsweise
ca.	circa
CDU	Christlich Demokratische Union Deutschlands
DDR	Deutsche Demokratische Republik
dens.	denselben
ders., dies.	derselbe, dieselbe(n)
d. h.	das heißt
DÖV	Die Öffentliche Verwaltung (Zeitschrift)
DVBl.	Deutsches Verwaltungsblatt (Zeitschrift)
Drs.	Drucksache
Entsch.	Entscheidung
EuGRZ	Europäische Grundrechte-Zeitschrift (Zeitschrift)
EuR	Europarecht (Zeitschrift)
EUV	Vertrag über die Europäische Union
f./ff.	und folgende
Fn.	Fußnote
FraktG-LSA	Gesetz über die Rechtsstellung und die Finanzierung der Fraktionen im Landtag von Sachsen-Anhalt (Fraktionsgesetz Sachsen-Anhalt)
GG	Grundgesetz für die Bundesrepublik Deutschland
GOBT	Geschäftsordnung des Deutschen Bundestages
GO-VermA	Gemeinsame Geschäftsordnung des Bundestages und des Bundesrates für den Ausschuss nach Artikel 77 des Grundgesetzes (Vermittlungsausschuss)
HbgVerf	Verfassung der Freien und Hansestadt Hamburg
HessVerf	Verfassung des Landes Hessen
Hrsg.	Herausgeber
Hs.	Halbsatz
HVerfG	Hamburgisches Verfassungsgericht
insb.	insbesondere
JA	Juristische Arbeitsblätter (Zeitschrift)
JöR	Jahrbuch des öffentlichen Rechts (Zeitschrift)
JURA	Juristische Ausbildung (Zeitschrift)
JuS	Juristische Schulung (Zeitschrift)
JZ	JuristenZeitung (Zeitschrift)
Kap.	Kapitel

KPD	Kommunistische Partei Deutschlands
LKV	Landes- und Kommunalverwaltung (Zeitschrift)
Ls.	Leitsatz
LSA	Land Sachsen-Anhalt
LVerfG	Landesverfassungsgericht
LVerfGE	Entscheidungen der Verfassungsgerichte der Länder Baden-Württemberg, Berlin, Brandenburg, Bremen, Hamburg, Hessen, Mecklenburg-Vorpommern, Saarland, Sachsen, Sachsen-Anhalt, Thüringen, herausgegeben von den Mitgliedern der Gerichte
LVerf-LSA	Verfassung des Landes Sachsen-Anhalt
lit.	littera
MVVerf	Verfassung des Landes Mecklenburg-Vorpommern
m. w. N.	mit weiteren Nachweisen
NdsVerf	Niedersächsische Verfassung
NJW	Neue Juristische Wochenschrift (Zeitschrift)
NordÖR	Zeitschrift für öffentliches Recht in Norddeutschland (Zeitschrift)
Nr.	Nummer
NWVerf	Verfassung für das Land Nordrhein-Westfalen
NVwZ	Neue Zeitschrift für Verwaltungsrecht (Zeitschrift)
NVwZ-RR	Neue Zeitschrift für Verwaltungsrecht – Rechtsprechungs-Report (Zeitschrift)
NWVerfGH	Verfassungsgerichtshof für das Land Nordrhein-Westfalen
NZG	Neue Zeitschrift für Gesellschaftsrecht (Zeitschrift)
ÖZöR	Österreichische Zeitschrift für öffentliches Recht (Zeitschrift)
ParlStG	Gesetz über die Rechtsverhältnisse der Parlamentarischen Staatssekretäre
PDS	Partei des Demokratischen Sozialismus
RhPfVerf	Verfassung für Rheinland-Pfalz
RhPfVerfGH	Verfassungsgerichtshof Rheinland-Pfalz
RiWG	Richterwahlgesetz
Rn.	Randnummer(n)
Rspr.	Rechtsprechung
S.	Seite(n)/Siehe
s.	siehe
SachsAnhVerf	Verfassung des Landes Sachsen-Anhalt
SächsVerf	Verfassung des Freistaates Sachsen
SchlHVerf	Verfassung des Landes Schleswig-Holstein
Schlussurt.	Schlussurteil
scil.	scilicet
SJZ	Süddeutsche Juristen-Zeitung (Zeitschrift)
sog.	sogenannte(r)
SPD	Sozialdemokratische Partei Deutschlands
SRP	Sozialistische Reichspartei
StabMechG	Gesetz zur Übernahme von Gewährleistungen im Rahmen eines europäischen Stabilisierungsmechanismus (Stabilisierungsmechanismusgesetz)
StGB	Strafgesetzbuch
SVerf	Verfassung des Saarlandes

Teilurt.	Teilurteil
ThürVerf	Verfassung des Freistaats Thüringen
Urt.	Urteil
v.	vom
Verf.	Verfasser
VerfGH	Verfassungsgerichtshof
VerwArch	Verwaltungsarchiv (Zeitschrift)
vgl.	vergleiche
VR	Verwaltungsrundschau (Zeitschrift)
VVDStRL	Veröffentlichungen der Vereinigung der Deutschen Staatsrechtslehrer
VwVfG	Verwaltungsverfahrensgesetz
WahlprüfG	Wahlprüfungsgesetz
z. B.	zum Beispiel
ZfP	Zeitschrift für Politik (Zeitschrift)
ZG	Zeitschrift für Gesetzgebung (Zeitschrift)
ZgesStW	Zeitschrift für die gesammte Staatswissenschaft (Zeitschrift)
zit.	zitiert
ZJS	Zeitschrift für das Juristische Studium (Zeitschrift)
ZParl	Zeitschrift für Parlamentsfragen (Zeitschrift)
ZPol	Zeitschrift für Politikwissenschaft (Zeitschrift)
ZRP	Zeitschrift für Rechtspolitik (Zeitschrift)
z. T.	zum Teil

Einleitung

Opposition: Dieses primär politische Phänomen[1] transzendiert zunehmend die Ebene des Politischen und entfaltet sich als ein auch das Recht und die Wissenschaft beschäftigender Begriff.[2] Für diese Entwicklung steht ein jüngst ergangenes Judikat des Bundesverfassungsgerichts,[3] das sich erstmals en détail mit Rechtsfragen zur parlamentarischen Opposition befasst und auch der Rechtswissenschaft Anlass gegeben hat, sich neuerlich mit Oppositions- und Minderheitenrechten auseinanderzusetzen.[4] Im Mittelpunkt des Organstreitverfahrens stand die Frage, ob „der" parlamentarischen Opposition – so sie denn überhaupt als institutionelle Einheit existiert – von Verfassungs wegen bestimmte Rechte zustehen, die sie notfalls gerichtlich einfordern kann. Auch wenn das Bundesverfassungsgericht einen solchen Anspruch im Ergebnis abgelehnt hat, hat es doch wesentliche Erkenntnisse der Oppositionsforschung aufgegriffen, auf die im Laufe dieser Arbeit zurückzukommen sein wird. Zugleich bleiben aber auch nach dieser Entscheidung zentrale Fragen offen. So statuiert das Gericht zwar einen „allgemeinen verfassungsrechtlichen Grundsatz effektiver Opposition"[5], doch wurden weder die konkrete verfassungsrechtliche Herleitung dieses Grund-

---

[1] *N. Luhmann*, ZfP 36 (1989), S. 13 (13): „Die Erfindung politischer Opposition und ihre Legitimation, ja ihre Institutionalisierung in politischen Systemen wird als eine der großen Errungenschaften moderner Gesellschaftsentwicklung gefeiert."

[2] Zur Opposition als Wissenschaftsobjekt ausführlich *A. Ingold*, Das Recht der Oppositionen, S. 58 ff.

[3] BVerfG, Urt. v. 3.5.2016 – Az. 2 BvE 4/14, BVerfGE 142, 25 ff. Vgl. zur Dokumentation aller zu diesem Verfahren gehörenden Anträge und Schriftsätze H.-P. Schneider/K.-A. Schwarz (Hrsg.), Parlamentarische Opposition zwischen Effektivität und Egalität.

[4] Vgl. insoweit nur die Urteilskommentierungen: *P. Cancik*, in: Verfassungsblog, http://verfassungsblog.de/der-grundsatz-ineffektiver-opposition-zum-urteil-des-bundesverfassungsgerichts-in-sachen-oppositionsfraktionsrechte/ [zuletzt abgerufen am 30.8.2018]; *P. Starski*, in: JuWissBlog, https://www.juwiss.de/37-2016/ und http://www.juwiss.de/38-2016/ [zuletzt abgerufen am 30.8.2018]; *dies.*, DÖV 2016, S. 750 ff.; *P. Lassahn*, NVwZ 2016, S. 929 f.; *M. Sachs*, JuS 2016, S. 764 ff.; *C. Hillgruber*, JA 2016, S. 638 ff.; *M. Rossi*, JZ 2016, S. 1169 ff.; *K.-E. Hain*, JZ 2016, S. 1172 f.; *A. Uhle*, ZG 2018, S. 1 ff.; ferner auch *T. P. Holterhus*, JuS 2016, S. 711 ff.

[5] BVerfG, Urt. v. 3.5.2016 – Az. 2 BvE 4/14, BVerfGE 142, 25 (Rn. 85).

satzes noch dessen praktische Bedeutung geklärt. Diesen und anderen offenen Fragen wendet sich die vorliegende Arbeit im Schwerpunkt zu.

Will man Fragen des Wirkens parlamentarischer Opposition untersuchen, so bewegt man sich in einem für das Parlamentsrecht insgesamt charakteristischen Grenzbereich von (Verfassungs-)Politik und (Verfassungs-)Recht.[6] Beide Ebenen – Verfassungspolitik einerseits und Verfassungsrecht andererseits – müssen indes strikt voneinander getrennt untersucht werden. Wenn der Ruf nach mehr Opposition verfassungspolitisch also durchaus opportun ist,[7] so verfängt ein solcher Appell de constitutione lata – wie die vorstehend schon erwähnte Entscheidung des Bundesverfassungsgerichts paradigmatisch zeigt – nicht ohne Weiteres. Das Ausüben von Opposition ist insoweit den Schranken des geltenden Rechts unterworfen.

Mancherorts lassen die Schranken des geltenden Rechts eine Ausübung von Opposition gar nicht erst zu: Die rechtliche und auch tatsächliche Zulassung von Opposition ist weltpolitisch noch immer eher die Ausnahme als die Regel.[8] In der Bundesrepublik Deutschland hat es Versuche, die Zulassung von Opposition grundsätzlich zu unterbinden, bis dato glücklicherweise nicht gegeben.[9] Die Bedeutung von Opposition für das Funktionieren eines demokratisch und rechtsstaatlich organisierten Staates ist hierzulande vielmehr gemeinhin anerkannt. So wird Opposition in Deutschland als „unverzichtbares Nebenprodukt der freiheitlichen Demokratie“[10] geachtet und bisweilen gar als „Motor der Demokratie“[11] charakterisiert. Dementsprechend geht das Bundesverfassungsgericht in ständiger Rechtsprechung von der Existenz eines verfassungsrechtlich abgesicherten Rechts auf Bildung und Ausübung organisierter politischer Opposition aus.[12]

---

[6] *U. Di Fabio*, Der Staat 29 (1990), S. 599 (599): „Parlamentarische Arbeit siedelt im Grenzbereich zwischen Politik und Recht, sie transformiert demokratisch ausgeübte Macht in Recht“. *M. Morlok*, DVBl. 2017, S. 995 ff., fasst das den politischen Prozess regulierende Recht unter dem Ausdruck „Recht der Politik“ zusammen.

[7] Exemplarisch – in Anlehnung an *Willy Brandts* berühmtes Diktum „Wir wollen mehr Demokratie wagen“ – *A. Voßkuhle*, in: Festschrift J. Schwarze, S. 283 (303): „Lasst uns mehr Opposition wagen!“

[8] An der Beurteilung von *N. Luhmann*, ZfP 36 (1989), S. 13 (13), dürfte sich insoweit nichts Wesentliches verändert haben.

[9] Beachte insoweit aber *A. Voßkuhle*, Der Staat 57 (2018), S. 119 (130 f.), der – auch mit Blick auf Entwicklungen in Ungarn, Polen und der Türkei – berechtigterweise auf die Gefahr antidemokratischer Ressentiments von populistischen Bewegungen hinweist: „Die Ächtung oppositionellen Verhaltens lässt sich überall dort beobachten, wo Populisten an die Macht gelangt sind.“

[10] *H.-P. Schneider*, in: ders./W. Zeh (Hrsg.), Parlamentsrecht und Parlamentspraxis in der Bundesrepublik Deutschland, § 38 Rn. 18.

[11] *A. Voßkuhle*, in: Festschrift J. Schwarze, S. 283 (283).

[12] BVerfG, Urt. v. 21.10.1952 – Az. 1 BvB 1/51, BVerfGE 2, 1 (13); Urt. v. 27.8.1956 – Az.

Dieses umfasst auch das Recht auf Bildung und Ausübung *parlamentarischer* Opposition.[13]

Trotz ihrer grundsätzlichen Anerkennung sind die Möglichkeiten zur Bildung und Ausübung von Opposition jedoch auch in Deutschland Gegenstand von Kontroversen. „Alles könnte anders sein – und fast nichts kann ich ändern."[14] Mit diesem Bonmot von *Niklas Luhmann* zu den Problemen der politischen Demokratie lässt sich die Gefühlslage oppositioneller Akteure im Deutschen Bundestag treffend beschreiben. Denn ihre Ideen und politischen Konzepte werden regelmäßig mangels Unterstützung durch eine parlamentarische Mehrheit nicht verwirklicht. Gleichwohl wäre es falsch, den Oppositionsakteuren allein aufgrund der vielfach unterbleibenden Umsetzung von politischen Ideen ihre Bedeutung für das parlamentarische Regierungssystem abzusprechen. Vielmehr ist dieses Faktum in einer Demokratie, die sich dem Mehrheitsprinzip verschrieben hat, eine systeminhärente Gegebenheit. Die Bedeutung von Opposition erschließt sich somit erst auf den zweiten Blick und unter Zugrundelegung der klassischen Funktionentrias Kritik, Kontrolle und Alternativenbildung:[15] Opposition wirkt regelmäßig (nur) auf der Vorstufe zur legislativen Umsetzung politischer Ideen, beeinflusst insoweit jedoch in machtmäßigender und freiheitsbewahrender Weise den politischen Willensbildungsprozess und stellt folglich einen essenziellen Bestandteil des parlamentarischen Regierungssystems dar.

Die zentrale Rolle der parlamentarischen Opposition für das Funktionieren des parlamentarischen Regierungssystems hat nicht zuletzt auch das Bundesverfassungsgericht in seiner jüngsten „Oppositionsentscheidung" noch einmal betont.[16] Allerdings kann der apodiktische Verweis des Bundesverfassungsgerichts auf den Grundsatz effektiver Opposition[17] vor allem aus zwei Gründen nicht befriedigen: Zum einen fehlt eine normative Begründung des Verfassungsgrundsatzes und zum anderen bleiben seine praktischen Auswirkungen offen.[18] Die

---

1 BvB 2/51, BVerfGE 5, 85 (140, 199); Urt. v. 30.6.2009 – Az. 2 BvE 2, 5/08, 2 BvR 1010, 1022, 1259/08, 182/09, BVerfGE 123, 267 (367); Urt. v. 3.5.2016 – Az. 2 BvE 4/14, BVerfGE 142, 25 (Rn. 86); Urt. v. 17.1.2017 – Az. 2 BvB 1/13, BVerfGE 144, 20 (Rn. 531).

13 Vgl. BVerfG, Urt. v. 27.8.1956 – Az. 1 BvB 2/51, BVerfGE 5, 85 (224).

14 *N. Luhmann*, in: ders., Politische Planung, S. 35 (44).

15 Vgl. zur Funktionentrias 2. Kapitel § 2 I., S. 75 ff.

16 BVerfG, Urt. v. 3.5.2016 – Az. 2 BvE 4/14, BVerfGE 142, 25 (Rn. 86 ff.).

17 BVerfG, Urt. v. 3.5.2016 – Az. 2 BvE 4/14, BVerfGE 142, 25 (Rn. 90): „Es gilt der Grundsatz effektiver Opposition."

18 Vgl. *P. Cancik*, ZParl 2017, S. 516 (517): „Nun ist unklar, was ‚effektive Opposition' ist, was der ‚Grundsatz effektiver Opposition', den das Bundesverfassungsgericht dem Grundgesetz entnimmt, konkret fordert."; ebenso *U. Volkmann*, ZParl 2017, S. 473 (480): Es bleibe die Frage offen, „was ‚effektive' Opposition hier überhaupt noch bedeuten und wie sie sich parlamentarisch entfalten könnte."

vorliegende Arbeit möchte diese Lücke schließen.[19] Ziel und Anspruch der nachfolgenden Ausführungen ist es daher, den verfassungsrechtlichen Grundsatz effektiver parlamentarischer Opposition sowohl aus einer dogmatisch-theoretischen als auch aus einer parlamentspraktischen Perspektive zu analysieren und ihm damit eine umfassende rechtswissenschaftliche Grundlage zu verschaffen.

Die Arbeit gliedert sich in vier Kapitel, wobei das zweite und das dritte Kapitel den Schwerpunkt der Untersuchung bilden. Das *erste Kapitel* legt die begrifflichen Grundlagen für die Untersuchung. Zunächst geht es der Frage nach, ob es sich bei dem Begriff der Opposition um einen Rechtsbegriff handelt. Sodann wird der Begriff der parlamentarischen Opposition in den Blick genommen und – unter Berücksichtigung des Forschungsstands – eine für den Fortgang der Arbeit grundlegende Definition desselben erarbeitet. Das *zweite Kapitel* legt die verfassungsrechtsdogmatische Grundlage für den Grundsatz effektiver parlamentarischer Opposition. In diesem Zusammenhang werden zunächst die verschiedenen verfassungsrechtlichen Gewährleistungsgehalte zur Bildung und Ausübung von parlamentarischer Opposition nachgezeichnet sowie Inhalt und Wahrnehmung der traditionellen Aufgaben oppositioneller Akteure im Parlament analysiert. Sodann wird die Kernthese der vorliegenden Arbeit entfaltet, nämlich ein verfassungsrechtlicher Grundsatz nachgewiesen, der den Oppositionsakteuren die Möglichkeit einer effektiven Aufgabenwahrnehmung gewährleistet. Insoweit kommt insbesondere dem Grundsatz der Gewaltenteilung, aber auch dem Demokratieprinzip und dem Grundsatz des freien Abgeordnetenmandats entscheidende Bedeutung zu. Die Überlegungen münden in eine rechtsdogmatische Konturierung des Verfassungsgrundsatzes effektiver parlamentarischer Opposition, die jedoch aufgrund der notwendigen Berücksichtigung konfligierender (Verfassungs-)Rechtsprinzipien keinen unmittelbaren normativen Aussagegehalt liefern kann, sondern einer Exemplifizierung anhand in der Parlamentspraxis auftretender Kollisionslagen bedarf. Aus diesem Grund widmet sich das *dritte Kapitel* der praktischen Bedeutung des Oppositionseffektivitätsgrundsatzes. Systematisch kommt diesem Verfassungsgrundsatz eine doppelte Rolle als Auslegungsmaxime und als Handlungsmaxime zu. Beide Funktionen sollen anhand konkreter Rechtsfragen verdeutlicht werden. Die interpretationsleitende Funktion des Grundsatzes effektiver parlamentarischer Opposition manifestiert sich insbesondere bei den Fragen der Ausschussbesetzung, des Gesetzesinitiativ-

---

[19] Dies wird offenbar auch andernorts als eine Aufgabe des rechtswissenschaftlichen Schrifttums erachtet, vgl. *H.-P. Schneider/K.-A. Schwarz*, in: dies. (Hrsg.), Parlamentarische Opposition zwischen Effektivität und Egalität, S. 7 (10): „[...] möchten die Herausgeber [...] dazu anregen, den vom Bundesverfassungsgericht im Grundgesetz verankerten ‚Grundsatz effektiver Opposition' unter den Bedingungen von parlamentarischer ‚Gleichheit' der Abgeordneten und Fraktionen fortzuentwickeln."

rechts und der Prozessstandschaft im Organstreitverfahren. Er ermächtigt den Interpreten allerdings nicht dazu, sich über die Schranke des Gesetzeswortlauts hinwegzusetzen. Als Handlungsmaxime spricht das Prinzip effektiver parlamentarischer Opposition grundsätzlich sowohl den verfassungsändernden als auch den einfachen Gesetzgeber und den Geschäftsordnungsgeber an. Im Einzelnen wird an dieser Stelle eine handlungsleitende Wirkung des Oppositionseffektivitätsgrundsatzes für die Fragen des Oppositionszuschlags, der Redezeitverteilung sowie des Fraktionsbildungsrechts aufgezeigt. Im *vierten Kapitel* werden verfassungspolitische Überlegungen zur Sicherung der Effektivität parlamentarischer Opposition angestellt. Es wird zum einen der Frage nachgegangen, ob im Gefüge des gegenwärtigen parlamentarischen Regierungssystems aus demokratietheoretischen Überlegungen eine mittelbar-normative Aufwertung parlamentarischer Opposition, namentlich durch die Installierung direktdemokratischer Elemente auf Bundesebene oder durch die Modifizierung der wahlrechtlichen Sperrklausel geboten ist. Zum anderen findet die Frage einer unmittelbar-normativen Aufwertung parlamentarischer Opposition Berücksichtigung, welche abschließend in die Formulierung eines Vorschlags zur Änderung des Grundgesetzes mündet.

Erstes Kapitel:

Der Begriff der Opposition

Der Begriff der Opposition findet im Grundgesetz – anders als in insgesamt zwölf Landesverfassungen[1] – keine Verwendung. Gibt das Grundgesetz dem Oppositionsbegriff also keinen unmittelbaren Gehalt, so ist es für eine Arbeit, die sich aus rechtswissenschaftlicher und verfassungsrechtlicher Sicht mit diesem Begriff auseinandersetzen will, umso wichtiger, zunächst dessen begrifflichen Bedeutungsgehalt zu erfassen.[2]

Etymologisch findet der Begriff der Opposition seinen Ursprung im lateinischen Begriff „oppositus", was „Entgegenstellen" bedeutet.[3] Denkbar ist sowohl ein rein örtliches Verständnis – einer Person oder Sache steht eine andere Person oder Sache gegenüber – als auch ein geistiges Verständnis im Sinne von „im Widerspruch, im Gegensatz befindlich".[4] Eine geistige Entgegensetzung findet begrifflich also immer dann statt, wenn es zwei (oder mehr) Auffassungen gibt, die in gewisser Polarität zueinander stehen.[5] Schon dies zeigt, dass der Begriff der Opposition sich nicht spezifisch auf den politischen und erst recht nicht auf den parlamentarischen Bereich bezieht.

Eingang in den modernen politischen Sprachgebrauch fand das Wort „Opposition" im Laufe des 18. Jahrhunderts ausgehend vom englischen Verfassungsrecht.[6] Dies ist zurückzuführen auf den Begriff „bank of the opposition", womit

---

[1] Vgl. Art. 16a Abs. 1 BayVerf; Art. 38 Abs. 3 BerlVerf; Art. 55 Abs. 2 BbgVerf; Art. 78 BremVerf; Art. 24 Abs. 1 HbgVerf; Art. 26 MVVerf; Art. 19 Abs. 2 NdsVerf; Art. 85b Abs. 1 RhPfVerf; Art. 40 Satz 1 SächsVerf; Art. 48 Abs. 1 SachsAnhVerf; Art. 18 Abs. 1 SchlHVerf; Art. 59 Abs. 1 ThürVerf. Zu den landesverfassungsrechtlichen Oppositionsregelungen grundlegend *P. Cancik*, Parlamentarische Opposition in den Landesverfassungen.

[2] Vgl. für die Signifikanz einer Begriffsanalyse *H.-P. Schneider*, Die parlamentarische Opposition im Verfassungsrecht der Bundesrepublik Deutschland, S. 46; *P. Cancik*, Der Staat 54 (2015), S. 626 (627).

[3] PONS, Wörterbuch für Schule und Studium, Latein – Deutsch, S. 633.

[4] *A. Vulpius*, Die Allparteienregierung, S. 191 f.; *G. Zirker*, Die staatsrechtliche Stellung der Opposition nach dem Grundgesetz, S. 4.

[5] *S. Haberland*, Die verfassungsrechtliche Bedeutung der Opposition nach dem Grundgesetz, S. 15.

[6] *W. Euchner*, in: ders. (Hrsg.), Politische Opposition in Deutschland und im internationalen Vergleich, S. 7 (8 ff.); *I. Bode*, Ursprung und Begriff der parlamentarischen Opposition, S. 7 f.

im englischen Unterhaus derjenige Platz bezeichnet wurde, auf dem die nicht an der Regierung beteiligte Partei der Regierungspartei gegenübersaß.[7] Eine theoretische Fundierung erfuhr der Begriff der Opposition dort von *Henry St. John Viscount Bolingbroke*, der in seiner bekanntgewordenen Schrift „Letters on the Spirit of Patriotism" der Opposition erstmals eine klare Funktion beimaß, nämlich die Kontrolle der Regierung: „It follows from hence, that they who engage in opposition are under as great obligations, to prepare themselves to controul, as they who serve the crown are under, to prepare themselves to carry on the administration"[8]. Ausgehend hiervon hat sich in Großbritannien eine eigenständige Verfassungsinstitution der Opposition entwickelt.[9] Diese stellt noch heute „ein unentbehrliches Element im konstitutionellen Leben Englands"[10] dar.[11]

Für die Bundesrepublik Deutschland lässt sich eine vergleichbare Feststellung nicht ohne Weiteres treffen. Eine dem konstitutionellen Leben Großbritanniens entsprechende Verfassungsinstitution der Opposition hat sich hierzulande jedenfalls nicht herausgebildet. Wie das Phänomen der politischen Opposition in der Bundesrepublik Deutschland dennoch begrifflich fassbar gemacht werden kann, soll im Folgenden untersucht werden. Die Politikwissenschaft hat sich insoweit frühzeitig um eine wissenschaftliche Betrachtung verdient gemacht (§ 1). Deren Typologisierungsansätze sollen daher einer rechtswissenschaftlichen Analyse des Oppositionsbegriffs (§ 2) vorangestellt werden.

§ 1 Politikwissenschaftliche Ansätze zur Bestimmung des Oppositionsbegriffs

Der Begriff der Opposition ist nicht originär das Objekt rechtswissenschaftlicher Untersuchungen, sondern gleichermaßen Forschungsobjekt benachbarter

---

[7] *I. Bode*, Ursprung und Begriff der parlamentarischen Opposition, S. 7; *K. D. Grube*, Die Stellung der Opposition im Strukturwandel des Parlamentarismus, S. 1; *G. Zirker*, Die staatsrechtliche Stellung der Opposition nach dem Grundgesetz, S. 4; *K. Stüwe*, Die Opposition im Bundestag und das Bundesverfassungsgericht, S. 25.

[8] *H. Bolingbroke*, in: ders., Letters on the Spirit of Patriotism: on the Idea of a Patriot King: and on the State of Parties, S. 9 (52).

[9] *C. Turpin/A. Tomkins*, British Government and the Constitution, S. 594: „The opposition is recognised as having rights and is part of the constitutional system – as much part of it as is the government."; *L. Kastning*, in: W. Steffani (Hrsg.), Regierungsmehrheit und Opposition in den Staaten der EG, S. 375 (384, 391 ff.); *G. Sydow/H. Jooß*, ZParl 2017, S. 535 (537).

[10] *H. Seidel*, Politische Studien 66 (1955), S. 24 (25).

[11] Vgl. zum Oppositionsbegriff in Großbritannien *N. Johnson*, in: H. Oberreuter (Hrsg.), Parlamentarische Opposition. Ein internationaler Vergleich, S. 25 ff.; *H. Döring*, in: W. Euchner, Politische Opposition in Deutschland und im internationalen Vergleich, S. 21 ff.

Wissenschaften.[12] In erster Linie können aus Sicht der Rechtswissenschaft politikwissenschaftliche Forschungsarbeiten fruchtbar gemacht werden. Denn es kann nicht in Abrede gestellt werden, dass der Oppositionsbegriff eine faktisch-politische Prägung erfährt. Das wissenschaftliche Befassen mit dem Geschäft der Politik ist aber kraft Selbstdefinition Gegenstand der Politikwissenschaft.[13] Insoweit kann die Rechtswissenschaft nicht auf das Erfahrungswissen dieser Disziplin verzichten, ohne dabei jedoch ihre normative Basis und rechtswissenschaftliche Methodik aus den Augen zu verlieren.[14]

Doch auch in der Politikwissenschaft dauerte es bis gut ein Jahrzehnt nach dem Ende des Zweiten Weltkriegs, ehe sich dem Begriff der Opposition vertieft gewidmet wurde. Noch 1954 beklagte *Siegfried Landshut* auf der Jahrestagung der Vereinigung für die Wissenschaft von der Politik, dass sich das Schrifttum der politischen Wissenschaft mit dem Oppositionsbegriff bislang nur sehr wenig auseinandergesetzt habe.[15] Diese Jahrestagung sollte jedoch zum Wendepunkt in der (politik-)wissenschaftlichen Beschäftigung mit dem Phänomen der Opposition werden.[16] Inzwischen ist die Auseinandersetzung mit dieser zu einem elementaren politikwissenschaftlichen Forschungsbereich geworden.[17]

---

12 Mit *A. Ingold*, Das Recht der Oppositionen, S. 58, kann Opposition als Wissenschaftsobjekt „einer Vielzahl von Einzelwissenschaften" bezeichnet werden, darunter neben der Rechtswissenschaft „vor allem die politische Philosophie, die Politikwissenschaft, die politische Soziologie".

13 *M. Mols*, in: H.-J. Lauth/C. Wagner (Hrsg.), Politikwissenschaft: Eine Einführung, S. 24; *T. Bernauer/D. Jahn/P. Kuhn/S. Walter*, Einführung in die Politikwissenschaft, S. 42.

14 Vgl. *W. Hoffmann-Riem*, Innovation und Recht – Recht und Innovation, S. 7: „Ungeachtet der überkommenen Bemühungen der Rechtswissenschaft um die Sicherung ihrer Besonderheiten als normative Wissenschaft [...] ist es angesichts der Komplexität vieler Problemlagen unausweislich, auch das Erfahrungswissen anderer Disziplinen zu nutzen, die sich mit dem Umfeld von Recht und seinen außerrechtlichen Wirkungsbedingungen befassen, aber auch nicht disziplinäres Erfahrungswissen heranzuziehen."; *A. Voßkuhle*, in: W. Hoffmann-Riem, Offene Rechtswissenschaft, S. 153 (172): „Offene Rechtswissenschaft lebt von einem kommunikativen Forschungsstil, der von intra- und interdisziplinärer Offenheit geprägt ist, von der Bereitschaft zu gegenseitigem Lernen und von der Akzeptanz unterschiedlicher Forschungsstile. [...] Bei alledem dürfen methodisch-handwerkliche Qualitätsstandards freilich nicht vernachlässigt werden."

15 *S. Landshut*, in: Festschrift A. Rüstow, S. 214 (214). Eine ähnliche Feststellung trifft auch *H. Seidel*, Politische Studien 66 (1955), S. 24 (24), der beklagt, dass er sich „vergebens um Literatur bemüht" habe.

16 *H.-G. Schumann*, in: ders. (Hrsg.), Die Rolle der Opposition in der Bundesrepublik Deutschland, S. 4 (11). Vgl. zu der sich anschließenden „Reflexion über die parlamentarische Opposition" die Beiträge in H.-G. Schumann (Hrsg.), Die Rolle der Opposition in der Bundesrepublik Deutschland, S. 25–250.

17 Vgl. *J. Pollex*, ZParl 2017, S. 712 (712): „höchst bedeutendes Thema der Politikwissenschaft", der sodann aber eine „erhebliche Forschungslücke" beklagt, insbesondere was die em-

Angesichts der „begriffliche[n] Bandbreite“[18] fällt es der Politikwissenschaft jedoch schwer, den Begriff der Opposition zu definieren.[19] Stattdessen geht sie dazu über, den Oppositionsbegriff zu typologisieren. Im Folgenden sollen die drei wesentlichen politikwissenschaftlichen Typologisierungsansätze in der Reihenfolge ihres zeitlichen Erscheinens dargestellt werden.

I. Otto Kirchheimers Typologisierungsansatz

Den „Auftakt zur modernen Oppositionsforschung“[20], in deren Folge die Oppositionstypologisierungen herausgearbeitet wurden, bildete ein Aufsatz von *Otto Kirchheimer* über den Wandel der politischen Opposition.[21] Hierin beschreibt er drei in Europa auffindbare Oppositionsmodelle: erstens das Modell der klassischen parlamentarischen Opposition und zweitens das Modell der Opposition aus Prinzip; das dritte „Modell“ befasst sich mit dem Abklingen der Opposition als Folge sogenannter politischer Kartellabsprachen im Rahmen des parlamentarischen Regimes.[22]

1. Klassische parlamentarische Opposition

Unter der klassischen parlamentarischen Opposition sei ein Oppositionsmodell zu verstehen, wie es aus der Praxis des 18. Jahrhunderts in England entstanden sei.[23] Voraussetzung dieses Modells und seines ihm innewohnenden – zumindest in der Theorie möglichen – „Regierungs-Oppositions-Wechselspiel[s]“[24] ist, so kann *Kirchheimer* verstanden werden, dass weder Regierung noch Opposition einen Absolutheitsanspruch erheben. Dies bedeute einerseits, dass die unterlege-

---

pirische Analyse von Oppositionshandeln betreffe. Siehe auch *L. Helms*, Politische Opposition, S. 16, der konstatiert, dass die politikwissenschaftliche Oppositionsforschung erst an zweiter Stelle des Interesses der sich hiermit beschäftigenden Wissenschaftler stehe, da deren „Interesse im Zweifelsfall eher der Regierung und der Regierungspolitik“ gelte als der Opposition.

[18] *S. S. Schüttemeyer*, in: D. Nohlen/R.-O. Schultze (Hrsg.), Lexikon der Politikwissenschaft, Bd. 2: N–Z, S. 685.

[19] Vgl. nur die Darstellung unterschiedlicher politikwissenschaftlicher Begriffsverständnisse bei *S. Thierse*, Governance und Opposition im Europäischen Parlament, S. 36 ff.

[20] *W. Euchner*, in: ders. (Hrsg.), Politische Opposition in Deutschland und im internationalen Vergleich, S. 7 (12).

[21] *O. Kirchheimer*, ARSP 43 (1957), S. 59–86.

[22] *O. Kirchheimer*, ARSP 43 (1957), S. 59 (59). Streng genommen handelt es sich bei dem dritten Modell nicht um ein „Modell“ von Opposition, da es in diesem Fall gerade zu einer Ausschaltung der politischen Opposition kommt. *Kirchheimer* bezeichnet diesen Fall dennoch als „Modell“, das jedoch nicht zum Bereich der politischen Opposition gehöre.

[23] *O. Kirchheimer*, ARSP 43 (1957), S. 59 (59).

[24] *O. Kirchheimer*, ARSP 43 (1957), S. 59 (60).

ne Gruppe die Möglichkeit besitzen muss, von der Mehrheit zurückgewiesene Meinungen öffentlich zum Ausdruck bringen zu können[25] und dass die Regierung gewordene Opposition über die Bereitschaft verfügt, der Opposition gewordenen Regierung die gleichen Privilegien zuzugestehen, die sie bis zu dem Rollenwechsel selbst genoss.[26] Andererseits sei es aber auch eine Systemvoraussetzung, dass die Opposition entweder über ein Zutrauen in die Fähigkeit der Regierung verfügt, die jeweils bestmöglichen Lösungen zu erreichen, oder aber dass sie zumindest auf die Aufrichtigkeit der Regierung vertraut.[27] Nach alledem lässt sich die klassische parlamentarische Opposition auch als „loyale Opposition" klassifizieren, die auf dem Boden der rechtsstaatlichen Verfassung steht.[28]

2. *Opposition aus Prinzip*

Der klassischen parlamentarischen Opposition setzt *Kirchheimer* den Oppositionstypus der „Opposition aus Prinzip" entgegen. Dieser umfasse „alle Strömungen, die glauben, ihr Programm nur im Vollbesitz der politischen Macht verwirklichen zu können".[29] Die verfassungsrechtliche Brisanz einer derartigen Opposition aus Prinzip liegt darin, dass das Parlament im Falle einer Machtakkumulation zugunsten einer Strömung seiner ureigenen Funktion, als Stimme der verschiedenen vorhandenen und im Parlament vertretenen Strömungen zu dienen, nicht mehr gerecht werden kann.[30] Obgleich es eine derartige Opposition aus Prinzip – man könnte auch von „fundamentaler"[31] oder „systemkonträrer" Opposition sprechen[32] – stets gegeben hat, solange es freie und geheime Wahlen gab, ist sie jedenfalls auf dem europäischen Kontinent zeitweise fast bedeutungslos geblieben.[33] Jedoch ist in Zeiten, in denen die Fundamentalopposition einen verstärkten Zulauf erfährt,[34] aufgrund deren umfassenden Machtanspruchs regelmäßig eine

---

[25] *O. Kirchheimer*, ARSP 43 (1957), S. 59 (60).

[26] *O. Kirchheimer*, ARSP 43 (1957), S. 59 (66).

[27] *O. Kirchheimer*, ARSP 43 (1957), S. 59 (61).

[28] *W. Euchner*, in: ders. (Hrsg.), Politische Opposition in Deutschland und im internationalen Vergleich, S. 7 (13). Den Begriff der loyalen Opposition greift später auch *W. Steffani* auf, vgl. 1. Kapitel § 1 III. 1., S. 14.

[29] *O. Kirchheimer*, ARSP 43 (1957), S. 59 (66).

[30] *O. Kirchheimer*, ARSP 43 (1957), S. 59 (67).

[31] Man beachte die durchweg negative Konnotation des Begriffs „Fundamentalopposition" bei BVerfG, Urt. v. 17.1.2017 – Az. 2 BvB 1/13, BVerfGE 144, 20 (Rn. 779 ff.).

[32] So *W. Euchner*, in: ders. (Hrsg.), Politische Opposition in Deutschland und im internationalen Vergleich, S. 7 (12). Auch diese Begrifflichkeiten macht sich später *W. Steffani* zu eigen, vgl. 1. Kapitel § 1 III. 1, S. 14 f.

[33] *O. Kirchheimer*, ARSP 43 (1957), S. 59 (66).

[34] Nach *W. Euchner*, in: ders. (Hrsg.), Politische Opposition in Deutschland und im internationalen Vergleich, S. 7 (12 f.), hängt die Stärke der Opposition aus Prinzip stets mit den spezi-

Existenzbedrohung für die anderen Parteien gegeben.[35] *Kirchheimer* schlägt vor, dass die anderen Parteien sodann zu vorsorglichen Verteidigungsmaßnahmen greifen sollten, was beispielsweise dazu führen könne, dass Stimmen der Opposition aus Prinzip anders gewertet würden als die der anderen Parteien.[36]

3. *Ausschaltung politischer Opposition durch ein Parteienkartell*

Als dritten Fall beschreibt *Kirchheimer* den Fall der Regierungsausübung durch ein Parteienkartell.[37] Diese charakterisiere sich durch das „mehr als vorübergehende Aufgeben des Regierungs-Oppositionsverhältnisses", bei dem die beiden wesentlichen Parteien einen Koalitionspakt eingingen und die übrigen Parteien zu klein und unbedeutend seien, um eine Rolle spielen zu können.[38] In diesem Fall komme es zu einer Ausschaltung der politischen Opposition.[39] *Kirchheimer* untermauert seine „Ausschaltungs-These" in der Folge am Beispiel der zeitgenössischen politischen Verhältnisse in Österreich.[40] Bei dem „Ausschaltungs-Modell" der politischen Opposition aufgrund der Regierungsausübung durch ein Parteienkartell handelt es sich der Sache nach um nichts anderes als um eine besonders große Regierungskoalition. Hierauf wird noch zurückzukommen sein.[41]

II. Die Typologie Robert A. Dahls

Die Arbeiten von *Robert A. Dahl* in dem von ihm im Jahre 1966 herausgegebenen und dem Gedenken *Kirchheimers* gewidmeten Sammelband „Political Op-

---

fischen politischen und gesellschaftlichen Verhältnissen zusammen. Insbesondere aufgrund der semiautoritären Strukturen der deutschen Länder im 19. Jahrhundert und der schlechten sozialen Lage der Arbeiterschaft sei es zu einem Aufschwung dieses Oppositionstypus gekommen. Nach dem Ersten und erst recht nach dem Zweiten Weltkrieg sei es jedoch zu einer durchgreifenden Verbesserung der politischen und sozialen Zustände gekommen, weshalb die großen politischen Parteien zunehmend auf eine einschneidende Systemkritik verzichteten. Dies wiederum habe dazu geführt, dass die „loyale Opposition" zunehmend zum Normaltypus geworden sei.

35 Zutreffend *O. Kirchheimer*, ARSP 43 (1957), S. 59 (66).

36 *O. Kirchheimer*, ARSP 43 (1957), S. 59 (66). Auch wenn Verteidigungsmaßnahmen grundsätzlich legitim erscheinen, um eine Fundamentalopposition gar nicht erst entstehen zu lassen, ist jedenfalls einer Veränderung des Stimmwerts unter dem Geltungsbereich des Grundgesetzes ablehnend gegenüberzustehen. Denn hierin läge ohne Zweifel eine Verletzung der Zählwertgleichheit und somit ein Verstoß gegen den sich aus Art. 38 Abs. 1 Satz 1 GG ergebenden Grundsatz der Gleichheit der Wahl.

37 *O. Kirchheimer*, ARSP 43 (1957), S. 59 (67 ff.).

38 *O. Kirchheimer*, ARSP 43 (1957), S. 59 (68).

39 *O. Kirchheimer*, ARSP 43 (1957), S. 59 (67).

40 *O. Kirchheimer*, ARSP 43 (1957), S. 59 (68 ff.).

41 Vgl. 2. Kapitel § 3 II. 1. c) bb) (2), S. 127 ff.

positions in Western Democracies" stellen „einen weiteren Markstein in der Entwicklung der politikwissenschaftlichen Oppositionsforschung"[42] dar. Sie dienen als wichtiger Referenzrahmen vor allem in der vergleichenden Oppositionsforschung.[43] Nach *Dahls* Analyse unterscheiden sich Oppositionen im Wesentlichen in sechs Bereichen, nach denen sie sich klassifizieren lassen.[44] Zunächst könne eine Systematisierung anhand des Grades der oppositionellen Konzentration bzw. ihres innerorganisatorischen Zusammenhalts erfolgen.[45] Diese Konzentration sei – so beobachtet *Dahl* – in Zwei-Parteien-Systemen regelmäßig am höchsten, wohingegen die Oppositionsrolle in Mehrparteiensystemen in der Regel mehreren Parteien zukomme.[46] Weiterhin lasse sich die Opposition nach ihrer Kampf- bzw. Wettbewerbsorientiertheit einerseits oder aber nach ihrer Kooperationsbereitschaft andererseits einordnen.[47] Auch dies hänge wiederum von den jeweiligen nationalen Gegebenheiten ab.[48] Weitere Kriterien seien der Schauplatz der politischen Auseinandersetzung, die Unterscheidungskraft der Opposition von der Regierung, die Ziele der Opposition sowie deren Strategien.[49]

Mithilfe dieser – vornehmlich nach dem politischen Verhalten klassifizierenden[50] – Typologie kann es gelingen, verschiedene oppositionelle Verhaltensmuster, die grundsätzlich immer im Hinblick auf den jeweiligen nationalen Kontext und die dort vorhandene parlamentarische Struktur zu betrachten sind, zu erfassen.[51] Diese Typologie kann für Einzelanalysen konkreter Oppositionsbildungen fruchtbar gemacht werden.[52] Bleibt man jedoch an einer generalisierenden Typisierung interessiert, so eignet sich hierfür das von *Winfried Steffani* entwickelte Modell.

---

42 *W. Euchner*, in: ders. (Hrsg.), Politische Opposition in Deutschland und im internationalen Vergleich, S. 7 (13).

43 *L. Helms*, Politische Opposition, S. 21.

44 *R. A. Dahl*, in: ders. (Hrsg.), Political Oppositions in Western Democracies, S. 332 (332).

45 *R. A. Dahl*, in: ders. (Hrsg.), Political Oppositions in Western Democracies, S. 332 (332 ff.).

46 *R. A. Dahl*, in: ders. (Hrsg.), Political Oppositions in Western Democracies, S. 332 (333).

47 *R. A. Dahl*, in: ders. (Hrsg.), Political Oppositions in Western Democracies, S. 332 (336 ff.).

48 *R. A. Dahl*, in: ders. (Hrsg.), Political Oppositions in Western Democracies, S. 332 (337 f.).

49 *R. A. Dahl*, in: ders. (Hrsg.), Political Oppositions in Western Democracies, S. 332 (338 ff.).

50 *K. Stüwe*, Die Opposition im Bundestag und das Bundesverfassungsgericht, S. 27.

51 *W. Euchner*, in: ders. (Hrsg.), Politische Opposition in Deutschland und im internationalen Vergleich, S. 7 (13).

52 *H. Oberreuter*, in: ders. (Hrsg.), Parlamentarische Opposition – Ein internationaler Vergleich, S. 8 (18).

III. Das Modell von Winfried Steffani

Für die politikwissenschaftliche Oppositionsforschung in der Bundesrepublik Deutschland hat das von *Winfried Steffani* entwickelte Modell Bedeutung erlangt, dessen Kriterien noch systematisierter und ausdifferenzierter als die der zuvor dargestellten Modelle sind.[53] Es greift dabei einzelne Systematisierungen von *Dahl* auf und kategorisiert nach den Kriterien der Systemintention, der Wirkungsebene und der Aktionskonsistenz.[54]

1. Systemintention

Das erste Kriterium, nach dem sich politische Oppositionen im Modell *Steffanis* klassifizieren lassen, ist das der Systemintention. Hierbei kann zwischen zwei Grundtypen unterschieden werden: der „loyalen" oder „systemimmanenten" Opposition einerseits und der „fundamentalen" oder „systemkonträren" Opposition andererseits.[55] Unter dem ersten Phänomen ist eine Oppositionserscheinung zu verstehen, welche „die fundamentalen Grundsätze der gegebenen Verfassung und die sich aus ihr ergebenden Spielregeln des Willensbildungs- und Entscheidungsprozesses anerkennt und für deren Beachtung und Sicherung (gegebenenfalls durch Reforminitiativen) eintritt"[56]. Sie kann immer nur dort zur Geltung gelangen, wo Konflikt und Dissens als Basis der Politik allgemein anerkannt sind.[57] Dahingegen qualifiziert sich eine Oppositionserscheinung als systemkon-

---

[53] *W. Euchner*, in: ders. (Hrsg.), Politische Opposition in Deutschland und im internationalen Vergleich, S. 7 (13); ähnlich *L. Helms*, Politische Opposition, S. 23.

[54] *W. Steffani*, in: H.-H. Röhring/K. Sontheimer, Handbuch des deutschen Parlamentarismus, S. 314–320. Vgl. bereits *ders.*, Die politische Meinung 13 (1968), S. 43–54. In letzterem Aufsatz sind bereits klare Konturen von *Steffanis* Oppositionsmodell zu erkennen. Im Ergebnis handelt es sich bei dem 1970 veröffentlichten Beitrag im Handbuch des deutschen Parlamentarismus in einigen Teilen um eine Übernahme seiner zwei Jahre zuvor veröffentlichten Aussagen. Während allerdings in seinem 1968 veröffentlichten Aufsatz die Frage der Systemimmanenz über den beiden anderen Kriterien zu stehen scheint (vgl. S. 44: „Grundformen von Opposition") und auch noch terminologische Unklarheiten bestehen (z.B. 1968: „prinzipielle Opposition" als Gegenstück zur „loyalen Opposition"; 1970: „fundamentale Opposition"), entwickelt *Steffani* seine Thesen 1970 zu einem wahrhaftigen Drei-Ebenen-Modell fort. Deshalb wird im Folgenden auf den 1970 im Handbuch des deutschen Parlamentarismus erschienenen Beitrag als „Geburtsstunde" der Einteilung in Systemintention, Wirkungsebene und Aktionskonsistenz verwiesen.

[55] *W. Steffani*, in: H.-H. Röhring/K. Sontheimer, Handbuch des deutschen Parlamentarismus, S. 314 (315); vgl. zu dieser Unterscheidung auch *G. Zirker*, Die staatsrechtliche Stellung der Opposition nach dem Grundgesetz, S. 5 f.

[56] *W. Steffani*, in: H.-H. Röhring/K. Sontheimer, Handbuch des deutschen Parlamentarismus, S. 314 (315).

[57] *W. Steffani*, in: H.-H. Röhring/K. Sontheimer, Handbuch des deutschen Parlamentarismus, S. 314 (319).

trär, wenn diese „auch die geltenden fundamentalen Verfassungsgrundsätze prinzipiell in Frage stellt oder ihnen die Anerkennung und Beachtung prinzipiell verweigert“[58].

2. Wirkungsebene

Ein zweites Kriterium im Oppositionsmodell von *Steffani* ist das der verschiedenen Wirkungsebenen. Hiernach kann Opposition auf zwei Ebenen Wirkung entfalten: auf der Ebene des parlamentarischen und auf der Ebene des vor- oder außerparlamentarischen Bereichs.[59] Beide zuvor dargestellten Oppositionserscheinungsformen – also die systemimmanente und die systemkonträre Opposition – können sowohl im parlamentarischen als auch im vor- bzw. außerparlamentarischen Bereich auftreten.[60] Im Einzelfall kann die konkrete Abgrenzung jedoch schwierig sein, da die parlamentarische Opposition in der Regel auch im vorparlamentarischen Bereich tätig wird.[61]

Als Idealmodell mit dem höchsten Wirkungsgrad darf im parlamentarischen Regierungssystem der Bundesrepublik Deutschland die systemimmanente Opposition angesehen werden. Doch selbst die systemkonträren Oppositionsgruppierungen können im demokratisch-pluralistischen und sozialen Rechtsstaat eine sinnvolle Funktion erfüllen: Durch die Infragestellung des geltenden Systems zwingen sie den politischen Kontrahenten zur steten Reflexion über die Geltungskraft und Legitimation der Systemgrundlagen.[62]

Im vor- bzw. außerparlamentarischen Bereich kann Opposition in verschiedenen Formen wirksam werden. Zunächst ist hierbei an eine Oppositions*partei* zu denken.[63] Unabhängig davon, ob deren Abgeordnete im Parlament vertreten sind oder nicht, entfaltet die Oppositionstätigkeit der Partei als solcher de jure im außerparlamentarischen Bereich Wirkung. Daneben kommt beispielsweise auch die Tätigkeit von Interessensgruppen in Betracht.[64] Im Unterschied zur Erschei-

[58] *W. Steffani*, in: H.-H. Röhring/K. Sontheimer, Handbuch des deutschen Parlamentarismus, S. 314 (315).

[59] *W. Steffani*, in: H.-H. Röhring/K. Sontheimer, Handbuch des deutschen Parlamentarismus, S. 314 (315).

[60] *W. Steffani*, in: H.-H. Röhring/K. Sontheimer, Handbuch des deutschen Parlamentarismus, S. 314 (315).

[61] *W. Euchner*, in: W. W. Mickel (Hrsg.), Handlexikon zur Politikwissenschaft, S. 322 (324).

[62] *W. Steffani*, in: K. Sontheimer/H.-H. Röhring (Hrsg.), Handbuch des politischen Systems der Bundesrepublik Deutschland, S. 427 (428).

[63] *W. Steffani*, in: H.-H. Röhring/K. Sontheimer, Handbuch des deutschen Parlamentarismus, S. 314 (315).

[64] *W. Steffani*, in: H.-H. Röhring/K. Sontheimer, Handbuch des deutschen Parlamentarismus, S. 314 (315). Als weitere Organisationsformen vor- bzw. außerparlamentarischer Opposition werden Klubs, politische Studentenverbände und Meinungsbildnerteams (z. B. als Redak-

nungsform der parlamentarischen Opposition kann sich die außerparlamentarische Opposition[65] jedoch nicht auf einen ausdrücklichen Wählerauftrag berufen.[66] Dies verleitet *Steffani* zu der These, dass unter „Opposition im speziellen Sinne" nur die Erscheinungsform der parlamentarischen Opposition verstanden werden könne.[67]

Innerhalb der „Opposition im speziellen Sinne" differenziert er sodann zwischen der Opposition im weiteren und der Opposition im engeren Sinne. Unter der Opposition im weiteren Sinne seien „all diejenigen Mitglieder eines Parlaments begriffen, deren Partei nicht an der Regierung beteiligt ist und die sich insbesondere bei den parlamentarischen Abstimmungen der Regierung und den sie in der Regel unterstützenden Abg. [sic] entgegenstellen."[68] Dagegen könne unter parlamentarischer Opposition im engeren Sinne „nur jene allein im parlamentarischen Regierungssystem [...] mögliche Erscheinungsform einer systematisch öffentliche Kritik und Kontrolle betreibenden Minderheitsgruppe verstanden [werden], deren normalerweise straff organisierte und diszipliniert abstimmende Mitglieder vor allem danach trachten, die amtierende Regierung durch Mißtrauensvotum im Parlament oder durch Wahlen zu stürzen, um allein oder in Koalition mit anderen Fraktionen an Hand von Sach- und Personalalternativen selbst die Regierung zu übernehmen."[69]

---

tionsstaab eines Presse-Organs) genannt. Aber auch an Gewerkschaften, Bürgervereinigungen oder Hochschulgruppen ist zu denken, vgl. *H.-P. Schneider*, Die parlamentarische Opposition im Verfassungsrecht der Bundesrepublik Deutschland, S. 91 f.

65 Zum Begriff *K. Sontheimer*, in: ders./H.-H. Röhring (Hrsg.), Handbuch des politischen Systems der Bundesrepublik Deutschland, S. 44 (44 f.). Dem Begriff kritisch gegenüberstehend, da hiermit üblicherweise systemkritische bis systemfeindliche Gruppierungen bezeichnet würden, *W. Euchner*, in: W. W. Mickel (Hrsg.), Handlexikon zur Politikwissenschaft, S. 322 (324); anders jedoch *L. Helms*, Politische Opposition, S. 13 f.: „haftet der außerparlamentarischen Bekundung oppositioneller Standpunkte nicht per se etwas Systemfeindliches an".

66 *W. Steffani*, in: H.-H. Röhring/K. Sontheimer, Handbuch des deutschen Parlamentarismus, S. 314 (315 f.).

67 *W. Steffani*, in: H.-H. Röhring/K. Sontheimer, Handbuch des deutschen Parlamentarismus, S. 314 (316). Ähnlich – nämlich die Übertragung des Systembegriffs „Opposition" auf den nichtparlamentarischen Bereich vollständig ablehnend – *H.-G. Schumann*, in: ders. (Hrsg.), Die Rolle der Opposition in der Bundesrepublik Deutschland, S. 501 (502 ff.); a. A. *W. Euchner*, in: ders. (Hrsg.), Politische Opposition in Deutschland und im internationalen Vergleich, S. 7 (15).

68 *W. Steffani*, in: H.-H. Röhring/K. Sontheimer, Handbuch des deutschen Parlamentarismus, S. 314 (316).

69 *W. Steffani*, in: H.-H. Röhring/K. Sontheimer, Handbuch des deutschen Parlamentarismus, S. 314 (316).

3. *Aktionskonsistenz*

Das dritte Kriterium in *Steffanis* Oppositionsmodell ist das der abgestuften Aktionskonsistenz. Hierbei kann unterschieden werden zwischen einer systematischen und einer situationsorientierten Opposition.[70] Eine systematische Opposition liegt demnach dann vor, wenn diese grundsätzlich programmorientiert und in all ihren Aktionen gegen die Regierungspartei (bzw. Regierungsparteien) sowie deren Politik agiert.[71] Dahingegen ist das Verhalten einer Oppositionserscheinung dem Typus der situationsorientierten Opposition zuzuordnen, wenn diese – je nach Sachlage – lediglich gegen bestimmte Programmpunkte und Vorlagen der Regierung bzw. der Parlamentsmehrheit opponiert.[72] Unter die Erscheinungsform der systematischen Opposition falle grundsätzlich der oben dargestellte Typus der parlamentarischen Opposition im engeren Sinne.[73] Im Gegensatz dazu umgreife die parlamentarische Opposition im weiteren Sinne sowohl den systematischen als auch den situationsorientierten Oppositionstypus.[74]

Beispielhaft für eine systematische Opposition kann das parlamentarische Zweiparteiensystem nach britischem Vorbild genannt werden, das aufgrund seines Gewaltenteilungsverständnisses nach einer formierten, systematischen Opposition verlangt.[75] Für die situations- und sachorientierte Opposition kann der amerikanische Kongress als Musterbeispiel angeführt werden.[76] Das dortige präsidentielle Regierungssystem schafft mit seiner strikten Trennung zwischen Parlament und Regierung die für die situationsorientierte Opposition notwendigen system-strukturellen Voraussetzungen.[77] Die im parlamentarischen Regierungssystem der Bundesrepublik Deutschland geschaffenen Systemvoraussetzungen

---

70 *W. Steffani*, in: H.-H. Röhring/K. Sontheimer, Handbuch des deutschen Parlamentarismus, S. 314 (315).

71 *W. Steffani*, in: H.-H. Röhring/K. Sontheimer, Handbuch des deutschen Parlamentarismus, S. 314 (316).

72 *W. Steffani*, in: H.-H. Röhring/K. Sontheimer, Handbuch des deutschen Parlamentarismus, S. 314 (316).

73 *W. Steffani*, in: H.-H. Röhring/K. Sontheimer, Handbuch des deutschen Parlamentarismus, S. 314 (316).

74 *W. Steffani*, in: H.-H. Röhring/K. Sontheimer, Handbuch des deutschen Parlamentarismus, S. 314 (316).

75 *W. Euchner*, in: ders. (Hrsg.), Politische Opposition in Deutschland und im internationalen Vergleich, S. 7 (14); *W. Steffani*, in: H.-H. Röhring/K. Sontheimer, Handbuch des deutschen Parlamentarismus, S. 314 (316 f.).

76 *W. Steffani*, in: H.-H. Röhring/K. Sontheimer, Handbuch des deutschen Parlamentarismus, S. 314 (316 f.); *W. Euchner*, in: ders. (Hrsg.), Politische Opposition in Deutschland und im internationalen Vergleich, S. 7 (14).

77 *W. Steffani*, in: H.-H. Röhring/K. Sontheimer, Handbuch des deutschen Parlamentarismus, S. 314 (316).

für oppositionelles Wirken dürften sich hingegen weder strikt in die Erscheinungsform der systematischen noch der situationsorientierten Opposition einordnen lassen,[78] da sich hier sowohl Ansatzpunkte für ein systematisches als auch für ein situationsorientiertes Opponieren auffinden lassen. Dies bedeutet selbstverständlich nicht, dass sich nicht im Einzelfall ein konkretes Oppositionsverhalten als systematisch-kompetitiv oder situationsorientiert-kooperativ klassifizieren lässt.

IV. Bewertung der Typologisierungen

Der Sinn und Zweck von Typologisierungen, von denen die politikwissenschaftliche Oppositionsforschung Gebrauch macht, kann angezweifelt werden mit dem Argument, hierbei handele es sich nur um formale, von der Wissenschaft kreierte Gebilde.[79] Tatsächlich gehen die Typologisierungen jedoch über einen reinen Formalismus hinaus, beschreiben sie doch Formen des politischen Lebens, welche Auskunft geben „über Freiheit, soziale Gerechtigkeit, Konfliktbewältigungsfähigkeit und Stabilität in dem von ihnen strukturierten Gegenstand“[80]. Darüber hinaus können die politikwissenschaftlichen Typologisierungen speziell auch aus rechtswissenschaftlicher Perspektive fruchtbar gemacht werden.[81] Wenn beispielsweise *Otto Kirchheimer* konstatiert, es komme in bestimmten Situationen – namentlich im Falle der Regierungsausübung durch ein Parteienkartell – zu einer Ausschaltung politischer Opposition,[82] so ist diese Feststellung zugleich von juristischer Relevanz, da dem Recht auf Bildung und Ausübung von Opposition eine verfassungsrechtliche Bedeutung zukommt und es prima facie Fragen aufwirft, wenn dieses verfassungsrechtlich verbürgte Recht nicht mehr in Anspruch genommen werden kann.[83] Jedenfalls insoweit können sich die Typologisierungen von politischer Opposition auch für rechtswissenschaftliche Untersuchungen als nutzbar erweisen.

---

[78] So im Ergebnis auch *D. Mundil*, Die Opposition, S. 31.

[79] *T. W. Adorno*, in: ders./H. Albert/R. Dahrendorf/J. Habermas/H. Pilot/K. R. Popper (Hrsg.), Der Positivismusstreit in der deutschen Soziologie, S. 7 (14): „[...] macht es eine zentrale Differenz aus, ob Material, Phänomene gemäß einer ihnen an sich verordneten, nicht erst von der Wissenschaft klassifikatorisch hergestellten Struktur interpretiert werden oder nicht.“

[80] *W. Euchner*, in: ders. (Hrsg.), Politische Opposition in Deutschland und im internationalen Vergleich, S. 7 (16).

[81] Vgl. etwa *H.-P. Schneider*, in: ders./W. Zeh (Hrsg.), Parlamentsrecht und Parlamentspraxis in der Bundesrepublik Deutschland, § 38 Rn. 2: Die verschiedenen Grundtypen von Opposition sind „vor allem für die Rechtsstellung der Opposition im Staate von Bedeutung“.

[82] Dazu oben: 1. Kapitel § 1 I. 3., S. 12.

[83] Zur vergleichbaren Situation einer sog. qualifizierten Großen Koalition noch unten, vgl. 2. Kapitel § 3 II. 1. c) bb) (2), S. 127 ff.

Auf die deutsche Politikwissenschaft bezogen entfaltet das von *Winfried Steffani* ausgehende Typologisierungsmodell mit den drei Stufen Systemintention, Wirkungsebene und Aktionskonsistenz noch immer Wirkung.[84] Eine allgemeingültige Subsumtion der in der Bundesrepublik Deutschland auftretenden politischen Opposition unter dieses Modell ist gleichwohl nicht möglich. Dies liegt daran, dass es *die* politische Opposition als solche in Deutschland nicht gibt. Dazu kommt, dass eine Partei auf verschiedenen Politikfeldern unterschiedliche Oppositionsstrategien betreiben mag, was die Entstehung von Mischformen zur Folge hat.[85] Mithin kann lediglich ein konkretes oppositionelles Verhalten als solches einer Klassifizierung zugeführt werden.

§ 2 Rechtswissenschaftliche Analyse des Oppositionsbegriffs

Die deutsche Rechtswissenschaft hat sich dem Begriff der Opposition erst nach der Politikwissenschaft zugewandt.[86] Der wesentliche Grund für die späte wissenschaftliche Befassung mit dem Oppositionsbegriff dürfte in seiner fehlenden expliziten normativ-verfassungsrechtlichen Verankerung liegen.[87] Denn das Grundgesetz verwendet den Begriff der Opposition bis heute nicht, wie es im Übrigen auch die Rolle des Deutschen Bundestages insgesamt nicht in Gänze determiniert.[88] Doch es ist fraglich, ob allein aus der fehlenden Verwendung im Verfassungstext gefolgert werden kann, dass es sich bei dem Begriff der Opposition nicht um einen Rechtsbegriff handelt. Mithin bedarf es zunächst einer Untersuchung der Frage, ob und inwieweit der Begriff der Opposition einen Rechtsbegriff abbildet (I.),[89] um sodann dessen funktionalen Gehalt darzulegen (II.).

---

[84] *A. Ingold*, Das Recht der Oppositionen, S. 93; *W. Euchner*, in: ders. (Hrsg.), Politische Opposition in Deutschland und im internationalen Vergleich, S. 7 (13).

[85] *W. Euchner*, in: ders. (Hrsg.), Politische Opposition in Deutschland und im internationalen Vergleich, S. 7 (14).

[86] Die für den rechtswissenschaftlichen Diskurs grundlegende Untersuchung stammt von *H.-P. Schneider*, Die parlamentarische Opposition im Verfassungsrecht der Bundesrepublik Deutschland (1974). Aus der jüngeren Vergangenheit sind folgende Monografien zu nennen: *S. Haberland*, Die verfassungsrechtliche Bedeutung der Opposition nach dem Grundgesetz (1995); *P. Cancik*, Parlamentarische Opposition in den Landesverfassungen (2000); *D. Mundil*, Die Opposition (2014); *A. Ingold*, Das Recht der Oppositionen (2015).

[87] Ebenso *A. Arndt*, Neue Sammlung 8 (1968), S. 1 (1); *P. M. Huber*, in: J. Isensee/P. Kirchhof (Hrsg.), Handbuch des Staatsrechts der Bundesrepublik Deutschland, Bd. III, § 47 Rn. 1.

[88] Vgl. *A. Voßkuhle*, BayVBl. 2016, S. 289 (290): „Das Grundgesetz regelt die Stellung und Bedeutung des Deutschen Bundestags, seine Funktionen, Kompetenzen und Rechte nicht abschließend, sondern nur fragmentarisch."

[89] Methodisch anknüpfend an *A. Ingold*, Das Recht der Oppositionen, S. 153 ff.

I. Opposition als Rechtsbegriff

Zur begrifflichen Erfassung des rechtlichen Oppositionsbegriffs können der allgemeine sowie der politikwissenschaftliche Sprachgebrauch zwar wertvolle Hinweise liefern, für eine (verfassungs-)rechtswissenschaftliche Konturierung des Oppositionsbegriffs sind diese jedoch nicht ausreichend.[90] Denn trotz – oder vielleicht gerade wegen – der interdisziplinären wissenschaftlichen Analyse des Begriffs der Opposition verbleibt die Frage, ob es sich bei diesem um einen Rechtsbegriff handeln kann, dessen Gehalt über die Beschreibung eines politischen Phänomens hinausgeht. Nach manchen ist dies ohne Weiteres zu bejahen,[91] während andere dem mit dem Hinweis darauf widersprechen, es handele sich bei dem Begriff der Opposition lediglich um einen verfassungspolitischen Begriff, welcher der Verfassungswirklichkeit bzw. Staatspraxis entstamme.[92] Um die Frage beantworten zu können, ob es sich bei dem Oppositionsbegriff um einen den Bereich des Politisch-Tatsächlichen übersteigenden Rechtsbegriff handelt (2.) und – wenn ja – welcher Bedeutungsgehalt diesem Rechtsbegriff zukommt (3.), erscheint es zunächst erforderlich, zu klären, welche Eigenschaften einen Begriff zum Rechtsbegriff qualifizieren (1.).

1. Grundlagen einer rechtstheoretischen Kategorisierung

Ein Begriff ist nicht einfach aus sich selbst heraus ein Rechtsbegriff, sondern er kann diese Bedeutung erst erfahren, wenn er in irgendeiner Weise für den Inhalt der Rechtsordnung von Bedeutung ist.[93] Doch dieses Kriterium allein genügt noch nicht, denn schließlich wäre mit dieser Definition nahezu jeder Begriff der Alltagssprache, der für die Rechtsordnung von Bedeutung ist, als Rechtsbegriff

---

[90] Vgl. für den Begriff der parlamentarischen Opposition *P. Cancik*, Der Staat 54 (2015), S. 626 (627).

[91] *A. Arndt*, Neue Sammlung 8 (1968), S. 1 (2): „Jedenfalls mit dieser höchstrichterlichen Judikatur, die ein Recht auf organisierte politische Opposition anerkennt, ist der Begriff Opposition selber zum Rechtsbegriff geworden"; im Anschluss daran *H.-P. Schneider*, in: ders./W. Zeh (Hrsg.), Parlamentsrecht und Parlamentspraxis in der Bundesrepublik Deutschland, § 38 Rn. 29; ebenso *K. Stern*, Das Staatsrecht der Bundesrepublik Deutschland, Bd. I, § 23 III 1, S. 1038; *I. Ley*, Opposition im Völkerrecht, S. 191; relativierend und in Bezug auf die Oppositionsregelungen der Landesverfassungen *R. Poscher*, AöR 122 (1997), S. 444 (468), der „die Opposition als Rechtsbegriff" für „möglich" hält.

[92] *D. Hassenpflug-Hunger*, Verfassungsrechtliche Abmessungen parlamentarischer Opposition nach dem Grundgesetz und Art. 12 der Verfassung des Landes Schleswig-Holstein, S. 19 f. (einschränkend jedoch ebenda, S. 38).

[93] Eingehend *J. H. Klement*, Verantwortung, S. 34; vgl. auch *G. Lübbe-Wolff*, Rechtsfolgen und Realfolgen, S. 40.

zu qualifizieren.[94] Die vorliegende Untersuchung setzt sich nicht zum Ziel, einen „eindeutigen und als solchen diskursiv stabilisierten Rechtsbegriff aufzufinden oder zu etablieren“[95], sondern begnügt sich mit einer kursorischen Darstellung zweier wichtiger Arten von Rechtsbegriffen, welche sich beide auf Sätze beziehen, die für den Inhalt der Rechtsordnung – wenn auch in abgestuftem Ausmaß – von Bedeutung sind.[96] Hierbei handelt es sich um den Rechtsbegriff im engeren Sinne einerseits und den heuristischen Rechtsbegriff andererseits.[97]

a) Der Rechtsbegriff im engeren Sinne: rechtspositivistisch-normativer Ansatz

Für die Einstufung eines Begriffs als Rechtsbegriff im engeren Sinne soll es in dieser Arbeit nicht darum gehen, diese Qualifizierung nur den als notwendigen Grundbestand in jeder Rechtsordnung vorkommenden „reinen Rechtsbegriffen“ zukommen zu lassen.[98] Vielmehr sollen Rechtsbegriffe im engeren Sinne solche Begriffe sein, die – so die Terminologie *Jan Henrik Klements* – in mindestens einem Normsatz enthalten sind, der zu einem bestimmten Zeitpunkt in der Rechtsordnung und relativ zu ihr gilt.[99] Unter einem Normsatz ist dabei jeder deontische Satz oder in einen solchen umformulierbare Satz zu verstehen, der ein Gebot, ein Verbot oder eine Erlaubnis ausdrückt.[100] Nicht erforderlich ist es indes, dass der Begriff unmittelbar Bestandteil des Satzes ist, der das Sollen ausdrückt.[101] Es reicht vielmehr aus, dass der jeweilige Begriff in einem Bestimmungssatz auftritt, der einen anderen Begriff ganz oder teilweise ausfüllt, der in einem deontischen Satz enthalten ist.[102] Insoweit handelt es sich also um einen rechtspositivistisch-normativen Ansatz.[103]

---

94 *J.H. Klement*, Verantwortung, S. 34.

95 *A. Ingold*, Das Recht der Oppositionen, S. 156.

96 *J.H. Klement*, Verantwortung, S. 35.

97 Grundlegend *J.H. Klement*, Verantwortung, S. 35 ff.; daran anknüpfend *A. Ingold*, Das Recht der Oppositionen, S. 155 ff.; *L. Münkler*, Der Nichtakt, S. 185 ff.

98 So auch *J.H. Klement*, Verantwortung, S. 35; *A. Ingold*, Das Recht der Oppositionen, S. 155.

99 *J.H. Klement*, Verantwortung, S. 35.

100 *J.H. Klement*, Verantwortung, S. 35 f.

101 *J.H. Klement*, Verantwortung, S. 36.

102 *J.H. Klement*, Verantwortung, S. 36, mit dem Beispiel der in der Legaldefinition des Verwaltungsakts in § 35 Satz 1 VwVfG verwendeten Begriffe, die erst dadurch Bestandteile eines Sollenssatzes würden, indem man sie in andere Sätze, die den Begriff „Verwaltungsakt“ im Tatbestand enthielten, hineinlese.

103 In diesem Sinne auch *A. Ingold*, Das Recht der Oppositionen, S. 156 ff.

b) Der heuristische Rechtsbegriff: faktisch-empiristischer Ansatz

Auch heuristische Begriffe können als Rechtsbegriffe bezeichnet werden. Dies hat *Jan Henrik Klement* am Beispiel des rechtswissenschaftlichen Verantwortungsdiskurses aufgezeigt.[104] Doch was ist ein „heuristischer Begriff"? Der Ursprung heuristischer Begriffe liegt wohl bei *Immanuel Kant*, der den Begriff der Idee als heuristischen Begriff einordnete.[105] Daran anknüpfend seien Begriffe dann als heuristisch zu klassifizieren, wenn sie als Hilfsmittel zum Auffinden von Fragen und zur Annäherung an mögliche Lösungen dienten.[106] Konkret sei als negatives Element erforderlich, dass es sich bei dem Begriff nicht um einen Rechtsbegriff im engeren Sinne handele.[107] In positiver Hinsicht müsse ihm ein Moment der „Entdeckung" anhaften, d.h. der Begriff müsse gegenüber Nicht-Rechtsbegriffen eine herausgehobene Leistung erbringen, indem er in einer „dienenden Beziehung zu dem System der Rechtssätze und dogmatischen Sätze" stehe.[108] Somit ergebe sich folgende Begriffsdefinition: „Heuristische Rechtsbegriffe sind solche, die in darstellbarer und nachvollziehbarer Weise auf die Konstatierung dogmatischer Sätze Einfluß nehmen, ohne dabei Rechtsbegriffe im engeren Sinne zu sein. Heuristische Begriffe sind nicht-dogmatische Begriffe mit dogmatischem Wert."[109]

Mithin handelt es sich bei dem heuristischen Rechtsbegriff um einen faktisch-empiristischen Ansatz,[110] der – im Gegensatz zum Rechtsbegriff im engeren Sinne – nicht nach einer begrifflichen Verankerung im geschriebenen Recht sucht. Stattdessen geht es bei diesem Betrachtungsansatz darum, faktische Erscheinungen einer rechtlichen Würdigung zuführen zu können.

2. Qualifikation des Oppositionsbegriffs als Rechtsbegriff

Nach der Darstellung der Grundlagen für eine rechtstheoretische Begriffskategorisierung soll nun geprüft werden, ob der Oppositionsbegriff sich als Rechtsbegriff im obigen Sinne fassen lässt.

---

[104] *J.H. Klement*, Verantwortung, S. 46ff.

[105] Nach *J.H. Klement*, Verantwortung, S. 47 Fn. 48, mit Verweis auf *I. Kant*, Kritik der reinen Vernunft, S. 583f.: „Auf solche Weise ist die Idee eigentlich nur ein heuristischer und nicht ostensiver Begriff, und zeigt an, nicht wie ein Gegenstand beschaffen ist, sondern wie wir, unter der Leitung desselben, die Beschaffenheit und Verknüpfung der Gegenstände der Erfahrung überhaupt suchen sollen."

[106] *J.H. Klement*, Verantwortung, S. 47.

[107] *J.H. Klement*, Verantwortung, S. 47.

[108] *J.H. Klement*, Verantwortung, S. 48f.

[109] *J.H. Klement*, Verantwortung, S. 49.

[110] Vgl. *A. Ingold*, Das Recht der Oppositionen, S. 163ff.

a) Opposition als Rechtsbegriff im engeren Sinne?

Um einen Rechtsbegriff im engeren Sinne darstellen zu können, müsste der Oppositionsbegriff die oben dargestellten Definitionsmerkmale erfüllen.

aa) Teil eines geltenden Normsatzes

Zunächst müsste der Begriff der Opposition also Bestandteil mindestens eines Normsatzes sein, der in der Rechtsordnung und relativ zu ihr gilt. Das Grundgesetz erwähnt den Begriff „Opposition" – wie bereits erwähnt – nicht. Dass zahlreiche Landesverfassungen sowie weitere Rechtsnormen der Bundesländer den Begriff der Opposition enthalten, muss außer Acht bleiben, da es vorliegend ausschließlich um die begriffliche Inkorporation auf Bundesebene geht. Doch auch auf der Ebene des einfachgesetzlichen Bundesrechts findet sich der Begriff nur in wenigen geltenden Rechtsnormen wieder. Zu nennen sind hier drei Normen: § 50 Abs. 2 AbgG, § 92 Abs. 2 Nr. 3 StGB und § 4 Abs. 2 lit. c BVerfSchG.

§ 50 Abs. 2 AbgG verwendet zwar nicht explizit den Begriff „Opposition", dafür jedoch den Begriff „Oppositionszuschlag". Letzterer Begriff wird in § 50 Abs. 2 Satz 1 AbgG legaldefiniert als „Zuschlag für jede Fraktion, die nicht die Bundesregierung trägt". Zumindest implizit wird hierdurch auf den Begriff „Opposition" Bezug genommen. Obwohl dies nach dem Wortlaut nicht zwingend ist, so ergibt sich doch aus einer systematischen Analyse – die Norm befindet sich im „Fraktionsgesetz"[111], das wiederum Teil des Abgeordnetengesetzes ist –, dass Opposition im Sinne dieser Norm nur parlamentarische Opposition im Deutschen Bundestag meint.

Im Gegensatz zu § 50 Abs. 2 AbgG verwendet § 92 Abs. 2 Nr. 3 StGB ausdrücklich das Wort „Opposition".[112] Gemäß jener Norm handelt es sich bei dem Recht auf Bildung und Ausübung einer parlamentarischen Opposition um einen Verfassungsgrundsatz im Sinne dieses Gesetzes. Ähnlich wie im Strafgesetzbuch taucht der Begriff der Opposition in der Vorschrift des § 4 Abs. 2 lit. c BVerfSchG im Rahmen einer Begriffsbestimmung auf. Hiernach handelt es sich bei dem Recht auf Bildung und Ausübung einer parlamentarischen Opposition um einen Bestandteil der freiheitlichen demokratischen Grundordnung im Sinne dieses Gesetzes.[113]

---

[111] Vgl. Sechzehntes Gesetz zur Änderung des Abgeordnetengesetzes (Fraktionsgesetz) vom 11. März 1994, BGBl. I S. 526; *E. Schmidt-Jortzig/F. Hansen*, NVwZ 1994, S. 1145 (1145); *M. Morlok*, NJW 1995, S. 29 (30); *F. Becker*, ZParl 1996, S. 189 (189).

[112] Vgl. zur Entstehungsgeschichte dieser Norm und zur Ursprungsnorm § 88 Abs. 2 Nr. 3 StGB a. F. *H.-P. Schneider*, Die parlamentarische Opposition im Verfassungsrecht der Bundesrepublik Deutschland, S. 109, 201 ff.

[113] Diese – erst am 20.12.1990 verkündete (BGBl. I. S. 2954) und am 30.12.1990 in Kraft

bb) Ausdrücken eines Gebots, eines Verbots oder einer Erlaubnis

Es wurde bereits darauf hingewiesen, dass das alleinige Auftauchen eines Begriffs in einem Satz in einem Gesetzestext ersteren noch nicht als einen Rechtsbegriff im engeren Sinne qualifiziert. Vielmehr ist nach dem hier gefolgten Ansatz erforderlich, dass es sich um einen Normsatz handelt, der ein Gebot, ein Verbot oder eine Erlaubnis ausdrückt. Anders formuliert: Es muss sich um einen Sollenssatz[114] im Gegensatz zu einem Aussagesatz handeln.[115] Ob es sich bei den bundesgesetzlichen Rechtsnormen, die den Oppositionsbegriff positiv-rechtlich zum Vorschein bringen, um Sollenssätze handelt, erscheint indessen fraglich.

(1) § 4 Abs. 2 lit. c BVerfSchG und § 92 Abs. 2 Nr. 3 StGB als Sollenssätze?

Zunächst ist danach zu fragen, ob es sich bei § 4 Abs. 2 lit. c BVerfSchG und § 92 Abs. 2 Nr. 3 StGB um deontische Sätze handelt, die ein Ge- bzw. Verbot oder eine Erlaubnis ausdrücken. Unmittelbar ist dies nicht der Fall, denn beide Normen haben lediglich einen deskriptiven Gehalt: § 4 Abs. 2 lit. c BVerfSchG legt fest, was zur freiheitlichen demokratischen Grundordnung im Sinne des BVerfSchG zählt; § 92 Abs. 2 Nr. 3 StGB wiederum trifft die gleiche Feststellung für Verfassungsgrundsätze im Sinne des StGB.

Doch diese isolierte Betrachtung genügt dem hier gefolgten Ansatz – wie dargestellt – nicht. Vielmehr ist weiterhin zu prüfen, ob dem Begriff der Opposition durch seine systematische Einbettung in die Gesetzesstruktur und den Gesamtzusammenhang des Gesetzes ein präskriptiver Gehalt zukommt, indem er einen Begriff eines Sollenssatzes näher bestimmt. Es kommt damit entscheidend darauf an, ob die Begriffe „freiheitliche demokratische Grundordnung" (im Falle des BVerfSchG) und „Verfassungsgrundsatz" (im Falle des StGB), auf die der Begriff der Opposition sich bezieht, an anderer Stelle Bestandteil eines Sollenssatzes sind und somit eine Verknüpfung zum Begriff der Opposition geschaffen wird, indem letzterer Begriff in die anderen Sollenssätze hineinzulesen ist.

Bezogen auf das BVerfSchG wird der Begriff „freiheitliche demokratische Grundordnung" – abgesehen von § 4 Abs. 2 lit. c BVerfSchG selbst – an fünf

---

getretene – Norm knüpft ersichtlich an die Formulierung des Bundesverfassungsgerichts an, wonach es sich bei dem Recht auf Bildung und Ausübung parlamentarischer Opposition um einen Hauptgrundsatz der freiheitlichen demokratischen Ordnung handele (vgl. BVerfG, Urt. v. 17.8.1956 – Az. 1 BvB 2/51, BVerfGE 5, 85 [224]).

[114] *J. H. Klement*, Verantwortung, S. 35 mit Fn. 6.

[115] Zu dieser Abgrenzung *O. Weinberger*, Rechtslogik, S. 226: „Im Aussagesatz gibt der Inhalt eine Sachlage an, er beschreibt etwas als seiend; im Normsatz wird ausgedrückt und vorgeschrieben, was gesollt ist, was als geboten, verboten oder erlaubt hingestellt wird." Vgl. auch *H. Lenk*, Von Deutungen zu Wertungen, S. 204 f., 219 f., 238, 268.

weiteren Stellen verwendet: in § 1 Abs. 1, § 3 Abs. 1 Nr. 1, § 4 Abs. 1 lit. c, § 19 Abs. 1 Satz 1 und § 19 Abs. 4 Satz 1 BVerfSchG. Hiervon sind § 1 Abs. 1 und § 4 Abs. 1 lit. c BVerfSchG gleichfalls nur deskriptiver Natur. Bezüglich § 3 Abs. 1 Nr. 1, § 19 Abs. 1 Satz 1 und § 19 Abs. 4 Satz 1 BVerfSchG kann der deontische Charakter jedoch nicht in Abrede gestellt werden: § 3 Abs. 1 Nr. 1 BVerfSchG zieht die Rechtsfolge der Aufgabeneröffnung der Verfassungsschutzbehörden nach sich und beinhaltet insoweit ein Gebot zum Tätigwerden, § 19 Abs. 1 Satz 1 und § 19 Abs. 4 Satz 1 BVerfSchG stellen Erlaubnisnormen („darf" bzw. „dürfen") dar. Indem der Oppositionsbegriff den Begriff der freiheitlichen demokratischen Grundordnung im Sinne des BVerfSchG näher bestimmt, ist bei diesen drei Sollenssätzen daher – im Falle des § 3 Abs. 1 Nr. 1 BVerfSchG über die Verweisungsnorm des § 4 Abs. 1 lit. c BVerfSchG – eine Verknüpfung mit dem Oppositionsbegriff gegeben, sodass dem Begriff der Opposition in § 4 Abs. 2 lit. c BVerfSchG (nur) in den oben genannten Fällen die Qualität eines Rechtsbegriffs im engeren Sinne zukommt.[116]

Ähnlich verhält es sich mit dem Oppositionsbegriff in § 92 Abs. 2 Nr. 3 StGB. Diese Norm stellt aufgrund ihres rein deskriptiven Charakters zwar selbst keinen Sollenssatz dar, doch ergibt sich ihre konkrete Rechtsfolgenrelevanz durch die Verknüpfung mit den Straftatbeständen in § 87 Abs. 1, § 88 Abs. 1, § 89 Abs. 1, § 89a Abs. 1 und § 90b Abs. 1 StGB. Bei diesen Straftatbeständen handelt es sich ohne Zweifel um Sollenssätze, sodass dem Begriff der Opposition auch in diesem Zusammenhang die Qualität eines Rechtsbegriffs im engeren Sinne zukommt.[117]

Mithin stellen § 4 Abs. 2 lit. c BVerfSchG und § 92 Abs. 2 Nr. 3 StGB zwar unmittelbar keine Sollenssätze dar, doch über die Verknüpfung mit jeweils anderen Sollenssätzen, in die der Oppositionsbegriff hineingelesen werden kann und muss, kommt dem Begriff „Opposition" in dem konkreten Zusammenhang doch die Eigenschaft eines Rechtsbegriffs im engeren Sinne zu.

(2) § 50 Abs. 2 AbgG als Sollenssatz?

Im Gegensatz zu § 4 Abs. 2 lit. c BVerfSchG und § 92 Abs. 2 Nr. 3 StGB erscheint § 50 Abs. 2 AbgG bereits unmittelbar als Sollenssatz, denn dieser normiert das Gebot einer erhöhten Finanzierung der nicht die Bundesregierung tra-

[116] A.A. *A. Ingold*, Das Recht der Oppositionen, S. 162, da die Anknüpfung an den Oppositionsbegriff lediglich mittelbar erfolge und die normative Verklammerung sich primär durch den Begriff „freiheitliche demokratische Grundordnung" ergebe.

[117] A.A. erneut *A. Ingold*, Das Recht der Oppositionen, S. 162, da die Anknüpfung an den Oppositionsbegriff auch hier lediglich mittelbar über den Rechtsbegriff „Verfassungsgrundsatz" hergestellt werde.

genden Fraktionen. Insoweit handelt es sich also um einen deontischen Satz. Allerdings ist an dieser Stelle zu berücksichtigen, dass normativ lediglich der Begriff des Oppositionszuschlags verwendet wird und nicht der Begriff „Opposition" selbst. Durch die nur mittelbare Begriffsverknüpfung kommt dem Begriff der Opposition an dieser Stelle daher nicht die Qualität eines Rechtsbegriffs im engeren Sinne zu.[118]

cc) Stellungnahme: kein einheitlicher Rechtsbegriff im engeren Sinne

Es lässt sich zusammenfassen, dass der Oppositionsbegriff an verschiedenen Stellen des bundesrechtlichen Normengefüges und in jeweils unterschiedlichem Kontext Verwendung findet. Auch wenn sich der Oppositionsbegriff im Fall des § 4 Abs. 2 lit. c BVerfSchG und des § 92 Abs. 2 Nr. 3 StGB nach hier vertretener Auffassung als Rechtsbegriff im engeren Sinne qualifizieren lässt, kann hieraus nicht der Schluss gezogen werden, bei dem Begriff der Opposition handele es sich im Allgemeinen um einen Rechtsbegriff im engeren Sinne. Vielmehr verhält es sich so, dass es sich nur isoliert für das jeweilige Gesetz – nämlich für das BVerfSchG und das StGB – um einen Rechtsbegriff im engeren Sinne handelt. Hierfür sprechen im Wesentlichen zwei Faktoren. Zum einen ergibt es sich bereits aus dem jeweiligen Wortlaut des § 4 Abs. 2 lit. c BVerfSchG und des § 92 Abs. 2 Nr. 3 StGB, dass diese nur für das jeweilige Gesetz eine Begriffsbestimmung vornehmen wollen und können (vgl. „im Sinne dieses Gesetzes"). Zum anderen handelt es sich bei dem Begriff der Opposition – wie im Einzelnen für den Begriff der parlamentarischen Opposition noch zu zeigen sein wird[119] – um einen Begriff verfassungsrechtlicher Dimension, dessen Verwurzelung im Grundgesetz in vielfältiger Weise angelegt ist. Ein allumfassender (Verfassungs-) Rechtsbegriff im engeren Sinne kann sich daher mit Blick auf die Normenhierarchie nicht aus Rechtssätzen des BVerfSchG oder des StGB ergeben. Aus diesem Grund kann die Existenz eines Rechtsbegriffs im engeren Sinne lediglich normspezifisch für die genannten Fälle angenommen werden. Ein einheitlicher Rechtsbegriff im engeren Sinne ist für den Bereich des Bundesrechts hingegen nicht feststellbar.[120]

b) Opposition als heuristischer Rechtsbegriff?

Nachdem sich der Oppositionsbegriff nicht als umfassender Rechtsbegriff im engeren Sinne begreifen lässt, soll nun in einem zweiten Schritt der Frage nach-

---

118 So auch *A. Ingold*, Das Recht der Oppositionen, S. 162.

119 Vgl. 2. Kapitel § 1, S. 53 ff.

120 Zu diesem Ergebnis kommt auch *A. Ingold*, Das Recht der Oppositionen, S. 162.

gegangen werden, ob der Begriff der Opposition als heuristischer Rechtsbegriff aufgefasst werden kann.

aa) Nicht-dogmatischer Begriff

Erforderlich ist in negativer Hinsicht zunächst, dass es sich bei dem Begriff der Opposition um einen nicht-dogmatischen Begriff handelt, also um einen Begriff, der nicht in dogmatischen Sätzen enthalten ist und kein Rechtsbegriff im engeren Sinne ist.[121] Wie oben gezeigt wurde, ist ein einheitlicher Rechtsbegriff im engeren Sinne für den Bereich des einfachen Bundesrechts nicht vorhanden. Insoweit entfaltet der für den begrenzten Bereich des BVerfSchG und des StGB auffindbare Rechtsbegriff im engeren Sinne „Opposition“ keine Sperrwirkung für eine etwaige umfassende Qualifikation des Oppositionsbegriffs als heuristischer Rechtsbegriff.

bb) Begriff mit dogmatischem Wert

Schließlich muss dem Oppositionsbegriff nach dem hier gewählten Definitionsansatz ein dogmatischer Wert zukommen, d. h. er muss in darstellbarer und nachvollziehbarer Weise auf die Konstatierung dogmatischer Sätze Einfluss nehmen, sodass ihm ein Moment der „Entdeckung“ zukommt.[122] Ein solches Moment der „Entdeckung“ ist dem Begriff der Opposition, der in erster Linie ein politisches Phänomen abbildet,[123] ohne Zweifel inhärent, denn er fungiert regelmäßig als „'Platzhalter‘, um den Eintritt politischer Prozesse in rechtliche Strukturen und deren Reflexion zu ermöglichen“[124]. Eine derartige Übertragung politischer Prozesse in rechtliche Strukturen geschieht auf vielfache Art und Weise: beispielsweise dann, wenn oppositionelle Abgeordnete von ihrem Interpellationsrecht (§§ 100 ff. GOBT) Gebrauch machen, wenn eine oppositionelle Fraktion unter Berufung auf das Verfassungsrecht die Zuweisung spezifischer Oppositionsfraktionsrechte einfordert[125] oder aber – insbesondere auf außerparlamentarischer Ebene – wenn Kommunikationsgrundrechte im politischen Meinungsbildungsprozess zur Ausübung von Opposition gegenüber dem Mehrheitswillen fruchtbar gemacht werden.[126] In concreto bedeutet dies – etwa mit Blick auf das erstge-

[121] *J. H. Klement*, Verantwortung, S. 38.

[122] *J. H. Klement*, Verantwortung, S. 48 f.; vgl. dazu schon 1. Kapitel § 2 I. 1. b), S. 22.

[123] *D. Mundil*, Die Opposition, S. 49, spricht von einem „eher politisch zu verstehenden Begriff“.

[124] *A. Ingold*, Das Recht der Oppositionen, S. 164.

[125] So die Antragstellerin in dem Organstreitverfahren vor dem BVerfG, Urt. v. 3.5.2016 – Az. 2 BvE 4/14, BVerfGE 142, 25 ff.; vgl. hierzu noch 4. Kapitel § 2 II. 1., S. 277 f.

[126] Aufbauend auf den Beispielen von *A. Ingold*, Das Recht der Oppositionen, S. 164.

nannte Beispiel –, dass die rechtliche Beurteilung der Reichweite des Interpellationsrechts nicht außer Acht lassen kann, dass es sich dabei ganz überwiegend um ein Mittel oppositioneller Abgeordneter handelt.[127] Damit transformiert sich das zunächst politische Phänomen der Opposition bei der Bestimmung des Verhältnisses von Parlament und Regierung sowie der Beziehungen zwischen Mehrheits- und Minderheitenparteien zu einem Phänomen, das einer rechtlichen Würdigung zugeführt werden muss. In Anbetracht dieser Wirkungsweise lässt sich somit feststellen, dass Opposition als politische Erscheinungsweise trotz ihres nicht-dogmatischen Gehalts auf die Etablierung dogmatischer Sätze Einfluss nimmt.[128] Mithin handelt es sich bei dem Begriff der Opposition um einen Begriff mit dogmatischem Wert.

cc) Ergebnis: Opposition als heuristischer Rechtsbegriff

Nach diesem Verständnis kann „Opposition" also als heuristischer Rechtsbegriff verstanden werden.[129] Dem Oppositionsbegriff kommt trotz seiner „außerjuristische[n] Begriffsorientierung"[130] eine (verfassungs-)rechtliche Dimension zu. Die Tatsache, dass es sich bei dem Phänomen der Opposition um ein originär politisches Phänomen handelt, steht der Einordnung als Rechtsbegriff somit nicht entgegen. In der Konsequenz stellt sich dann jedoch die Frage, welcher spezifisch juristische Bedeutungsgehalt dem Rechtsbegriff der Opposition zukommt.

3. Juristischer Bedeutungsgehalt des Oppositionsbegriffs

Den Bedeutungsgehalt des Begriffs der Opposition zu bestimmen, fällt nicht leicht. Eine herrschende Begrifflichkeit hat sich in der Rechtsprechung wie auch in der juristischen Literatur bis dato noch nicht herausgebildet. Dies verleitet manche zu der These, dass der Begriff der Opposition nicht verbindlich definiert werden könne.[131] Richtig ist dabei sicherlich, dass Opposition als „dynamisches

---

[127] Vgl. BVerfG, Urt. v. 21.10.2014 – Az. 2 BvE 5/11, BVerfGE 137, 185 (Rn. 201).

[128] *A. Ingold*, Das Recht der Oppositionen, S. 164.

[129] Vgl. ebenso *A. Ingold*, Das Recht der Oppositionen, S. 163 ff.; *P. M. Huber*, in: J. Isensee/P. Kirchhof (Hrsg.), Handbuch des Staatsrechts der Bundesrepublik Deutschland, Bd. III, § 47 Rn. 3 ff., der dem Begriff „Opposition" einen „empirisch-heuristischen" (Rn. 5) Gehalt beimisst.

[130] *A. Ingold*, Das Recht der Oppositionen, S. 165.

[131] *J. Plöhn*, ZParl 1997, S. 558 (571), der – allerdings in Bezug auf Sachsen-Anhalt – den Versuch einer verbindlichen Definition des Oppositionsbegriffs mit dem Urteil des Landesverfassungsgerichts Sachsen-Anhalt vom 29. Mai 1997 – Az. LVG 1/96, LVerfGE 6, 281 ff., für gescheitert hält. Stattdessen empfehle sich eine Änderung der Verfassung des Landes Sachsen-Anhalt unter Reduzierung der konstitutionellen Oppositionsnorm auf funktional-deskripti-

Phänomen“[132] schwierig zu definieren ist. Opposition zu beschreiben, fällt ungleich leichter.[133] Doch das Recht muss sich dieser Schwierigkeit stellen. Wenn es sich bei dem Begriff der Opposition um einen (heuristischen) Rechtsbegriff handelt, ist es nur konsequent, dass ihm auch ein Bedeutungsgehalt zugewiesen werden muss.[134] Im Folgenden wird daher zunächst der Oberbegriff der Opposition definiert (a), ehe sodann eine Einschränkung auf den im Zentrum dieser Arbeit stehenden Teilbegriff der parlamentarischen Opposition vorgenommen wird (b).

a) Opposition als Oberbegriff für das Äußern von Widerspruch

Unter Opposition im Sinne dieser Arbeit soll nur die geistige Opposition verstanden werden unter Außerachtlassen der örtlichen Opposition.[135] Doch selbst hinter dem Begriff „geistige Opposition“ verbirgt sich ein breites Spektrum, das sowohl parlamentarische als auch außerparlamentarische Opposition umfasst.[136] Insbesondere außerparlamentarische Opposition kann auf vielen Ebenen wirksam werden. In Betracht kommen hierfür aus einer öffentlich-rechtlichen Perspektive[137] vor allem die Medien (insb. Presse, Rundfunk und Fernsehen) sowie die nicht im Bundestag vertretenen politischen Parteien, aber beispielsweise auch Berufs- oder Interessenverbände, die Kirchen oder Studierende. Man könnte zusammenfassend von „Interessengruppen jeglicher Art, deren wie auch immer geartetes Verbandsinteresse sich mit der offiziellen Regierungspolitik nicht deckt oder die sich von ihr übergangen fühlen“[138], sprechen. Darüber hinaus kann außerparlamentarische Opposition auch von Einzelpersonen ausgeübt wer-

---

ve Elemente. Vgl. auch *W. Zeh*, der in der Diskussion zu seinem Referat in: F. Hufen (Hrsg.), Bundesstaat – Parlament – Opposition, S. 51, darauf hinweist, dass ein einheitlicher verfassungsrechtlicher Begriff der Opposition nicht gebildet werden könne.

[132] *S. Hölscheidt*, Das Recht der Parlamentsfraktionen, S. 492.

[133] *K. Stern*, Das Staatsrecht der Bundesrepublik Deutschland, Bd. I, § 23 III 2, S. 1038.

[134] Über die Notwendigkeit einer Begriffsdefinition *D. Mundil*, Die Opposition, S. 49.

[135] Vgl. zu dieser Differenzierung die Einführung des 1. Kapitels, S. 7.

[136] Ein solches Verständnis liegt offenbar auch der Rechtsprechung des Bundesverfassungsgerichts zugrunde, vgl. jüngst BVerfG, Beschl. v. 17.9.2013 – Az. 2 BvR 2436/10, 2 BvE 6/08, BVerfGE 134, 141 (Rn. 95): „Regierung und Opposition sowie die sie tragenden politischen Kräfte im Parlament […]“; a.A. *K. Stern*, Das Staatsrecht der Bundesrepublik Deutschland, Bd. I, § 23 III 2, S. 1039, nach dem der Oppositionsbegriff auf die parlamentarische Opposition einzuengen sei.

[137] Auch auf privatrechtlicher Ebene kommt dem Begriff der Opposition Bedeutung zu. Vgl. dazu beispielsweise den Beitrag von *H.-P. Schwintowski*, NZG 2013, S. 1406 ff., der die Bedeutung von Opposition für gesellschaftsrechtliche Corporate-Governance-Systeme untersucht und vorschlägt, den Strukturbaustein „Opposition“ in großen, weltweit vernetzten Aktiengesellschaften als *Board of Compliance* strukturell vorzusehen.

[138] *G. Zirker*, Die staatsrechtliche Stellung der Opposition nach dem Grundgesetz, S. 6.

den, die im Wege der Grundrechtsausübung ihre politische Haltung zum Ausdruck bringen. Allerdings dürfte der Oppositionsausübung des Einzelnen in der Praxis nur ein geringes Gewicht zukommen, denn zur wirksamen Ausübung von Opposition bedarf es im Regelfall eines Zusammenschlusses von mehreren Menschen.[139] Schließlich muss der außerparlamentarischen Opposition auch kein Element der Dauerhaftigkeit zukommen, was ihre Identifizierung im Einzelfall zusätzlich erschweren kann.

Angesichts der Vielfalt der Erscheinungsweisen und der beschriebenen Schwierigkeiten, Opposition zu identifizieren, scheidet eine Definition, die an organisatorische Maßstäbe anknüpft, für den Oberbegriff „Opposition" aus.[140] Vielmehr ist es vorzugswürdig, auf das Wirken als Opposition abzustellen und somit einem funktionalen Ansatz zu folgen.[141] In funktionaler Hinsicht kommt – entsprechend der semantischen Bedeutung des Oppositionsbegriffs – dem Kriterium des Widerspruchs entscheidende Bedeutung zu.[142] Der Widerspruch kann zum einen in Form eines dauerhaften realen Gegensatzes zum Ausdruck kommen, ausreichend ist zum anderen aber grundsätzlich auch eine spontan auftretende, konkrete Gegenposition zu den dominanten Kräften im Gemeinwesen.[143] Diesbezüglich muss zumindest eine gewisse Erheblichkeitsschwelle erreicht sein: die „gelegentliche [...], ungezielte [...] Empörung"[144] und der „diffus-ephemere Protest"[145] können noch nicht als ausreichend erachtet werden, um den Begriff der Opposition auszufüllen. Allerdings dürfen die Anforderungen an das Äußern des Widerspruchs nicht überspannt werden. Das Äußern konstruktiver Gegenvorschläge ist jedenfalls kein konstitutives Element für das Äußern von Widerspruch.[146]

---

[139] *D. Mundil*, Die Opposition, S. 111 Fn. 660.

[140] Anders aber *N. Gehrig*, Parlament – Regierung – Opposition, S. 81: „‚Opposition' ist der gruppenmäßige, organisatorisch-institutionelle Rahmen für die politische Formierung der Minderheit."

[141] Vgl. schon *H.-P. Schneider*, Die parlamentarische Opposition im Verfassungsrecht der Bundesrepublik Deutschland, S. 76, der für die Begriffsbestimmung der „politischen Opposition" ebenfalls auf funktionale Elemente zurückgreifen und daran die Wirkungsweise des betreffenden Phänomens verdeutlichen möchte.

[142] Vgl. *N. Luhmann*, ZfP 36 (1989), S. 13 (13): „Eine Opposition unterscheidet sich von dem, wogegen sie opponiert."

[143] *H.-P. Schneider*, Die parlamentarische Opposition im Verfassungsrecht der Bundesrepublik Deutschland, S. 76.

[144] *H.-P. Schneider*, Die parlamentarische Opposition im Verfassungsrecht der Bundesrepublik Deutschland, S. 76.

[145] *H.-P. Schneider*, Die parlamentarische Opposition im Verfassungsrecht der Bundesrepublik Deutschland, S. 76.

[146] *A. Vulpius*, Die Allparteienregierung, S. 193 f.: „Zur Geltendmachung einer oppositionellen Handlung gehört deshalb nicht notwendig, daß der in Opposition Stehende auch konst-

Unter Zugrundelegung des funktionalen Kriteriums des Widerspruchs kann der Begriff der Opposition zusammenfassend wie folgt definiert werden: „Opposition […] ist das Bestreben von Vereinigungen, Gruppen, Cliquen und Einzelpersonen, Ziele zu verwirklichen, die mit denen der Träger politischer, wirtschaftlicher und sozialer Autorität im Widerspruch stehen, gleichgültig, ob sie sich hierzu parlamentarischer oder sonstiger Methoden bedienen.“[147]

b) Parlamentarische Opposition als Teilmenge des Oppositionsbegriffs

Für die vorliegende Untersuchung soll der Schwerpunkt nicht auf dem umfassenden Begriff der Opposition,[148] sondern auf demjenigen der parlamentarischen Opposition liegen. Der Begriff der parlamentarischen Opposition stellt sich insoweit als Teilmenge des gerade definierten Oppositionsbegriffs dar. Parlamentarische Opposition ist eine der zahlreichen Erscheinungsformen von Opposition, allerdings regelmäßig auch die wichtigste und wirksamste.[149] Ausgehend von dem funktional zu verstehenden Oberbegriff der Opposition ist auch dem Begriffsverständnis der parlamentarischen Opposition eine funktionale Betrachtungsweise zugrunde zu legen, wie im Folgenden dargelegt werden soll.

II. Parlamentarische Opposition: Funktion und nicht Institution

Eine zentrale Thematik in der rechtswissenschaftlichen Oppositionsforschung stellt die Frage dar, ob es sich bei dem Phänomen der parlamentarischen Opposition um die Beschreibung eines parlamentarischen Verhaltens oder aber um die Abbildung einer organisatorisch-institutionellen Einheit handelt. Mithin stellt sich die Frage, ob es *die* parlamentarische Opposition als solche gibt oder ob sich Opposition vielmehr in funktional-situativer Weise bildet. Aufbauend auf den Regelungsansätzen der Landesverfassungen (1.) sollen die folgenden Ausführungen aufzeigen, dass der Begriff der parlamentarischen Opposition auch unter dem Grundgesetz kein institutionelles Gebilde abbildet, sondern in einem funktionalen Sinne zu begreifen ist (2.). Dies evoziert die Frage, wie parlamentarische Opposition im Bundestag ermittelt werden kann (3.).

---

ruktive Gegenvorschläge macht. Eine sogenannte konstruktive Opposition mag nützlich sein; sie besagt, daß der Oppositionsträger nicht nur widerspricht, sondern auch positive Mitarbeit leistet. Begrifflich gehört sie zur Geltendmachung einer oppositionellen Haltung nicht.“

[147] *E. Fraenkel*, in: ders./K. D. Bracher (Hrsg.), Staat und Politik, S. 226 (226). Ähnlich und daran anknüpfend *H.-P. Schneider*, Die parlamentarische Opposition im Verfassungsrecht der Bundesrepublik Deutschland, S. 76.

[148] Dazu grundlegend *A. Ingold*, Das Recht der Oppositionen.

[149] *A. Vulpius*, Die Allparteienregierung, S. 194; vgl. auch *W. Zeh*, in: J. Isensee/P. Kirchhof (Hrsg.), Handbuch des Staatsrechts der Bundesrepublik Deutschland, Bd. III, § 52 Rn. 23.

1. Verfassungsrechtsdogmatische Regelungsansätze der Landesverfassungen

Textliche Konstitutionalisierungen[150] parlamentarischer Opposition finden sich gegenwärtig in zwölf Landesverfassungen.[151] Den landesverfassungsrechtlichen Oppositionsregelungen liegt dabei jedoch kein einheitlicher verfassungsrechtsdogmatischer Regelungsansatz zugrunde. Vielmehr lassen sich die Oppositionsregelungen der Landesverfassungen in vereinheitlichende und nicht-vereinheitlichende Regelungsansätze klassifizieren.[152] Während erstere prima facie eine Institutionalisierung parlamentarischer Opposition herbeizuführen scheinen (b), folgen letztere vorzugswürdigerweise einer funktionalen Betrachtungsweise, welche an die oppositionelle Betätigung im Parlament anknüpft (a).

a) Regelungsansätze ohne Vereinheitlichung

Regelungsansätze, die von einer Vereinheitlichung parlamentarischer Opposition absehen, folgen grundsätzlich einer funktionalen Betrachtung parlamentarischer Opposition. Hiervon finden sich in den Landesverfassungen zwei Modelle. Zum einen sehen die Verfassungen von Bayern, Bremen, Rheinland-Pfalz, Sachsen und Thüringen schon nach ihrem ausdrücklichen Wortlaut ein funktionales Oppositionsmodell vor.[153] Anstelle der Normierung einer organisatorischen Institution *der* parlamentarischen Opposition beschreiben sie – wenn auch mit leicht voneinander abweichenden Formulierungen – das Verhalten des Opponierens und sprechen diesem ausdrücklich verfassungsrechtliche Bedeutung zu.[154] Formulierungen wie „Parlamentarische Opposition ist ein grundlegender Bestandteil der parlamentarischen Demokratie" (Art. 16a Abs. 1 BayVerf, Art. 85b Abs. 1

---

[150] Zum Begriff der Konstitutionalisierung *J. H. Klement*, JöR 61 (2013), S. 115 (120): „‚Konstitutionalisierung' meint nicht nur, dass die Verfassung Regeln zur Konstitution der gesetzgebenden Organe und zum Gesetzgebungsverfahren sowie den (ungeschriebenen) Normgeltungsbefehl enthält, der aus einem tatsächlichen Geschehen im Parlament ein Gesetz werden lässt. Konstitutionalisierung ist vielmehr auch und vor allem eine inhaltliche Präformation des ‚einfachen' Rechts durch die Verfassung."

[151] Vgl. Art. 16a Abs. 1 BayVerf; Art. 38 Abs. 3 BerlVerf; Art. 55 Abs. 2 BbgVerf; Art. 78 BremVerf; Art. 24 Abs. 1 HbgVerf; Art. 26 MVVerf; Art. 19 Abs. 2 NdsVerf; Art. 85b Abs. 1 RhPfVerf; Art. 40 Satz 1 SächsVerf; Art. 48 Abs. 1 SachsAnhVerf; Art. 18 Abs. 1 SchlHVerf; Art. 59 Abs. 1 ThürVerf. Zu den landesverfassungsrechtlichen Oppositionsregelungen grundlegend *P. Cancik*, Parlamentarische Opposition in den Landesverfassungen.

[152] Ausführlich dazu *P. Cancik*, Parlamentarische Opposition in den Landesverfassungen, S. 125 ff.; *A. Ingold*, Das Recht der Oppositionen, S. 175 ff.

[153] Vgl. Art. 16a Abs. 1 BayVerf; Art. 78 Abs. 1 BremVerf; Art. 85b Abs. 1 RhPfVerf; Art. 40 Satz 1 SächsVerf; Art. 59 Abs. 1 ThürVerf.

[154] *A. Ingold*, Das Recht der Oppositionen, S. 175, spricht insoweit von einem „eher prozeduralen Oppositionsansatz".

RhPfVerf, Art. 59 Abs. 1 ThürVerf)[155] oder „Das Recht auf Bildung und Ausübung parlamentarischer Opposition wird gewährleistet" (Art. 78 Abs. 1 BremVerf) zeugen insoweit schon begrifflich von einem funktionalen Verständnis parlamentarischer Opposition.

Zum anderen liegt eine funktionale Betrachtung parlamentarischer Opposition auch solchen Regelungsansätzen zugrunde, die auf eine Vereinheitlichung parlamentarischer Opposition verzichten, indem sie „anstelle einer allgemeinen Oppositionsverortung ausschließlich anderweitig bereits anerkannten Verfassungssubjekten konkrete Oppositionsrechte oder -aufgaben zuerkenn[en]"[156]. Dies ist namentlich für die Regelung des Art. 19 Abs. 2 NdsVerf zu konzedieren, welche den „Fraktionen und [den] Mitglieder[n] des Landtages, die die Landesregierung nicht stützen, […] das Recht auf Chancengleichheit in Parlament und Öffentlichkeit" zuspricht (Satz 1) und den damit implizit anerkannten Oppositionsträgern zugleich einen „Anspruch auf die zur Erfüllung ihrer besonderen Aufgaben erforderliche Ausstattung" verbürgt (Satz 2 Hs. 1). Zutreffend wird hier also nicht auf *die* parlamentarische Opposition im Sinne einer vereinheitlichten Institution rekurriert, sondern vielmehr erfolgt eine Rechtszuweisung an diejenigen parlamentarischen Akteure, welche die oppositionellen Funktionen ausüben – namentlich die Fraktionen und Abgeordneten, welche die Regierung nicht stützen.

b) Regelungsansätze mit Vereinheitlichung

Anders als die oben aufgeführten Landesverfassungen verfolgen die Verfassungen von Berlin, Brandenburg, Hamburg, Mecklenburg-Vorpommern, Sachsen-Anhalt[157] und Schleswig-Holstein einen Regelungsansatz mit einer vereinheitlichenden Oppositionsvorstellung.[158] Dies wird daran deutlich, dass in diesen Landesverfassungen *die* parlamentarische Opposition als solche konstituiert wird. Aufgrund des vorangestellten Artikels kommt es jedenfalls dem Wortlaut der Verfassungsbestimmungen nach zu einer pauschalierend-vereinheitlichenden

---

[155] Inhaltsähnlich ist auch die Formulierung des Art. 40 Satz 1 SächsVerf: „Das Recht auf Bildung und Ausübung parlamentarischer Opposition ist wesentlich für die freiheitliche Demokratie."

[156] *A. Ingold*, Das Recht der Oppositionen, S. 176.

[157] Anders – gleichwohl ohne Begründung – *P. Cancik*, Parlamentarische Opposition in den Landesverfassungen, S. 130, welche in der Regelung Sachsen-Anhalts keinen vereinheitlichenden Ansatz erkennt. Hierbei handelt es sich aber offenbar um ein redaktionelles Versehen, da *Cancik* die fast wortgleiche Regelung des Art. 26 Abs. 1 MVVerf zutreffend dem vereinheitlichenden Regelungsansatz zuordnet.

[158] Vgl. Art. 38 Abs. 3 Satz 1 BerlVerf; Art. 55 Abs. 2 Satz 1 BbgVerf; Art. 24 Abs. 1 HbgVerf; Art. 26 Abs. 1 MVVerf; Art. 48 Abs. 1 SachsAnhVerf; Art. 18 Abs. 1 Satz 1 SchlHVerf.

Betrachtung parlamentarischer Opposition.[159] Hieraus könnte man auf den ersten Blick den Eindruck gewinnen, es erfolge – entgegen dem funktionalen Ansatz – eine Institutionalisierung *der* parlamentarischen Opposition. Gleichwohl ist es doch fraglich, ob durch derartige grammatikalische Subjektkonstruktionen parlamentarische Opposition auch zu einem „Subjekt eines Rechts“[160] wird. Namentlich *Pascale Cancik* und – darauf aufbauend – *Albert Ingold* haben zutreffend herausgestellt, dass trotz der Vereinheitlichungstendenz im Wortlaut der genannten Landesverfassungen verfassungsrechtsdogmatisch keine Eigenständigkeit von parlamentarischer Opposition als (Verfassungs-)Rechtssubjekt anerkannt wird.[161] Während sich dies bei denjenigen vereinheitlichenden Regelungen, die sodann von einer Rechtszuweisung an *die* parlamentarische Opposition absehen[162] oder aber sich dabei auf spezifische Oppositionsakteure beschränken[163], aus einer einfachen verfassungssystematischen Auslegung ergibt,[164] bereiten die Rechtszuweisungen in den Verfassungen von Berlin, Brandenburg, Mecklenburg-Vorpommern und Schleswig-Holstein größere Schwierigkeiten mit Blick auf das tradierte funktional-rechtliche Oppositionsverständnis. Allen diesen Bestimmungen ist gemeinsam, dass sie *der* parlamentarischen Opposition das Recht auf (politische) Chancengleichheit verbürgen.[165] *Pascale Cancik* hat indes deutlich gemacht, dass eine Auslegung der entsprechenden landesverfassungsrechtlichen Normen dahingehend, dass von einer Rechtszuweisungen an eine vereinheitlichend gedachte (also an *die*) parlamentarische Opposition ausgegangen wird, nicht nur erhebliche praktische Probleme nach sich zieht und verfassungssystematisch nicht tragbar ist, sondern darüber hinaus auch verfassungsrechtlich im Konflikt mit der Abgeordneten- und Fraktionsfreiheit steht, soweit ein solches Verfassungsverständnis einen Einigungszwang einer heterogen zusammengesetzten parlamentarischen Opposition bedingt.[166] Mithin sind die entsprechenden

[159] So der zutreffende Differenzierungsansatz von *P. Cancik*, Parlamentarische Opposition in den Landesverfassungen, S. 125 ff.; zustimmend *A. Ingold*, Das Recht der Oppositionen, S. 176 f.

[160] *P. Cancik*, Parlamentarische Opposition in den Landesverfassungen, S. 126.

[161] *P. Cancik*, Parlamentarische Opposition in den Landesverfassungen, S. 132 ff.; *A. Ingold*, Das Recht der Oppositionen, S. 176 ff.

[162] So die Regelung des Art. 24 Abs. 2 HbgVerf, die lediglich eine allgemeine Aufgabenumschreibung, nicht jedoch eine konkrete Rechtszuweisung vornimmt.

[163] So die Regelung des Art. 48 Abs. 2 SachsAnhVerf, die – nach der vereinheitlichenden Legaldefinition in Abs. 1 – eine Rechtszuweisung lediglich an die „Oppositionsfraktionen“ vornimmt.

[164] Vgl. *A. Ingold*, Das Recht der Oppositionen, S. 177.

[165] Vgl. Art. 38 Abs. 3 Satz 2 BerlVerf; Art. 55 Abs. 2 Satz 2 BbgVerf; Art. 26 Abs. 3 MV-Verf; Art. 18 Abs. 1 Satz 4 SchlHVerf.

[166] *P. Cancik*, Parlamentarische Opposition in den Landesverfassungen, S. 132 ff.

landesverfassungsrechtlichen Oppositionsnormen, die eine Rechtszuweisung an *die* parlamentarische Opposition vornehmen, einschränkend dahingehend auszulegen, dass trotz des auf den ersten Blick entgegenstehenden Wortlauts nicht der organisatorisch-institutionelle Rechtsträger *der* parlamentarischen Opposition berechtigt oder verpflichtet wird, sondern vielmehr die einzelnen ihn konstituierenden Verfassungsrechtssubjekte.[167] Jede andere Auslegung, welche die Opposition als Einheit betrachten würde, wäre verfassungsrechtlich nicht zulässig.[168]

Im Ergebnis ist damit festzuhalten, dass auch diejenigen Landesverfassungen, die einem vereinheitlichenden Regelungsansatz folgen, letztlich nicht zu einer Institutionalisierung *der* parlamentarischen Opposition geführt haben.

2. Parlamentarische Opposition unter dem Grundgesetz: Beschreibung eines Verhaltens im Parlament

Nicht nur in den Landesverfassungen, sondern auch unter den durch das Grundgesetz vorgegebenen bundesverfassungsrechtlichen Strukturen lässt sich keine organisatorisch-institutionelle Opposition identifizieren. Vielmehr bildet der Begriff der parlamentarischen Opposition im rechtlichen Sinne ein Verhalten im Parlament ab (a). Daran anknüpfend stellt sich die Frage, welche Akteure den Oppositionsbegriff funktional ausfüllen und wie sich dies feststellen lässt (b).

a) Keine organisatorisch-institutionelle Opposition

Wenn man – wie dies von manchen vertreten wird – davon ausgeht, bei der parlamentarischen Opposition handele es sich um ein „Institut"[169] des Verfassungsrechts bzw. um eine „Verfassungsinstitution"[170], welche identisch sei mit der „Gesamtheit aller nicht an der Regierung beteiligten, aber potentiell regierungsfähigen Gruppen (Fraktionen)"[171] des Parlaments, ist damit ein organisato-

---

[167] *A. Ingold*, Das Recht der Oppositionen, S. 179 f. m. w. N.; *R. Poscher*, AöR 122 (1997), S. 444 (458); *S. Haberland*, Die verfassungsrechtliche Bedeutung der Opposition nach dem Grundgesetz, S. 155.

[168] So auch schon *H. Meyer*, in: H.-P. Schneider/W. Zeh (Hrsg.), Parlamentsrecht und Parlamentspraxis in der Bundesrepublik Deutschland, § 4 Rn. 118.

[169] *H.-P. Schneider*, Die parlamentarische Opposition im Verfassungsrecht der Bundesrepublik Deutschland, S. 233; *ders.*, in: ders./W. Zeh (Hrsg.), Parlamentsrecht und Parlamentspraxis in der Bundesrepublik Deutschland, § 38 Rn. 15, 19.

[170] *H.-P. Schneider*, in: ders./W. Zeh (Hrsg.), Parlamentsrecht und Parlamentspraxis in der Bundesrepublik Deutschland, § 38 Rn. 29; *W. Zeh*, in: J. Isensee/P. Kirchhof (Hrsg.), Handbuch des Staatsrechts der Bundesrepublik Deutschland, Bd. III, § 52 Rn. 22.

[171] *H.-P. Schneider*, Die parlamentarische Opposition im Verfassungsrecht der Bundesrepublik Deutschland, S. 121; *ders.*, in: E. Benda/W. Maihofer/H.-J. Vogel (Hrsg.), Handbuch des Verfassungsrechts der Bundesrepublik Deutschland, § 13 Rn. 98. Anders jedoch *ders.*, in:

risch-institutionelles Verständnis von Opposition verbunden. Durch die Anknüpfung an eine Gesamtheit[172] kommt zum Ausdruck, dass *die* Opposition als ein abgrenzbares Handlungssubjekt verstanden wird, was konstitutiv für eine Einordnung als Organisation[173] bzw. Institution[174] ist.

Ein solches Verständnis vermag jedoch nicht zu überzeugen; es entspricht auch nicht der Konzeption des Grundgesetzes.[175] Parlamentarische Opposition ist – etwa im Gegensatz zu den in Art. 21 GG anerkannten Parteien[176] – keine eigene verfassungsrechtliche Institution,[177] denn sie tritt in der Regel nicht in der Weise in Erscheinung, dass sie als Gruppe von der Summe ihrer Mitglieder unterscheidbar wäre. Für ein solches Auftreten und für eine Qualifizierung als verfassungsrechtliche Institution fehlen dem parlamentarischen Regierungssystem der Bundesrepublik Deutschland die entsprechenden Voraussetzungen, denn weder sieht das Grundgesetz die Bildung einer entsprechend institutionalisierten Opposition vor noch hat der einfache Gesetzgeber durch ein auf ein Zweiparteienparlament ausgelegtes Wahlsystem die tatsächlichen Voraussetzungen für das

---

ders./W. Zeh (Hrsg.), Parlamentsrecht und Parlamentspraxis in der Bundesrepublik Deutschland, § 38 Rn. 33, wo er jede einzelne nicht an der Regierung beteiligte Fraktion als parlamentarische Opposition einstuft.

172 So auch – ohne nähere Begründung – *S. Schuster*, DÖV 2014, S. 516 (523).

173 Vgl. zum Ausdruck „Organisation" *E.-W. Böckenförde*, in: Festschrift H. J. Wolff, S. 269 (298): „Eine Organisation ist immer dann vorhanden, wenn ein bestimmter aufgabenbezogener Wirkzusammenhang von anderen abgegrenzt, als Subjekt seiner Aufgaben und Zuständigkeiten im Verhältnis zu anderen Handlungssubjekten anerkannt (und damit relativ verselbständigt) und als gegliederte, d. h. seinerseits über eigenständige Handlungssubjekte (Funktionseinheiten) verfügende bzw. in ihnen sich darstellende Einheit konstituiert ist."

174 Vgl. zum Ausdruck „Institution" *P. Cancik*, Parlamentarische Opposition in den Landesverfassungen, S. 66: „Der Ausdruck ‚Institution' bietet sich für all diejenigen Gruppierungen an, die bestimmte Zwecke verfolgen, auf Dauer angelegt, stabil sind, die als Gruppe unterscheidbar von der Summe ihrer Mitglieder auftreten. Er kann synonym mit ‚Organisation' verwendet werden oder auch Teile einer Organisation bezeichnen." Vgl. auch *W. Ivor Jennings*, in: R. Schnur (Hrsg.), Institution und Recht, S. 99 (105): „Das Wort ‚Institution' bedeutet, daß etwas etabliert, eingerichtet ist und dauernden Bestand hat."

175 Ausführlich zum funktionalen Oppositionsverständnis des Grundgesetzes *D. Mundil*, Die Opposition, passim und S. 108 ff. Vgl. auch *H. Dreier*, in: ders. (Hrsg.), GG, Bd. II, Art. 20 (Demokratie) Rn. 75; *H.-J. Waack*, in: M. Morlok/U. Schliesky/D. Wiefelspütz (Hrsg.), Parlamentsrecht, § 22 Rn. 47.

176 BVerfG, Urt. v. 5.4.1952 – Az. 2 BvH 1/52, BVerfGE 1, 208 (225); Urt. v. 23.10.1952 – Az. 1 BvB 1/51, BVerfGE 2, 1 (73); Beschl. v. 2.3.1977 – Az. 2 BvE 1/76, BVerfGE 44, 125 (145); Urt. v. 14.7.1986 – Az. 2 BvE 2/84, 2 BvR 442/84, BVerfGE 73, 40 (85).

177 So nunmehr auch klarstellend BVerfG, Urt. v. 3.5.2016 – Az. 2 BvE 4/14, BVerfGE 142, 25 (Rn. 64), wonach „in der bundesverfassungsgerichtlichen Rechtsprechung bislang von jeder Institutionalisierung parlamentarischer Opposition abgesehen und diese in keinem Fall als eigenes Verfassungssubjekt oder als organisatorisch verselbstständigte parlamentsrechtliche Institution angesehen worden ist".

Entstehen einer solchen Institution geschaffen.[178] Nur im klassischen Zweiparteienparlament lassen sich nämlich zwei Kontrahenten identifizieren, die es erlauben, der Opposition den Charakter einer verfassungsrechtlichen Institution zuzusprechen.[179] Die parlamentarische Opposition in Deutschland stellt hingegen unter den gegenwärtigen rechtlichen Voraussetzungen keine in sich geschlossene, homogene und abgrenzbare Einheit dar, die es erlauben würde, in der juristischen Terminologie von *der* Opposition im Sinne einer verfassungsrechtlichen Institution zu sprechen.[180] Sollte der Deutsche Bundestag in seiner Eigenschaft als Gesetzgeber oder Geschäftsordnungsgeber trotz einer heterogen zusammengesetzten Opposition normativ an eine solche vereinheitlichende Oppositionsvorstellung anknüpfen und dieser konkrete Rechte zuweisen, würde dies nicht zuletzt in parlamentspraktischer Hinsicht bislang unbekannte Probleme aufwerfen:[181] Bestünde dann etwa ein potenziell zur Immobilität führender Einigungszwang innerhalb der Opposition, um Rechte, die *der* Opposition zugewiesen sind, wahrzunehmen? Falls ein solcher Einigungszwang nicht existierte und Entscheidungen beispielsweise nach dem Mehrheitsprinzip getroffen werden könnten, wie würden Minderheiten in der Opposition geschützt? Könnte es eine „Opposition in der Opposition" geben?

Auch wenn eine institutionelle Aufwertung der Opposition für manche wünschenswert sein mag – und sei es nur um eines verbesserten Verständnisses der „Institutionen" der modernen Demokratie willen[182] –, besitzt die parlamentarische Opposition im Deutschen Bundestag unter den gegebenen verfassungsrechtlichen und parlamentspraktischen Voraussetzungen keinen organisatorisch-institutionellen Charakter. Mithin gibt es keine verfassungsrechtliche Institution der parlamentarischen Opposition. Vielmehr ist von einer Vielfalt möglicher Oppositionsakteure auszugehen, durch deren Agieren die Funktion der Opposition zum Ausdruck kommt.

---

[178] Grundlage für ein Zweiparteienparlament wäre ein Mehrheitswahlrecht, vgl. *D. Mundil*, Die Opposition, S. 110. Kritisch *H. Meyer*, in: H.-P. Schneider/W. Zeh (Hrsg.), Parlamentsrecht und Parlamentspraxis in der Bundesrepublik Deutschland, § 4 Rn. 118, nach dem unter den gegebenen Verhältnissen selbst durch ein Mehrheitswahlrecht ein Zweiparteiensystem nicht erzwungen werden könnte.

[179] *S. Landshut*, in: Festschrift A. Rüstow, S. 214 (220 f.); *D. Mundil*, Die Opposition, S. 109 f.

[180] *H. Meyer*, in: H.-P. Schneider/W. Zeh (Hrsg.), Parlamentsrecht und Parlamentspraxis in der Bundesrepublik Deutschland, § 4 Rn. 118.

[181] Dazu mit weiteren Beispielen auch schon *P. Cancik*, Parlamentarische Opposition in den Landesverfassungen, S. 132 f.

[182] *H. H. Klein*, in: J. Isensee/P. Kirchhof (Hrsg.), Handbuch des Staatsrechts der Bundesrepublik Deutschland, Bd. III, § 50 Rn. 45.

b) Vielfalt möglicher Oppositionsakteure

Wenn man parlamentarische Opposition – wie hier – nicht als organisatorisch-institutionelle Gesamtheit betrachtet, sind grundsätzlich zwei verschiedene Anknüpfungspunkte denkbar, über die parlamentarische Opposition im Parlament zum Vorschein kommt. Opposition kann zum einen über die Fraktionen (§ 10 Abs. 1 GOBT) oder parlamentarischen Gruppen (§ 10 Abs. 4 GOBT) zum Ausdruck gebracht und zum anderen auch durch das Handeln einzelner Abgeordneter wirksam werden. Beide Wirkungsweisen schließen sich nicht aus, sondern ergänzen sich vielmehr dergestalt, dass von einer Vielfalt möglicher Oppositionsakteure auszugehen ist.

aa) Fraktionen und Gruppen als Akteure parlamentarischer Opposition

Die wirksamste Erscheinungsform von Opposition im Parlament stellt das Handeln durch (Oppositions-)Fraktionen – bzw., falls diese keinen Fraktionsstatus erreichen, durch Gruppen – dar.[183] Die Fraktionen sind gewissermaßen die Trägerinnen der „institutionalisierten Opposition“[184] im Parlament. Von dieser Vorstellung wurde offenbar auch der einfache Gesetzgeber bei der Zuerkennung des Oppositionszuschlags für die die Bundesregierung nicht tragenden Fraktionen (§ 50 Abs. 2 Satz 1 AbgG) geleitet. In den Entscheidungen des Bundesverfassungsgerichts findet sich teilweise sogar die Annahme einer Identität von Opposition und bestimmten Fraktionen, was die These der Bedeutung der Fraktionen für das Finden eines Anknüpfungspunktes im Parlament bestätigt.[185] Diese Anknüpfung an die Fraktionen begründet sich vor allem auch aus einer verfassungsprozessualen Perspektive, denn schließlich kann eine (Oppositions-)Fraktion im Rahmen eines Organstreitverfahrens in Prozessstandschaft Rechte des Bundestages geltend machen.[186] Dem einzelnen Abgeordneten steht eine solche Prozessstandschaft nach der – indes fragwürdigen[187] – Rechtsprechung des Bundesver-

---

[183] *P. M. Huber*, in: J. Isensee/P. Kirchhof (Hrsg.), Handbuch des Staatsrechts der Bundesrepublik Deutschland, Bd. III, § 47 Rn. 42 f.; *H.-J. Waack*, in: M. Morlok/U. Schliesky/D. Wiefelspütz (Hrsg.), Parlamentsrecht, § 22 Rn. 48.

[184] *D. Lorenz*, in: C. Starck (Hrsg.), Bundesverfassungsgericht und Grundgesetz, Bd. I, S. 225 (253).

[185] Vgl. BVerfG, Urt. v. 25.5.1977 – Az. 2 BvE 1/74, BVerfGE 45, 1 (38).

[186] Ständige Rechtsprechung des Bundesverfassungsgerichts, vgl. nur BVerfG, Urt. v. 12.7.1994 – Az. 2 BvE 3/92, 5/93, 7/93, 8/93, BVerfGE 90, 286 (344); Beschl. v. 12.3.2007 – Az. 2 BvE 1/07, BVerfGE 117, 359 (367); Urt. v. 2.6.2015 – Az. 2 BvE 7/11, BVerfGE 139, 194 (Rn. 96); Urt. v. 22.9.2015 – Az. 2 BvE 1/11, BVerfGE 140, 115 (Rn. 56); Urt. v. 3.5.2016 – Az. 2 BvE 4/14, BVerfGE 142, 25 (Rn. 66).

[187] Dazu – wie auch zu den unterschiedlichen Stimmen in der Literatur zu dieser Frage – unten, 3. Kapitel § 1 III., S. 184 ff.

fassungsgerichts hingegen nicht zu.[188] Damit sind die Fraktionen letztlich ein „institutionelle[s] Substrat“[189] für die fehlende verfassungsrechtliche Institution der Opposition.

bb) Abgeordnete als Akteure parlamentarischer Opposition

Opposition konstituiert sich aber nicht nur von den Fraktionen, sondern auch vom einzelnen Abgeordneten aus.[190] Die gegenteiligen Stimmen in der Literatur, die bei der Bestimmung parlamentarischer Opposition allein auf Gruppen bzw. Fraktionen abstellen, überzeugen nicht.[191] Schließlich sind die Abgeordneten aus verfassungsrechtlicher Perspektive die „entscheidende ‚Grundeinheit‘ im Parlament“[192], wie sich schon aus ihrer prominenten Stellung in der Systematik des Grundgesetzes ergibt. Sie wegen ihrer geringeren praktischen Bedeutung im Vergleich zu den Fraktionen im Rahmen der Identifizierung parlamentarischer Opposition zu vernachlässigen, kann insofern nur einem (vermeintlichen) Abbild der Verfassungspraxis geschuldet sein, verfassungsrechtlich verfängt dies hingegen nicht. Stellt man sich beispielsweise ein Parlament vor, in dem die übergroße Mehrheit der Abgeordneten die Regierung stützt und nur ein einziger Abgeordneter Opposition ausübt, so geht parlamentarische Opposition gerade von diesem einen Abgeordneten aus, der die Fahne der Opposition hochhält. Mithin ist verfassungsrechtlich von einer Inklusion der Abgeordneten in die Opposition ausübenden Akteure auszugehen. Diese Erkenntnis steht sowohl mit der neueren

---

[188] BVerfG, Urt. v. 12.7.1994 – Az. 2 BvE 3/92, 5/93, 7/93, 8/93, BVerfGE 90, 286 (343 f.); Beschl. v. 12.3.2007 – Az. 2 BvE 1/07, BVerfGE 117, 359 (367 f.); Urt. v. 30.6.2009 – Az. 2 BvE 2, 5/08, 2 BvR 1010, 1022, 1259/08, 182/09, BVerfGE 123, 267 (337); Beschl. v. 17.9.2013 – Az. 2 BvR 2436/10, 2 BvE 6/08, BVerfGE 134, 141 (Rn. 172).

[189] *N. Achterberg*, DVBl. 1974, S. 693 (704). Kritisch indes *M. Rossi*, JZ 2016, S. 1169 (1170): „Fraktionen sind […] keine verfassungsrechtlichen Institutionen“.

[190] Wie hier eine parlamentarische Pluralisierung und eine Inklusion einzelner Parlamentsabgeordneter zu den Akteuren parlamentarischer Opposition annehmend *A. Ingold*, Das Recht der Oppositionen, S. 415 ff., 434 f.; *P. Cancik*, Parlamentarische Opposition in den Landesverfassungen, S. 201 f.; *D. Hassenpflug-Hunger*, Verfassungsrechtliche Abmessungen parlamentarischer Opposition nach dem Grundgesetz und Art. 12 der Verfassung des Landes Schleswig-Holstein, S. 20 f.; *L. Brocker*, in: W. Kahl/C. Waldhoff/C. Walter (Hrsg.), GG, Art. 40 Rn. 200, 203; *P. Starski*, DÖV 2016, S. 750 (754 f.).

[191] Zur Gegenauffassung *H.-P. Schneider*, Die parlamentarische Opposition im Verfassungsrecht der Bundesrepublik Deutschland, S. 121; *ders.*, in: ders./W. Zeh (Hrsg.), Parlamentsrecht und Parlamentspraxis in der Bundesrepublik Deutschland, § 38 Rn. 33; *ders.*, in: E. Benda/W. Maihofer/H.-J. Vogel (Hrsg.), Handbuch des Verfassungsrechts der Bundesrepublik Deutschland, § 13 Rn. 98; *P. Badura*, Staatsrecht, Rn. E 19; *L. Brocker/T. Messer*, NVwZ 2005, S. 895 (898); *D. Mundil*, Die Opposition, S. 76, 138 f.; *B. Beckermann/D. Weidemann*, AL 2015, S. 243 (243).

[192] *P. Cancik*, Der Staat 54 (2015), S. 626 (628).

Oppositionsforschung[193] als auch mit der jüngsten Rechtsprechung des Bundesverfassungsgerichts[194] im Einklang, welche in besonderem Maße die Bedeutung des einzelnen Abgeordneten bei der Ausfüllung der Oppositionsrolle betonen.

Allerdings steht der einzelne Abgeordnete durchaus vor dem Problem, dass er nicht sämtliche Funktionen parlamentarischer Opposition[195] in umfassender Weise selbstständig ausüben kann.[196] Insofern verbleibt aber für den einzelnen Abgeordneten die Möglichkeit, sich mit anderen Abgeordneten – auch fraktionsübergreifend – zusammenzuschließen, um sodann die Oppositionsrolle effektiver wahrnehmen zu können, als er dies allein tun könnte. Die Möglichkeit zur Wahrnehmung der Oppositionsrolle durch einzelne Abgeordnete beschränkt sich schließlich auch nicht auf fraktionslose Abgeordnete,[197] denn damit ginge eine Diskriminierung fraktionsangehöriger Abgeordneter einher, denen es trotz ihrer Zugehörigkeit zu einer Fraktion unbenommen ist, eigenständig oder in Gemeinschaft mit anderen die Funktion der Opposition wahrzunehmen.[198] Dass die fraktionsangehörigen Abgeordneten durch ihre Fraktion teilweise „mediatisiert“[199]

---

193 Vgl. *A. Ingold*, Das Recht der Oppositionen, S. 415 ff., 434 f.; *P. Cancik*, Parlamentarische Opposition in den Landesverfassungen, S. 201 f.; *D. Hassenpflug-Hunger*, Verfassungsrechtliche Abmessungen parlamentarischer Opposition nach dem Grundgesetz und Art. 12 der Verfassung des Landes Schleswig-Holstein, S. 20 f.; *P. Starski*, DÖV 2016, S. 750 (754 f.).

194 BVerfG, Urt. v. 3.5.2016 – Az. 2 BvE 4/14, BVerfGE 142, 25 (Rn. 89, 96, 102, 104). Vgl. zuvor schon BVerfG, Urt. v. 14.7.1959 – Az. 2 BvE 2, 3/58, BVerfGE 10, 4 (18): „Oppositionsabgeordnete[…]“.

195 Vgl. hierzu 2. Kapitel § 2 I., S. 75 ff.

196 Zu den Schwierigkeiten des *einzelnen* Abgeordneten bei der Wahrnehmung der Oppositionsrolle *D. Mundil*, Die Opposition, S. 74, 138 f. Ähnlich auch *P. Starski*, DÖV 2016, S. 750 (754): das dynamische Oppositionskonzept des Grundgesetzes, das an die Oppositionsfreiheit des einzelnen Abgeordneten anknüpfe, stehe in einem Spannungsverhältnis zur Parlamentsrealität, da in der parlamentarischen Praxis Opposition regelmäßig von den nicht die Regierung tragenden Fraktionen ausgeübt werde.

197 So aber *P. M. Huber*, in: J. Isensee/P. Kirchhof (Hrsg.), Handbuch des Staatsrechts der Bundesrepublik Deutschland, Bd. III, § 47 Rn. 44 f.; daran anknüpfend *H.-J. Waack*, in: M. Morlok/U. Schliesky/D. Wiefelspütz (Hrsg.), Parlamentsrecht, § 22 Rn. 48.

198 Wenn *P. M. Huber*, in: J. Isensee/P. Kirchhof (Hrsg.), Handbuch des Staatsrechts der Bundesrepublik Deutschland, Bd. III, § 47 Rn. 45 mit Fn. 113, darauf hinweist, dass es dabei nur um eine Privilegierung fraktionsloser Abgeordneter gehe, übersieht er, dass damit gleichzeitig eine nicht zu rechtfertigende Diskriminierung fraktionsangehöriger Abgeordneter und damit ein Verstoß gegen das Gebot der formalen Gleichheit aller Abgeordneten einhergeht, vgl. BVerfG, Urt. v. 14.1.1986 – Az. 2 BvE 14/83 und 4/84, BVerfGE 70, 324 (354): „Abgeordnete haben als Mitglieder einer Fraktion den gleichen Status wie fraktionslose Abgeordnete, denen das Grundgesetz keine mindere Rechtsstellung zuweist.“

199 BVerfG, Beschl. v. 14.12.1976 – Az. 2 BvR 802/75, BVerfGE 43, 142 (149); *D. Birk*, NJW 1988, S. 2521 (2523); *P. M. Huber*, in: J. Isensee/P. Kirchhof (Hrsg.), Handbuch des Staatsrechts der Bundesrepublik Deutschland, Bd. III, § 47 Rn. 44; *H.-J. Waack*, in: M. Morlok/U. Schliesky/D. Wiefelspütz (Hrsg.), Parlamentsrecht, § 22 Rn. 48.

werden, hindert sie jedenfalls nicht daran, neben ihrer Fraktion eine eigenständige Oppositionsrolle wahrzunehmen.[200] Wie soeben ausgeführt, trifft es zwar zu, dass sie dies nicht ebenso effektiv werden tun können wie eine Fraktion, da einzelne Abgeordnete in keinem echten Entgegensetzungsverhältnis zur Bundesregierung und der sie tragenden Parlamentsmehrheit stehen.[201] Aber warum es fraktionsangehörigen Abgeordneten grundsätzlich versagt sein soll, neben oder unabhängig von einer Fraktion – gerade im Zusammenschluss mit anderen Abgeordneten – die Oppositionsrolle wahrzunehmen und diese Möglichkeit stattdessen nur fraktionslosen Abgeordneten zustehen soll, ist nicht ersichtlich.

cc) Zusammenfassung

Es lässt sich zusammenfassen, dass es im Deutschen Bundestag keinen festen organisatorischen Anknüpfungspunkt für die Bildung und Ausübung parlamentarischer Opposition gibt. Vielmehr kommen hierfür sowohl einzelne Abgeordnete als auch Abgeordnetengruppierungen in Frage. Wenn im Folgenden trotz allem im Einzelfall von „der" parlamentarischen Opposition gesprochen wird, so ist diese Wortwahl ausschließlich aus sprachlich-stilistischen Gründen getroffen. Sie soll in keiner Weise ein organisatorisch-institutionelles Verständnis parlamentarischer Opposition zum Ausdruck bringen, sondern lediglich die Gesamtheit aller parlamentarischen Oppositionskräfte erfassen.

Da es von Verfassungs wegen keine spezifischen Oppositionsrechte gibt, sondern diese – wie im Einzelnen noch gezeigt wird – nur von Fall zu Fall über die Abgeordnetenrechte oder spezielle Minderheitenrechte zum Tragen kommen, ist ein dauerhafter Anknüpfungspunkt im Parlament aber auch nicht zwingend erforderlich. Denn schließlich können sich Mehr- und Minderheiten grundsätzlich situationsbezogen und akteurunabhängig konstituieren: „Dabei ist im Auge zu behalten, daß ebenso wie die Mehrheit auch die Minderheit im Parlament nicht notwendig eine homogene Einheit darstellt, sondern in eine Mehrzahl oder sogar in eine Vielzahl von Gruppierungen – Fraktionen oder auch Fraktionsstärke nicht erreichende Gruppen und einzelne Abgeordnete – aufgespalten sein kann."[202]

3. Ansätze zur Ermittlung parlamentarischer Opposition

Soweit nun also eine Antwort auf die Frage gefunden ist, über welche Akteure parlamentarische Opposition zum Ausdruck kommt, stellt sich in der Konse-

---

200 A.A. *P. M. Huber*, in: J. Isensee/P. Kirchhof (Hrsg.), Handbuch des Staatsrechts der Bundesrepublik Deutschland, Bd. III, § 47 Rn. 44; *H.-J. Waack*, in: M. Morlok/U. Schliesky/D. Wiefelspütz (Hrsg.), Parlamentsrecht, § 22 Rn. 48.

201 *D. Mundil*, Die Opposition, S. 139.

202 BVerfG, Urt. v. 14.1.1986 – Az. 2 BvE 14/83 und 4/84, BVerfGE 70, 324 (363 f.).

quenz die Frage, wie diese Akteure sich zu oppositionellen Akteuren qualifizieren – wie also beispielsweise ein Abgeordneter im Einzelfall zum Oppositionsabgeordneten oder eine Fraktion zur Oppositionsfraktion wird. Eine solche Betrachtung steht zwar a priori im Konflikt mit der vorstehend dargestellten funktionellen Betrachtung, bei der es nicht darum geht, ob ein Akteur „zur Opposition" gehört, sondern vielmehr darum, ob er im Einzelfall „als Opposition" handelt. Gleichwohl verlangt schon die Norm des § 50 Abs. 2 AbgG nach einer festen Zuordnung, für die es demnach bestimmter Kriterien bedarf. Dies bedeutet jedoch nicht, dass der Vorgang der Bestimmung der Oppositionseigenschaft zu einem statisch-institutionellen Oppositionsansatz führt, der dem Grundgesetz nicht zugrunde liegt. Vielmehr ist es aus rechtspraktischen Gründen notwendig, ohne die Aufgabe funktionaler Kriterien eine gewisse Verstetigung herbeizuführen, um die Oppositionseigenschaft nicht fortwährend neu bestimmen zu müssen.

Zur Ermittlung der Oppositionseigenschaft lassen sich grundsätzlich zwei Ansätze ausmachen:[203] zum einen ein auf materiellen Kriterien aufbauender und zum anderen ein sich auf formelle Kriterien stützender Ansatz.

a) Materieller Ansatz: Nichttragen der Regierung als entscheidendes Kriterium

Zahlreiche Autoren in der Literatur[204] wie wohl auch die Verfassungsrechtsprechung[205] halten – anknüpfend an die Regelungen verschiedener Landesverfassungen[206] sowie an die inzidente Begriffsbestimmung in § 50 Abs. 2 Satz 1

[203] Die Auffassung von *D. Hassenpflug-Hunger*, Verfassungsrechtliche Abmessungen parlamentarischer Opposition nach dem Grundgesetz und Art. 12 der Verfassung des Landes Schleswig-Holstein, S. 29 f., wonach die Literatur von einer Vielzahl unterschiedlicher Ansätze gekennzeichnet sei, die sich nur schwer schematisch in Gruppen einteilen ließen, wird hier nicht geteilt.

[204] Vgl. *R. Herzog*, in: Maunz/Dürig, Grundgesetz, Art. 62 Rn. 105; *P. M. Huber*, in: J. Isensee/P. Kirchhof (Hrsg.), Handbuch des Staatsrechts der Bundesrepublik Deutschland, Bd. III, § 47 Rn. 40 und 46; *A. Ingold*, Das Recht der Oppositionen, S. 203 ff.; *G. Kretschmer*, in: Schmidt-Bleibtreu/Hofmann/Hopfauf, Grundgesetz, 12. Aufl., Art. 40 Rn. 67; *S. Magiera*, in: M. Sachs (Hrsg.), Grundgesetz, Art. 38 Rn. 37; *K. Stern*, Das Staatsrecht der Bundesrepublik Deutschland, Bd. I, § 23 III 1, S. 1038; *H.-J. Waack*, in: M. Morlok/U. Schliesky/D. Wiefelspütz (Hrsg.), Parlamentsrecht, § 22 Rn. 33 f.; im Hinblick auf die landesverfassungsrechtlichen Regelungen *P. Cancik*, Parlamentarische Opposition in den Landesverfassungen, S. 117 ff.

[205] Vgl. BVerfG, Urt. v. 2.3.1977 – Az. 2 BvE 1/76, BVerfGE 44, 125 (140): „Die Regierung und die sie tragenden politischen Kräfte im Parlament ebenso wie die Opposition [...]."; Urt. v. 3.5.2016 – Az. 2 BvE 4/14, BVerfGE 142, 25 (Rn. 87): „[...] Abgeordneten und Fraktionen, die nicht die Regierung tragen. Als parlamentarische Opposition stellen sie die natürlichen Gegenspieler von Regierung und regierungstragender Mehrheit dar [...]."

[206] Vgl. Art. 16a Abs. 2 Satz 1 BayVerf; Art. 26 Abs. 1 MVVerf; Art. 19 Abs. 2 Satz 1 NdsVerf; Art. 85b Abs. 2 Satz 1 RhPfVerf; Art. 48 Abs. 1 SachsAnhVerf; Art. 40 Satz 2 SächsVerf; Art. 18 Abs. 2 Satz 1 SchlHVerf.

AbgG[207] – einen materiellen Ansatz zur Begriffsbestimmung für vorzugswürdig, bei dem das Nichttragen bzw. Nichtstützen[208] der Regierung als entscheidendes Element der Definition im Vordergrund steht. Hiernach seien diejenigen politischen Kräfte im Parlament als oppositionell einzustufen, welche die Regierung nicht tragen bzw. stützen. Der Begriff des Nichttragens bzw. Nichtstützens ist ausfüllungsbedürftig. Letztlich geht es dabei jedoch um eine materielle Gesamtbetrachtung des Verhaltens der jeweiligen politischen Kräfte, um sodann zu entscheiden, ob die Regierung durch dieses Verhalten getragen wird oder nicht. In eine solche Gesamtwürdigung sind verschiedene Kriterien einzustellen.[209]

Zunächst kommt es auf den Begriff des Vertrauens an, wie das Landesverfassungsgericht Sachsen-Anhalt zutreffend annotiert hat.[210] Bei diesem Begriff handelt es sich um einen von politischen Umständen, möglicherweise aber auch von persönlichen Auffassungen einzelner Abgeordneter abhängigen staatsrechtlichen Tatbestand.[211] Während zwischen der Regierung und den die Regierung tragenden Kräften im Parlament grundsätzlich ein Vertrauensverhältnis besteht, fehlt ein solches typischerweise zwischen der Regierung und den diese nicht tragenden Kräften. Dass das parlamentarische Regierungssystem der Bundesrepublik

---

207 Wenn der Oppositionszuschlag in § 50 Abs. 2 Satz 1 AbgG als „Zuschlag für jede Fraktion, die nicht die Bundesregierung trägt“, legaldefiniert wird, kommt damit zugleich zum Ausdruck, dass nach der Auffassung des Gesetzgebers offenbar „jede Fraktion, die nicht die Bundesregierung trägt“, parlamentarische Opposition ausübt. Begrifflich ebenso die singulär für die 18. Wahlperiode verabschiedeten Regelungen des § 126a Abs. 1 Nr. 1, 2, 7, 8, 9, 10 GOBT a. F., obgleich diese den Begriff der Opposition nicht enthalten.

208 Den Begriffen „Tragen“ und „Stützen“ kommt nach dem allgemeinen Sprachgebrauch der gleiche Bedeutungsgehalt zu, sodass es sich nur um einen terminologischen, nicht aber um einen inhaltlichen Unterschied handelt, vgl. LVerfG Sachsen-Anhalt, Urt. v. 29.5.1997 – Az. LVG 1/96, LVerfGE 6, 281 (298); zustimmend *P. Cancik*, AöR 123 (1998), S. 623 (626 f.); *dies.*, Parlamentarische Opposition in den Landesverfassungen, S. 109; *D. Hassenpflug-Hunger*, Verfassungsrechtliche Abmessungen parlamentarischer Opposition nach dem Grundgesetz und Art. 12 der Verfassung des Landes Schleswig-Holstein, S. 29; *A. Ingold*, Das Recht der Oppositionen, S. 192; *H.-J. Waack*, in: M. Morlok/U. Schliesky/D. Wiefelspütz (Hrsg.), Parlamentsrecht, § 22 Rn. 33; wohl auch schon *K. Stern*, Das Staatsrecht der Bundesrepublik Deutschland, Bd. I, § 23 III 1, S. 1038 („tragen und stützen“). Anders aber *H.-P. Schneider*, in: Festschrift J. Seifert, S. 245 (251 f., 255 f.).

209 Vgl. zu diesen Kriterien *A. Ingold*, Das Recht der Oppositionen, S. 194 ff.

210 Ausführlich LVerfG Sachsen-Anhalt, Urt. v. 29.5.1997 – Az. LVG 1/96, LVerfGE 6, 281 (312 ff.). Auf den engen Zusammenhang zwischen dem Begriff der parlamentarischen Opposition einerseits und dem Begriffspaar Vertrauen und Misstrauen andererseits weist auch *M. Kloepfer*, Verfassungsrecht I, § 7 Rn. 45, hin.

211 *P. Badura*, in: J. Isensee/P. Kirchhof (Hrsg.), Handbuch des Staatsrechts der Bundesrepublik Deutschland, Bd. II, § 25 Rn. 13; LVerfG Sachsen-Anhalt, Urt. v. 29.5.1997 – Az. LVG 1/96, LVerfGE 6, 281 (313). Zur Reziprozität von Vertrauen und Verantwortung *J. H. Klement*, Verantwortung, S. 299 f., 446 f.

Deutschland konstitutiv auf eine Vertrauensbeziehung zwischen Regierung und – zumindest – den sie tragenden Teilen des Parlaments ausgerichtet ist, zeigt auch das Bestehen der Instrumente des Misstrauensvotums (Art. 67 GG) sowie der sog. Vertrauensfrage (Art. 68 Abs. 1 Satz 1 GG). Durch entsprechendes Verhalten bei diesen Abstimmungen wie auch bei der Wahl des Bundeskanzlers bringen die Abgeordneten nicht nur ihr Vertrauen in den Bundeskanzler, sondern auch in die übrigen Minister und damit in die Regierung als Kollegialorgan zum Ausdruck.[212] Doch ein einseitiges (Abstimmungs-)Verhalten ist, wie das Landesverfassungsgericht Sachsen-Anhalt richtigerweise ausgeführt hat, noch nicht ausreichend, um den Vertrauenstatbestand auszufüllen. Erforderlich ist vielmehr eine Entgegennahme des Vertrauens durch die Regierung, sodass es sich um ein „zweipolig[es]"[213] Gut handelt.[214] Ob eine entsprechende wechselseitige Vertrauensbeziehung besteht, ist wiederum durch eine Gesamtwürdigung der tatsächlichen Umstände zu entscheiden. Mit *Albert Ingold* können der Entscheidung des Landesverfassungsgerichts Sachsen-Anhalt vier Indikatoren für diese Beurteilung entnommen werden: das – allerdings aufgrund verschiedener Unsicherheiten (z. B. geheime Wahl, mögliche andere das Abstimmungsverhalten der Abgeordneten leitende Interessen) nur einen begrenzten Aussagewert zulassende – Wahlverhalten der Abgeordneten sowie die begleitenden öffentlichen Äußerungen, das Verhalten im Gesetzgebungsprozess, die Ausübung der parlamentarischen Kontrollrechte sowie – ganz entscheidend – das Bestehen etwaiger vertrauensbegründender Abreden.[215]

Ein zweites Kriterium für eine materielle Gesamtbetrachtung neben demjenigen des Vertrauens ist das Kriterium der Oppositionsfunktionswahrnehmung. Die typischen Funktionen der Opposition im parlamentarischen Bereich bestehen darin, Kritik an der Regierung zu üben, Kontrolle über diese auszuüben und Alternativen zu dieser aufzuzeigen.[216] Es ist offensichtlich, dass diejenigen politischen Kräfte im Parlament, die diese Funktionen wahrnehmen, durch ihr Verhalten nicht die Regierung tragen. Somit liegt es nahe, die Oppositionsfunktionen zur verfassungsrechtlichen Bestimmung der Oppositionscharakteristika zu rezipieren.[217] Es muss jedoch darauf hingewiesen werden, dass auch das Kriteri-

---

212 *A. Ingold*, Das Recht der Oppositionen, S. 195, mit Verweis auf BVerfG, Urt. v. 16.2.1983 – Az. 2 BvE 1, 2, 3, 4/83, BVerfGE 62, 1 (36 ff.).

213 *A. Ingold*, Das Recht der Oppositionen, S. 195.

214 LVerfG Sachsen-Anhalt, Urt. v. 29.5.1997 – Az. LVG 1/96, LVerfGE 6, 281 (319); zustimmend *P. Cancik*, AöR 123 (1998), S. 623 (637).

215 *A. Ingold*, Das Recht der Oppositionen, S. 196 ff.

216 Vgl. zu dieser Funktionentrias ausführlich 2. Kapitel § 2 I., S. 75 ff.

217 *A. Ingold*, Das Recht der Oppositionen, S. 198; *R. Poscher*, AöR 122 (1997), S. 444 (460 ff.); *S. Kropp*, ZParl 1997, S. 373 (380).

um der Oppositionsfunktionswahrnehmung isoliert gesehen nur in seltenen Fällen zu einer eindeutigen Oppositionsqualifikation führen kann, denn es handelt sich bei diesen Aufgaben nicht um einen verfassungsrechtlich verpflichtenden Aufgabenkanon,[218] der nach der Konzeption des Grundgesetzes ausschließlich den oppositionellen Kräften im Parlament zugewiesen ist. Vielmehr handelt es sich hierbei um die aus einer politikwissenschaftlichen Analyse abgeleiteten Funktionen, die von der Opposition typischerweise wahrgenommen werden (sollen).[219] Dies bedeutet jedoch nicht, dass diese ausschließlich von den oppositionellen Kräften ausgeübt werden. Beispielsweise ist das Üben von Kritik grundsätzlich auch von die Regierung im Übrigen tragenden Kräften möglich und verfassungsrechtlich mit Blick auf die Freiheit des Mandats selbstverständlich zulässig, ohne dass durch ein solches Verhalten – isoliert gesehen – bereits das Merkmal der Oppositionsfunktionswahrnehmung erfüllt wäre. Des Weiteren kann es vorkommen, dass ein bestimmtes Verhalten nicht immer eindeutig einer Oppositionsfunktion zugeordnet werden kann und sich erst aus der Zusammenschau mit anderen Verhaltensweisen die Wahrnehmung einer Oppositionsfunktion ergibt. Hieran wird deutlich, dass auch für die Beurteilung der Oppositionsfunktionswahrnehmung eine Gesamtbetrachtung des parlamentarischen Verhaltens notwendig erscheint.[220] Dabei kann ein weniger intensives Ausüben einer Oppositionsfunktion durch ein intensiveres Ausüben einer anderen Oppositionsfunktion aufgewogen werden.

Neben diese beiden wesentlichen objektiven Kriterien können im Einzelfall noch weitere objektiv zu beurteilende Kriterien hinzutreten wie beispielsweise die Einbindung in die Regierungspolitik oder der Zugang zu den Politikressourcen der Regierung,[221] d. h. die Inanspruchnahme von Ressourcen der Ministerialverwaltung.

---

218 *H.-P. Schneider*, in: ders./W. Zeh (Hrsg.), Parlamentsrecht und Parlamentspraxis in der Bundesrepublik Deutschland, § 38 Rn. 34, ist gleichwohl der Auffassung, dass das „Machtwechselziel", das er neben die klassische Oppositionsfunktionen Kritik, Kontrolle und Alternativenbildung stellt, nicht nur ein „legitime[s] Recht, sondern geradezu eine verfassungsrechtliche Pflicht jeder parlamentarischen Opposition" sei.

219 Vgl. *S. Haberland*, Die verfassungsrechtliche Bedeutung der Opposition nach dem Grundgesetz, S. 38: „‚Funktion' ist dabei als die Aufgabe, der Zweck und die Leistung anzusehen, die Opposition im Verfassungsprozeß zu erbringen vermag." Ähnlich auch *D. Mundil*, Die Opposition, S. 33 f.: „Diese Funktionen ergeben sich aus keiner rechtlichen Zuweisung. Sie stellen auch keine Gesetzmäßigkeiten dar, die mit anderen Mitteln beschrieben werden könnten. Rechtlich gesehen sind die typischen Funktionen der Opposition vielmehr eine Folge ihrer Stellung zur Regierung und der Einbettung in das verfassungsrechtliche Gesamtsystem von periodischen Wahlen, Legislaturperioden und des parlamentarischen Regierens."

220 *A. Ingold*, Das Recht der Oppositionen, S. 200 f.

221 *R. Poscher*, AöR 122 (1997), S. 444 (460 ff.); *S. Kropp*, ZParl 1997, S. 373 (380).

Schließlich kommt als ein weiteres materielles Kriterium noch das subjektive Kriterium der Selbsteinstufung als Opposition hinzu.[222] Für manche soll dies gar das wesentliche Kriterium sein, da nur durch ein von den Abgeordneten unmittelbar beeinflussbares Kriterium deren verfassungsrechtlich verbürgte Unabhängigkeit gewahrt werde.[223] Gegen die Maßgeblichkeit der Selbsteinstufung spricht jedoch, dass es nicht allein auf den Willen der einzelnen Abgeordneten ankommen kann, ob ihr Verhalten ein Tragen der Regierung darstellt oder nicht.[224] Denn damit wären missbräuchliche Selbsteinstufungen – etwa um von bestimmten Privilegien des Oppositionsstatus zu profitieren[225] – nicht ausgeschlossen.[226] Grundlegend ist bereits der Auffassung zu widersprechen, dass nur durch das subjektive Kriterium der Selbsteinstufung der Unabhängigkeit der Abgeordneten entsprochen werde. Die Abgeordneten können vielmehr auch bei Zugrundelegung der beiden zuvor dargestellten, objektiv zu beurteilenden Kriterien ihren Status als Angehörige des Regierungs- oder Oppositionslagers durch entsprechendes Verhalten beeinflussen. Auch das – objektiv zu beurteilende – Kriterium der Vertrauensbeziehung ist schließlich von einer voluntativen Komponente geprägt. Diese Schwächen einer reinen Selbsteinstufung haben offenbar auch deren Verfechter erkannt, da sie als Missbrauchskontrolle in „krassen, offensichtlichen Fällen" auf das tatsächliche Verhalten zurückgreifen und sich über die Selbstbewertung hinwegsetzen wollen.[227] Aus diesem Grund ist es vorzugswürdig, das

---

[222] *A. Ingold*, Das Recht der Oppositionen, S. 202 f.

[223] *P. Cancik*, Parlamentarische Opposition in den Landesverfassungen, S. 117 ff., welche eine Gesamtschau aus den anderen materiellen Kriterien jedoch zu einer Missbrauchskontrolle für die Selbsteinschätzung heranziehen will; *dies.*, AöR 123 (1998), S. 623 (642); *dies.*, LKV 1998, S. 95 (96); nunmehr mit dem formellen Kriterium der Beteiligung an der Regierung kombinierend *dies.*, Der Staat 49 (2010), S. 251 (271 mit Fn. 81).

[224] Vgl. zu den sich bei der Anknüpfung rechtlicher Garantien an das Selbstverständnis von Rechtsträgern stellenden Schwierigkeiten am Beispiel der Subjektivierung des Grundrechtsschutzes *J. Isensee*, Wer definiert die Freiheitsrechte?, S. 29 ff.; *W. Höfling*, Offene Grundrechtsinterpretation, S. 21 ff.; *I. Augsberg*, Der Staat 48 (2009), S. 239 (243 ff.). Umfassend zur Problematik des Selbstverständnisses *M. Morlok*, Selbstverständnis als Rechtskriterium, passim.

[225] Erinnert sei hier nur an den sog. Oppositionszuschlag, vgl. § 50 Abs. 2 Satz 1 AbgG.

[226] Vgl. den von *P. Cancik*, Der Staat 49 (2010), S. 251 (271), geschilderten Fall, wonach es nach der Landtagswahl in Hessen am 27. Januar 2008 zunächst nicht zu einer Regierungsbildung gekommen sei. Daraufhin sei die alte, von der CDU-Fraktion getragene Regierung als geschäftsführende Regierung im Amt geblieben. Nichtsdestotrotz habe die CDU-Fraktion umgehend Anspruch auf den Oppositionszuschlag erhoben, da sie nun keine die Regierung tragende Fraktion mehr sei. Aufgrund des umfangreichen Medienechos zu diesem Vorstoß, bei dem unter anderem die Frage aufgeworfen worden sei, wie die Abgeordneten, die zugleich Regierungsmitglieder seien, gegen sich selbst opponieren wollten, sei die Idee dann nicht mehr weiterverfolgt worden.

[227] *P. Cancik*, Parlamentarische Opposition in den Landesverfassungen, S. 121; *dies.*, AöR 123 (1998), S. 623 (642).

Kriterium der Selbsteinschätzung bereits nicht als leitendes Kriterium aufzufassen, sondern es vielmehr nur als Kontroll- und gegebenenfalls Korrekturkriterium für eine anhand objektiver Erkenntnisse gewonnene Einschätzung fruchtbar zu machen.

Auf Grundlage der vorstehend dargestellten Kriterien ist sodann im Rahmen einer Gesamtwürdigung zu entscheiden, ob der jeweilige politische Akteur die Regierung trägt oder nicht. Eine derartige Gesamtwürdigung ist schließlich auch der große Vorteil des materiellen Ansatzes, lässt sie doch flexible und sachgerechte Lösungen zu. Dem kann jedoch unmittelbar entgegnet werden, dass die Flexibilität gleichzeitig – insbesondere im Falle einer Minderheitsregierung und nicht eindeutig einzuordnender Fraktionen – zu Rechtsunsicherheit führt und es gegebenenfalls einer gerichtlichen Entscheidung bedarf, um die Oppositionseigenschaft zu klären.[228] Derartige Schwierigkeiten entstehen dagegen nicht bei einer Betrachtung, die sich ausschließlich an dem formalen Kriterium der Nichtbeteiligung an der Regierung orientiert.

b) Formeller Ansatz: Nichtbeteiligung an der Regierung als entscheidendes Kriterium

Zahlreiche Stimmen in der Literatur befürworten daher einen formellen Ansatz zur Bestimmung der Oppositionseigenschaft, bei dem es entscheidend auf die Nichtbeteiligung an der Regierung ankommen soll.[229] Im Einzelnen ergeben sich zwar leichte Unterscheidungen,[230] jedoch ist im Ergebnis festzuhalten, dass parlamentarische Opposition hiernach all diejenigen Abgeordneten ausüben, die nicht an der Regierung *beteiligt* sind.[231] Hinter diesem Ansatz steht der Gedanke,

---

228 Vgl. beispielhaft das Urteil des LVerfG Sachsen-Anhalt v. 29.5.1997 – Az. LVG 1/96, LVerfGE 6, 281 ff.

229 *C. Schmid*, Der Wähler 5 (1955), S. 498 (498); *H. Peters*, ÖZöR 10 (1960), S. 424 (426); *H.-P. Schneider*, Die parlamentarische Opposition im Verfassungsrecht der Bundesrepublik Deutschland, S. 117 ff., insb. S. 121; *ders.*, in: ders./W. Zeh (Hrsg.), Parlamentsrecht und Parlamentspraxis in der Bundesrepublik Deutschland, § 38 Rn. 33; *ders.*, in: E. Benda/W. Maihofer/H.-J. Vogel (Hrsg.), Handbuch des Verfassungsrechts der Bundesrepublik Deutschland, § 13 Rn. 98; *W. Steffani*, in: ders. (Hrsg.), Regierungsmehrheit und Opposition in den Staaten der EG, S. 11 (23); *ders.*, ZParl 1995, S. 621 (633); *S. Kürschner*, Das Binnenrecht der Bundestagsfraktionen, S. 96; *R. Poscher*, AöR 122 (1997), S. 444 (459); *D. Mundil*, Die Opposition, S. 76.

230 So fordert z. B. *H.-P. Schneider*, Die parlamentarische Opposition im Verfassungsrecht der Bundesrepublik Deutschland, S. 121, dass die nicht an der Regierung beteiligten Gruppen potenziell regierungsfähig sein müssten, um zur parlamentarischen Opposition zu gehören. Dem widerspricht *S. Hölscheidt*, Das Recht der Parlamentsfraktionen, S. 493 f.: Ob eine Fraktion potenziell regierungsfähig sei, lasse sich allenfalls für eine Regierungsfraktion beurteilen.

231 Nach hier vertretener Auffassung kommt als formales Kriterium nur das Kriterium der Beteiligung an der Regierung in Frage, vgl. ebenso *R. Poscher*, AöR 122 (1997), S. 444 (459);

dass das parlamentarische Regierungssystem typischerweise durch eine personelle Verknüpfung von Regierung und einem sie tragenden Teil des Parlaments – in der Regel die Parlamentsmehrheit – gekennzeichnet ist.[232] Wenn man weiterhin davon ausgeht, dass das Parlament in Regierungs- und Oppositionskräfte eingeteilt werden kann, ergibt sich aus diesem Gedanken der Umkehrschluss, dass der entsprechende Teil des Parlaments, der keine derartige personelle Verknüpfung zur Regierung unterhält, parlamentarische Opposition ausübt.

Zur Ermittlung der Beteiligung an der Regierung sind grundsätzlich zwei Methoden denkbar.[233] Zum einen könnte man darauf abstellen, ob – was auf Bundesebene zulässig ist – Mitglieder der gleichen Fraktion als Minister oder parlamentarische Staatssekretäre[234] neben ihrer Funktion als Abgeordnete zugleich Mitglied der Regierung sind. Zum anderen bietet es sich an, auf die Parteimitgliedschaft der Fraktionsmitglieder einerseits und der Regierungsmitglieder andererseits abzustellen, denn Fraktionen sind nichts anderes als die Parteien im Parlament[235]. Wenn nach einer dieser beiden Methoden eine Beteiligung an der Regierung feststellbar ist, scheidet eine Einstufung als parlamentarische Opposition nach dem formellen Ansatz aus.

Für diesen formellen Ansatz spricht, dass er grundsätzlich – anders als der materielle Ansatz – zur Rechtssicherheit führt, da eine Beteiligung an der Regie-

B. Pieroth/K. Haghgu, Stärkung der Rechte der Abgeordneten und der Opposition im Landesverfassungsrecht, S. 87; *P. Cancik*, Der Staat 49 (2010), S. 251 (271). Wenn demgegenüber *S. Kropp*, ZParl 1997, S. 373 (379), und *A. Ingold*, Das Recht der Oppositionen, S. 192 ff., das Kriterium des Wahlverhaltens und das Kriterium einer stabilen Abredebasis als formelle Kriterien zur Bestimmung der Oppositionseigenschaft heranziehen und damit ein weiter gefasstes Begriffsverständnis formaler Oppositionsdefinitionen offenbaren, kann dem nicht gefolgt werden. Es handelt sich hierbei um Umstände, die nur im Rahmen einer materiellen Betrachtung Berücksichtigung finden können. Diese Umstände sind auch keinesfalls „wertungsunabhängig" und „ohne aufwändige Abwägungen oder Beweiserhebungen [...] für alle parlamentarischen Akteure feststellbar" (so aber *A. Ingold*, Das Recht der Oppositionen, S. 192), da zum einen das Wahlverhalten stets von einer anderen Motivation als der Unterstützung der Regierung geleitet sein kann und es zum anderen für die Ermittlung einer stabilen Abredebasis im Einzelfall intensiver Untersuchungen bedarf. Beides führt letztlich zu einer Gesamtabwägung der Umstände des Einzelfalls, die aber gerade konstitutives Element des materiellen Ansatzes ist.

[232] *R. Poscher*, AöR 122 (1997), S. 444 (459); *B. Pieroth/K. Haghgu*, Stärkung der Rechte der Abgeordneten und der Opposition im Landesverfassungsrecht, S. 87 f.

[233] Vgl. hierzu *A. Ingold*, Das Recht der Oppositionen, S. 193; ebenso schon LVerfG Sachsen-Anhalt, Urt. v. 29.5.1997 – Az. LVG 1/96, LVerfGE 6, 281 (313 f.).

[234] Obgleich die parlamentarischen Staatssekretäre gem. Art. 62 GG nicht unmittelbar Mitglieder der Bundesregierung sind, unterstützen diese nach § 1 Abs. 2 ParlStG die Mitglieder der Bundesregierung, denen sie beigegeben sind, bei der Erfüllung ihrer Regierungsaufgaben.

[235] *W. Henke*, Das Recht der politischen Parteien, S. 145; *W. Schmidt*, Der Staat 9 (1970), S. 481 (488); *D. Birk*, NJW 1988, S. 2521 (2522); *M. Morlok*, in: H. Dreier (Hrsg.), GG, Bd. II, Art. 38 Rn. 183.

rung klar feststellbar ist.[236] Damit ist er weniger streitanfällig und vermeidet es, dass ein Verfassungsgericht feststellen muss, ob eine Fraktion zur Opposition gehört oder nicht.[237] Gegen diesen Ansatz wird jedoch vorgebracht, dass nicht die Regierung – in Form der Beteiligung an derselben – Bezugspunkt für die Definition der parlamentarischen Opposition sein sollte, sondern vielmehr das Parlament. Schließlich seien die Oppositionskräfte Teil des Parlaments und müssten vor dem Hintergrund, dass der wesentliche Unterschied zu den die Regierung tragenden Kräften in der Ausrichtung der Parlamentsarbeit liegt, durch ihre Arbeit in diesem definiert werden.[238] Noch entscheidender dürfte letztlich sein, dass auch der formelle Ansatz im Falle von Minderheitsregierungen an Grenzen stößt.[239] Denn nach dem formellen Kriterium der Regierungsbeteiligung wären solche Fraktionen, die die Regierung nur dulden, personell hingegen nicht an dieser beteiligt sind, stets als der Opposition zugehörig einzuordnen.[240] Ähnlich würde es sich in dem – zugegebenermaßen konstruierten, gleichwohl aber nicht gänzlich unvorstellbaren[241] – Fall verhalten, dass eine Regierungsfraktion keinen eigenen Vertreter (also weder ein Mitglied ihrer Fraktion noch ein Mitglied der dahinterstehenden Partei) in die Bundesregierung entsendet, im Übrigen aber zum Tragen der Regierung bereit ist.

---

236 Auf den Vorteil der Rechtsklarheit weist auch *P. Cancik*, Parlamentarische Opposition in den Landesverfassungen, S. 115, hin. Sie hält das formale Kriterium aufgrund der Schwierigkeiten der materialen Ansätze in AöR 123 (1998), S. 623 (640), für „durchaus bedenkenswert".

237 *R. Poscher*, AöR 122 (1997), S. 444 (459).

238 *H.-J. Waack*, in: M. Morlok/U. Schliesky/D. Wiefelspütz (Hrsg.), Parlamentsrecht, § 22 Rn. 36.

239 Ähnlich kann es sich verhalten, wenn nach erfolgten Bundestagswahlen bei der konstituierenden Sitzung des neuen Bundestages eine Wahl des Bundeskanzlers nicht gelingt. Zwar endigt das Amt des Bundeskanzlers und der Bundesminister gem. Art. 69 Abs. 2 GG grundsätzlich im Zeitpunkt des Zusammentritts eines neuen Bundestages, allerdings kann der Bundeskanzler (und können auch die Bundesminister) bei Erfüllung der Voraussetzungen des Art. 69 Abs. 3 GG verpflichtet sein, die Geschäfte bis zur Ernennung eines Nachfolgers weiterzuführen.

240 *P. Cancik*, AöR 123 (1998), S. 623 (640); *A. Ingold*, Das Recht der Oppositionen, S. 193. Dass *H. Peters*, ÖZöR 10 (1960), S. 424 (426), Gruppen, welche die Regierung stillschweigend tolerieren und im Parlament den Regierungsparteien nicht die Macht zu entwinden suchen, nicht der Opposition zuordnet, obwohl sie in der Regierung keine Vertreter haben, erscheint inkonsequent; ebenso *H.-P. Schneider*, in: ders./W. Zeh (Hrsg.), Parlamentsrecht und Parlamentspraxis in der Bundesrepublik Deutschland, § 38 Rn. 32 f.

241 Man denke hier nur an die auch in Deutschland bestehende Möglichkeit einer sog. Expertenregierung, bei der sich eine Regierung ausschließlich aus parteilosen Mitgliedern zusammensetzt.

c) Stellungnahme: Korrelation von funktionalem Oppositionsverständnis des Grundgesetzes und materiellem Definitionsansatz

Sowohl für den materiellen als auch für den formellen Definitionsansatz sprechen prima facie gute Argumente. Auch wenn beide Ansätze in der Regel zu den gleichen Ergebnissen gelangen,[242] können sie doch in einzelnen Sonderfällen, wie etwa im Fall einer Minderheitsregierung oder bei einer fehlenden personellen Regierungsbeteiligung einer die Regierung tragenden Fraktion, divergieren. Daher stellt sich die Frage, ob von Verfassungs wegen einer der beiden Ansätze vorzuziehen ist. Da das Grundgesetz parlamentarische Opposition nicht ausdrücklich erwähnt, muss allgemein geprüft werden, ob die Ansätze zur Ermittlung parlamentarischer Opposition mit dem bundesverfassungsrechtlichen Regelungskonzept im Einklang stehen.[243]

Soweit sich parlamentarische Opposition aber unter dem Grundgesetz – wie gezeigt – als ein Verhalten im Parlament darstellt und eine Institutionalisierung *der* Opposition nicht erfolgt, kann zur Ermittlung parlamentarischer Opposition per definitionem nur einem solchen Ansatz gefolgt werden, der materielle Kriterien zugrunde legt und eine Anknüpfung an formale Kriterien unterlässt. Denn würde ein Abgeordneter allein wegen der Regierungszugehörigkeit eines Fraktions- oder Parteikollegen entgegen seinem tatsächlichen Verhalten als Oppositionsabgeordneter eingeordnet oder würde ihm die Einstufung als ein solcher versagt werden,[244] entstünde eine Konfliktsituation zu Art. 38 Abs. 1 Satz 2 GG und der aus ihm ableitbaren Freiheit zur Oppositionsausübung.[245] Zur Ermittlung der Oppositionseigenschaft kann es somit allein auf die oben dargestellten materiel-

---

[242] *H.-J. Waack*, in: M. Morlok/U. Schliesky/D. Wiefelspütz (Hrsg.), Parlamentsrecht, § 22 Rn. 36.

[243] Anders verhält es sich für eine Ermittlung der parlamentarischen Opposition auf Landesebene. Hier muss der Text der jeweiligen Landesverfassung zugrunde gelegt und geprüft werden, ob die Definition dem Verfassungstext zuwiderläuft, vgl. beispielhaft für die Verfassung des Landes Sachsen-Anhalt *P. Cancik*, AöR 123 (1998), S. 623 (640 f.). Dies hat zur Folge, dass in den Bundesländern – je nachdem, welchem Ansatz der Verfassungstext folgt – unterschiedliche Oppositionsdefinitionen gelten können.

[244] Man denke etwa an den Fall, in dem ein Regierungsmitglied – beispielsweise aufgrund seiner anerkannten Kenntnisse, seiner großen Erfahrung oder seiner parteiübergreifenden Akzeptanz – nach einer Regierungsumbildung im Amt bleibt, obwohl seine vormalige Regierungspartei nun in die Oppositionsrolle wechselt. Dass dann aber – wie es der formelle Ansatz verlangen würde – nur wegen der personellen Beteiligung eines einzelnen Partei- und möglicherweise auch Fraktionsmitglieds sämtliche Abgeordneten dieser Fraktion dem Regierungslager zuzurechnen wären, erscheint absurd.

[245] *P. Cancik*, AöR 123 (1998), S. 623 (641); *dies.*, Parlamentarische Opposition in den Landesverfassungen, S. 116 f. Vgl. zur Herleitung des Rechts auf Bildung und Ausübung parlamentarischer Opposition aus Art. 38 Abs. 1 Satz 2 GG noch unten, 2. Kapitel § 1 III., S. 64 ff.

len Kriterien ankommen; ein formeller Definitionsansatz stünde mit dem funktionalen Oppositionsansatz nicht im Einklang und wäre daher verfassungssystematisch nicht zulässig.

Entscheidendes Kriterium für die Ermittlung der Oppositionseigenschaft ist mithin die Frage des Stützens der Regierung. Ob ein Abgeordneter als Oppositionsabgeordneter oder eine Fraktion als Oppositionsfraktion zu qualifizieren ist, hängt davon ab, ob er oder sie die Regierung trägt oder nicht. Dies wiederum ist – wie oben dargestellt – durch eine Gesamtschau materieller Kriterien zu ermitteln. Zusammenfassend ergibt sich damit folgende Definition zur Ermittlung parlamentarischer Opposition: Parlamentarische Opposition üben all diejenigen Abgeordneten und Fraktionen aus, welche die Regierung nicht tragen.

Zweites Kapitel:

Normative Begründung des Verfassungsgrundsatzes effektiver parlamentarischer Opposition

Das zweite Kapitel will aufzeigen, dass sich das Grundgesetz nicht mit einem bloßen und tradierten Rechtsvorstellungen entsprechenden Recht auf Bildung und Ausübung parlamentarischer Opposition begnügt, sondern dieses um eine Effektivitätskomponente anreichert. Doch bevor diese These entwickelt und nachgewiesen werden kann, wird zunächst auf das weithin anerkannte Recht auf Bildung und Ausübung parlamentarischer Opposition eingegangen, welches das Grundgesetz durch eine Vielzahl von Einzelbestimmungen gewährleistet (§ 1). Die Darstellung der verschiedenen Möglichkeiten, die den oppositionellen Akteuren im Parlament zur Wahrnehmung ihrer Oppositionsfunktionen zur Verfügung stehen (§ 2), leitet dann jedoch über zu der Frage, *wie* diese Opposition ausüben können. Als Antwort auf diese Frage wird sodann die bereits angesprochene These entfaltet, dass von Verfassungs wegen von der Möglichkeit *effektiver* Aufgabenwahrnehmung auszugehen ist, mithin ein Grundsatz effektiver parlamentarischer Opposition existiert (§ 3). Welchen Aussagegehalt dieser Verfassungsgrundsatz effektiver parlamentarischer Opposition hat, wird schließlich aus einer theoretischen Perspektive heraus deutlich gemacht (§ 4).

§ 1 Die verfassungsrechtliche Gewährleistung parlamentarischer Opposition

Das Recht auf Bildung und Ausübung parlamentarischer Opposition wird im Grundgesetz zwar nicht ausdrücklich normiert, gleichwohl aber von einer Vielzahl grundgesetzlicher Normen mitgedacht und somit gleichsam verfassungsrechtlich vorausgesetzt. Es ergibt sich schon aus den Staatsstrukturprinzipien Demokratie und Rechtsstaat (I.), wird darüber hinaus aber auch ganz allgemein als wesentlicher Bestandteil der freiheitlichen demokratischen Grundordnung erfasst (II.). Weiterhin findet es seine Verankerung in den Abgeordnetenrechten des Art. 38 Abs. 1 Satz 2 GG (III.). Schließlich wird diese umfassende verfassungsrechtliche Gewährleistung parlamentarischer Opposition jedenfalls mittelbar auch durch die Grundrechte des Grundgesetzes sowie die Rechte politischer Parteien aus Art. 21 Abs. 1 GG abgesichert (IV.).

I. Gewährleistung parlamentarischer Opposition durch die Staatsstrukturprinzipien

Das Recht auf Bildung und Ausübung parlamentarischer Opposition lässt sich bereits den Staatsstrukturprinzipien Demokratie (1.) und Rechtsstaat (2.) entnehmen. Es erfährt überdies eine Schutzintensivierung durch die Ewigkeitsgarantie des Art. 79 Abs. 3 GG (3.).

1. Demokratieprinzip

Dem sich aus Art. 20 Abs. 1 und 2, Art. 28 Abs. 1 Satz 1 GG ergebenden Demokratieprinzip kommt bei der verfassungsrechtlichen Gewährleistung parlamentarischer Opposition eine große Bedeutung zu. Zwar lässt sich dies nicht dem unmittelbaren Text der genannten Verfassungsnormen entnehmen, jedoch sind mit dem demokratischen Prinzip eine Reihe von Grundvorstellungen verbunden, ohne die es nicht sinnvoll gedacht werden kann und die daher gleichsam mit dem Bekenntnis zur Demokratie in der Verfassung verankert sind.[1] Eng verbunden mit dem Prinzip der Demokratie ist der Prozess der politischen Willensbildung. An diesen stellt das demokratische Prinzip gewisse Mindestanforderungen.[2] Der Prozess der politischen Meinungs- und Willensbildung hat in einem freien und offenen Prozess[3] zu erfolgen, sodass „einer den anderen nicht beherrsch[t]"[4] und es zu einer für die Demokratie charakteristischen Synthese von Freiheit und Gleichheit kommt[5]. Demokratische Freiheit und Gleichheit laufen letztlich im Mehrheitsprinzip – einem der fundamentalen Prinzipien der Demokratie[6] – zusammen.[7] Das Mehrheitsprinzip ist im Ausgangspunkt eine „Verfahrens- und Entscheidungstechnik"[8], nach der es für das Treffen von Entscheidungen keiner Einigung zwischen allen hieran beteiligten Akteuren bedarf. Denn wäre die Demokratie auf das Prinzip der Einstimmigkeit festgelegt, könnte eine Minderheit

---

[1] *B. Grzeszick*, in: Maunz/Dürig, GG, Art. 20 II Rn. 14.

[2] *B. Grzeszick*, in: Maunz/Dürig, GG, Art. 20 II Rn. 15.

[3] BVerfG, Urt. v. 19.7.1966 – Az. 2 BvF 1/65, BVerfGE 20, 56 (97); Urt. v. 2.3.1977 – Az. 2 BvE 1/76, BVerfGE 44, 125 (139); Beschl. v. 31.3.1998 – Az. 2 BvR 1877/97 und 50/98, BVerfGE 97, 350 (369).

[4] *H. Kelsen*, Vom Wesen und Wert der Demokratie, S. 3.

[5] *H. Kelsen*, Vom Wesen und Wert der Demokratie, S. 4.

[6] BVerfG, Beschl. v. 6.10.1970 – Az. 2 BvR 225/70, BVerfGE 29, 154 (165); Urt. v. 8.12.2004 – Az. 2 BvE 3/02, BVerfGE 112, 118 (140).

[7] *B. Grzeszick*, in: Maunz/Dürig, GG, Art. 20 II Rn. 41; *P. Häberle*, JZ 1977, S. 241 (243 f.). Umfassend zum Mehrheitsprinzip *U. Scheuner*, Das Mehrheitsprinzip in der Demokratie; *W. Heun*, Das Mehrheitsprinzip in der Demokratie; *H. Dreier*, ZParl 1986, S. 94 ff.

[8] *P. Cancik*, Parlamentarische Opposition in den Landesverfassungen, S. 162. Ähnlich *O. Lepsius*, Der Staat 52 (2013), S. 157 (169): „Organisationsgrundsatz".

sämtliche Entscheidungen blockieren. Es käme sodann zu einer Form des „Immobilismus“[9], bei der den Mitgliedern der Minderheit aufgrund ihrer Vetoposition ein deutlich stärkerer Einfluss auf die demokratische Entscheidung zukäme als den Mitgliedern der Mehrheit, sodass die Mitglieder der Mehrheit sich letztlich der Minderheit beugen müssten und ihre Freiheit zur Selbstbestimmung verlören.[10] Daher wäre etwa der Grundsatz der Einstimmigkeit kein taugliches Prinzip, um dem demokratischen Prinzip bestmöglich zur Geltung zu verhelfen. Mithin ist das Mehrheitsprinzip nicht lediglich aus Praktikabilitätsgründen geboten, sondern ergibt sich gleichfalls aus den Grundsätzen der demokratischen Freiheit und Gleichheit, die ihrerseits im demokratischen Prinzip wurzeln.[11] Im Übrigen ist das Mehrheitsprinzip an verschiedenen Stellen des Grundgesetzes als grundsätzliche Methode zur Entscheidungsfindung auch ausdrücklich anerkannt (Art. 42 Abs. 2, Art. 63 Abs. 2 bis 4, Art. 67 Abs. 1, Art. 52 Abs. 3, Art. 54 Abs. 6 GG).[12]

Das Mehrheitsprinzip gilt jedoch nicht grenzenlos. Vielmehr steht es in engem Zusammenhang mit dem Minderheitenschutz, der seinerseits dem Mehrheitsprinzip Grenzen setzt. Der Minderheitenschutz ist gewissermaßen die Kehrseite des Mehrheitsprinzips und gerade Voraussetzung für dessen Anerkennung.[13] Er besagt, dass die politische Minderheit stets die Möglichkeit haben muss, ihrerseits zur Mehrheit zu werden.[14] Demgemäß muss die Minderheit die Möglichkeit haben, ihre politischen Anschauungen zu artikulieren. Traditionell sind es im parlamentarischen Regierungssystem aber die Kräfte parlamentarischer Opposition, durch die minoritäre politische Bestrebungen zum Ausdruck gelangen und Eingang in die staatliche Willensbildung finden.[15] Insofern haben insbesondere auch die oppositionellen Akteure vom verfassungsrechtlichen Minderheitenschutz zu profitieren. Dem könnte man zwar entgegnen, dass die Gesamtheit

---

[9] *K. Hesse*, Grundzüge des Verfassungsrechts der Bundesrepublik Deutschland, Rn. 142.

[10] *B. Grzeszick*, in: Maunz/Dürig, GG, Art. 20 II Rn. 42; *S. Huster/J. Rux*, in: V. Epping/C. Hillgruber (Hrsg.), GG, Art. 20 Rn. 85; *W. Heun*, Das Mehrheitsprinzip in der Demokratie, S. 101 f.

[11] *B. Grzeszick*, in: Maunz/Dürig, GG, Art. 20 II Rn. 42; *W. Heun*, Das Mehrheitsprinzip in der Demokratie, S. 100 f. mit umfassenden Nachweisen in Fn. 99. Ausführlich zum Geltungsgrund des Mehrheitsprinzips *H. Hofmann/H. Dreier*, in: H.-P. Schneider/W. Zeh (Hrsg.), Parlamentsrecht und Parlamentspraxis in der Bundesrepublik Deutschland, § 5 Rn. 49 ff.; *W. Heun*, Das Mehrheitsprinzip in der Demokratie, S. 79 ff.

[12] BVerfG, Urt. v. 2.3.1977 – Az. 2 BvE 1/76, BVerfGE 44, 125 (141).

[13] *H. H. Klein*, in: Maunz/Dürig, GG, Art. 42 Rn. 93; vgl. auch *P. Häberle*, JZ 1977, S. 241 (244): „Dem Mehrheitsprinzip ist in der freiheitlichen – gemäßigten – Demokratie der Minderheitenschutz immanent.“

[14] *G. Robbers*, in: W. Kahl/C. Waldhoff/C. Walter (Hrsg.), GG, Art. 20 Rn. 652; *O. Lepsius*, Der Staat 52 (2013), S. 157 (169); *A. Voßkuhle*, Der Staat 57 (2018), S. 119 (123).

[15] *H.-P. Schneider*, in: ders./W. Zeh (Hrsg.), Parlamentsrecht und Parlamentspraxis in der Bundesrepublik Deutschland, § 38 Rn. 16.

der oppositionellen Akteure im Parlament jedenfalls mathematisch gesehen – wie etwa im Falle einer Minderheitsregierung – nicht immer eine Minderheit sein muss und dass Opposition und Minderheitenschutz insoweit begrifflich grundsätzlich zu trennen sind.[16] Nichtsdestotrotz sind sie trotz der zutreffenden begrifflichen Verschiedenheit aber als „zwei Seiten derselben demokratischen Erscheinung" zu begreifen, die in der parlamentarischen Praxis weitgehend zur Deckung gelangen.[17] Aus diesem Grund wurzelt nicht nur der Minderheitenschutz,[18] sondern auch das Recht auf verfassungsmäßige Bildung und Ausübung von Opposition im Demokratieprinzip.[19]

Mithin setzt eine Demokratie die Möglichkeit zur Opposition begrifflich voraus.[20] Der Schutz von Opposition ist insoweit ein wesentliches Kriterium, das eine Demokratie auszeichnet und Auskunft über deren Zustand geben kann.[21] Die Möglichkeit einer Minderheit, zukünftig zur Mehrheit zu werden, macht gleichsam immun gegen „die Gefahr des Abrutschens einer demokratischen Ordnung in eine autoritäre"[22]. Art. 20 Abs. 1 und 2, Art. 28 Abs. 1 Satz 1 GG sind dafür mit ihren Einzelverbürgungen Mehrheitsprinzip und Minderheitenschutz, Prinzip der Herrschaft auf Zeit und pluralistische Gesellschaftsstruktur der ver-

---

[16] *W. Leisner*, DÖV 2014, S. 880 (882).

[17] *E. Schmidt-Jortzig*, in: Festschrift F. E. Schnapp, S. 271 (276).

[18] Dahingegen für eine Ableitung des Minderheitenschutzes aus dem Rechtsstaatsprinzip *N. Achterberg*, Parlamentsrecht, S. 301, 595; *R. Kassing*, Das Recht der Abgeordnetengruppe, S. 25 f.

[19] BVerfG, Urt. v. 14.1.1986 – Az. 2 BvE 14/83 und 4/84, BVerfGE 70, 324 (363): „Das Gebot, parlamentarische Minderheiten zu schützen, sowie das Recht auf verfassungsmäßige Bildung und Ausübung der Opposition wurzeln im demokratischen Prinzip". Zuletzt auch BVerfG, Urt. v. 3.5.2016 – Az. 2 BvE 4/14, BVerfGE 142, 25 (Rn. 86). Ebenfalls für eine Verankerung im Demokratieprinzip BayVerfGH, Entsch. v. 12.12.1988 – Vf. 118 – IV/87, NJW 1989, S. 1918 (1918); *H.-P. Schneider*, in: ders./W. Zeh (Hrsg.), Parlamentsrecht und Parlamentspraxis in der Bundesrepublik Deutschland, § 38 Rn. 15 ff.; *S. Haberland*, Die verfassungsrechtliche Bedeutung der Opposition nach dem Grundgesetz, S. 17 ff.; *D. Mundil*, Die Opposition, S. 77 ff.; *A. Ingold*, Das Recht der Oppositionen, S. 333 ff.; *N. Gehrig*, DVBl. 1971, S. 633 (636); *B. Pieroth*, in: H. D. Jarass/ders., GG, Art. 20 Rn. 22a; *G. Robbers*, in: W. Kahl/C. Waldhoff/C. Walter (Hrsg.), GG, Art. 20 Rn. 654; *M. Kloepfer*, Verfassungsrecht I, § 15 Rn. 215; *C. Hillgruber*, in: Festschrift P. Kirchhof, Bd. I, § 61 Rn. 16. Vgl. auch *S. S. Schüttemeyer*, APuZ 2–3/2010, S. 15 (16): „Erst ihre Existenz [scil. die Existenz der Opposition] verleiht dem auch vordemokratisch geltenden Prinzip der Mehrheitsentscheidung demokratische Qualität."

[20] *H. Kelsen*, Vom Wesen und Wert der Demokratie, S. 101; vgl. auch *A. Arndt*, Die neue Gesellschaft 6 (1959), S. 431 (432): „In dieser Hinsicht kann man Demokratie geradezu als *Staat mit Opposition* definieren" [Hervorhebung im Original].

[21] In diesem Sinne jüngst *C. Möllers/L. Schneider*, Demokratiesicherung in der Europäischen Union, S. 124 ff.

[22] *C. Möllers/L. Schneider*, Demokratiesicherung in der Europäischen Union, S. 131.

fassungsrechtliche Anknüpfungspunkt.[23] Die dauerhafte Existenz parlamentarischer Opposition kann das Demokratieprinzip selbstredend nicht garantieren, da es insoweit keine „Rechtspflicht zur Opposition“ gibt und dementsprechend auch eine Allparteienregierung verfassungsrechtlich nicht ausgeschlossen ist.[24] Eine etwaige Pflicht zur Bildung und Ausübung parlamentarischer Opposition ließe sich mit der Freiheit des Mandats aus Art. 38 Abs. 1 Satz 2 GG nicht in Einklang bringen.[25] Verfassungsrechtlich garantiert ist jedoch die *Möglichkeit* zur Bildung und Ausübung parlamentarischer Opposition.[26]

2. *Rechtsstaatsprinzip*

Das Recht auf Bildung und Ausübung parlamentarischer Opposition ist darüber hinaus auch im Rechtsstaatsprinzip der Art. 20 Abs. 2 Satz 2, Abs. 3 und Art. 28 Abs. 1 Satz 1 GG verankert. Zwar wurde diese Verankerung in der rechtswissenschaftlichen Dogmatik bislang weitgehend zugunsten einer demokratieprinzipiellen Verortung vernachlässigt,[27] die „Verbindungslinien“[28] zum Rechtsstaats-

---

[23] Vgl. zu diesen Einzelverbürgungen ausführlich *S. Haberland*, Die verfassungsrechtliche Bedeutung der Opposition nach dem Grundgesetz, S. 17 ff.; *D. Mundil*, Die Opposition, S. 77 ff.; ähnlich auch schon *H.-P. Schneider*, Die parlamentarische Opposition im Verfassungsrecht der Bundesrepublik Deutschland, S. 11 f.

[24] Für ein Verbot der Bildung einer Großen Koalition eintretend und damit erst recht kritisch gegenüber einer Allparteienregierung – jedenfalls unter dem Geltungsbereich der Verfassung der Freien und Hansestadt Hamburg – *K. A. Schachtschneider*, Der Staat 28 (1989), S. 173 ff. Wie hier *R. Rixecker*, in: Festschrift R. Wendt, S. 1271 (1274); *H.-J. Waack*, in: M. Morlok/U. Schliesky/D. Wiefelspütz (Hrsg.), Parlamentsrecht, § 22 Rn. 50.

[25] Gleichwohl unter Berufung auf eine – vermeintliche (!) – ständige Rechtsprechung des Bundesverfassungsgerichts ein Gebot zum ständigen Bestehen einer parlamentarischen Opposition annehmend *B. Beckermann/D. Weidemann*, AL 2015, S. 243 (247).

[26] In diesem Sinne auch *W. Leisner*, DÖV 2014, S. 880 (882): „Demokratie erlaubt Einstimmigkeit; […] ‚Opposition‘ bedeutet nur eine *(jederzeitige) Möglichkeit*“ [Hervorhebung im Original]; *S. Hölscheidt*, Das Recht der Parlamentsfraktionen, S. 56: „Für das parlamentarische System ist die Opposition abstrakt, aber nicht konkret existenz- und funktionsnotwendig.“

[27] In der Literatur wurde die Verankerung parlamentarischer Opposition im Rechtsstaatsprinzip bislang – soweit ersichtlich – nur von *H.-P. Schneider*, in: ders./W. Zeh (Hrsg.), Parlamentsrecht und Parlamentspraxis in der Bundesrepublik Deutschland, § 38 Rn. 19 f., aufgegriffen. Vgl. in Ansätzen schon *ders.*, Die parlamentarische Opposition im Verfassungsrecht der Bundesrepublik Deutschland, S. 328 f. Bei anderen Autoren, die sich der Frage der verfassungsrechtlichen Verankerung des Rechts auf Bildung und Ausübung parlamentarischer Opposition zuwenden, bleibt das Rechtsstaatsprinzip hingegen unberücksichtigt. Das Bundesverfassungsgericht hat die verfassungsrechtliche Absicherung des „Recht[s] ‚auf organisierte politische Opposition‘“ im Rechtsstaatsprinzip nunmehr ebenfalls aufgegriffen, vgl. BVerfG, Urt. v. 3.5.2016 – Az. 2 BvE 4/14, BVerfGE 142, 25 (Rn. 87).

[28] *H.-P. Schneider*, in: ders./W. Zeh (Hrsg.), Parlamentsrecht und Parlamentspraxis in der Bundesrepublik Deutschland, § 38 Rn. 19.

prinzip sind jedoch gleichwohl nicht zu verkennen: „Die Demokratie schützt die Mehrheit vor der Tyrannei der Minderheiten; sie vertraut der Erfahrung, daß mehr Augen mehr sehen, und mißtraut den Minderheiten, die dazu neigen, fehlgeleitet durch ihre eigenen partikulären Interessen die Belange des Volkes in seiner Gesamtheit zu verkennen. Das Rechtsstaatsprinzip schützt demgegenüber die Minderheiten vor der Tyrannei der Mehrheit; es vertraut der Macht des Rechts und mißtraut der Mehrheit, weil die Geschichte lehrt, daß die Mehrheit keineswegs stets eine Bastion der Weisheit und Gerechtigkeit ist, sondern, wenn sie ihren Verstand verliert, wie das die Mehrheit der Deutschen 1933 getan hat, sehr wohl in Wahnsinn und Verbrechen verfallen und zum Tyrannen entarten kann."[29]

Gemäß Art. 20 Abs. 2 Satz 2 GG wird die Staatsgewalt vom Volke in Wahlen und Abstimmungen und durch besondere Organe der Gesetzgebung, der vollziehenden Gewalt und der Rechtsprechung ausgeübt. Durch diese Aussage wird der Grundsatz der Gewaltenteilung zwischen gesetzgebender Gewalt (Legislative), vollziehender Gewalt (Exekutive) und rechtsprechender Gewalt (Judikative) verfassungsrechtlich normiert. Er ist als ein zentrales Element des Rechtsstaates anzusehen.[30] Sinn und Zweck der Gewaltenteilung ist es, eine wechselseitige Kontrolle der staatlichen Organe zu gewährleisten und die Konzentration staatlicher Macht bei einer der Gewalten zu verhindern, um letztlich dem Individuum einen größtmöglichen Raum der Freiheit zu garantieren.[31] Insoweit darf keine Gewalt „ein von der Verfassung nicht vorgesehenes Übergewicht über die andere Gewalt erhalten [...] und keine Gewalt darf der für die Erfüllung ihrer verfassungsmäßigen Aufgaben erforderlichen Zuständigkeiten beraubt werden"[32].

Gleichwohl handelt es sich beim Grundsatz der Gewaltenteilung nicht um ein Dogma. Insbesondere in personeller Hinsicht kommt es vielfach zu einer Gewal-

---

[29] *R. Mußgnug*, in: Festschrift E. Klein, S. 249 (252).

[30] *E. Schmidt-Aßmann*, in: J. Isensee/P. Kirchhof (Hrsg.), Handbuch des Staatsrechts der Bundesrepublik Deutschland, Bd. II, § 26 Rn. 46 ff.; *U. Di Fabio*, in: J. Isensee/P. Kirchhof (Hrsg.), Handbuch des Staatsrechts der Bundesrepublik Deutschland, Bd. II, § 27 Rn. 7 (vgl. aber auch Rn. 4: „nicht nur ein Teil des Rechtsstaatsprinzips, sondern ein selbständiges Strukturprinzip"); *P. Kirchhof*, in: J. Isensee/ders. (Hrsg.), Handbuch des Staatsrechts der Bundesrepublik Deutschland, Bd. II, § 21 Rn. 86; *S. Huster/J. Rux*, in: V. Epping/C. Hillgruber (Hrsg.), GG, Art. 20 Rn. 155 ff.; *C. Gröpl*, Staatsrecht I, Rn. 869. Kritisch gegenüber einer – jedenfalls isolierten – Zurechnung zum Rechtsstaatsprinzip *K. Hesse*, Grundzüge des Verfassungsrechts der Bundesrepublik Deutschland, Rn. 476 ff. Gar für eine Herauslösung des Gewaltenteilungsgrundsatzes aus dem Rechtsstaatsprinzip und seine alleinige Ableitung aus dem Demokratieprinzip *H.-D. Horn*, Die grundrechtsunmittelbare Verwaltung, S. 262 f.; ihm folgend *F. Ossenbühl*, in: J. Isensee (Hrsg.), Gewaltenteilung heute, S. 123 (127). Demgegenüber die Bedeutung des Gewaltenteilungsgrundsatzes als Verfassungsgrundsatz in Gänze negierend *T. Groß*, Der Staat 4 (2016), S. 489 (513 ff.).

[31] BVerfG, Urt. v. 27.4.1959 – Az. 2 BvF 2/58, BVerfGE 9, 268 (279).

[32] BVerfG, Urt. v. 27.4.1959 – Az. 2 BvF 2/58, BVerfGE 9, 268 (279 f.).

tenverschränkung. Gerade im Verhältnis zwischen Bundestag und Bundesregierung sind personelle Verflechtungen an der Tagesordnung.[33] Hierin liegt jedoch grundsätzlich keine Verletzung des Gewaltenteilungsgrundsatzes, vielmehr sind derartige Durchbrechungen zulässig, solange nicht der funktionelle Kernbereich eines Organs betroffen ist.[34] Unvereinbar mit dem Prinzip der Gewaltenverteilung wäre jedoch eine Situation, in der „eine der Gewalten die ihr von der Verfassung zugeschriebenen Aufgaben verliert“[35]. Wenn aber im parlamentarischen Regierungssystem der Bundesrepublik Deutschland – wie im Einzelnen noch gezeigt werden wird[36] – der sog. alte Dualismus, also der Gegensatz von Regierung und Parlament als Ganzem, in der Praxis vom sog. neuen Dualismus überlagert wird, nach dem sich aus einer funktionalen Perspektive die oppositionellen Akteure einerseits und die Regierung sowie die sie tragende Parlamentsmehrheit andererseits gegenüberstehen, so muss sichergestellt sein, dass der im Rechtsstaatsprinzip angelegte Kontrollmechanismus der einzelnen Gewalten nicht leerläuft. Soweit nunmehr die eigentliche Trennlinie nicht mehr zwischen den Verfassungsorganen Regierung und Parlament verläuft, sondern vielmehr innerhalb des Parlaments, ist es zur Mäßigung der Staatsmacht und zur Stärkung der individuellen Freiheit angezeigt, dass die Akteure parlamentarischer Opposition der Aufgabe der Kontrolle der Exekutive mit dem Ziel der Wahrung des dem Gewaltenteilungsgrundsatz innewohnenden Balancemechanismus in besonderem Maße nachkommen.[37] Insoweit nehmen die Oppositionskräfte eine rechtsstaatliche Funktion wahr; sie sind mithin in ihrem Recht auf Bildung und Ausübung parlamentarischer Opposition gleichsam durch das Rechtsstaatsprinzip abgesichert.

---

[33] Vgl. *B. Grzeszick*, in: Maunz/Dürig, GG, Art. 20 V Rn. 80.

[34] Vgl. BVerfG, Urt. v. 18.12.1953 – Az. 1 BvL 106/53, BVerfGE 3, 225 (247): „Dieses Prinzip [scil. das Prinzip der Gewaltenteilung] ist jedoch nirgends rein verwirklicht. Auch in den Staatsordnungen, die das Prinzip anerkennen, sind gewisse Überschneidungen der Funktionen und Einflussnahmen der einen Gewalt auf die andere gebräuchlich.“ Beispielhaft für das Verhältnis von Legislative und Exekutive BVerfG, Urt. v. 27.4.1959 – Az. 2 BvF 2/58, BVerfGE 9, 268 (280): „Nicht jede Einflußnahme des Parlaments auf die Verwaltung bedeutet schon einen Verstoß gegen die Gewaltenteilung. Selbst eine gewisse Gewichtsverlagerung auf Kosten der Exekutive zugunsten des Parlaments ist in der parlamentarischen Demokratie unbedenklich. Erst wenn zugunsten des Parlaments ein Einbruch in den Kernbereich der Exekutive erfolgt, ist das Gewaltenteilungsprinzip verletzt.“ Kritisch gegenüber der Gewaltenverschränkung unter dem Gesichtspunkt der Verantwortungszuschreibung *U. Di Fabio*, in: J. Isensee/P. Kirchhof (Hrsg.), Handbuch des Staatsrechts der Bundesrepublik Deutschland, Bd. II, § 27 Rn. 39 ff.

[35] BVerfG, Beschl. v. 17.7.1996 – Az. 2 BvF 2/93, BVerfGE 95, 1 (15).

[36] Vgl. 2. Kapitel § 3 II. 1. b), S. 113 ff.

[37] So schon *H.-P. Schneider*, in: ders./W. Zeh (Hrsg.), Parlamentsrecht und Parlamentspraxis in der Bundesrepublik Deutschland, § 38 Rn. 19.

3. Schutzintensivierung durch die Ewigkeitsgarantie des Art. 79 Abs. 3 GG

Gemäß Art. 79 Abs. 3 GG ist eine Änderung des Grundgesetzes, durch welche die in den Artikeln 1 und 20 niedergelegten Grundsätze berührt werden, unzulässig. Die Ewigkeitsgarantie bietet damit zwar keinen eigenen Schutzgehalt für parlamentarische Opposition, allerdings evoziert sie eine Schutzintensivierung für die in Art. 20 GG niedergelegten Staatsstrukturprinzipien dergestalt, dass es sich bei diesen gewissermaßen um „Verfassungsrecht der höchsten Ordnung“[38] handelt. Auch wenn damit keine grundsätzliche Vorrangstellung gegenüber anderen Bestimmungen des Grundgesetzes verbunden ist,[39] kann nicht ignoriert werden, dass das Grundgesetz den in Art. 20 GG niedergelegten Grundsätzen – also insbesondere auch dem Demokratie- und dem Rechtsstaatsprinzip mit seinen verfassungsrechtlichen Ausprägungen – eine erhöhte Bedeutung beimisst und sie der Disponibilität des verfassungsändernden Gesetzgebers entzieht.[40] Dies ist nicht zuletzt bei Konflikten mit anderen Verfassungsbestimmungen sowie bei der Herstellung praktischer Konkordanz zu berücksichtigen.

Es wurde gezeigt, dass das Recht auf Bildung und Ausübung parlamentarischer Opposition sowohl im Demokratie- als auch im Rechtsstaatsprinzip verankert ist. Nach dem reinen Wortlaut der Ewigkeitsgarantie des Art. 79 Abs. 3 GG erfahren „die in den Artikeln 1 und 20 niedergelegten Grundsätze“ eine Schutzverstärkung, sodass das Recht auf Bildung und Ausübung parlamentarischer Opposition ohne Weiteres hiervon erfasst sein müsste. Aufgrund der Vielzahl weiterer Grundsätze, die sich aus den einzelnen Staatsstrukturprinzipien des Art. 20 GG ableiten lassen, hätte die Unabänderlichkeitsklausel jedoch eine sehr große Reichweite.[41] Hiergegen bestehen sowohl aus systematischer als auch aus teleologischer Perspektive Bedenken. In systematischer Hinsicht erscheint die Abän-

---

[38] *S. Huster/J. Rux*, in: V. Epping/C. Hillgruber (Hrsg.), GG, Vor Art. 20.

[39] BVerfG, Urt. v. 18.12.1953 – Az. 1 BvL 106/53, BVerfGE 3, 225 (231 f.). Für ein Rangverhältnis zwischen den verfassungsrechtlichen Einzelnormen spricht sich *S. Unger*, Das Verfassungsprinzip der Demokratie, S. 193 ff., aus. Art. 79 Abs. 3 GG verdeutliche, dass zwischen „‚einfachem‘ und ‚besonderem‘ Verfassungsrecht“ (S. 194) zu unterscheiden sei und dass „die Strukturen des grundgesetzlichen Verfassungsrechtssystems maßgeblich durch das Nebeneinander von höherrangigen und niederrangigen Normen geprägt“ (S. 208) seien. Dagegen insbesondere *F. Müller*, Die Einheit der Verfassung, S. 129 ff.

[40] Das „Primat der ‚Gründergeneration‘“ verurteilt *C. Tomuschat*, Verfassungsgewohnheitsrecht?, S. 109, für den verfassungsrechtliche Ewigkeitsgarantien von vornherein mit einem Geburtsfehler behaftet sind, da der Normgeber für sich eine rechtliche Entscheidungsmacht in Anspruch nehme, die nach einmaliger Ausübung erlöschen und später nicht mehr verfügbar sein solle.

[41] *K. Stern*, Das Staatsrecht der Bundesrepublik Deutschland, Bd. III/2, § 89 III 6, S. 1103, bezeichnet die Ausdrucksweise des Grundgesetzes als „schwach […]“ und „interpretationsbedürftig“.

derbarkeit des Grundgesetzes als Grundsatz, der in Art. 79 Abs. 1 und 2 GG normiert wurde, wohingegen die Unabänderlichkeitsklausel des Art. 79 Abs. 3 GG mit ihren materiellen Schranken die verfassungsrechtliche Ausnahme darstellt.[42] Diese Überlegung wird von teleologischen Erwägungen gestützt. Wenn Art. 79 Abs. 3 GG gerade auch das Prinzip der Volkssouveränität (Art. 20 Abs. 2 GG) als besonders schützenswert erachtet, wäre eine extensive Auslegung der Ewigkeitsgarantie des Art. 79 Abs. 3 GG widersinnig, denn der Grundsatz der Volkssouveränität würde hierdurch geradezu konterkariert.[43] Dies bedingt, dass der Wortlaut des Art. 79 Abs. 3 GG eng auszulegen ist und nur der Kerngehalt der Grundsätze des Art. 20 GG nicht berührt werden darf.[44]

Die Tatsache, dass für die Frage eines Verstoßes gegen das Ewigkeitsprinzip zwischen dem unantastbaren Kernbestand des Demokratie- und Rechtsstaatsprinzips einerseits und seinen disponiblen Ausprägungen andererseits unterschieden werden muss, bringt jedoch ein gewisses Maß an Rechtsunsicherheit mit sich, da es im Einzelfall einer Gesamtschau bedarf, um den als Mindeststandard unaufgebbaren Kerngehalt der Leitprinzipien des Grundgesetzes zu ermitteln.[45] Für die hiesige Untersuchung ist demnach der Frage nachzugehen, ob das

---

[42] BVerfG, Urt. v. 15.12.1970 – Az. 2 BvF 1/69, 2 BvR 629/68 und 308/69, BVerfGE 30, 1 (25); Urt. v. 3.3.2004 – Az. 1 BvR 2378/98, 1084/99, BVerfGE 109, 279 (310); *M. Herdegen*, in: Maunz/Dürig, GG, Art. 79 Rn. 80; *B. Pieroth*, in: H. D. Jarass/ders., GG, Art. 79 Rn. 9; *H.-J. Papier*, Der Staat 27 (1988), S. 33 (48); *ders.*, NJW 1991, S. 193 (195); *H. Dreier*, JZ 1994, S. 741 (746). Kritisch gegenüber einer Interpretation als Ausnahmevorschrift *P. Häberle*, JZ 1971, S. 145 (150); *ders.*, in: Festschrift H. Haug, S. 81 (96 mit Fn. 55); *K. Stern*, Das Staatsrecht der Bundesrepublik Deutschland, Bd. III/2, § 89 III 2, S. 1098; *K.-E. Hain*, in: H. von Mangoldt/F. Klein/C. Starck (Hrsg.), GG, Bd. 2, Art. 79 Rn. 32; *H.-U. Erichsen*, VerwArch 62 (1971), S. 291 (294 f.).

[43] *M. Herdegen*, in: Maunz/Dürig, GG, Art. 79 Rn. 80; *B. Pieroth*, JuS 2010, S. 473 (474).

[44] BVerfG, Urt. v. 30.6.2009 – Az. 2 BvE 2, 5/08, 2 BvR 1010, 1022, 1259/08, 182/09, BVerfGE 123, 267 (343): „Innerhalb der Ordnung des Grundgesetzes jedenfalls sind die Staatsstrukturprinzipien des Art. 20 GG […] in ihrer prinzipiellen Qualität jeder Änderung entzogen."; vgl. schon BVerfG, Urt. v. 15.12.1970 – Az. 2 BvF 1/69, 2 BvR 629/68 und 308/69, BVerfGE 30, 1 (24 f.), für das Rechtsstaatsprinzip und auch das Urt. v. 3.3.2004 – Az. 1 BvR 2378/98, 1084/99, BVerfGE 109, 279 (310). Vgl. in der Literatur *M. Herdegen*, in: Maunz/Dürig, GG, Art. 79 Rn. 80 und 110; *J. Dietlein*, in: V. Epping/C. Hillgruber (Hrsg.), GG, Art. 79 Rn. 3; *B.-O. Bryde*, in: I. von Münch/P. Kunig, GG, Bd. 2, Art. 79 Rn. 29; *B. Pieroth*, in: H. D. Jarass/ders., GG, Art. 79 Rn. 9; *B. Pieroth*, JuS 2010, S. 473 (474 f.); *H.-J. Papier*, NJW 1991, S. 183 (185). A. A. die abweichende Meinung der Richter *Geller*, *v. Schlabrendorff* und *Rupp* zu dem Urteil des BVerfG v. 15.12.1970 – Az. 2 BvF 1/69, 2 BvR 629/68 und 308/69, BVerfGE 30, 33 (38 f.); *H.-W. Alberts*, Die Änderungsbefugnisse der Legislative im Bereich der Verfassungsgerichtsbarkeit, S. 29 ff.; *K.-E. Hain*, Die Grundsätze des Grundgesetzes, S. 70 ff.; *H. Möller*, Die verfassungsgebende Gewalt des Volkes und die Schranken der Verfassungsrevision, S. 151 ff.; *R. Rubel*, in: D. C. Umbach/T. Clemens (Hrsg.), GG, Bd. II, Art. 79 Rn. 27 f.

[45] Dazu *M. Herdegen*, in: Maunz/Dürig, GG, Art. 79 Rn. 111 f.

Recht auf Bildung und Ausübung parlamentarischer Opposition zum unantastbaren Kernbestand des Demokratie- und/oder Rechtsstaatsprinzips und somit zum materialen Kern der Verfassung gehört. Jedenfalls für das Demokratieprinzip ist dies zu bejahen,[46] denn das Recht auf Bildung und Ausübung parlamentarischer Opposition steht in engem Zusammenhang mit den elementaren demokratieprinzipiellen Ausprägungen Mehrheitsprinzip und Minderheitenschutz, Prinzip der Herrschaft auf Zeit sowie pluralistische Gesellschaftsstruktur. Überdies bietet das Recht auf Bildung und Ausübung parlamentarischer Opposition die Gewähr für einen freien und offenen politischen Prozess, den die Ewigkeitsgarantie über den dem Mehrheitsprinzip innewohnenden Minderheitenschutz ebenfalls abzusichern vermag.

Getragen wird diese Überlegung davon, dass die freiheitliche demokratische Grundordnung zwar nicht deckungsgleich mit der von Art. 79 Abs. 3 GG geschützten Verfassungssubstanz ist,[47] aber gleichwohl eine Teilmenge derselben darstellt.[48] Wenn aber das Recht auf Bildung und Ausübung parlamentarischer Opposition – wie sogleich gezeigt werden wird – auch Teil der freiheitlichen demokratischen Grundordnung ist, so erfährt dieses Recht zugleich eine Schutzintensivierung über die Ewigkeitsgarantie des Art. 79 Abs. 3 GG in dem Sinne, dass es nicht „berührt“ werden darf.

Es handelt sich somit bei dem Recht auf Bildung und Ausübung von parlamentarischer Opposition um eine in den Staatsstrukturprinzipien Demokratie und Rechtsstaat wurzelnde wesentliche verfassungsrechtliche Gewährleistung, die über die Ewigkeitsgarantie des Art. 79 Abs. 3 GG eine Schutzverstärkung erfährt.

---

46 Ebenso *H. Ehmke*, Grenzen der Verfassungsänderung, S. 112 ff. (insb. S. 117 f.); *K. Hesse*, Grundzüge des Verfassungsrechts der Bundesrepublik Deutschland, Rn. 705; *D. Mundil*, Die Opposition, S. 84; *C. Gröpl*, Staatsrecht I, Rn. 336.

47 So aber *W. Schmitt Glaeser*, Mißbrauch und Verwirkung von Grundrechten im politischen Meinungskampf, S. 45 ff. (unter Verweis auf die Formulierung des Art. 108 des Herrenchiemseer Entwurfs als „Ausgangspunkt“ für Art. 79 Abs. 3 GG); *H. H. Klein*, VVDStRL 37 (1979), S. 53 (55 ff.); *G. Roellecke*, DÖV 1978, S. 457 (460); *E. Wiederin*, VVDStRL 64 (2005), S. 53 (74 f.); *P. Kunig*, in: I. von Münch/ders., GG, Bd. 1, Art. 21 Rn. 81; *ders.*, in: J. Isensee/P. Kirchhof (Hrsg.), Handbuch des Staatsrechts der Bundesrepublik Deutschland, Bd. III, § 40 Rn. 56; *H. Maurer*, Staatsrecht I, § 23 Rn. 6. Wie hier *E. Denninger*, in: E. Benda/W. Maihofer/H.-J. Vogel (Hrsg.), Handbuch des Verfassungsrechts der Bundesrepublik Deutschland, § 16 Rn. 36; *H.-J. Papier/W. Durner*, AöR 128 (2003), S. 340 (357); *R. Streinz*, in: H. von Mangoldt/F. Klein/C. Starck (Hrsg.), GG, Bd. 2, Art. 21 Rn. 227; *M. Sachs*, in: ders. (Hrsg.), GG, Art. 79 Rn. 48; *C. Gröpl*, Staatsrecht I, Rn. 240.

48 *M. Herdegen*, in: Maunz/Dürig, GG, Art. 79 Rn. 87.

II. *Parlamentarische Opposition als wesentlicher Bestandteil der freiheitlichen demokratischen Grundordnung*

Das Schutzgut der freiheitlichen demokratischen Grundordnung ist ein zentrales Element des Grundgesetzes, was schon durch die vielfache begriffliche Verwendung in demselben deutlich wird.[49] Da der Verfassungsgeber den Begriff der freiheitlichen demokratischen Grundordnung nicht legaldefiniert hat,[50] hat er es jedoch zumindest in Teilen der Verfassungsrechtsprechung überlassen, diesen zu konturieren. Dieser Aufgabe ist das Bundesverfassungsgericht nachgekommen und hat die freiheitliche demokratische Grundordnung in einer seiner ersten Entscheidungen – der SRP-Entscheidung aus dem Jahr 1952[51] – näher konturiert. Hiernach werde die freiheitliche demokratische Grundordnung von solchen Grundwerten konstituiert, „die das Grundgesetz innerhalb der staatlichen Gesamtordnung – der ‚verfassungsmäßigen Ordnung' – als fundamental ansieht."[52] Bei dieser Gesamtordnung handele es sich um eine „wertgebundene Ordnung", die „das Gegenteil des totalen Staates [sei], der als ausschließliche Herrschaftsmacht Menschenwürde, Freiheit und Gleichheit ablehnt".[53] So sei die freiheitliche demokratische Grundordnung als eine Ordnung zu bestimmen, „die unter Ausschluß jeglicher Gewalt- und Willkürherrschaft eine rechtsstaatliche Herrschaftsordnung auf der Grundlage der Selbstbestimmung des Volkes nach dem Willen der jeweiligen Mehrheit und der Freiheit und Gleichheit darstellt."[54] Zu einer solchen Ordnung seien „mindestens"[55] folgende grundlegen-

[49] Vgl. Art. 10 Abs. 2 Satz 2, Art. 11 Abs. 2, Art. 18 Satz 1, Art. 21 Abs. 2 Satz 1, Art. 73 Abs. 1 Nr. 10 lit. b, Art. 87a Abs. 4 Satz 1, Art. 91 Abs. 1 GG. Zu diesem Schutzgut statt anderer *G. Dürig/H. H. Klein*, in: Maunz/Dürig, GG, Art. 18 Rn. 55 ff.; *H. Maurer*, Staatsrecht I, § 23 Rn. 5 ff.; *R. Streinz*, in: H. von Mangoldt/F. Klein/C. Starck (Hrsg.), GG, Bd. 2, Art. 21 Rn. 224 ff.

[50] Das Fehlen einer Definition im Grundgesetz hält *R. Streinz*, in: H. von Mangoldt/F. Klein/C. Starck (Hrsg.), GG, Bd. 2, Art. 21 Rn. 224, für rechtsstaatlich „nicht unbedenklich". Die Idee einer Legaldefinition durch den einfachen Gesetzgeber im Rahmen des Bundesverfassungsgerichtsgesetzes wurde nach dem ersten Referentenentwurf fallen gelassen, da ein einfaches Gesetz das Grundgesetz nicht auszulegen vermöge, vgl. *W. Geiger*, Gesetz über das Bundesverfassungsgericht vom 12. März 1951, S. 135 f.; *K. Stern*, Das Staatsrecht der Bundesrepublik Deutschland, Bd. III/2, § 87 II 3 a, S. 948. Andere einfachgesetzliche Begriffsbestimmungen (vgl. § 4 Abs. 2 BVerfSchG, § 92 Abs. 2 StGB) gelten zum einen ohnehin nur im Rahmen des jeweiligen Gesetzes und sind zum anderen aus normenhierarchischen Gründen ebenfalls nicht geeignet, den verfassungsrechtlichen Begriff der freiheitlichen demokratischen Grundordnung zu determinieren.

[51] BVerfG, Urt. v. 21.10.1952 – Az. 1 BvB 1/51, BVerfGE 2, 1 ff.

[52] BVerfG, Urt. v. 21.10.1952 – Az. 1 BvB 1/51, BVerfGE 2, 1 (12).

[53] BVerfG, Urt. v. 21.10.1952 – Az. 1 BvB 1/51, BVerfGE 2, 1 (12).

[54] BVerfG, Urt. v. 21.10.1952 – Az. 1 BvB 1/51, BVerfGE 2, 1 (12 f.).

[55] *G. Warg*, LKV 2015, S. 1 (2 ff.), hält diesen Kanon gleichwohl für abschließend. Zutref-

den Prinzipien zu rechnen: „die Achtung vor den im Grundgesetz konkretisierten Menschenrechten, vor allem vor dem Recht der Persönlichkeit auf Leben und freie Entfaltung, die Volkssouveränität, die Gewaltenteilung, die Verantwortlichkeit der Regierung, die Gesetzmäßigkeit der Verwaltung, die Unabhängigkeit der Gerichte, das Mehrparteienprinzip und die Chancengleichheit für alle politischen Parteien mit dem *Recht auf verfassungsmäßige Bildung und Ausübung einer Opposition*".[56]

Der verfassungsgerichtlichen These, wonach das Recht auf Bildung und Ausübung von Opposition zur freiheitlichen demokratischen Grundordnung zu rechnen ist, ist zuzustimmen. Denn bei den die freiheitliche demokratische Grundordnung prägenden Prinzipien handelt es sich „letztlich [um] das Exzerpt aus den grundlegenden Aussagen des Rechtsstaats- und Demokratieprinzips"[57]. Diese Prinzipien sind gewissermaßen die „Stützpfeiler"[58] der Verfassung. Wenn aber das Recht auf Bildung und Ausübung parlamentarischer Opposition – wie gezeigt – zentraler Bestandteil sowohl des Demokratie- als auch des Rechtsstaatsprinzips ist, so ist es zugleich Teil der die freiheitliche demokratische Grundordnung prägenden Prinzipien.[59]

III. Gewährleistung parlamentarischer Opposition durch die Abgeordnetenrechte

Es wurde im Rahmen der begrifflichen Analyse parlamentarischer Opposition bereits deutlich, dass Opposition durch eine Vielzahl parlamentarischer Akteure wirksam werden kann.[60] Als wesentliche Akteure haben sich hierbei die Abgeordneten herausgebildet, die entweder isoliert oder aber in Form einer parlamen-

---

fend a.A. *M. Ruland*, Der Begriff der freiheitlichen demokratischen Grundordnung im Grundgesetz für die Bundesrepublik Deutschland, S. 169ff.; *C. Gusy*, AöR 105 (1980), S. 279 (291). So hat das Bundesverfassungsgericht in der Folge auch den Kanon der die freiheitliche demokratische Grundordnung ausmachenden Prinzipien stetig erweitert, vgl. die übersichtsartige Aufzählung in BVerfG, Urt. v. 17.1.2017 – Az. 2 BvB 1/13, BVerfGE 144, 20 (Rn. 532f.).

[56] BVerfG, Urt. v. 21.10.1952 – Az. 1 BvB 1/51, BVerfGE 2, 1 (13) [Hervorhebung durch Verf.]; Bestätigung dieser Grundsätze durch BVerfG, Urt. v. 27.8.1956 – Az. 1 BvB 2/51, BVerfGE 5, 85 (140); Urt. v. 17.1.2017 – Az. 2 BvB 1/13, BVerfGE 144, 20 (Rn. 531). Zur konstitutiven Bedeutung der Bildung und Ausübung einer organisierten politischen Opposition für die freiheitliche demokratische Grundordnung zuletzt BVerfG, Urt. v. 3.5.2016 – Az. 2 BvE 4/14, BVerfGE 142, 25 (Rn. 86).

[57] *G. Warg*, LKV 2015, S. 1 (2).

[58] *H. Borgs-Maciejewski/F. Ebert*, Das Recht der Geheimdienste, § 3 Rn. 66.

[59] Das Recht auf Bildung und Ausübung *parlamentarischer* Opposition ist insoweit als Spezialfall von dem Recht auf Bildung und Ausübung von Opposition mitumfasst, vgl. BVerfG, Urt. v. 27.8.1956 – Az. 1 BvB 2/51, BVerfGE 5, 85 (224).

[60] Vgl. 1. Kapitel § 2 II. 2. b), S. 38ff.

tarischen Gruppe oder Fraktion agieren. Auch für die Frage der verfassungsrechtlichen Verankerung parlamentarischer Opposition ist der Schutzgehalt der Abgeordnetenrechte aus Art. 38 Abs. 1 Satz 2 GG somit von Bedeutung.

Nach Art. 38 Abs. 1 Satz 2 GG sind die Abgeordneten Vertreter des ganzen Volkes, an Aufträge und Weisungen nicht gebunden und nur ihrem Gewissen unterworfen. Mit dieser – dem „traditionelle[n] Erbgut des demokratisch-parlamentarischen Systems“[61] entstammenden – Formulierung geht einher, dass alle Abgeordneten ihr Mandat ohne Bindungen und Weisungen ausüben können sowie dass sie kraft der durch den Wahlakt erfahrenen Legitimation den Prozess der politischen Willensbildung mit ihren eigenen Vorstellungen prägen und damit ihre Vorstellungen dem „überindividuellen Gesamtwillen“ zuführen können.[62] Man spricht in diesem Zusammenhang vom sog. freien Mandat der Abgeordneten, das sich aus der Formulierung des Art. 38 Abs. 1 Satz 2 GG ableitet.[63] Die Abgeordneten sind hiernach in ihrem parlamentarischen Verhalten frei und können sich in vielfältiger, grundsätzlich nicht beschränkbarer Weise betätigen.[64] Dies beinhaltet notwendigerweise auch das Recht, der Regierung zu widersprechen, also oppositionell tätig zu werden.[65] Verfassungsrechtlich abgesichert wird das Recht zum individuellen Opponieren durch die grundgesetzlichen Vorschriften zur Indemnität und Immunität nach Art. 46 GG sowie durch das Zeugnisverweigerungsrecht nach Art. 47 GG.[66] Diese Vorschriften stellen sich als „verlän-

---

61 *E. Tatarin-Tarnheyden*, in: G. Anschütz/R. Thoma (Hrsg.), Handbuch des Deutschen Staatsrechts, Bd. I, S. 413 (417).

62 *H. H. Klein*, in: J. Isensee/P. Kirchhof (Hrsg.), Handbuch des Staatsrechts der Bundesrepublik Deutschland, Bd. III, § 51 Rn. 3.

63 Statt vieler *H. H. Klein*, in: J. Isensee/P. Kirchhof (Hrsg.), Handbuch des Staatsrechts der Bundesrepublik Deutschland, Bd. III, § 51 Rn. 2 ff.

64 Hierzu gehören nach der Rechtsprechung des Bundesverfassungsgerichts insbesondere das Rederecht und das Stimmrecht, die Beteiligung an der Ausübung des Frage- und Informationsrechts des Parlaments, das Recht, sich an den vom Parlament vorzunehmenden Wahlen zu beteiligen und parlamentarische Initiativen zu ergreifen, sowie das Recht, sich mit anderen Abgeordneten zu einer Fraktion zusammenzuschließen, vgl. BVerfG, Urt. v. 13.6.1989 – Az. 2 BvE 1/88, BVerfGE 80, 188 (218) m. w. N.

65 *S. Haberland*, Die verfassungsrechtliche Bedeutung der Opposition nach dem Grundgesetz, S. 68 f.; *A. Ingold*, Das Recht der Oppositionen, S. 312 ff., 428 ff.; *ders.*, JöR 64 (2016), S. 43 (62); *M. Rossi*, JZ 2016, S. 1169 (1170). Vgl. auch schon *H.-P. Schneider*, Die parlamentarische Opposition im Verfassungsrecht der Bundesrepublik Deutschland, S. 346: „Das ‚freie Mandat‘ erlaubt dem Abgeordneten verfassungsrechtlich eine zwar materiell durch das Legitimitätsgebot (Art. 79 Abs. 3 GG) begrenzte, förmlich jedoch unbeschränkbare Oppositionstätigkeit im Parlament.“ Gleichwohl sieht *Schneider* für die dem einzelnen Mandatsträger zustehende Oppositionsfreiheit in der parlamentarischen Praxis nur einen begrenzten Wirkbereich, denn praktisch verlagere sich die Oppositionstätigkeit auf die jeweiligen Oppositionsfraktionen im Ganzen (ebenda, S. 346).

66 BVerfG, Urt. v. 3.5.2016 – Az. 2 BvE 4/14, BVerfGE 142, 25 (Rn. 89).

gerter Arm“ des freien Mandats dar und ermöglichen den Abgeordneten das Ausüben von Opposition ohne die Gefahr (straf-)rechtlicher Repressionsmaßnahmen.

Doch nicht nur der einzelne Abgeordnete leitet seine Rechtsstellung aus Art. 38 Abs. 1 Satz 2 GG ab, auch das Fraktionsbildungsrecht ist verfassungsrechtlich in Art. 38 Abs. 1 Satz 2 GG abgesichert.[67] Denn da die Fraktionen nichts anderes sind als ein Zusammenschluss von Abgeordneten, leiten sie ihre ihnen nicht originär durch das Grundgesetz zugeschriebenen Rechte von den Rechten der Abgeordneten ab.[68] Soweit parlamentarische Opposition also durch Fraktionen zum Ausdruck kommt, findet sich die verfassungsrechtliche Gewähr hierzu gleichsam in den Abgeordnetenrechten. Allerdings unterliegt das Fraktionsbildungsrecht der verfassungskonformen[69] Schranke des § 10 Abs. 1 Satz 1 GOBT, wonach zur Bildung einer Fraktion ein Quorum von fünf vom Hundert der Mitglieder des Bundestages zu erfüllen ist. Für diejenigen Abgeordneten, denen es aufgrund ihrer zahlenmäßigen Größe nicht gelingt, das Quorum des § 10 Abs. 1 Satz 1 GOBT zu erreichen und eine Oppositionsfraktion zu bilden, verbleiben zwei Möglichkeiten zur Ausübung von Opposition. Zum einen können sie von

---

[67] In seiner älteren Rechtsprechung leitete das Bundesverfassungsgericht das Fraktionsbildungsrecht noch aus Art. 21 Abs. 1 GG ab, vgl. BVerfG, Urt. v. 14.7.1959 – Az. 2 BvE 2, 3/58, BVerfGE 10, 4 (14); Beschl. v. 14.12.1976 – Az. 2 BvR 802/75, BVerfGE 43, 142 (147). Vgl. nunmehr aber richtigerweise BVerfG, Urt. v. 14.1.1986 – Az. 2 BvE 14/83 und 4/84, BVerfGE 70, 324 (363); Urt. v. 13.6.1989 – Az. 2 BvE 1/88, BVerfGE 80, 188 (220); Urt. v. 16.7.1991 – Az. 2 BvE 1/91, BVerfGE 84, 304 (322); Beschl. v. 17.7.1995 – Az. 2 BvH 1/95, BVerfGE 93, 195 (203 f.); Urt. v. 8.12.2004 – Az. 2 BvE 3/02, BVerfGE 112, 118 (135). Umfassend zur verfassungsrechtlichen Verortung der Bundestagsfraktionen *S. Hölscheidt*, Das Recht der Parlamentsfraktionen, S. 294 ff.

[68] So ausdrücklich die abweichende Meinung des Richters *Böckenförde* zum Urteil des BVerfG v. 14.1.1986 – Az. 2 BvE 14/83 und 4/84, BVerfGE 70, 324 (382); *S. Hölscheidt*, Das Recht der Parlamentsfraktionen, S. 339. Vgl. zur Ableitung der Fraktionsrechte *G. C. Schneider*, Die Finanzierung der Parlamentsfraktionen als staatliche Aufgabe, S. 45 mit Fn. 46 und 47.

[69] Das Bundesverfassungsgericht hat sich nach Inkrafttreten des Art. 53a GG – der Begriff der Fraktion ist im Grundgesetz sonst nicht enthalten – mit der Frage befasst, welche Anforderungen das Verfassungsrecht an das Parlamentsrecht zur Konkretisierung des Begriffs der Fraktion stellt, vgl. Urt. v. 16.7.1991 – Az. 2 BvE 1/91, BVerfGE 84, 304 (335 f.). Als Grenzen der Geschäftsordnungsautonomie zur beliebigen Festsetzung der Fraktionsstärke nennt *B. Grzeszick*, in: K.H. Friauf/W. Höfling (Hrsg.), GG, Art. 53a Rn. 5, das Demokratieprinzip, den Repräsentationsgedanken und den gleichen Abgeordnetenstatus. Die von § 10 Abs. 1 Satz 1 GOBT derzeit vorgesehene Quotierung von fünf Prozent der Mitglieder des Bundestages wird richtigerweise für verfassungskonform gehalten, vgl. *K. von der Decken*, in: Schmidt-Bleibtreu/Hofmann/Henneke, GG, Art. 53a Rn. 8; *K. Stern*, Das Staatsrecht der Bundesrepublik Deutschland, Bd. II, § 28 II 3 b, S. 175; *H. H. Emmelius*, in: D. Sterzel (Hrsg.), Kritik der Notstandsgesetze, S. 118 (134); wohl auch *J. Jekewitz*, in: H.-P. Schneider/W. Zeh (Hrsg.), Parlamentsrecht und Parlamentspraxis in der Bundesrepublik Deutschland, § 37 Rn. 43.

der Möglichkeit Gebrauch machen, nach § 10 Abs. 1 Satz 2 GOBT die Anerkennung als Fraktion zu erhalten, soweit der Bundestag diesem Vorhaben zustimmt.[70] Zum anderen bleibt es ihnen selbstverständlich unbenommen, in ihrer Eigenschaft als – gegebenenfalls fraktionslose – Abgeordnete ihr Recht auf Bildung und Ausübung parlamentarischer Opposition in Anspruch zu nehmen und ihre oppositionellen Vorstellungen auf diese Weise in den parlamentarischen Willensbildungsprozess einzubringen.

Zusammenfassend lässt sich konstatieren, dass Art. 38 Abs. 1 Satz 2 GG bei der Frage der verfassungsrechtlichen Verankerung parlamentarischer Opposition in doppelter Weise Bedeutung zukommt. Zum einen sichert er unmittelbar das freie Mandat der Abgeordneten und damit die Freiheit zur Bildung und Ausübung von parlamentarischer Opposition, zum anderen dient er als Gewährleistung des Rechts zur Fraktionsbildung und stellt damit ein wichtiges praktisches Element für die Ausübung von Opposition dar. Im Gegensatz zu den aus der freiheitlichen demokratischen Grundordnung und den Staatsstrukturprinzipien ableitbaren Gewährleistungen erweist sich die Norm des Art. 38 Abs. 1 Satz 2 GG für die Abgeordneten nämlich als besonders wirkungsvoll, da sich aus ihr im Einzelfall konkrete Rechtspositionen ergeben können.[71]

IV. Mittelbare Gewährleistungen parlamentarischer Opposition

Neben den soeben dargestellten unmittelbaren Gewährleistungen wird das Recht auf Bildung und Ausübung parlamentarischer Opposition auch noch von weiteren grundgesetzlichen Vorschriften jedenfalls mittelbar gewährleistet. Namentlich sind insoweit die Grundrechte des Grundgesetzes sowie die Rechte politischer Parteien aus Art. 21 Abs. 1 GG zu nennen.

1. Bedeutung der Grundrechte des Grundgesetzes

Ganz allgemein muss man zunächst konstatieren, dass den Grundrechten des Grundgesetzes, insbesondere den Kommunikationsgrundrechten,[72] eine minderheitenschützende Funktion zukommt.[73] Sie schützen die Minderheit vor der ab-

[70] Ob in bestimmten Situationen ein verfassungsrechtlicher Anspruch auf Anerkennung als Oppositionsfraktion außerhalb der Möglichkeit des § 10 Abs. 1 Satz 1 GOBT besteht, bleibt einer späteren Prüfung vorbehalten, vgl. 3. Kapitel § 2 II. 4. b), S. 248 ff.

[71] *J. Ennuschat*, VR 2015, S. 1 (4).

[72] Vgl. zur demokratiebezogenen Bedeutung speziell der Kommunikationsgrundrechte die umfangreichen Nachweise bei *A. Ingold*, Das Recht der Oppositionen, S. 318 Fn. 678.

[73] *M. Kloepfer*, Verfassungsrecht I, § 7 Rn. 45; *W. Heun*, Das Mehrheitsprinzip in der Demokratie, S. 228 f.; *P. Häberle*, JZ 1977, S. 241 (243); *C. Gusy*, AöR 106 (1981), S. 329 (349 f.); ähnlich *J. Isensee*, Der Staat 20 (1981), S. 161 (164 f., 172 f.); differenzierend *H. Hofmann/H.*

soluten Herrschaft der Mehrheit und garantieren ihr die Möglichkeit, selbst einmal zur Mehrheit zu werden.

Für das Recht auf Bildung und Ausübung parlamentarischer Opposition erschließt sich die Bedeutung der Grundrechte indes nicht auf den ersten Blick. Denn um den Abgeordneten des Deutschen Bundestages konzeptionell ein subjektives Recht auf Bildung und Ausübung parlamentarischer Opposition vermitteln zu können, müssten diese zunächst grundrechtsberechtigt sein. Nach herrschender und zutreffender Auffassung können die Abgeordneten sich in ihrer Eigenschaft als Bürger – selbstverständlich – vollumfänglich auf den Schutz der Grundrechte berufen. In ihrer Eigenschaft als Abgeordnete verfügen sie jedoch über eine eigene Organstellung bzw. sind jedenfalls ein Teil des Verfassungsorgans Bundestag.[74] Insoweit können sie sich jedenfalls grundsätzlich nicht auf Grundrechte berufen, sondern sind auf die ihren verfassungsrechtlichen Status schützenden Verfassungsnormen und damit insbesondere auf die Abgeordnetenrechte des Art. 38 Abs. 1 Satz 2 GG verwiesen.[75] Wenn nun aber der einzelne Abgeordnete in seiner statusrechtlichen Stellung grundsätzlich nicht grundrechtsberechtigt ist, lässt sich folgerichtig ein subjektiv-rechtlicher Anspruch der Abgeordneten auf Bildung und Ausübung parlamentarischer Opposition aus den Grundrechten nicht ableiten.

Dreier, in: H.-P. Schneider/W. Zeh (Hrsg.), Parlamentsrecht und Parlamentspraxis in der Bundesrepublik Deutschland, § 5 Rn. 60.

[74] Für eine eigene Organstellung der Abgeordneten: *K. Schlaich*, in: Festschrift O. Bachof, S. 321 (324); *J. Pietzcker*, in: Festschrift 50 Jahre Bundesverfassungsgericht, Bd. I, S. 587 (597); *K. Schlaich/S. Korioth*, Das Bundesverfassungsgericht, Rn. 91; ähnlich bereits *E. Friesenhahn*, in: G. Anschütz/R. Thoma (Hrsg.), Handbuch des Deutschen Staatsrechts, Bd. II, S. 523 (537 Fn. 64). Den einzelnen Abgeordneten als Teil des Verfassungsorgans Bundestag begreifend *C. Pestalozza*, Verfassungsprozeßrecht, § 7 II Rn. 12; *C. Gröpl*, Staatsrecht I, Rn. 930. Die Frage, ob Abgeordnete über eine eigene Organstellung verfügen oder als Teil des Organs Bundestag anzusehen sind, offenlassend *H. Bethge*, in: Maunz/Schmidt-Bleibtreu/Klein/ders., BVerfGG, § 90 Rn. 38.

[75] BVerfG, Urt. v. 4.7.2007 – Az. 2 BvE 1–4/06, BVerfGE 118, 277 (316 ff., 327 f.); a. A. die abweichende Meinung der Richter *Hassemer*, *Di Fabio*, *Mellinghoff* und *Landau* zu dem Urteil des BVerfG vom 4.7.2007 – Az. 2 BvE 1–4/06, BVerfGE 118, 277 (377 ff.). Kritisch zu einer Verschmelzung von Grundrechten und Statusrechten auch *M. Cornils*, JURA 2009, S. 289 (293 ff.). Ob eine Maßnahme, die auf den verfassungsrechtlichen Status des Abgeordneten zielt, in besonderen Ausnahmefällen auch in die grundrechtlich geschützte Privatsphäre des Abgeordneten eingreifen kann und ob sich der Abgeordnete dann neben dem verfassungsrechtlichen Abgeordnetenrecht auch auf das einschlägige Grundrecht berufen kann, hat das Bundesverfassungsgericht bislang offen gelassen, vgl. BVerfG, Urt. v. 4.7.2007 – Az. 2 BvE 1–4/06, BVerfGE 118, 277 (320); Urt. v. 20.7.1998 – Az. 2 BvE 2/98, BVerfGE 19 (29).

Dennoch lässt sich eine jedenfalls mittelbare Bedeutung der Grundrechte des Grundgesetzes für das Recht auf Bildung und Ausübung parlamentarischer Opposition in zweifacher Weise konstatieren.

Zum einen sind die Grundrechte insbesondere für die Akteure der außerparlamentarischen Opposition von erhöhter Bedeutung, da diese sich grundsätzlich nicht auf den Schutzgehalt des Art. 38 Abs. 1 Satz 2 GG berufen können.[76] Besonders die Meinungs-, Presse-, Versammlungs- und Vereinigungsfreiheit, aber auch eher „randständige" Grundrechte wie das Petitionsrecht sind insoweit wesentliche Gewährleistungselemente zur Teilhabe der Bürger an der politischen Willensbildung. *Hans-Peter Schneider* veranlasst dies zu der zutreffenden Beobachtung, die Grundrechte des Grundgesetzes enthielten eine „politische ‚Teilnahmedimension'"[77]. Diese politische Dimension der Grundrechte offenbart sich insbesondere in Form der Freiheit zur Bildung und Ausübung außerparlamentarischer bzw. „zivilgesellschaftliche[r]"[78] Opposition. Jene Freiheit ermöglicht es dem Einzelnen insbesondere, sich im freien Meinungskampf außerparlamentarisch zu behaupten, um sodann im Rahmen von Wahlen in den Wettbewerb um ein parlamentarisches Mandat einzutreten.[79] Für die hier untersuchte Frage der verfassungsrechtlichen Gewährleistung parlamentarischer Opposition erscheint die Gewährleistung außerparlamentarischer Opposition durch die Grundrechte zunächst ohne Belang. Ohne die „außerparlamentarische Willensverstärkung" (z. B. durch Kandidaten im Bundestagswahlkampf) wäre die parlamentarische Opposition jedoch nicht das, was sie ist. Jeder Oppositionsabgeordnete im Bundestag benötigt nämlich zunächst ein parlamentarisches Mandat, um parlamentarische Opposition ausüben zu können. Soweit er sich im Rahmen seines Kampfes um ein parlamentarisches Mandat auf die Grundrechte berufen kann, entfalten diese auf der Vorstufe des parlamentarischen Opponierens Wirkung.

---

[76] Vgl. *P. Cancik*, Parlamentarische Opposition in den Landesverfassungen, S. 18 (unter Hinweis auf Art. 5 Abs. 1 GG); *D. Mundil*, Die Opposition, S. 100.

[77] *H.-P. Schneider*, Die parlamentarische Opposition im Verfassungsrecht der Bundesrepublik Deutschland, S. 330.

[78] *A. Ingold*, Das Recht der Oppositionen, S. 318.

[79] Vgl. *D. Mundil*, Die Opposition, S. 100: „Die Ausübung der parlamentarisch organisierten Opposition wird zudem mittelbar [durch die Grundrechte] ermöglicht, da die im Parlament befindlichen politischen Kräfte durch Wahlen gebildet werden, deren Grundlage wiederum der freie Meinungskampf ist."

Zum anderen trägt die – auf den grundrechtstheoretischen Überlegungen von *Rudolf Smend*[80], *Erich Kaufmann*[81] und *Richard Thoma*[82] aufbauende und im Lüth-Urteil des Bundesverfassungsgerichts erstmals anerkannte[83] – objektiv-rechtliche Dimension der Grundrechte dazu bei, eine das gesellschaftliche

80 *R. Smend*, Verfassung und Verfassungsrecht, S. 164 = *ders.*, Verfassung und Verfassungsrecht, in: ders., Staatsrechtliche Abhandlungen und andere Aufsätze, S. 119 (265): „Ganz abgesehen von aller positiven Rechtsgeltung proklamieren die Grundrechte ein bestimmtes Kultur-, ein Wertsystem, das der Sinn des von dieser Verfassung konstituierten Staatslebens sein soll"; neben dem Wertbegriff verwendet *Smend* auch den Begriff der „obersten und grundlegenden Grundrechtsprinzipien", vgl. *ders.*, VVDStRL 4 (1928), S. 44 (47).

81 *E. Kaufmann*, VVDStRL 3 (1927), S. 2 (6): „Nur wenn gewisse oberste Rechtsprinzipien nicht verletzt worden sind, schafft das ‚Gesetz' wirklich ‚Recht'. Das ist überhaupt der Sinn der in die Verfassungsurkunden aufgenommenen Grundrechte. Und wenn die Entwürfe für Kataloge von Grundrechten, die Ende 1918 und 1919 aufgestellt worden sind, und schließlich die Weimarer Verfassung selbst einen Katalog von Grundrechten aufgestellt hat, so bekennt sie sich eben damit zu diesem Gedanken. Die Grundrechte enthaltenden Verfassungssätze sollen ‚Richtschnur und Schranke' sein sowohl für die Gesetzgebung wie für die mit der Gesetzesanwendung betrauten Behörden."

82 *R. Thoma*, in: H. C. Nipperdey (Hrsg.), Die Grundrechte und Grundpflichten der Reichsverfassung, Erster Band, S. 1 (9 ff.).

83 BVerfG, Urt. v. 15.1.1958 – Az. 1 BvR 400/51, BVerfGE 7, 198 (204 f.): „Ohne Zweifel sind die Grundrechte in erster Linie dazu bestimmt, die Freiheitssphäre des einzelnen vor Eingriffen der öffentlichen Gewalt zu sichern; sie sind Abwehrrechte des Bürgers gegen den Staat. [...] Ebenso richtig ist aber, daß das Grundgesetz, das keine wertneutrale Ordnung sein will (BVerfGE 2, 1 [12]; 5, 85 [134 ff., 197 ff.]; 6, 32 [40 f.]), in seinem Grundrechtsabschnitt auch eine objektive Wertordnung aufgerichtet hat und daß gerade hierin eine prinzipielle Verstärkung der Geltungskraft der Grundrechte zum Ausdruck kommt [...]. Dieses Wertsystem, das seinen Mittelpunkt in der innerhalb der sozialen Gemeinschaft sich frei entfaltenden menschlichen Persönlichkeit und ihrer Würde findet, muß als verfassungsrechtliche Grundentscheidung für alle Bereiche des Rechts gelten [...]." Das Lüth-Urteil stellt in vielerlei Hinsicht eine bemerkenswerte Etappe in der Entwicklung der Grundrechtsdogmatik dar, vgl. *W. Hennis*, JZ 1999, S. 485 (492): „*das* Urteil des Karlsruher Gerichts, über das das Gericht erst geworden ist, was es ist" (kontrastierend aber seine Fortsetzung: „nach Meinung vieler und nicht der schlechtesten deutschen Juristen *der* Sündenfall des Karlsruher Gerichts") [Hervorhebungen im Original]; *R. Wahl*, in: Festschrift 50 Jahre Bundesverfassungsgericht, Bd. I, S. 461 (487): „Weichenstellungen"; *R. Alexy*, VVDStRL 61 (2002), S. 7 (9): „Urknall"; *J. F. Lindner*, Theorie der Grundrechtsdogmatik, S. 13: „die wesentlichste Weichenstellung für die deutsche Grundrechtsdogmatik". Gleichwohl hatte sich die Entwicklung hin zu einem auch objektiv-rechtlichen Grundrechtsverständnis in der Rechtsprechung des Bundesverfassungsgerichts bereits angedeutet, vgl. BVerfG, Urt. v. 23.10.1952 – Az. 1 BvB 1/51, BVerfGE 2, 1 (12); Urt. v. 17.8.1956 – Az. 1 BvB 2/51, BVerfGE 5, 85 (204 ff.); Urt. v. 16.1.1957 – Az. 1 BvR 253/56, BVerfGE 6, 32 (40); Beschl. v. 17.1.1957 – Az. 1 BvL 4/54, BVerfGE 6, 55 (72). Insbesondere *G. Lübbe-Wolff*, Die Grundrechte als Eingriffsabwehrrechte, S. 283 ff., hält nicht das Lüth-Urteil, sondern schon das Elfes-Urteil (BVerfG, Urt. v. 16.1.1957 – Az. 1 BvR 253/56, BVerfGE 6, 32 ff.) für den Ausgangspunkt der Wertordnungsjudikatur; kritisch hierzu *H. Dreier*, Dimensionen der Grundrechte, S. 11 Fn. 8.

Zusammenleben prägende Wertordnung zu konstituieren, die auf einem System der Meinungsvielfalt und des offenen politischen Diskurses basiert. Diese – in der Literatur trotz verschiedener kritischer Stimmen[84] überwiegend auf Zustimmung gestoßene[85] – „objektivrechtliche Wertentscheidung"[86] sichert damit letztlich auch die Zulassung von bzw. die Möglichkeit zur Opposition. Wenngleich sich die grundrechtliche Wertordnung vornehmlich im außerparlamentarischen Bereich entfaltet, lassen sich – nicht zuletzt aufgrund der Interdependenzen von außerparlamentarischer und parlamentarischer Opposition – auch Wechselwirkungen zum parlamentarischen Binnenraum hin beobachten,[87] sodass insoweit jedenfalls von einer mittelbaren Gewährleistung des Rechts auf Bildung und Ausübung parlamentarischer Opposition durch die Grundrechte ausgegangen

---

[84] Vgl. *C. Schmitt*, in: Festschrift E. Forsthoff (1967), S. 37 ff., der vor allem methodische Einwände gegen den Rekurs auf ein Wertesystem geltend macht; *E. Forsthoff*, in: Festgabe C. Schmitt, S. 185 (190), sieht die Gefahr einer „Scheinobjektivität" des Wertes, da ein wertorientiertes Grundrechtsverständnis die Grundrechte „den manipulatorischen Möglichkeiten des Auf-, Ab- und Umwertens" ausliefere und dadurch „die Fundamentalentscheidung des Verfassunggebers in eine Globalermächtigung an die Verfassungsinterpreten" verwandele; *ders.*, in: Festschrift C. Schmitt, S. 35 (39 ff.) = *ders.*, in: R. Dreier/F. Schwegmann (Hrsg.), Probleme der Verfassungsinterpretation, S. 51 (55 ff.), wonach die Grundrechte „kein System" und damit auch kein Wertsystem darstellten; *E.-W. Böckenförde*, Gesetz und gesetzgebende Gewalt, S. 402, der durch die Entwicklung der Verfassung hin zur rechtlichen Grundordnung des Gemeinwesens und die damit einhergehende Kompetenz des Bundesverfassungsgerichts zu deren Konkretisierung einen Übergang „vom parlamentarischen Gesetzgebungsstaat zum verfassungsvollziehenden Jurisdiktionsstaat" beobachtet und darin eine Einschränkung und Zurückdrängung des demokratischen Prinzips sieht; *ders.*, in: ders., Staat, Verfassung, Demokratie, S. 159 (190 ff.); grundsätzlich ablehnend ebenfalls *W. Cremer*, in: Gedächtnisschrift B. Jeand'Heur, S. 59 (59 ff.). Differenzierend *B. Schlink*, EuGRZ 1984, S. 457 (463); *U. Di Fabio*, JZ 2004, S. 1 ff. Kritisch gegenüber der – grundsätzlichen – Möglichkeit, aus Rechtsnormen Wertungen zu entnehmen, *J. H. Klement*, Verantwortung, S. 137 ff.

[85] Vgl. *R. Alexy*, VVDStRL 61 (2002), S. 7 (13); *K. Hesse*, Grundzüge des Verfassungsrechts der Bundesrepublik Deutschland, Rn. 290 ff., insb. Rn. 299; *ders.*, EuGRZ 1978, S. 427 (431 ff.); *H. Dreier*, Dimensionen der Grundrechte, S. 53 ff.; *A. Scherzberg*, DVBl. 1989, S. 1128 (1131 f.); *H. Maurer*, JZ 1999, S. 689 (694); *R. Wahl*, in: Festschrift 50 Jahre Bundesverfassungsgericht, Bd. I, S. 461 (487 f.); *H. D. Jarass*, in: Festschrift 50 Jahre Bundesverfassungsgericht, Bd. II, S. 35 (35 ff.); *A. Guckelberger*, JuS 2003, S. 1151 (1155); *T. Gostomzyk*, JuS 2004, S. 949 (949 ff.); *C. Starck*, in: H. von Mangoldt/F. Klein/C. Starck (Hrsg.), GG, Bd. 1, Art. 1 Rn. 170. *H. Dreier*, Dimensionen der Grundrechte, S. 50, zeigt sich „[a]ngesichts des […] fundamentalen Umbruchs" gleichwohl erstaunt über die Schnelligkeit und Einmütigkeit, mit der sich die Lüth-Rechtsprechung in der Literatur durchgesetzt hat.

[86] BVerfG, Beschl. v. 8.8.1978 – Az. 2 BvL 8/77, BVerfGE 49, 89 (142).

[87] Ganz allgemein erfasst die Ausstrahlungswirkung der Grundrechte nicht nur das Privatrecht, sondern auch das Öffentliche Recht, vgl. *H. D. Jarass*, in: Festschrift 50 Jahre Bundesverfassungsgericht, Bd. 2, S. 35 (43 f.).

werden kann.[88] Darüber hinaus bestehen auch enge Parallelen zwischen der grundrechtlichen Wertordnung und dem Aussagegehalt des – die Möglichkeit zur Bildung und Ausübung parlamentarischer Opposition gewährleistenden – Demokratieprinzips.[89] Denn auch wenn man die Grundrechte nicht als unmittelbare Konkretisierungen des Demokratieprinzips verstehen möchte,[90] steht außer Frage, dass den Grundrechten eine hohe demokratische Bedeutung zukommt.[91] Sie ermöglichen einen freien Diskurs, der für die Legitimität von Mehrheitsentscheidungen und damit für die Akzeptanz der Herrschaft unentbehrlich ist.

Im Ergebnis ist damit festzuhalten, dass die Grundrechte des Grundgesetzes das Recht auf Bildung und Ausübung parlamentarischer Opposition mangels Grundrechtsberechtigung der Abgeordneten zwar nicht unmittelbar-formal gewährleisten, dieses Recht jedoch aufgrund der Interdependenzen zwischen parlamentarischer und außerparlamentarischer Opposition sowie der objektiv-rechtlichen Ausstrahlungswirkung der Grundrechte mittelbar-funktional absichern.

---

[88] Wie hier *D. Mundil*, Die Opposition, S. 100: „Ausstrahl- und Einwirkungsfunktion"; *M. Rossi*, JZ 2016, S. 1169 (1171).

[89] Hierzu umfassend *A. Ingold*, Das Recht der Oppositionen, S. 318 ff.

[90] Vgl. hierzu die Analyse von *A. Ingold*, Das Recht der Oppositionen, S. 318 ff., der das Verständnis der Grundrechtsgewährleistungen als normative Konkretisierung des demokratischen Prinzips im Ergebnis ablehnt. Zum einen bestehe eine funktionale Differenz zwischen der demokratischen und der grundrechtlichen Inklusionsstruktur (S. 320 f.) und zum anderen gebe es auch eine Differenz zwischen dem demokratieprinzipiellen Freiheitsgedanken einerseits und dem grundrechtlichen Freiheitsgedanken andererseits (S. 321 ff.). Darüber hinaus trenne auch das Grundgesetz selbst textuell die Begriffe Demokratie und Grundrechte (S. 323).

[91] *G. Robbers*, in: W. Kahl/C. Waldhoff/C. Walter (Hrsg.), GG, Art. 20 Rn. 652: „Demokratie setzt Grundrechte voraus." Die demokratiespezifische Bedeutung der Grundrechte zeigt sich insbesondere an den Grundrechten der freien Meinungsäußerung, der Pressefreiheit, der Rundfunkfreiheit, der Informationsfreiheit, der Versammlungsfreiheit und der Vereinigungsfreiheit, vgl. BVerfG, Urt. v. 27.8.1956 – Az. 1 BvB 2/51, BVerfGE 5, 85 (134, 205 ff.); Urt. v. 15.1.1958 – Az. 1 BvR 400/51, BVerfGE 7, 198 (208); Beschl. v. 6.10.1959 – Az. 1 BvL 118/53, BVerfGE 10, 118 (121); Beschl. v. 25.1.1961 – Az. 1 BvR 9/57, BVerfGE 12, 113 (125); Urt. v. 19.7.1966 – Az. 2 BvF 1/65, BVerfGE 20, 56 (97 f.); Beschl. v. 3.10.1969 – Az. 1 BvR 46/65, BVerfGE 27, 71 (81 f.); Urt. v. 5.6.1973 – Az. 1 BvR 536/72, BVerfGE 35, 202 (221 f.); Urt. v. 1.3.1979 – Az. 1 BvR 532, 533/77, 419/78 und 1 BvL 21/78, BVerfGE 50, 290 (353); Beschl. v. 14.5.1985, BVerfGE 69, 315 (344 f.) m. w. N.; Beschl. v. 14.7.1987 – Az. 1 BvR 362/79, BVerfGE 76, 196 (208 f.); Beschl. v. 1.10.1987 – Az. 2 BvR 1434/86, BVerfGE 77, 65 (74); Beschl. v. 24.2.1999 – Az. 1 BvR 123/93, BVerfGE 100, 214 (223); Beschl. v. 24.5.2005 – Az. 1 BvR 1072/01, BVerfGE 113, 63 (82); Urt. v. 22.2.2011 – Az. 1 BvR 699/06, BVerfGE 128, 226 (250).

2. Bedeutung von Art. 21 Abs. 1 GG

Gemäß Art. 21 Abs. 1 Satz 1 GG wirken die Parteien bei der politischen Willensbildung des Volkes mit. Schon diese karge[92] Formulierung macht deutlich, dass sich die Rolle der Parteien nicht primär im Parlament, sondern im Wesentlichen außerhalb desselben vollzieht. Aus einer formalen Perspektive wird die Rolle der Parteien im Parlament vollständig von Art. 38 Abs. 1 Satz 2 GG überlagert.[93] Eine rechtliche Bindung einer Fraktion an die jeweilige Partei oder ein irgendwie gearteter rechtlich verbindlicher Einfluss besteht somit nicht.[94] Aufgrund der verfassungsrechtlichen Verbürgung der Freiheit des Mandats sind die Fraktionen und die diese bildenden Abgeordneten vielmehr ein selbstständiger Faktor der parlamentarischen Willensbildung.[95] Die geläufige Qualifizierung der Fraktionen als „Parteien im Parlament"[96] ist insoweit lediglich politisch-deskriptiver Natur, bildet aber in keiner Weise eine rechtliche Interdependenz ab. Soweit dennoch aus Art. 21 Abs. 1 GG eine unmittelbare Gewährleistung des Rechts auf Bildung und Ausübung parlamentarischer Opposition entnommen wird,[97] wissen die entsprechenden Stimmen daher nicht zu überzeugen. Stattdessen entfaltet die Norm des Art. 21 Abs. 1 GG ihre Wirkung im außerparlamentarischen Raum, wo sie den Parteien jedoch eine weite und grundsätzlich nicht beschränkbare Betätigungsfreiheit garantiert.[98]

Gleichwohl ist nicht zu leugnen, dass die politischen Parteien jedenfalls aus einer realitätsbezogenen Perspektive heraus auch Einfluss auf die Willensbildung im Parlament nehmen. Da die Fraktionen nämlich grundsätzlich aus Mitgliedern des Bundestages bestehen, die „derselben Partei [...] angehören" (§ 10

---

[92] *H. H. Klein*, in: Maunz/Dürig, GG, Art. 21 Rn. 150.

[93] Vgl. BVerfG, Urt. v. 14.1.1986 – Az. 2 BvE 14/83 und 4/84, BVerfGE 70, 324 (362 f.).

[94] Vgl. statt anderer *S. Hölscheidt*, Das Recht der Parlamentsfraktionen, S. 126 ff.

[95] *H. H. Klein*, in: Maunz/Dürig, GG, Art. 38 Rn. 237.

[96] *W. Henke*, Das Recht der politischen Parteien, S. 145 („Partei im Parlament"); *W. Schmidt*, Der Staat 9 (1970), S. 481 (488); *D. Birk*, NJW 1988, S. 2521 (2522); *M. Morlok*, in: H. Dreier (Hrsg.), GG, Bd. II, Art. 38 Rn. 183. Ähnlich auch *H.-P. Schneider*, in: E. Denninger/W. Hoffmann-Riem/ders./E. Stein (Hrsg.), GG, Art. 38 Rn. 47: „Fraktionen sind also der verlängerte Arm politischer Parteien im Parlament"; *H. Dellmann*, DÖV 1976, S. 153 (154): „die Fraktionen [übernehmen] im Parlament die Funktion der Parteien [...] – ein Faktum [...]".

[97] So *H.-P. Schneider*, Die parlamentarische Opposition im Verfassungsrecht der Bundesrepublik Deutschland, S. 362; *ders.*, in: E. Benda/W. Maihofer/H.-J. Vogel (Hrsg.), Handbuch des Verfassungsrechts der Bundesrepublik Deutschland, § 13 Rn. 101; *N. Gehrig*, Parlament – Regierung – Opposition, S. 263 f. Vgl. auch BT-Drs. 12/6000, S. 90 (allerdings pauschal auf Art. 21 GG bezogen).

[98] Vgl. zur Betätigungsfreiheit politischer Parteien statt vieler *H. H. Klein*, in: Maunz/Dürig, GG, Art. 21 Rn. 280 ff.; *D. Grimm*, in: E. Benda/W. Maihofer/H.-J. Vogel (Hrsg.), Handbuch des Verfassungsrechts der Bundesrepublik Deutschland, § 14 Rn. 33.

Abs. 1 Satz 1 Alt. 1 GOBT), wird schon aufgrund dessen die Willensbildung in den Fraktionen regelmäßig in starkem Maße von der Willensbildung in den Parteien beeinflusst.[99] Verstärkt wird der Einfluss der politischen Parteien auf die parlamentarische Willensbildung durch die vielfach auffindbare Doppelfunktion parlamentarischer Funktionsträger, die zugleich ein hohes Parteiamt innehaben und damit auch auf diese Weise den Willen der Parteien in das Parlament und die Fraktionen hineintragen. Wenn nun einerseits Art. 21 Abs. 1 GG den politischen Parteien ein Recht auf (außerparlamentarische) Betätigungsfreiheit verbürgt, andererseits die Parteien aber jedenfalls in praxi maßgeblichen Einfluss auf die Willensbildung im Parlament nehmen, ist ein tatsächlicher Zusammenhang zwischen Art. 21 Abs. 1 GG und dem Recht auf Bildung und Ausübung parlamentarischer Opposition nicht mehr von der Hand zu weisen. Durch die verfassungsrechtlich verbürgte Betätigungsfreiheit der Parteien werden somit mindestens die Voraussetzungen für die Existenz eines Rechts auf Bildung und Ausübung parlamentarischer Opposition geschaffen. Denn könnte sich die Mitwirkung der Parteien an der politischen Willensbildung des Volkes nicht in freier Weise vollziehen, hätte dies zugleich durchgreifende Konsequenzen auf die Willensbildung im Parlament und damit auch auf die Bildung und Ausübung von Opposition.[100] Mithin fördert Art. 21 Abs. 1 GG zwar nicht unmittelbar, aber doch mittelbar-tatsächlich das Recht auf Bildung und Ausübung parlamentarischer Opposition.[101]

§ 2 Funktionen und Funktionswahrnehmung parlamentarischer Opposition

Bereits die Vielzahl der verfassungsrechtlichen Gewährleistungen des Rechts auf Bildung und Ausübung parlamentarischer Opposition verdeutlicht die Rolle, welche parlamentarischer Opposition im parlamentarischen Regierungssystem der Bundesrepublik Deutschland zukommt. Die Möglichkeit zur Existenz parlamentarischer Opposition wird demgemäß verbreitet als konstitutiv für das Funk-

---

[99] Dies insbesondere für Oppositionsfraktionen betonend *H.-P. Schneider*, Die parlamentarische Opposition im Verfassungsrecht der Bundesrepublik Deutschland, S. 361: „Dabei darf freilich nicht übersehen werden, daß funktionellrechtlich die Mehrheitsfraktionen stärker an die Regierung gebunden sind (Art. 65 GG), während die parlamentarische Opposition meist in engere Beziehung zu ihrer Partei (außerhalb des Parlaments) tritt (Art. 21 GG)."

[100] Man denke nur an den Fall einer staatlichen Überwachung eines Parteifunktionärs, der zugleich als Abgeordneter parlamentarische Opposition ausübt.

[101] Im Ergebnis ebenso *D. Mundil*, Die Opposition, S. 88 f.; a. A. *S. Haberland*, Die verfassungsrechtliche Bedeutung der Opposition nach dem Grundgesetz, S. 66, für den die funktionale Verbindung zwischen Parteien und Fraktionen rechtlich ohne Relevanz ist.

tionieren der parlamentarischen Demokratie erachtet.[102] Parlamentarische Opposition ist somit zwar nicht conditio sine qua non für das Funktionieren der parlamentarischen Demokratie – nur die *Möglichkeit* zur parlamentarischen Opposition ist dies –, doch soweit sich eine Opposition im Parlament identifizieren lässt, kommt dieser typischerweise eine dreifache Funktion zu (I.). Zur Wahrnehmung der Oppositionsfunktionen stehen den oppositionellen Akteuren in der parlamentarischen Praxis grundsätzlich zahlreiche Mittel zur Verfügung (II.).

I. Die Funktionentrias parlamentarischer Opposition

Die klassischen Funktionen von parlamentarischer Opposition werden sowohl von politikwissenschaftlichen[103] als auch von rechtswissenschaftlichen[104] Untersuchungen gemeinhin in der sog. Funktionentrias, bestehend aus Kritik, Kontrolle und Alternativenbildung, zusammengefasst. Hierbei handelt es sich indes nicht um originär verfassungsrechtliche Aufgaben, sondern um einen durch die Parlamentarismusforschung herausgearbeiteten Aufgabenkanon.[105] Es besteht mithin keine verfassungsrechtliche Pflicht, Opposition als Ausübung der Funktionen Kritik, Kontrolle und Alternativenbildung zu begreifen. Gleichwohl orientiert sich die Ausübung von Opposition in praxi an dieser Funktionentrias und angesichts der verfassungsrechtlichen Verankerung des Rechts auf Bildung und Ausübung parlamentarischer Opposition darf den Oppositionsabgeordneten die Wahrnehmung dieser Funktionen durch das Regierungslager jedenfalls nicht un-

---

[102] Siehe hierzu oben, 2. Kapitel § 1 I. 1., S. 54 ff.

[103] Vgl. *W. Hennis*, in: H.-G. Schumann (Hrsg.), Die Rolle der Opposition in der Bundesrepublik Deutschland, S. 88 (93); *D. Sternberger*, in: H.-G. Schumann (Hrsg.), Die Rolle der Opposition in der Bundesrepublik Deutschland, S. 66 (67, 82); *H. Vogt*, Parlamentarische und außerparlamentarische Opposition, S. 43; *W. Euchner*, in: ders. (Hrsg.), Politische Opposition in Deutschland und im internationalen Vergleich, S. 7 (13); *M. Sebaldt*, Die Thematisierungsfunktion der Opposition, S. 16; *S. Kropp*, ZParl 1997, S. 373 (380); *L. Helms*, Politische Opposition, S. 24; *K. Webert*, Die Opposition im Deutschen Bundestag 1990–2005, S. 54.

[104] Vgl. *H. Seidel*, Politische Studien 66 (1955), S. 24 (26); *K. D. Grube*, Die Stellung der Opposition im Strukturwandel des Parlamentarismus, S. 12 f.; *L. Kißler*, Die Öffentlichkeitsfunktion des Deutschen Bundestages, S. 135 ff.; *H.-P. Schneider*, in: ders./W. Zeh (Hrsg.), Parlamentsrecht und Parlamentspraxis in der Bundesrepublik Deutschland, § 38 Rn. 39 ff.; *R. Poscher*, AöR 122 (1997), S. 444 (465); *D. Hassenpflug-Hunger*, Verfassungsrechtliche Abmessungen parlamentarischer Opposition nach dem Grundgesetz und Art. 12 der Verfassung des Landes Schleswig-Holstein, S. 38 ff.; *S. Haberland*, Die verfassungsrechtliche Bedeutung der Opposition nach dem Grundgesetz, S. 40 ff.; *D. Mundil*, Die Opposition, S. 33 ff.; *A. Ingold*, Das Recht der Oppositionen, S. 93; *H.-J. Waack*, in: M. Morlok/U. Schliesky/D. Wiefelspütz (Hrsg.), Parlamentsrecht, § 22 Rn. 14 ff.

[105] Vgl. *A. Ingold*, Das Recht der Oppositionen, S. 91 ff.

möglich gemacht werden.[106] Die Rechtsprechung des Bundesverfassungsgerichts hat die Funktionentrias daher ebenfalls aufgegriffen und den Oppositionsbegriff insoweit funktionsspezifisch konstitutionalisiert.[107]

1. Kritik

Die erste Funktion von parlamentarischer Opposition ist die Darstellung von Kritik. Damit geht einher, das Agieren des Regierungslagers kritisch zu beurteilen und gegebenenfalls in Frage zu stellen.[108] Von der „Rolle eines öffentlichen ‚Schiedsrichters'"[109] kann jedoch nur bedingt die Rede sein, da die oppositionellen Akteure sich in der Regel nicht „neutral" verhalten, sondern bei ihrem Handeln stets – zumindest auch – den eigenen politischen Vorteil vor Augen haben.[110] Gleichwohl führt Kritik – jedenfalls soweit sie sachlich-konstruktiv ist – regelmäßig zu einer Optimierung des parlamentarischen Entscheidungsprozesses, indem sowohl verfassungsrechtliche als auch politische Belange frühzeitig Berücksichtigung finden können.[111]

Die Kritikfunktion hängt zugleich eng mit der Funktion der Kontrolle zusammen. So kann beispielsweise das frühzeitige Äußern von Kritik im Gesetzgebungsprozess dazu führen, dass das Regierungslager ein Vorhaben (nochmals) auf seine Verfassungsmäßigkeit hin prüft, was eine nachträgliche Kontrolle durch das Bundesverfassungsgericht oftmals entbehrlich werden lässt.[112]

---

106 *O. Kirchheimer*, ARSP 43 (1957), S. 59 (62): „[...] die durch Verfassungsbrauch verankerten wechselseitigen Rollen von Regierung und Opposition [...]. Es ist die verfassungsmäßige Pflicht der Regierung, der Opposition den notwendigen Spielraum zur Durchführung dieser Rolle zu gewähren."

107 Zur Anerkennung der oppositionsspezifischen Funktionentrias durch das Bundesverfassungsgericht *A. Ingold*, Das Recht der Oppositionen, S. 242 ff. Ebenfalls von einer verfassungsgerichtlichen Anerkennung der Funktionentrias ausgehend *A. Voßkuhle*, in: Festschrift J. Schwarze, S. 283 (285).

108 *H.-J. Waack*, in: M. Morlok/U. Schliesky/D. Wiefelspütz (Hrsg.), Parlamentsrecht, § 22 Rn. 15.

109 *H.-P. Schneider*, in: ders./W. Zeh (Hrsg.), Parlamentsrecht und Parlamentspraxis in der Bundesrepublik Deutschland, § 38 Rn. 39.

110 *S. Haberland*, Die verfassungsrechtliche Bedeutung der Opposition nach dem Grundgesetz, S. 43.

111 *H.-J. Waack*, in: M. Morlok/U. Schliesky/D. Wiefelspütz (Hrsg.), Parlamentsrecht, § 22 Rn. 15. Vgl. auch *K. Hesse*, Grundzüge des Verfassungsrechts der Bundesrepublik Deutschland, Rn. 141: ein im Wege der Verständigung gefundenes Ergebnis sei oft „sachlich richtiger"; *A. Voßkuhle*, in: Festschrift J. Schwarze, S. 283 (287): „macht die zu treffende Entscheidung letztlich oft besser".

112 *A. Lorenz*, in: S. Bukow/W. Seemann (Hrsg.), Die Große Koalition, S. 59 (61), spricht in diesem Zusammenhang von einer „Vorwirkung" der Kontrolle durch die parlamentarische Opposition.

2. Kontrolle

Die Kontrolle der Regierung stellt somit die zweite Funktion parlamentarischer Opposition dar. Dieser Aufgabe kommt für das Funktionieren der parlamentarischen Demokratie eine besondere Bedeutung zu, denn „Demokratie ohne Kontrolle ist auf die Dauer unmöglich“[113]. Das parlamentarische Regierungssystem Deutschlands ist aber gerade dadurch geprägt, dass „in erster Linie nicht die Mehrheit die Regierung [überwacht], sondern diese Aufgabe wird vorwiegend von der Opposition“ wahrgenommen.[114] Genauso wie die Aufgabe der Kritik zugleich der Optimierung der Entscheidungsfindung dient, liegt auch die Wahrnehmung der Kontrollfunktion durch die parlamentarische Opposition „nicht nur in ihrem eigenen Interesse, sondern in erster Linie im Interesse des demokratischen, gewaltengegliederten Staates“[115], denn sie bewirkt mindestens auch eine Optimierung der staatlichen Gesetzgebung[116].

Zugleich bleibt die Aufgabe der Kontrolle jedoch – wie zumindest im Ansatz auch die Aufgabe der Kritik[117] – eine Aufgabe der die Regierung tragenden Kräfte.[118] Die parlamentarische Opposition verfügt insoweit nicht über ein „parlamentarisches Kontrollmonopol“[119]. Die Kontrolle der Regierung durch die regierungstragenden Kräfte kommt in der parlamentarischen Praxis vor allem im Falle einer Koalitionsregierung[120] zum Tragen, denn in dieser stehen die ihr angehörenden Parteien weiterhin in einem gewissen Konkurrenzverhältnis zueinander.[121] Auch im Fall eines Regierungswechsels kann die neue Parlamentsmehrheit ein Interesse daran haben, eine (nachträgliche) Kontrolle über das Han-

[113] *H. Kelsen*, Vom Wesen und Wert der Demokratie, S. 76.

[114] BVerfG, Beschl. v. 2.8.1978 – Az. 2 BvK 1/77, BVerfGE 49, 70 (86). Vgl. auch *R. Zippelius*, JURA 1993, S. 281 (283); *E. V. Towfigh*, Das Parteien-Paradox, S. 90.

[115] BVerfG, Urt. v. 3.5.2016 – Az. 2 BvE 4/14, BVerfGE 142, 25 (Rn. 90). Vgl. zuvor schon BVerfG, Beschl. v. 2.8.1978 – Az. 2 BvK 1/77, BVerfGE 49, 70 (87).

[116] *H. Schulze-Fielitz*, Theorie und Praxis parlamentarischer Gesetzgebung, S. 299 f.

[117] Vgl. *A. von Bogdandy*, Gubernative Rechtsetzung, S. 96 m. w. N. in Fn. 316.

[118] Vgl. *U. Schliesky*, in: M. Morlok/ders./D. Wiefelspütz (Hrsg.), Parlamentsrecht, § 5 Rn. 69 ff.; *T. Beichelt*, ZParl 2015, S. 778 (779). In einem weiteren Sinne sind sogar die außerparlamentarischen Kräfte bis hin zum einzelnen Bürger dazu berufen, an der demokratischen Kontrolle teilzuhaben, vgl. *A. Lorenz*, in: S. Bukow/W. Seemann (Hrsg.), Die Große Koalition, S. 59 (60).

[119] *H.-P. Schneider*, in: Festschrift J. Seifert, S. 245 (253).

[120] Zu den mit einer Koalitionsregierung einhergehenden rechtlichen Fragestellungen *I. von Münch*, Rechtliche und politische Probleme von Koalitionsregierungen.

[121] *I. von Münch*, ZParl 2015, S. 874 (874); *N. Gehrig*, Parlament – Regierung – Opposition, S. 129 ff.; den Aspekt der Koalitionsregierung ebenfalls als wichtigen Faktor der Kontrolle durch die Abgeordneten der Regierungsfraktionen qualifizierend *S. Schmahl*, in: P. Austermann/dies. (Hrsg.), AbgG, Vor § 1 Rn. 8.

deln der Vorgängerregierung auszuüben.[122] Doch selbst unabhängig von diesen Fallkonstellationen bleibt es (auch) eine grundsätzliche Aufgabe der die Regierung stützenden Abgeordneten, diese zu kontrollieren. Denn zu einer wirkungsvollen Kontrolle gehört letzten Endes auch die Möglichkeit, einen Mehrheitsbeschluss herbeizuführen, was der parlamentarischen Opposition in der Regel nicht möglich ist.[123]

Der wesentliche Unterschied zwischen der Kontrolle durch die beiden Lager liegt darin, dass die die Regierung tragenden parlamentarischen Kräfte die Kontrollfunktion weniger öffentlichkeitswirksam ausüben als die oppositionellen Kräfte.[124] Die regierungsinterne Kontrolle vollzieht sich nämlich nur selten auf der öffentlichen Bühne des Parlaments, sondern vielmehr auf informellem Weg in Arbeits-, Ausschuss- oder Fraktionssitzungen. Die fehlende Öffentlichkeitswirkung hat jedoch zur Folge, dass die hierbei ausgeübte Kontrolle nicht in gleicher Weise wirksam sein kann wie die Kontrolle durch die parlamentarische Opposition, die traditionell eine öffentlichkeitswirksame Kontrolle ausübt. Während für die die Regierung stützenden Abgeordneten zumeist eine „durch Wohlwollen gekennzeichnete begleitende Kontrolle charakteristisch" ist, wird „Kontrolle im unbedingten, streitbaren Sinne" allein durch die parlamentarische Opposition ausgeübt.[125] Doch nicht nur die fehlende Öffentlichkeitswirkung der regierungsinternen Kontrolle führt zu einer insgesamt weniger wirkungsvollen Kontrolle, sondern auch die Tatsache, dass die Mitglieder der Regierung in der Regel sowohl Mitglieder des Parlaments als auch Mitglieder einer Regierungs-

---

[122] Vgl. zu einem solchen Fall *P. Cancik*, ZParl 2014, S. 885 ff.

[123] Vgl. *W. Steffani*, in: ders. (Hrsg.), Regierungsmehrheit und Opposition in den Staaten der EG, S. 11 (31).

[124] *W. Steffani*, in: ders. (Hrsg.), Regierungsmehrheit und Opposition in den Staaten der EG, S. 11 (33); *H. Meyer*, in: H.-P. Schneider/W. Zeh (Hrsg.), Parlamentsrecht und Parlamentspraxis in der Bundesrepublik Deutschland, § 4 Rn. 78; *R. Poscher*, AöR 122 (1997), S. 444 (454 f.); *W. Zeh*, in: *F. Hufen* (Hrsg.), Bundesstaat – Parlament – Opposition, S. 41 (44). Exemplarisch auch das Bonmot von *K. Stern*, Das Staatsrecht der Bundesrepublik Deutschland, Bd. I, § 22 III 3, S. 989: „Kontrolle kann jedoch ineffektiv werden, wenn Kontrollierter und Kontrolleur ‚Fleisch vom gleichen Fleische' sind, wie es im parlamentarischen Regierungssystem der Fall ist."

[125] *M. Schmidt-Preuß*, in: Festschrift W. Leisner, S. 467 (472). In der Bewertung ähnlich *U. Schliesky*, in: M. Morlok/ders./D. Wiefelspütz (Hrsg.), Parlamentsrecht, § 5 Rn. 71; *H.-J. Waack*, in: M. Morlok/U. Schliesky/D. Wiefelspütz (Hrsg.), Parlamentsrecht, § 22 Rn. 19 ff. Insgesamt a. A. *E. Schmidt-Jortzig*, in: Festschrift D. Rauschning, S. 143 (144, 154 ff.), der meint, die Kontrolle der Regierung finde weiterhin „maßgeblich" durch die Mehrheitsfraktionen statt. Auch wenn diese Kontrolle „weniger ins Auge" falle, sei sie dennoch „um so effektiver". Aus diesem Grund sei „das vorschnelle Urteil, die Kontrollfunktion des Parlaments gegenüber der Regierung sei heute faktisch auf die Opposition übergegangen […], kaum mehr aufrechtzuerhalten". Vgl. zum Ganzen ausführlich noch unten, 2. Kapitel § 3 II. 1. b), S. 113 ff.

fraktion sind[126] und darüber hinaus oftmals noch zur Führungsspitze der jeweiligen Partei gehören.[127] Über das Mittel der – trotz der Freiheit des Mandats nach Art. 38 Abs. 1 Satz 2 GG grundsätzlich zulässigen – Fraktionsdisziplin findet insoweit oftmals eine Beeinflussung statt, welche die Wirksamkeit der regierungsinternen Kontrolle zusätzlich zu der ohnehin schon fehlenden Öffentlichkeitswirkung erheblich beschränkt.[128]

Es lässt sich zusammenfassen, dass die parlamentarische Kontrolle der Regierung zwar grundsätzlich aus einer formaljuristischen Perspektive dem Parlament als Ganzem zukommt, in der parlamentarischen Praxis aber „insbesondere und gerade auch"[129] der parlamentarischen Opposition obliegt. Somit ist die parlamentarische Opposition der „eigentlich funktionsbereite Faktor der parlamentarischen Gewaltenkontrolle"[130].

3. *Alternativenbildung*

Während die Aufgaben der Kritik und Kontrolle – wie gezeigt – jedenfalls aus einer formalen Betrachtungsweise heraus auch den regierungstragenden Kräften im Parlament zukommen, handelt es sich bei der Aufgabe der Alternativenbildung um eine Aufgabe, die klassischerweise nur von den oppositionellen Akteuren wahrgenommen werden kann.[131] Denn solange ein Abgeordneter die Regierung jedenfalls dem Grunde nach stützt, kann er – abgesehen von unterschiedlichen Positionierungen im Einzelfall – schon begrifflich keine Alternative zum Regierungskurs darstellen. Letztendlich „garantiert [also] nur die Opposition die Dauerreflexion und die ständige Präsenz einer Optik, in der man sehen kann, daß es auch anders möglich wäre bzw. anders möglich gewesen wäre"[132].

---

[126] Vgl. dazu auch noch unten, 2. Kapitel § 3 II. 1. b), S. 118.

[127] *N. Gehrig*, Parlament – Regierung – Opposition, S. 130.

[128] In diese Richtung auch *T. Beichelt*, ZParl 2015, S. 778 (792): „Die informellen Schwellen für die Parlamentsmehrheit, sich gegen die eigene Regierung aufzulehnen, sind sehr hoch […]."

[129] BVerfG, Urt. v. 3.5.2016 – Az. 2 BvE 4/14, BVerfGE 142, 25 (Rn. 87).

[130] *R. Zippelius*, Allgemeine Staatslehre, S. 359.

[131] Aus diesem Grund wird zuweilen auch von der „wichtigste[n] Funktion der Opposition" gesprochen, vgl. *H.-J. Waack*, in: M. Morlok/U. Schliesky/D. Wiefelspütz (Hrsg.), Parlamentsrecht, § 22 Rn. 22. Zuvor schon *W. Hennis*, in: H.-G. Schumann (Hrsg.), Die Rolle der Opposition in der Bundesrepublik Deutschland, S. 88 (93): „wichtigste Aufgabe". Ähnlich auch *A. Voßkuhle*, in: Festschrift J. Schwarze, S. 283 (288): „Anbieten einer Alternative als Kernaufgabe der Opposition". Demgegenüber die Aufgabe der Alternative vernachlässigend *H. H. Klein/G. Krings*, in: M. Morlok/U. Schliesky/D. Wiefelspütz (Hrsg.), Parlamentsrecht, § 17 Rn. 63.

[132] *N. Luhmann*, ZfP 36 (1989), S. 13 (20).

Die parlamentarische Opposition stellt in zweifacher Hinsicht eine Alternative zur Regierung und den sie tragenden Abgeordneten dar:[133] Zum einen geht es um eine sachliche Alternative, d. h. dem Wähler soll ein alternatives Regierungsprogramm aufgezeigt werden, das die jeweiligen Akteure der parlamentarischen Opposition im Falle eines Regierungswechsels zu verwirklichen gedenken. Zum anderen bietet die parlamentarische Opposition aber auch eine personelle Alternative an. Die personelle Alternativfunktion parlamentarischer Opposition kommt aufgrund der strukturellen Voraussetzungen des Mehrparteiensystems in der Bundesrepublik Deutschland zwar nicht in gleicher Weise zum Vorschein wie im Zweiparteiensystem Großbritanniens, wo die parlamentarische Opposition ein regelrechtes „Schattenkabinett“[134] aufstellt und damit tatsächlich *die* Alternative zur Regierung ist,[135] gleichwohl bieten sich auch in Deutschland die verschiedenen Akteure der parlamentarischen Opposition „mit ihrer [jeweiligen] Regierungsmannschaft dem Wähler zugleich als Personalalternative“[136] an.

Auch das Bundesverfassungsgericht betont inzwischen ausdrücklich[137] die Alternativfunktion der parlamentarischen Opposition. Das Gericht hält es für unerlässlich, dass der bei den Wahlen „unterlegene Teil [...] als politische Alternative sichtbar und im Raum freier Meinungsbildung wie auch in förmlichen Entscheidungsverfahren als Opposition wirksam“ bleibt.[138] Denn nur wenn die parlamentarische Opposition als Alternative auch für den Wähler erkennbar ist, hat sie „bei späteren Wahlen die Chance [..., selbst] zur Mehrheit zu werden.“[139]

---

[133] Zu den beiden Dimensionen der Alternativfunktion *A. Ingold*, Das Recht der Oppositionen, S. 98 f.; *M. Friedrich*, Opposition ohne Alternative?, S. 54, fügt noch eine dritte Dimension hinzu: diejenige der methodischen Alternativenbildung.

[134] Vgl. *L. Kastning*, in: W. Steffani (Hrsg.), Regierungsmehrheit und Opposition in den Staaten der EG, S. 375 (397); *L. Helms*, Politische Opposition, S. 72: „shadow cabinet“.

[135] Vgl. *I. Jennings*, Parliament, S. 174: „It is not only Her Majesty's Opposition but also Her Majesty's alternative Government. It presents itself to the electorate in that capacity; it asks for a mandate to govern.“

[136] *W. Steffani*, Parlamentarische und präsidentielle Demokratie, S. 227.

[137] Anfänglich wurde die Alternativfunktion parlamentarischer Opposition durch das Bundesverfassungsgericht nur implizit anerkannt, vgl. die Darstellung bei *A. Ingold*, Das Recht der Oppositionen, S. 244.

[138] BVerfG, Urt. v. 30.6.2009 – Az. 2 BvE 2, 5/08, 2 BvR 1010, 1022, 1259/08, 182/09, BVerfGE 123, 267 (343). Vgl. auch schon BVerfG, Urt. v. 21.7.2000 – Az. 2 BvH 3/91, BVerfGE 102, 224 (343): „Die Vorsitzenden der Fraktionen, die die Regierung tragen, übernehmen dabei Vermittlungs- und Koordinierungsaufgaben zwischen Regierung und Parlamentsmehrheit, während die Vorsitzenden der Oppositionsfraktionen in besonderer Weise die Alternative zur Regierung und damit Handlungsoptionen und künftige Wahlmöglichkeiten repräsentieren.“

[139] BVerfG, Urt. v. 30.6.2009 – Az. 2 BvE 2, 5/08, 2 BvR 1010, 1022, 1259/08, 182/09, BVerfGE 123, 267 (343).

4. Weitere Aufgaben als Elemente der klassischen Funktionentrias

In der Literatur bestehen Tendenzen, den Aufgabenkanon der parlamentarischen Opposition um weitere oppositionsspezifische Funktionen zu erweitern. So werden neben der klassischen Funktionentrias etwa eine Thematisierungsfunktion,[140] eine Mahnfunktion,[141] eine Integrationsfunktion,[142] eine Mobilisierungsfunktion[143] oder eine Mitregierungsfunktion[144] als Funktionen parlamentarischer Opposition ausgemacht.[145] Auch wenn die vorgenannten Funktionen zur Ausdifferenzierung und Präzisierung des traditionellen Aufgabenkanons geeignet erscheinen, bilden sie keine darüber hinausgehenden Funktionen ab und kommen grundsätzlich bereits durch die klassische Funktionentrias Kritik, Kontrolle und Alternativenbildung zur Geltung.[146]

---

[140] *M. Sebaldt*, Die Thematisierungsfunktion der Opposition, passim; *W. Gellner/A. Glatzmeier*, Macht und Gegenmacht, S. 195.

[141] *W. Steffani*, in: K. Sontheimer/H.-H. Röhring (Hrsg.), Handbuch des politischen Systems der Bundesrepublik Deutschland, S. 427 (430): „Kritischer Mahner zur Wahrung von Freiheit und Minderheitenschutz, Recht und Ordnung (O. als ‚Hort und Hüter der Freiheit')".

[142] *W. Steffani*, in: K. Sontheimer/H.-H. Röhring (Hrsg.), Handbuch des politischen Systems der Bundesrepublik Deutschland, S. 427 (430): „Integration von Minderheitsgruppen in den politischen Prozeß"; *H.-P. Schneider*, in: ders./W. Zeh (Hrsg.), Parlamentsrecht und Parlamentspraxis in der Bundesrepublik Deutschland, § 38 Rn. 48.

[143] *W. Steffani*, in: K. Sontheimer/H.-H. Röhring (Hrsg.), Handbuch des politischen Systems der Bundesrepublik Deutschland, S. 427 (430): „Mobilisierung der Öffentlichkeit als ‚Beweger der Politik'"; *ders.*, APuZ B 45/1965, S. 17 (30); *H.-P. Schneider*, in: ders./W. Zeh (Hrsg.), Parlamentsrecht und Parlamentspraxis in der Bundesrepublik Deutschland, § 38 Rn. 46.

[144] Jedenfalls implizit beschrieben von *L. Helms*, ZPol 2000, S. 511 (526 ff.).

[145] Weitere Funktionen parlamentarischer Opposition finden sich etwa bei *H.-P. Schneider*, Die parlamentarische Opposition im Verfassungsrecht der Bundesrepublik Deutschland, S. 242.

[146] Vgl. *R. Poscher*, AöR 122 (1997), S. 444 (465); *D. Hassenpflug-Hunger*, Verfassungsrechtliche Abmessungen parlamentarischer Opposition nach dem Grundgesetz und Art. 12 der Verfassung des Landes Schleswig-Holstein, S. 47; *S. Hölscheidt*, Das Recht der Parlamentsfraktionen, S. 249; *A. Ingold*, Das Recht der Oppositionen, S. 94. Grundsätzlich auch *H.-J. Waack*, in: M. Morlok/U. Schliesky/D. Wiefelspütz (Hrsg.), Parlamentsrecht, § 22 Rn. 14, der jedoch präzisiert, dass das Machtwechselziel als Ergänzung zur Funktionentrias zu sehen sei. Im Übrigen weist auch *W. Steffani*, in: K. Sontheimer/H.-H. Röhring (Hrsg.), Handbuch des politischen Systems der Bundesrepublik Deutschland, S. 427 (430), selbst darauf hin, dass es sich bei den weiteren Funktionen um eine differenzierte Aufgliederung handele, die sich in den Stichworten Kontrolle, Kritik und Alternative zusammenfassen lasse.

II. Die Funktionswahrnehmung parlamentarischer Opposition

Mit Blick auf die oppositionsspezifischen Funktionen stellt sich nunmehr die Frage, *wie* die oppositionellen Akteure in der Verfassungspraxis diesen Funktionen gerecht werden und welcher rechtlichen Mittel sie sich dabei bedienen können. Im Folgenden wird zunächst aufgezeigt, dass spezifische Oppositionsrechte de constitutione lata nicht existieren und dass die Oppositionsabgeordneten zur Wahrnehmung der Oppositionsfunktionen auf die grundgesetzlichen Abgeordneten- und Minderheitenrechte angewiesen sind (1.). Welche Rechte dazu in der Parlamentspraxis konkret fruchtbar gemacht werden können, wird im Anschluss daran analysiert (2.).

1. Ausgangspunkt oppositioneller Funktionswahrnehmung: Abgeordneten- und Minderheitenrechte des Grundgesetzes

Genauso wenig wie das Grundgesetz parlamentarische Opposition explizit anerkennt, sieht es auch keine spezifischen Rechte für die Akteure parlamentarischer Opposition vor. Als Korrelat für das Fehlen solcher Rechte dienen nach dem Grundgesetz zum einen die Abgeordnetenrechte und zum anderen die Minderheitenrechte. Die Abgeordneten- und Minderheitenrechte des Grundgesetzes sind also (auch) Oppositionsrechte.[147]

Wenn Abgeordnete als Akteure der parlamentarischen Opposition im Bundestag in Erscheinung treten, können sie sich einerseits – selbstverständlich – auf ihre verfassungsrechtlich durch Art. 38 Abs. 1 Satz 2 GG garantierten Abgeordnetenrechte berufen.[148] Es handelt sich dabei nicht um Rechtspositionen, die ihnen gerade wegen ihrer Oppositionseigenschaft zustehen, sondern vielmehr um Rechte, die allen Abgeordneten gleichermaßen allein aufgrund ihrer Abgeordnetenstellung zukommen. Auch die besonderen Rechte von Fraktionen sind letztlich als Abgeordnetenrechte anzusehen, da es sich bei Fraktionen um nichts anderes als um Zusammenschlüsse von Abgeordneten handelt und das Fraktionsbildungsrecht verfassungsrechtlich in Art. 38 Abs. 1 Satz 2 GG abgesichert ist.[149]

---

[147] Vgl. schon *K. Abmeier*, Die parlamentarischen Befugnisse des Abgeordneten des Deutschen Bundestages nach dem Grundgesetz, S. 232: „Alle Minderheitenrechte und die Rechte der einzelnen Abgeordneten sind auch Rechte der Opposition.“

[148] Es überrascht, dass *H.-P. Schneider*, Die parlamentarische Opposition im Verfassungsrecht der Bundesrepublik Deutschland, S. 237, den Abgeordnetenrechten im Zusammenhang mit dem Oppositionsstatus nur eine untergeordnete Rolle beimisst. Wie hier einen Schwerpunkt auf die Abgeordnetenrechte legend *A. Ingold*, Das Recht der Oppositionen, S. 415 ff.; *C. Gröpl*, Staatsrecht I, Rn. 327.

[149] In seiner älteren Rechtsprechung leitete das Bundesverfassungsgericht das Fraktionsbildungsrecht noch aus Art. 21 Abs. 1 GG ab, vgl. BVerfG, Urt. v. 14.7.1959 – Az. 2 BvE 2, 3/58, BVerfGE 10, 4 (14); Beschl. v. 14.12.1976 – Az. 2 BvR 802/75, BVerfGE 43, 142 (147). Vgl.

Wenn sich Abgeordnete der parlamentarischen Opposition also zu einer (Oppositions-)Fraktion zusammenschließen, können sie selbstredend – wie die Abgeordneten anderer Fraktionen auch – Fraktionsrechte in Anspruch nehmen, um die oppositionsspezifischen Aufgaben wahrzunehmen.

Neben den Abgeordnetenrechten dienen andererseits insbesondere die parlamentarischen Minderheitenrechte der Ausgestaltung des grundgesetzlich-normativen Rahmens des Wirkens der oppositionellen Akteure.[150] Zwar stehen Minderheitenrechte – selbstverständlich – formell allen Abgeordneten unterschiedslos zur Verfügung und können aus diesem Grund zutreffenderweise auch nicht mit Oppositionsrechten gleichgesetzt werden,[151] allerdings kann nicht ignoriert werden, dass es sich dabei der Sache nach grundsätzlich zumindest auch um Rechte für die Oppositionsabgeordneten handelt, die es ihnen ermöglichen, ihre verfassungsrechtlichen Funktionen auszufüllen.[152] Den Zusammenhang zwischen den Minderheitenrechten und der Wahrnehmung der Oppositionsaufgaben hat auch das Bundesverfassungsgericht ausdrücklich bestätigt und festgestellt, dass sich die „Ausgestaltung von Rechten der parlamentarischen Opposition […] innerhalb der Ordnung des Grundgesetzes […] über die Rechte der parlamentarischen Minderheiten“ vollzieht.[153]

---

nunmehr aber richtigerweise BVerfG, Urt. v. 14.1.1986 – Az. 2 BvE 14/83 und 4/84, BVerfGE 70, 324 (363); Urt. v. 13.6.1989 – Az. 2 BvE 1/88, BVerfGE 80, 188 (220); Urt. v. 16.7.1991 – Az. 2 BvE 1/91, BVerfGE 84, 304 (322); Beschl. v. 17.7.1995 – Az. 2 BvH 1/95, BVerfGE 93, 195 (203 f.); Urt. v. 8.12.2004 – Az. 2 BvE 3/02, BVerfGE 112, 118 (135). Umfassend zur verfassungsrechtlichen Verortung der Bundestagsfraktionen *S. Hölscheidt*, Das Recht der Parlamentsfraktionen, S. 294 ff.

[150] Vgl. BVerfG, Urt. v. 3.5.2016 – Az. 2 BvE 4/14, BVerfGE 142, 25 (Rn. 92 f.). Illustrierend schon *H.-P. Schneider*, Die parlamentarische Opposition im Verfassungsrecht der Bundesrepublik Deutschland, S. 242: parlamentarische Minderheitenrechte „als funktionales Gerüst des Oppositionsstatus“; aus politikwissenschaftlicher Sicht *S. Thierse*, Governance und Opposition im Europäischen Parlament, S. 48 ff.: „Minderheitenrechte als Oppositionsrechte“.

[151] *N. Achterberg*, DVBl. 1980, S. 512 (520); *P. Cancik*, AöR 123 (1998), S. 623 (631); *dies.*, Parlamentarische Opposition in den Landesverfassungen, S. 74; *A. Ingold*, Das Recht der Oppositionen, S. 197, 314.

[152] *H.-P. Schneider*, Die parlamentarische Opposition im Verfassungsrecht der Bundesrepublik Deutschland, S. 236 ff.; *M. Kloepfer*, Verfassungsrecht I, § 7 Rn. 49; *S. Galka*, Parlamentarismuskritik und Grundgesetz, S. 287 f.; *H. H. Klein/G. Krings*, in: M. Morlok/U. Schliesky/D. Wiefelspütz (Hrsg.), Parlamentsrecht, § 17 Rn. 64; *K.-A. Schwarz*, ZRP 2013, S. 226 (226); *A. Ingold*, Das Recht der Oppositionen, S. 314 f. Ähnlich auch *J. Ipsen*, Staatsrecht I, Rn. 277.

[153] BVerfG, Urt. v. 3.5.2016 – Az. 2 BvE 4/14, BVerfGE 142, 25 (Rn. 92). Vgl. im Übrigen auch schon Rn. 69 im Hinblick auf die Aufgabe der Kontrolle: „Die parlamentarische Kontrolle ist umso effektiver, je stärker die der parlamentarischen Opposition zur Verfügung stehenden Minderheitenrechte sind.“

2. *Ausfüllung der Funktionentrias in der parlamentarischen Praxis*

Nachdem im Vorstehenden gezeigt werden konnte, dass in abstracto die Abgeordneten- und Minderheitenrechte des Grundgesetzes als Substitut für nach dem Grundgesetz fehlende spezifische Oppositionsrechte dienen, stellt sich nun die Frage, wie die oppositionellen Akteure die Funktionentrias in der parlamentarischen Praxis in concreto ausfüllen. Im Folgenden sollen zur Beantwortung dieser Frage die typischerweise von Oppositionsabgeordneten und -fraktionen wahrgenommenen Rechte dargestellt werden und zugleich eine Zuordnung zur oppositionsspezifischen Funktionentrias erfolgen.[154] Gleichwohl ist darauf hinzuweisen, dass sich die Möglichkeiten und Rechte der oppositionellen Akteure, ihren Oppositionsfunktionen nachzukommen, nicht abschließend beschreiben lassen, da es einen verfassungsrechtlichen Numerus clausus zulässiger Handlungsmöglichkeiten nicht gibt. Die nachfolgende Auswahl typischer Handlungsmöglichkeiten kann insoweit keinen Anspruch auf Vollständigkeit erheben.

a) *Parlamentarisches Rede- und Fragerecht*

Zentrales Element für die Wahrnehmung der Oppositionsfunktionen ist – neben dem Stimmrecht – zunächst das jedem Abgeordneten nach Art. 38 Abs. 1 Satz 2 GG zustehende parlamentarische Rederecht.[155] Dieses steht in engem funktionalen Zusammenhang mit dem Öffentlichkeitsprinzip nach Art. 42 Abs. 1 Satz 1 GG, das der parlamentarischen Rede Öffentlichkeitswirkung verleiht. Das Rederecht ermöglicht den oppositionellen Abgeordneten zum einen, Kritik an der Regierung zu äußern, und zum anderen, den Wählerinnen und Wählern politische Alternativen zum Regierungskurs zu präsentieren.[156] Die öffentliche Parlamentsdebatte dient der parlamentarischen Opposition insoweit als wichtiges „Medium werbender Selbstdarstellung“[157], um bei der nächsten Wahl selbst zur Mehrheit zu werden. In diesem Zusammenhang steht auch die Möglichkeit eines Drittels der Mitglieder des Bundestags, nach Art. 39 Abs. 3 Satz 3 GG den Bundestag einzuberufen.

---

[154] Denkbar wäre es auch, eine Darstellung anhand der drei klassischen Aufgabenbereiche Kritik, Kontrolle und Alternativenbildung vorzunehmen. Allerdings gehen vor allem die Aufgaben der Kritik und Kontrolle oftmals ineinander über, sodass einzelne Handlungsmöglichkeiten sich nicht selten mehreren Oppositionsfunktionen zuordnen lassen.

[155] Vgl. schon BVerfG, Urt. v. 14.7.1959 – Az. 2 BvE 2, 3/58, BVerfGE 10, 4 (12).

[156] Vgl. BVerfG, Urt. v. 3.5.2016 – Az. 2 BvE 4/14, BVerfGE 142, 25 (Rn. 104): „Die Möglichkeit gerade der oppositionellen Abgeordneten, vor allem die Funktionen der Kritik und der Formulierung von Alternativen im Rahmen von Rede und Gegenrede auszuüben […].“

[157] *H. H. Klein*, in: Maunz/Dürig, GG, Art. 42 Rn. 28.

Zur Wahrnehmung insbesondere der Kontroll-, aber auch der Kritik- und Alternativfunktion dienen der parlamentarischen Opposition darüber hinaus die Interpellationsrechte, also die Möglichkeiten, Fragen an die Bundesregierung zu richten.[158] Sie folgen verfassungsrechtlich aus Art. 38 Abs. 1 Satz 2 und Art. 20 Abs. 2 Satz 2 GG[159] und werden geschäftsordnungsrechtlich durch §§ 100 ff. GOBT konkretisiert, welche zwischen Großen Anfragen (§§ 100–103 GOBT), Kleinen Anfragen (§ 104 GOBT) und Fragen einzelner Abgeordneter (§ 105 GOBT) unterscheiden. Damit ist es den oppositionellen Akteuren möglich, politische Themen auf die Tagesordnung zu setzen und die Haltung des Regierungslagers zu diesen Themen öffentlichkeitswirksam zu überprüfen[160] sowie zu kritisieren.[161] Auf diese Weise können sie Missstände im Regierungshandeln aufzeigen und zugleich ihre eigenen politischen Konzepte als Alternative präsentieren.[162] Die Fragerechte der Abgeordneten, mit denen grundsätzlich eine Auskunfts- und Berichtspflicht der Regierung einhergeht,[163] stellen somit „typische Instrumente der parlamentarischen Opposition“[164] dar. Allerdings kann den Fragen oppositioneller Akteure die kontrollierende Wirkung abhanden gehen, wenn – was nach Art. 42 Abs. 1 Satz 2 GG durch Beschluss mit Zweidrittelmehrheit auf Antrag eines Zehntels der Mitglieder des Bundestages grundsätzlich zulässig ist – die Beantwortung der Fragen in nichtöffentlicher Weise erfolgt. Das Bundesverfassungsgericht hat deshalb zu Recht festgestellt, dass das Fragerecht der parlamentarischen Opposition „zu seiner Wirksamkeit grundsätzlich auf Öffentlichkeit

---

158 Einen Überblick über die praktische Handhabung der verschiedenen Frageformen gibt *S. T. Siefken*, ZParl 2010, S. 18 (20 ff.).

159 Vgl. BVerfG, Beschl. v. 1.7.2009 – Az. 2 BvE 5/06, BVerfGE 124, 161 (188); Urt. v. 21.10.2014 – Az. 2 BvE 5/11, BVerfGE 137, 185 (Rn. 129); Urt. v. 2.6.2015 – Az. 2 BvE 7/11, BVerfGE 139, 194 (Rn. 104); *D. G. Bodenheim*, Kollision parlamentarischer Kontrollrechte, S. 42 f., spricht in diesem Zusammenhang von einer „Annex-Kompetenz“. Nach anderer Ansicht ist verfassungsrechtliche Grundlage des parlamentarischen Fragerechts Art. 43 Abs. 1 GG. Zum Meinungsstand *H. H. Klein*, in: Maunz/Dürig, GG, Art. 43 Rn. 79 ff.

160 Die Kontrollfunktion des Fragerechts betonend *J. Ennuschat*, VR 2015, S. 1 (2); *T. du Mesnil de Rochemont/M. W. Müller*, JuS 2016, S. 603 (606). *K.-R. Korte*, APuZ 38–39/2014, S. 8 (12), spricht mit Blick auf die Kleinen Anfragen von einer „sanfte[n] Kontrolloption“.

161 *A. Lorenz*, in: S. Bukow/W. Seemann (Hrsg.), Die Große Koalition, S. 59 (65).

162 *A. Voßkuhle*, BayVBl. 2016, S. 289 (292).

163 Dazu *P. J. Glauben*, DVBl. 2014, S. 894 (895) m. w. N.

164 BVerfG, Urt. v. 9.11.2011 – Az. 2 BvC 4, 6, 8/10, BVerfGE 129, 300 (339). Vgl. auch BVerfG, Urt. v. 21.10.2014 – Az. 2 BvE 5/11, BVerfGE 137, 185 (Rn. 205): „Es muss den Abgeordneten daher im Rahmen einer effektiven parlamentarischen Kontrolle des Regierungshandelns möglich sein, über diese Rüstungsexportberichte hinaus durch konkrete Fragen Informationen […] zu erhalten […]“.

angewiesen ist. Fällt das Öffentlichkeitselement weg, so scheidet in der Praxis zumindest eine sanktionierende Kontrolle aus.“[165]

Neben[166] den parlamentarischen Fragerechten steht das Zitierrecht nach Art. 43 Abs. 1 GG. Hiernach können der Bundestag und seine Ausschüsse die Anwesenheit jedes Mitgliedes der Bundesregierung verlangen. Verfahrensrechtliche Voraussetzung dafür ist – neben einem Antrag durch eine Fraktion oder anwesende fünf Prozent der Mitglieder des Bundestages (§ 42 GOBT) – jedoch ein Mehrheitsbeschluss, der in der Regel durch die Mitglieder der parlamentarischen Opposition allein nicht wird herbeigeführt werden können.[167] Das Erfordernis eines Mehrheitsbeschlusses für das als Kontrollinstrument nutzbare Zitierrecht verdeutlicht zugleich, dass die parlamentarische Kontrolle nicht allein eine Aufgabe der parlamentarischen Opposition, sondern nach wie vor des gesamten Parlaments ist.[168]

b) Mitwirkung am Willensbildungs- und Gesetzgebungsprozess

Auch über die Mitwirkung der parlamentarischen Opposition am Willensbildungs- und Gesetzgebungsprozess des Deutschen Bundestages gelangen die oppositionellen Funktionen zur Geltung.[169]

Zum einen können die Abgeordneten der parlamentarischen Opposition gemäß Art. 76 Abs. 1 Alt. 2 GG – jedenfalls nach hier vertretener Auffassung unabhängig von ihrer Fraktion und ohne Erreichung eines Quorums[170] – eigene Gesetzesvorlagen einbringen. Dies ermöglicht es ihnen, einen alternativen politischen Kurs zu vertreten und dies gegenüber der Öffentlichkeit entsprechend zu verdeutlichen. Typischerweise greifen sie dabei „einen von Regierung und Regierungsmehrheit unbeachtet gelassenen gesellschaftlichen Input auf und versuch[en], ihm zu politischem Erfolg zu verhelfen“[171]. Mithin handelt es sich bei

---

[165] BVerfG, Urt. v. 21.10.2014 – Az. 2 BvE 5/11, BVerfGE 137, 185 (Rn. 201). Zur Bedeutung der Herstellung von Öffentlichkeit noch unten, 2. Kapitel § 2 II. 2. f), S. 99 ff.

[166] *H. H. Klein*, in: Maunz/Dürig, GG, Art. 43 Rn. 85; *L. Brocker*, in: V. Epping/C. Hillgruber (Hrsg.), GG, Art. 43 Rn. 10.

[167] Gleichwohl kann es in der parlamentarischen Praxis vorkommen, dass die Abgeordneten der parlamentarischen Opposition die Herbeirufung eines Regierungsmitglieds durchsetzen können, soweit von den die Regierung tragenden Abgeordneten im Zeitpunkt einer Abstimmung nicht genügend Abgeordnete anwesend sind, um einen – auch spontan möglichen – Antrag abzulehnen.

[168] Siehe schon oben, 2. Kapitel § 2 I. 2., S. 77 ff.

[169] *H. Meyer*, VVDStRL 33 (1975), S. 69 (100), sieht in der „Einflußnahme auf die Staatswillensbildung“ eine vierte Oppositionsfunktion neben den klassischen Funktionen Kritik, Kontrolle und Alternativenbildung.

[170] Vgl. dazu unten, 3. Kapitel § 1 II., S. 175 ff.

[171] *A. Voßkuhle*, BayVBl. 2016, S. 289 (293), mit Verweis auf *M. Sebaldt*, Die Thematisie-

der Einbringung eigener Gesetzesvorlagen unabhängig von deren späterem Erfolg[172] um ein bedeutendes Instrument der parlamentarischen Opposition.[173]

Zum anderen kommt den Abgeordneten der parlamentarischen Opposition die Aufgabe zu, sich im Rahmen des Gesetzgebungsprozesses kritisch mit den Gesetzesvorlagen der weiteren nach Art. 76 Abs. 1 GG Initiativberechtigten auseinanderzusetzen. Jedenfalls innerparlamentarisch[174] dürfte die parlamentarische Opposition regelmäßig der einzige kontrollbereite Faktor sein, sodass durch die kritische Auseinandersetzung mit funktional von der Regierung eingebrachten Gesetzesentwürfen zutreffenderweise auch die oppositionelle Kontrollfunktion wahrgenommen wird. Unabdingbare Voraussetzung einer solchen innerparlamentarischen Kontrolle ist, dass die oppositionellen Abgeordneten genauso wie die regierungstragenden Abgeordneten über die notwendigen Informationen verfügen.[175] Im Allgemeinen ist erforderlich, dass sich zwischen Parlament und Regierung ein „staatsleitender Dialog“[176] dergestalt entwickelt, dass für die Mitglieder des Bundestages ein Ausgleich des exekutiven Informationsvorsprungs erfolgt, der es ihnen ermöglicht, ihrer Kontrollfunktion wirksam nachzukommen. Insofern ist es für den Prozess der Gesetzgebung von großer Bedeutung, dass Gesetzentwürfe vor der abschließenden Abstimmung im Parlament ordnungsgemäß beraten und diskutiert werden, denn nur durch ein ordnungsgemäßes Gesetzgebungsverfahren ist gewährleistet, dass die parlamentarische Opposition sich inhaltlich mit einem Gesetzentwurf auseinandersetzen und insoweit ihrem parlamentarischen Kontrollauftrag gerecht werden kann.[177]

---

rungsfunktion der Opposition, S. 50 und passim. Ähnlich auch *W. Gellner/A. Glatzmeier*, Macht und Gegenmacht, S. 195.

172 Vgl. BVerfG, Beschl. v. 14.6.2017 – Az. 2 BvQ 29/17, BVerfGE 145, 348 (Rn. 35): „Dabei kommt der öffentlichen Beratung eines Gesetzentwurfs als Teil der politischen Willensbildung ein Eigenwert auch dann zu, wenn der Initiant mit seinem Gesetzesvorschlag scheitert.“

173 *C. Brüning*, in: W. Kahl/C. Waldhoff/C. Walter (Hrsg.), GG, Art. 76 Rn. 133; *A. Pilniok*, JZ 2017, S. 890 (891).

174 Außerparlamentarisch ist an die weiteren im abstrakten Normenkontrollverfahren antragsberechtigten Akteure sowie an die Möglichkeit der Verfassungsbeschwerde zu denken, vgl. *P. Cancik*, NVwZ 2014, S. 18 (22).

175 *C. Möllers*, Die drei Gewalten, S. 132; *A. Voßkuhle*, in: Festschrift J. Schwarze, S. 283 (287); *H.-J. Waack*, in: M. Morlok/U. Schliesky/D. Wiefelspütz (Hrsg.), Parlamentsrecht, § 22 Rn. 16; *S. Emmenegger*, in: dies./A. Wiedmann (Hrsg.), Linien der Rechtsprechung des Bundesverfassungsgerichts, Bd. 2, S. 447 (450); *P. J. Glauben*, DVBl. 2014, S. 894 (895).

176 *S. Magiera*, Parlament und Staatsleitung in der Verfassungsordnung des Grundgesetzes, S. 307.

177 *C. Gröpl*, LKV 2004, S. 438 (440).

c) Parlamentarische Untersuchungsausschüsse

Nach Art. 44 Abs. 1 Satz 1 GG hat der Bundestag das Recht und auf Antrag eines Viertels seiner Mitglieder die Pflicht, einen Untersuchungsausschuss einzusetzen, der in öffentlicher Verhandlung die erforderlichen Beweise erhebt. Das damit eröffnete Untersuchungsrecht wurzelt ganz wesentlich im parlamentarischen Kontrollrecht[178] und stellt ein „lebendiges Mittel parlamentarischer Kontrolle“[179] dar. Die Möglichkeit, die Einsetzung eines parlamentarischen Untersuchungsausschusses zu beantragen, steht zwar formal allen Abgeordneten gleichermaßen zu, allerdings handelt es sich in der parlamentarischen Praxis um „ein wichtiges Recht insbesondere der Opposition“[180]. Handelte es sich dabei in früheren Systemen der konstitutionellen Monarchie zuvörderst um ein Instrument des Parlaments gegen die monarchische Exekutive, so hat es sich unter dem Geltungsbereich des Grundgesetzes und den Bedingungen des parlamentarischen Regierungssystems in erster Linie zu einem „Recht der Opposition“ entwickelt, eine Sachverhaltsaufklärung unabhängig von der Regierung und der sie tragenden Parlamentsmehrheit zu betreiben.[181]

Durch die im Rahmen eines Untersuchungsausschusses betriebene Sachverhaltsaufklärung werden zugleich weitere Zwecke erreicht: Den oppositionellen Abgeordneten ist es möglich, die Regierung und die sie tragenden Abgeordneten zu kontrollieren[182] und zur politischen Verantwortung zu ziehen. Darüber hinaus erhalten sie die Gelegenheit, sich der Öffentlichkeit[183] als die bessere Alternative zu präsentieren.[184] In der Literatur wird vereinzelt die Erreichbarkeit der Kontrollfunktion infrage gestellt, da Untersuchungsausschüsse von der parlamentarischen Opposition immer wieder „gezielt zur Skandalisierung der Mehrheitsfrak-

---

[178] *L. Brocker*, in: P. J. Glauben/ders., Das Recht der parlamentarischen Untersuchungsausschüsse in Bund und Ländern, Kap. 1 Rn. 2.

[179] *M. Schröder*, in: H.-P. Schneider/W. Zeh (Hrsg.), Parlamentsrecht und Parlamentspraxis in der Bundesrepublik Deutschland, § 46 Rn. 9.

[180] *M. Radojevic*, ZParl 2016, S. 58 (59). Vgl. auch *L. Brocker*, in: P. J. Glauben/ders., Das Recht der parlamentarischen Untersuchungsausschüsse in Bund und Ländern, Kap. 1 Rn. 8; *H. H. Klein*, in: Maunz/Dürig, GG, Art. 44 Rn. 3; *S. Unger*, in: H. von Mangoldt/F. Klein/C. Starck (Hrsg.), GG, Bd. 2, Art. 44 Rn. 2; *A. Voßkuhle*, BayVBl. 2016, S. 289 (292).

[181] BVerfG, Urt. v. 8.4.2002 – Az. 2 BvE 2/01, BVerfGE 105, 197 (222); Beschl. v. 13.10.2016 – Az. 2 BvE 2/15, BVerfGE 143, 101 (Rn. 75).

[182] Statt vieler *H. H. Klein*, in: Maunz/Dürig, GG, Art. 44 Rn. 1: „Instrument der Regierungskontrolle“.

[183] Zur Bedeutung der Öffentlichkeit im Untersuchungsausschussverfahren *A. Voßkuhle*, BayVBl. 2016, S. 289 (293).

[184] *M. Radojevic*, ZParl 2016, S. 58 (61). Ähnlich auch *C. Möllers*, AöR 132 (2007), S. 493 (519): „[…] parlamentarische Untersuchungsausschüsse, die der parlamentarischen Minderheit die Möglichkeit zum Weg zur demokratischen Mehrheit eröffnen.“

tionen genutzt“ würden, sodass „angesichts knapper werdender Haushaltsressourcen die Verhältnismäßigkeit von Kosten und Ertrag“ bezweifelt werden könne.[185] Eine solche Auffassung lässt jedoch die mit Ausnahme des Quorums voraussetzungslose grundgesetzliche Verankerung parlamentarischer Untersuchungsausschüsse außer Acht. Darüber hinaus liegt es verfassungsrechtlich mit Blick auf die oppositionelle Kritikfunktion geradezu auf der Hand, dass politische Skandale im Rahmen eines Untersuchungsausschusses gezielt und bisweilen auch überdeutlich benannt werden. Ein Aufklärungsbegehren ist im Rahmen eines parlamentarischen Untersuchungsausschusses daher unabhängig von den politischen Motiven jedenfalls solange verfassungsrechtlich zulässig, wie an der entsprechenden Aufklärung ein öffentliches Interesse besteht.[186] Wenn also neben der originären Kontrollfunktion auch die oppositionelle Kritikfunktion zur Geltung kommt, kann mit Blick auf den parlamentarischen Untersuchungsausschuss berechtigterweise von einer „‚Waffe‘ der Opposition“[187] gegenüber der Regierung und den diese tragenden Abgeordneten gesprochen werden.[188]

Dessen unbeschadet steht das Mittel des Untersuchungsausschusses rechtlich gleichermaßen den die Regierung tragenden Abgeordneten zur Verfügung, um beispielsweise ein etwaiges Fehlverhalten der vorherigen Regierung zu untersuchen. Dabei handelt es sich auch um ein in der Praxis bisweilen in Anspruch genommenes Instrument. So hat etwa der baden-württembergische Landtag Ende 2013 einen Untersuchungsausschuss zur „Aufklärung einer politischen Einflussnahme der CDU-geführten Landesregierung Mappus auf den Polizeieinsatz vom 30. September 2010 im Stuttgarter Schlossgarten und auf die Ergebnisse des Untersuchungsausschusses 2010/2011“ eingesetzt,[189] der einen Sachverhalt aus der vorherigen Legislaturperiode aufklären sollte. Soweit die Einsetzung desselben Untersuchungsausschusses als ein missbräuchliches Instrument exekutiver

---

185 So *M. Riede/H. Scheller*, ZParl 2013, S. 93 (114). Zur Skandalisierung auch *U. Di Fabio*, Der Staat 29 (1990), S. 599 (613 mit Fn. 75): es handele sich bisweilen um eine „propagandistische[...] Skandalaufbereitung nach parteipolitischen Präferenzen“, was jedoch keine „Entgleisung und erst recht keinen Mißbrauch“ der Funktion parlamentarischer Untersuchungsausschüsse darstelle, sondern „dem Untersuchungsrecht inhärent“ sei.

186 Zum (ungeschriebenen) Zulässigkeitskriterium des öffentlichen Interesses *P. J. Glauben*, in: ders./L. Brocker, Das Recht der parlamentarischen Untersuchungsausschüsse in Bund und Ländern, § 1 Rn. 25; *D. Wiefelspütz*, Das Untersuchungsausschussgesetz, S. 51 ff., jeweils m. w. N.

187 *M.-E. Geis*, in: J. Isensee/P. Kirchhof (Hrsg.), Handbuch des Staatsrechts der Bundesrepublik Deutschland, Bd. III, § 55 Rn. 6.

188 Vgl. zur Komponente des Untersuchungsrechts als auch „politisches Kampfmittel“ statt vieler *L. Brocker*, in: P. J. Glauben/ders., Das Recht der parlamentarischen Untersuchungsausschüsse in Bund und Ländern, Kap. 1 Rn. 10.

189 Beschluss des Landtags von Baden-Württemberg vom 18.12.2013 – Drs. 15/4640. Zu diesem Untersuchungsausschuss *P. Cancik*, ZParl 2014, S. 885 ff.

Agitation erachtet und damit wegen eines Verstoßes gegen den Gewaltenteilungsgrundsatzes für „evident verfassungswidrig" gehalten wird,[190] kann dem nicht gefolgt werden. Denn zum einen unterliegt eine Mehrheitsenquête schon von Verfassungs wegen keinem anderen rechtlichen Status als das parlamentarische Untersuchungsrecht der Opposition.[191] Zum anderen verkennt die Gegenauffassung die Tragweite des mit einem Untersuchungsausschuss einhergehenden Zwecks der Übernahme politischer Verantwortung. So handelt es sich bei der Einsetzung eines Untersuchungsausschusses nicht etwa um ein missbräuchliches Instrument exekutiver Agitation der Landesregierung [sic!],[192] sondern vielmehr ist das Untersuchungsausschussverfahren anerkanntermaßen (auch) ein Mittel des parteipolitischen Kampfes. Abgesehen von Fällen eines evidenten Missbrauchs schaden solche Ziele nicht und haben keinen Einfluss auf die verfassungsrechtliche Zulässigkeit der Einsetzung eines Untersuchungsausschusses.

d) Durchführung eines konstruktiven Misstrauensvotums nach Art. 67 Abs. 1 GG

Ein zwar in der bisherigen Verfassungspraxis selten in Anspruch genommenes,[193] in seiner rechtlichen Wirkung jedoch umso schärferes Instrument ist das konstruktive Misstrauensvotum nach Art. 67 Abs. 1 GG. Ein positives Votum hat die Abwahl des Bundeskanzlers und – in Anbetracht der Vorschrift des Art. 69 Abs. 2 Alt. 2 GG – das Ende der Regierung zur Folge. Aufgrund des Erfordernisses eines Mehrheitsvotums stellt das konstruktive Misstrauensvotum zwar kein klassisches Minderheitenrecht dar, gleichwohl kann sein Bedeutungsgehalt nur mit Blick auf die parlamentarischen Mehrheits- und Minderheitsverhältnisse erfasst werden.[194] Schließlich eröffnet das konstruktive Misstrauensvotum – vornehmlich für den Fall eines Übertritts von Abgeordneten aus dem Regierungs- in das Oppositionslager – die „Möglichkeit eines parlamentarischen Mehrheitswechsels in Wahrnehmung freier, repräsentativer Mandate"[195]. Sowohl als Ultima Ra-

---

[190] *M. Reinhardt*, NVwZ 2014, S. 991 (993 f.).

[191] *P. Cancik*, ZParl 2014, S. 885 (887 mit Fn. 9); *L. Brocker*, in: P. J. Glauben/ders., Das Recht der parlamentarischen Untersuchungsausschüsse in Bund und Ländern, Kap. 1 Rn. 8 Fn. 42.

[192] So aber *M. Reinhardt*, NVwZ 2014, S. 991 (993 f.).

[193] Dennoch darf die praktische Bedeutung des konstruktiven Misstrauensvotums nicht gering geschätzt werden. Die Möglichkeit einer jederzeitigen Inanspruchnahme des konstruktiven Misstrauensvotums entfaltet – zusammen mit der Möglichkeit der Auflösung des Bundestages (Art. 68 Abs. 1 Satz 1 GG) – eine disziplinierende Vorwirkung für das Verhältnis zwischen der Bundesregierung und den sie stützenden Abgeordneten.

[194] *A. Ingold*, Das Recht der Oppositionen, S. 315.

[195] *A. Ingold*, Das Recht der Oppositionen, S. 315.

tio der Kontrollfunktion[196] als auch als Möglichkeit der Alternativenaufzeigung (und -umsetzung) reiht sich das konstruktive Misstrauensvotum in den Kanon der oppositionellen Aufgabentrias ein; es stellt letztlich eine Konkretisierung des Anspruchs der parlamentarischen Opposition dar, einen Regierungswechsel herbeizuführen.[197] Mithin ist das konstruktive Misstrauensvotum des Art. 67 Abs. 1 GG in die Riege derjenigen Normen einzuordnen, die den oppositionellen Akteuren die Wahrnehmung ihrer Funktionentrias ermöglichen.[198] Auch ein gescheiterter Misstrauensantrag bewegt sich im Übrigen noch im Feld der Funktionentrias, da die parlamentarische Opposition in einem solchen Fall aufgrund der Notwendigkeit der Aufstellung eines potenziellen Nachfolgers des Bundeskanzlers jedenfalls eine personelle Alternative aufgezeigt hat.

e) Initiierung verfassungsgerichtlicher Verfahren

Eine wichtige Rolle bei der Wahrnehmung der Aufgabe parlamentarischer Opposition spielt die Möglichkeit zur Initiierung verfassungsgerichtlicher Verfahren, d.h. auf Bundesebene die Anrufung des Bundesverfassungsgerichts. Da das Bundesverfassungsgericht über kein Selbstbefassungsrecht verfügt, ist gerade die Anstoßfunktion oppositioneller Akteure von besonderer Bedeutung. Dieser Zusammenhang zwischen den oppositionellen parlamentarischen Minderheiten einerseits und einer durch die Verfassungsgerichtsbarkeit ausgeübten Kontrolle andererseits wurde schon durch *Hans Kelsen* betont:

> „[...] nicht nur die individuellen Verwaltungsakte, auch die generellen Normen der Verordnungen und insbesondere der Gesetze sind einer gerichtsmäßigen Kontrolle fähig und bedürftig, die ersteren auf ihre Gesetzmäßigkeit, die letzteren auf ihre Verfassungsmäßigkeit hin. Diese Kontrolle ist Aufgabe der *Verfassungsgerichtsbarkeit*. Und deren Funktion ist für die Demokratie um so bedeutsamer, als die Wahrung der Verfassung im Gesetzgebungsverfahren ein eminentes Interesse der Minorität darstellt, als deren Schutz [...] die Vorschriften über Quorum, qualifizierte Majorität, usw. fungieren. Die Minorität muß daher, soll sie in ihrer für das Wesen der Demokratie so bedeutungsvollen politischen Existenz und Wirksamkeit gesichert, soll sie nicht der Willkür der Majorität ausgesetzt sein und die Verfassung nicht eine lex imperfecta bedeuten, die Möglichkeit haben, das Verfassungsgericht sei es direkt, sei es indirekt anzurufen. An einer systematischen Ausgestaltung aller Kontrollinstitutionen hängt in hohem Maße das Schicksal der modernen Demokratie."[199]

---

[196] Vgl. *K. Hesse*, Grundzüge des Verfassungsrechts der Bundesrepublik Deutschland, Rn. 591.

[197] *H.-J. Waack*, in: M. Morlok/U. Schliesky/D. Wiefelspütz (Hrsg.), Parlamentsrecht, § 22 Rn. 70.

[198] Vgl. *R. Herzog*, in: Maunz/Dürig, GG, Art. 67 Rn. 16, der es befürwortet, „Art. 67 GG [...] in eine größere Reihe von die Opposition fördernden Verfassungsartikeln zu stellen." Ähnlich auch *A. Ingold*, Das Recht der Oppositionen, S. 316: „eine für die parlamentarische Opposition richtungsweisende Option kraft Verfassungsrechts".

[199] *H. Kelsen*, Vom Wesen und Wert der Demokratie, S. 75 f. [Hervorhebung im Original].

Das Bundesverfassungsgericht nimmt die ihm damit zukommende Rolle seit jeher an und hegt selbst die Erwartung, dass „die zwischen Regierungskoalition und Opposition streitigen Verfassungsfragen vor dem Bundesverfassungsgericht ausgetragen werden können."[200] Für die Austragung derartiger Streitigkeiten kommen grundsätzlich zwei Verfahrensarten in Betracht: die abstrakte Normenkontrolle (Art. 93 Abs. 1 Nr. 2 GG, § 13 Nr. 6, §§ 76 ff. BVerfGG) einerseits und das Organstreitverfahren (Art. 93 Abs. 1 Nr. 1 GG, § 13 Nr. 5, §§ 63 ff. BVerfGG) andererseits.

aa) Abstrakte Normenkontrolle

Gemäß Art. 93 Abs. 1 Nr. 2 GG ist einem Viertel der Mitglieder des Bundestages – neben anderen Antragsberechtigten – bei Meinungsverschiedenheiten oder Zweifeln über die förmliche und sachliche Vereinbarkeit von Bundesrecht oder Landesrecht mit dem Grundgesetz oder die Vereinbarkeit von Landesrecht mit sonstigem Bundesrecht die Möglichkeit zur Anrufung des Bundesverfassungsgerichts eröffnet. Bei der hierdurch eröffneten Möglichkeit der Erhebung einer abstrakten Normenkontrolle handelt es sich um ein „atypisches parlamentarisches Minderheitsrecht"[201], da dessen Rechtswirkung nicht im parlamentarischen Binnenverhältnis, sondern außerparlamentarisch eintritt. Angesichts eines fehlenden Antragsgegners handelt sich grundsätzlich nicht um ein kontradiktorisches Verfahren.[202] Gleichwohl verbirgt sich hinter dem Antrag eines Antragsberechtigten regelmäßig eine konkrete politische Streitigkeit,[203] bei der sich zwar nicht formal, jedenfalls aber „tatsächlich und politisch"[204] das Oppositionslager einerseits und das Regierungslager andererseits (bzw. jeweils Teile dieser Lager) gegen-

[200] BVerfG, Urt. v. 7.3.1953 – Az. 2 BvE 4/52, BVerfGE 2, 143 (178).

[201] *A. Ingold*, Das Recht der Oppositionen, S. 316.

[202] *W. Löwer*, in: J. Isensee/P. Kirchhof (Hrsg.), Handbuch des Staatsrechts der Bundesrepublik Deutschland, Bd. III, § 70 Rn. 62.

[203] *J. Dimroth*, ZRP 2006, S. 50 (50). Allerdings ist dies keine Eigenart der abstrakten Normenkontrolle, da letztlich nahezu allen Verfahrensarten vor dem Bundesverfassungsgericht eine politische Komponente inhärent ist, vgl. *J. Pietzcker*, in: Festschrift 50 Jahre Bundesverfassungsgericht, Bd. I, S. 587 (588): „[...] kann man sogar sagen, daß sich der Organstreit, was seinen politischen Gehalt angeht, nicht grundsätzlich von anderen Entscheidungen des Bundesverfassungsgerichts etwa im Bund-Länder-Streit, bei der abstrakten und konkreten Normenkontrolle und teilweise auch bei der Verfassungsbeschwerde unterscheidet." Kritisch zur Nutzung der abstrakten Normenkontrolle als politisches Mittel *A. Thiele*, Verlustdemokratie, S. 163 ff.

[204] *W. Heun*, Die Verfassungsordnung der Bundesrepublik Deutschland, S. 200. Ähnlich auch *A. Voßkuhle*, in: H. von Mangoldt/F. Klein/C. Starck (Hrsg.), GG, Bd. 3, Art. 93 Rn. 119, der „zumindest praktisch" eine Annäherung der abstrakten Normenkontrolle an ein kontradiktorisches Verfahren beobachtet.

überstehen können. Diese politische Instrumentalisierung des Verfahrens wird gemeinhin für verfassungsrechtlich unbedenklich gehalten.[205] Schon aus Art. 97 Abs. 1 GG folgt, dass sich das Bundesverfassungsgericht bei der Entscheidung des politischen Streits allein am Maßstab des (Verfassungs-)Rechts zu orientieren hat.

Selbst wenn „die parlamentarische Opposition" als solche nicht eigenständig antragsberechtigt ist, handelt es sich letztlich also auch bei dem Verfahren der abstrakten Normenkontrolle um eine „politische Waffe"[206] und ein „wichtiges Kontrollinstrument"[207] der oppositionellen Kräfte, welches die Regierung und die sie stützenden Abgeordneten – bereits aufgrund der bloßen Existenz dieses Verfahrens[208] – diszipliniert, die Vereinbarkeit von Gesetzen mit dem Grundgesetz stets kritisch zu prüfen.[209] Schon *Hans Kelsen* wies insoweit im Jahr 1929 zutreffend darauf hin, dass „[i]n der Hand der Minorität [...] schon die bloße Drohung mit der Anfechtung vor dem Verfassungsgericht ein geeignetes Instrument sein [kann], verfassungswidrige Interessenverletzungen durch die Majorität, letzten Endes: Diktatur der Majorität, zu verhindern".[210]

Gleichwohl wird bisweilen vertreten, die abstrakte Normenkontrolle zähle trotz ihrer politisch-faktischen Bedeutung für die Aufgabenwahrnehmung parlamentarischer Opposition „nicht zu den essentialen Wirkungsmöglichkeiten und damit zu den Funktionsvoraussetzungen der Opposition im Parlament"[211]. Wenn

---

205 *J. Rozek*, in: Maunz/Schmidt-Bleibtreu/Klein/Bethge, BVerfGG, § 76 Rn. 7; *C. Hillgruber/C. Goos*, Verfassungsprozessrecht, Rn. 496.

206 *W. Heun*, Die Verfassungsordnung der Bundesrepublik Deutschland, S. 200; *K. Schlaich/S. Korioth*, Das Bundesverfassungsgericht, Rn. 123. Demgegenüber erachtet *H.-P. Schneider*, Die parlamentarische Opposition im Verfassungsrecht der Bundesrepublik Deutschland, S. 221 f., die abstrakte Normenkontrolle vor allem wegen der Beschränkung des Prüfungsumfangs auf „‚bestehendes' Recht" als „relativ stumpfes Schwert".

207 *J. Wieland*, in: H. Dreier (Hrsg.), GG, Bd. III, Art. 93 Rn. 55.

208 So das aus politik-praktischer Sicht zutreffende Vorbringen der Antragstellerin im Rahmen eines Organstreitverfahrens um die Rechte oppositioneller Fraktionen, vgl. BVerfG, Urt. v. 3.5.2016 – Az. 2 BvE 4/14, BVerfGE 142, 25 (Rn. 32). Zur Vorwirkung der verfassungsgerichtlichen Prüfungskompetenz auch *K. Stüwe*, in: R. van Ooyen/M. Möllers (Hrsg.), Handbuch Bundesverfassungsgericht im politischen System, S. 349 (362 f.); die Vorwirkung knapp bejahend *J. Krause*, ZParl 1999, S. 534 (547).

209 Zweifelsfrei ergibt sich die Bindung der Gesetzgebung an die verfassungsmäßige Ordnung sowie der vollziehenden Gewalt an Recht und Gesetz bereits aus Art. 20 Abs. 3 GG. Dennoch kann die Möglichkeit der Herbeiführung einer verfassungsgerichtlichen Prüfung als Ergänzung und Absicherung der Bindung an Recht und Gesetz gesehen werden.

210 *H. Kelsen*, VVDStRL 5 (1929), S. 30 (81).

211 *P. Cancik*, NVwZ 2014, S. 18 (22). Ähnlich auch *A. Thiele*, Verlustdemokratie, S. 162 ff.; *J. Ennuschat*, VR 2015, S. 1 (4 f.); *K. Stüwe*, in: R. van Ooyen/M. Möllers (Hrsg.), Handbuch Bundesverfassungsgericht im politischen System, S. 349 (365). Wie hier die abstrakte Normenkontrolle offenbar auch als elementar für die Aufgabenwahrnehmung parlamentarischer Oppo-

hierzu jedoch als Grund angegeben wird, dass zum einen die Antragsberechtigung auch anderen Akteuren offenstehe und zum anderen auch die konkrete Normenkontrolle sowie die Verfassungsbeschwerde Wege zur Überprüfung der Verfassungsmäßigkeit von Gesetzen darstellten,[212] so verfangen diese Argumente nicht.[213] Da es de lege lata keine spezifischen Oppositionsrechte gibt, die Gegenstand einer ausschließlichen Zuweisung an die oppositionellen Abgeordneten oder Fraktionen sein könnten, überzeugt es nicht, der abstrakten Normenkontrolle wegen ihrer nicht-oppositionellen Ausschließlichkeit ihre verfassungsrechtliche Relevanz als Wirkungsmöglichkeit parlamentarischer Opposition abzusprechen. Nicht anders verhält es sich nämlich mit dem parlamentarischen Untersuchungsausschuss, der – wie gezeigt – ebenfalls kein ausschließliches Instrument parlamentarischer Opposition ist. Es erscheint deshalb inkonsequent, wenn *Pascale Cancik* einerseits das Untersuchungsausschussrecht als „Minderheitenrecht, untechnisch: als Oppositionsrecht" einordnet und dieses gleichsam für „verfassungsrechtlich […] unverzichtbar für die Kontrollfunktion" hält,[214] andererseits aber bei dem Recht zur Einleitung einer abstrakten Normenkontrolle von einer solchen Qualifizierung absehen will. Denn auch im Fall des parlamentarischen Untersuchungsausschusses kommen selbstredend andere Antragsteller als die Abgeordneten oder Fraktionen der parlamentarischen Opposition in Betracht. Wenn *Cancik* diesen Gegeneinwand mit dem Verweis darauf zu entkräften versucht, unter den weiteren Antragsberechtigten bei der abstrakten Normenkontrolle seien auch die „Landesregierungen, von denen regelmäßig einige parteipolitisch zur Opposition auf Bundesebene zählen",[215] so ist dem entgegenzuhalten, dass dies zum einen nicht zwingend der Fall sein muss – wie sie selbst anerkennt[216] – und dass die Landesregierungen zum anderen oftmals aus Koalitionsregierungen bestehen, bei denen mindestens eine der Koalitionsparteien auf Bundesebene die Regierung stützt und daher einen entsprechenden Antrag nicht mitträgt. Darüber hinaus ist der Verweis auf die Verfahren der konkreten Normenkontrolle und der Verfassungsbeschwerde schon deshalb untauglich, die verfassungsrechtliche Bedeutung des Verfahrens der abstrakten Normenkontrolle für die parlamentarische Opposition zu negieren, weil die oppositionellen Abgeord-

---

sition erachtend *C. Gröpl*, AöR 133 (2008), S. 1 (40); *J. A. Kämmerer*, NVwZ 2014, S. 29 (32); *A. Kees*, in: T. Barczak (Hrsg.), BVerfGG, § 76 Rn. 8.

212 So die Argumente von *P. Cancik*, NVwZ 2014, S. 18 (22); *J. Ennuschat*, VR 2015, S. 1 (4 f.). Bezüglich des erstgenannten Arguments auch *K. Stüwe*, in: R. van Ooyen/M. Möllers (Hrsg.), Handbuch Bundesverfassungsgericht im politischen System, S. 349 (365).

213 Wie hier *B. Beckermann/D. Weidemann*, AL 2015, S. 243 (248).

214 *P. Cancik*, NVwZ 2014, S. 18 (20).

215 *P. Cancik*, NVwZ 2014, S. 18 (22).

216 *P. Cancik*, NVwZ 2014, S. 18 (22 Fn. 41).

neten jedenfalls in ihrer Eigenschaft als Mitglieder des Bundestags nicht in der Lage sind, ein entsprechendes verfassungsgerichtliches Verfahren anzustoßen, sodass diesen Verfahrensarten – anders als der abstrakten Normenkontrolle – die „Vorwirkung“ fehlt. Sie können allenfalls mittelbar und ohne Zutun oppositioneller Akteure zu einem Instrument der Kontrolle der Verfassungsmäßigkeit von Gesetzen werden und stellen daher kein äquivalentes Oppositionsinstrument dar.

bb) Organstreitverfahren

Neben das Verfahren der abstrakten Normenkontrolle tritt das Organstreitverfahren, das ebenfalls zu einem Mittel parlamentarischer Opposition bei der Wahrnehmung der oppositionellen Aufgaben werden kann.[217] Dem mitunter als „Parlamentsrechtsdurchsetzungsverfahren“[218] beschriebenen Organstreitverfahren kommt dabei eine doppelte Rolle zu: Zum einen kann ein Antragsteller die Verletzung oder unmittelbare Gefährdung eigener Rechte geltend machen, zum anderen dient es – nach der verfassungsgerichtlichen Rechtsprechung – den Oppositionsfraktionen auch zur prozessstandschaftlichen Geltendmachung von Organrechten.

(1) Verteidigung eigener Rechte

Da die parlamentarische Opposition als solche kein organisatorisch-institutionelles Gebilde ist, sondern sich vielmehr in funktional-situativer Weise bildet,[219] kann *die* parlamentarische Opposition selbst auch nicht im Rahmen eines Organstreitverfahrens ihre eigenen Rechte verteidigen. Die parlamentarische Opposition figuriert insoweit auch weder unter den möglichen parteifähigen Antragstellern und Antragsgegnern des Art. 93 Abs. 1 Nr. 1 GG noch unter denjenigen des § 63 BVerfGG.

Gleichwohl können jedenfalls diejenigen oppositionellen Akteure – also die Abgeordneten einerseits und die Fraktionen bzw. parlamentarischen Gruppen andererseits –, die als „andere Beteiligte“ im Sinne des Art. 93 Abs. 1 Nr. 1 GG parteifähig sind, ein Organstreitverfahren initiieren. In diesem Rahmen können sie sich grundsätzlich auch auf solche Rechtspositionen berufen, die ihnen bei der Ausübung der Oppositionsfunktionen dienlich sind. Wenn also eine Fraktion oder ein Abgeordneter durch eine Maßnahme oder Unterlassung eines parteifähi-

---

[217] Die Bedeutung des Organstreits für die Oppositionsrolle ebenfalls hervorhebend *W. Löwer*, in: J. Isensee/P. Kirchhof (Hrsg.), Handbuch des Staatsrechts der Bundesrepublik Deutschland, Bd. III, § 70 Rn. 19; *K. Schlaich/S. Korioth*, Das Bundesverfassungsgericht, Rn. 88.

[218] So die Wortwahl von *P. Cancik*, DÖV 2005, S. 577 (578).

[219] Vgl. 1. Kapitel § 2 II., S. 31 ff.

gen Antragsgegners[220] in den durch das Grundgesetz übertragenen eigenen Rechten und Pflichten verletzt oder unmittelbar gefährdet ist, so steht der Fraktion oder dem einzelnen Abgeordneten das Organstreitverfahren zur Verteidigung dieser – aber auch nur dieser[221] – Rechte zu.

Für die oppositionellen Akteure ist diese Variante des Organstreitverfahrens der unmittelbare Weg zur gerichtlichen Geltendmachung von Oppositionsrechten,[222] da sowohl die abstrakte Normenkontrolle (bei Erreichung des Viertel-Quorums) als auch das in Prozessstandschaft durchgeführte Organstreitverfahren zwar von den Abgeordneten der parlamentarischen Opposition eingeleitet werden können und ihnen damit als Mittel zur Ausfüllung der oppositionellen Aufgabentrias dienen, hierbei jedoch keine subjektiven Rechte zur Ausübung parlamentarischer Opposition in Rede stehen.

(2) Prozessstandschaftliche Geltendmachung von Organrechten

Neben der Möglichkeit, im Rahmen des Organstreitverfahrens eigene Rechte geltend zu machen, sieht das einfache Recht in §§ 63, 64 Abs. 1 BVerfGG einen Fall der gesetzlichen Prozessstandschaft vor. Hiernach ist es den in § 63 BVerfGG genannten Antragstellern möglich, sich nicht auf eigene Rechte zu berufen, sondern (in eigenem Namen) auf (fremde) Rechte des Gesamtorgans, dem sie angehören. Die Möglichkeit der prozessstandschaftlichen Geltendmachung von Rechten des Deutschen Bundestages ist jedoch nach der ständigen Rechtsprechung des Bundesverfassungsgerichts auf Fraktionen beschränkt.[223] Dem einzelnen Abgeordneten steht das Institut der Prozessstandschaft im Organstreit dem-

---

220 Vgl. zur Parteifähigkeit im Organstreitverfahren statt vieler *K. Schlaich/S. Korioth*, Das Bundesverfassungsgericht, Rn. 86 ff.; *C. Hillgruber/C. Goos*, Verfassungsprozessrecht, Rn. 328 ff.; *W. Löwer*, in: J. Isensee/P. Kirchhof (Hrsg.), Handbuch des Staatsrechts der Bundesrepublik Deutschland, Bd. III, § 70 Rn. 17 ff.

221 Zur prozessstandschaftlichen Geltendmachung fremder Rechte im eigenen Namen sogleich unter (2).

222 Für *H.-P. Schneider*, Die parlamentarische Opposition im Verfassungsrecht der Bundesrepublik Deutschland, S. 222, ist das Organstreitverfahren gar „der einzig gangbare Weg zur gerichtlichen Geltendmachung von ‚Oppositionsrechten'". Dem kann in dieser Allgemeinheit jedoch nicht gefolgt werden, denn auch bei einer abstrakten Normenkontrolle ist etwa zu prüfen, ob die Norm in einem die Oppositionsrechte wahrenden Verfahren zustande gekommen ist.

223 Vgl. BVerfG, Urt. v. 7.3.1953 – Az. 2 BvE 4/52, BVerfGE 2, 143 (165); Urt. v. 25.5.1977 – Az. 2 BvE 1/74, BVerfGE 45, 1 (28); Urt. v. 17.7.1984 – Az. 2 BvE 11, 15/83, BVerfGE 67, 100 (125); Urt. v. 19.6.2012 – Az. 2 BvE 4/11, BVerfGE 131, 152 (190); Urt. v. 2.6.2015 – Az. 2 BvE 7/11, BVerfGE 139, 194 (Rn. 96).

gegenüber nach der – insoweit allerdings nicht überzeugenden[224] – verfassungsgerichtlichen Rechtsprechung nicht offen.[225]

Für die hier untersuchte Frage der Aufgabenwahrnehmung parlamentarischer Opposition sind typischerweise diejenigen Fälle von Relevanz, in denen sich eine Oppositionsfraktion im Rahmen eines Organstreitverfahrens auf Rechte des Gesamtparlaments beruft und eine Verletzung ebendieser Rechte rügt.[226] Die Zuerkennung der Prozessstandschaftsbefugnis an Fraktionen ist dabei, so das Bundesverfassungsgericht, „sowohl Ausdruck der Kontrollfunktion des Parlaments als auch Instrument des Minderheitenschutzes"[227]. Sinn und Zweck der Prozessstandschaftsbefugnis ist es, den „Organstreit in die Wirklichkeit des politischen Kräftespiels"[228] einzuordnen und den politisch-praktischen Gegebenheiten im Parlament Rechnung zu tragen.[229] Durch die verfassungsprozessuale Prozessstandschaftsbefugnis ist es einer Oppositionsfraktion somit auch dann möglich, die Rechte des Bundestages zu verteidigen, wenn die die Regierung tragenden Teile des Parlaments – also typischerweise die Regierungsfraktionen – die Rechte des Bundestages nicht wahrnehmen wollen.[230]

Denkbar sind im Übrigen sogar Fälle, in denen die geltend gemachte Rechtsverletzung durch den Bundestag selbst erfolgte, dieser also zugleich Antragsgegner im Organstreitverfahren ist. Das Bundesverfassungsgericht hat diese Möglichkeit des Insichprozesses – erstmals im Lissabon-Urteil – ausdrücklich für verfassungsrechtlich zulässig erachtet.[231] Dies widerspricht richtigerweise auch

224 Dazu noch unten, vgl. 3. Kapitel § 1 III., S. 184 ff.

225 Vgl. BVerfG, Urt. v. 12.7.1994 – Az. 2 BvE 3/92, 5/93, 7/93, 8/93, BVerfGE 90, 286 (343 f.); Urt. v. 30.6.2009 – Az. 2 BvE 2, 5/08, 2 BvR 1010, 1022, 1259/08, 182/09, BVerfGE 123, 267 (337); Beschl. v. 17.9.2013 – Az. 2 BvR 2436/10, 2 BvE 6/08, BVerfGE 134, 141 (Rn. 172).

226 *H.-J. Waack*, in: M. Morlok/U. Schliesky/D. Wiefelspütz (Hrsg.), Parlamentsrecht, § 22 Rn. 107; *C. Hillgruber/C. Goos*, Verfassungsprozessrecht, Rn. 380.

227 BVerfG, Urt. v. 3.5.2016 – Az. 2 BvE 4/14, BVerfGE 142, 25 (Rn. 66) m. w. N.

228 BVerfG, Urt. v. 30.6.2009 – Az. 2 BvE 2, 5/08, 2 BvR 1010, 1022, 1259/08, 182/09, BVerfGE 123, 267 (338).

229 Vgl. zu diesen Gegebenheiten und dem damit verbundenen sog. neuen Dualismus ausführlich 2. Kapitel § 3 II. 1. b), S. 113 ff.

230 BVerfG, Urt. v. 30.6.2009 – Az. 2 BvE 2, 5/08, 2 BvR 1010, 1022, 1259/08, 182/09, BVerfGE 123, 267 (338).

231 BVerfG, Urt. v. 30.6.2009 – Az. 2 BvE 2, 5/08, 2 BvR 1010, 1022, 1259/08, 182/09, BVerfGE 123, 267 (338 f.); Beschl. v. 14.1.2014 – Az. 2 BvR 2728, 2729, 2730, 2731/13, 2 BvE 13/13, BVerfGE 134, 366 (Rn. 54); Urt. v. 3.5.2016 – Az. 2 BvE 4/14, BVerfGE 142, 25 (Rn. 67); Urt. v. 21.6.2016 – Az. 2 BvR 2728, 2729, 2730, 2731/13, 2 BvE 13/13, BVerfGE 142, 123 (Rn. 106); zustimmend *H. Bethge*, in: Maunz/Schmidt-Bleibtreu/Klein/ders., BVerfGG, § 64 Rn. 85a; *T. Barczak*, in: ders. (Hrsg.), BVerfGG, § 64 Rn. 24. Schon früh eine solche Möglichkeit des Insichprozesses einfordernd und dies unter anderem zur „Verteidigung oppositioneller Mitwirkungsrechte gegenüber dem Gesamtorgan" für angezeigt haltend *D. Lorenz*,

nicht dem Rechtscharakter des Organstreits als kontradiktorisches Verfahren,[232] denn auch wenn es sich formal auf Antragsteller- und Antragsgegnerseite um dasselbe Organ handelt, stehen sich doch bei funktionaler Betrachtung ein Organteil und das Gesamtorgan gegenüber. Letztlich handelt es sich bei der Zuerkennung der Möglichkeit der Geltendmachung von Rechten des Bundestages gegen den Bundestag um eine notwendige Konsequenz der verfassungsgerichtlichen Anerkennung des neuen Dualismus: Eine Fraktion soll nach Sinn und Zweck der Prozessstandschaft auch dann die Befugnis zur Geltendmachung der Rechte des Bundestages haben, wenn sie „Rechte des Bundestages gegen die die Bundesregierung politisch stützende Parlamentsmehrheit geltend machen will“[233]. Ohne diese Möglichkeit des Insichprozesses bliebe die prozessstandschaftliche Geltendmachung von Rechten des Bundestages durch Fraktionen ein nicht zu Ende gedachtes Instrument des Minderheitenschutzes,[234] denn von einer Rechtsverletzung durch den Bundestag als Gesamtorgan kann für oppositionelle Minderheiten qualitativ die gleiche Wirkung ausgehen wie durch eine Rechtsverletzung eines sonstigen parteifähigen Organs.

Die Möglichkeit der prozessstandschaftlichen Geltendmachung stellt deshalb insgesamt eine wichtige Rechtsschutzmöglichkeit für die Akteure parlamentarischer Opposition dar, die damit – gewissermaßen als Sachwalter – die Interessen des Gesamtorgans Bundestag verteidigen und diesen durch die Zulässigkeit des Insichprozesses beispielsweise auch vor einer Selbstentmachtung zugunsten der Exekutive bewahren können.

(3) Resümee

Die vorstehenden Ausführungen machen deutlich, dass auch das Organstreitverfahren in seinen beiden Varianten ein „ausgesprochen oppositionelles Instrument“[235] ist. Neben der Bedeutung der Möglichkeit zur Initiierung verfassungsgerichtlicher Verfahren für die oppositionellen Akteure selbst können die von

---

in: C. Starck (Hrsg.), Bundesverfassungsgericht und Grundgesetz, Bd. I, S. 225 (253 f.). Ablehnend *S. Detterbeck*, in: M. Sachs (Hrsg.), GG, Art. 93 Rn. 49; *J. Pietzcker/D. Pallasch*, JuS 1995, S. 511 (514 f.); *K. Schlaich/S. Korioth*, Das Bundesverfassungsgericht, Rn. 94a; *B. Pieroth*, in: Festschrift 50 Jahre Verfassungsgerichtshof Nordrhein-Westfalen, S. 103 (112).

232 So aber *J. Pietzcker/D. Pallasch*, JuS 1995, S. 511 (514 f.).

233 BVerfG, Urt. v. 30.6.2009 – Az. 2 BvE 2, 5/08, 2 BvR 1010, 1022, 1259/08, 182/09, BVerfGE 123, 267 (338 f.). Nahezu wortgleich BVerfG, Urt. v. 3.5.2016 – Az. 2 BvE 4/14, BVerfGE 142, 25 (Rn. 67).

234 Neben der Kontrollfunktion des Parlaments ebenfalls auf die Funktion des Minderheitenschutzes für die Geltendmachung von Rechten des Bundestages gegen den Bundestag hinweisend *H. Bethge*, in: Maunz/Schmidt-Bleibtreu/Klein/ders., BVerfGG, § 64 Rn. 85a.

235 *K. Stern*, in: W. Kahl/C. Waldhoff/C. Walter (Hrsg.), GG, Art. 93 Rn. 76.

oppositioneller Seite angestoßenen Verfahren oftmals auch eine wesentliche Rolle zur Klärung wichtiger parlamentarischer Verfassungsfragen beitragen.[236] Das diesbezügliche Handeln der parlamentarischen Opposition liegt also – einmal mehr – im Gesamtinteresse des demokratischen Rechtsstaats.

f) Herstellung von Öffentlichkeit: Rolle der Medien

Als für die oppositionellen Akteure grundsätzlich problematisch erweist sich die Tatsache, dass ein Großteil der von ihnen zur Wahrnehmung ihrer Oppositionsfunktionen in Anspruch genommenen Mittel keine unmittelbar-sanktionierende Wirkung entfaltet.[237] Um ihren Aufgaben wirksam nachkommen zu können, sind sie daher mangels spezifischer Oppositionsrechte auf die Herstellung von Öffentlichkeit angewiesen.[238] Diese ist Voraussetzung für eine vertikale Kommunikation mit dem Bürger als Legitimationssubjekt.[239] Insbesondere für die Kontrollfunktion der parlamentarischen Opposition ist Öffentlichkeit essentiell.[240]

Die Öffentlichkeit der parlamentarischen Debatte ist durch den in Art. 42 Abs. 1 Satz 1 GG verankerten Grundsatz der Publizität parlamentarischer Verhandlungen grundsätzlich gewährleistet, wird aber bereits dadurch eingeschränkt, dass die Ausschüsse des Bundestages, in denen ein wesentlicher Teil der parlamentarischen Arbeit verrichtet wird, regelmäßig nicht-öffentlich zusammentreten.[241] Zwar wird die den Grundsatz der nichtöffentlichen Ausschussar-

---

236 *A. Voßkuhle*, BayVBl. 2016, S. 289 (294).

237 Vgl. *J. Krause*, ZParl 1999, S. 534 (545): „Keines dieser Kontrollrechte schafft die Möglichkeit einer unmittelbar sanktionierbaren Richtungs- oder Leistungskontrolle, ihre Bedeutung liegt in ihrer Öffentlichkeitswirkung." Anders ist dies jedoch beispielsweise bei einem erfolgreichen konstruktiven Misstrauensvotum oder einer entsprechenden verfassungsgerichtlichen Entscheidung; hier halten die oppositionellen Akteure die Kompetenz in der Hand, die Rechtsfolge – wenngleich unter Umständen mittelbar – herbeizuführen.

238 *H. D. Jarass*, Politik und Bürokratie als Elemente der Gewaltenteilung, S. 94; *A. Voßkuhle*, BayVBl. 2016, S. 289 (291); *H. H. von Arnim*, DÖV 2015, S. 537 (539); *P. Cancik*, ZParl 2017, S. 516 (517); *C. Gröpl*, in: ders./K. Windthorst/C. von Coelln, GG, Art. 42 Rn. 2. Vgl. auch *U. Di Fabio*, Der Staat 29 (1990), S. 599 (611): „Durchaus nicht immer folgenlose Kontrolle wird auch durch öffentlichkeitswirksame Konterkarierung der Regierungspolitik auf allen Ebenen des parlamentarischen Handelns erreicht"; *K. Steinack*, ZParl 2007, S. 327 (334): „Letztlich bedarf das genuine Ziel jeder Opposition, die Macht zu erlangen, eines entsprechenden Wählervotums, dass [sic] am ehesten erreicht werden kann, wenn Defizite und Missstände der Regierung(spartei) so weit wie möglich öffentlich gemacht werden."

239 Vgl. *L. Kißler*, Die Öffentlichkeitsfunktion des Deutschen Bundestages, S. 307 ff.; ebenso *C. Gröpl*, Staatsrecht I, Rn. 328, der von „eine[r] ständige[n] Rückkopplung des Parlaments und insb. der Oppositionsfraktionen an das Volk" spricht. Allgemein zur Publizität im staatlichen Bereich *W. Martens*, Öffentlich als Rechtsbegriff, S. 68 ff.

240 BVerfG, Urt. v. 7.11.2017 – Az. 2 BvE 2/11, NVwZ 2018, S. 51 (Rn. 210).

241 Vgl. § 69 Abs. 1 GOBT: „Die Beratungen der Ausschüsse sind grundsätzlich nicht öf-

beit normierende Vorschrift des § 69 Abs. 1 Satz 1 GOBT bisweilen wegen eines Widerspruchs zum Öffentlichkeitsgrundsatz des Art. 42 Abs. 1 Satz 1 GG als verfassungswidrig erachtet,[242] allerdings vermögen die entsprechenden Argumente insoweit nicht zu überzeugen. Schon dem Wortlaut nach bezieht sich Art. 42 Abs. 1 Satz 1 GG ausschließlich auf Sitzungen des Plenums und auch teleologische Erwägungen – insbesondere die Gewährleistung einer effizienten Ausschussarbeit – sprechen jedenfalls de constitutione lata nicht für eine Ausdehnung des grundgesetzlichen Öffentlichkeitsgrundsatzes auf Ausschüsse.[243] Auch wenn eine geschäftsordnungsrechtliche Umkehr des Regel-Ausnahme-Prinzips de lege ferenda zur Ausweitung der Öffentlichkeitswirkung parlamentarischen Handelns denkbar ist, stünde gleichwohl zu befürchten, dass dieses „‚Mehr' an Transparenz eine wesentlich verminderte Effizienz der parlamentarischen Beratung und Entscheidung"[244] zur Folge hätte. Für die parlamentarische Opposition bleiben damit zunächst nur die Öffentlichkeitswirkung der parlamentarischen Debatte im eigentlichen Sinne sowie die Fälle einer ausnahmsweisen Öffentlichkeitszulassung im Rahmen der Ausschussarbeit.

Die prinzipielle Parlamentsöffentlichkeit allein verhilft der parlamentarischen Opposition jedoch grundsätzlich noch nicht zu einer entsprechenden Wahrnehmung ihrer Aufgabenerfüllung beim Wähler, denn schon aus tatsächlichen Gründen ist es nur einem Bruchteil der Bürger möglich, vor Ort den Sitzungen des Deutschen Bundestages beizuwohnen – eine Möglichkeit, die dazu noch durch das beschränkte Publikumsplatzangebot begrenzt ist.[245] Zu einem „Zusammenspiel mit der öffentlichen Meinung, der Wählerschaft"[246], bedarf es daher eines Über- und Vermittlers, den die parlamentarische Opposition in den Medien findet.[247] Dem zunächst außerrechtlichen Element der Medien kommt insoweit eine

---

fentlich. Der Ausschuß kann beschließen, für einen bestimmten Verhandlungsgegenstand oder Teile desselben die Öffentlichkeit zuzulassen. Die Öffentlichkeit einer Sitzung ist hergestellt, wenn der Presse oder sonstigen Zuhörern im Rahmen der Raumverhältnisse der Zutritt gestattet wird."

[242] Vgl. *M. Morlok*, in: H. Dreier (Hrsg.), GG, Bd. II, Art. 42 Rn. 24.

[243] So die ganz überwiegende Meinung im Schrifttum, vgl. statt vieler jüngst und m. w. N. *L. Brocker*, ZParl 2016, S. 50 (50 ff.).

[244] *L. Brocker*, ZParl 2016, S. 50 (57).

[245] Ebenfalls auf das beschränkte Platzangebot hinweisend *M. Kloepfer*, in: J. Isensee/P. Kirchhof (Hrsg.), Handbuch des Staatsrechts der Bundesrepublik Deutschland, Bd. III, § 42 Rn. 62.

[246] *W. Steffani*, in: H. Rausch (Hrsg.), Zur heutigen Problematik der Gewaltentrennung, S. 313 (336).

[247] Vgl. dazu die Sentenz von *W. Apelt*, Geschichte der Weimarer Verfassung, S. 192, die – jedenfalls in Ansätzen – auch noch für den Deutschen Bundestag als zutreffend erachtet werden kann: „In Wirklichkeit wurden die Reden längst ‚zum Fenster hinaus' gehalten […] und dienten dazu, der Öffentlichkeit durch die Presse mitgeteilt zu werden und die Wähler von der

verfassungspraktische Bedeutung zu; sie spielen für die Aufgabenwahrnehmung parlamentarischer Opposition eine bedeutende und bisweilen in der oppositionellen Forschung vernachlässigte Rolle. Erst die Massenmedien[248] verhelfen der parlamentarischen Opposition aufgrund ihrer Mitsteuerungswirkung des politischen Prozesses dazu, dass ihre Aufgabenwahrnehmung zur Geltung kommt.[249] Jedenfalls im Gegensatz zur Regierung sind die oppositionellen Abgeordneten auf eine durch die Massenmedien geschaffene Breitenwirkung der parlamentarischen Debatte angewiesen, da ihnen, anders als den Mitgliedern der Regierung, nicht schon kraft Amtes ausreichende Darstellungsmöglichkeiten in der Öffentlichkeit zukommen.[250] Ziel der parlamentarischen Opposition ist es daher, mithilfe der entstehenden Breitenwirkung der parlamentarischen Debatte eine größtmögliche Reichweite beim Wähler zu erzielen und die öffentliche Meinung[251] für sich zu gewinnen.[252]

Vortrefflichkeit ihrer Parteiführer – denn zumeist kamen nur diese zu Wort – zu überzeugen […].“ Ähnlich auch *W. Schmidt*, Der Staat 9 (1970), S. 481 (499): „In dieser veränderten Öffentlichkeit *muß* der Abgeordnete zum Fenster hinaus reden oder (moderner und genauer:) in die Fernsehkamera hinein“ [Hervorhebung im Original]. Exemplarisch für den Vorgang der Haushaltsberatungen *C. Gröpl*, DÖV 2018, S. 537 (543).

[248] Zum Begriff der Massenmedien *M. Kloepfer*, in: J. Isensee/P. Kirchhof (Hrsg.), Handbuch des Staatsrechts der Bundesrepublik Deutschland, Bd. III, § 42 Rn. 7 ff.

[249] Exemplarisch *R. Zippelius*, JURA 1993, S. 281 (283 f.): „Deren Wirkungschance [scil. die Wirkungschance der parlamentarischen Opposition] beruht im wesentlichen darauf, daß sie mit ihrer Kritik und ihrem Angebot an Alternativen laufend mit Blick auf die kommenden Wahlen mit der Regierungspartei konkurriert; in einem stark von den Massenmedien mitgesteuerten politischen Prozeß wird damit eine recht wirksame Kontrolle des Regierungshandelns ins Werk gesetzt.“

[250] *R. Binder*, DVBl. 1985, S. 1112 (1114); *R. Dieterich*, Die Funktion der Öffentlichkeit der Parlamentsverhandlungen im Strukturwandel des Parlamentarismus, S. 64 f.

[251] Die öffentliche Meinung ist eine beeinflussbare Variable, vgl. *N. Luhmann*, in: ders., Soziologische Aufklärung 4, S. 126 (128): „[…] gibt es eine ‚öffentliche Meinung‘, die launisch wechselnd mal die Regierenden und mal die Opposition begünstigt.“

[252] Vgl. für das englische Regierungssystem *E. Fraenkel*, in: Festgabe H. Herzfeld, S. 163 (181): „Das schlechthin zentralwichtige belebende Element der englischen Verfassung besteht darin, daß die Regierung alles zu vermeiden sucht, was der Opposition eine Chance gewährt, durch wirksame Kritik die öffentliche Meinung für sich zu gewinnen, um dergestalt den Sturz der Regierung bei den nächsten Wahlen vorzubereiten. Die Angriffe der Opposition bezwecken schon lange nicht mehr, das Kabinett durch das Parlament zu stürzen, sie zielen darauf hinaus, das Kabinett durch die öffentliche Meinung zu stürzen.“ Vgl. im Übrigen auch *N. Luhmann*, ZfP 36 (1989), S. 13 (21): „Die Omnipräsenz des Publikums ist durch das Schema Regierung/Opposition bewirkt, und ebenso das heimliche Regiment dieses Parasiten. Die Unsichtbarkeit des Parasiten wird durch die sogenannten Massenmedien miterzeugt und verschleiert. Sie machen das Unsichtbare, indem sie es in die Unsichtbarkeit zurückstoßen, sichtbar; und sie ermöglichen es der Politik, den unsichtbaren Gott anzubeten. Man nennt ihn unter diesem Gesichtspunkt ‚öffentliche Meinung‘.“

In praxi wird beispielsweise ein von oppositionellen Abgeordneten eingesetzter Untersuchungsausschuss erst dann zu einer tatsächlichen Waffe der Opposition, wenn es zu einer „Allianz mit der öffentlichen Meinung und den Medien gegen die Kanzlermehrheit"[253] kommt. Ähnlich verhält es sich mit dem parlamentarischen Rede- und Fragerecht,[254] das erst dann zur vollen Wirksamkeit gelangt, wenn die Meinungsäußerungen der Abgeordneten durch die Medien aufgegriffen – zugleich auch kommentiert und bewertet[255] – werden, sodass es zu einer Interaktion auch mit demjenigen Wähler kommt, der nicht unmittelbar als Zuhörer am parlamentarischen Geschehen teilnimmt. Aufgrund der sich so entfaltenden Rolle der Massenmedien als Faktor der öffentlichen Meinung[256] ist die Staatsfreiheit der Medien von besonderer Bedeutung, wie es das Bundesverfassungsgericht schon im sog. Spiegel-Urteil zum Ausdruck gebracht hat: „Eine freie, nicht von der öffentlichen Gewalt gelenkte, keiner Zensur unterworfene Presse ist ein Wesenselement des freiheitlichen Staates; insbesondere ist eine freie, regelmäßig erscheinende politische Presse für die moderne Demokratie unentbehrlich."[257]

§ 3 Die verfassungsrechtliche Gewährleistung einer effektiven Opposition

Nachdem im Vorstehenden gezeigt werden konnte, wie die parlamentarische Opposition der oppositionellen Aufgabentrias grundsätzlich nachkommen kann,

[253] *M.-E. Geis*, in: J. Isensee/P. Kirchhof (Hrsg.), Handbuch des Staatsrechts der Bundesrepublik Deutschland, Bd. III, § 55 Rn. 6.

[254] Vgl. zur Bedeutung von Öffentlichkeit und Medien für das parlamentarische Fragerecht *S. T. Siefken*, ZParl 2010, S. 18 (34 f.): „Die parlamentarischen Anfragen stellen ein wichtiges Instrument dar […]. Kommt es tatsächlich zum Einsatz, ist es vorrangig vor dem Hintergrund zu bewerten, dass es Transparenz schafft, aktuelle Informationen bietet und Öffentlichkeit herstellt. […] Insbesondere sind die Massenmedien […] in den Blick zu nehmen."

[255] Die Medien sind mehr als nur ein bloßer Vermittler, sondern nehmen gleichfalls eine Steuerungsfunktion wahr, vgl. *B. Pfetsch/S. Adam*, in: dies. (Hrsg.), Massenmedien als politische Akteure, S. 9 (10 f.): „Medien in dieser Perspektive sind demnach nicht nur Vermittler oder Forum des politischen Prozesses, sondern vielmehr eine eigenständige relevante Einflussgröße. […] Was analytisch klar trennbar erscheint, ist jedoch in der Realität miteinander verbunden." Vgl. im Übrigen zum Einfluss der Massenmedien auf die öffentliche Meinung *M. Kloepfer*, in: J. Isensee/P. Kirchhof (Hrsg.), Handbuch des Staatsrechts der Bundesrepublik Deutschland, Bd. III, § 42 Rn. 35 ff.

[256] *M. Kloepfer*, in: J. Isensee/P. Kirchhof (Hrsg.), Handbuch des Staatsrechts der Bundesrepublik Deutschland, Bd. III, § 42 Rn. 39 f.

[257] BVerfG, Teilurt. v. 5.8.1966 – Az. 1 BvR 586/62, 610/63 und 512/64, BVerfGE 20, 162 (174).

stellt sich nunmehr die Frage, ob dem Grundgesetz darüber hinausgehende Maßstäbe für die Wahrnehmung der Oppositionsfunktionen zu entnehmen sind. Prima facie hält das Grundgesetz zur oppositionellen Aufgabenwahrnehmung keine generalisierbare Aussage bereit. Sich damit zu begnügen, würde der Funktion, die der parlamentarischen Opposition für das Funktionieren des parlamentarischen Regierungssystems zukommt, jedoch nicht gerecht werden. Ausgehend von der verfassungsrechtlichen Gewährleistung des Rechts auf Bildung und Ausübung parlamentarischer Opposition soll im Folgenden gezeigt werden, dass das Grundgesetz über die schon vorstehend herausgearbeiteten Teilgewährleistungen einen *allgemeinen* Grundsatz einer effektiven parlamentarischen Opposition enthält.[258] Zur Herleitung dieser These soll zunächst der Frage nachgegangen werden, ob es ein generelles Verfassungsprinzip der Effizienz – und folgerichtig auch der Effektivität[259] – gibt, das auf das Recht auf Bildung und Ausübung parlamentarischer Opposition durchschlagen könnte (I.). Da ein solches generelles Verfassungsprinzip nach hier vertretener Auffassung jedoch nicht anzuerkennen ist, wird es anschließend um die Frage gehen, ob speziell für die Bildung und Ausübung parlamentarischer Opposition ein Verfassungsgrundsatz effektiver Aufgabenwahrnehmung existiert (II.).

I. Effizienz als allgemeines Verfassungsprinzip?

Bevor sich die vorliegende Arbeit der Frage zuwendet, ob die Verfassung für den Wirkungskreis der parlamentarischen Opposition in concreto von einem Effektivitätsgedanken ausgeht, will sie sich zunächst mit der Frage befassen, ob es bereits auf übergeordneter Ebene ein allgemeines Verfassungsprinzip gibt, wonach stets eine „‚zielunabhängige' Effizienz" herzustellen ist, die jeweils zum „optimalen Funktionieren" einer verfassungsrechtlichen Erscheinung führen soll.[260]

---

[258] In diese Richtung – soweit ersichtlich – erstmals *P. M. Huber*, in: J. Isensee/P. Kirchhof (Hrsg.), Handbuch des Staatsrechts der Bundesrepublik Deutschland, Bd. III, § 47 Rn. 70 ff., der terminologisch jedoch von einem „Verfassungsgebot" spricht. Vgl. ansatzweise auch schon *U. Di Fabio*, Der Staat 29 (1990), S. 599 (611).

[259] „Effektivität" ist insoweit eine Erscheinungsform von „Effizienz". Vgl. zur Terminologie *P. Häberle*, in: ders., Verfassung als öffentlicher Prozeß, S. 290 (290); *W. Leisner*, Effizienz als Rechtsprinzip, S. 6.

[260] *W. Leisner*, Effizienz als Rechtsprinzip, S. 7. Ausführlich sowie mit weiteren Nachweisen zur Frage nach einem allgemeinen Rechtsprinzip der Effizienz – und im Ergebnis einem solchen Prinzip kritisch gegenüberstehend – *K. F. Gärditz*, Hochschulorganisation und verwaltungsrechtliche Systembildung, S. 239 ff. Demgegenüber hält *M. Rodi*, Ökonomische Analyse des Öffentlichen Rechts, S. 14, den fortdauernden Streit über die Anerkennung von Effizienz als Rechtsprinzip für „wenig ertragreich", da ein solches eigenständiges Rechtsprinzip „jedenfalls nicht weiter gehen [kann] als seine positiven Teilelemente".

Ein solches Verfassungsprinzip der Effizienz – genauer: „Organisationseffizienz“[261] – könnte jedenfalls zur Folge haben, dass der Wirkungskreis der oppositionellen Akteure effizient auszulegen wäre, ohne dass hierfür konkrete verfassungsrechtliche Anknüpfungspunkte bestehen müssten.[262]

1. Ökonomische Analyse des Rechts als Ausgangspunkt eines verfassungsrechtlichen Effizienzprinzips?

Die Frage nach dem optimalen Funktionieren einer Institution, Organisation oder sonstigen Erscheinung offenbart methodische Parallelen zum Forschungsgebiet der ökonomischen Analyse des Rechts, welche als juristische Methode mit Blick insbesondere auf die US-amerikanische Methodik Eingang in das Rechtsdenken kontinentaleuropäischer Juristen gefunden hat.[263] Die ökonomische Analyse des Rechts setzt sich dafür ein, dass alle Institutionen des Rechtssystems ihre Entscheidungen so zu treffen haben, dass diese in einem ökonomischen Sinne effizient sind, d. h. den gesellschaftlichen Wohlstand erhöhen.[264] Grundsätzlich eignet sich die ökonomische Analyse des Rechts zur Untersuchung sämtlicher Rechtsgebiete, obgleich sich größere Verbindungslinien zu denjenigen Rechtsgebieten ergeben, die traditionell einen engen Bezug zu ökonomischen Fragestellungen aufweisen.[265] Für den Bereich des Verfassungsrechts und den in dieser Untersuchung vordringlich relevanten Bereich des Staatsorganisationsrechts kann ein solcher ökonomischer Bezug nicht ohne Weiteres festgestellt werden. Demgemäß findet das Verfassungsrecht bei manchen Untersuchungen der ökonomischen Analyse des Rechts a priori keine Berücksichtigung, sondern es wird vor allem das Zivilrecht in den Blick genommen.[266] Hierbei dürften jedoch pragmatische Erwägungen im Vordergrund stehen, da sich das Zivilrecht – wie erwähnt – in seinen Teilrechtsgebieten oftmals mit ökonomi-

---

261 *W. Leisner*, Effizienz als Rechtsprinzip, S. 8.

262 Die hier gestellte Frage unterscheidet sich von der Frage nach einem Grundsatz der *Grundrechts*effektivität. Kritisch zu *diesem* Grundsatz *H. Ehmke*, VVDStRL 20 (1963), S. 53 (87 ff.).

263 Gleichwohl ist die ökonomische Analyse des Rechts zuvörderst eine ökonomische und keine juristische Theorie, wenngleich das Recht ihr Forschungsobjekt ist, vgl. *H. Eidenmüller*, Effizienz als Rechtsprinzip, S. 8. Grundsätzliche Kritik an der ökonomischen Analyse des Rechts bei *O. Lepsius*, Die Verwaltung 32 (1999), S. 429 (437 ff.).

264 *H. Eidenmüller*, Effizienz als Rechtsprinzip, S. 4.

265 *H. Eidenmüller*, Effizienz als Rechtsprinzip, S. 4 f., 68.

266 Vgl. *H.-B. Schäfer/C. Ott*, Lehrbuch der ökonomischen Analyse des Zivilrechts. Anders aber *R. A. Posner*, Economic Analysis of Law, S. 889 ff.; jedenfalls für eine konzeptionelle Anwendung des ökonomischen Ansatzes auf sämtliche Rechtsgebiete eintretend *H. Eidenmüller*, Effizienz als Rechtsprinzip, S. 68 ff. Beachte insoweit für das Öffentliche Recht *M. Rodi*, Ökonomische Analyse des Öffentlichen Rechts.

schen Fragestellungen konfrontiert sieht.[267] Gleichwohl soll hier die Frage aufgeworfen werden, ob im Rahmen des Verfassungsrechts Raum für die ökonomische Analyse des Rechts und einen sich daran anschließenden Rechtsgrundsatz der Effizienz bleibt. Hierfür könnte sprechen, dass es nach den Verfechtern der normativen ökonomischen Analyse des Rechts[268] zulässig sein soll, im Falle mehrerer Auslegungshypothesen eine „Entscheidung […] anhand ihrer jeweiligen ‚ökonomischen' Folgen zu treffen".[269] Einen allgemeinen Rechtsgrundsatz der Effizienz könnte dies wohl noch nicht begründen, jedenfalls würde eine an dem Effizienzkriterium angelehnte Auslegungsmethode einem solchen Rechtsgrundsatz aber in ihrer Wirkung nahekommen. Gerade mit Blick auf das Verfassungsrecht ist einer solchen „offenen" Auslegungsmethode jedoch mit Skepsis zu begegnen.[270] Zwar könnte eine derartige Auslegungsmethodik durchaus zur Einzelfallgerechtigkeit beitragen, dabei würde jedoch die Rechtssicherheit und damit das Rechtsstaatsprinzip Schaden nehmen. Im Übrigen käme es zu einer „ökonomische[n] Reduktion der Komplexität des Rechts", die sich mit einem freiheitlichen Rechtsdenken nicht in Einklang bringen lässt.[271] Insoweit kann der normativen ökonomischen Analyse des Rechts aus verfassungsrechtlichen Erwägungen nicht gefolgt werden, sodass sich eine rein folgenorientierte, „ökonomische" Auslegung des Wirkungskreises parlamentarischer Opposition verbietet. Vielmehr ist es schon die originäre Aufgabe des Gesetzgebers, eine Folgenbewertung seiner Gesetzgebung vorzunehmen. Insoweit kommt der ökonomischen Analyse des Rechts die Aufgabe der Politikberatung zu;[272] sie ist primär

---

267 „[T]heorieexterne […] Gründe […]" und damit offenbar pragmatische Erwägungen als leitend für die Konzentration auf das Zivilrecht erachtend *H.-D. Assmann*, in: C. Ott/H.-B. Schäfer (Hrsg.), Allokationseffizienz in der Rechtsordnung, S. 45 (47); *H. Eidenmüller*, Effizienz als Rechtsprinzip, S. 70.

268 Ihr gegenüber steht die positive ökonomische Analyse des Rechts, vgl. *A. van Aaken*, „Rational Choice" in der Rechtswissenschaft, S. 17 mit Fn. 8.

269 So die Analyse von *J.H. Klement*, Verantwortung, S. 118 mit Fn. 238 und weiteren Nachweisen. Siehe zum Effizienzkriterium für das Recht auch *ders.*, Wettbewerbsfreiheit, S. 162 f.

270 Vgl. zur Diskussion um eine juristische Rezeption der ökonomischen Analyse des Rechts statt anderer die Kontroverse von *K.-H. Fezer*, JZ 1986, S. 817 ff.; *C. Ott/H.-B. Schäfer*, JZ 1988, S. 213 ff.; *K.-H. Fezer*, JZ 1988, S. 223 ff.

271 *K.-H. Fezer*, JZ 1986, S. 817 (823). Vgl. im Übrigen *O. Lepsius*, Die Verwaltung 32 (1999), S. 429 (439), zum „Dilemma des ökonomischen Ansatzes […]: Er beruht auf Voraussetzungen, die sich teilweise empirisch, teilweise heuristisch erklären lassen, meist jedoch beide Prämissen von Anfang an miteinander verquicken."

272 *J.H. Klement*, Verantwortung, S. 118 Fn. 238; *W. Höfling*, in: C. Engel/M. Morlok (Hrsg.), Öffentliches Recht als ein Gegenstand ökonomischer Forschung, S. 85 (88); *M. Morlok*, in: C. Engel/ders. (Hrsg.), Öffentliches Recht als ein Gegenstand ökonomischer Forschung, S. 1 (26 f.); *H. Eidenmüller*, Effizienz als Rechtsprinzip, S. 414 ff.

eine „Gesetzgebungstheorie"[273]. Ein generelles Effizienzprinzip für das Verfassungsrecht im Allgemeinen und für den Wirkungskreis der parlamentarischen Opposition im Besonderen vermag sie hingegen nicht zu begründen.

2. Praktische Konkordanz als Ausgangspunkt eines verfassungsrechtlichen Effizienzprinzips?

Gleichwohl ist der Begriff der Effizienz kein dem Verfassungsrecht vollständig unbekannter Begriff. Der Effizienzgedanke wird nämlich durch das „verfassungsrechtliche [...] Kollisionsprinzip"[274] der praktischen Konkordanz in die Verfassung hineingetragen.[275] Nach dem – wohl von *Richard Bäumlin*[276] und *Konrad Hesse*[277] in die deutsche Verfassungsrechtsdogmatik eingebrachten[278] – Konzept der praktischen Konkordanz bedarf es im Falle konfligierender verfassungsrechtlicher Belange eines Ausgleichs dahingehend, dass jedes in Rede stehende verfassungsrechtliche Rechtsgut an „Wirklichkeit gewinnt"[279]. In praxi bedeutet dies, dass den konfligierenden Rechtsgütern zwar Grenzen gezogen werden (müssen), zugleich jedoch jedes einzelne Rechtsgut zu optimaler Wirksamkeit gelangen soll.[280] Die Verfassung selbst wird aufgrund dessen in gewisser Weise „effizient über die ‚praktische Konkordanz'"[281].

Allerdings darf das Prinzip der praktischen Konkordanz nicht dahingehend missverstanden werden, dass es dazu führe, dass grundgesetzliche Kompetenztitel oder grundrechtliche Schutzverbürgungen stets nach einem Optimierungsgebot und damit extensiv auszulegen seien. Das Prinzip der praktischen Konkordanz beschränkt seine Wirkung vielmehr auf den Kollisionsfall divergierender Rechtsgüter und verhilft jedem betroffenen – gleichrangigen – Rechtsgut *dann* zu seiner optimalen Wirkung, vermag aber keine *generelle* Optimierung und damit Ausweitung eines Schutzbereichs oder Kompetenztitels zu begründen. Im

---

[273] *H. Eidenmüller*, Effizienz als Rechtsprinzip, S. 414.

[274] *M. Schladebach*, Der Staat 53 (2014), S. 263 (263).

[275] Jüngst kritisch – und entgegen der h. M. – zum Prinzip der praktischen Konkordanz *W. Cremer*, in: Festschrift H. D. Jarass, S. 175 (179 ff.), nach dem die praktische Konkordanz als grundrechtliche Kollisionsauflösungsregel und überhaupt als Element der Grundrechtsprüfung zu verabschieden sei.

[276] *R. Bäumlin*, Staat, Recht und Geschichte, S. 30.

[277] *K. Hesse*, Grundzüge des Verfassungsrechts der Bundesrepublik Deutschland, 1. Aufl., S. 28 f.

[278] Vgl. aber auch schon *P. Lerche*, Übermaß und Verfassungsrecht, S. 125 ff.; *U. Scheuner*, VVDStRL 20 (1963), S. 125 (125); *ders.*, VVDStRL 22 (1965), S. 1 (53).

[279] *K. Hesse*, Grundzüge des Verfassungsrechts der Bundesrepublik Deutschland, Rn. 72.

[280] Statt vieler *K. Hesse*, Grundzüge des Verfassungsrechts der Bundesrepublik Deutschland, Rn. 72.

[281] *P. Häberle*, in: ders., Verfassung als öffentlicher Prozeß, S. 290 (297).

Übrigen kann es im Rahmen der Herstellung praktischer Konkordanz auch denkbar sein, dass ein verfassungsrechtliches Rechtsgut gegenüber einem anderen in einem bestimmten Fall vollständig zurücktreten muss, da eine gegenseitige Optimierung durch beiderseitige Grenzziehung nicht realisierbar ist. In einem solchen Fall wäre aber eines der beiden verfassungsrechtlich geschützten Güter gerade nicht effizient.

Aus den vorgenannten Gründen lässt sich somit auch dem Prinzip der praktischen Konkordanz jedenfalls kein generalisierendes verfassungsrechtliches Effizienzprinzip entnehmen.

3. Ergebnis: kein allgemeines Verfassungsprinzip der Effizienz

Sowohl die ökonomische Analyse des Rechts als auch der Grundsatz praktischer Konkordanz vermögen ein generalisierendes Verfassungsprinzip der Effizienz nicht zu begründen. Auch darüber hinaus gibt es keinen allgemeinen Verfassungsgrundsatz der Effizienz.[282] Ein Rechtsgrundsatz oder eine Auslegungsmaxime, wonach jeder Verfassungssatz grundsätzlich so ausgelegt werden müsste, dass er zu optimaler Wirksamkeit gelangt, würde auch zu absurden und „völlig unsinnigen Ergebnissen" führen.[283] Es liefe dem Gedanken der Einheit der Verfassung gerade zuwider, wenn einzelne Verfassungssätze unabhängig von ihrer Einbettung in das grundgesetzliche Gesamtkonzept nach einem Optimierungsgedanken aufzufassen und auszulegen wären. Auch wenn man für die Verfassung als Ganzes eine funktionalrechtliche Effektivität[284] nicht wird leugnen können, sind jedenfalls die einzelnen Normen des Grundgesetzes sowie die hieraus entwickelten Grundsätze und Rechtsprinzipien „effizienzneutral"[285].

Es bedarf daher stets einer einzelfallbezogenen Untersuchung, ob sich ein Effizienzgrundsatz normativ auf einen bestimmten Bereich bzw. eine bestimmte verfassungsrechtliche Erscheinung übertragen lässt.[286] Aus diesem Grund lässt

---

[282] *W. Leisner*, Effizienz als Rechtsprinzip, S. 24 f.; *P. Häberle*, in: ders., Verfassung als öffentlicher Prozeß, S. 290 (295).

[283] Vgl. – auch für das Zitat – *H.-P. Schneider*, Die parlamentarische Opposition im Verfassungsrecht der Bundesrepublik Deutschland, S. 23. Als Beispiel führt *Schneider* das konstruktive Misstrauensvotum an, das – legte man einen solchen „Verfassungsrealismus" als Maßstab an – für die parlamentarische Opposition geradezu eine Pflicht begründete, „bei jeder erfolgversprechenden Gelegenheit den Art. 67 GG zu ‚verwirklichen'".

[284] *H.-P. Schneider*, Die parlamentarische Opposition im Verfassungsrecht der Bundesrepublik Deutschland, S. 23, mit Verweis auf *W. Leisner*, Effizienz als Rechtsprinzip, S. 22.

[285] So für „[d]ie Verfassung […] im ganzen" *W. Leisner*, Effizienz als Rechtsprinzip, S. 25; kritisch gegenüber dieser These *P. Häberle*, in: ders., Verfassung als öffentlicher Prozeß, S. 290 (297 f.).

[286] *W. Leisner*, Effizienz als Rechtsprinzip, S. 25: „Elemente für oder gegen Effizienz könnten allenfalls der normativen Organisation oder Verfassungspraxis bei einzelnen Verfassungs-

sich auch für den Wirkungskreis der parlamentarischen Opposition nicht schon aus einer verfassungsrechtstheoretischen Untersuchung ein *genereller* Effizienzgedanke herleiten.[287] Die Nichtexistenz eines alle Rechtsinstitute übergreifenden Effizienzprinzips bedeutet jedoch noch nicht, dass sich nicht für das Recht auf Bildung und Ausübung parlamentarischer Opposition ein spezifisches Effektivitätsprinzip aus der Verfassung ergeben kann.[288] Deshalb soll nun im Folgenden analysiert werden, ob und welche konkreten verfassungsrechtlichen Prinzipien gerade für einen Verfassungsgrundsatz effektiver parlamentarischer Opposition streiten.

II. Effektivität als besonderer Verfassungsgrundsatz für den Wirkungskreis parlamentarischer Opposition

Für einen Grundsatz effektiver parlamentarischen Opposition lassen sich aus verfassungsrechtlicher Perspektive drei Begründungsansätze ins Feld führen, die im Folgenden untersucht werden sollen. Erstens – und im Schwerpunkt – handelt es sich dabei um den Grundsatz der Gewaltenteilung, um dessen Aufrechterhaltung willen es einer wirkungsvollen parlamentarischen Opposition bedarf. Zweitens ist der Verfassungsgrundsatz effektiver parlamentarischer Opposition aber auch unmittelbar im Demokratieprinzip des Grundgesetzes verankert. Drittens verbürgt auch der Grundsatz des freien Abgeordnetenmandats eine effektive Ausübung des parlamentarischen Mandats und damit zugleich die effektive Bildung und Ausübung parlamentarischer Opposition.

1. Herleitung aus dem Grundsatz der Gewaltenteilung

Zunächst soll untersucht werden, ob der Gewaltenteilungsgrundsatz für einen Grundsatz effektiver parlamentarischer Opposition streitet. Obgleich das Grundgesetz im Ausgangspunkt die deutsche Staatsordnung in Art. 20 Abs. 2 Satz 2 GG

---

institutionen entnommen werden."; *P. Häberle*, in: ders., Verfassung als öffentlicher Prozeß, S. 290 (295): „Effizienz als Bindestrich-Problem".

[287] Davon zu unterscheiden ist die *Organisation* der Parlamentsarbeit im Ganzen, die sich an dem Gesichtspunkt der Effektivität orientieren soll, vgl. *W.-D. Hauenschild*, Wesen und Rechtsnatur der parlamentarischen Fraktionen, S. 111: „Die Organisation eines Parlaments ist mit Rücksicht auf den Effekt seiner Arbeit zu verfassen. Wenn die parlamentarische Arbeit überhaupt einen Sinn haben soll, muß sie wie jede andere Arbeit auch effektiv sein, es muß ‚dabei etwas herauskommen'. Unter mehreren organisatorischen Möglichkeiten ist daher immer diejenige zu wählen, die den besten Effekt verbürgt. Das Parlament ist so zu organisieren, daß der Effekt der parlamentarischen Arbeit nicht nur nicht verhindert, sondern im Gegenteil gefördert wird."

[288] Vgl. zur Terminologie wiederum *P. Häberle*, in: ders., Verfassung als öffentlicher Prozeß, S. 290 (290); *W. Leisner*, Effizienz als Rechtsprinzip, S. 6.

auf den Grundsatz der Gewaltenteilung und somit auf den Dualismus von Exekutive und Legislative festlegt, hat sich jedenfalls die Verfassungspraxis nicht vollständig nach dem klassischen Gewaltenteilungsmodell entwickelt. Dies wird gemeinhin unter der Begriffskategorie „neuer Dualismus" zusammengefasst. Die vorliegende Untersuchung wird zeigen, dass der neue Dualismus jedoch ein strukturelles Ungleichgewicht entstehen lässt, das dem Gewaltenteilungsverständnis des Grundgesetzes nicht mehr in Gänze entspricht und Konsequenzen für die Aufgabenwahrnehmung parlamentarischer Opposition hervorruft. Dies mündet schließlich in die verfassungsrechtliche Anerkennung eines Grundsatzes effektiver parlamentarischer Opposition.

a) Dualismus von Exekutive und Legislative als formaler Ausgangspunkt des Grundgesetzes

Nach dem traditionellen Verständnis eines parlamentarischen Regierungssystems, wie es in der Bundesrepublik Deutschland besteht, wird dieses vom Dualismus von Regierung und Parlament geprägt.[289] Die entscheidende Norm des Grundgesetzes, welche diese Art der Gewaltenteilung – unter Einbeziehung der Judikative als weitere Gewalt neben Legislative und Exekutive – voraussetzt, ist Art. 20 Abs. 2 Satz 2 GG. Wenn das Grundgesetz in Art. 20 Abs. 2 Satz 2 statuiert, dass die Staatsgewalt vom Volke in Wahlen und Abstimmungen und durch besondere[290] Organe der Gesetzgebung, der vollziehenden Gewalt und der Rechtsprechung ausgeübt werden soll, so verdeutlicht dies, dass die Mütter und Väter des Grundgesetzes jedenfalls im Grundsatz vom klassischen System der Gewaltenteilung zwischen Legislative, Exekutive und Judikative ausgingen.[291] Gestützt wird die dem historischen Vorbild[292] der Lehre *John Lockes* und insbesondere *Charles de Montesquieus* entstammende Dreiteilung der Gewalten durch Art. 20 Abs. 3 GG sowie Art. 1 Abs. 3 GG.[293] Dies belegen auch die Protokolle der Sit-

---

[289] *P. M. Huber*, in: J. Isensee/P. Kirchhof (Hrsg.), Handbuch des Staatsrechts der Bundesrepublik Deutschland, Bd. III, § 47 Rn. 6.

[290] *C. Gröpl*, Staatsrecht I, Rn. 864, weist darauf hin, dass das Adjektiv „besondere" in der Formulierung des Art. 20 Abs. 2 Satz 2 GG redaktionell verunglückt und im Sinne von „voneinander gesonderte" zu verstehen ist. In diese Richtung auch *J. Ipsen*, Staatsrecht I, Rn. 760; *S. Galka*, Parlamentarismuskritik und Grundgesetz, S. 75 f.

[291] *E. Schütt-Wetschky*, Grundtypen parlamentarischer Demokratie, S. 96, 110.

[292] Zur Ideengeschichte der Gewaltenteilung statt aller *C. Möllers*, Gewaltengliederung, S. 66 ff.; *C. Gröpl*, Staatsrecht I, Rn. 875 ff.; *H. Maurer*, Staatsrecht I, § 12 Rn. 7 ff.; *R. Weber-Fas*, JuS 2005, S. 882 (882 ff.); *A. Voßkuhle/A.-K. Kaufhold*, JuS 2012, S. 314 (314).

[293] Beachte aber auch *E. Schmidt-Aßmann*, in: J. Isensee/P. Kirchhof (Hrsg.), Handbuch des Staatsrechts der Bundesrepublik Deutschland, Bd. II, § 26 Rn. 47: „Ihre volle Entfaltung findet sich in der Gesamtheit der verfassungsrechtlichen Organisations- und Kompetenzvorschriften."

zungen des Parlamentarischen Rates, bei denen die Abgeordneten verschiedener Parteien zum Grundsatz der Gewaltenteilung Stellung bezogen.[294] Der Abgeordnete *Carlo Schmid* (SPD) hob als erster Berichterstatter über die dem Parlamentarischen Rat gestellte Aufgabe den Wert der Gewaltenteilung hervor:

> „Das Zweite, was verwirklicht sein muß, wenn man von demokratischer Verfassung im klassischen Sinne des Wortes sprechen will, ist das Prinzip der Teilung der Gewalten. [...] Es bedeutet, daß die drei Staatsfunktionen, Gesetzgebung, ausführende Gewalt und Rechtsprechung, in den Händen gleichgeordneter, in sich verschiedener Organe liegen, und zwar deswegen in den Händen verschiedener Organe liegen müßten, damit sie sich gegenseitig kontrollieren und die Waage halten können. Diese Lehre hat ihren Ursprung in der Erfahrung, daß, wo auch immer die gesamte Staatsgewalt sich in den Händen eines Organes nur vereinigt, dieses Organ die Macht mißbrauchen wird. [...] darum sollte man in dem Grundgesetz, das wir zu beschließen haben, klar zum Ausdruck bringen, daß das Prinzip der Teilung der Gewalten realisiert werden muß."[295]

In dem Hinweis auf die Erfahrung und Gefahr des Machtmissbrauchs kann bereits ein Indiz für eine klassische Gewaltenteilung und gegen eine Aufweichung des Gewaltenteilungsgrundsatzes gesehen werden. Noch deutlicher tritt dies in den Ausführungen des zweiten Berichterstatters *Adolf Süsterhenn* (CDU) hervor, der sich explizit auf das Modell *Montesquieus* beruft:

> „Über die Statuierung der Menschen- und Grundrechte hinaus fordern wir zwecks Sicherung der menschlichen Freiheit bewusst eine pluralistische Gestaltung von Staat und Gesellschaft, die jede Machtzusammenballung an einer Stelle verhindert. Nach unserer Auffassung war es der historische Verdienst Montesquieus, erkannt und verkündet zu haben, daß jede Macht der Gefahr des Mißbrauchs ausgesetzt ist, weil jeder Mensch geneigt ist, wie Montesquieu sagt, ‚die Gewalt, die er hat, zu mißbrauchen, bis er Schranken findet'. Aus dieser Erkenntnis fordert Montesquieu die Teilung der Staatsgewalt in Gesetzgebung, ausführende Gewalt und Rechtsprechung und ihre Übertragung auf verschiedene, einander gleichgeordnete Träger. Diese Auffassung, die auch heute morgen hier vertreten worden ist, wird von uns in vollem Umfang als richtig anerkannt [...]."[296]

Dem sich nach den Beratungen im Parlamentarischen Rat schließlich im Grundgesetz entfaltenden Gewaltenteilungsgrundsatz[297] liegt schließlich ein doppelter Zweck zugrunde: Zum einen soll die Trennung der Gewalten die Ausübung hoheitlicher Macht begrenzen und damit eine freiheitsschützende und machtbalancierende Funktion entfalten.[298] Zum anderen soll eine funktionsgerechte Organ-

---

[294] Hinweise auf die Redebeiträge im Parlamentarischen Rat finden sich auch bei *E. Schütt-Wetschky*, Grundtypen parlamentarischer Demokratie, S. 110ff.

[295] Parlamentarischer Rat, Stenographischer Bericht, 2. Sitzung, 8. September 1948, S. 14.

[296] Parlamentarischer Rat, Stenographischer Bericht, 2. Sitzung, 8. September 1948, S. 21.

[297] Zum weiteren Fortgang der Beratungen und zur Entstehungsgeschichte des Art. 20 Abs. 2 Satz 2 GG *K.-B. v. Doemming/R. W. Füsslein/W. Matz*, JöR 1 (1951), S. 195ff.

[298] So schon die frühe Rechtsprechung des Bundesverfassungsgerichts, vgl. Urt. v. 18.12.1953 – Az. 1 BvL 106/53, BVerfGE 3, 225 (247); Urt. v. 27.8.1956 – Az. 1 BvB 2/51, BVerfGE 5, 85 (199); Urt. v. 27.4.1959 – Az. 2 BvF 2/58, BVerfGE 9, 268 (279); Beschl. v.

struktur gewährleistet werden, die sicherstellt, dass staatliche Entscheidungen möglichst richtig, das heißt von denjenigen Organen getroffen werden, die dafür nach ihrer Organisation, Zusammensetzung, Funktion und Arbeitsweise über die besten Voraussetzungen verfügen.[299]

Allerdings sieht auch das Grundgesetz kein striktes Gewaltentrennungssystem vor. Statt einer rigorosen Anordnung des Gewaltenteilungsgrundsatzes lässt das Grundgesetz – insbesondere zwischen Legislative und Exekutive[300] – sowohl in funktionaler als auch in organisatorischer und personeller Hinsicht zahlreiche Verzahnungen zu.[301] Beispielsweise nimmt die Exekutive beim Erlass von Rechtsverordnungen nach Art. 80 Abs. 1 GG originär legislative Aufgaben wahr. Auch das Einbringen von Gesetzesvorlagen durch die Bundesregierung nach Art. 76 Abs. 1 GG stellt ein Eingreifen in den Bereich der Legislative dar. Umgekehrt wird der Bundeskanzler nach Art. 63 GG vom Bundestag gewählt und ist auch in der Folge vom Vertrauen des Bundestages abhängig,[302] was den Einfluss der Legislative auf die Exekutive exemplarisch deutlich macht. Die ausgeprägten Überschneidungen gerade dieser beiden Gewalten zeigen sich nicht zuletzt auch an der persönlichen Doppelrolle vieler Regierungsmitglieder, die – was verfassungsrechtlich zulässig ist[303] – gleichzeitig auch Abgeordnete des Bundestages sind.

20.6.1967 – Az. 2 BvL 10/64, BVerfGE 22, 106 (111); *K. Hesse*, Grundzüge des Verfassungsrechts der Bundesrepublik Deutschland, Rn. 476; *A. Voßkuhle/A.-K. Kaufhold*, JuS 2012, S. 314 (314); *H.-P. Schneider*, in: ders./W. Zeh (Hrsg.), Parlamentsrecht und Parlamentspraxis in der Bundesrepublik Deutschland, § 38 Rn. 19; *H.-J. Waack*, in: M. Morlok/U. Schliesky/D. Wiefelspütz (Hrsg.), Parlamentsrecht, § 22 Rn. 10. Anschaulich *W. Steffani*, in: ders. (Hrsg.), Regierungsmehrheit und Opposition in den Staaten der EG, S. 11 (31): „Sinn der Gewaltenteilung ist es dabei, eine monopolistische Ausübung der Staatsgewalt mit ihren diktatorischen Versuchungen zu unterbinden, um durch vielfältige Teilhabe und wechselseitige Kontrolle einen so weit wie möglich bewusst vollzogenen Integrationsprozeß hin zur Erstellung und Handhabung des einheitlichen Rechts zu ermöglichen."

[299] *F. Ossenbühl*, DÖV 1980, S. 545 (548 f.); *ders.*, ZG 1997, S. 305 (306, 318); vgl. zuvor auch schon *O. Küster*, AöR 75 (1949), S. 397 (404 ff.). Auch das Bundesverfassungsgericht erkennt diesen Zweck der Gewaltenteilung mittlerweile an, vgl. erstmals BVerfG, Urt. v. 18.12.1984 – Az. 2 BvE 13/83, BVerfGE 68, 1 (86). Dazu und – bisweilen auch kritisch – zum Effizienz- und Optimierungsgedanken *P. Lerche*, in: J. Isensee (Hrsg.), Gewaltenteilung heute, S. 75 (75 ff.).

[300] *F. Ossenbühl*, Verwaltungsvorschriften und Grundgesetz, S. 205; *C. Gröpl*, Staatsrecht I, Rn. 900; *N. Braun Binder*, DVBl. 2017, S. 1066 (1069). Zum Verhältnis von Legislative und Exekutive *C. Möllers*, Gewaltengliederung, S. 411 ff.

[301] *C. Gröpl*, Staatsrecht I, Rn. 900; *H.-J. Vogel*, NJW 1996, S. 1505 (1506); *A. Voßkuhle/A.-K. Kaufhold*, JuS 2012, S. 314 (314).

[302] Vgl. nur die Möglichkeit des konstruktiven Misstrauensvotums nach Art. 67 Abs. 1 GG.

[303] Kritisch dazu aber *D. Sternberger*, in: T. Stammen (Hrsg.), Strukturwandel der modernen Regierung, S. 186 (189), der diese Doppelrolle zumindest als „sinnwidrig" erachtet.

Die soeben skizzierten Verzahnungen von Legislative und Exekutive, die prima facie in einem Spannungsverhältnis zu Art. 20 Abs. 2 Satz 2 GG stehen,[304] waren den Müttern und Vätern des Grundgesetzes jedoch offenbar bewusst, wie sich weiteren Äußerungen im Parlamentarischen Rat entnehmen lässt. Beispielhaft kann hierzu auf den Redebeitrag des Abgeordneten *Josef Schwalber* (CSU) verwiesen werden, der Folgendes erklärte:

„Die recht verstandene Demokratie ist auf einem Balancesystem aufgebaut. Sie beruht, wie schon wiederholt ausgeführt wurde, auf dem System der Gewaltenteilung im Sinne Montesquieus. Diese erkennen wir prinzipiell an, ohne aber einer rigorosen oder doktrinären Durchführung das Wort reden zu wollen."[305]

Mithin wird deutlich, dass das Grundgesetz keine Rezeption eines bestimmten Modells des gewaltenteilenden Verfassungsstaates bietet, sondern vielmehr ein Gewaltenteilungssystem sui generis installiert, das grundsätzlich auch Gewaltenverschränkungen zulässt.[306] Gleichwohl unterliegen derartige Gewaltenverschränkungen ihrerseits Schranken. Den jeweiligen Gewalten muss ein Kernbereich verbleiben, der von den anderen Gewalten nicht angetastet werden darf.[307] Konkret bedeutet dies, dass keine der drei Gewalten ein vom Grundgesetz nicht vorgesehenes Übergewicht erlangen darf und dass jede einzelne Gewalt ihre spezifischen Aufgaben und Kompetenzen behalten muss, derer sie nicht beraubt werden darf.[308]

---

[304] Siehe aber *C. Möllers*, Gewaltengliederung, S. 76 f., zur Doppeldeutigkeit des Verständnisses der Gewaltenteilung als Trennungsgebot: „Als Gebot einer notwendigen Unterscheidung verschiedener Gewalten ist das Trennungsgebot die systematische Voraussetzung eines Kontrollregimes, das eben nur auf Grundlage des Bestehens unterschiedlicher Organe etabliert werden kann. Auf der anderen Seite schließt ein streng verstandenes Trennungsgebot Kontakte zwischen den Organen dem Grundsatz nach aus. Kontrollen sind aber genau dies: institutionalisierte Einflußnahmen zwischen den Organen."

[305] Parlamentarischer Rat, Stenographischer Bericht, 3. Sitzung, 9. September 1948, S. 36.

[306] Vgl. *H. Maurer*, VVDStRL 43 (1984), S. 135 (150): Das Grundgesetz habe „nicht *das* Modell oder *ein* Modell der Gewaltenteilung rezipiert, sondern die Vorstellungen der traditionellen Gewaltenteilung gleichsam als Modelliermasse übernommen und daraus ein eigenes Konzept der Gewaltenteilung entwickelt." [Hervorhebungen im Original]; ebenso *ders.*, Staatsrecht I, § 12 Rn. 15. Vgl. auch *K. Hesse*, Grundzüge des Verfassungsrechts der Bundesrepublik Deutschland, Rn. 481. Bemerkenswert ist jedoch trotz allem, dass *Montesquieu* im Rahmen des Verfassungskonvents von Herrenchiemsee sowie während der Beratungen des Parlamentarischen Rates einer der am häufigsten genannten politischen Theoretiker war, vgl. *A. von Bogdandy*, Gubernative Rechtsetzung, S. 147 Fn. 155 m. w. N.

[307] Ständige Rechtsprechung des Bundesverfassungsgerichts, vgl. nur Beschl. v. 10.10.1972 – Az. 2 BvL 51/69, BVerfGE 34, 52 (59); Urt. v. 18.12.1984 – Az. 2 BvE 13/83, BVerfGE 68, 1 (87); Beschl. v. 17.7.1996 – Az. 2 BvF 2/93, BVerfGE 95, 1 (15).

[308] *A. Voßkuhle/A.-K. Kaufhold*, JuS 2012, S. 314 (315); *C. Gröpl*, Staatsrecht I, Rn. 903.

Trotz der bereits im Text des Grundgesetzes angelegten Exzeptionen bleibt der Gewaltenteilungsgrundsatz also ein „Grundprinzip […] der Verfassung“[309], dem ein prinzipieller Vorrang gegenüber Gewaltenüberschneidungen einzuräumen ist. Dies gilt auch im Verhältnis von Exekutive und Legislative. Bei der Zuordnung staatlicher Funktionen an die Legislative hat das Grundgesetz grundsätzlich stets das Parlament als Ganzes im Blick.[310] Die institutionelle Trennlinie verläuft insoweit zwischen den Verfassungsorganen Regierung und Parlament.[311] Einzelne (auch personelle) Gewaltenverschränkungen heben das grundsätzliche Spannungsverhältnis zwischen den Gewalten Exekutive und Legislative nicht auf. Das wird auch in der Rechtsprechung des Bundesverfassungsgerichts deutlich:

> „Wenn auch in einer parlamentarischen Demokratie die Auffassungen der Regierung in der Regel mit denen der Parlamentsmehrheit harmonieren, und wenn auch, wie hier, alle Regierungsmitglieder gleichzeitig Abgeordnete sind, so bleibt doch ein Spannungsverhältnis zwischen dem Parlament als dem Gesetzgebungs- und obersten Kontrollorgan und der Regierung als der Spitze der Exekutive bestehen.“[312]

Damit lässt sich zusammenfassen, dass das Grundgesetz den klassischen Dualismus, also den Dualismus von Regierung und Parlament, jedenfalls formal weiterhin aufrechterhält und ihn im Ausgangspunkt dem grundgesetzlichen Gewaltenteilungssystem zugrunde legt.[313]

b) Neuer Dualismus als Topos der Verfassungswirklichkeit

Auch wenn das Grundgesetz den Dualismus von Regierung und Parlament grundsätzlich voraussetzt, vermag dieser die Verfassungswirklichkeit im parlamentarischen Regierungssystem der Bundesrepublik Deutschland nicht vollumfänglich abzubilden,[314] denn in praxi wird das klassische Gewaltenteilungsmo-

---

309 *K. Hesse*, Grundzüge des Verfassungsrechts der Bundesrepublik Deutschland, Rn. 482. Ähnlich BVerfG, Beschl. v. 10.10.1972 – Az. 2 BvL 51/69, BVerfGE 34, 52 (59): „tragendes Organisations- und Funktionsprinzip“.

310 *S. Haberland*, Die verfassungsrechtliche Bedeutung der Opposition nach dem Grundgesetz, S. 139.

311 *P. M. Huber*, in: J. Isensee/P. Kirchhof (Hrsg.), Handbuch des Staatsrechts der Bundesrepublik Deutschland, Bd. III, § 47 Rn. 9.

312 BVerfG, Urt. v. 14.7.1959 – Az. 2 BvE 2, 3/58, BVerfGE 10, 4 (17).

313 Wie hier *P. M. Huber*, in: J. Isensee/P. Kirchhof (Hrsg.), Handbuch des Staatsrechts der Bundesrepublik Deutschland, Bd. III, § 47 Rn. 6 und 71; *N. Gehrig*, Parlament – Regierung – Opposition, S. 257 ff.; *ders.*, DVBl. 1971, S. 633 (637); *S. Haberland*, Die verfassungsrechtliche Bedeutung der Opposition nach dem Grundgesetz, S. 139; *H. A. Wolff*, Ungeschriebenes Verfassungsrecht unter dem Grundgesetz, S. 92.

314 *K. Loewenstein*, in: H. Rausch (Hrsg.), Zur heutigen Problematik der Gewaltentrennung, S. 272 (272): „eingerostetes Gedankenschema“.

dell nicht vollständig umgesetzt. Stattdessen hat sich das vor allem noch unter konstitutionellen Monarchien bestehende klar erkennbare Spannungsverhältnis zwischen Regierung und Parlament in der parlamentarischen Demokratie des Grundgesetzes weitgehend aufgelöst.[315] Realiter verläuft die Trennlinie nicht mehr institutionell zwischen den beiden Gewalten Exekutive und Legislative, sondern vielmehr funktional zwischen der parlamentarischen Opposition auf der einen Seite sowie der Regierung und den sie tragenden Kräften im Parlament auf der anderen Seite.[316] In der politischen Praxis bilden Regierung und die sie tragenden Kräfte im Parlament gewissermaßen eine „Aktionseinheit"[317] bzw. „eine

---

[315] *G. Robbers*, in: W. Kahl/C. Waldhoff/C. Walter (Hrsg.), GG, Art. 20 Rn. 844. Zur Opposition in der konstitutionellen Monarchie *A. Ingold*, Das Recht der Oppositionen, S. 14 ff.

[316] *N. Gehrig*, Parlament – Regierung – Opposition, S. 123 ff., 251 ff.; *ders.*, DVBl. 1971, S. 633 (637); *R. Herzog*, Allgemeine Staatslehre, S. 292 f.; *D. Grimm*, AöR 97 (1972), S. 489 (511); *H. D. Jarass*, Politik und Bürokratie als Elemente der Gewaltenteilung, S. 94; *P. Häberle*, JZ 1977, S. 361 (365); *F. Ossenbühl*, DÖV 1980, S. 545 (546 f.); *N. Achterberg*, Parlamentsrecht, S. 36; *M. Stolleis*, VVDStRL 44 (1986), S. 7 (11); *K. A. Schachtschneider*, Der Staat 28 (1989), S. 173 (183); *H.-P. Schneider*, in: ders./W. Zeh (Hrsg.), Parlamentsrecht und Parlamentspraxis in der Bundesrepublik Deutschland, § 38 Rn. 19; *ders.*, in: D. Merten (Hrsg.), Gewaltentrennung im Rechtsstaat, S. 77 (85 ff.); *P. M. Huber*, JZ 1994, S. 689 (691); *D. Grimm*, in: E. Benda/W. Maihofer/H.-J. Vogel (Hrsg.), Handbuch des Verfassungsrechts der Bundesrepublik Deutschland, § 14 Rn. 66; *H.-J. Vogel*, NJW 1996, S. 1505 (1507); *R. Poscher*, AöR 122 (1997), S. 444 (453); *V. Epping*, DÖV 1999, S. 529 (535); *J. Krause*, ZParl 1999, S. 534 (544 f.); *M. Schmidt-Preuß*, in: Festschrift W. Leisner, S. 467 (471 ff.); *D. Hassenpflug-Hunger*, Verfassungsrechtliche Abmessungen parlamentarischer Opposition nach dem Grundgesetz und Art. 12 der Verfassung des Landes Schleswig-Holstein, S. 61, 77 f.; *H. A. Wolff*, Ungeschriebenes Verfassungsrecht unter dem Grundgesetz, S. 92; *A. von Bogdandy*, Gubernative Rechtsetzung, S. 93; *P. Badura*, in: J. Isensee/P. Kirchhof (Hrsg.), Handbuch des Staatsrechts der Bundesrepublik Deutschland, Bd. II, § 25 Rn. 18; *U. Di Fabio*, in: J. Isensee/P. Kirchhof (Hrsg.), Handbuch des Staatsrechts der Bundesrepublik Deutschland, Bd. II, § 27 Rn. 20; *P. M. Huber*, in: J. Isensee/P. Kirchhof (Hrsg.), Handbuch des Staatsrechts der Bundesrepublik Deutschland, Bd. III, § 47 Rn. 29; *ders.*, BayVBl. 2010, S. 289 (295 f.); *C. Hillgruber*, in: Festschrift P. Kirchhof, Bd. I, § 61 Rn. 18; *P. Cancik*, NVwZ 2014, S. 18 (19); *A. Voßkuhle*, in: Festschrift J. Schwarze, S. 283 (286); *S. Schuster*, DÖV 2014, S. 516 (523, 525); *J. Ipsen*, Staatsrecht I, Rn. 276, 762; *T. Beichelt*, ZParl 2015, S. 778 (778 f.); *C. Degenhart*, Staatsrecht I, Rn. 804; *A. Ingold*, Das Recht der Oppositionen, S. 28 f.; *G. Robbers*, in: W. Kahl/C. Waldhoff/C. Walter (Hrsg.), GG, Art. 20 Rn. 844; *U. Schliesky*, in: M. Morlok/ders./D. Wiefelspütz (Hrsg.), Parlamentsrecht, § 5 Rn. 70, 77; *H.-J. Waack*, in: M. Morlok/U. Schliesky/D. Wiefelspütz (Hrsg.), Parlamentsrecht, § 22 Rn. 11; *R. A. Lorz/M. Richterich*, in: M. Morlok/U. Schliesky/D. Wiefelspütz (Hrsg.), Parlamentsrecht, § 35 Rn. 7; *U. Sieberer*, ZParl 2016, S. 3 (22); *A. Voßkuhle*, BayVBl. 2016, S. 289 (290). Grundsätzlich zustimmend, aber vor einer theoretisierenden Übersteigerung dieser Sichtweise warnend *T. Oppermann*, VVDStRL 33 (1975), S. 7 (60, 64 f.); *H. H. Klein*, in: J. Isensee/P. Kirchhof (Hrsg.), Handbuch des Staatsrechts der Bundesrepublik Deutschland, Bd. III, § 50 Rn. 34 f. Insgesamt a. A. jedoch *E. Schmidt-Jortzig*, in: Festschrift D. Rauschning, S. 143 (153 ff., insb. 156).

[317] Vgl. *F. Ossenbühl*, DÖV 1980, S. 545 (547); *J. Krause*, ZParl 1999, S. 534 (545).

Art politischer ‚Schicksalsgemeinschaft'"[318], was dazu führt, dass die Aufgabe der Regierungskontrolle, die nach der grundgesetzlichen Konzeption dem Parlament als Ganzem zukommt, von den die Regierung tragenden Teilen des Parlaments nur sehr zurückhaltend wahrgenommen wird.[319] Umgekehrt entwickelt sich zwischen der Regierung und den sie tragenden Kräften im Parlament eine Form der Zusammenarbeit, die über das institutionelle Zusammenwirken von Regierung und Parlament – das beispielsweise für das Gesetzgebungsverfahren grundgesetzlich vorgesehen ist – hinausgeht. Insoweit ließe sich die berühmte Sentenz von *Ernst Friesenhahn*, wonach „[d]ie Staatsleitung [...] Regierung und Parlament gewissermaßen zur gesamten Hand" zustehe,[320] dahingehend modifizieren, dass die Staatsleitung Regierung und den sie tragenden Kräften im Parlament zur gesamten Hand zusteht.[321] Stattdessen wird die Kontrolle der Regierung vornehmlich von den nicht die Regierung tragenden Mitgliedern des Parlaments – also den oppositionellen Abgeordneten – wahrgenommen. Dieser Befund, der im Übrigen auch mit der Selbsteinschätzung der Mitglieder des Bundestages im Einklang steht,[322] wird verbreitet als „neuer Dualismus" beschrieben.[323] Das Bundesverfassungsgericht verwendet als Synonym für den Begriff

---

[318] *W. Steffani*, in: ders. (Hrsg.), Regierungsmehrheit und Opposition in den Staaten der EG, S. 11 (15). Ähnlich *A. von Bogdandy*, Gubernative Rechtsetzung, S. 148 („Erfolgsgemeinschaft").

[319] Anders verhält sich dies beispielsweise in der Schweiz, vgl. *A. Glaser*, Nachhaltige Entwicklung und Demokratie, S. 224: „Die nur lockere wechselseitige Abhängigkeit zwischen Regierung und Regierungsfraktionen ermöglicht eine von Machtfragen losgelöste Behandlung von Sachfragen. [...] Dies fördert die auf langfristige Ziele ausgerichtete Sachpolitik zu Lasten einer kurzfristig veranlassten Macht- und Personalpolitik. [...] Da eine enge Verklammerung von Regierung und Regierungsfraktionen nicht besteht, ist eine bereichsweise Opposition einzelner Regierungsparteien möglich."

[320] *E. Friesenhahn*, VVDStRL 16 (1958), S. 9 (37 f.).

[321] So kann auch *P. M. Huber*, BayVBl. 2010, S. 289 (296), verstanden werden: „Der Begriff der Regierung transzendiert damit das Verfassungsorgan (Bundes- bzw. Staats-)Regierung und erfasst auch die sie tragende Parlamentsmehrheit."

[322] So ergab eine 1989 durchgeführte Befragung der Abgeordneten des 11. Deutschen Bundestages, dass die überwiegende Mehrheit der Abgeordneten – nämlich ca. 85 % – von einer Einheit von Regierung und der sie tragenden Mehrheit ausgeht, der die oppositionellen Abgeordneten gegenüberstehen, vgl. *D. Herzog/H. Rebenstorf/C. Werner/B. Weßels*, Abgeordnete und Bürger, S. 101 ff.

[323] Vgl. für die Bezeichnung „neuer Dualismus" nur *N. Achterberg*, Parlamentsrecht, S. 475; *K. A. Schachtschneider*, Der Staat 28 (1989), S. 173 (177); *ders.*, Prinzipien des Rechtsstaates, S. 178; *S. Haberland*, Die verfassungsrechtliche Bedeutung der Opposition nach dem Grundgesetz, S. 15; *R. Poscher*, AöR 122 (1997), S. 444 (454); *D. Hassenpflug-Hunger*, Verfassungsrechtliche Abmessungen parlamentarischer Opposition nach dem Grundgesetz und Art. 12 der Verfassung des Landes Schleswig-Holstein, S. 65; *P. M. Huber*, in: J. Isensee/P. Kirchhof (Hrsg.), Handbuch des Staatsrechts der Bundesrepublik Deutschland, Bd. III, § 47

„neuer Dualismus" die Bezeichnung „innerparlamentarischer Dualismus".[324] Dieser Ausdruck suggeriert jedoch, es handele sich um einen Dualismus, der sich ausschließlich innerparlamentarisch entfalte zwischen denjenigen parlamentarischen Kräften, welche die Regierung stützen, und denjenigen, die sie nicht stützen. Da die Regierung und die sie tragenden Kräfte im Parlament aber – wie gezeigt – eine Aktionseinheit bilden, ist die Regierung in das dualistische Modell mitaufzunehmen. Richtigerweise verläuft im neuen Dualismus also nur die Trennlinie selbst innerparlamentarisch. Aus diesem Grund ist der Begriff „innerparlamentarischer Dualismus" als Synonym für den Ausdruck „neuer Dualismus" zumindest unpräzise und daher abzulehnen.

Die dem neuen Dualismus inhärente Differenzierung zwischen Regierungs- und Oppositionslager wird insoweit auch durch eine moderne Demokratietheorie abgebildet, die unter Demokratie die „Spaltung der Spitze" versteht: „die Spaltung der Spitze des ausdifferenzierten politischen Systems durch die Unterscheidung von Regierung und Opposition".[325] In einer solchermaßen konzipierten Demokratietheorie gelingt es dem neuen Dualismus, durch die Konfrontation der „eigentümliche[n] Ohnmacht der Mächtigen" (der Regierung) auf der einen Seite und der „Macht der Ohnmächtigen" (der Opposition) auf der anderen Seite die „fundamentale Paradoxie" von überlegener und unterlegener Macht aufzulösen und zu „entparadoxier[en]".[326]

Dabei stellt sich aus verfassungsrechtlicher Perspektive allerdings die Frage, wie der klassische und vom Grundgesetz formal aufrechterhaltene Dualismus von Legislative und Exekutive einerseits sowie der neue Dualismus, dessen Trennlinie innerparlamentarisch zwischen Regierungs- und Oppositionslager verläuft, andererseits zusammenpassen. Stößt man hier auf eine Verfassungspraxis, die mit den grundgesetzlichen Anforderungen nicht mehr im Einklang steht, oder handelt es sich um eine Entwicklung, welche die verfassungsrechtlichen Vorgaben wahrt? Zunächst einmal kann nicht in Abrede gestellt werden, dass

---

Rn. 29, 32; *A. Ingold*, Das Recht der Oppositionen, S. 28 f.; *T. Beichelt*, ZParl 2015, S. 778 (778). Ebenfalls verbreitet sind – mit leichten Abweichungen im Einzelnen – die Ausdrücke „klassisches" und „neues Gewaltenteilungskonzept", vgl. hierzu *E. Schütt-Wetschky*, Grundtypen parlamentarischer Demokratie, S. 95 mit weiteren Nachweisen in Fn. 101.

[324] Vgl. BVerfG, Urt. v. 3.5.2016 – Az. 2 BvE 4/14, BVerfGE 142, 25 (Rn. 87).

[325] So die Konzeption von *N. Luhmann*, in: ders., Soziologische Aufklärung 4, S. 126 (127), der – in systemtheoretischer Terminologie – auch von einer „Codierung des politischen Systems" spricht, wobei Codierung nichts anderes als eine Orientierung des Systems an einer Differenz von positivem und negativem Wert – im Fall des politischen Systems eben an der Differenz von Regierung und Opposition – bedeute [Zitate im Original z. T. durch Hervorhebungen gekennzeichnet]. Vgl. zum „politischen System mit gespaltener Spitze" auch *ders.*, in: ders., Soziologische Aufklärung 4, S. 133 (140 f.); *ders.*, ZfP 36 (1989), S. 13 (14 ff.).

[326] *N. Luhmann*, in: ders., Soziologische Aufklärung 4, S. 126 (127).

jedenfalls der striktere Gewaltenteilungsgrundsatz im Sinne der Lehren *Montesquieus* durch die funktionelle Verbindung von Regierung und sie tragender Kräfte im Parlament durchbrochen wird. Insoweit liegt es nahe, mit Blick auf das grundgesetzlich vorgesehene Gewaltenteilungssystem von einer „neuen Form parlamentarischer Gewaltenteilung im funktionellen Sinn"[327] bzw. von einer „‚intrainstitutionelle[n]' Gewaltenteilung"[328] zu sprechen. Von manchen wird daher vertreten, dass das klassische Gewaltenteilungskonzept in der Praxis gescheitert sei und auch nicht der Intention des Parlamentarischen Rates entspreche.[329] Doch auch wenn der klassische Dualismus in praxi nicht voll verwirklicht ist, darf genauso wenig übersehen werden, dass das Grundgesetz in Art. 20 Abs. 2 Satz 2 eine Trennung der Gewalten statuiert, die jedenfalls im Grundsatz auch in praxi vollzogen wird. Andererseits ist jedoch auch der neue Dualismus – wenn auch nicht ausdrücklich und mittels einer vergleichbaren Grundsatznorm wie der klassische Dualismus – normativ in der Verfassung verankert und insoweit seinerseits mit dem grundgesetzlichen Gewaltenteilungskonzept vereinbar.[330] Diese normative Verankerung des neuen Dualismus im Grundgesetz wird in zweifacher Weise sichtbar: zum einen anhand des von Verfassungs wegen intendierten Vertrauensverhältnisses zwischen der Regierung und den sie tragenden Abgeordneten im Parlament sowie zum anderen durch die Rolle der Parteien im parlamentarischen Regierungssystem, die verfassungsrechtlich in Art. 21 Abs. 1 GG angelegt ist.

---

327 *H.-P. Schneider*, in: D. Merten (Hrsg.), Gewaltentrennung im Rechtsstaat, S. 77 (87). Vgl. auch *W. Steffani*, in: ders. (Hrsg.), Regierungsmehrheit und Opposition in den Staaten der EG, S. 11 (31): „neue Gewaltenteilung".

328 *H. Pünder*, VVDStRL 72 (2013), S. 191 (255).

329 *E. Schütt-Wetschky*, APuZ B 28/2000, S. 5 (5 ff.); *ders.*, in: K. Dicke (Hrsg.), Der demokratische Verfassungsstaat in Deutschland, S. 67 (68 ff.).

330 In der Bewertung ähnlich *H. Schulze-Fielitz*, Theorie und Praxis parlamentarischer Gesetzgebung, S. 255 f.: „Das Modell der grundgesetzlichen Gewaltenteilung wird überlagert durch rechtlich nicht oder nur teilweise strukturierte Gewichtsverschiebungen im Verfassungsleben. Die Eigengesetzlichkeiten der parteienstaatlichen Demokratie schaffen ein Ergänzungs- und Spannungsverhältnis zum geschriebenen Verfassungsrecht. [...] Die Regeln und Einrichtungen der Verfassung können so einen Funktionswandel erfahren, auch wenn das unveränderte verfassungs*recht*liche Gerüst auf die Schematisierung von Mehrheit und Opposition nicht zugeschnitten ist" [Hervorhebung im Original]. Durchaus kritisch aber *H. Meyer*, VVDStRL 33 (1975), S. 69 (111): „gewaltenverschränkendes, unvollkommen zweipoliges System". Ebenfalls kritisch, allerdings mit Blick auf die Freiheit der Abgeordneten, *M. Rossi*, JZ 2016, S. 1169 (1171): „schon grundsätzlich ist diese Dichotomie zwischen regierungstragenden (Koalitions-)Fraktionen und Oppositionsfraktionen mit dem Leitbild des nur seinem Gewissen gegenüber verantwortlichen, einem Fraktionszwang nicht erliegenden Abgeordneten nicht aufrecht zu erhalten."

Ein erster Grund, weshalb der neue Dualismus mit dem Grundgesetz vereinbar ist, ist darin zu sehen, dass das parlamentarische Regierungssystem des Grundgesetzes auf einer Vertrauensbeziehung zwischen der Regierung und dem sie stützenden Lager des Parlaments aufbaut. So bestehen schon personell enge Verflechtungen zwischen den beiden Lagern, da es auf Bundesebene keine Inkompatibilitätsvorschrift gibt, die der Doppelrolle als Regierungsmitglied sowie als Mitglied des Bundestages entgegenstünde.[331] Im Gegenteil, mit dem Gesetz über die Rechtsverhältnisse der Parlamentarischen Staatssekretäre vom 24. Juli 1974[332] und der in § 1 Abs. 1 Hs. 2 ParlStG normierten Pflicht, dass Parlamentarische Staatssekretäre grundsätzlich Mitglied des Deutschen Bundestages sein müssen, wurde sogar eine ständige Verflechtung zwischen Parlament und Regierung geschaffen. Darüber hinaus zeigt sich die personale Verbindung zwischen der Regierung und dem sie stützenden Lager im Parlament etwa durch die gelegentliche Teilnahme wichtiger regierungstragender Abgeordneter (z. B. Fraktions-, Ausschuss- oder Arbeitskreisvorsitzende, Parlamentarische Geschäftsführer) an den Kabinettssitzungen.[333] Auch sachlich-normativ bestehen entsprechende Interdependenzen, die beispielsweise durch die Wahl des Bundeskanzlers (Art. 63 GG), die Möglichkeit des konstruktiven Misstrauensvotums (Art. 67 GG) sowie die Möglichkeit zur Auflösung des Bundestages (Art. 68 GG) zum Ausdruck kommen.[334] Insoweit ist insgesamt zwar keine rechtliche, jedenfalls aber eine politische Handlungseinheit zwischen diesen beiden Blöcken eröffnet.[335]

Ein zweiter, ganz zentraler Grund für den neuen Dualismus ist die große Bedeutung der Parteien. Diese zementiert sich zum einen normativ durch die verfassungsrechtliche Grundlage in Art. 21 GG und wird zum anderen praktisch-tatsächlich in der parlamentarischen (und außerparlamentarischen[336]) Wirklichkeit

---

[331] Anders aber die französische Verfassung vom 4. Oktober 1958, vgl. deren Art. 23 Abs. 1: „Les fonctions de membre du Gouvernement sont incompatibles avec l'exercice de tout mandat parlementaire […].“; *I. von Münch*, NJW 1998, S. 34 (35), spricht mit Blick auf die bundesdeutsche Situation von einer „Verhöhnung des Grundsatzes der Gewaltenteilung“; ebenfalls kritisch unter dem Gesichtspunkt einer nachhaltigen Entwicklung *A. Glaser*, Nachhaltige Entwicklung und Demokratie, S. 290 ff.

[332] BGBl. I S. 1538.

[333] *P. M. Huber*, in: J. Isensee/P. Kirchhof (Hrsg.), Handbuch des Staatsrechts der Bundesrepublik Deutschland, Bd. III, § 47 Rn. 32 m. w. N. (Fn. 85); *H.-P. Schneider*, in: D. Merten (Hrsg.), Gewaltentrennung im Rechtsstaat, S. 77 (85).

[334] Zur normativen Bindung zwischen Parlamentsmehrheit und Regierung *P. Cancik*, NVwZ 2014, S. 18 (19).

[335] *H.-P. Schneider*, in: ders./W. Zeh (Hrsg.), Parlamentsrecht und Parlamentspraxis in der Bundesrepublik Deutschland, § 38 Rn. 19.

[336] *K. A. Schachtschneider*, Prinzipien des Rechtsstaates, S. 179, verweist dazu auf die Macht der Parteien bei der Besetzung von Ämtern und Stellen insbesondere in öffentlichen Unternehmen („Beutestücke der politischen Parteien“).

sichtbar. Verfassungsrechtlich wurden die Parteien in Art. 21 Abs. 1 Satz 1 GG in den Rang einer verfassungsrechtlichen Institution erhoben.[337] Sie sind insoweit Bindeglieder zwischen dem Bürger und den Staatsorganen und „stellen, sofern sie die Parlamentsmehrheit bilden und die Regierung stützen, die wichtigste Verbindung zwischen dem Volk und den politischen Führungsorganen des Staates her und erhalten sie aufrecht"[338]. Diese verfassungsrechtlich geradezu gewollte[339] Verbindung ist in der Verfassungswirklichkeit besonders deutlich erkennbar. In dieser führt die Parteizugehörigkeit zu einer „Verklammerung"[340] der Regierung mit den sie tragenden parlamentarischen Kräften.[341] Diese Verklammerung manifestiert sich zum einen personell, da sich bei den Mitgliedern der Regierung und den sie tragenden Kräften im Parlament in aller Regel eine Parteienidentität feststellen lässt. Zum anderen ist die Verklammerung aber auch sachlich begründet, denn nicht selten lässt sich hinter einem Regierungs- oder Parlamentsbeschluss ein Parteiwille identifizieren, der über das Regierungs- oder Parlamentshandeln in eine staatliche Form transformiert wird.[342] In der Verfassungswirklichkeit „modifiziert und moderiert" die Parteienstaatlichkeit also ausgehend von der normativen Grundlage in Art. 21 Abs. 1 Satz 1 GG die Gewaltenteilung zwi-

---

[337] BVerfG, Urt. v. 5.4.1952 – Az. 2 BvH 1/52, BVerfGE 1, 208 (225); Urt. v. 23.10.1952 – Az. 1 BvB 1/51, BVerfGE 2, 1 (73); Beschl. v. 2.3.1977 – Az. 2 BvE 1/76, BVerfGE 44, 125 (145); Urt. v. 14.7.1986 – Az. 2 BvE 2/84, 2 BvR 442/84, BVerfGE 73, 40 (85).

[338] BVerfG, Beschl. v. 2.3.1977 – Az. 2 BvE 1/76, BVerfGE 44, 125 (145).

[339] *P. M. Huber*, in: J. Isensee/P. Kirchhof (Hrsg.), Handbuch des Staatsrechts der Bundesrepublik Deutschland, Bd. III, § 47 Rn. 29; *ders.*, BayVBl. 2010, S. 289 (295); ähnlich auch *C. Möllers*, Die drei Gewalten, S. 115: „kein Defizit an Gewaltengliederung". A. A. *D. Merten*, in: P.-L. Weinacht (Hrsg.), Montesquieu. 250 Jahre „Geist der Gesetze", S. 31 (56): „dringt Parteieneinfluß seit langem auf legalem und contralegalem Wege in Bereiche ein, die die Verfassung mit Hilfe des Gewaltenteilungsprinzips von ‚politischer Willensbildung' gerade freihalten wollte"; sehr kritisch auch *K. A. Schachtschneider*, Prinzipien des Rechtsstaates, S. 178: „parteienoligarchische Fehlentwicklung".

[340] Weitere Metaphern für die Beschreibung der Stellung der Parteien finden sich bei *M. Stolleis*, VVDStRL 44 (1986), S. 7 (8).

[341] *P. M. Huber*, in: J. Isensee/P. Kirchhof (Hrsg.), Handbuch des Staatsrechts der Bundesrepublik Deutschland, Bd. III, § 47 Rn. 30.

[342] Dazu kritisch *W. Horn*, in: K. Dicke (Hrsg.), Der demokratische Verfassungsstaat in Deutschland, S. 119 (122), am Beispiel von Koalitionsvereinbarungen: „unter dem Gesichtspunkt der Verbindung von Demokratie und Gewaltenteilung sind sie insofern problematisch, als institutionell nicht legitimierte Zirkel nicht nur zu eigenberechtigten Teilhabern an der staatlichen Entscheidungsgewalt werden, sondern den nach der Verfassung zuständigen Institutionen die Entscheidung aus der Hand nehmen." Demgegenüber betont *E. V. Towfigh*, Das Parteien-Paradox, S. 88 ff., die demokratische Legitimation politischer Entscheidungen von Parteien, da wegen des Verhältniswahlsystems bereits die Wahl einer Partei die künftigen Sachentscheidungen während der Legislaturperiode prädeterminiere.

schen Exekutive und Legislative.[343] Die Entstehung von parlamentarischer Opposition als Gegengewicht zur Handlungseinheit von Regierung und den sie tragenden Kräfte im Parlament ist insofern „geradezu ein Produkt des Parteienstaates“[344] und der neue Dualismus somit ein „strukturprägender Faktor moderner Parteienstaatlichkeit“[345].

Im Ergebnis ist also zu konstatieren, dass auch der neue Dualismus – wenngleich nicht als Grundsatz – normativ angelegt ist und *neben* den klassischen Dualismus von Legislative und Exekutive tritt. Die Parlamentspraxis im parlamentarischen Regierungssystem der Bundesrepublik Deutschland ist insofern maßgeblich vom Zusammenwirken beider Dualismen geprägt.[346]

Auch das Bundesverfassungsgericht verharrt in seiner Rechtsprechung nicht beim klassischen Dualismus, sondern trägt der Machtverteilung im parlamentarischen Regierungssystem Rechnung.[347] Prägte das Redezeit-Urteil noch eine eher „gouvernementale Sicht“[348] auf die Beziehung der Gewalten Exekutive und Legislative zueinander,[349] so erkennt das Gericht im Folgenden die besondere Bedeutung von parlamentarischer Opposition für das System der Machtkontrolle

---

343 *E. Schmidt-Jortzig*, in: Festschrift D. Rauschning, S. 143 (145). Vgl. auch *K.A. Schachtschneider*, Der Staat 28 (1989), S. 173 (183): „realiter regiert eine Partei oder Parteienkoalition, zu der die Abgeordneten der Regierungsmehrheit nicht weniger gehören als die Mitglieder der Regierung selbst“. Sehr kritisch gegenüber dem Einfluss der Parteien *R. Herzog*, Allgemeine Staatslehre, S. 292: Der Übergang zur Parteiendemokratie habe eine „*Vernichtung der Gewaltenteilung* […] und ihre Abwertung zu einem Prinzip bloßer Zuständigkeitsverteilung“ [Hervorhebung im Original] bewirkt.

344 *P.M. Huber*, in: J. Isensee/P. Kirchhof (Hrsg.), Handbuch des Staatsrechts der Bundesrepublik Deutschland, Bd. III, § 47 Rn. 31; *ders.*, BayVBl. 2010, S. 289 (296).

345 *M. Schmidt-Preuß*, in: Festschrift W. Leisner, S. 467 (472).

346 *W. Steffani*, in: ders. (Hrsg.), Regierungsmehrheit und Opposition in den Staaten der EG, S. 11 (32); *H. Oberreuter*, in: ders. (Hrsg.), Parlamentarische Opposition, S. 266 (266). A.A. *E. Schütt-Wetschky*, in: K. Dicke (Hrsg.), Der demokratische Verfassungsstaat in Deutschland, S. 67 (75), für den die hier vertretene „Sowohl-als-auch-Position“ in sich widersprüchlich ist.

347 Zur Entwicklung der verfassungsgerichtlichen Rechtsprechung im Hinblick auf die verfassungsrechtliche Stellung der oppositionellen Akteure im Kontext des Gewaltenteilungsgefüges *H.-P. Schneider*, in: Festschrift 50 Jahre Bundesverfassungsgericht, Bd. 2, S. 627 (659 f.).

348 *H.-P. Schneider*, in: Festschrift 50 Jahre Bundesverfassungsgericht, Bd. 2, S. 627 (659).

349 BVerfG, Urt. v. 14.7.1959 – Az. 2 BvE 2, 3/58, BVerfGE 10, 4 (17): „[…] bleibt doch ein Spannungsverhältnis zwischen dem Parlament als dem Gesetzgebungs- und obersten Kontrollorgan und der Regierung als der Spitze der Exekutive bestehen“ sowie auf S. 19: „Die Regierung ist mehr als [ein] Exponent der Parlamentsmehrheit.“ Besonders deutlich wird die Haltung des Bundesverfassungsgerichts durch eine nachfolgende Urteilspassage (S. 19), worin zum Ausdruck kommt, dass sich das Gericht zwar im Ausgangspunkt der Verschiebung der Kontrollmechanismen im System der parlamentarischen Demokratie bewusst ist, der Opposition aber gleichwohl (noch) nicht die ihr zukommende Bedeutung zuspricht: „Sicher trifft der Hinweis der Antragsteller zu, daß die Opposition nicht nur der Parlamentsmehrheit, sondern der Parlamentsmehrheit *und* der Regierung gegenübersteht. Aber damit ist die Stellung der

immer mehr an. Besonders deutlich tritt die Anerkennung des neuen Dualismus in einem Beschluss des Zweiten Senats vom 2. August 1978 zutage:

„Das ursprüngliche Spannungsverhältnis zwischen Parlament und Regierung, wie es in der konstitutionellen Monarchie bestand, hat sich in der parlamentarischen Demokratie, deren Parlamentsmehrheit regelmäßig die Regierung trägt, gewandelt. Es wird nun vornehmlich geprägt durch das politische Spannungsverhältnis zwischen der Regierung und den sie tragenden Parlamentsfraktionen einerseits und der Opposition andererseits. Im parlamentarischen Regierungssystem überwacht daher in erster Linie nicht die Mehrheit die Regierung, sondern diese Aufgabe wird vorwiegend von der Opposition – und damit in der Regel von einer Minderheit – wahrgenommen."[350]

Durch diese Sentenz wird deutlich, dass das Bundesverfassungsgericht – zu Recht – nicht bei dem klassischen Verständnis einer Gewaltenteilung zwischen Exekutive und Legislative, wie es noch dem Redezeit-Urteil zugrunde lag, stehen bleibt, sondern die Funktionalität des grundgesetzlichen Gewaltenteilungsgrundsatzes mit der damit einhergehenden Funktion parlamentarischer Opposition anerkennt. Dieses Verständnis hat das Bundesverfassungsgericht in der Folge bewahrt und es dient ihm – wie im Übrigen auch den Landesverfassungsgerichten[351] – bis heute als leitendes Verständnis des grundgesetzlichen Gewaltenteilungssystems.[352]

Zur Verdeutlichung des dogmatischen Verhältnisses von klassischem und neuem Dualismus lässt sich schließlich eine Textpassage des Bundesverfassungsgerichts aus dem Lissabon-Urteil heranziehen. Wenn das Bundesverfassungsgericht darin zunächst betont, dass Demokratie „nicht nur die Wahrung formaler Organisationsprinzipien"[353] bedeute, so kann dieser Gedanke ohne Weiteres auf den Grundsatz der Gewaltenteilung übertragen werden, denn *formal* geht dieser von der Gewaltentrennung zwischen Legislative und Exekutive aus. Das Gericht fährt im Lissabon-Urteil sodann fort mit Ausführungen zur öffentlichen Mei-

---

Regierung nicht erschöpfend umschrieben. Sie steht als Spitze der Exekutive zugleich dem Parlament, also der Opposition und der Mehrheit, gegenüber." [Hervorhebung im Original].

[350] BVerfG, Beschl. v. 2.8.1978 – Az. 2 BvK 1/77, BVerfGE 49, 70 (85 f.).

[351] LVerfG Sachsen-Anhalt, Urt. v. 29.5.1997 – Az. LVG 1/96, LVerfGE 6, 281 (294); NW-VerfGH, Urt. v. 15.6.1999 – Az. VerfGH 6/97, NVwZ-RR 2000, S. 265 (267); BayVerfGH, Entsch. v. 26.11.2009 – Vf. 32-IVa-09, BayVerfGHE 62, 208 (221); VerfGH Rheinland-Pfalz, Urt. v. 11.10.2010 – Az. VGH O 24/10, BeckRS 2010, 55237 [Nachweis bei Abschnitt B. I. 4. b) aa)].

[352] BVerfG, Urt. v. 21.7.2000 – Az. 2 BvH 3/91, BVerfGE 102, 224 (236, 243); Urt. v. 17.12.2001 – Az. 2 BvE 2/00, BVerfGE 104, 310 (330); Urt. v. 9.11.2011 – Az. 2 BvC 4, 6, 8/10, BVerfGE 129, 300 (327, 331); Urt. v. 26.2.2014 – Az. 2 BvE 2, 5–10, 12/13, 2 BvR 2220, 2221, 2238/13, BVerfGE 135, 259 (Rn. 70); Urt. v. 3.5.2016 – Az. 2 BvE 4/14, BVerfGE 142, 25 (Rn. 58, 66 f., 87).

[353] BVerfG, Urt. v. 30.6.2009 – Az. 2 BvE 2, 5/08, 2 BvR 1010, 1022, 1259/08, 182/09, BVerfGE 123, 267 (358).

nungsbildung und weist in diesem Zusammenhang auf den „Wettbewerb von Regierung und Opposition“ sowie auf den „Regierungs-Oppositions-Dualismus“ hin,[354] wodurch noch einmal aus methodischer Sicht deutlich wird, dass auch das Bundesverfassungsgericht über den klassischen Dualismus, der dem Grundgesetz als formaler Ausgangspunkt dient, hinausgeht und den neuen Dualismus anerkennt. Der klassische Dualismus wird dabei nicht verdrängt, sondern vielmehr durch den neuen Dualismus modifiziert und erweitert.[355] Wie stark der klassische Dualismus im Einzelnen modifiziert wird, ist dabei stets von den jeweiligen politisch-tatsächlichen Umständen abhängig. Je nachdem, wie sich die politische Lage darstellt, kann es insoweit zu einem Wiederaufleben von Elementen des klassischen Dualismus dergestalt kommen, dass sich auch diejenigen parlamentarischen Kräfte, die grundsätzlich die Regierung tragen, gegen diese auflehnen. Kommt es zu einem über den spontan-situativen Widerspruch hinausgehenden dauerhaften Opponieren der die Regierung tragenden Kräfte im Parlament oder auch nur von Teilen derselben, so handelt es sich jedoch keineswegs um eine vollständige Rückkehr zum klassischen Dualismus – eine solche ist unter den normativen Voraussetzungen des dem Grundgesetz inhärenten parlamentarischen Regierungssystems nicht vorstellbar –, sondern vielmehr per definitionem um ein Übertreten von Abgeordneten aus dem Regierungs- in das Oppositionslager. Insgesamt ist ein Wiederaufleben von Elementen der klassischen Gewaltenteilung vorrangig „in Notfällen und Krisenlagen“ zu beobachten.[356] In neuerer Zeit ist bezüglich des Auflebens von Elementen der klassischen Gewaltenteilung beispielsweise an die sog. Euro- oder Flüchtlingskrise zu denken. In beiden Fällen, die im Übrigen von einer starken medialen und öffentlichen Debatte begleitet waren, hat es insbesondere auch unter den die Regierung grundsätzlich tragenden Kräften im Deutschen Bundestag starke Diskussionen gegeben, bei denen nicht selten deutliche Differenzen zur Regierungspolitik zu erkennen waren. Außerhalb solcher Sondersituationen sind jedoch nur wenige Elemente des klassischen Dualismus sichtbar, sodass es insgesamt bei einer starken Prägung der politischen Praxis durch den neuen Dualismus und – jedenfalls in der Regel – einer tatsächlichen Überlagerung des klassischen Dualismus bleibt.[357] Allein die *Möglichkeit* für die die Regierung tragenden Kräfte im Par-

---

[354] BVerfG, Urt. v. 30.6.2009 – Az. 2 BvE 2, 5/08, 2 BvR 1010, 1022, 1259/08, 182/09, BVerfGE 123, 267 (358 f.).

[355] *W. Steffani*, in: ders. (Hrsg.), Regierungsmehrheit und Opposition in den Staaten der EG, S. 11 (33).

[356] *W. Steffani*, in: ders. (Hrsg.), Regierungsmehrheit und Opposition in den Staaten der EG, S. 11 (33).

[357] *P. Badura*, in: J. Isensee/P. Kirchhof (Hrsg.), Handbuch des Staatsrechts der Bundesrepublik Deutschland, Bd. II, § 25 Rn. 9: „Überlagerung des parlamentarischen Regierungssys-

lament, im Zweifel dem Regierungskurs (öffentlich) zu widersprechen, führt jedoch dazu, dass die Regierung frühzeitig – in der Regel durch interne Beratungen – auf die Meinung ihrer „Partner" im Parlament Rücksicht nehmen muss. Diese Möglichkeiten des internen Einflusses und der intrakoalitionären Kontrolle führen dazu, dass der klassische Dualismus, den das Grundgesetz – wie schon gezeigt – im Ausgangspunkt formal zugrunde legt, seine Daseinsberechtigung behält und man nicht von einem vollständigen Übergang auf das neue dualistische Modell sprechen kann.

c) Entstehen eines strukturellen Ungleichgewichts im Fall des neuen Dualismus

Soweit der neue Dualismus in der parlamentarischen Praxis den klassischen Dualismus überlagert, stellt sich die Frage, welche tatsächlichen Konsequenzen damit einhergehen. Im Folgenden wird sich zeigen, dass es grundsätzlich zur Herausbildung eines strukturellen Ungleichgewichts zulasten des Oppositionslagers kommt. Diese Feststellung gilt schon im Allgemeinen (aa), tritt im Fall spezifischer Parlaments- bzw. Regierungsverhältnisse aber in noch stärkerem Maß hervor (bb).

aa) Strukturelle Unterlegenheit der parlamentarischen Oppositionsakteure

Im Vorstehenden wurde bereits gezeigt, dass sich im Modell des parlamentarischen Regierungssystems der Bundesrepublik Deutschland die klassische Trennlinie zwischen den Gewalten Exekutive und Legislative verschoben hat und nunmehr zwischen der Regierung und den sie tragenden parlamentarischen Kräften einerseits sowie den Akteuren parlamentarischer Opposition andererseits verläuft. Soweit aber zur Regierung im engeren Sinne grundsätzlich auch die sie tragenden parlamentarischen Kräfte hinzuzurechnen sind, offenbart sich ein gewisses Ungleichgewicht im Rahmen des Gewaltenteilungssystems. Die oppositionellen Akteure befinden sich dann nämlich regelmäßig in einer doppelten Opposition – zum einen im Verhältnis zu den die Regierung tragenden Kräften im Parlament und zum anderen im Verhältnis zur Regierung als Institution. Zwar könnte man sich darauf berufen, dass eine solche strukturelle Unterlegenheit in einem parlamentarischen System, das parteienstaatlich organisiert ist und auf einer Vertrauensbeziehung zwischen Parlament – bzw. einem Teil des Parlaments

---

tems durch das politisch durchschlagende Gegeneinander von Regierungsmehrheit und parlamentarischer Opposition"; *ders.*, ebenda, Rn. 18: „Die parteienstaatlichen Züge des demokratischen Parlamentarismus geben vielfach dem politisch vitalen Gegeneinander von Regierung und Opposition ein größeres Gewicht als dem institutionellen Gegenüber von Parlament und Regierung."

– und Regierung aufbaut, verfassungsrechtlich geradezu geboten erscheint. Dem ist jedoch zu entgegnen, dass das System der Gewaltenteilung zugleich maßgeblich auf dem Gedanken der „checks and balances“, also auf der Idee gegenseitiger Kontrolle beruht. Diese gegenseitige Kontrolle kann aber nur dann wirkungsvoll ausfallen, wenn zwischen den verschiedenen Gewalten ein wenigstens approximatives institutionelles Gleichgewicht besteht. Erkennt man den Verlauf der tatsächlichen Gewaltentrennungslinie aber als zwischen der Regierung und den sie tragenden parlamentarischen Kräften einerseits und der parlamentarischen Opposition andererseits verlaufend an, so muss man jedenfalls solange ein Ungleichgewicht zwischen diesen „funktionalen Gewalten“ und damit eine strukturelle Unterlegenheit parlamentarischer Opposition konstatieren,[358] wie das neue dualistische Modell in der Verfassungspraxis anhält.[359]

De lege lata bestehende Versuche, die strukturelle Unterlegenheit parlamentarischer Opposition auszugleichen, genügen allein indes nicht, um das „Handikap der Minderheit“[360] zu beseitigen und ein strukturelles Gleichgewicht zwischen den funktionalen Gewalten wiederherzustellen. So vermag etwa der Oppositionszuschlag (nur) für Fraktionen, die nicht die Bundesregierung tragen (§ 50 Abs. 2 AbgG), das strukturelle Ungleichgewicht allenfalls abzumildern, keinesfalls aber vollständig zu kompensieren.[361] Andere Instrumente wie beispielsweise der Wissenschaftliche Dienst, die Bibliothek oder die Presse[362] sind zum Ausgleich des strukturellen Ungleichgewichts a priori nicht geeignet, da sie keine oppositionsspezifischen Instrumente darstellen. So können etwa die regierungstragenden Abgeordneten im Parlament in gleicher Weise auf den Wissenschaftlichen Dienst zurückgreifen und darüber hinaus in der Regel zusätzlich auch noch auf die Ministerialverwaltung.

---

358 Eine strukturelle Unterlegenheit der (parlamentarischen) Opposition konstatiert auch – allerdings ohne nähere Begründung – *E. Towfigh*, Das Parteien-Paradox, S. 90. Ausführlicher *D. Grimm*, AöR 97 (1972), S. 489 (511 f.); aus der Perspektive der Regierung *P. M. Huber*, in: J. Isensee/P. Kirchhof (Hrsg.), Handbuch des Staatsrechts der Bundesrepublik Deutschland, Bd. III, § 47 Rn. 67 ff.; *N. Gehrig*, Parlament – Regierung – Opposition, S. 162 ff.; *M. Morlok/M. Kalb*, JZ 2017, S. 670 (675).

359 Es wurde oben bereits dargelegt, dass es im Einzelfall zu einem Wiederaufleben von Elementen des klassischen Gewaltenteilungsmodells kommen kann.

360 *D. Grimm*, AöR 97 (1972), S. 489 (512).

361 *P. M. Huber*, in: J. Isensee/P. Kirchhof (Hrsg.), Handbuch des Staatsrechts der Bundesrepublik Deutschland, Bd. III, § 47 Rn. 69.

362 Diese Beispiele stammen von *P. M. Huber*, in: J. Isensee/P. Kirchhof (Hrsg.), Handbuch des Staatsrechts der Bundesrepublik Deutschland, Bd. III, § 47 Rn. 69.

bb) Veranschaulichung der strukturellen Unterlegenheit parlamentarischer Opposition

Besonders deutlich tritt die mit dem neuen Dualismus einhergehende strukturelle Unterlegenheit parlamentarischer Opposition zutage, wenn die Regierung von großen Teilen des Parlaments getragen wird. In solchen Fällen verschiebt sich das bestehende Ungleichgewicht noch weiter zuungunsten der parlamentarischen Opposition. Derartige Situationen ergeben sich regelmäßig im Falle einer Großen Koalition, noch stärker ist das strukturelle Ungleichgewicht jedoch im Falle einer sog. qualifizierten Großen Koalition ausgeprägt. Auf diese beiden Regierungskonstellationen sowie auf die Konstellation einer „fragmentierten Opposition" soll im Folgenden eingegangen werden.

(1) Fallkonstellation einer Großen Koalition

Das prinzipielle Ungleichgewicht zwischen der Regierung im weiteren Sinne und der parlamentarischen Opposition verstärkt sich zunächst im Falle einer Großen Koalition. Um eine Große Koalition handelt es sich begrifflich immer dann, wenn diejenigen Parteien, die bei der letzten Wahl die meisten Sitze im Parlament errungen haben, eine Regierungskoalition eingehen.[363] Nach dem politikwissenschaftlichen Verständnis ist es begrifflich notwendig, dass es sich um eine Koalition von nicht mehr als zwei Parteien handelt, wobei die „Schwesterparteien" CDU und CSU wegen der langjährigen Fraktionsgemeinschaft im Bundestag und der fehlenden Konkurrenz bei den Bundestagswahlen auf analytischer Ebene als einheitliche Partei betrachtet werden.[364] Gerade wegen der sich in der Bundesrepublik Deutschland abzeichnenden Parteienfragmentierung[365] und der damit einhergehenden immer größeren Parteienrepräsentanz im Deutschen Bundestag ist es allerdings möglich, dass künftig selbst eine Regierungskonstellation der bei-

---

[363] Vgl. *G. Strohmeier*, ZPol 19 (2009), S. 5 (8); *T. Spier*, ZPol 23 (2013), S. 489 (491); *P. Cancik*, NVwZ 2014, S. 18 (19); *I. von Münch*, ZParl 2015, S. 874 (876). Anders offenbar *A. Lorenz*, in: S. Bukow/W. Seemann (Hrsg.), Die Große Koalition, S. 59 (59), die inzident voraussetzt, dass eine Große Koalition begriffsnotwendig über eine eigene verfassungsändernde Mehrheit verfügt.

[364] *G. Strohmeier*, ZPol 19 (2009), S. 5 (8); *T. Spier*, ZPol 23 (2013), S. 489 (491); aus rechtswissenschaftlicher Perspektive auch *I. von Münch*, ZParl 2015, S. 874 (876). Zur analytischen Zusammenfassung von CDU und CSU zu einer Partei *G. Strohmeier*, ZPol 19 (2009), S. 5 (8 mit Fn. 1).

[365] Vgl. zur zunehmenden Fragmentierung des Parteiensystems die empirische Untersuchung von *O. Niedermayer*, in: ders. (Hrsg.), Die Parteien nach der Bundestagswahl 2013, S. 1 (2 ff.); *ders.*, ZParl 2015, S. 830 (830 f.). Ebenfalls eine Parteienfragmentierung konstatierend *P. Cancik*, ZParl 2017, S. 516 (520); *U. Volkmann*, ZParl 2017, S. 473 (489); *A. Pilniok*, JZ 2017, S. 890 (893 f.).

den beim Wahlakt erfolgreichsten Parteien nicht mehr in jedem Fall zu der für die Wahl des Bundeskanzlers erforderlichen Mehrheit ausreicht.

Obwohl die Große Koalition für viele „einen demokratietheoretischen Sonderfall“[366] – für manche gar einen „Widerspruch zum parlamentarischen System“[367] – darstellt, muss man bei einer Untersuchung der tatsächlichen Verhältnisse konstatieren, dass die Anzahl Großer Koalitionen in der zurückliegenden Zeit jedenfalls auf der Ebene der Bundesländer signifikant gestiegen ist.[368] Nichtsdestotrotz handelt es sich noch immer um eine „[b]esondere Regierungskonstellation“[369], die zwar unter bestimmten politischen Bedingungen begrüßenswert ist,[370] zumindest aber unter dem Gesichtspunkt der Regierungskontrolle und der Einflussmöglichkeiten des Parlaments[371] eine denkbar schlechte Regierungskonstellation darstellt.[372] Denn bei einer Großen Koalition verliert die parlamentarische Opposition als intralegislative Gegengewalt aufgrund ihrer geringen Größe grundsätzlich an Bedeutung, was sich wiederum negativ auf das bestehende Ungleichgewicht auswirkt.[373] Die parlamentarische Kontrolle, die ganz wesentlich auf dem „polaren Wechselspiel“ von Regierung (im weiten Sinne) und parlamentarischer Opposition beruht, droht im Falle einer Großen Koalition angesichts des Fehlens eines machtvollen politischen Gegenspielers teilweise leerzulaufen und kann durch die regierungsinterne – und sich nicht im Parlament vollziehende – Kontrolle jedenfalls genauso wenig kompensiert werden[374] wie durch die Kontrolle der Öffentlichkeit[375]. Darüber hinaus ist im Fall

366 Statt vieler *G. Strohmeier*, ZPol 19 (2009), S. 5 (6).

367 *W. Renzsch/S. Schieren*, ZParl 1997, S. 391 (403). Kritisch auch *K.A. Schachtschneider*, Der Staat 28 (1989), S. 173 (175), der eine Große Koalition – wenn auch unter dem Geltungsbereich der Verfassung der Freien und Hansestadt Hamburg – als „Verfassungsproblem“ bezeichnet.

368 Vgl. die Berechnung bei *T. Spier*, ZPol 23 (2013), S. 489 (499 f.).

369 *P. Cancik*, Parlamentarische Opposition in den Landesverfassungen, S. 17. Vgl. auch *A. Lorenz*, in: S. Bukow/W. Seemann (Hrsg.), Die Große Koalition, S. 59 (61): „untypische[s] Regierungsbündnis […]“.

370 Vgl. zu den in Betracht kommenden Ursachen Großer Koalitionen *M. Rossi*, JZ 2016, S. 1169 (1169 f.); *T. Spier*, ZPol 23 (2013), S. 489 (500); *G. Strohmeier*, ZPol 19 (2009), S. 5 (15 ff.); *N. Gehrig*, Parlament – Regierung – Opposition, S. 198 f.

371 *J. Wieland*, in: H. Hill/ders. (Hrsg.), Zukunft der Parlamente – Speyer Konvent in Berlin, S. 9 (16).

372 *N. Gehrig*, Parlament – Regierung – Opposition, S. 201; *W. Renzsch/S. Schieren*, ZParl 1997, S. 391 (404).

373 *D. Merten*, in: P.-L. Weinacht (Hrsg.), Montesquieu. 250 Jahre „Geist der Gesetze“, S. 31 (46).

374 *N. Gehrig*, Parlament – Regierung – Opposition, S. 201 f.

375 Vgl. *H.H. von Arnim*, JZ 2009, S. 813 (816): „Fällt der Dualismus aus, pflegt auch von der Kontrolle durch Öffentlichkeit nicht viel übrig zu bleiben, denn sie lebt entscheidend von der Mobilisierung durch die Opposition.“

einer Großen Koalition zumindest aus einer demokratietheoretischen Perspektive auch der regelmäßig zu konstatierende Verlust der – jedenfalls öffentlich wahrnehmbaren – Streitkultur zu beklagen.[376]

Diese Bewertung korrespondiert im Übrigen mit der politikwissenschaftlich herausgearbeiteten These, dass die an einer Großen Koalition beteiligten Akteure diese in der Regel ursprünglich nicht angestrebt haben und nur als nachrangige Option wahrnehmen.[377]

(2) Fallkonstellation einer qualifizierten Großen Koalition

Noch stärker als im Falle einer Großen Koalition tritt das strukturelle Ungleichgewicht im Falle einer sog. qualifizierten Großen Koalition[378] zutage. Unter einer qualifizierten Großen Koalition soll in der vorliegenden Arbeit eine solche Regierungskoalition verstanden werden, die sich im Bundestag auf die Unterstützung von mehr als 75 Prozent der Abgeordneten verlassen kann.[379] Für die vorliegende Untersuchung ist dabei im Übrigen nicht von Bedeutung, ob es sich tatsächlich um eine Regierungskoalition verschiedener Parteien handelt oder um eine Einparteienregierung, die selbst – ohne eine Koalition mit einer anderen im Parlament vertretenen Partei einzugehen – auf die Unterstützung von mehr als 75 Prozent der Abgeordneten kommt. Entscheidend für die hier zu untersuchende Frage der Bedeutung parlamentarischer Opposition ist allein, dass diese sich aus weniger als einem Viertel der Abgeordneten des Deutschen Bundestages zusam-

---

[376] *A. Thiele*, Verlustdemokratie, S. 139 ff.: In Zeiten einer Großen Koalition erweise sich die Aufrechterhaltung der in einer Demokratie notwendigen Streitkultur als problematisch, wodurch das demokratische Leben langfristig Schaden nehmen werde.

[377] *S. Kropp*, Regieren in Koalitionen, S. 153. Vgl. demgegenüber *R. Marcic*, Die Koalitionsdemokratie, S. 7, für den eine Regierungskoalition umso demokratischer ist, je mehr Bürger durch sie repräsentiert sind: „Je mehr Volksteile und -schichten, namentlich sofern sie politisch organisiert sind, mitwirken sowohl an der Legislative wie an der Exekutive – die Justiz sei in Klammern gesetzt –, desto wirklicher die Demokratie."

[378] Begriffsprägend *P. Cancik*, NVwZ 2014, S. 18 (18).

[379] Der Begriff der qualifizierten Großen Koalition ist kein feststehender Begriff; in der rechts- und politikwissenschaftlichen Debatte hat sich bislang noch kein einheitlicher Begriff für die Beschreibung dieses Phänomens herausgebildet. Ebenfalls verbreitet sind die Begriffe „übergroße Koalition" (vgl. *S. Kropp*, ZParl 1997, S. 373 [374]) und „ganz große Koalition" (vgl. *L. Brocker*, DÖV 2014, S. 475 [475]; *S. Hölscheidt*, ZG 2015, S. 246 [246]). Begrifflich wie hier *P. Cancik*, NVwZ 2014, S. 18 (18); *A. Ingold*, Das Recht der Oppositionen, S. 622; *R. Rixecker*, in: Festschrift R. Wendt, S. 1271 (1278). Der hier verwendete Begriff der qualifizierten Großen Koalition wie auch die genannten inhaltsgleichen Begriffe sind hingegen nicht zu verwechseln mit dem Begriff der „verfassungsändernde[n] Koalition" (vgl. *W. Leisner*, DÖV 2014, S. 880 [881]), da dieser begrifflich an eine Zwei-Drittel-Mehrheit und nicht – wie hier – an eine Drei-Viertel-Mehrheit anknüpft; anders aber *P. Starski*, DÖV 2016, S. 750 (751 Fn. 4, 761), die von einer Identität der beiden Begriffe ausgeht.

mensetzt und so als „Mikroopposition“[380] einer übergroßen Mehrheit[381] von die Regierung tragenden Abgeordneten gegenübersteht.[382] Eine solche Situation ergab sich in der noch jungen Geschichte der Bundesrepublik Deutschland bislang zwei Mal: von 1966 bis 1969 in der fünften Wahlperiode des Deutschen Bundestages unter der Kanzlerschaft *Kurt Georg Kiesingers* sowie in der 18. Wahlperiode von 2013 bis 2017 unter der dritten Kanzlerschaft von *Angela Merkel*.

Anders als sonst können die in parlamentarischer Opposition zu einer qualifizierten Großen Koalition stehenden Abgeordneten diejenigen Minderheitenrechte, für die das Grundgesetz das Erreichen eines Quorums von einem Viertel der Mitglieder des Bundestages vorsieht,[383] nicht aus eigener Kraft wahrnehmen. Bei diesen Minderheitenrechten handelt es sich jedoch typischerweise um solche Rechte, die den oppositionellen Akteuren zur Wahrnehmung ihrer Oppositionsfunktionen dienen.[384] Die Nichtwahrnehmbarkeit dieser Rechtspositionen wird – isoliert gesehen – von vielen als zumindest staatspolitisch problematisch und nicht dem Ideal einer parlamentarischen Demokratie entsprechend erachtet.[385]

---

[380] *R. Rixecker*, in: Festschrift R. Wendt, S. 1271 (1275).

[381] *E. Schmidt-Jortzig*, in: Festschrift F.E. Schnapp, S. 271 (271), spricht schon in Anbetracht einer Zwei-Drittel-Mehrheit von einer „numerisch übermächtigen Regierungsmehrheit“.

[382] Insofern ist der Begriff der qualifizierten Großen Koalition für die Abbildung der „Oppositionsproblematik“ eigentlich verfehlt. Denn zum einen wird er in der wissenschaftlichen Diskussion – soweit ersichtlich – nur dazu genutzt, um den Status der Opposition, nicht aber der Regierung zu analysieren. Zum anderen kommt es allein darauf an, wie groß die die Regierung stützende Parlamentsmehrheit ist – ob es sich hierbei um eine Koalition mehrerer Parteien handelt, ist für die verfassungsrechtliche Bewertung grundsätzlich nicht von Belang. Präziser wäre es mithin, im Anschluss an *R. Rixecker*, in: Festschrift R. Wendt, S. 1271 (1275), von der Fallkonstellation einer Mikroopposition zu sprechen. Da die damit einhergehenden Probleme im Schrifttum jedoch verbreitet unter dem Begriff der qualifizierten Großen Koalition diskutiert werden, wird auch hier im Folgenden auf diese Begrifflichkeit zurückgegriffen.

[383] Vgl. Art. 23 Abs. 1a Satz 2, Art. 44 Abs. 1 Satz 1, Art. 45a Abs. 2 Satz 2, Art. 93 Abs. 1 Nr. 2 GG.

[384] Vgl. 2. Kapitel § 2 II. 1., S. 82 f.

[385] *P. Cancik*, NVwZ 2014, S. 18 (18); *H.M. Heinig*, in: Verfassungsblog, http://verfassungsblog.de/opposition-tut-not/ [zuletzt abgerufen am 30.8.2018]; *M. Kloepfer*, in: Frankfurter Allgemeine Zeitung v. 1.11.2013, S. 7; *M. Morlok*, in: Das Parlament Nr. 42–43/2013 (Interview von Claus Peter Kosfeld), http://www.das-parlament.de/2013/42_43/MenschenMeinungen/47417118/325002 [zuletzt abgerufen am 30.8.2018]; *H.-J. Papier*, in: Deutschlandradio Kultur, 12.10.2013 (Gespräch mit Nana Brink), http://www.deutschlandradiokultur.de/das-parlamentarische-system-wuerde-eminent-geschwaecht.1008.de.html?dram:article_id=264993 [zuletzt abgerufen am 30.8.2018]; *W. Leisner*, DÖV 2014, S. 880 (880 f.); *U. Schliesky*, in: M. Morlok/ders./D. Wiefelspütz (Hrsg.), Parlamentsrecht, § 5 Rn. 84. In Ansätzen auch *J.A. Kämmerer*, NVwZ 2014, S. 29 (31). Demgegenüber die Situation einer qualifizierten Großen Koalition schlicht als „logische Konsequenz des Wählerwillens und damit auch deutliche Manifestation des Demokratieprinzips“ erachtend *K.-A. Schwarz*, ZRP 2013, S. 226 (227 f.).

Vgl. jüngst eindrucksvoll zur Bedeutung parlamentarischer Opposition in der sog. Flücht-

Namentlich *Karl Albrecht Schachtschneider* vertritt sogar die Auffassung, ein „funktionsgerechter Oppositionsbegriff" könne nicht die Tatsache außer Acht lassen, dass die von der Verfassung vorgesehenen und nur oder jedenfalls vornehmlich von der parlamentarischen Opposition wahrgenommenen Minderheitenrechte nur einem Viertel der Abgeordneten zustünden, woraus er die Konsequenz zieht, dass die einer qualifizierten Großen Koalition gegenüberstehende parlamentarische Opposition den „Oppositionsbegriff im Sinne des neuen Dualismus" gar nicht erst erfülle.[386] Auch wenn *Schachtschneider* sich dabei unmittelbar nur auf die Verfassung der Freien und Hansestadt Hamburg bezieht, kann seine These jedoch – trotz insoweit fehlender grundgesetzlicher Normierung der parlamentarischen Opposition – auf die Bundesrepublik Deutschland übertragen werden, da auch das Grundgesetz wesentliche Rechte der parlamentarischen Minderheit an das Quorum von einem Viertel der Mitglieder des Bundestages knüpft. Gegen die vorgenannte These spricht jedoch, dass parlamentarische Opposition von Verfassungs wegen nicht durch eine Mindestanzahl an Abgeordneten wahrgenommen werden muss, um als Opposition qualifiziert werden zu können. Im Extremfall kann – jedenfalls aus einer formalen Perspektive – selbst ein einzelner Abgeordneter parlamentarische Opposition ausüben. Darüber hinaus spricht gegen die These *Schachtschneiders*, dass das Grundgesetz die Existenz parlamentarischer Opposition nicht konkret garantieren kann (und will), sondern lediglich die *Möglichkeit* der Bildung und Ausübung parlamentarischer Opposition.[387] Die Frage der Wirkungsweise einer kleinen parlamentarischen Opposition stellt sich, wie sich gerade im Fall der einer qualifizierten Großen Koalition gegenüberstehenden parlamentarischen Opposition zeigt, erst auf einer zweiten Stufe. Letztlich exemplifiziert die verfassungsrechtlich grundsätzlich zulässige Situation einer qualifizierten Großen Koalition damit nur das im neuen Dualis-

---

lingskrise *U. Becker/J. Kersten*, NVwZ 2016, S. 580 (584): „In den Parlamentsdebatten findet eine kritische Auseinandersetzung mit der Flüchtlingspolitik praktisch nicht statt: Die parlamentarische Opposition ist zu schwach. Die Abgeordneten der Regierungsparteien sehen sich mit zunehmender Polarisierung in gesteigerte Anforderungen der Fraktionsdisziplin eingebunden. Diese Beeinträchtigung des Bundestags als Forum für die notwendig strittige Diskussion der Flüchtlings- und Migrationspolitik ist nur ein weiterer Auftrieb für die rechtsgerichtete Radikalisierung einer außerparlamentarischen Opposition."

386 *K. A. Schachtschneider*, Der Staat 28 (1989), S. 173 (178).

387 Vgl. 2. Kapitel § 1, S. 53 ff. Vgl. im Übrigen auch *K. Hesse*, Grundzüge des Verfassungsrechts der Bundesrepublik Deutschland, Rn. 158: „Freilich kann die Verfassung immer nur die *Möglichkeit* eines Wechsels der politischen Führungsgruppen gewährleisten, nicht die tatsächliche Existenz einer hinreichend starken, auf dem Boden der Verfassung stehenden Opposition, die ein solches System alternativer Regierung voraussetzt und die Bedingung seiner Wirksamkeit ist. Die Verfassung läßt deshalb auch Raum für eine Ausgestaltung, bei der die großen politischen Führungsgruppen gemeinsam regieren. Hier ist dann wirksame verfassungsmäßige Opposition nicht mehr möglich." [Hervorhebung im Original].

mus ohnehin bestehende Ungleichgewicht zwischen den funktionalen Gewalten der Regierung und der sie tragenden parlamentarischen Kräfte einerseits sowie der parlamentarischen Opposition andererseits.[388]

Während in der fünften Wahlperiode – soweit ersichtlich – jedenfalls innerhalb der Rechtswissenschaft keine vergleichbar intensiven Diskussionen um den Umgang mit einer qualifizierten Großen Koalition geführt wurden,[389] haben die Mitglieder des Deutschen Bundestages der 18. Wahlperiode erkannt, dass das demokratische System der Bundesrepublik Deutschland ganz besonders durch den Wettstreit von Regierung und Opposition gekennzeichnet ist.[390] Unter dem Gesichtspunkt der Pluralität und des Offenhaltens künftiger Wahlakte ist es daher grundsätzlich wünschenswert, dass sich der Wettstreit von Regierung und Opposition möglichst deutlich entfalten kann. Um der parlamentarischen Opposition die Aufrechterhaltung dieses Wettstreits zu ermöglichen, haben die die Regierung tragenden Abgeordneten durch ihre jeweiligen Fraktionen zu Beginn der 18. Wahlperiode einen Antrag zur Änderung der Geschäftsordnung in den Deutschen Bundestag eingebracht, welcher – mit Änderungen – angenommen wurde.[391] Begründet wurde der aus einer Machtperspektive möglicherweise überraschend anmutende Vorstoß von den Regierungsfraktionen damit, dass sich die Minderheitenrechte in der parlamentarischen Praxis als klassische Oppositionsinstrumente herausgebildet hätten, diese auch in der Bevölkerung als solche wahrgenommen würden und es sich um wesentliche Rechte handele, die daher auch unter den Mehrheitsverhältnissen der 18. Wahlperiode für die parlamentarische Opposition Anwendung finden können sollten.[392] Der für die Dauer der 18. Wahlperiode verabschiedete § 126a GOBT a. F.[393] sah zum einen vor, dass bestimmte Minderheitenrechte abweichend von dem grundgesetzlichen Quorum von einem Viertel der Abgeordneten schon von mindestens 120 Abgeordneten

---

[388] *P. Starski*, DÖV 2016, S. 750 (756) spricht in diesem Zusammenhang von einer „asymmetrisch[en]“ Ausprägung der Wirkungsmöglichkeiten der Abgeordneten.

[389] So die Beobachtung von *J. Ennuschat*, VR 2015, S. 1 (4) mit weiteren Nachweisen in Fn. 26; vgl. aber die Hinweise von *A. Arndt*, Neue Sammlung 8 (1968), S. 1 (1).

[390] BT-Drs. 18/481, S. 1.

[391] BT-Drs. 18/481.

[392] BT-Drs. 18/481, S. 5.

[393] Vgl. zu dieser Vorschrift *J. Ennuschat*, VR 2015, S. 1 (3); *R. Rixecker*, in: Festschrift R. Wendt, S. 1271 (1277 ff.); *A. Ingold*, Das Recht der Oppositionen, S. 624 ff.; *S. Hölscheidt*, ZG 2015, S. 246 (250 ff.); *U. Schliesky*, in: M. Morlok/ders./D. Wiefelspütz (Hrsg.), Parlamentsrecht, § 5 Rn. 84 mit Fn. 371; *H.-J. Waack*, in: M. Morlok/U. Schliesky/D. Wiefelspütz (Hrsg.), Parlamentsrecht, § 22 Rn. 79 ff.; *B. Beckermann/D. Weidemann*, Der Staat 53 (2014), S. 313 (314, 317); *P. Starski*, DÖV 2016, S. 750 (751, 760).

ausgeübt werden konnten (§ 126a Abs. 1 Nr. 1, 3–6 und 11 GOBT a. F.).[394] Zum anderen wurden bestimmte Minderheitenrechte in den Ausschüssen des Deutschen Bundestages jeweils allen Ausschussmitgliedern der Fraktionen, die nicht die Bundesregierung tragen, zugewiesen (§ 126a Abs. 1 Nr. 2 und 7–10 GOBT a. F.).

Diese normativen Reaktionen auf das Entstehen einer qualifizierten Großen Koalition sind insofern positiv zu bewerten, als sie zu einer sichtbaren Verbesserung der Stellung der einer qualifizierten Großen Koalition gegenüberstehenden parlamentarischen Opposition geführt haben, zumal weithin umstritten ist, ob die Parlamentsmehrheit zur Stärkung der Rechte einer derart kleinen Opposition verfassungsrechtlich verpflichtet war.[395] Dennoch vermochte diese Adaption der Geschäftsordnung des Deutschen Bundestages keine Rechtssicherheit zu schaffen. Denn zum einen handelte es sich um eine auf die Dauer einer Wahlperiode beschränkte Sonderregelung,[396] zum anderen hätte sie jederzeit – trotz der Regelung des § 126a Abs. 2 GOBT a. F.[397] – wieder abgeschafft werden können. Überdies scheint das Bundesverfassungsgericht – obwohl es sich zur Frage der Verfassungskonformität des § 126a GOBT a. F. nicht konkret äußern musste[398] – der Auffassung zu sein, § 126a GOBT a. F. sei teilweise (nämlich in Bezug auf Abs. 1 Nr. 2 und 7–10) verfassungswidrig gewesen; dies jedoch nicht wegen des Unterschreitens eines von der Verfassung vorgegebenen Mindestmaßes oppositioneller Rechtspositionen, sondern – rechtlich zweifelhaft[399] – wegen der nicht zu

394 Das Antragsquorum für die oppositionell bedeutsame abstrakte Normenkontrolle wird hingegen nicht erfasst.

395 Für *U. Schliesky*, in: M. Morlok/ders./D. Wiefelspütz (Hrsg.), Parlamentsrecht, § 5 Rn. 84, steht ein solches „Entgegenkommen" nicht im freien politischen Ermessen der Mehrheitsfraktionen, sondern ist aufgrund der Gefährdung der Oppositionsfunktionen verfassungsrechtlich geboten, obgleich sich dieser keine konkreten Vorgaben für eine Stärkung der Oppositionsfunktionen entnehmen ließen. A. A. jedoch *K.-A. Schwarz*, ZRP 2013, S. 226 (227 f.); *W. Leisner*, DÖV 2014, S. 880 (884); *H.-J. Waack*, in: M. Morlok/U. Schliesky/D. Wiefelspütz (Hrsg.), Parlamentsrecht, § 22 Rn. 88. Unentschlossen dagegen *J. A. Kämmerer*, NVwZ 2014, S. 29 (32): „womöglich […] verfassungsrechtlich geboten". Zu dieser Frage noch unten, 3. Kapitel § 2 II., S. 220 ff.

396 Obgleich die Geschäftsordnung des Deutschen Bundestages ohnehin dem Grundsatz der Diskontinuität unterliegt, wurde dies für die Sonderregelung des § 126a GOBT a. F. explizit kenntlich gemacht.

397 § 126a Abs. 2 GOBT a. F. sah vor, dass auf die Regelungen des § 126a Abs. 1 GOBT a. F. die Vorschrift des § 126 GOBT – die ihrerseits bestimmt, dass von den Vorschriften der Geschäftsordnung im Einzelfall mit den Stimmen von zwei Dritteln der anwesenden Mitglieder des Bundestages abgewichen werden kann, wenn die Bestimmungen des Grundgesetzes dem nicht entgegen stehen – keine Anwendung fand. Vgl. zu den regelungstechnischen Defiziten dieser Vorschrift *A. Ingold*, Das Recht der Oppositionen, S. 624 mit Fn. 19.

398 Vgl. BVerfG, Urt. v. 3.5.2016 – Az. 2 BvE 4/14, BVerfGE 142, 25 (Rn. 78).

399 Dazu noch unten, 4. Kapitel § 2 II. 1. b), S. 279 ff.

rechtfertigenden Durchbrechung des Grundsatzes der Gleichheit der Abgeordneten und ihrer Zusammenschlüsse aus Art. 38 Abs. 1 Satz 2 GG.[400]

Unabhängig von derartigen ohnehin nur auf die Dauer einer Wahlperiode beschränkten Sonderregelungen besteht in der Situation einer qualifizierten Großen Koalition jedoch das Grunddilemma fort, dass die oppositionellen Abgeordneten wesentliche Rechte, die an das Quorum von einem Viertel der Mitglieder des Bundestages gebunden sind, allein nicht wahrnehmen können. Deshalb soll sogleich untersucht werden, welche grundsätzlichen verfassungsrechtlichen Konsequenzen sich aus dem neuen Dualismus und dem ihm inhärenten strukturellen Ungleichgewicht zwischen der Regierung und den regierungstragenden Abgeordneten einerseits und der parlamentarischen Opposition andererseits für die Bildung und Ausübung parlamentarischer Opposition ergeben.

(3) Fallkonstellation einer „fragmentierten Opposition"

Das Problem der Wahrnehmbarkeit quorengebundener Rechte stellt sich – wenn auch in abgeschwächter Form – auch in der Fallkonstellation einer „fragmentierten Opposition".[401] Diese Situation ist nach der Analyse von *Pascale Cancik* dadurch gekennzeichnet, dass „unabhängig von der Größe der Regierungskoalition qualifizierte Minderheitsquoren zur Ausübung oppositionsrelevanter Rechte nicht mehr ohne Weiteres erreicht werden und zwar von keiner (oppositionellen) Fraktion."[402] Zutreffend wird ausgeführt, dass eine solche Fallkonstellation zu ähnlichen Ausfallkonstellationen führen könne wie im Fall einer qualifizierten Großen Koalition.[403] Denn anders als die die Regierung stützenden Abgeordneten und Fraktionen sind die Abgeordneten unterschiedlicher Oppositionsfraktionen regelmäßig nicht durch ein gemeinsames Ziel oder durch gemeinsame Abreden – etwa einen „Oppositionsvertrag"[404] – verbunden. Es gibt keine „Koalition in der Opposition". Ist ein einzelfallbezogenes Zusammenwirken bei der Frage der Erreichbarkeit von Quoren zur Wahrnehmung oppositionsrelevanter Rechte zwar grundsätzlich denkbar, so dürfte sich dies bei zunehmender Fragmentierung des im Bundestag vertretenen Parteienspektrums weiter erschweren. Je disparater die parteipolitischen Auffassungen in einem heterogen zusammengesetzten Oppositionslager sind, desto schwieriger dürfte in praxi ein gemeinsames Agieren zur Wahrnehmung quorengebundener Rechte sein.[405]

---

400 BVerfG, Urt. v. 3.5.2016 – Az. 2 BvE 4/14, BVerfGE 142, 25 (Rn. 95).

401 Begriffsprägend *P. Cancik*, ZParl 2017, S. 516 (520 f.).

402 *P. Cancik*, ZParl 2017, S. 516 (520 f.).

403 *P. Cancik*, ZParl 2017, S. 516 (521).

404 In Anlehnung an den Begriff des Koalitionsvertrags.

405 *P. Cancik*, ZParl 2017, S. 516 (521); *U. Volkmann*, ZParl 2017, S. 473 (489).

Es ist jedoch zuzugeben, dass sich der Fall einer fragmentierten Opposition von dem Fall der einer qualifizierten Großen Koalition gegenüberstehenden Opposition in entscheidendem Maße dadurch unterscheidet, dass in der erstgenannten Konstellation jedenfalls die abstrakte Möglichkeit der Nutzung qualifizierter Minderheitenrechte allein durch oppositionelle Akteure besteht.[406] Insofern dürfte es zuvörderst eine politische Aufgabe der oppositionellen Akteure sein, situationsbezogene Bündnisse zur Verfolgung bestimmter gemeinsamer Ziele zu bilden.[407]

d) Verfassungsrechtliche Schlussfolgerungen für das Recht auf Bildung und Ausübung parlamentarischer Opposition

Aufgrund der bisherigen Analyse des parlamentarischen Regierungssystems unter dem Blickwinkel des Gewaltenteilungsgrundsatzes können an dieser Stelle vier Zwischenergebnisse festgehalten werden. Erstens geht das Grundgesetz im Ausgangspunkt formal von einer Gewaltenteilung zwischen den beiden Gewalten Legislative und Exekutive aus.[408] Zweitens sieht das Grundgesetz keine strikte Gewaltenteilung vor, sondern installiert ein System einzelner Gewaltenverschränkungen gerade im Verhältnis von Legislative und Exekutive. Drittens hat sich das parlamentarische Regierungssystem unter dem Grundgesetz dahingehend entwickelt, dass die Gewaltenteilungslinie in der Verfassungspraxis nicht zwischen den Gewalten Legislative und Exekutive angesiedelt ist, sondern vielmehr zwischen der Regierung und den sie tragenden Mitgliedern des Bundestages einerseits und der parlamentarischen Opposition andererseits verläuft. Hieraus ergibt sich aber viertens eine strukturelle Unterlegenheit der oppositionellen Akteure im Parlament, die sich in einer doppelten Opposition wiederfinden – zu den die Regierung tragenden Mitgliedern des Bundestages einerseits und zur Regierung im eigentlichen Sinne andererseits. In einem fünften Schritt stellt sich nunmehr die Frage, welche verfassungsrechtlichen Konsequenzen sich hieraus für das Recht auf Bildung und Ausübung parlamentarischer Opposition ergeben. Ist die faktische strukturelle Unterlegenheit der parlamentarischen Opposition aus verfassungsrechtlicher Perspektive hinzunehmen – respektive sogar gewollt – oder ergibt sich aus dem grundgesetzlichen Konstrukt der Gewaltenteilung

---

406 Darauf ebenfalls hinweisend *P. Cancik*, ZParl 2017, S. 516 (521).

407 So auch der Appell von *P. Cancik*, ZParl 2017, S. 516 (521), die zugleich allerdings die Frage offenlässt, ob das Risiko eines Dauerausfalls bestimmter parlamentarischer Funktionen für den Fall, dass die situative Bildung von „Oppositionskoalitionen" nicht möglich sein sollte, nicht doch verfassungsrechtlich oder wenigstens verfassungspolitisch problematisch ist.

408 Die judikative Gewalt wird an dieser Stelle außer Acht gelassen, da hier allein das Verhältnis von Legislative und Exekutive von Interesse ist.

vielmehr ein Effektivierungsgedanke zugunsten des Rechts auf Bildung und Ausübung parlamentarischer Opposition?

Zur Beantwortung dieser Frage sind die Funktionen des Gewaltenteilungsgrundsatzes in Erinnerung zu rufen. Dabei gilt es zu beachten, dass das Prinzip der Gewaltenteilung sich nicht nur auf seine machtbegrenzende und -mäßigende Funktion sowie auf seinen rationalisierenden Zweck beschränkt,[409] sondern gleichsam als „Auslegungstopos" bei der Interpretation staatsorganisationsrechtlicher Vorschriften des Grundgesetzes dient und „die Organisation hoheitlicher Macht dort [lenkt], wo verfassungsrechtliche Vorgaben fehlen".[410] So verhält es sich auch bei der hier gestellten Frage nach den verfassungsrechtlichen Konsequenzen des neuen Dualismus für das Recht auf Bildung und Ausübung parlamentarischer Opposition. Dieses Recht wird auf verfassungsrechtlicher Ebene zwar nicht normativ vorgesehen, aber zugleich von einer Vielzahl grundgesetzlicher Vorschriften mitgedacht. Insoweit fehlen allerdings explizite Vorgaben für den konkreten verfassungsrechtlichen Wirkungskreis parlamentarischer Opposition. Diese Lücke vermag der Gewaltenteilungsgrundsatz in seiner ordnungskonstituierenden Funktion als Lenker hoheitlicher Macht zu schließen, wie im Folgenden gezeigt werden soll.

Ausgangspunkt der folgenden Überlegungen ist, dass sich das Grundgesetz nicht damit begnügt, irgendein System der Gewaltenteilung zu installieren, sondern vielmehr ein parlamentarisches Regierungssystem schafft, das eine wirksame gegenseitige Kontrolle der verschiedenen Verfassungsorgane ermöglichen will. So hat das Bundesverfassungsgericht dem Grundsatz der Gewaltenteilung

---

409 Zu diesen beiden Funktionen *A. Voßkuhle/A.-K. Kaufhold*, JuS 2012, S. 314 (314).

410 *A. Voßkuhle/A.-K. Kaufhold*, JuS 2012, S. 314 (316). So auch schon *K. Hesse*, Grundzüge des Verfassungsrechts der Bundesrepublik Deutschland, Rn. 482: „Gegenstand der Gewaltenteilung ist vielmehr positiv eine Ordnung menschlichen Zusammenwirkens, die die einzelnen Gewalten konstituiert, ihre Kompetenzen bestimmt und begrenzt, ihre Zusammenarbeit regelt und auf diese Weise zur Einheit – begrenzter – staatlicher Gewalt hinführen soll"; *W. Weber*, in: Festschrift C. Schmitt (1959), S. 253 (271): „Es kommt deshalb vielmehr darauf an, Gewaltenteilung so zu verstehen, daß in ihr mit den Segnungen einer Disziplinierung des Machtgebrauchs auch eine wirkliche Ordnung der tragenden Kräfte des Staates und ihre Erhebung zu verantwortlicher Sachwalterschaft wirksam wird." Ausführlich zur ordnungskonstituierenden Funktion des Gewaltenteilungsgrundsatzes *E. Schmidt-Aßmann*, in: J. Isensee/P. Kirchhof (Hrsg.), Handbuch des Staatsrechts der Bundesrepublik Deutschland, Bd. II, § 26 Rn. 46 ff., insb. Rn. 50: „Nicht Teilung, Hemmung und Beschränkung allein, sondern Konstituierung, Zuordnung und Balancierung bilden daher den Dreiklang grundgesetzlicher Gewaltenteilung." Dezidiert a. A. *T. Groß*, Der Staat 4 (2016), S. 489 ff.: der Verfassungsgrundsatz der Gewaltenteilung sei entbehrlich, denn aus ihm könnten keine Rechtsfolgen gezogen werden; zentrale Elemente der Funktionenordnung würden bereits durch das Rechtsstaats- und das Demokratieprinzip geschützt.

zu Recht ein Gebot dahingehend entnommen, dass parlamentarische Kontrolle grundsätzlich wirksam sein muss:

„Das parlamentarische Regierungssystem wird grundlegend auch durch die Kontrollfunktion des Parlaments geprägt. Der Grundsatz der Gewaltenteilung, der zu den tragenden Organisationsprinzipien des Grundgesetzes gehört und dessen Bedeutung in der politischen Machtverteilung, dem Ineinandergreifen der drei Gewalten und der daraus resultierenden Mäßigung der Staatsgewalt liegt (vgl. BVerfGE 3, 225 [247]; 34, 52 [59]), gebietet gerade im Hinblick auf die starke Stellung der Regierung, zumal wegen mangelnder Eingriffsmöglichkeiten des Parlaments in den der Exekutive zukommenden Bereich unmittelbarer Handlungsinitiative und Gesetzesanwendung, eine Auslegung des Grundgesetzes dahin, daß parlamentarische Kontrolle *wirksam* sein kann.“[411]

Die Tatsache, dass der Grundsatz der Gewaltenteilung nach der Rechtsprechung des Bundesverfassungsgerichts eine Auslegung des Grundgesetzes dahingehend gebietet, dass parlamentarische Kontrolle wirksam sein kann, begründet isoliert betrachtet noch kein verfassungsrechtliches Prinzip, wonach gerade das Recht auf Bildung und Ausübung parlamentarischer Opposition grundsätzlich wirksam ausgeübt werden können muss. Die zitierte Sentenz des Bundesverfassungsgerichts bezieht sich insoweit ausschließlich auf die Kontrollfunktion des Parlaments in seiner Gesamtheit. Ordnet man die verfassungsgerichtliche Proklamation der wirksamen parlamentarischen Kontrolle aber in das durch den neuen Dualismus geprägte parlamentarische Regierungssystem ein, ist Folgendes zu konstatieren: Solange Legislative und Exekutive von denselben politischen Kräften beherrscht werden – und dies ist im parlamentarischen Regierungssystem der Bundesrepublik Deutschland grundsätzlich, in den oben dargestellten spezifischen Regierungskonstellationen sogar in besonderem Maße der Fall –, kann sich ein freiheitliches System, das entscheidend auf der gegenseitigen Kontrolle der Gewalten und deren machthemmender Verschiedenheit beruht, nicht vollständig entfalten.[412] Denn wenn einerseits der in Art. 20 Abs. 2 Satz 2 GG angelegte und rechtsstaatlich gebotene Grundsatz der Gewaltenteilung – auch nach der verfassungsgerichtlichen Rechtsprechung – eine wirksame gegenseitige Kontrolle der verschiedenen Verfassungsorgane gebietet, andererseits aber Regierung und weite Teile des Parlaments eine politische Handlungseinheit darstellen, droht das Gebot einer wirksamen Regierungskontrolle zumindest teilweise leerzulaufen.[413] Hieran können weder die bloße Existenz parlamentarischer Op-

---

411 BVerfG, Urt. v. 17.7.1984 – Az. 2 BvE 11, 15/83, BVerfGE 67, 100 (130) [Hervorhebung im Original]. Im Anschluss daran VerfGH Rheinland-Pfalz, Urt. v. 11.10.2010 – Az. VGH O 24/10, BeckRS 2010, 55237 (bei B. I. 4. lit. b lit. aa).

412 *R. Weber-Fas*, JuS 2005, S. 882 (884).

413 Vgl. *P. M. Huber*, in: J. Isensee/P. Kirchhof (Hrsg.), Handbuch des Staatsrechts der Bundesrepublik Deutschland, Bd. III, § 47 Rn. 71. Diese Gefahr besteht im Übrigen erst recht bei

position noch sonstige außerparlamentarische oppositionelle Akteure etwas ändern.[414] Eine effektive parlamentarische Kontrolle wird vielmehr erst dann erreicht, wenn es eine starke parlamentarische Opposition gibt.[415] Insoweit gebietet der Grundsatz der Gewaltenteilung als machtmäßigender und freiheitssichernder Topos eine Auslegung des Rechts auf Bildung und Ausübung parlamentarischer Opposition dahingehend, dass sich dieses effektiv entfalten können muss. Wer sich hingegen damit begnügt, das nur unzureichende Funktionieren des Prinzips gegenseitiger Kontrolle unter dem neuen Dualismus schlicht hinzunehmen – etwa, weil es keine ausdrückliche grundgesetzliche Regelung gibt, welche auf die Garantie einer effektiven Opposition abzielt[416] –, lässt die sich aus Art. 20 Abs. 2 Satz 2 GG ergebende ordnungskonstituierende und freiheitssichernde Funktion des Gewaltenteilungsgrundsatzes zur maßvollen Verteilung staatlicher Macht außer Acht. Denn nur wenn die oppositionellen Akteure tatsächlich die Chance haben, ihre oppositionsspezifischen Funktionen wirkungsvoll wahrzunehmen, handelt es sich um ein freiheitsbewahrendes System der Gewaltenteilung.[417] Die parlamentarische Opposition ist nämlich insoweit „der Garant dafür, daß die weitgehende Identität von ‚Legislativ-Mehrheit' und ‚Exekutiv-Führung' nicht zur Diktatur entartet."[418]

Für ein wirkungsorientiertes Verständnis des Rechts auf Bildung und Ausübung parlamentarischer Opposition spricht ein weiteres Argument systematischer und teleologischer Natur. Genauso offensichtlich wie die Tatsache, dass das Grundgesetz Gewaltenverschränkungen dem Grunde nach zulässt, ist nämlich, dass das Regel-Ausnahme-Prinzip – strikte Gewaltenteilung als in Art. 20

---

großen Regierungsmehrheiten, vgl. *B. Beckermann/D. Weidemann*, ZRP 2014, S. 90 (90): „Größere Machtfülle jedoch bedarf umso eher der Kontrolle durch die Minderheit [...]."

414 Vgl. *R. Weber-Fas*, JuS 2005, S. 882 (884): „Diese Lücke im Verfassungsgefüge besteht ungeachtet vorhandener Widerparts in Gestalt der parlamentarischen Opposition, der öffentlichen Meinung und anderer Faktoren der Politik."

415 *A. Voßkuhle*, in: Festschrift J. Schwarze, S. 283 (290), unter Betonung darauf, dass erst ein System von „checks and balances" mit starken Oppositionen das Vertrauen der Bürger in ihre Institutionen hervorzurufen vermöge.

416 Darauf abstellend *K.-A. Schwarz*, ZRP 2013, S. 226 (227).

417 Ähnlich *D. Sternberger*, in: T. Stammen (Hrsg.), Strukturwandel der modernen Regierung, S. 186 (208 f.): „Gäbe es die Minderheit nicht, und hätte diese Minderheit nicht die Chance, der Regierung zu opponieren, ihre Leistungen beständig zu kontrollieren und ihrerseits jeweils alternative politische Entwürfe anzubieten, so gäbe es nicht einmal eine kraftvolle ‚Exekutive', deswegen nicht, weil es dann auch kaum eine kohärente Mehrheit gäbe, die die Regierung unterstützt. Ohne diese lebensvolle Sonderart von ‚Gewaltenteilung' wäre bei parlamentarischer Regierungsweise tatsächlich weder die Freiheit aufrechtzuerhalten noch ein kraftvolles Staatswesen überhaupt."

418 *W. Steffani*, Die Untersuchungsausschüsse des Preußischen Landtages zur Zeit der Weimarer Republik, S. 295.

Abs. 2 Satz 2 GG normierte Regel und die verschiedenen grundgesetzlich zugelassenen Gewaltenverschränkungen als Ausnahme[419] – nicht aus den Fugen geraten darf.[420] Es darf also weder zu einem Übergewicht der Legislative noch zu einem Übergewicht der Exekutive dergestalt kommen, dass die eine Gewalt von der anderen beherrscht wird. Stattdessen muss im Grundsatz eine Gewaltenteilung zwischen Legislative und Exekutive bestehen und auch erkennbar bleiben. Etwaige Machtakkumulationen zugunsten einer der Gewalten sind dagegen grundsätzlich unzulässig. Zur Wahrung des Gewaltengleichgewichts erscheint es dann aber verfassungsrechtlich geboten, dem beschriebenen strukturellen Ungleichgewicht unter dem neuen Dualismus insofern entgegenzuwirken, dass die oppositionellen Akteure im Parlament als wahrhaftige Kontrolleure der Exekutive über effektive Handlungsmöglichkeiten verfügen, die sie einerseits zu einer wirksamen Ausfüllung der oppositionsspezifischen Funktionen in die Lage versetzen und andererseits zur Wahrung des grundgesetzlichen Regel-Ausnahme-Prinzips beitragen. Auch insoweit liegt eine effektive Aufgabenwahrnehmung durch die parlamentarische Opposition also „nicht nur in ihrem eigenen Interesse, sondern in erster Linie im Interesse des demokratischen, gewaltengegliederten Staates“[421].

Richtigerweise hat deshalb jüngst auch das Bundesverfassungsgericht das Prinzip effektiver Opposition zu einem „allgemeinen verfassungsrechtlichen Grundsatz“ erhoben.[422] Das Bundesverfassungsgericht spricht in diesem Zusammenhang zwar ausschließlich von einem „Grundsatz effektiver Opposition“; präziser wäre es jedoch – gerade wegen der verfassungsgerichtlich vorgenommenen Herleitung aus dem *parlamentarischen* Kontrollauftrag[423] –, von einem „Grundsatz effektiver parlamentarischer Opposition“ zu sprechen. Denn auch wenn in der Literatur vorgebracht wird, „der verfassungsrechtliche Grundsatz effektiver

[419] Der von *H.-J. Vogel*, NJW 1996, S. 1505 (1506), proklamierten Umkehrung des Regel-Ausnahme-Verhältnisses, wonach „wechselseitige Interaktionen der Staatsorgane bei der Handhabung der ihnen jeweils anvertrauten staatlichen Gewalt die Regel und nicht die Ausnahme“ sei, vermag sich der Verfasser der vorliegenden Arbeit ausdrücklich nicht anzuschließen.

[420] Ähnlich *A. von Bogdandy*, Gubernative Rechtsetzung, S. 147 f., nach dem entsprechende Kompetenzen, die eine „Durchbrechung“ des herkömmlichen Gewaltenteilungsgrundsatzes darstellten, „als Ausnahme“ eng auszulegen seien.

[421] Für das parlamentarische Kontrollrecht BVerfG, Urt. v. 3.5.2016 – Az. 2 BvE 4/14, BVerfGE 142, 25 (Rn. 90). Zuvor nahezu wortgleich schon BVerfG, Beschl. v. 2.8.1978 – Az. 2 BvK 1/77, BVerfGE 49, 70 (87).

[422] BVerfG, Urt. v. 3.5.2016 – Az. 2 BvE 4/14, BVerfGE 142, 25 (Rn. 85 ff.).

[423] BVerfG, Urt. v. 3.5.2016 – Az. 2 BvE 4/14, BVerfGE 142, 25 (Rn. 90): „Damit die Opposition ihre parlamentarische Kontrollfunktion erfüllen kann, müssen die im Grundgesetz vorgesehenen Minderheitenrechte auf Wirksamkeit hin ausgelegt werden […]. Es gilt der Grundsatz effektiver Opposition.“

Opposition [strebe] keine Monopolisierung zu Gunsten parlamentarischer Opposition an“[424], so ist dies zwar im Ansatz zutreffend, da vieles für die – in dieser Arbeit nicht untersuchte – These spricht, dass auch im Hinblick auf außerparlamentarische Oppositionsmöglichkeiten ein Grundsatz effektiver Opposition besteht. Allerdings spricht dies zugleich nicht *gegen* einen Grundsatz effektiver *parlamentarischer* Opposition. Jedenfalls der vom Bundesverfassungsgericht in der „Oppositionsrechte-Entscheidung“ vom 3. Mai 2016 erstmals anerkannte Grundsatz effektiver Opposition scheint realiter eher und ausschließlich ein Grundsatz effektiver parlamentarischer Opposition zu sein.[425]

e) Zwischenergebnis

Zusammenfassend ergibt sich somit Folgendes: Auch wenn das Grundgesetz einzelne Gewaltenverschränkungen sowohl sachlicher als auch personeller Natur zulässt, bleibt der Grundsatz der Gewaltenteilung ein strukturprägender Faktor des grundgesetzlichen Systems. Er ist sowohl nach dem Willen der Mütter und Väter des Grundgesetzes als auch nach dessen Systematik ein Grundsatz, der in der politischen Praxis nicht von den verschiedenen gewaltenverschränkenden Ausnahmen überlagert werden darf. Realiter hat sich das parlamentarische Regierungssystem der Bundesrepublik Deutschland dahingehend entwickelt, dass sich die Gewaltenteilung nicht in erster Linie zwischen den Gewalten Legislative und Exekutive vollzieht, sondern vielmehr zwischen der Regierung und den sie tragenden parlamentarischen Akteuren auf der einen Seite und der parlamentarischen Opposition auf der anderen Seite. Dieses Phänomen wird verbreitet unter der Begrifflichkeit „neuer Dualismus“ zusammengefasst. Allerdings provoziert der neue Dualismus ein strukturelles Ungleichgewicht im – grundsätzlich auf gegenseitige Machtbalance ausgelegten – System der „checks and balances“ zuungunsten der parlamentarischen Opposition. An dieser Stelle kommt jedoch die

---

[424] So *A. Ingold*, ZRP 2016, S. 143 (145). Vgl. auch schon *ders.*, ebenda, S. 143 (144): „Verfassungsrechtlich besteht also kein Oppositionsmonopol auf Seiten des Parlaments. Stattdessen macht das *BVerfG* zu Recht einen im Demokratie- und Rechtsstaatsprinzip wurzelnden ‚allgemeinen verfassungsrechtlichen Grundsatz effektiver Opposition‘ […] aus, der nicht allein im parlamentarischen Raum zu verwirklichen ist.“ [Hervorhebung im Original].

[425] Vgl. BVerfG, Urt. v. 3.5.2016 – Az. 2 BvE 4/14, BVerfGE 142, 25 (Rn. 90): „Es gilt der Grundsatz effektiver Opposition. Sie darf bei der Ausübung ihrer Kontrollbefugnisse nicht auf das Wohlwollen der Parlamentsmehrheit angewiesen sein.“ Im Übrigen beschränkt sich das Bundesverfassungsgericht bei der Frage der tatsächlichen Auswirkungen des von ihm proklamierten Grundsatzes effektiver Opposition auch auf die Untersuchungsausschüsse, also den parlamentarischen Bereich, vgl. Rn. 90: „Dies [scil. die Auslegung der parlamentarischen Minderheitenrechte auf Wirksamkeit hin] ist namentlich für das Recht auf Einsetzung eines Untersuchungsausschusses in seiner Ausprägung als Minderheitsenquete anerkannt“. Wie hier auch *P. Starski*, DÖV 2016, S. 750 (752).

ordnungskonstituierende Funktion des Gewaltenteilungsgrundsatzes zum Tragen, der insoweit bei der Zuordnung hoheitlicher Machtbefugnisse als Korrektiv lenkend eingreift. Der Grundsatz der Gewaltenteilung streitet daher zur Aufrechterhaltung des machtmäßigenden und freiheitsbewahrenden Systems gegenseitiger Kontrolle und zur Wahrung des grundgesetzlichen Regel-Ausnahme-Prinzips für einen verfassungsrechtlichen Grundsatz effektiver parlamentarischer Opposition.

2. Herleitung aus dem Demokratieprinzip

In einem zweiten Schritt soll nun untersucht werden, ob und inwieweit neben dem sich aus dem Rechtsstaatsprinzip ableitenden Grundsatz der Gewaltenteilung das grundgesetzliche Demokratieprinzip für das Verfassungsprinzip einer effektiven parlamentarischen Opposition streitet. Auch hier stellt sich die Frage, ob sich Art. 20 Abs. 1 und 2, Art. 28 Abs. 1 Satz 1 GG mit der bloßen Existenz eines Rechts auf Bildung und Ausübung parlamentarischer Opposition begnügen oder ob ihnen – darüber hinaus – auch ein Grundsatz *effektiver* parlamentarischer Opposition zu entnehmen ist.

Für letztere These spricht prima facie, dass „Demokratie und Rechtsstaat [...] siamesische Zwillinge“[426] sind und sich gegenseitig ergänzen und bedingen.[427] Ähnlich wie das Rechtsstaatsprinzip über den ihm inhärenten Gewaltenteilungsgrundsatz sicherstellt, dass keine Gewalt über die andere ein verfassungsrechtlich nicht vorgesehenes Übergewicht erlangen soll, garantiert auch das Demokratieprinzip einen freien und offenen Prozess der Meinungs- und Willensbildung des Volkes,[428] in dem „einer den anderen nicht beherrsch[t]“[429]. Um der Gewährleistung eines solchen freien und offenen Prozesses willen ist demokratieprinzipiell das Recht auf Bildung und Ausübung parlamentarischer Opposition verbürgt.[430] Doch wenn sich in praxi ein lebhafter Diskurs zwischen Regierungs- und Oppositionslager entwickeln soll, kann es allein damit nicht sein Bewenden haben, denn Demokratie basiert in entscheidendem Maße auf dem auch öffentlich wahrnehmbaren „Antagonismus von Regierung und Oppositi-

[426] *R. Mußgnug*, in: Festschrift E. Klein, S. 249 (252).

[427] Vgl. *C. Möllers/L. Schneider*, Demokratiesicherung in der Europäischen Union, S. 129: „Empirisch gibt es keine funktionierenden Demokratien ohne rechtsstaatliche Sicherungen und umgekehrt auch keine Rechtsstaaten, die nicht auch demokratisch verfasst wären.“

[428] BVerfG, Urt. v. 19.7.1966 – Az. 2 BvF 1/65, BVerfGE 20, 56 (97); Urt. v. 2.3.1977 – Az. 2 BvE 1/76, BVerfGE 44, 125 (139); Beschl. v. 31.3.1998 – Az. 2 BvR 1877/97 und 50/98, BVerfGE 97, 350 (369).

[429] *H. Kelsen*, Vom Wesen und Wert der Demokratie, S. 3.

[430] Vgl. 2. Kapitel § 1 I. 1., S. 54 ff.

on"[431]. Soweit sich etwa – wie gezeigt – im Zusammenspiel von Fünf-Prozent-Hürde und Zwängen einer (qualifizierten) Großen Koalition in wichtigen Sachfragen kein Diskurs mehr entfalten kann, gerät die Wahrnehmbarkeit des Regierungs-Oppositions-Antagonismus in Gefahr. Der Antagonismus kann sich vielmehr nur dann in wahrnehmbarer Weise entfalten, wenn die Akteure parlamentarischer Opposition in die Lage versetzt werden, ihre Oppositionsfunktionen wirksam wahrzunehmen und sich gegenüber der Regierung und den sie tragenden parlamentarischen Kräften eigenständig zu positionieren und zu profilieren.[432] Nur so kann die parlamentarische Opposition auch ihrer Funktion als grundlegender Bestandteil der parlamentarischen Demokratie gerecht werden.[433]

Verfassungsrechtsdogmatisch gilt in diesem Zusammenhang auch für das Prinzip der Demokratie, dass dieses „nicht nur die Wahrung formaler Organisationsprinzipien"[434] bedeutet.[435] Vielmehr kommt ihm für die parlamentarische Praxis eine interpretationsleitende Funktion zu. Das Demokratieprinzip hegt dabei die „Verfassungserwartung"[436], dass der Regierungs-Oppositions-Antagonismus sich nicht als diskursloses Gegenüber entpuppt, sondern dass es zu einer offenen Auseinandersetzung kommt – oder jedenfalls kommen kann –, in der sich zwar schlussendlich der Mehrheitswille durchzusetzen vermag, minoritäre (oppositionelle) Positionen aber – auch für die Öffentlichkeit[437] – hinreichend zum Ausdruck kommen können. Mit anderen Worten: Das Demokratieprinzip

---

[431] *C. Hillgruber*, in: Festschrift P. Kirchhof, Bd. I, § 61 Rn. 22.

[432] Vgl. VerfGH Rheinland-Pfalz, Urt. v. 11.10.2010 – Az. VGH O 24/10, BeckRS 2010, 55237 (B. I. 2. lit. a).

[433] VerfGH Rheinland-Pfalz, Urt. v. 11.10.2010 – Az. VGH O 24/10, BeckRS 2010, 55237 (B. I. 2. lit. a).

[434] BVerfG, Urt. v. 30.6.2009 – Az. 2 BvE 2, 5/08, 2 BvR 1010, 1022, 1259/08, 182/09, BVerfGE 123, 267 (358); mit Verweis auf BVerfG, Urt. v. 12.10.1993 – Az. 2 BvR 2134, 2159/92, BVerfGE 89, 155 (185): Demokratie als „nicht lediglich formales Zurechnungsprinzip".

[435] Pointiert *D. Grimm*, in: ders., Europa ja – aber welches?, S. 71 (72 f.): „Demokratie erschöpft sich allerdings nicht im Rechtlich-Institutionellen. Dieses bildet lediglich die Grundlage und den Rahmen eines demokratischen Prozesses, der in den verfassten Institutionen und Verfahren gipfelt, aber nicht aufgeht, sondern in der Gesellschaft wurzelt und die Bürger samt ihren Assoziationen und spontanen kollektiven Aktionsformen sowie die intermediären Einrichtungen, namentlich die Medien einer demokratischen Öffentlichkeit, umfasst. Auf dieser dem rechtlichen Rahmen vorgelagerten Ebene der tatsächlichen Voraussetzungen und Entwicklungschancen entscheidet sich die demokratische Substanz einer politischen Einheit. Ihr demokratischer Zustand ergibt sich erst aus der Zusammenschau beider."

[436] *C. Hillgruber*, in: Festschrift P. Kirchhof, Bd. I, § 61 Rn. 23.

[437] Zum Erfordernis einer hinreichend effektiven Wirkung der parlamentarischen Opposition in der Öffentlichkeit VerfGH Rheinland-Pfalz, Urt. v. 19.8.2002 – Az. VGH O 3/02, DÖV 2002, S. 992 (996). Vgl. zur Bedeutung der Herstellung von Öffentlichkeit schon oben, 2. Kapitel § 2 II. 2. f), S. 99 ff.

verlangt, dass sich im Volk tatsächlich vertretene Meinungen über eine parlamentarische Opposition artikulieren können. Die Opposition muss, um mit *Niklas Luhmann* zu sprechen, in einer Demokratie „die Macht der Ohnmacht zur Geltung bringen“[438] können. All dies bedarf aber einer *wirksamen* bzw. *effektiven* parlamentarischen Opposition. Das Recht zur effektiven Bildung und Ausübung parlamentarischer Opposition ist demnach unabdingbare Voraussetzung für die volle Entfaltung des demokratischen Prinzips.[439] Ohne eine solchermaßen kraftvolle Opposition bliebe die Demokratie nicht nur „auf Dauer ohne Vitalität und Wirkkraft“[440], sondern der „Motor der Demokratie“[441] geriete – um die Metapher *Andreas Voßkuhles* fortzuführen – jedenfalls ins Stottern. Eine wirkungslose parlamentarische Opposition stünde daher gänzlich im „Widerspruch zum pluralistischen Geist der parlamentarischen Demokratie“[442]. Damit der Motor parlamentarischer Demokratie intakt bleibt, ist demnach erforderlich, dass die parlamentarische Opposition „kein Waisenkind des Verfassungsrechts ist, sondern [...] ihre Stimme wirksam zu erheben vermag“[443]. Für das Funktionieren der Demokratie im Allgemeinen[444] und des parlamentarischen Regierungssystems im Besonderen ist das Recht auf *effektive* Bildung und Ausübung parlamentarischer Opposition mithin Conditio sine qua non.[445]

3. Herleitung aus dem Grundsatz des freien Mandats

Fraglich ist schließlich, ob sich auch der Grundsatz des freien Mandats aus Art. 38 Abs. 1 Satz 2 GG für die Herleitung eines Verfassungsgrundsatzes effek-

[438] *N. Luhmann*, in: ders., Soziologische Aufklärung 4, S. 126 (127).

[439] So ausdrücklich *P. M. Huber*, in: J. Isensee/P. Kirchhof (Hrsg.), Handbuch des Staatsrechts der Bundesrepublik Deutschland, Bd. III, § 47 Rn. 73.

[440] *M. Schmidt-Preuß*, in: Festschrift W. Leisner, S. 467 (473).

[441] *A. Voßkuhle*, in: Festschrift J. Schwarze, S. 283 (283).

[442] *L. Brocker*, DÖV 2014, S. 475 (475).

[443] *R. Rixecker*, in: Festschrift R. Wendt, S. 1271 (1281), der des Weiteren auf die Rolle der Minderheit – neben der Entscheidungsfähigkeit der Mehrheit – auf dem Weg „zum gemeinen Wohl“ als Ziel der repräsentativen Demokratie hinweist.

[444] Vgl. *H.-P. Schneider*, in: Festschrift J. Seifert, S. 245 (245): „Es gibt keine Demokratie ohne eine wirksame Opposition“; *C. Starck*, in: Festschrift D. Rauschning, S. 157 (165): effektive Opposition als „Funktionselement der demokratischen Ordnung“.

[445] *M. Schmidt-Preuß*, in: Festschrift W. Leisner, S. 467 (473); *H.-J. Waack*, in: M. Morlok/U. Schliesky/D. Wiefelspütz (Hrsg.), Parlamentsrecht, § 22 Rn. 73; a. A. *K.-A. Schwarz*, ZRP 2013, S. 226 (227). Vgl. schließlich auch *W. Zeh*, in: J. Isensee/P. Kirchhof (Hrsg.), Handbuch des Staatsrechts der Bundesrepublik Deutschland, Bd. III, § 52 Rn. 22: „Demokratie beginnt nach dieser Ordnung [scil. der freien demokratischen Grundordnung] erst, wenn nicht nur die Wahl zwischen mindestens zwei konkurrierenden Parteien, sondern auch die chancengleiche politische und parlamentarische Betätigung mit der Möglichkeit des Mehrheitserwerbs durch die jeweilige Minderheitspartei gewährleistet ist“.

tiver parlamentarischer Opposition fruchtbar machen lässt. Dies liegt insbesondere deshalb nahe, weil der Abgeordnete als kleinste, aber auch wichtigste Einheit des Parlaments der unmittelbare verfassungsrechtliche Anknüpfungspunkt für die Bildung und Ausübung parlamentarischer Opposition ist.[446] Soweit aber Rechtsstaats- und Demokratieprinzip einen verfassungsrechtlichen Grundsatz effektiver parlamentarischer Opposition enthalten, bedarf es zu dessen praktischer Umsetzung einer Subjektivierung, die sich für die Mitglieder des Bundestages über die Norm des Art. 38 Abs. 1 Satz 2 GG vollzieht. Die Subjektivierung des Grundsatzes effektiver parlamentarischer Opposition zu einem auch verfassungsprozessual einklagbaren *Recht* auf Bildung und Ausübung parlamentarischer Opposition steht insoweit mit der verfassungsrechtlichen Grundentscheidung im Einklang, wonach die organschaftlichen Rechte des Art. 38 Abs. 1 Satz 2 GG die Abgeordneten in die Lage versetzen sollen, ihr Mandat bestmöglich wahrzunehmen.[447] Zur bestmöglichen Wahrnehmung ihres Abgeordnetenmandats sind aber gerade die Oppositionsabgeordneten darauf angewiesen, ihre oppositionelle Haltung in effektiver Weise zum Ausdruck bringen zu können. Anderenfalls bliebe das durch Art. 38 Abs. 1 Satz 2 GG gewährleistete freie Abgeordnetenmandat konturenlos und inhaltsleer. Insoweit stellt das individuelle Abgeordnetenmandat nach Art. 38 Abs. 1 Satz 2 GG nicht nur den „dominierenden verfassungsrechtsdogmatischen Ausgangspunkt des Parlamentsrechts"[448] insgesamt dar, sondern insbesondere auch den Ausgangspunkt des Rechts auf Bildung und Ausübung effektiver parlamentarischer Opposition.

Wenn bisweilen in der Literatur vertreten wird, eine solche „Re-Individualisierung"[449] des Parlamentsrechts sei erst im Falle einer „weitgehende[n] faktische[n] Ausschaltung der Abgeordneten im parlamentarischen Willensbildungsprozeß" de constitutione ferenda angezeigt,[450] kann dem nicht zugestimmt werden. Vielmehr ist schon de constitutione lata eine Rückbesinnung auf die Rechtsstellung der einzelnen Abgeordneten angezeigt,[451] denn gemäß Art. 38 Abs. 1 Satz 2 GG sind *sie* – und nicht etwa die verfassungsrechtlich lediglich in Art. 53a Abs. 1 Satz 2 GG erwähnten Fraktionen – die Vertreter des ganzen Volkes. Auch damit es nicht zu einer zu vollständigen Mediatisierung der Abgeordneten durch die Fraktionen kommt, ist es verfassungsrechtlich daher geboten,

---

[446] Vgl. schon 1. Kapitel § 2 II. 2. b) bb), S. 39 ff. Besonders deutlich auch *A. Ingold*, Das Recht der Oppositionen, S. 432.

[447] *T. du Mesnil de Rochemont/M. W. Müller*, JuS 2016, S. 603 (605).

[448] *A. Ingold*, Das Recht der Oppositionen, S. 432.

[449] *A. Ingold*, Das Recht der Oppositionen, S. 432.

[450] So *P. M. Huber*, in: J. Isensee/P. Kirchhof (Hrsg.), Handbuch des Staatsrechts der Bundesrepublik Deutschland, Bd. III, § 47 Rn. 72.

[451] Dazu ausführlich *A. Ingold*, Das Recht der Oppositionen, S. 415 ff.

den Grundsatz des freien Abgeordnetenmandats extensiv zu verstehen im Sinne eines effektiven Wirkungskreises für jeden einzelnen Abgeordneten innerhalb des Deutschen Bundestages.

Je besser und effektiver die Abgeordneten in diesem Zusammenhang ihre Aufgaben wahrnehmen können, desto eher wird auch die Repräsentationsfunktion der einzelnen Abgeordneten sichergestellt.[452] Auf die oppositionellen Abgeordneten bezogen bedeutet dies, dass deren Repräsentationsfunktion nur dann gewährleistet ist, wenn sie im Rahmen ihrer Abgeordnetentätigkeit auch tatsächlich etwas bewirken können.[453] Mithin ist aus Art. 38 Abs. 1 Satz 2 GG nicht nur eine organschaftliche Rechtsstellung herzuleiten, sondern die Norm gewährleistet auch objektiv-rechtlich um der Gewährleistung der Repräsentationsfunktion willen eine effektive Opposition.

III. Ergebnis

Insgesamt handelt es sich bei dem Recht auf Bildung und Ausübung parlamentarischer Opposition nicht bloß um eine „optimierungsbedürftige Zielvorgabe“[454]. Vielmehr enthält das Grundgesetz mit den hier beschriebenen normativen Grundlagen eine verfassungsrechtliche Grundentscheidung, die nicht nur die bloße Existenz parlamentarischer Opposition ermöglicht, sondern darüber hinaus für eine handlungsfähige und effektive parlamentarische Opposition streitet.[455] Das Grundgesetz enthält somit einen sich aus dem Gewaltenteilungsgrundsatz, dem Demokratieprinzip sowie dem freien Abgeordnetenmandat abzuleitenden Verfassungsgrundsatz effektiver parlamentarischer Opposition, der den Akteuren parlamentarischer Opposition ein Recht auf effektive Bildung und Ausübung parlamentarischer Opposition verleiht.

§ 4 Rechtsdogmatische Konturierung des Verfassungsgrundsatzes effektiver parlamentarischer Opposition

Um die spezifischen verfassungspraktischen Konsequenzen des Effektivitätsgebots aufzeigen zu können,[456] ist es zunächst erforderlich, dessen normativen Aussagegehalt (I.) sowie die konfligierenden Rechtspositionen, mit denen im

[452] *B. Beckermann/D. Weidemann*, AL 2015, S. 243 (247).

[453] *B. Beckermann/D. Weidemann*, AL 2015, S. 243 (247 f.).

[454] So aber ausdrücklich *K.-A. Schwarz*, ZRP 2013, S. 226 (227).

[455] *P. M. Huber*, in: J. Isensee/P. Kirchhof (Hrsg.), Handbuch des Staatsrechts der Bundesrepublik Deutschland, Bd. III, § 47 Rn. 70.

[456] Vgl. dazu das 3. Kapitel, S. 153 ff.

Einzelfall ein Ausgleich herzustellen sein kann (II.), zu ermitteln. Nur durch eine solche – abstrakte – Zusammenschau kann eine umfassende rechtsdogmatische Konturierung des Verfassungsgrundsatzes effektiver parlamentarischer Opposition sichergestellt werden.

I. Normativer Aussagegehalt des Grundsatzes effektiver parlamentarischer Opposition

Im Ausgangspunkt bietet der Verfassungsgrundsatz effektiver parlamentarischer Opposition die Gewährleistung dafür, dass die oppositionellen parlamentarischen Akteure ihre verfassungsrechtlichen Aufgaben effektiv ausüben können müssen. In praxi bedeutet dies, dass den oppositionellen Akteuren ein Mindestbestand an Rechten zur Verfügung stehen muss, mit dem die effektive Aufgabenwahrnehmung gewährleistet ist.[457] Doch nicht nur in rechtlicher, sondern vor allem auch in tatsächlicher Hinsicht muss die wirksame Ausübung der oppositionellen Funktionen gewährleistet sein.[458] Dies trägt der Tatsache Rechnung, dass das Parlamentsrecht ein in besonderem Maße von politisch-praktischen und damit tatsächlichen Einflüssen geprägter Rechtsbereich ist. Neben den rechtlichen Instrumentarien kommt damit beispielsweise auch den sachlichen und personellen Kapazitäten der parlamentarischen Opposition Bedeutung zu.[459] Rechtsdog-

---

[457] *H.-J. Waack*, in: M. Morlok/U. Schliesky/D. Wiefelspütz (Hrsg.), Parlamentsrecht, § 22 Rn. 77. Vgl. auch *C. Gröpl*, Staatsrecht I, Rn. 327: „Diese Funktion [scil. die Alternativfunktion] kann nur effektiv ausgeübt werden, wenn die Oppositionsfraktionen ‚auf gleicher Augenhöhe' in den Wettbewerb um die Mehrheit eintreten können. Dazu müssen sie mit einem Mindeststandard an Verfahrens-, Beteiligungs- und Informationsrechten ausgestattet sein" [im Original z. T. hervorgehoben]; *S. Schuster*, DÖV 2014, S. 516 (525): „Die Existenz einer handlungsfähigen Opposition wird zu einem verfassungsrechtlichen Gebot. Um diese Aufgaben wirksam wahrnehmen zu können, müssen die Abgeordneten der Oppositionsfraktionen mit besonderen Rechten ausgestattet werden."; *A. Thiele*, Verlustdemokratie, S. 77: Die Verfassung „sichert [...] das erforderliche Mindestmaß an Oppositionsrechten".

[458] Schon früh eine vergleichbare Gewährleistung für Oppositions*parteien* ausmachend BVerwG, Urt. v. 16.7.1954 – Az. I A 23.53, BVerwGE 1, 184 (189): „[die] tragenden Grundsätze [...] der staatlichen Gesamtordnung in der Bundesrepublik, die u. a. gekennzeichnet sind durch [...] die rechtliche und tatsächliche Möglichkeit zur Bildung und Entfaltung von Oppositionsparteien". Vgl. schließlich auch *E. G. Mahrenholz*, NordÖR 2007, S. 11 (16), der – wenn auch in anderem Zusammenhang – ebenfalls auf die Wichtigkeit gerade des praktischen Entfaltens von Rechtspositionen hinweist: „[...] sind Rechte, Institute und prozedurale Vorschriften so zu verstehen, dass sie in der praktischen Bewährung ihre Funktionen, die ihnen der Verfassungsgeber zugedacht hat, auch zur Geltung bringen." Allgemein die Verknüpfung rechtlicher und tatsächlicher Bedeutungsgehalte für Prinzipien betonend *R. Alexy*, in: ders., Recht, Vernunft, Diskurs, S. 213 (216), nach dem „das gebotene Maß ihrer Erfüllung nicht nur von den tatsächlichen, sondern auch von den rechtlichen Möglichkeiten abhängt".

[459] Vgl. *M. Schmidt-Preuß*, in: Festschrift W. Leisner, S. 467 (473 f.): Der Grundsatz effek-

matisch handelt es sich bei dem Grundsatz effektiver parlamentarischer Opposition demnach um ein verfassungsrechtliches Prinzip, das als Optimierungsgebot gebietet, „daß etwas in einem relativ auf die rechtlichen und tatsächlichen Möglichkeiten möglichst hohen Maße realisiert wird“[460].

Das Bundesverfassungsgericht beschreibt den Aussagegehalt des verfassungsrechtlichen Grundsatzes effektiver parlamentarischer Opposition folgendermaßen:

> „Damit die Opposition ihre parlamentarische Kontrollfunktion erfüllen kann, müssen die im Grundgesetz vorgesehenen Minderheitenrechte auf Wirksamkeit hin ausgelegt werden (vgl. BVerfGE 67, 100 <130>). Dies ist namentlich für das Recht auf Einsetzung eines Untersuchungsausschusses in seiner Ausprägung als Minderheitsenquete anerkannt (vgl. BVerfGE 49, 70 <86 f.>; zur Hoheit der Minderheit über den Untersuchungsauftrag eines auf ihren Antrag eingesetzten Untersuchungsausschusses vgl. nunmehr § 2 Abs. 2 und § 3 PUAG; zum Schutz auch der potenziell einsetzungsberechtigten Minderheit vgl. BVerfGE 105, 197 <224 f.>). Es gilt der Grundsatz effektiver Opposition. Sie darf bei der Ausübung ihrer Kontrollbefugnisse nicht auf das Wohlwollen der Parlamentsmehrheit angewiesen sein. Denn die Kontrollbefugnisse sind der parlamentarischen Opposition nicht nur in ihrem eigenen Interesse, sondern in erster Linie im Interesse des demokratischen, gewaltengegliederten Staates – nämlich zur öffentlichen Kontrolle der von der Mehrheit gestützten Regierung und ihrer Exekutivorgane – in die Hand gegeben (vgl. BVerfGE 49, 70 <87>). Der Grundsatz der Gewaltenteilung im parlamentarischen Regierungssystem gewährleistet daher die praktische Ausübbarkeit der parlamentarischen Kontrolle gerade auch durch die parlamentarische Opposition.“[461]

Diese Ausführungen des Bundesverfassungsgerichts erscheinen auf den ersten Blick weitgehend unspezifisch („Es gilt der Grundsatz effektiver Opposition“) und damit zugleich – was begrüßenswert wäre – entwicklungsoffen, auf den zweiten Blick erweisen sie sich jedoch als bedeutsame Einschränkung des Verfassungsgrundsatzes effektiver parlamentarischer Opposition. Die einschränkende Wirkung des verfassungsgerichtlichen Ausspruchs eines Grundsatzes effektiver Opposition ergibt sich zum einen bereits daraus, dass das Bundesverfassungsgericht nur die im Grundgesetz vorgesehenen Minderheitenrechte auf Wirksamkeit hin auslegen will und hierbei namentlich das Untersuchungsausschussverfahren als Beispiel heranzieht. Eine solche Einschränkung kann jedoch dogmatisch nicht nachvollzogen werden. Die vorliegende Arbeit hat schon an früherer Stelle aufgezeigt, dass nicht nur die grundgesetzlichen Minderheitenrechte, sondern auch die Abgeordnetenrechte als Kompensation fehlender spezi-

---

tiver (parlamentarischer) Opposition setze voraus, „daß die Oppositionsfraktionen nicht nur über das geeignete rechtliche Instrumentarium für wirksame Kritik und Kontrolle verfügen. […] Vielmehr bedarf es auch hinreichender sachlicher und personeller Kapazitäten […].“

[460] *R. Alexy*, in: ders., Recht, Vernunft, Diskurs, S. 213 (216).

[461] BVerfG, Urt. v. 3.5.2016 – Az. 2 BvE 4/14, BVerfGE 142, 25 (Rn. 90).

fischer Oppositionsrechte nach dem Grundgesetz dienen.[462] Eine die Abgeordnetenrechte außer Acht lassende Betrachtungsweise vermag insoweit nicht zu überzeugen, da sich nicht alle oppositionellen Aufgabenwahrnehmungen auf die grundgesetzlichen Minderheitenrechte zurückführen lassen. Zum anderen ergibt sich eine begrenzende Wirkung auch daraus, dass das Bundesverfassungsgericht in seinen folgenden Ausführungen eine etwaige Einführung spezifischer Oppositions(fraktions)rechte im Rahmen eines obiter dictums für nicht mit der Verfassung im Einklang stehend erachtet. Auch dies erweist sich als eine die Auswirkungen des Grundsatzes effektiver parlamentarischer Opposition stark einschränkende Vorgabe, die – wie später noch ausführlich gezeigt werden wird[463] – aus einer verfassungsrechtlichen Perspektive nicht zu überzeugen vermag.

Zusammenfassend gewährleistet der verfassungsrechtliche Grundsatz effektiver parlamentarischer Opposition den Akteuren parlamentarischer Opposition einen Handlungsrahmen, mithilfe dessen ihnen ermöglicht wird, den oppositionellen Aufgaben mit der gebotenen Intensität nachzukommen. Seine Wirkung entfaltet das Prinzip effektiver parlamentarischer Opposition dabei grundsätzlich auf allen Ebenen des Wirkens parlamentarischer Opposition, d. h. in den drei Aufgabenbereichen Kritik, Kontrolle und Alternativenbildung. Welche Konsequenzen sich aus dem Verfassungsgrundsatz in praxi ergeben, kann nicht allgemeingültig festgelegt werden – einen statischen Aussagegehalt beansprucht der Grundsatz effektiver parlamentarischer Opposition insoweit nicht. Stattdessen bedarf es stets einer Betrachtung des jeweiligen Einzelfalles[464] unter Berücksichtigung des gesamten Wirkungskreises parlamentarischer Opposition, um festlegen zu können, ob die konkret in Rede stehenden Handlungsmöglichkeiten sich innerhalb des von Verfassungs wegen Gebotenen bewegen. In diese Einzelfallbetrachtung ist jedoch nicht isoliert der Grundsatz effektiver parlamentarischer Opposition einzustellen, sondern vielmehr bedarf es stets auch einer Berücksichtigung der mit diesem konfligierenden Rechtspositionen, denn Prinzipien werden „außer durch Regeln wesentlich durch gegenläufige Prinzipien bestimmt“[465].

II. Berücksichtigung konfligierender Rechtsprinzipien

Schon das Bundesverfassungsgericht hat darauf hingewiesen, dass bei der Ermittlung des Umfangs von parlamentarischen Minderheitenrechten „auch andere Rechtsgüter von Verfassungsrang zu berücksichtigen“ sind.[466] Auch zur Ermitt-

---

462 Vgl. 2. Kapitel § 2 II. 1., S. 82 f.

463 Vgl. 4. Kapitel § 2 II. 1. b), S. 279 ff.

464 Vgl. zur Betrachtung solcher Einzelfälle das 3. Kapitel, S. 153 ff.

465 *R. Alexy*, in: ders., Recht, Vernunft, Diskurs, S. 213 (216).

466 Vgl. BVerfG, Urt. v. 14.1.1986 – Az. 2 BvE 14/83 und 4/84, BVerfGE 70, 324 (363).

lung der Reichweite des Grundsatzes effektiver parlamentarischer Opposition ist es unabdingbar, die mit dem Oppositionseffektivitätsgrundsatz möglicherweise konfligierenden Rechtsprinzipien herauszustellen, um diese im konkreten Einzelfall in die erforderliche Gesamtbetrachtung einstellen zu können. Das Prinzip effektiver parlamentarischer Opposition darf also nicht isoliert betrachtet werden: „Effizienz ist im demokratischen *Verfassungs*staat [...] nur *in Verbindung* mit Grundsätzen und Normen, nie ‚an sich' vertretbar."[467] Nur durch eine Berücksichtigung auch anderer Rechtsgrundsätze und Normen kann es gelingen, einen „dogmatischen Rahmen" für den Grundsatz effektiver parlamentarischer Opposition zu entwickeln. Stehen somit im konkreten Einzelfall zwei (oder mehr) Prinzipien miteinander im Widerstreit und besteht nicht schon ein grundsätzliches Vorrangverhältnis zwischen den jeweiligen Prinzipien, so kann das so entstehende Spannungsverhältnis nur durch eine die besonderen Umstände des Falles und die relativen Gewichte der gegenläufigen Prinzipien berücksichtigende Vorrangregelung aufgelöst werden.[468] Die Lösung besteht demnach nicht darin, einem der beiden Prinzipien einen generellen Vorrang zu geben und das andere Prinzip für ungültig zu erklären; vielmehr bleibt das in concreto zurückweichende Prinzip Teil der Rechtsordnung und in einem anderen Fall kann die Vorrangfrage umgekehrt zu entscheiden sein.[469]

Um im Einzelfall[470] im Wege der Abwägung[471] – also der im Verfassungsrecht maßgeblichen „Methode im Prozeß der Rechtsgewinnung"[472] – eine entspre-

[467] *P. Häberle*, in: ders., Verfassung als öffentlicher Prozeß, S. 290 (297) [Hervorhebungen im Original].

[468] *R. Alexy*, in: ders., Recht, Vernunft, Diskurs, S. 213 (218).

[469] *R. Alexy*, in: ders., Recht, Vernunft, Diskurs, S. 213 (218).

[470] Abwägung ist grundsätzlich nur einzelfallbezogen möglich, vgl. *F. Ossenbühl*, in: Symposium W. Hoppe, S. 25 (30), mit Verweis auf BVerfG, Urt. v. 15.1.1958 – Az. 1 BvR 400/51, BVerfGE 7, 198 (210 f.); a.A. *C.-W. Canaris*, JuS 1989, S. 161 (164, 167 ff.).

[471] *R. Alexy*, in: ders., Recht, Vernunft, Diskurs, S. 213 (216): „Die Abwägung ist die für Prinzipien kennzeichnende Form der Rechtsanwendung." Den Vorgang der Abwägung allgemein definierend *H.-J. Koch*, in: Symposium W. Hoppe, S. 9 (20): „Wenn mindestens zwei Rechtssätze je auf die Verwirklichung von Zuständen gerichtet sind, die in mehr oder minder großem Umfange, jedoch nicht zugleich maximal verwirklicht werden können, und wenn keinem der Rechtssätze ein abstrakter Vorrang zukommt, dann ist im Konfliktfall durch Abwägung zu entscheiden, welchem der als Prinzipien zu bezeichnenden Rechtssätze im jeweiligen Fall der Vorrang zukommt. Diese Entscheidung heißt Abwägung." Dennoch ist der Vorgang der (juristischen) Abwägung kein von rechtlichen Vorgaben freigestellter Raum, vgl. *J. H. Klement*, in: M. Klatt (Hrsg.), Institutionalized Reason, S. 173 (188): „If a written constitution is the basis for building a consensus within the political and legal system, this necessarily means that the process of applying the constitution must be kept distinct from that of freely balancing argument and counter-argument, as it characterizes the political debate. Legal reasoning demands a specific judicial rationality."

[472] *F. Ossenbühl*, in: Symposium W. Hoppe, S. 25 (25). Ähnlich auch *B. Schlink*, Abwägung

chende Vorrangregelung treffen zu können und die kollidierenden Prinzipien einem Ausgleich zuführen zu können, sollen im Folgenden die wesentlichen – jedenfalls in der Theorie – nach Möglichkeit mit dem Oppositionseffektivitätsgrundsatz konfligierenden Rechtspositionen dargestellt werden. Zugleich ist allerdings darauf hinzuweisen ist, dass auch hier eine abschließende Aufzählung nicht möglich ist, da die Fallgestaltungen, in denen der Grundsatz effektiver parlamentarischer Opposition Bedeutung erlangen kann, nicht definitiv bestimmt werden können.

1. Wahrung des Demokratieprinzips im Ganzen: Demokratie als grundsätzliche Herrschaft der Mehrheit

Nachdem bei der Frage der verfassungsrechtlichen Gewährleistung parlamentarischer Opposition der Schwerpunkt noch ganz auf dem – dem Demokratieprinzip inhärenten – Minderheitenschutz lag, muss nunmehr für die Frage der praktischen Konsequenzen des Grundsatzes effektiver parlamentarischer Opposition wieder an die grundsätzliche Geltung des Mehrheitsprinzips erinnert werden: Denn nur wenn die Demokratie letztendlich eine Herrschaft der Mehrheit bleibt, ist das Demokratieprinzip *im Ganzen* gewahrt.

Trotz der verfassungsrechtlich gewährleisteten Möglichkeit eines effektiven Wirkens der parlamentarischen Opposition dürfen diese Wirkungsmöglichkeiten nämlich nicht so weit reichen, dass die vorangegangene Entscheidung des Souveräns, eine andere parlamentarische Mehrheit einzusetzen, missachtet wird. Daher ist ein Demokratiebegriff abzulehnen, „der die demokratische Verfaßtheit des Gemeinwesens allein an den Möglichkeiten der Opposition mißt, die Regierung und ihre Mehrheit zu kontrollieren und ihr die Entscheidung zu erschweren“[473]. Grenzenloser Minderheitenschutz ist insoweit kein „kategorische[r] Imperativ der Demokratie“[474]. Das Demokratieprinzip gebietet genauso wenig einen unbegrenzten Minderheitenschutz wie eine unbedingte Wirkungsmöglichkeit der parlamentarischen Opposition. Vielmehr sind der Minderheitenschutz und der Schutz der parlamentarischen Opposition einerseits mit dem Mehrheitsprinzip und dem Schutz der die Regierung tragenden Kräfte im Parlament andererseits in der parlamentarischen Praxis dergestalt miteinander in Einklang zu bringen, dass beiden Seiten gerecht wird. Es wäre daher verfehlt, Demokratie „alleine von den

---

im Verfassungsrecht, S. 13, mit Verweis auf den Versuch des Bundesverfassungsgerichts, in dem Begriff der Abwägung „einen Schlüssel zur Methode und Dogmatik des Verfassungsrechts zu finden.“

[473] *A. von Bogdandy*, Gubernative Rechtsetzung, S. 94.

[474] *R. Mußgnug*, in: Festschrift E. Klein, S. 249 (249).

Interessen der parlamentarischen Minderheit her [zu] konzipieren"[475]. Stattdessen stellt das Demokratieprinzip, das auf der einen Seite einen Grundsatz effektiver parlamentarischer Opposition enthält, auf der anderen Seite und zugleich sicher, dass die Entscheidungsgewalt und damit die Gestaltungsmöglichkeiten des Regierungslagers insgesamt erhalten bleiben.[476] Ein im Sinne einer „Blockadeopposition" verstandener Verfassungsgrundsatz effektiver parlamentarischer Opposition stünde demnach mit dem Demokratieprinzip nicht in Einklang.

2. Grundsatz der Abgeordneten- und Fraktionsgleichheit aus Art. 38 Abs. 1 Satz 2 GG

Weiterhin ist gegenüber dem Prinzip effektiver parlamentarischer Opposition der Grundsatz der Abgeordneten- und Fraktionsgleichheit aus Art. 38 Abs. 1 Satz 2 GG in Position zu bringen.[477] Das Bundesverfassungsgericht vertritt insoweit in ständiger Rechtsprechung einen Grundsatz formaler Gleichheit, wonach alle Abgeordneten grundsätzlich über die gleichen Rechte und Pflichten verfügten, was sich im Wesentlichen daraus ergebe, dass der Deutsche Bundestag seine Repräsentationsfunktion grundsätzlich in seiner Gesamtheit – d. h. durch die Mitwirkung aller seiner Mitglieder – wahrnehme und nicht etwa durch einzelne Abgeordnete, eine Gruppe von Abgeordneten oder die parlamentarische Mehrheit.[478] Nichts anderes gilt für Fraktionen, da diese schlicht Zusammenschlüsse von Abgeordneten sind.[479]

Kommt es also beispielsweise durch oder aufgrund eines Gesetzes zu einer Ungleichbehandlung eines Oppositionsabgeordneten gegenüber einem Abgeordneten der Regierungsmehrheit, so ist der Grundsatz der Abgeordnetengleichheit durchbrochen und es bedarf einer entsprechenden verfassungsrechtlichen Rechtfertigung. Diese kann, so das Bundesverfassungsgericht, nur bei Vorliegen be-

---

475 *A. von Bogdandy*, Gubernative Rechtsetzung, S. 94.

476 Vgl. *A. von Bogdandy*, Gubernative Rechtsetzung, S. 94: „Letztere [scil. die Interessen der parlamentarischen Minderheit] kommen vielmehr erst zum Tragen, wenn der Aspekt gesichert ist, daß Demokratie als *Herrschafts*ordnung die Entscheidung der mehrheitlich bestellten Organe letztlich gewährleistet" [Hervorhebung im Original].

477 Vgl. dazu auch *P. Starski*, DÖV 2016, S. 750 (755 f.).

478 Vgl. BVerfG, Schlussurt. v. 5.11.1975 – Az. 2 BvR 193/74, BVerfGE 40, 296 (318); Beschl. v. 10.5.1977 – Az. 2 BvR 705/75, BVerfGE 44, 308 (316); Beschl. v. 24.3.1981 – Az. 2 BvR 215/81, BVerfGE 56, 396 (405); Urt. v. 13.6.1989 – Az. 2 BvE 1/88, BVerfGE 80, 188 (218); Beschl. v. 17.7.1995 – Az. 2 BvH 1/95, BVerfGE 93, 195 (204); Beschl. v. 17.7.1997 – Az. 2 BvE 4/95, BVerfGE 96, 264 (278); Urt. v. 30.6.2009 – Az. 2 BvE 2, 5/08, 2 BvR 1010, 1022, 1259/08, 182/09, BVerfGE 123, 267 (342); Urt. v. 28.2.2012 – Az. 2 BvE 8/11, BVerfGE 130, 318 (342); Urt. v. 22.9.2015 – Az. 2 BvE 1/11, BVerfGE 140, 115 (Rn. 91); Urt. v. 3.5.2016 – Az. 2 BvE 4/14, BVerfGE 142, 25 (Rn. 96).

479 BVerfG, Urt. v. 3.5.2016 – Az. 2 BvE 4/14, BVerfGE 142, 25 (Rn. 97) m. w. N.

sonderer Gründe angenommen werden.[480] Derartige besondere Gründe müssten ihrerseits verfassungsrechtlich legitimiert sein und von einem Gewicht, das der Gleichheit der Abgeordneten die Waage halten könne.[481] Als Rechtfertigungsgrund kann insoweit dem Grunde nach der Verfassungsgrundsatz effektiver parlamentarischer Opposition dienen; dieser ist insoweit ein mit dem Grundsatz der Gleichheit der Abgeordneten auf gleicher Ebene stehendes verfassungsrechtliches Prinzip, wie seine umfassende verfassungsrechtliche Verankerung gezeigt hat. Gleichwohl bedeutet dies nicht, dass der Grundsatz effektiver parlamentarischer Opposition die Durchbrechung des Grundsatzes der Gleichheit der Abgeordneten stets zu rechtfertigen vermag. Es bedarf vielmehr einer Betrachtung des jeweiligen Einzelfalles, um die miteinander im Konflikt stehenden Verfassungsgrundsätze gegeneinander abzuwägen und gegebenenfalls miteinander in Ausgleich zu bringen.

3. Funktionsfähigkeit und Kernbereich exekutiver Eigenverantwortung der Regierung

Die Auswirkungen des Prinzips effektiver parlamentarischer Opposition sind grundsätzlich nicht auf den binnenparlamentarischen Raum beschränkt, sondern können – insbesondere aufgrund der parlamentarischen Informationsansprüche – unter anderem auch das Verhältnis zwischen Parlament und Regierung im Allgemeinen bzw. parlamentarischer Opposition und Regierung im Besonderen influenzieren. Hierdurch kann es auch zu einer Beeinträchtigung der Arbeitsweise der Regierung kommen. Diese Beeinträchtigung der Arbeitsweise darf jedoch nicht zu einer Beeinträchtigung der Funktionsfähigkeit der Regierung und damit zum Stillstehen einer der drei Gewalten führen. Mithin ist die Funktionsfähigkeit der Regierung eine Grenze bei der Beurteilung der Reichweite des Oppositionseffektivitätsgrundsatzes. Schlichte Beeinträchtigungen der Arbeitsweise der Regierung können jedoch hinzunehmen sein; hier bedarf es einer Einzelfallabwägung mit dem Grundsatz effektiver parlamentarischer Opposition. Nicht hinnehmbar wäre es jedoch beispielsweise, wenn die Regierung eine derart große Anzahl parlamentarischer Anfragen zu beantworten hätte, dass die eigentliche Arbeit der Regierung zum Erliegen käme. In einem solchen Fall – der von der Regierung nicht schlicht behauptet werden kann, sondern im Einzelfall substantiiert dargelegt werden müsste – hätte das parlamentarische (und oppositionelle) Informationsinteresse zurückzutreten; die Antwortpflicht der Regierung auf die

[480] Vgl. BVerfG, Beschl. v. 17.7.1995 – Az. 2 BvH 1/95, BVerfGE 93, 195 (204); Beschl. v. 21.5.1996 – Az. 2 BvE 1/95, BVerfGE 94, 351 (369); Beschl. v. 17.7.1997 – Az. 2 BvE 4/95, BVerfGE 96, 264 (278); Urt. v. 3.5.2016 – Az. 2 BvE 4/14, BVerfGE 142, 25 (Rn. 98).

[481] BVerfG, Urt. v. 3.5.2016 – Az. 2 BvE 4/14, BVerfGE 142, 25 (Rn. 98).

parlamentarischen Anfragen entfiele, soweit dies zur Erhaltung der Funktionsfähigkeit der Regierung notwendig wäre.[482]

Ähnlich verhält es sich mit dem sog. Kernbereich exekutiver Eigenverantwortung der Bundesregierung. Das Prinzip der Gewaltenteilung aus Art. 20 Abs. 2 Satz 2, Abs. 3 GG gebietet insoweit einen „grundsätzlich nicht ausforschbaren Initiativ-, Beratungs- und Handlungsbereich“[483] der Regierung. Aus diesem Grund entfällt nach der verfassungsgerichtlichen Rechtsprechung die Antwortpflicht der Bundesregierung auf solche parlamentarischen Anfragen, bei denen eine Beantwortung zu einem „Mitregieren Dritter“ in Fällen einer ausschließlichen Kompetenz der Regierung führen könnte.[484] Dementsprechend ist beispielsweise der Bereich exekutiver Entscheidungsvorbereitung in besonderer Weise vor parlaments-informatorischen Eingriffen geschützt.[485]

4. *Funktionsfähigkeit des Parlaments*

Schließlich kann auch die Funktionsfähigkeit des Parlaments insgesamt ein in die Einzelfallabwägung einzustellender Faktor sein, der mit dem Oppositionseffektivitätsgrundsatz in Widerstreit gerät. Dieser – meist zur verfassungsrechtlichen Rechtfertigung des Eingriffs der wahlrechtlichen Sperrklausel in die Wahlrechtsgleichheit (Art. 38 Abs. 1 Satz 1 GG) sowie in die Chancengleichheit der Parteien (Art. 21 Abs. 1 i. V. m. Art. 3 Abs. 1 GG) herangezogene[486] – Grundsatz soll die Handlungs- und Entscheidungsfähigkeit des Parlaments gewährleisten.[487] Die Gefahr eines Verlusts der Handlungs- und Entscheidungsfähigkeit des Parlaments kann jedoch zumindest im Ansatz auch bei einer oppositionseffektivierenden Auslegung bzw. Neufassung parlamentsrechtlicher Bestimmungen gegeben sein. Die Rechtsstellung der oppositionellen Abgeordneten darf daher grundsätzlich nicht dergestalt ausgeformt sein, dass es ihnen bei Verfolgung einer „systematischen Blockadeopposition“[488] möglich ist, die Handlungs- und Entscheidungsfähigkeit des Parlaments zu gefährden. Insoweit dient auch die

---

[482] *H. H. Klein*, in: Maunz/Dürig, GG, Art. 43 Rn. 106.

[483] BVerfG, Urt. v. 19.6.2012 – Az. 2 BvE 4/11, BVerfGE 131, 152 (206); Urt. v. 21.10.2014 – Az. 2 BvE 5/11, BVerfGE 137, 185 (Rn. 136).

[484] BVerfG, Beschl. v. 30.3.2004 – Az. 2 BvK 1/01, BVerfGE 110, 199 (214); Beschl. v. 17.6.2009 – Az. 2 BvE 3/07, BVerfGE 124, 78 (120 f.); Urt. v. 21.10.2014 – Az. 2 BvE 5/11, BVerfGE 137, 185 (Rn. 136).

[485] Vgl. BVerfG, Urt. v. 21.10.2014 – Az. 2 BvE 5/11, BVerfGE 137, 185 (Rn. 137).

[486] Vgl. BVerfG, Urt. v. 10.4.1997 – Az. 2 BvC 3/96, BVerfGE 95, 408 (417 ff.); Urt. v. 25.7.2012 – Az. 2 BvF 3/11, 2 BvR 2670/11, 2 BvE 9/11, BVerfGE 131, 316 (344).

[487] *C. Gröpl*, Staatsrecht I, Rn. 963.

[488] Vgl. zur „systematischen Opposition“ schon oben, 1. Kapitel § 1 III. 3., S. 17 f.

Funktionsfähigkeit des Parlaments als Gegengewicht zum Grundsatz effektiver parlamentarischer Opposition.

Gleichwohl ist nicht zu leugnen, dass die Gefahr eines Verlusts der Funktionsfähigkeit des Parlaments auch aus anderen Gründen gegeben sein kann: beispielsweise bei einer – verfassungsrechtlich zulässigen – Minderheitsregierung[489]. Wenn die Minderheitsregierung für ihren Regierungskurs keine zusätzlichen Unterstützer (mehr) findet, droht jedenfalls solange eine Handlungs- und Entscheidungsunfähigkeit, bis der Konflikt aufgelöst werden kann: dies entweder durch das Finden eines politischen Kompromisses und eine entsprechende situative parlamentarische Unterstützung der Minderheitsregierung durch Abgeordnete außerhalb der grundsätzlichen Parlamentsmehrheit oder aber durch eine „Koalition in der Opposition", welche die Regierung durch ein konstruktives Misstrauensvotum ablöst. Dieses Beispiel soll zeigen, dass das Verfassungsrecht nicht schon jede Beeinträchtigung der Funktionsfähigkeit des Parlaments missbilligt, solange und soweit es hinreichende Möglichkeiten zur Auflösung einer solchen politischen Stagnation gibt. Für den hier betrachteten Grundsatz effektiver parlamentarischer Opposition bedeutet dies, dass es – einmal mehr – einer Einzelfallbetrachtung bedarf, um festzustellen, ob das verfassungsrechtlich gebotene Maß der Funktionsfähigkeit des Parlaments gewahrt ist.

III. Ergebnis

Als Ergebnis der dogmatischen Konturierung des Grundsatzes effektiver parlamentarischer Opposition kann Folgendes festgehalten werden: Der Verfassungsgrundsatz effektiver parlamentarischer Opposition gewährleistet den oppositionellen Akteuren im Parlament, ihre Funktionen der Kritik, Kontrolle und Alternativenbildung wirksam auszuüben und gebietet insoweit sowohl in rechtlicher als auch in tatsächlicher Hinsicht einen Handlungsrahmen, der ihnen dies ermöglicht. Gleichwohl handelt es sich bei ebendiesem Verfassungsgrundsatz nicht um ein verfassungsrechtliches Prinzip, dem ein genereller und ausnahmsloser Vorrang vor anderen verfassungsrechtlichen Prinzipien einzuräumen ist. Vielmehr sind alle Prinzipien – soweit sie miteinander kollidieren – gegeneinander abzuwägen und gegebenenfalls einem Ausgleich zuzuführen. Als konfligierende Rechtspositionen können – nicht abschließend – namentlich das Mehrheitsprinzip, der Grundsatz der Abgeordneten- und Fraktionsgleichheit sowie die Funktionsfähigkeit von Parlament und Regierung zu berücksichtigen sein.

---

489 Dabei handelt es sich begrifflich um eine Regierung, die im Parlament lediglich von einer sich numerisch nicht in der Mehrheit befindlichen „Parlamentsmehrheit" gestützt wird.

Drittes Kapitel:

Praktische Bedeutung des Verfassungsgrundsatzes effektiver parlamentarischer Opposition

Die Ausführungen im vorangegangenen Abschnitt haben den Verfassungsgrundsatz effektiver parlamentarischer Opposition normativ begründet und seinen Inhalt abstrakt dargelegt. Im Folgenden sollen nun einzelne sich de constitutione lata ergebende Konsequenzen des Verfassungsgrundsatzes effektiver parlamentarischer Opposition aufgezeigt werden.

Zur Erfassung der praktischen Bedeutung des Grundsatzes effektiver parlamentarischer Opposition eignet sich zunächst einmal eine Untersuchung der Rechtsprechung des Bundesverfassungsgerichts. Obgleich auch das Bundesverfassungsgericht dem Grunde nach von einem Prinzip effektiver parlamentarischer Opposition ausgeht,[1] scheint es die konkreten Auswirkungen dieses Verfassungsgrundsatzes im gleichen Atemzug zunichtemachen zu wollen.[2] Zwar erkennt das Bundesverfassungsgericht eine Auslegung der im Grundgesetz vorgesehenen Minderheitenrechte auf Wirksamkeit hin namentlich für den Bereich parlamentarischer Untersuchungsausschüsse an.[3] Zugleich schiebt es jedoch einer Einführung spezifischer Oppositions(fraktions)rechte im Rahmen eines obiter dictums prophylaktisch einen Riegel vor[4] und scheint die verfassungspraktische Relevanz des Oppositionseffektivitätsgrundsatzes auf Einzelfälle, insbesondere auf das Untersuchungsausschussverfahren, beschränken zu wollen.[5] Ein solchermaßen enges Verständnis der verfassungsrechtlichen Konsequenzen des Grundsatzes effektiver parlamentarischer Opposition vermag prima

[1] Vgl. BVerfG, Urt. v. 3.5.2016 – Az. 2 BvE 4/14, BVerfGE 142, 25 (Rn. 85 ff.). Dazu schon oben, 2. Kapitel § 3 II. 1. d), S. 137 f.

[2] Ebenso in der Bewertung *M. Sachs*, JuS 2016, S. 764 (766): „Diesem Grundsatzbekenntnis aber folgt die Absage an praktische Konsequenzen."; *P. Cancik*, in: Verfassungsblog, http://verfassungsblog.de/der-grundsatz-ineffektiver-opposition-zum-urteil-des-bundesverfassungsgerichts-in-sachen-oppositionsfraktionsrechte/ [zuletzt abgerufen am 30.8.2018], Rn. 2.4: „Vom gerichtlichen Bekenntnis zum Grundsatz effektiver Opposition […] bleibt nun fast nur noch Rhetorik." Anders aber *A. Uhle*, ZG 2018, S. 1 (6 f.).

[3] BVerfG, Urt. v. 3.5.2016 – Az. 2 BvE 4/14, BVerfGE 142, 25 (Rn. 90).

[4] BVerfG, Urt. v. 3.5.2016 – Az. 2 BvE 4/14, BVerfGE 142, 25 (Rn. 91 ff.).

[5] BVerfG, Urt. v. 3.5.2016 – Az. 2 BvE 4/14, BVerfGE 142, 25 (Rn. 90). Noch restriktiver lesen sich die Ausführungen von *M. Rossi*, JZ 2016, S. 1169 (1171): der Grundsatz effektiver

facie nicht zu überzeugen. Es steht diametral im Gegensatz zu der hier gewonnenen Erkenntnis, dass dem in Rede stehenden Verfassungsgrundsatz ein abstrakter Bedeutungsgehalt zukommt, der sich in einer theoretisch nicht abschließenden Anzahl von Fällen auswirken kann.

Mithin stellt sich die Frage nach den verfassungspraktischen Konsequenzen des Verfassungsgrundsatzes effektiver parlamentarischer Opposition: Die vorliegende Arbeit will im folgenden Kapitel aufzeigen, dass es sich bei dem hier untersuchten Verfassungsgrundsatz nicht um ein verfassungsgerichtliches Lippenbekenntnis ohne jegliche Konsequenzen für die parlamentarische Praxis handelt, sondern dass hieraus konkrete Rechtsfolgen für den parlamentarischen Raum erwachsen, die zugleich über das hinausgehen, was das Bundesverfassungsgericht apodiktisch statuiert. Systematisch betrachtet kann der Verfassungsgrundsatz effektiver parlamentarischer Opposition zum einen als Auslegungsmaxime Bedeutung erlangen (§ 1) und zum anderen als Handlungsmaxime (§ 2).

§ 1 Bedeutung als Auslegungsmaxime

In erster Linie und zuvörderst kommt dem Verfassungsgrundsatz effektiver parlamentarischer Opposition Bedeutung als Auslegungsmaxime zu.[6] Dies bedeutet, dass er sowohl bei der Beurteilung der Reichweite grundgesetzlicher Rechtspositionen als auch bei der Interpretation einfachgesetzlicher sowie geschäftsordnungsrechtlicher Regelungen zu berücksichtigen ist. All diese Rechte und Bestimmungen sind „im Zweifel extensiv auszulegen“[7], sodass parlamentarische Opposition effektiv entfaltet werden kann.

Gleichwohl entbindet die grundsätzliche Bedeutung des Verfassungsgrundsatzes effektiver parlamentarischer Opposition als Auslegungsmaxime nicht von der Pflicht, hierbei die mit diesem konfligierenden Rechtspositionen[8] zu berücksichtigen. *Udo Di Fabio* weist in diesem Zusammenhang zutreffend darauf hin,

---

Opposition werde „allein und ausreichend durch die Bereitstellung parlamentarischer Minderheitenrechte sowie vor allem durch einen Voraussetzungsschutz effektiviert“.

[6] Vgl. *P. M. Huber*, in: J. Isensee/P. Kirchhof (Hrsg.), Handbuch des Staatsrechts der Bundesrepublik Deutschland, Bd. III, § 47 Rn. 75: Berücksichtigung bei der „Auslegung der Kompetenzbestimmungen“, Bedeutung als „Interpretationsmaxime“. Zumindest in der Theorie – wenngleich nur mit Blick auf die grundgesetzlichen Minderheitenrechte – auch BVerfG, Urt. v. 3.5.2016 – Az. 2 BvE 4/14, BVerfGE 142, 25 (Rn. 90): „Damit die Opposition ihre parlamentarische Kontrollfunktion erfüllen kann, müssen die im Grundgesetz vorgesehenen Minderheitenrechte auf Wirksamkeit hin ausgelegt werden“.

[7] *P. M. Huber*, in: J. Isensee/P. Kirchhof (Hrsg.), Handbuch des Staatsrechts der Bundesrepublik Deutschland, Bd. III, § 47 Rn. 75.

[8] Vgl. dazu abstrakt schon 2. Kapitel § 4 II., S. 146 ff.

dass besondere Rechte der Minderheit wegen der Geltung des demokratischen Mehrheitsprinzips auf „funktional bedeutsame Ausnahmen beschränkt bleiben" müssten, sodass eine Auslegung zugunsten der Minderheit – also regelmäßig zugunsten der oppositionellen Abgeordneten – nur so weit geboten sei, „wie es die Funktionsfähigkeit effektiver [parlamentarischer] Opposition verlangt".[9] Dies berücksichtigend sollen im Folgenden verschiedene Funktionsbereiche analysiert werden, in denen der Verfassungsgrundsatz effektiver parlamentarischer Opposition eine Auslegung zugunsten parlamentarischer Opposition gebietet.

Wenngleich die Fallgestaltungen, in denen der Grundsatz effektiver parlamentarischer Opposition Bedeutung als Auslegungsmaxime erlangen kann, nicht abschließend benannt werden können, werden nachfolgend ausgewählte Einzelfälle untersucht, die zwar bisweilen schon Gegenstand des rechtswissenschaftlichen Diskurses waren, dies jedoch – soweit ersichtlich – stets unter Außerachtlassung des Oppositionseffektivitätsgrundsatzes. Insoweit will die vorliegende Arbeit zeigen, dass bestimmte Rechtsfragen unter Berücksichtigung des Verfassungsgrundsatzes effektiver parlamentarischer Opposition anders zu beantworten sind, als dies bisher verbreitet angenommen wurde.

I. Repräsentation parlamentarischer Opposition in den Ausschüssen des Deutschen Bundestages

Die Einrichtung von Ausschüssen ist ein konstitutives Element des parlamentarischen Regierungssystems der Bundesrepublik Deutschland, das sich durch die Anforderungen einer effektiven Parlamentsarbeit rechtfertigt.[10] Der Begriff der Ausschüsse wird hier – soweit nicht anders angegeben – als Oberbegriff für alle parlamentarischen Gremien und Untergliederungen jenseits des Plenums verstanden, unabhängig von ihrer konkreten technischen Bezeichnung.[11] Neben den Pflichtausschüssen[12] bildet der Deutsche Bundestag kraft seiner ihm nach Art. 40 Abs. 1 Satz 2 GG zukommenden Geschäftsordnungsautonomie weitere Aus-

---

[9] *U. Di Fabio*, Der Staat 29 (1990), S. 599 (611).

[10] *P. M. Huber*, BayVBl. 2010, S. 289 (291).

[11] Im Anschluss an *A. Ingold*, Das Recht der Oppositionen, S. 372 Fn. 47; zur Begrifflichkeit zuvor schon *W. Zeh*, in: H.-P. Schneider/ders. (Hrsg.), Parlamentsrecht und Parlamentspraxis in der Bundesrepublik Deutschland, § 39 Rn. 2.

[12] Diese sind qua Gesetz zwingend in jeder Legislaturperiode einzusetzen, vgl. z. B. Art. 45 (Ausschuss für die Angelegenheiten der Europäischen Union), Art. 45a Abs. 1 (Ausschuss für auswärtige Angelegenheiten, Ausschuss für Verteidigung), Art. 45c Abs. 1 GG (Petitionsausschuss), § 6 BVerfGG (Wahlausschuss), §§ 3 ff. WahlprüfG (Wahlprüfungsausschuss), § 10a Abs. 2, § 69a Abs. 2 Satz 3, § 96 Abs. 1 Satz 2 BHO (Haushaltsausschuss).

schüsse.[13] In den Ausschüssen vollzieht sich ein Schwerpunkt der inhaltlichen Arbeit des Parlaments.[14] Werden sie schon nach der geschäftsordnungsrechtlichen Konzeption als „vorbereitende Beschlußorgane des Bundestages" (§ 62 Abs. 1 Satz 2 GOBT) bezeichnet, muss man bei einer Betrachtung der Parlamentswirklichkeit gar eine weitgehende Vorverlagerung des Entscheidungsprozesses in die Ausschüsse konstatieren.[15] Dementsprechend groß ist ihre Bedeutung für die parlamentarische Praxis im Allgemeinen[16] und für die Praxis parlamentarischer Opposition im Besonderen[17]. Konsequenterweise ist es für die Fraktionen und Abgeordneten von gesteigertem Interesse, in den Ausschüssen – also dort, „wo [in der Parlamentswirklichkeit] die Entscheidung fällt"[18] – vertreten zu sein,[19] um an der parlamentarischen Willensbildung auf Ebene der Ausschussarbeit mitwirken zu können. Entsprechend der praktischen Bedeutung besteht regelmäßig ein großes politisches Interesse an einer Mitgliedschaft im Ausschuss, was mitunter auch zu verfassungsgerichtlichen Auseinandersetzungen führt.[20] Die grundsätzliche Geschäftsordnungsautonomie des Bundestages

[13] Zu unterscheiden sind hierbei die sog. ständigen Ausschüsse (§ 54 Abs. 1 Satz 1 GOBT) und die Sonderausschüsse (§ 54 Abs. 1 Satz 2 GOBT). Jeder Ausschuss kann zur Vorbereitung seiner Arbeiten aus seiner Mitte Unterausschüsse mit bestimmten Aufträgen einsetzen (§ 55 Abs. 1 Satz 1 GOBT).

[14] Vgl. statt vieler *L. Brocker*, in: V. Epping/C. Hillgruber (Hrsg.), GG, Art. 40 Rn. 17; *C. Gröpl*, Staatsrecht I, Rn. 1002; *M. Kloepfer*, Verfassungsrecht I, § 15 Rn. 217: „die eigentlichen Foren der parlamentarischen Arbeit".

[15] So auch die Beobachtung von *W. Zeh*, in: H.-P. Schneider/ders. (Hrsg.), Parlamentsrecht und Parlamentspraxis in der Bundesrepublik Deutschland, § 39 Rn. 2; *A. Ingold*, Das Recht der Oppositionen, S. 376.

[16] *W. Zeh*, in: H.-P. Schneider/ders. (Hrsg.), Parlamentsrecht und Parlamentspraxis in der Bundesrepublik Deutschland, § 39 Rn. 1 ff.; *H. H. Klein*, in: Maunz/Dürig, GG, Art. 40 Rn. 127.

[17] *A. Ingold*, Das Recht der Oppositionen, S. 373.

[18] BVerfG, Beschl. v. 10.5.1977 – Az. 2 BvR 705/75, BVerfGE 44, 308 (319).

[19] *R. P. Dach*, in: H.-P. Schneider/W. Zeh (Hrsg.), Parlamentsrecht und Parlamentspraxis in der Bundesrepublik Deutschland, § 40 Rn. 13: „natürliches Interesse der Abgeordneten an der Ausschußarbeit".

[20] Vgl. jüngst RhPfVerfGH, Urt. v. 23.1.2018 – VGH O 17/17, NVwZ-RR 2018, S. 546 ff.; dazu *D. Kuhn*, NVwZ 2018, S. 1116 ff. Vgl. auch BayVerfGH, Entsch. v. 26.11.2009 – Vf. 32-IVa-09, BayVerfGHE 62, 208 ff. Dem letztgenannten Verfahren lag ein Beschluss des Bayerischen Landtags vom 13. November 2008 (LT-Drs. 16/51) zugrunde, nach dem der CSU-Fraktion, die im Landtag über einen Sitzanteil von 49,2 % (Stimmenanteil bei Wahl: 43,4 %) verfügte, bei der Besetzung der Ausschüsse mit 22, 20 und 16 Mitgliedern jeweils die Hälfte der Sitze zugewiesen wird. Die SPD-Fraktion im Bayerischen Landtag, die Fraktion Freie Wähler im Bayerischen Landtag und die Fraktion Bündnis 90/Die Grünen im Bayerischen Landtag hatten ein Organstreitverfahren eingeleitet, da sie der Ansicht waren, sie seien durch den vorgenannten Beschluss des Bayerischen Landtags in verschiedenen sich aus der Bayerischen Verfassung ergebenden Rechten verletzt. Die Festlegung der Ausschussgröße verletze das Mehrheitsprinzip, missachte den Wählerwillen und sei willkürlich. Der Antrag, festzustellen,

zur Ein- und Besetzung von Ausschüssen wird insoweit durch zwei gegenläufige Prinzipien beschränkt: Hierbei handelt es sich zum einen um den Grundsatz der Spiegelbildlichkeit und zum anderen um den Grundsatz effektiver parlamentarischer Opposition.

1. Grundsatz der Spiegelbildlichkeit als erste Schranke der Geschäftsordnungsautonomie des Deutschen Bundestages

Das Grundgesetz überlässt die Regelung zur Zusammensetzung der Ausschüsse grundsätzlich der Geschäftsordnungsautonomie des Bundestages (Art. 40 Abs. 1 Satz 2 GG).[21] Der Bundestag ist in der Festlegung der Ausschussbesetzung allerdings nicht völlig frei.[22] Die sich aus Art. 38 Abs. 1 Satz 2 GG ergebende Mitwirkungsbefugnis aller Abgeordneten am parlamentarischen Willensbildungsprozess erstreckt sich nämlich grundsätzlich auch auf Ausschüsse.[23] Hinzu tritt die sich aus Art. 20 Abs. 2 GG ableitende Repräsentationsfunktion des Bundestages: Zur Wahrung der Legitimationskette zwischen Legitimationssubjekt (Volk) und Legitimationsobjekt (Staatsgewalt) müssen die parlamentarischen Gremien, soweit sich in diese die Repräsentation des Volkes verlagert, indem dort Entscheidungen des Parlaments vorbestimmt oder sogar für das Parlament als Ganzes getroffen werden, in ihrer politischen Prägung der Zusammensetzung des Plenums entsprechen.[24] Aufgrund der Tatsache, dass in den Ausschüssen ein ganz wesentlicher Teil der Arbeit des Bundestages geleistet wird und diese zudem

---

dass der Landtagsbeschluss gegen die Bayerische Verfassung verstoße, wurde durch den Bayerischen Verfassungsgerichtshof abgewiesen, wenngleich vier Richter der Entscheidung nicht zugestimmt und ein entsprechendes Sondervotum abgegeben haben. Zwar sei, so die Entscheidung, das Prinzip der Spiegelbildlichkeit, wonach jeder Landtagsausschuss grundsätzlich ein verkleinertes Abbild des Parlamentsplenums in seinem durch die Fraktionen geprägten und auf die Volkswahl zurückgehenden politischen Stärkeverhältnis darstellen müsse, tangiert, da die CSU-Fraktion aufgrund der Zuteilung der Hälfte der Ausschusssitze über eine Blockademöglichkeit verfüge, die in dieser Form in der Vollversammlung nicht gegeben sei. Gleichwohl sei der angegriffene Landtagsbeschluss verfassungsrechtlich nicht zu beanstanden, da über das Stärkeverhältnis der einzelnen Fraktionen hinaus bei der Ausschussbesetzung auch die konkreten Mehrheitsverhältnisse im Landtag zu berücksichtigen seien. Im konkreten Fall bedeute dies, dass die CSU und FDP in den Landtagsausschüssen *gemeinsam* zustehende Anzahl der Sitze die Mehrheitsverhältnisse im Parlament angemessen widerspiegele. Denn da CSU und FDP eine Koalitionsregierung bildeten, wirke sich das von den Antragstellern beanstandete – nicht spiegelbildliche – Stärkeverhältnis der Fraktionen in den Ausschüssen faktisch nicht aus.

[21] BVerfG, Urt. v. 16.7.1991 – Az. 2 BvE 1/91, BVerfGE 84, 304 (322).

[22] *M. Morlok*, in: H. Dreier (Hrsg.), GG, Bd. II, Art. 40 Rn. 7.

[23] Allgemein zur Bedeutung von Art. 38 Abs. 1 Satz 2 GG als Schranke der Geschäftsordnungsautonomie des Deutschen Bundestages *V. Karcher/J. M. V. Korn*, DÖV 2012, S. 725 (726 ff.).

[24] BVerfG, Urt. v. 28.2.2012 – Az. 2 BvE 8/11, BVerfGE 130, 318 (353).

auch einen bedeutenden Teil der parlamentarischen Informations-, Kontroll- und Untersuchungsaufgaben wahrnehmen, muss daher grundsätzlich jeder Ausschuss ein verkleinertes Abbild des Plenums sein und in seiner Zusammensetzung die Zusammensetzung des Plenums widerspiegeln (Grundsatz der Spiegelbildlichkeit).[25] Der Grundsatz der Spiegelbildlichkeit fordert eine möglichst getreue Abbildung der Stärke der im Bundestag vertretenen Fraktionen.[26] Diese Vorgabe spiegelt sich auch normativ in der Geschäftsordnung des Deutschen Bundestages wider: Gemäß § 12 Satz 1 GOBT ist die Zusammensetzung der Ausschüsse im Verhältnis der Stärke der einzelnen Fraktionen vorzunehmen.[27]

Nichtsdestotrotz ist es in den allermeisten Fällen mathematisch nicht möglich, eine *exakte* Abbildung der Stärkeverhältnisse der im Plenum vertretenen Fraktionen auf Ebene der Ausschüsse durch eine vollständige Symmetrie zu formen – vor allem bedingt durch die Tatsache, dass nur ganze Sitze vergeben werden können.[28] Dieser „repräsentationsdemokratische[n] Unschärferelation"[29] kann jedoch dadurch Rechnung getragen werden, dass der Ausschussbesetzung ein anerkanntes Proportionalverfahren zugrunde gelegt wird. Das Bundesverfassungsgericht hat dies zur Überwindung der „systemimmanenten Grenzen"[30] für verfassungsrechtlich zulässig erachtet.[31]

---

[25] BVerfG, Urt. v. 13.6.1989 – Az. 2 BvE 1/88, BVerfGE 80, 188 (221 f.); Urt. v. 16.7.1991 – Az. 2 BvE 1/91, BVerfGE 84, 304 (323); Beschl. v. 17.9.1997 – Az. 2 BvE 4/05, BVerfGE 96, 264 (282); Urt. v. 8.12.2004 – Az. 2 BvE 3/02, BVerfGE 112, 118 (133); Urt. v. 28.2.2012 – Az. 2 BvE 8/11, BVerfGE 130, 318 (354); Urt. v. 18.3.2014 – Az. 2 BvR 1390, 1421, 1438, 1439, 1440, 1824/12, 2 BvE 6/12, BVerfGE 135, 317 (Rn. 153); Urt. v. 22.9.2015 – Az. 2 BvE 1/11, BVerfGE 140, 115 (Rn. 93). Allgemein zu den Proporzregeln als Erscheinungsformen einer informalen verfassungsstaatlichen Struktur *H. Schulze-Fielitz*, Der informale Verfassungsstaat, S. 21 ff.

[26] BVerfG, Urt. v. 28.2.2012 – Az. 2 BvE 8/11, BVerfGE 130, 318 (354); Urt. v. 22.9.2015 – Az. 2 BvE 1/11, BVerfGE 140, 115 (Rn. 93).

[27] Demgegenüber schon aus Art. 53a Abs. 1 Satz 2 GG, der zunächst nur auf den Gemeinsamen Ausschuss Bezug nimmt, einen „allgemeine[n] Gedanken" herleitend, wonach die Zusammensetzung von Gremien und Ausschüssen in Anlehnung an die Zusammensetzung des Plenums erfolgen sollte: *K.-H. Hohm*, NJW 1985, S. 408 (409).

[28] Vgl. *M.-E. Geis*, in: J. Isensee/P. Kirchhof (Hrsg.), Handbuch des Staatsrechts der Bundesrepublik Deutschland, Bd. III, § 54 Rn. 42; *M. Kloepfer*, Verfassungsrecht I, § 15 Rn. 219. Aufgrund der Tatsache, dass eine mathematisch exakte Abbildung nicht möglich ist, optiert *J.A. Kämmerer*, NJW 2003, S. 1166 (1167), für den Begriff der „Ebenbildlichkeit: Vorzunehmen ist eine verkleinernde, gleichsam pantographisch vorgenommene Projektion des Plenums auf das Organ sekundärer Repräsentation."

[29] *J.A. Kämmerer*, NJW 2003, S. 1166 (1167).

[30] *M.-E. Geis*, in: J. Isensee/P. Kirchhof (Hrsg.), Handbuch des Staatsrechts der Bundesrepublik Deutschland, Bd. III, § 54 Rn. 42.

[31] BVerfG, Beschl. v. 17.9.1997 – Az. 2 BvE 4/95, BVerfGE 96, 264 (283); Urt. v. 28.2.2012

Dass das Bundesverfassungsgericht jüngst formelle Unterausschüsse und informelle Arbeitsgruppen des Vermittlungsausschusses vom Grundsatz der Spiegelbildlichkeit ausgenommen hat,[32] ist nicht als Abkehr von dem weiterhin für alle Untergliederungen des Parlaments Geltung beanspruchenden Spiegelbildlichkeitsprinzip zu verstehen, sondern resultiert – verkürzt dargestellt – aus dem dem Vermittlungsverfahren inhärenten spezifischen Zweck des Auffindens eines mehrheitsfähigen Kompromisses zu einem Gesetzgebungsvorhaben zwischen den beiden Gesetzgebungskörperschaften Bundestag und Bundesrat.[33] So nachvollziehbar die Entscheidung im Ergebnis sein mag, so widersprüchlich ist jedoch ihre Begründung.[34] Wenn das Bundesverfassungsgericht feststellt, dass die vom Vermittlungsausschuss eingesetzten Arbeitsgruppen „die Aufgabe [haben], durch intensive Sacharbeit an der Findung eines mehrheitsfähigen Kompromisses zu einem Gesetzgebungsvorhaben mitzuwirken" und somit zur „inhaltlichen Vorformung der Willensbildung im Vermittlungsausschuss" beitragen,[35] so liegt hierin eine klare Parallele zur Aufgabe der Bundestagsausschüsse im Verhältnis zum Bundestagsplenum. Inwiefern diese Arbeitsweise also, wie vom Bundesverfassungsgericht vertreten, nicht dem deliberativen Verfahren im Bundestag entsprechen soll,[36] ist nicht ersichtlich.[37] Die Argumentation des Bundesverfassungsgerichts, dass dem Vermittlungsausschuss eine besondere Arbeitsweise zukomme, die eine Abweichung vom Grundsatz der Spiegelbildlichkeit zur Kompromissfindung rechtfertige, ließe sich vielmehr schon für den Vermittlungsausschuss im Ganzen und nicht erst für dessen Arbeitsgruppen vorbringen. An der Besetzung der Bundestagsbank des Vermittlungsausschusses nach dem Grundsatz der Spiegelbildlichkeit will das Bundesverfassungsgericht jedoch – insoweit inkonsequent[38] – ausdrücklich festhalten.[39] Argumentativ überzeugender wäre es gewesen, die Zusammensetzung des Vermittlungsausschusses und die Verschiedenheit der beiden gesetzgebenden Körperschaften Bundestag und Bundesrat in den Vordergrund zu stellen.[40] Bei der Einsetzung eines Unterausschusses handelt es sich nach § 9 GO-VermA insoweit um einen originären Akt des Vermittlungsausschusses selbst, den dieser gemäß § 8 GO-VermA mit der

– Az. 2 BvE 8/11, BVerfGE 130, 318 (354 f.); Urt. v. 22.9.2015 – Az. 2 BvE 1/11, BVerfGE 140, 115 (Rn. 96).

32 BVerfG, Urt. v. 22.9.2015 – Az. 2 BvE 1/11, BVerfGE 140, 115 ff.

33 BVerfG, Urt. v. 22.9.2015 – Az. 2 BvE 1/11, BVerfGE 140, 115 (Rn. 103 ff.).

34 *C. Hillgruber*, JA 2016, S. 156 (157 f.).

35 BVerfG, Urt. v. 22.9.2015 – Az. 2 BvE 1/11, BVerfGE 140, 115 (Rn. 104).

36 BVerfG, Urt. v. 22.9.2015 – Az. 2 BvE 1/11, BVerfGE 140, 115 (Rn. 104).

37 Wie hier *C. Hillgruber*, JA 2016, S. 156 (157 f.).

38 *C. Hillgruber*, JA 2016, S. 156 (158).

39 BVerfG, Urt. v. 22.9.2015 – Az. 2 BvE 1/11, BVerfGE 140, 115 (Rn. 94).

40 So ausführlich *D. Mundil*, Die Opposition, S. 155 ff.

Mehrheit der Stimmen der anwesenden Mitglieder fasst. Es handelt sich somit nicht um eine paritätisch gefasste Entscheidung, sondern um eine Mehrheitsentscheidung aller Mitglieder des Vermittlungsausschusses nach dessen Regeln. Die Mitglieder des Vermittlungsausschusses sind dabei aber – wie gezeigt – nicht mehr an den Grundsatz der Spiegelbildlichkeit gebunden.[41]

Indes ist festzuhalten, dass der Grundsatz der Spiegelbildlichkeit nicht die einzige Komponente ist, welche die Geschäftsordnungsautonomie des Deutschen Bundestages beschränkt. Zugleich hat der Bundestag, der auch in seiner binnenrechtlichen Struktur die normenhierarchisch übergeordneten Verfassungsprinzipien zu wahren hat,[42] bei der Besetzung der Ausschüsse den Grundsatz effektiver parlamentarischer Opposition zu beachten. Aus diesem ergibt sich eine verfassungsrechtliche Notwendigkeit zur Berücksichtigung oppositioneller Kräfte im Rahmen der Ausschussbildung, die unter Umständen über die sich isoliert aus dem Grundsatz der Spiegelbildlichkeit ergebenden Anforderungen hinausreichen kann. Die nachfolgenden Darstellungen werden dies genauer zeigen.

2. Grundsatz effektiver parlamentarischer Opposition als zweite Schranke der Geschäftsordnungsautonomie des Deutschen Bundestages

Der Grundsatz der Spiegelbildlichkeit schützt in der Praxis insbesondere die oppositionellen Abgeordneten und Fraktionen davor, bei der Besetzung der Ausschüsse von der Parlamentsmehrheit übergangen zu werden.[43] Nichtsdestotrotz erschöpft sich der Schutz parlamentarischer Opposition nicht im Grundsatz der Spiegelbildlichkeit, da es – wie die Vergangenheit gezeigt hat[44] – möglich ist,

---

[41] *D. Mundil*, Die Opposition, S. 156 f.

[42] Vgl. BVerfG, Beschl. v. 10.5.1977 – Az. 2 BvR 705/75, BVerfGE 44, 308 (315); zum Verhältnis von Geschäftsordnungsrecht zu Verfassungsrecht auch *H.-A. Roll*, Geschäftsordnung des Deutschen Bundestages, Einführung Rn. 5; *H. H. Klein*, in: Maunz/Dürig, GG, Art. 40 Rn. 72 f.

[43] *A. Voßkuhle*, BayVBl. 2016, S. 289 (293).

[44] Vgl. BVerfG, Urt. v. 14.1.1986 – Az. 2 BvE 14/83 und 4/84, BVerfGE 70, 324 ff. Ein wesentlicher Streitpunkt dieses Verfahrens war die Frage, ob es verfassungsrechtlich zulässig ist, einem Unterausschuss eine so geringe Mitgliederzahl zuzuweisen (hier: fünf Mitglieder), dass eine (Oppositions-)Fraktion (hier: die Fraktion „Die Grünen" im Deutschen Bundestag) nach dem zugrunde gelegten Verteilungsverfahren keinen Sitz erhält. Das Bundesverfassungsgericht erachtete diese Vorgehensweise im konkreten Fall wegen der vom Bundestag vorgebrachten und vom Bundesverfassungsgericht im Einzelnen nicht nachgeprüften Geheimschutzbelange für verfassungsrechtlich zulässig und stellte – gleichsam über den zugrunde liegenden Sachverhalt hinaus auf Ausschüsse erweiternd – fest: „Dem Parlament ist es mithin jedenfalls in sachlich begründeten Fällen verfassungsrechtlich unbenommen, für Ausschüsse oder ähnliche Gremien eine Mitgliederzahl vorzusehen, die bei Anwendung der üblichen Regeln für die Sitzverteilung eine Berücksichtigung aller parlamentarischen Gruppierungen nicht ermöglicht" (ebenda, S. 364).

oppositionelle Kräfte bei der Besetzung der Ausschüsse bei gleichzeitiger Wahrung des Spiegelbildlichkeitsprinzips durch die Wahl einer geringen Ausschussgröße zu übergehen.[45] Es erscheint insofern fraglich, ob die Nichtberücksichtigung einer Fraktion bei der Besetzung eines Ausschusses verfassungsrechtlich zulässig ist.[46] Jedenfalls entsteht in einem solchen Fall – soweit es sich bei der keinen Ausschusssitz erhaltenden Fraktion um eine Oppositionsfraktion handelt – ein Konflikt mit dem Grundsatz effektiver parlamentarischer Opposition. Denn wenn die Mitwirkung an der parlamentarischen Willensbildung auch eine Komponente der oppositionellen Aufgabenwahrnehmung ist,[47] diese sich aber zu einem großen Teil in den parlamentarischen Ausschüssen vollzieht, verkürzt die fehlende Präsenz oppositioneller Akteure auf Ausschussebene den Wirkbereich parlamentarischer Opposition signifikant.

a) Auslegung der geschäftsordnungsrechtlichen Ausschussbesetzungsvorschriften

Der Oppositionseffektivitätsgrundsatz ist bei der Auslegung der geschäftsordnungsrechtlichen Vorschriften zur Vergabe der Ausschusssitze und deren Interpretation zu beachten.[48] Das gilt in erster Linie für § 57 Abs. 1 Satz 1 i. V. m. § 12 Satz 1 GOBT. Nach § 57 Abs. 1 Satz 1 GOBT bestimmt der Bundestag die Zusammensetzung der Ausschüsse und die Zahl der Mitglieder, wobei durch den Verweis auf § 12 GOBT klargestellt wird, dass die Zusammensetzung des Ausschusses das Stärkeverhältnis der einzelnen Fraktionen widerspiegeln muss. Zu dem schon insoweit zum Ausdruck kommenden Spannungsverhältnis von Geschäftsordnungsautonomie und Spiegelbildlichkeitsgrundsatz tritt der Grundsatz

---

45 Vgl. BVerfG, Urt. v. 28.2.2012 – Az. 2 BvE 8/11, BVerfGE 130, 318 (354): „Der Grundsatz der Spiegelbildlichkeit enthält für sich genommen keine Aussage über die zulässige Größe eines Ausschusses oder eines anderen Untergremiums […].“; wortgleich BVerfG, Urt. v. 22.9.2015 – Az. 2 BvE 1/11, BVerfGE 140, 115 (Rn. 97).

46 Das Bundesverfassungsgericht hat im Jahre 1986 entschieden, dass es jedenfalls aus zwingenden Gründen des Geheimschutzes verfassungsrechtlich hinzunehmen sein kann, dass einzelne Fraktionen bei der Besetzung eines Ausschusses unberücksichtigt bleiben, vgl. BVerfG, Urt. v. 14.1.1986 – Az. 2 BvE 14/83 und 4/84, BVerfGE 70, 324 (325 mit Leitsatz 9, 363 ff.). Im Anschluss daran auch BVerfG, Beschl. v. 17.9.1997 – Az. 2 BvE 4/95, BVerfGE 96, 265 (281 f.).

47 Vgl. dazu oben, 2. Kapitel § 2 II. 2. b), S. 86 f.

48 Anders indes RhPfVerfGH, Urt. v. 23.1.2018 – VGH O 17/17, NVwZ-RR 2018, S. 546 (Rn. 59 ff.): Aus dem Grundsatz effektiver Opposition ergäben sich keine verfassungsrechtlichen Maßstäbe für die Regelung der Besetzung und Größe von Fachausschüssen, welche über die sich aus dem Spiegelbildlichkeitsgrundsatz und dem Mitwirkungsrecht der Fraktionen und Abgeordneten ergebenden Anforderungen hinausgingen; dagegen aber *D. Kuhn*, NVwZ 2018, S. 1116 (1118).

effektiver parlamentarischer Opposition hinzu. Dieser ist – aufgrund der Bedeutung der Ausschussarbeit für die parlamentarische Arbeit im Allgemeinen und die oppositionelle Tätigkeit im Besonderen – wegen seiner Rolle als Auslegungsmaxime ebenfalls in die erforderliche Auslegung der genannten Normen sowie in die Abwägung der widerstreitenden verfassungsrechtlichen Prinzipien mit einzustellen: Es ergibt sich somit ein Spannungsverhältnis aus Geschäftsordnungsautonomie, Spiegelbildlichkeitsprinzip und Grundsatz effektiver parlamentarischer Opposition, das es in der parlamentarischen Praxis aufzulösen gilt. Im Einzel- und Sonderfall kann auch noch das Mehrheitsprinzip in diese verfassungsrechtliche Gemengelage hinzutreten, wobei diesem grundsätzlich schon durch die Beachtung des Spiegelbildlichkeitsprinzips Genüge getan ist, denn ein verkleinertes Abbild des Plenums, das nach den Grundsätzen der Spiegelbildlichkeit gebildet wurde, respektiert regelmäßig zugleich das Mehrheitsprinzip.[49]

aa) Auflösung des Spannungsverhältnisses aus Geschäftsordnungsautonomie, Spiegelbildlichkeitsprinzip und Grundsatz effektiver parlamentarischer Opposition

Man könnte zunächst daran denken, das Spannungsverhältnis aus Geschäftsordnungsautonomie, Spiegelbildlichkeitsprinzip und Grundsatz effektiver parlamentarischer Opposition dadurch aufzulösen, dass in einem ersten Schritt alle Fraktionen unabhängig von der Größe des Ausschusses ein Grundmandat erhalten und die verbleibenden Ausschusssitze sodann in einem zweiten Schritt nach den konkreten Mehrheitsverhältnissen verteilt werden.[50] Diese Lösung ginge jedoch zulasten des Spiegelbildlichkeits- und gegebenenfalls auch des Mehrheitsprinzips, denn zum einen wäre das Stärkeverhältnis der einzelnen Fraktionen durch ein solches Grundmandat verzerrt und zum anderen könnte dies isoliert betrachtet – je nach den konkreten Mehrheitsverhältnissen im Parlament – dazu führen, dass die die Abgeordneten der Parlamentsmehrheit repräsentierenden

[49] *J. Kersten*, in: Maunz/Dürig, GG, Art. 77 Rn. 38: „Aufgrund des Prinzips der Spiegelbildlichkeit wird sich diese parlamentarische Regierungsmehrheit in der Besetzung von Ausschüssen wiederfinden. […] Dennoch besteht die Möglichkeit eines Konflikts zwischen dem Grundsatz der Spiegelbildlichkeit und dem Mehrheitsprinzip. Zu einem solchen Konflikt kann es kommen, wenn zur ‚Sicherung' der parlamentarischen Regierungsmehrheit der Grundsatz der repräsentativen Spiegelbildlichkeit ‚korrigiert' wird."

[50] Für ein Grundmandat in den Ausschüssen eintretend *D. Birk*, NJW 1988, S. 2521 (2524 f.); *H.-P. Schneider*, in: ders./W. Zeh (Hrsg.), Parlamentsrecht und Parlamentspraxis in der Bundesrepublik Deutschland, § 38 Rn. 28 Fn. 48; *F. Edinger*, Wahl und Besetzung parlamentarischer Gremien, S. 275 ff. Ebenso muss *K.-H. Hohm*, NJW 1985, S. 408 (410 f.) verstanden werden, der zwar den Begriff „Grundmandat" nicht verwendet, jedoch für ein grundsätzliches Gebot zur Beteiligung aller Fraktionen an sämtlichen Gremien und Ausschüssen des Deutschen Bundestages plädiert.

Mitglieder im Ausschuss aufgrund der zunächst verteilten Grundmandate nicht die Mehrheit der Ausschussmitglieder darstellen.

Eine andere Möglichkeit zur Auflösung des dem Ausschussbesetzungsprozess inhärenten Spannungsverhältnisses wäre es, dem Spiegelbildlichkeitsgrundsatz Vorrang einzuräumen und die sich aus einer proportionalen Besetzung der Ausschusssitze im Einzelfall ergebende Nichtberücksichtigung einer Fraktion – was insbesondere bei kleinen Ausschüssen der Fall sein könnte – hinzunehmen. Dies ginge jedoch zulasten des Grundsatzes effektiver parlamentarischer Opposition, soweit es sich bei der keinen Ausschusssitz erhaltenden Fraktion um eine Oppositionsfraktion handelt. Denn wenn die Teilhabe an der Ausschussarbeit für die Verwirklichung parlamentarischer Opposition eine zentrale Rolle einnimmt,[51] so dürfen die oppositionellen Akteure bei der Verteilung der Ausschusssitze grundsätzlich nicht übergangen werden, sondern müssen schon aufgrund der verfassungsrechtlichen Relevanz des Minderheitenschutzes grundsätzlich berücksichtigt werden. Eine solchermaßen isolierte Auflösung des Spannungsverhältnisses zugunsten des Prinzips der Spiegelbildlichkeit ist mithin verfassungsrechtlich nicht tragfähig.[52]

Insofern spricht vieles für eine dritte Lösung, die Spiegelbildlichkeits-, Mehrheits- und Oppositionseffektivitätsprinzip gleichermaßen Gewicht einräumt[53] und die sich nicht isoliert zulasten eines dieser verfassungsrechtlichen Prinzipien ausspricht. Durch eine Anpassung der Zahl der Ausschusssitze – regelmäßig also eine Erhöhung derselben – gelingt es zum einen, jeder Fraktion – und damit auch jeder Oppositionsfraktion – mindestens einen Ausschusssitz zur Verfügung zu stellen sowie zum anderen und zugleich, den Grundsatz der Spiegelbildlichkeit zu wahren.[54] Mithin erweist sich eine diesem Verteilungsmaßstab entsprechende Auslegung von § 57 Abs. 1 Satz 1 i. V. m. § 12 Satz 1 GOBT nicht nur als „prag-

---

[51] So ausdrücklich *A. Ingold*, Das Recht der Oppositionen, S. 373.

[52] Auch das Bundesverfassungsgericht fordert, dass bei einer Kollision des Spiegelbildlichkeitsgrundsatzes mit anderen verfassungsrechtlichen Prinzipien ein „schonende[r] Ausgleich" herzustellen ist, vgl. BVerfG, Urt. v. 8.12.2004 – Az. 2 BvE 3/02, BVerfGE 112, 118 (140); Urt. v. 28.2.2012 – Az. 2 BvE 8/11, BVerfGE 130, 318 (355). Anderer Auffassung und insoweit widersprüchlich jedoch *W. Demmler*, Der Abgeordnete im Parlament der Fraktionen, S. 418: zwar sei der Grundsatz der Spiegelbildlichkeit wegen des Prinzips der Volkssouveränität, das als Grundlage aller staatlichen Gewalt strikt zu beachten sei, „einer Abwägung nicht zugänglich", gleichwohl sei ein Ausschluss ganzer Fraktionen von bestimmten Gremien grundsätzlich nicht bzw. nur „als letztes Mittel" möglich.

[53] Vgl. jedenfalls für die beiden erstgenannten Prinzipien *J. Kersten*, in: Maunz/Dürig, GG, Art. 77 Rn. 41: „verfassungsrechtlich geforderte[r] Gleichlauf von Spiegelbildlichkeit und Mehrheitsprinzip".

[54] *J. Kersten*, in: Maunz/Dürig, GG, Art. 77 Rn. 38, 41; *D. Mundil*, Die Opposition, S. 140 ff.; *A. Ingold*, Das Recht der Oppositionen, S. 379 ff.

matische Lösung“[55], sondern darüber hinaus auch als verfassungsrechtlich gebotene Lösung, da nur hierdurch dem Grundsatz effektiver parlamentarischer Opposition bei gleichzeitiger Achtung des Spiegelbildlichkeitsgrundsatzes Rechnung getragen wird, während die anderen beiden Lösungen stets zulasten des einen oder anderen Verfassungsgrundsatzes gehen, ohne sie miteinander in Einklang zu bringen.

Kritiker des soeben dargestellten Lösungsansatzes könnten vorbringen, dass es in Einzelfällen durch eine Anpassung der Zahl der Ausschusssitze in der parlamentarischen Praxis nicht gelingen wird, das Stärkeverhältnis der einzelnen Fraktionen zueinander im Ausschuss *exakt* abzubilden, sodass ein Widerspruch zum Prinzip der Spiegelbildlichkeit verbliebe. Dessen unbeschadet bleibt der hier vertretene Lösungsansatz die bestmögliche Vereinbarung der widerstreitenden verfassungsrechtlichen Prinzipien. Zum einen ist es – wie soeben schon dargelegt – ohnehin in Fällen der Parlamentspraxis aus mathematischen Gründen nicht möglich, eine exakte Spiegelbildlichkeit zu gewährleisten. Zum anderen können kleinere Abweichungen vom Prinzip der Spiegelbildlichkeit durch die Berücksichtigung der konkreten Mehrheitsverhältnisse und insbesondere auch durch den Grundsatz effektiver parlamentarischer Opposition gerechtfertigt werden. Denn wenn das Bundesverfassungsgericht Abweichungen von der Spiegelbildlichkeit in Ausschüssen ausnahmsweise dann zulässt, wenn dies zur Wahrung des Mehrheitsprinzips erforderlich ist, um „der im Plenum bestehenden politischen ‚Regierungsmehrheit‘ Rechnung [zu tragen]“[56], so gilt dies vice versa auch für den Fall, dass Abweichungen erforderlich sind, um insgesamt eine repräsentative Abbildung der im Parlament vertretenen Gruppen und damit auch der parlamentarischen Minderheiten zu gewährleisten. Der Grundsatz effektiver parlamentarischer Opposition kann daher – wie das Mehrheitsprinzip auch – Abweichungen vom Grundsatz der Spiegelbildlichkeit rechtfertigen, um im Einzelfall durch die Repräsentanz aller Fraktionen im Ausschuss eine oppositionsgerechte Sitzverteilung zu gewährleisten.

Des Weiteren könnte man dem hier vertretenen Lösungsansatz entgegnen, dass die Vorgabe einer Anpassung der Zahl der Ausschusssitze in die Geschäftsordnungsautonomie des Bundestages eingreift, nämlich in das Recht des Plenums, die Ausschussgröße selbst zu bestimmen.[57] Doch schon bei strikter – je-

---

[55] *A. Ingold*, Das Recht der Oppositionen, S. 379.

[56] BVerfG, Urt. v. 28.2.2012 – Az. 2 BvE 8/11, BVerfGE 130, 318 (355). Vgl. auch BayVerfGH, Entsch. v. 26.11.2009 – Vf. 32-IVa-09, BayVerfGHE 62, 208 (221): „über das Stärkeverhältnis der einzelnen Fraktionen hinaus [sind] auch die konkreten Mehrheitsverhältnisse im Landtag zu berücksichtigen“.

[57] Auf diese Beeinträchtigung hinweisend *D. Mundil*, Die Opposition, S. 142; *A. Steinbach*, DÖV 2016, S. 286 (287).

doch praktisch nicht durchführbarer[58] – Anwendung des Grundsatzes der Spiegelbildlichkeit sind Konflikte mit der Geschäftsordnungsautonomie des Bundestages nicht zu vermeiden.[59] Denn um zumindest annähernd eine Abbildung des Plenums in den Ausschüssen sicherzustellen, die ihrerseits den Anforderungen des Spiegelbildlichkeitsgrundsatzes gerecht wird, ist regelmäßig eine Ausschussmindestgröße von Nöten, um sich nicht dem Vorwurf der willkürlichen Wahl der Ausschussgröße und damit dem Verdikt einer verfassungswidrigen Besetzung der Ausschüsse ausgesetzt zu sehen. Insofern fällt die mit der hier vertretenen Lösung verbundene zusätzliche Beeinträchtigung der Geschäftsordnungsautonomie nicht erheblich ins Gewicht.

Aufgrund der gleichzeitigen Geltung des Mehrheitsprinzips[60] und der von Verfassungs wegen gebotenen Notwendigkeit eines effizienten und funktionsfähigen Parlamentsbetriebs[61] können jedoch nicht beliebig viele oppositionelle Abgeordnete einen Ausschusssitz beanspruchen, sondern es bedarf einer Selektion durch die jeweiligen (Oppositions-)Fraktionen. Hiergegen könnte man vorbringen, dass es in einem gewissen Widerspruch zu dem auch hier vertretenen funktionalen Oppositionsansatz steht, wenn bei der Verteilung der Ausschusssitze an die Verfassungsinstitution „Fraktion" angeknüpft wird. Allerdings bleibt es gerade bei der Frage der Besetzung der Ausschüsse dabei, dass die Oppositionsabgeordneten insoweit durch ihre Fraktion „mediatisiert"[62] werden, sodass verfassungsrechtlich grundsätzlich (nur) jede Oppositionsfraktion Anspruch auf mindestens einen Ausschusssitz hat. Ein anderer Anknüpfungspunkt zur Verteilung der Ausschusssitze wäre schlichtweg nicht praktikabel.

Fraglich ist schließlich, ob der Ansatz einer verpflichtenden Modifikation der Anzahl der Ausschusssitze zur Gewährleistung mindestens eines Sitzes für jede Fraktion bei gleichzeitiger Wahrung des Grundsatzes der Spiegelbildlichkeit auf Fraktionen beschränkt ist oder gleichfalls auf Gruppen anzuwenden ist.[63] Bei Gruppen handelt es sich ausweislich des § 10 Abs. 4 Satz 1 GOBT um Zusammenschlüsse von Mitgliedern des Bundestages, welche die Fraktionsmindest-

---

[58] So schon oben sub 1., S. 158.

[59] *A. Steinbach*, DÖV 2016, S. 286 (287).

[60] Zur Rolle des Mehrheitsprinzips als zur Wahrung des Demokratieprinzips im Ganzen in die Auslegung mit einzubeziehende Komponente schon oben, 2. Kapitel § 4 II. 1., S. 148 f.

[61] Dazu oben, 2. Kapitel § 4 II. 4., S. 151 f.

[62] BVerfG, Beschl. v. 14.12.1976 – Az. 2 BvR 802/75, BVerfGE 43, 142 (149); *D. Birk*, NJW 1988, S. 2521 (2523); *P. M. Huber*, in: J. Isensee/P. Kirchhof (Hrsg.), Handbuch des Staatsrechts der Bundesrepublik Deutschland, Bd. III, § 47 Rn. 44; *H.-J. Waack*, in: M. Morlok/U. Schliesky/D. Wiefelspütz (Hrsg.), Parlamentsrecht, § 22 Rn. 48.

[63] Vgl. zu dieser Frage auch *W. Demmler*, Der Abgeordnete im Parlament der Fraktionen, S. 416 f., 419 f.; *S. Haberland*, Die verfassungsrechtliche Bedeutung der Opposition nach dem Grundgesetz, S. 75 ff.; *D. Mundil*, Die Opposition, S. 148 ff.

stärke nicht erreichen.[64] In Betracht kommt dies beispielsweise bei mehreren parteilosen Direktkandidaten, bei Abgeordneten einer Partei, die über die Grundmandatsklausel in den Bundestag eingezogen sind,[65] bei Abgeordneten, die sich etwa aufgrund eines kollektiven Parteiaustritts von einer Fraktion abspalten, selbst aber nicht die für eine Fraktionsbildung erforderliche Größe erreichen, oder wenn eine Fraktion durch Austritte ihren Status verliert. Grundsätzlich haben auch Gruppen einen durch Art. 38 Abs. 1 Satz 2 GG vermittelten Anspruch auf Mitwirkung an der parlamentarischen Willensbildung.[66] Dieser erstreckt sich dem Grunde nach auch auf die Beteiligung an Ausschüssen, sodass die Gruppen bei deren spiegelbildlicher Besetzung entsprechend ihrem Stärkeverhältnis zu berücksichtigen sind.[67] Dennoch kommt ihnen nicht ein den Fraktionen vergleichbarer Rechtsstatus zu; Differenzierungen zwischen Gruppen und Fraktionen sind insoweit aufgrund der geringeren Größe von Gruppen grundsätzlich gerechtfertigt.[68] Ein Anspruch auf eine über die sich aus dem reinen Spiegelbildlichkeitsprinzip hinausgehende Repräsentation in den Ausschüssen besteht für Gruppen insoweit nicht. Überdies wäre es in der parlamentarischen Praxis kaum praktikabel, wollte man zur Repräsentation jeder Gruppe in allen Ausschüssen eine entsprechende Anpassung der Zahl der Ausschusssitze vornehmen. Denn um dann zugleich noch den Spiegelbildlichkeitsgrundsatz zu wahren – wie es bei der für Fraktionen vertretenen Lösung ohne Weiteres möglich ist –, wären bisweilen sehr große Ausschussgrößen notwendig, die sich unter Funktionalitätserwägungen dann kaum noch rechtfertigen ließen.[69] Mithin lässt sich festhalten, dass Gruppen im Rahmen ihres Anteils am Gesamtparlament aufgrund des Spiegelbildlichkeitsgrundsatzes bei der Ausschussbesetzung grundsätzlich zu berücksichtigen sind, sie aber darüber hinaus keine Modifikation der Zahl der Ausschusssitze begehren können. Etwas anderes könnte sich nur dann ergeben, wenn nach willkürlichen Maßstäben eine sachlich nicht gerechtfertigte Ausschussgröße gewählt wird, die es gerade ermöglichen soll, eine Repräsentation einer parlamentarischen Gruppe im Ausschuss zu verhindern.[70]

---

[64] Vgl. überblicksartig zu deren Bildung und Status *S. Hölscheidt/D. Mundil*, DÖV 2018, S. 546 ff.

[65] Vgl. zu diesen beiden Situationen *C. Gröpl*, Staatsrecht I, Rn. 1000.

[66] *L. Brocker*, in: V. Epping/C. Hillgruber (Hrsg.), GG, Art. 40 Rn. 22.

[67] Vgl. BVerfG, Urt. v. 16.7.1991 – Az. 2 BvE 1/91, BVerfGE 84, 304 (323 f.).

[68] BVerfG, Urt. v. 16.7.1991 – Az. 2 BvE 1/91, BVerfGE 84, 304 (324 ff.); Beschl. v. 17.9.1997 – Az. 2 BvE 4/95, BVerfGE 96, 264 (278 ff.).

[69] So auch *W. Demmler*, Der Abgeordnete im Parlament der Fraktionen, S. 420.

[70] *S. Haberland*, Die verfassungsrechtliche Bedeutung der Opposition nach dem Grundgesetz, S. 76 f.

bb) Kritische Würdigung der verfassungsgerichtlichen Rechtsprechung

Das Bundesverfassungsgericht scheint die hier vertretene Auflösung des beschriebenen Spannungsverhältnisses nicht als geboten zu erachten. Nach seiner bisherigen Rechtsprechung kann es gerechtfertigt sein, dass einzelne Fraktionen bei der Besetzung eines Ausschusses oder parlamentarischen Gremiums unberücksichtigt bleiben.[71] Zwar erkennt das Gericht an, dass es parlamentarischen Minderheiten grundsätzlich möglich sein muss, ihren Standpunkt in den Willensbildungsprozess des Parlaments einzubringen, was namentlich auch für entscheidende Ausschüsse gilt.[72] Es sei verfassungsrechtlich unbedenklich, „für Ausschüsse oder ähnliche Gremien eine Mitgliederzahl vorzusehen, die bei Anwendung der üblichen Regeln für die Sitzverteilung eine Berücksichtigung aller parlamentarischen Gruppen nicht ermöglicht". Eine andere Lösung führe dazu, „daß kleine Gremien vom Parlament nicht mehr oder nur noch um den Preis gebildet werden könnten, daß die Mehrheit nicht mehr als Mehrheit präsent ist".[73] Hinsichtlich der Frage, ob sachliche Gründe die Festlegung auf eine kleine Ausschussgröße und einen damit einhergehenden Ausschluss parlamentarischer Untergliederungen rechtfertigen, beschränkt sich das Bundesverfassungsgericht auf eine schlichte Missbrauchskontrolle.[74] De facto führt diese Rechtsprechung zu einer weitgehenden Gestaltungsfreiheit der Parlamentsmehrheit und damit in praxi zu der Gefahr, dass einzelne (Oppositions-)Fraktionen unter Berufung auf Funktionalitätserwägungen von der Beteiligung an einem Ausschuss ausgeschlossen werden.

Die maßgebliche Entscheidung des Bundesverfassungsgerichts zum Haushaltskontrollausschuss aus dem Jahr 1986[75] sieht sich deshalb berechtigter Kritik

[71] Vgl. BVerfG, Urt. v. 14.1.1986 – Az. 2 BvE 14/83 und 4/84, BVerfGE 70, 324 (325 mit Leitsatz 9, 363 ff.); Beschl. v. 17.9.1997 – Az. 2 BvE 4/05, BVerfGE 96, 264 (281 ff.). Im Anschluss an die Rechtsprechung des BVerfG auch RhPfVerfGH, Urt. v. 23.1.2018 – VGH O 17/17, NVwZ-RR 2018, S. 546 (Rn. 44, 57).

[72] BVerfG, Beschl. v. 10.5.1977 – Az. 2 BvR 705/75, BVerfGE 44, 308 (319); Urt. v. 14.1.1986 – Az. 2 BvE 14/83 und 4/84, BVerfGE 70, 324 (363).

[73] BVerfG, Urt. v. 14.1.1986 – Az. 2 BvE 14/83 und 4/84, BVerfGE 70, 324 (364). Mit Blick auf das Argument, die Mehrheit würde Gefahr laufen, sich im Ausschuss in die Minderheit zu versetzen, spricht *H. Meyer*, in: H.-P. Schneider/W. Zeh (Hrsg.), Parlamentsrecht und Parlamentspraxis in der Bundesrepublik Deutschland, § 4 Rn. 111 Fn. 166, von einem „ad-absurdum-Argument", da wesentlicher Aspekt der Parlamentsarbeit die Gewinnung von Informationen sei und man in diesen Fällen mit nicht-stimmberechtigten Mitgliedern arbeiten könne.

[74] BVerfG, Urt. v. 14.1.1986 – Az. 2 BvE 14/83 und 4/84, BVerfGE 70, 324 (364 f.); diesen Aspekt ebenso betonend *A. Ingold*, Das Recht der Oppositionen, S. 375; *W. Demmler*, Der Abgeordnete im Parlament der Fraktionen, S. 418.

[75] BVerfG, Urt. v. 14.1.1986 – Az. 2 BvE 14/83 und 4/84, BVerfGE 70, 324 ff.

sowohl durch zwei abweichende Meinungen der Richter *Mahrenholz*[76] und *Böckenförde*[77] als auch – nach wie vor – durch zahlreiche Stimmen in der Literatur[78] ausgesetzt. Zunächst ist es schon aus methodischer Sicht nicht überzeugend, wenn das Gericht einerseits eine Nichtberücksichtigung von einzelnen Fraktionen in den Ausschüssen nur „in eng begrenzten Ausnahmefällen um der Handlungsfähigkeit des Parlaments wie um der zu verhandelnden Sache willen"[79] zulassen, sich dann aber auf eine bloße Missbrauchskontrolle beschränken will.[80] Wer, wenn nicht das Bundesverfassungsgericht selbst, soll sicherstellen, dass einzelne Fraktionen und darunter insbesondere oppositionelle Fraktionen durch das gezielte Wählen bestimmter Ausschussbesetzungsverfahren sowie Ausschussgrößen nicht systematisch benachteiligt werden? Auch mit Blick auf die oppositionsspezifische Dogmatik ist die Entscheidung nicht frei von Widersprüchlichkeiten. Das Gericht erkennt zwar an, „daß ebenso wie die Mehrheit auch die Minderheit im Parlament nicht notwendig eine homogene Einheit darstellt"[81]. Dies steht im Einklang mit dem zu Beginn dieser Arbeit ausführlich dargestellten rechtswissenschaftlichen Begriffsverständnis, wonach „Opposition" funktional zu verstehen und nicht etwa institutionell ein homogenes Gebilde ist.[82] Zu dieser Erkenntnis setzt sich das Bundesverfassungsgericht dann jedoch selbst in Widerspruch, wenn es annimmt, die durch den Bundestag „gewählte

---

76 BVerfG, Urt. v. 14.1.1986 – Az. 2 BvE 14/83 und 4/84, BVerfGE 70, 366 ff. – Sondervotum *Mahrenholz*.

77 BVerfG, Urt. v. 14.1.1986 – Az. 2 BvE 14/83 und 4/84, BVerfGE 70, 380 ff. – Sondervotum *Böckenförde*.

78 *H. Meyer*, in: H.-P. Schneider/W. Zeh (Hrsg.), Parlamentsrecht und Parlamentspraxis in der Bundesrepublik Deutschland, § 4 Rn. 111, 118 mit Fn. 171; *H.-P. Schneider*, in: ders./W. Zeh (Hrsg.), Parlamentsrecht und Parlamentspraxis in der Bundesrepublik Deutschland, § 38 Rn. 28; *K.-H. Hohm*, NJW 1985, S. 408 ff.; *J. Scherer*, AöR 112 (1987), S. 189 ff.; *H. Dreier*, JZ 1990, S. 310 (316 ff.); *F. Edinger*, Wahl und Besetzung parlamentarischer Gremien, S. 290 f.; *W. Demmler*, Der Abgeordnete im Parlament der Fraktionen, S. 415 ff.; *S. Haberland*, Die verfassungsrechtliche Bedeutung der Opposition nach dem Grundgesetz, S. 74 f.; *P. Cancik*, Parlamentarische Opposition in den Landesverfassungen, S. 54 f., 133 mit Fn. 92; *J. Wolters*, Der Fraktions-Status, S. 68 ff.; *M.-E. Geis*, in: J. Isensee/P. Kirchhof (Hrsg.), Handbuch des Staatsrechts der Bundesrepublik Deutschland, Bd. III, § 54 Rn. 43; *A. Ingold*, Das Recht der Oppositionen, S. 375; *H.-J. Waack*, in: M. Morlok/U. Schliesky/D. Wiefelspütz (Hrsg.), Parlamentsrecht, § 22 Rn. 62; *M. Morlok*, in: H. Dreier (Hrsg.), GG, Bd. II, Art. 40 Rn. 30; *C. Schönberger/S. Schönberger*, JZ 2018, S. 105 (109).

79 BVerfG, Urt. v. 14.1.1986 – Az. 2 BvE 14/83 und 4/84, BVerfGE 70, 324 (364).

80 BVerfG, Urt. v. 14.1.1986 – Az. 2 BvE 14/83 und 4/84, BVerfGE 70, 380 (385) – Sondervotum *Böckenförde*, weist zu Recht darauf hin, dass hiernach schon „bloße [...] Mutmaßungen" genügten, um den Ausschluss einer Fraktion von der Teilnahme an einem Ausschuss zu gestatten.

81 BVerfG, Urt. v. 14.1.1986 – Az. 2 BvE 14/83 und 4/84, BVerfGE 70, 324 (363 f.).

82 Vgl. dazu 1. Kapitel § 2 II., S. 31 ff.

Lösung dieses Spannungsverhältnisses [zwischen den Grundsätzen der parlamentarischen Demokratie einerseits und Geheimschutzinteressen andererseits] durch Bildung eines möglichst kleinen Gremiums, dessen Zusammensetzung durch Persönlichkeitswahl bestimmt wird und gleichzeitig auch *die* Opposition nicht übergeht“[83], sei verfassungsrechtlich nicht zu beanstanden. Die Gerichtsmehrheit versteht den Begriff der parlamentarischen Opposition damit offenbar letztlich eben doch institutionell im Sinne der Gesamtheit der nicht die Regierung tragenden Abgeordneten[84] und lässt es genügen, dass nur irgendjemand *der* Opposition – im konkreten Fall: Vertreter nur einer der beiden Oppositionsfraktionen – im Ausschuss vertreten ist. Ein solcher Repräsentationsgedanke, der auf der „Vereinheitlichung repräsentativer Parlamentsstrukturen“[85] aufbaut, vermag verfassungsrechtlich nicht zu überzeugen.[86]

Auch Effizienz- bzw. Funktionalitätserwägungen können einen generellen Ausschluss einer Fraktion aus einem Ausschuss jedenfalls unter herkömmlichen parlamentarischen Verhältnissen nicht rechtfertigen.[87] Denn auch wenn aufgrund der oben dargestellten Erwägungen eine Ausschussmindestgröße vonnöten ist, liegt diese grundsätzlich nicht so hoch, dass die entstehenden Gremien und Ausschüsse eine effiziente Sacharbeit nicht mehr zulassen. Schon mit einer Mitgliederzahl von bis zu 20 Abgeordneten[88] wird sich regelmäßig ein Ausschuss bilden lassen, der sowohl dem Spiegelbildlichkeitsgrundsatz als auch dem Gedanken der Repräsentation aller im Parlament vertretenen Fraktionen Rechnung trägt. Dass mit einem Ausschuss aus maximal 20 Mitgliedern eine effiziente Sacharbeit nicht (mehr) möglich sein soll, ist nicht ersichtlich. Auch der berechtigte Hinweis auf die schon der wahlrechtlichen Sperrklausel inhärente Funktion, die Effizienz parlamentarischer Arbeit sicherzustellen, spricht gegen die Rechtferti-

---

83 BVerfG, Urt. v. 14.1.1986 – Az. 2 BvE 14/83 und 4/84, BVerfGE 70, 324 (359) [Hervorhebung durch Verfasser].

84 Vgl. BVerfG, Urt. v. 14.1.1986 – Az. 2 BvE 14/83 und 4/84, BVerfGE 70, 366 (371) – Sondervotum *Mahrenholz*: „Der hier verwandte Begriff der Opposition ist durch den Begriff ‚Nicht-Mehrheit‘ definiert.“

85 *A. Ingold*, Das Recht der Oppositionen, S. 375.

86 Vgl. *H. Meyer*, in: H.-P. Schneider/W. Zeh (Hrsg.), Parlamentsrecht und Parlamentspraxis in der Bundesrepublik Deutschland, § 4 Rn. 118 mit Fn. 171; *P. Cancik*, Parlamentarische Opposition in den Landesverfassungen, S. 133 f. mit Fn. 92; *A. Ingold*, Das Recht der Oppositionen, S. 375; *F. Edinger*, Wahl und Besetzung parlamentarischer Gremien, S. 290 f.

87 Ebenso *W. Demmler*, Der Abgeordnete im Parlament der Fraktionen, S. 416 f.; *F. Edinger*, Wahl und Besetzung parlamentarischer Gremien, S. 308 f.

88 Diese Zahl resultiert aus der Erwägung, dass Fraktionen ab einer Mindestgröße von fünf Prozent der Mitglieder des Bundestages gebildet werden können (vgl. § 10 Abs. 1 Satz 1 GOBT). Im – praktisch wohl kaum eintretenden – Extremfall könnten also – lässt man die Fraktionsbildungsmöglichkeit des § 10 Abs. 1 Satz 2 GOBT außer Acht – bis zu 20 Fraktionen entstehen, die einen Sitz im Ausschuss beanspruchen.

gung der Nichtberücksichtigung einer Fraktion im Ausschuss aus Effizienzgründen.[89] Zu einem anderen Ergebnis könnte man aus Funktionalitätserwägungen – wenn überhaupt – lediglich dann gelangen, wenn die Anzahl der im Bundestag vertretenen Fraktionen – beispielsweise durch einen Wegfall der wahlrechtlichen Sperrklausel und ein gleichzeitiges Absenken des Fraktionsbildungsquorums aus § 10 Abs. 1 Satz 1 GOBT – rapide steigen sollte und man sich beispielsweise einer zweistelligen Anzahl an Fraktionen gegenüber sehen sollte. Eine solche Entwicklung ist allerdings trotz der Entwicklung hin zu einem Vielparteiensystem[90] gegenwärtig nicht absehbar. Mithin können der grundsätzlichen Repräsentation jeder Fraktion mit mindestens einem stimmberechtigten Mitglied in den Ausschüssen des Bundestages auch keine Funktionalitätserwägungen entgegengesetzt werden.

Wenn schließlich im Einzelfall Geheimschutzerwägungen vorgebracht werden, um außerordentlich kleine Ausschussgrößen zu rechtfertigen, so gehen auch diese Erwägungen fehl.[91] Zwar sind etwaige Geheimschutzbelange selbstverständlich zu berücksichtigen, soweit in den Ausschüssen geheimschutzrelevante Aspekte beraten werden. Hierzu halten aber sowohl das Grundgesetz als auch die Geschäftsordnung des Deutschen Bundestages andere Lösungen als die zum Ausschluss einzelner Fraktionen führende Begrenzung der Zahl der Ausschusssitze bereit. Schon die Systematik der Verfassung (vgl. Art. 42 Abs. 1 Satz 2, Art. 44 Abs. 1 Satz 2 GG) zeigt, dass das Grundgesetz Geheimschutzerwägungen grundsätzlich durch den Ausschluss der Öffentlichkeit und nicht durch den

---

89 Vgl. zutreffend *D. Mundil*, Die Opposition, S. 144 f. Nicht überzeugend ist hingegen der Hinweis *Mundils*, einem Zustand fehlender Effizienz könne durch eine Anpassung der Sperrklausel begegnet werden, da dies „im Gegensatz zum Ausschluss einer Oppositionsfraktion aus einem Ausschuss einen wesentlich geringeren Eingriff in den durch die Wahl zum Ausdruck gebrachten Wählerwillen" darstelle (ebenda, S. 144). Vielmehr wäre der Eingriff in den Wählerwillen durch einen vollständigen Ausschluss von Abgeordneten aus dem Parlament gerade stärker als (nur) bei einer Nichtberücksichtigung der in das Parlament gewählten Abgeordneten bei der Besetzung eines Ausschusses.

90 In den letzten Jahren ist eine zunehmende Fragmentierung des Parteiensystems zu beobachten, vgl. die empirische Untersuchung von *O. Niedermayer*, in: ders. (Hrsg.), Die Parteien nach der Bundestagswahl 2013, S. 1 (2 ff.); *ders.*, ZParl 2015, S. 830 (830 f.). Ebenfalls eine Parteienfragmentierung konstatierend *P. Cancik*, ZParl 2017, S. 516 (520); *U. Volkmann*, ZParl 2017, S. 473 (489); *A. Pilniok*, JZ 2017, S. 890 (893 f.).

91 Anders jedoch BVerfG, Urt. v. 14.1.1986 – Az. 2 BvE 14/83 und 4/84, BVerfGE 70, 324 (364 ff.), für das Geheimschutzerwägungen ein sachlicher Grund waren, eine Beschränkung der Zahl der Ausschussmitglieder auf fünf Abgeordnete zuzulassen; zustimmend *M. Schröder*, JURA 1987, S. 469 (474). Im Grundsatz wie hier *G. Bollmann*, Verfassungsrechtliche Grundlagen und allgemeine verfassungsrechtliche Grenzen des Selbstorganisationsrechts des Bundestages, S. 99 ff.; *H. Dreier*, JZ 1990, S. 310 (319 f.).

Ausschluss von Abgeordneten Rechnung tragen will.[92] Bestätigt findet sich diese Erwägung in der Geschäftsordnung des Deutschen Bundestages, die für die Beratungen der Ausschüsse schon als Grundsatz den Ausschluss der Öffentlichkeit vorsieht (vgl. § 69 Abs. 1 Satz 1 GOBT). Die Nichtöffentlichkeit verhindert zwar ihrerseits noch nicht die anschließende inhaltliche Wiedergabe des Sitzungsverlaufs durch Ausschussmitglieder,[93] diese können jedoch durch die von der Geheimschutzordnung des Deutschen Bundestages[94] vorgehaltenen Lösungen zur Verschwiegenheit verpflichtet werden, sodass den Geheimschutzbelangen – gerade auch wegen der Strafbewehrung eines Verstoßes gegen Geheimhaltungsvorschriften (vgl. § 353b Abs. 2 Nr. 1 StGB) – insoweit Genüge getan ist.[95]

b) Besonderheiten der Anordnung einer Wahl der Ausschussmitglieder

Die von Verfassungs wegen gebotene Auslegung der allgemeinen geschäftsordnungsrechtlichen Ausschussbesetzungsvorschriften kann – auch aufgrund der Regelung des § 54 Abs. 2 GOBT – jedenfalls nicht unbesehen auf diejenigen Ausschüssen übertragen werden, deren Zusammensetzung sich nicht unmittelbar nach § 57 Abs. 1 Satz 1 i. V. m. § 12 Satz 1 GOBT richtet, sondern bei denen nach den Bestimmungen des Grundgesetzes, der Bundesgesetze oder besonderer Geschäftsordnungen eine Wahl der Ausschussmitglieder stattfindet.[96] Einer unmit-

---

[92] Vgl. BVerfG, Urt. v. 14.1.1986 – Az. 2 BvE 14/83 und 4/84, BVerfGE 70, 366 (372) – Sondervotum *Mahrenholz*.

[93] Dies ergibt sich bereits aus § 2 Abs. 5 Satz 2 Geheimschutzordnung des Deutschen Bundestages; vgl. darüber hinaus *H.-A. Roll*, Geschäftsordnung des Deutschen Bundestages, § 69 Rn. 1.

[94] Anlage 3 zur Geschäftsordnung des Deutschen Bundestages. Sie ist gemäß § 17 Satz 1 GOBT Teil der Geschäftsordnung.

[95] Ebenso BVerfG, Urt. v. 14.1.1986 – Az. 2 BvE 14/83 und 4/84, BVerfGE 70, 366 (372) – Sondervotum *Mahrenholz*; Urt. v. 14.1.1986 – Az. 2 BvE 14/83 und 4/84, BVerfGE 70, 380 (383) – Sondervotum *Böckenförde*; *W. Demmler*, Der Abgeordnete im Parlament der Fraktionen, S. 417 ff.; *F. Edinger*, Wahl und Besetzung parlamentarischer Gremien, S. 311 f.; *M.-E. Geis*, in: J. Isensee/P. Kirchhof (Hrsg.), Handbuch des Staatsrechts der Bundesrepublik Deutschland, Bd. III, § 54 Rn. 43; a. A. *M. Schröder*, JURA 1987, S. 469 (474). Nunmehr aber sich von der früheren Rechtsprechung distanzierend und die Geheimschutzordnung als grundsätzlich ausreichende Vorsorge für die Wahrung der Vertraulichkeit erachtend, soweit es nicht zur Wahrung der Geheimschutzbelange erforderlich sei, schon die Tatsache der Beratung oder Beschlussfassung an sich geheim zu halten, BVerfG, Urt. v. 28.2.2012 – Az. 2 BvE 8/11, BVerfGE 130, 318 (362).

[96] Konzise Darstellung der beiden Ausschussbesetzungsmethoden bei *H.-A. Roll*, Geschäftsordnung des Deutschen Bundestages, § 12 Rn. 3; *M.-E. Geis*, in: J. Isensee/P. Kirchhof (Hrsg.), Handbuch des Staatsrechts der Bundesrepublik Deutschland, Bd. III, § 54 Rn. 58. Die Differenzierung zwischen der gesetzlich angeordneten Wahl von Ausschussmitgliedern einerseits und der geschäftsordnungsrechtlich vorgesehenen Benennung von Ausschussmitgliedern

telbaren Übertragung des verfassungsrechtlich gebotenen Ergebnisses für die nach Geschäftsordnungsrecht zu besetzenden Ausschüsse steht bei einer Wahl der Ausschussmitglieder durch das Parlament der Grundsatz des freien Abgeordnetenmandats im Weg. Denn zunächst einmal sind die Abgeordneten bei ihrer Wahlentscheidung grundsätzlich nicht an eine fraktionsproportionale Verteilung der Ausschusssitze gebunden, da sie sich hierbei auf den verfassungsrechtlichen Gehalt von Art. 38 Abs. 1 Satz 2 GG berufen können.[97]

Insofern stellt sich zunächst die Frage, in welchen Fällen der Bundestag überhaupt durch Gesetz die Wahl eines Ausschusses anordnen kann und von dem durch § 57 Abs. 1 Satz 1 i. V. m. § 12 Satz 1 GOBT angeordneten Ausschussbesetzungsverfahren abweichen kann. Dies können letztlich nur Ausnahmefälle bleiben, da mit einer solchen Verfahrensweise grundsätzlich die nach Art. 40 Abs. 1 Satz 2 GG bestehende Geschäftsordnungsautonomie insoweit aufgehoben wird.[98] Das Bundesverfassungsgericht hat drei Bedingungen formuliert, die erfüllt sein müssen, damit die Wahl der Gesetzesform keine Verletzung der Geschäftsordnungsautonomie des Bundestages darstellt: erstens dürfen weder das Gesetz noch seine Aufhebung eine Zustimmung des Bundesrates erfordern, zweitens darf der Kern der Geschäftsordnungsautonomie nicht berührt werden und drittens müssen gewichtige sachliche Gründe für die Wahl der Gesetzesform sprechen.[99] Damit ist jedenfalls einer willkürlichen Umgehung der verfassungsseitig gebotenen Auslegung der geschäftsordnungsrechtlichen Ausschussbesetzungsvorschriften durch die Wahl der Gesetzesform ein Riegel vorgeschoben. Ob im konkreten Fall nach den Maßstäben des Bundesverfassungsgerichts

---

andererseits ausdrücklich außer Acht lassend *A. Ingold*, Das Recht der Oppositionen, S. 374 Fn. 55.

97 HVerfG, Urt. v. 5.11.1975 – Az. HVerfG 1/75, DVBl. 1976, S. 444 (447): „Die von den Ast. gewünschte Festlegung auf ein fraktionsproportionales Wahlergebnis ist [...] mit dem Verfassungsgrundsatz des freien Mandats unvereinbar [...].“; a. A. jedoch *F. Edinger*, Wahl und Besetzung parlamentarischer Gremien, S. 315, der es für „gleichgültig“ hält, ob die Gremienbesetzung durch eine Benennung der Fraktionen oder durch einen Wahlakt des Plenums erfolgt, und damit die Bedeutung des Art. 38 Abs. 1 Satz 2 GG schlicht übergeht.

98 Wahlen durch das Plenum finden beispielsweise statt für die Mitglieder des Wahlprüfungsausschusses (§ 3 Abs. 2 WahlprüfG), des Wahlausschusses (§ 6 Abs. 2 BVerfGG), des Richterwahlausschusses (§ 5 Abs. 1 RiWG), des Vertrauensgremiums (§ 10a Abs. 2 BHO) oder des Sondergremiums (§ 3 Abs. 3 StabMechG).

99 Vgl. BVerfG, Urt. v. 14.1.1986 – Az. 2 BvE 14/83 und 4/84, BVerfGE 70, 324 (361); Urt. v. 28.2.2012 – Az. 2 BvE 8/11, BVerfGE 130, 318 (358). Kritisch gegenüber diesen Maßstäben und beachtliche Gegenargumente vorbringend BVerfG, Urt. v. 14.1.1986 – Az. 2 BvE 14/83 und 4/84, BVerfGE 70, 366 (377 f.) – Sondervotum *Mahrenholz*; Urt. v. 14.1.1986 – Az. 2 BvE 14/83 und 4/84, BVerfGE 70, 380 (386 ff.) – Sondervotum *Böckenförde*; *H. Dreier*, JZ 1990, S. 310 (312 ff.).

durch Gesetz die Wahl eines Ausschusses angeordnet werden kann, bedarf dann jeweils einer Prüfung des Einzelfalles.

Doch auch wenn im Einzelfall die Wahl der Gesetzesform zulässig sein mag und insoweit keine Benennung der Ausschussmitglieder durch die Fraktionen, sondern eine Wahl derselben durch das Plenum anberaumt wird, verliert das Prinzip der Spiegelbildlichkeit trotz des aus Art. 38 Abs. 1 Satz 2 GG abzuleitenden freien Abgeordnetenmandats nicht seine grundsätzliche Bedeutung.[100] Vielmehr ist der Grundsatz der Spiegelbildlichkeit gerade auch ein Resultat des Art. 38 Abs. 1 Satz 2 GG, der mit seiner gleichheitsrechtlichen Komponente zusammen mit der Repräsentationsfunktion des Art. 20 Abs. 2 GG eine grundsätzliche Beteiligung aller im Parlament vertretenen politischen Strömungen an den Ausschüssen verbürgt. Das verfassungsrechtlich vorgegebene Spiegelbildlichkeitsprinzip beeinflusst damit zugleich auch die durch Gesetz vorgegebenen Bestimmungen zur Einsetzung von Ausschüssen.[101] In der parlamentarischen Praxis wird diese Dichotomie aus der freien Wahlentscheidung der Abgeordneten einerseits und der Geltung des Spiegelbildlichkeitsprinzips andererseits entweder dadurch sichergestellt, dass eine zwischen den Fraktionen abgestimmte Liste an Wahlvorschlägen zur gemeinsamen Abstimmung gestellt wird,[102] oder dass jede Fraktion eine gesonderte Liste mit Wahlvorschlägen aufstellt[103] und die Sitze dann entsprechend eines anerkannten Zählverfahrens je nach erhaltenem Stimmenanteil auf die Fraktionen verteilt werden.[104]

---

[100] Vgl. BVerfG, Urt. v. 28.2.2012 – Az. 2 BvE 8/11, BVerfGE 130, 318 (364): „§ 3 Abs. 3 Satz 2 StabMechG verletzt die Antragsteller dagegen nicht in ihren Rechten aus Art. 38 Abs. 1 Satz 2 GG, soweit er nicht ausdrücklich eine spiegelbildliche Zusammensetzung des Sondergremiums anordnet. Denn diese ist auf der Grundlage einer verfassungskonformen Auslegung möglich und geboten.“ Ebenso *C. Schönberger/S. Schönberger*, JZ 2018, S. 105 (109).

[101] Vgl. BVerfG, Urt. v. 28.2.2012 – Az. 2 BvE 8/11, BVerfGE 130, 318 (358): „Verfassungsgerichtlicher Kontrolle unterliegt dabei jedoch, ob das Prinzip der Beteiligung aller Abgeordneten an den Aufgaben des Parlaments gewahrt ist […].“

[102] So z.B. BT-Drs. 18/359 (Wahl der Mitglieder des Vertrauensgremiums gemäß § 10a Absatz 2 der Bundeshaushaltsordnung), BT-Drs. 18/361 (Wahl der Mitglieder des Gremiums gemäß § 3 des Bundesschuldenwesengesetzes), BT-Drs. 18/371 (Wahl vom Deutschen Bundestag zu entsendender Mitglieder des Ausschusses nach Artikel 77 Absatz 2 des Grundgesetzes [Vermittlungsausschuss]); vgl. ferner *M.-E. Geis*, in: J. Isensee/P. Kirchhof (Hrsg.), Handbuch des Staatsrechts der Bundesrepublik Deutschland, Bd. III, § 54 Rn. 58 Fn. 110; *F. Edinger*, Wahl und Besetzung parlamentarischer Gremien, S. 222. Vgl. dazu auch BVerfG, Beschl. v. 17.9.1997 – Az. 2 BvE 4/05, BVerfGE 96, 264 (282): „Da beim Wahlvorgang selbst mit Mehrheit abgestimmt wird, kann der Grundsatz der Spiegelbildlichkeit nur dadurch verwirklicht werden, daß vor der Wahl nach einem bestimmten Proportionalverfahren festgelegt wird, wieviel Kandidaten die jeweilige Fraktion oder Gruppe vorschlagen kann.“

[103] Vgl. exemplarisch für die Wahl des Richterwahlausschusses in der 18. Wahlperiode BT-Drs. 18/366, 18/367, 18/368, 18/369.

[104] Kritisch zu letzterem Wahlverfahren *W. Demmler*, Der Abgeordnete im Parlament der

Mithin kann grundsätzlich auch im Fall einer Wahl der Ausschussmitglieder durch den Bundestag den oben dargestellten Anforderungen an die Repräsentanz oppositioneller Fraktionen in den Ausschüssen Rechnung getragen werden, indem vor Durchführung des Wahlverfahrens eine solche Ausschussgröße zugrunde gelegt wird, die bei spiegelbildlicher Abbildung des Plenums eine Vertretung aller Fraktionen im Ausschuss sicherstellt. Einer Anpassung der Zahl der Ausschusssitze zur Gewährleistung einer Repräsentation aller Fraktionen bei gleichzeitiger Wahrung des Mehrheits- sowie des Spiegelbildlichkeitsprinzips steht teilweise jedoch die ausdrückliche gesetzliche Determinierung der Zahl der Mitglieder des Ausschusses entgegen.[105] Derartige fixe Ausschussgrößen bedürfen insoweit einer besonderen verfassungsrechtlichen Rechtfertigung – und dies umso eher, je kleiner die konkret vorgesehene Ausschussgröße ist[106] und je eher einzelne Fraktionen von der Partizipation an dem Ausschuss ausgeschlossen sind. Kann eine entsprechende gesetzliche Determinierung der Ausschussgröße nicht rechtfertigt werden, so ist von der Verfassungswidrigkeit der jeweiligen Norm auszugehen. Aus diesem Grund empfiehlt es sich aus rechtsgestaltender Sicht für den Fall der Notwendigkeit eines kleinen Ausschusses, statt einer konkreten gesetzlichen Benennung der Zahl der Ausschusssitze – wenn überhaupt[107] – eine dem § 3 Abs. 3 Satz 3 StabMechG vergleichbare Formulierung vorzusehen: „Die Anzahl der Mitglieder und eine gleich große Anzahl von Stellvertretern ist die kleinstmögliche, bei der jede Fraktion zumindest ein Mitglied benennen kann, die Mehrheitsverhältnisse gewahrt werden und bei der die Zusammensetzung des Plenums widergespiegelt wird […].“

Fraktionen, S. 348 f.: Bei diesem Wahlverfahren bestünde die Gefahr, dass dem Spiegelbildlichkeitsprinzip infolge einer mangelnden Wahlbeteiligung bestimmter Fraktionen (z. B. wegen krankheitsbedingter Abwesenheit ihrer Mitglieder) nicht entsprochen werden könne.

[105] So beispielsweise § 3 Abs. 2 Satz 1 WahlprüfG, § 6 Abs. 2 Satz 1 BVerfGG.

[106] Vgl. BVerfG, Urt. v. 28.2.2012 – Az. 2 BvE 8/11, BVerfGE 130, 318 (354); BVerfG, Urt. v. 22.9.2015 – Az. 2 BvE 1/11, BVerfGE 140, 115 (Rn. 97): „Der Grundsatz der Spiegelbildlichkeit enthält für sich genommen keine Aussage über die zulässige Größe eines Ausschusses oder eines anderen Untergremiums. Je kleiner das Untergremium ausfällt, desto mehr Abgeordnete werden allerdings an der Wahrnehmung ihrer Statusrechte gehindert, und umso weniger ist insofern der Repräsentationsfunktion entsprochen. Daher steigen die Anforderungen an eine sachliche Rechtfertigung der Delegation von Entscheidungsbefugnissen mit der abnehmenden Größe eines Untergremiums. In Ausnahmefällen kann dies trotz formaler Wahrung des Grundsatzes der Spiegelbildlichkeit zu einer Verletzung von Art. 38 Abs. 1 Satz 2 GG wegen der zu geringen Größe des Untergremiums führen […].“

[107] Der gesetzlichen Festlegung der Mitgliederanzahl jedenfalls im Fall des Parlamentarischen Kontrollgremiums ablehnend gegenüberstehend *H. A. Wolff*, in: W. Kahl/C. Waldhoff/C. Walter (Hrsg.), GG, Art. 45d Rn. 84: Bei einem Absehen von der Vorgabe einer bestimmten Mitgliederanzahl durch Gesetz könnten die unterschiedlichen Aspekte, die auf die Gremienbesetzung Einfluss hätten, flexibler berücksichtigt werden.

3. *Fazit: Verfassungsrechtliche Notwendigkeit einer oppositionsgerechten Ausschussbesetzung*

Im Grundsatz gilt: Ausschüsse sind ein verkleinertes Abbild des Plenums und haben dieses daher abzubilden. Eine Ausschusszusammensetzung, die oppositionelle Kräfte außen vor ließe, würde nicht nur mit dem Prinzip der Spiegelbildlichkeit in Konflikt geraten, sondern auch mit dem Grundsatz effektiver parlamentarischer Opposition. Denn wenn sich einerseits – wie allgemein anerkannt – ein Großteil der parlamentarischen Willensbildung in die Ausschüsse verlagert, sich andererseits aber die Mitwirkung an der parlamentarischen Willensbildung als ein wesentliches Element oppositioneller Aufgabenwahrnehmung darstellt, so besteht eine verfassungsrechtliche Notwendigkeit zu einer oppositionsgerechten Ausschussbesetzung.

Eine solche oppositionsgerechte Ausschussbesetzung wird in der parlamentarischen Praxis insbesondere dadurch sichergestellt, dass bei der Verteilung der Ausschusssitze grundsätzlich ein Gebot zur Berücksichtigung aller im Parlament vertretenen Fraktionen besteht. Eine Nichtberücksichtigung einzelner Fraktionen lässt sich regelmäßig weder durch Effizienz- und Funktionalitätserwägungen noch durch Belange des Geheimschutzes rechtfertigen. Soweit oppositionelle Abgeordnete sich in einer oder mehreren Fraktionen zusammengeschlossen haben, kommt es also zu einer Präsenz oppositioneller Abgeordneter in den Ausschüssen. Einmal mehr wird damit deutlich, dass die Parlamentsfraktionen als „institutionelle[s] Substrat“[108] der fehlenden organisatorischen Ausprägung parlamentarischer Opposition dienen.

In praxi ist das Gebot einer Vertretung aller Fraktionen in den Ausschüssen dergestalt umzusetzen, dass den Ausschüssen zahlenmäßig eine solche Größe zugrunde gelegt wird, die einerseits eine Repräsentation aller Fraktionen ermöglicht, andererseits aber auch das Spiegelbildlichkeits- und mit ihm das Mehrheitsprinzip wahrt. Nur mit einer solchen Konzeption zur Verteilung der Ausschusssitze geht die Herstellung von „Oppositionsgerechtigkeit“[109] und damit die Wahrung des Grundsatzes effektiver parlamentarischer Opposition einher.

II. Gesetzesinitiativrecht des einzelnen Abgeordneten

Nach der Untersuchung der Frage, inwieweit eine oppositionelle Präsenz in den Bundestagsausschüssen de constitutione lata geboten ist, soll es im Folgenden um die Frage gehen, welchen Einfluss der Verfassungsgrundsatz effektiver parla-

[108] *N. Achterberg*, DVBl. 1974, S. 693 (704). Kritisch indes *M. Rossi*, JZ 2016, S. 1169 (1170): „Fraktionen sind [...] keine verfassungsrechtlichen Institutionen“.

[109] *A. Ingold*, Das Recht der Oppositionen, S. 385.

mentarischer Opposition auf die parlamentarische Mitwirkungsbefugnis der Mitglieder des Deutschen Bundestages hat. Kern der nachfolgenden Ausführungen ist die Frage, ob dem einzelnen Bundestagsabgeordneten ein Gesetzesinitiativrecht zusteht oder nicht. Hierzu soll zunächst die verfassungsrechtliche Problemlage skizziert werden (1.), um diese sodann mithilfe der traditionellen Auslegungsmethoden aufzulösen (2.). Im Anschluss wird das gefundene Auslegungsergebnis aus einer demokratietheoretischen Perspektive bewertet (3.).

1. Skizzierung der verfassungsrechtlichen Problemlage: Herkömmliches Verständnis der Gesetzesinitiativberechtigung als Oppositionshindernis

Die Begriffe der Kritik, Kontrolle und Alternativenbildung umreißen die klassische oppositionelle Aufgabentrias.[110] Die Mitwirkung an der parlamentarischen Willensbildung stellt ein zentrales Element zur Ausfüllung dieser Trias dar.[111] Sofern die Mitwirkung an der parlamentarischen Willensbildung in der Parlamentspraxis nicht nur eine Leerformel bleiben soll, muss hiermit auch eine Teilhabe am parlamentarischen Entscheidungsprozess verbunden sein. Der parlamentarische Entscheidungsprozess ist seinerseits im Wesentlichen durch den Prozess der Gesetzgebung geprägt. Das Recht zur Gesetzesinitiative fällt gemäß Art. 76 Abs. 1 GG der Bundesregierung, der Mitte des Bundestages oder dem Bundesrat zu. Diese Aufteilung des Initiativrechts bewirkt, dass die Gesetzesinitiative grundsätzlich sowohl ein Regierungs- als auch ein Oppositionsinstrument sein kann.[112] Gerade bei einer Gesetzesinitiative durch oppositionelle Kräfte sind die die Regierung tragenden Abgeordneten oftmals gezwungen, in solchen „aktuellen oder umstrittenen Fragen […] durch Abgabe ihrer Stimme ‚Farbe zu bekennen'“[113], die sie ohne eine entsprechende Gesetzesinitiative möglicherweise nicht selbst auf die Tagesordnung gesetzt hätten. Derartigen Gesetzesinitiativen liegt ein doppelter Zweck zugrunde: Zum einen können sich die oppositionellen Kräfte durch Offenbarung ihrer politischen Positionen als personelle und sachliche Alternative zur Regierungsmehrheit präsentieren und insoweit insbesondere ihrer Alternativfunktion gerecht werden.[114] Zum anderen ist es ihnen durch die

---

[110] Vgl. dazu 2. Kapitel, § 2 I., S. 75 ff.

[111] Vgl. dazu 2. Kapitel, § 2 II. 2. b), S. 86 f.

[112] *J. Kersten*, in: Maunz/Dürig, GG, Art. 76 Rn. 3; *J. Ipsen*, Staatsrecht I, Rn. 224.

[113] NWVerfGH, Urt. v. 15.6.1999 – Az. VerfGH 6/97, NVwZ-RR 2000, S. 265 (267). Ähnlich jüngst auch BVerfG, Beschl. v. 14.6.2017 – Az. 2 BvQ 29/17, BVerfGE 145, 348 (Rn. 42): „[…] die Gesetzesinitianten hatten die Möglichkeit, öffentlich die Inhalte der von ihnen vorgelegten Gesetzentwürfe vorzutragen und zu begründen und dadurch auf die politische Willensbildung Einfluss zu nehmen. Zugleich waren die übrigen im Bundestag vertretenen Parteien gezwungen, sich zu den vorgelegten Gesetzentwürfen zu positionieren.“

[114] *M. Elicker*, JA 2005, S. 513 (513): „Artikulation ihrer politischen Vorstellungen“; *H.*

Gesetzesinitiative und die nachfolgenden Abstimmungen hierüber im Einzelfall auch möglich, „Meinungsunterschiede innerhalb der Regierung und der sie tragenden Parteien [sic] aufzudecken und dadurch vor dem Forum der Öffentlichkeit eine gegenseitige Blockade und Handlungsunfähigkeit der Regierung in dieser Frage vorzuführen“[115].

In welcher Weise die Oppositionsabgeordneten im Parlament die Gesetzesinitiative zur Ausfüllung ihrer Funktion fruchtbar machen können, hängt entscheidend von der Auslegung des Art. 76 Abs. 1 GG und des Begriffs „Mitte des Bundestages“ ab. Überwiegend wird die geschäftsordnungsrechtliche Konkretisierung dieses Begriffs durch § 76 Abs. 1 GOBT für verfassungskonform erachtet, soweit dieser das Initiativrecht für Mitglieder des Bundestages auf eine Fraktion oder fünf vom Hundert der Mitglieder des Bundestages beschränkt.[116] Mit der Nichtberücksichtigung einzelner Abgeordneter bei der Gesetzesinitiativberechtigung geht für oppositionelle Abgeordnete indes eine Verkürzung ihres Wirkbereiches einher, da sie ihrer Alternativ-, aber auch ihrer Kritikfunktion nicht durch das Einbringen von Gesetzesvorlagen Ausdruck verleihen können. Ob diese Beschränkung de constitutione lata zulässig ist oder sich vielmehr (auch) aufgrund des Grundsatzes effektiver parlamentarischer Opposition ein anderes Verständnis der Initiativberechtigung des Art. 76 Abs. 1 GG aufdrängt, soll im Folgenden untersucht werden.

Maurer, Staatsrecht I, § 17 Rn. 64: „politische Zeichen setzen“; *J. Kersten*, in: Maunz/Dürig, GG, Art. 76 Rn. 3: „Präsentation des Oppositionsprogramms“. Vgl. für das Gesetzesinitiativrecht in Großbritannien *G. Sydow/H. Jooß*, ZParl 2017, S. 535 (547 f.).

[115] NWVerfGH, Urt. v. 15.6.1999 – Az. VerfGH 6/97, NVwZ-RR 2000, S. 265 (267).

[116] Vgl. *N. Achterberg*, Parlamentsrecht, S. 353; *W. Demmler*, Der Abgeordnete im Parlament der Fraktionen, S. 333 f.; *M. Nolte/C. Tams*, JURA 2000, S. 158 (159); *B. J. Hartmann*, ZG 2008, S. 42 (50); *ders./K. M. Kamm*, JURA 2014, S. 283 (285); *A. Glaser*, Nachhaltige Entwicklung und Demokratie, S. 297; *H. Maurer*, Staatsrecht I, § 17 Rn. 62; *J. Dietlein*, in: V. Epping/C. Hillgruber (Hrsg.), GG, Art. 76 Rn. 7; *T. Mann*, in: M. Sachs (Hrsg.), GG, Art. 76 Rn. 10; *F. Brosius-Gersdorf*, in: H. Dreier (Hrsg.), GG, Bd. II, Art. 76 Rn. 54 ff.; *B. Pieroth*, in: H. D. Jarass/ders., GG, Art. 76 Rn. 2; *R. Sannwald*, in: Schmidt-Bleibtreu/Hofmann/Henneke, GG, Art. 76 Rn. 41; *B.-O. Bryde*, in: I. von Münch/P. Kunig, GG, Bd. 2, Art. 76 Rn. 13; *ders.*, in: H.-P. Schneider/W. Zeh (Hrsg.), Parlamentsrecht und Parlamentspraxis in der Bundesrepublik Deutschland, § 30 Rn. 24; *ders.*, JZ 1998, S. 115 (116 f.). Demgegenüber lediglich statuierend, dass der Wortlaut „Mitte des Bundestages“ nicht bedeutet, dass der Bundestag als solcher ein Initiativrecht hat, BVerfG, Urt. v. 6.3.1952 – Az. 2 BvE 1/51, BVerfGE 1, 144 (153). Jüngst die Frage der Verfassungskonformität von § 76 Abs. 1 GOBT offenlassend *M. Droege/J. Broscheit*, JuS 2015, S. 633 (636).

2. Auflösung der Problemlage: Oppositionsgerechte Auslegung des Art. 76 Abs. 1 GG

Im Zentrum der Frage, inwieweit oppositionellen Kräften ein Recht zur Gesetzesinitiative zukommt, steht die Auslegung des Begriffs „Mitte des Bundestages" im Rahmen des Art. 76 Abs. 1 GG. Dies ist jedenfalls unmittelbar das einzige Initiativrecht, das sich oppositionelle Abgeordnete zu eigen machen können.[117] Die ohnehin nur mittelbare Möglichkeit, Gesetzesinitiativen über Landesregierungen, die von der gleichen Partei gestellt werden, in den Bundesrat einzubringen, mit dem Ziel, dass dieser sodann als Gesamtorgan von seinem Initiativrecht Gebrauch macht, ist darüber hinaus auch eine lediglich potenzielle Möglichkeit, da aufgrund zahlreicher Unwägbarkeiten (z. B. fehlende Vertretung der entsprechenden Partei in einer Landesregierung, innerparteiliche Divergenzen, Blockadehaltung des Koalitionspartners der entsprechenden Landesregierung, fehlende Mehrheit im Bundesrat) keinesfalls sicher ist, dass eine solche „verkappte Oppositionsvorlage"[118] in der Praxis überhaupt bis in den Bundestag gelangt. Sie stellt damit für die oppositionellen Akteure kein Äquivalent zur eigenen (unmittelbaren) Initiativberechtigung dar.[119]

Der Wortlaut von Art. 76 Abs. 1 GG als Ausgangspunkt der Auslegung ist – anders als verschiedene Landesverfassungen, die dem einzelnen Abgeordneten ausdrücklich ein eigenes Initiativrecht zusprechen[120] – im Hinblick auf den Be-

---

[117] *P. Badura*, Staatsrecht, Rn. F 42: „Werkzeug der Opposition".

[118] Begriffswahl in Anlehnung an den Begriff der sog. verkappten Regierungsvorlage, der materiell eine Gesetzesvorlage der Bundesregierung umschreibt, welche jedoch formell von den die Regierung tragenden Abgeordneten als Gesetzesinitiative aus der Mitte des Bundestages eingebracht wird, um die bei Vorlagen der Bundesregierung gemäß Art. 76 Abs. 2 Satz 1 GG zunächst erforderliche Zuleitung an den Bundesrat – also den „ersten Durchgang" – zu umgehen. Vgl. zur Umgehung des Bundesrates durch eine Regierungsvorlage „aus der Mitte des Bundestages" *M. Schürmann*, AöR 115 (1990), S. 45 ff.; *F. Ossenbühl*, in: J. Isensee/P. Kirchhof (Hrsg.), Handbuch des Staatsrechts der Bundesrepublik Deutschland, Bd. V, § 102 Rn. 24; *G. Ziller*, in: Festschrift H. Schellknecht, S. 135 (141 ff.); *B.-O. Bryde*, in: H.-P. Schneider/W. Zeh (Hrsg.), Parlamentsrecht und Parlamentspraxis in der Bundesrepublik Deutschland, § 30 Rn. 28; *D. Seifarth*, JuS 2010, S. 790 (793); *K. Stern*, Das Staatsrecht der Bundesrepublik Deutschland, Bd. II, § 37 III 4, S. 620 f.; *H. Maurer*, Staatsrecht I, § 17 Rn. 63; *J. Ipsen*, Staatsrecht I, Rn. 225; *C. Degenhart*, Staatsrecht I, Rn. 219; *T. Mann*, in: M. Sachs (Hrsg.), GG, Art. 76 Rn. 24 ff.; *J. Dietlein*, in: V. Epping/C. Hillgruber (Hrsg.), GG, Art. 76 Rn. 29 ff.

[119] *M. Kloepfer*, JURA 1991, S. 169 (171), weist jedoch darauf hin, dass die Bundesratsinitiativen im Falle einer Mehrheit der „‚oppositionellen' Bundesländer" im Bundesrat ein „wichtiges Oppositionsinstrument" werden könnten.

[120] Vgl. Art. 44 Abs. 1 SchlHVerf; Art. 98 SVerf. Daneben werden verschiedene Landesverfassungen durch die korrespondierenden Geschäftsordnungen dahingehend konkretisiert, dass im Ergebnis ebenfalls ein einzelner Abgeordneter initiativberechtigt ist: Art. 71 BayVerf i. V. m. § 49 Abs. 1 Satz 1 BayGOLT; Art. 75 BbgVerf i. V. m. § 40 Abs. 1 Satz 1 Hs. 1 BbgGOLT. Ex-

griff „Mitte des Bundestages“ nicht eindeutig.[121] Dass unter den Begriff – wie von § 76 Abs. 1 GOBT vorgesehen – nur Fraktionen oder fünf vom Hundert der Mitglieder des Bundestages fallen sollen, kann dem Wortlaut jedenfalls nicht entnommen werden. Auch für das Bundesverfassungsgericht scheint der Wortlaut des Grundgesetzes nicht eindeutig zu sein. So verwendet es einerseits den Begriff „Mitte des Parlaments“, um auf einzelne Abgeordnete (im konkreten Fall ging es um die Regierung tragende Abgeordnete) Bezug zu nehmen.[122] Andererseits greift das Gericht jedoch – im gleichen Urteil – auf den bedeutungsgleichen Begriff „Mitte des Bundestages“ für die Bezeichnung des Viertel-Quorums zur Erhebung einer abstrakten Normenkontrolle zurück.[123] Für den unmittelbaren Gehalt des Begriffs „Mitte des Bundestages“ im Rahmen des Art. 76 Abs. 1 GG lassen sich beide verfassungsgerichtlichen Begriffskonkretisierungen zwar nicht heranziehen, da es in keinem der Fälle um die Bedeutung des entsprechenden Begriffs gerade innerhalb von Art. 76 Abs. 1 GG ging. Gleichwohl zeigen diese beiden unterschiedlichen Begriffsverwendungen durch das Bundesverfassungsgericht paradigmatisch auf, dass sich ein eindeutiger Aussagegehalt des Wortlauts nicht ermitteln lässt. Daher muss zur Ermittlung des Bedeutungsgehalts der Formulierung des Art. 76 Abs. 1 GG auf die weiteren anerkannten Auslegungsmethoden zurückgegriffen werden.

Aus einer systematischen Argumentationsperspektive bietet es sich an, einen Vergleich zu anderen Bestimmungen des Grundgesetzes zu ziehen. Der Verfassungsgeber hat sich dazu entschieden, die Ausübung vieler Rechte nicht bereits dem einzelnen Abgeordneten, sondern einer Vielzahl von Abgeordneten zukommen zu lassen. Aus diesem Grund sieht das Grundgesetz in vielen seiner Artikel durch eine ausdrückliche Anordnung bestimmte Quoren vor.[124] Wenn er dies für das Gesetzesinitiativrecht aber unterlassen hat, so ist der Begriff „Mitte des Bundestages“ aus Art. 76 Abs. 1 GG im Zuge eines argumentum e contrario tendenziell dahingehend zu verstehen, dass eine Mindestzahl von Abgeordneten an dieser Stelle gerade nicht angezeigt ist und schon ein einzelner Abgeordneter eine Gesetzesinitiative aus der Mitte des Bundestages einbringen kann.

---

emplarisch und ausführlich zur Regelung des Art. 98 SVerf *C. Gröpl*, in: R. Wendt/R. Rixecker, Verfassung des Saarlandes, Art. 98 Rn. 1 ff.

[121] *W. Demmler*, Der Abgeordnete im Parlament der Fraktionen, S. 332 f.; *M. Nolte/C. Tams*, JURA 2000, S. 158 (159); *B. J. Hartmann*, Volksgesetzgebung und Grundrechte, S. 113; *ders.*, ZG 2008, S. 42 (45 f.); *T. Mann*, in: M. Sachs (Hrsg.), GG, Art. 76 Rn. 9.

[122] Vgl. BVerfG, Urt. v. 3.5.2016 – Az. 2 BvE 4/14, BVerfGE 142, 25 (Rn. 103).

[123] Vgl. BVerfG, Urt. v. 3.5.2016 – Az. 2 BvE 4/14, BVerfGE 142, 25 (Rn. 88, 113).

[124] Vgl. Art. 23 Abs. 1a Satz 2, Art. 39 Abs. 3 Satz 3, Art. 44 Abs. 1 Satz 1, Art. 45a Abs. 2 Satz 2, Art. 61 Abs. 1 Satz 2, Art. 61 Abs. 1 Satz 3, Art. 79 Abs. 2, Art. 93 Abs. 1 Nr. 2 GG.

Gegen eine derartige Auslegung des Art. 76 Abs. 1 GG wird regelmäßig die Funktionsfähigkeit des Bundestages und damit ein teleologisches Argument ins Feld geführt. So wird die Auffassung vertreten, bei der Möglichkeit einer Gesetzesinitiative des einzelnen Abgeordneten drohe eine Beeinträchtigung der Funktionsfähigkeit des Bundestages aufgrund einer Vielzahl von Gesetzesanträgen, die keine Aussicht auf eine parlamentarische Mehrheit hätten.[125] Dieses Argument vermag jedoch bei näherer Betrachtung nicht durchzugreifen, denn schließlich können auch Fraktionen – aufgrund ihrer geschlossenen Organisation im Ergebnis wohl auch viel eher als einzelne Abgeordnete – durch eine Vielzahl von Gesetzesinitiativen die Funktionsfähigkeit des Bundestages beeinträchtigen.[126] Dass aber für entsprechend agierende Fraktionen das Initiativrecht nach dem Duktus des Art. 76 Abs. 1 GG eingeschränkt sei, wird – soweit ersichtlich – von niemandem vertreten. Vielmehr liegt dem Grundgesetz generell „das Bild eines verantwortlichen und im Gemeinwohlinteresse handelnden Abgeordneten zu Grunde“[127], mit dessen grundgesetzlicher Stellung eine Einschränkung seines Initiativrechts nur schwer kompatibel erscheint.[128] Im Übrigen stellt die Ausarbeitung einer Gesetzesvorlage auch eine zeitintensive und komplexe Maßnahme dar, sodass von einzelnen Abgeordneten in der Parlamentspraxis keine die Funktionsfähigkeit des Bundestages gefährdende „Flut“ an Gesetzesinitiativen zu erwarten ist,[129] zumal den oppositionellen Abgeordneten der für die Ausarbeitung von Gesetzesentwürfen bedeutsame Rückgriff auf die Ministerialbürokratie verwehrt ist.[130] Darüber hinaus kommt dem Bundestag in der Frage der Behandlung der Gesetzesinitiativen auch ein gerichtlich nicht vollständig überprüfbarer Ein-

---

[125] *J. Ennuschat*, VR 2015, S. 1 (1 Fn. 4); *E. M. Frenzel*, JuS 2010, S. 119 (120); *T. Mann*, in: M. Sachs (Hrsg.), GG, Art. 76 Rn. 10; *J. Masing/H. Risse*, in: H. von Mangoldt/F. Klein/C. Starck (Hrsg.), GG, Bd. 2, Art. 76 Rn. 44.

[126] *D. Seifarth*, JuS 2010, S. 790 (792); *B. J. Hartmann/K. M. Kamm*, JURA 2014, S. 283 (285).

[127] *D. Seifarth*, JuS 2010, S. 790 (792).

[128] *M. Elicker*, JA 2005, S. 513 (514); a. A. *W. Demmler*, Der Abgeordnete im Parlament der Fraktionen, S. 330 f.: das Gesetzesinitiativrecht gehöre nicht zum Kernbereich des parlamentarischen Mandats.

[129] Diese Bewertung korrespondiert mit der Feststellung von *C. Gröpl*, in: R. Wendt/R. Rixecker, Verfassung des Saarlandes, Art. 98 Rn. 3, wonach das Initiativrecht des einzelnen Abgeordneten im Landtag des Saarlandes jedenfalls bislang die Arbeitsfähigkeit des Parlaments nicht untergraben habe; ähnlich auch *C. Brüning*, in: W. Kahl/C. Waldhoff/C. Walter (Hrsg.), GG, Art. 76 Rn. 138, unter Verweis auf die deutsche Verfassungsgeschichte. Demgegenüber die schon gegenwärtig bestehende Gefahr einer Beeinträchtigung der Arbeitsfähigkeit des Parlaments durch einen Missbrauch des Initiativrechts hervorhebend *R. Wendt*, in: Festschrift M. Schröder, S. 431 (443).

[130] *B.-O. Bryde*, in: H.-P. Schneider/W. Zeh (Hrsg.), Parlamentsrecht und Parlamentspraxis in der Bundesrepublik Deutschland, § 30 Rn. 27; *C. Brüning*, in: W. Kahl/C. Waldhoff/C. Wal-

schätzungsspielraum zu, der letztlich – trotz der bestehenden Befassungspflicht – auch sicherstellt, dass die Beratung aussichtloser Gesetzesinitiativen die Funktionsfähigkeit des Bundestages nicht beeinträchtigt.[131] Denn bei der Frage, innerhalb welcher Frist der Bundestag über eine Gesetzesinitiative zu beraten und Beschluss zu fassen hat, sind die Umstände des jeweiligen Einzelfalles entscheidend, worunter explizit auch die Dringlichkeit des konkreten Gesetzentwurfs sowie die vordringliche Bearbeitung sonstiger Gesetzesvorlagen oder anderer Parlamentsangelegenheiten fallen.[132] An eine Grenze stößt dieser politische Gestaltungsspielraum erst im Falle eines Missbrauchs zulasten parlamentarischer Minderheiten oder bei dem Versuch, durch eine sachgrundlose Verschleppung der Behandlung eines Gesetzentwurfs das Gesetzesinitiativrecht zu entleeren.[133] Im Ergebnis dürfte damit durch die Initiativberechtigung einzelner Abgeordneter eine Beeinträchtigung der Funktionsfähigkeit des Bundestages nicht zu erwarten sein.

Das sich bereits durch systematische Überlegungen abzeichnende Auslegungsergebnis, dem jedenfalls nach diesseitiger Auffassung keine Funktionalitätsinteressen entgegengehalten werden können, findet sich schließlich insbesondere durch eine andere teleologische Erwägung bestätigt. Es wurde bereits ausführlich dargelegt, dass bei der Frage, welche parlamentarischen Akteure die Oppositionsrolle ausfüllen, eine Rückbesinnung auf den einzelnen Abgeordneten verfassungsrechtlich angezeigt ist.[134] Wenn also einerseits ein den einzelnen Abgeordneten als Akteur parlamentarischer Opposition anzuerkennender Definitionsansatz geboten ist, andererseits aber das Gesetzesinitiativrecht nach Art. 76 Abs. 1 GG unter anderem „die zentrale Ausprägung der oppositionellen Alternativenbildungsfunktion"[135] darstellt, so ist aus einer verfassungsteleologischen Perspektive nicht einzusehen, warum es dem einzelnen – die Oppositionsrolle

ter (Hrsg.), GG, Art. 76 Rn. 137; *S. Thierse*, Governance und Opposition im Europäischen Parlament, S. 50 f.; *C. Gröpl*, DÖV 2018, S. 537 (543).

131 Vgl. BVerfG, Beschl. v. 14.6.2017 – Az. 2 BvQ 29/17, BVerfGE 145, 348 (Rn. 37): „Dabei ist es grundsätzlich dem Parlament vorbehalten, die Prioritäten bei der Bearbeitung der ihm vorliegenden Angelegenheiten selbst zu bestimmen [m. w. N.]. Insbesondere folgt aus dem Befassungsanspruch des Gesetzesinitianten keine Pflicht des Ausschusses oder des Bundestages, über sämtliche vorliegenden Gesetzesvorhaben innerhalb einer Legislaturperiode abschließend zu entscheiden. Vielmehr ist hinzunehmen, dass vorliegende Gesetzentwürfe mit dem Ende der Legislaturperiode der Diskontinuität anheimfallen können (vgl. § 125 Satz 1 GO-BT)."

132 BVerfG, Beschl. v. 14.6.2017 – Az. 2 BvQ 29/17, BVerfGE 145, 348 (Rn. 37).

133 BVerfG, Beschl. v. 14.6.2017 – Az. 2 BvQ 29/17, BVerfGE 145, 348 (Rn. 38).

134 Vgl. 1. Kapitel § 2 II. 2. b) bb), S. 39 ff.

135 *B. Beckermann/D. Weidemann*, AL 2015, S. 243 (244). Vgl. zur Bedeutung des Gesetzesinitiativrechts für die Aufgabenwahrnehmung parlamentarischer Opposition oben, 2. Kapitel § 2 II. 2. b), S. 86 f.

ausfüllenden – Abgeordneten verwehrt sein soll, eine Gesetzesvorlage einzubringen, zumal wenn dem keine durchgreifenden Gründe verfassungsrechtlicher Signifikanz entgegenstehen. Die von der (noch) herrschenden Meinung vorgenommene einschränkende Auslegung des Tatbestandsmerkmals „Mitte des Bundestages" ist mit dem verfassungsrechtlichen Grundsatz effektiver parlamentarischer Opposition nicht zu vereinbaren, soweit sie eine signifikante Einschränkung des oppositionellen Handlungsfeldes evoziert. Bereits de constitutione lata kommt dem einzelnen Abgeordneten somit ein Gesetzesinitiativrecht nach Art. 76 Abs. 1 GG zu.[136] Die Vorschrift des § 76 Abs. 1 GOBT stellt sich somit als verfassungswidrig dar, soweit sie unter Verstoß gegen Art. 76 Abs. 1 GG bestimmt, dass Gesetzesvorlagen von Mitgliedern des Bundestages von einer Fraktion oder von fünf vom Hundert der Mitglieder des Bundestages unterzeichnet sein müssen.[137]

3. Oppositionssensible Auslegung des Art. 76 Abs. 1 GG als auch demokratietheoretisch sachgerechtes Resultat

Abschließend sei darauf hingewiesen, dass das vorstehend erörterte abgeordnetenbezogene Verständnis des Gesetzesinitiativrechts nicht nur de constitutione lata geboten, sondern auch aus einer demokratietheoretischen Perspektive zu begrüßen ist.

Zum einen ist eine abgeordnetenbezogene Auslegung der Gesetzesinitiativberechtigung geeignet, eine Entwicklung des in der parlamentarischen Praxis unausgewogenen Verhältnisses zwischen den verschiedenen Gesetzesinitiativberechtigten hin zu einer ausgewogeneren Verteilung der Initiativen zu bewirken. Obwohl die drei Institutionen Bundesregierung, Bundestag und Bundesrat in der Aufzählung des Art. 76 Abs. 1 GG eigentlich gleichwertig nebeneinander stehen,[138] stammt nämlich in der Praxis die übergroße Mehrzahl der Gesetzesinitiativen von der Bundesregierung.[139] Dieser Zustand der „Insuffizienz des Deut-

---

[136] So auch *C. Degenhart*, Staatsrecht I, Rn. 213; *J. Kersten*, in: Maunz/Dürig, GG, Art. 76 Rn. 48; *D. Seifarth*, JuS 2010, S. 790 (792 f.). Unklar *J. Jekewitz*, DÖV 1969, S. 136 (136): „das Recht einzelner Abgeordneter". Auch in Großbritannien besteht im Übrigen ein – allerdings durch besondere Verfahrensregelungen reguliertes – Gesetzesinitiativrecht einzelner Abgeordneter, das für die Möglichkeiten der Opposition von großer Bedeutung ist, vgl. zu den sog. Private Members' Bills *G. Sydow/H. Jooß*, ZParl 2017, S. 535 (547 ff.).

[137] Wie hier von einer Verfassungswidrigkeit des § 76 Abs. 1 GOBT ausgehend *J. Kersten*, in: Maunz/Dürig, GG, Art. 76 Rn. 48; *M. Elicker*, JA 2005, S. 513 (513 f.); *E. V. Towfigh*, Das Parteien-Paradox, S. 91 Fn. 52. Vgl. zur Gegenansicht Fn. 116.

[138] BVerfG, Urt. v. 6.3.1952 – Az. 2 BvE 1/51, BVerfGE 1, 144 (161): „Art. 76 Abs. 1 GG gewährt […] der Bundesregierung, den Mitgliedern des Bundestages und dem Bundesrat ein *gleichwertiges* Initiativrecht." [Hervorhebung im Original].

[139] Vgl. statt vieler *H. Schulze-Fielitz*, Theorie und Praxis parlamentarischer Gesetzgebung, S. 285; *B.-O. Bryde*, in: H.-P. Schneider/W. Zeh (Hrsg.), Parlamentsrecht und Parlamentspraxis

schen Bundestages als Initiant von Gesetzen“[140] ist zwar noch weit davon entfernt, als solcher verfassungs*rechtliche* Bedenken aufzuwerfen.[141] Er erklärt sich insbesondere dadurch, dass die Regierung aufgrund der zahlreichen Experten in der Ministerialbürokratie über einen organisatorischen Vorsprung gegenüber den Abgeordneten verfügt. Gleichwohl ist es der Deutsche Bundestag, der aufgrund der Unmittelbarkeit der Wahl über die höchstmögliche demokratische Legitimation verfügt[142] – und bekanntlich statuiert Art. 20 Abs. 2 Satz 1 GG, dass alle Staatsgewalt vom Volke ausgeht. Eine Rückbesinnung auf das Gesetzesinitiativrecht des einzelnen Abgeordneten wäre demgemäß imstande, die beschriebene Unausgewogenheit bei der tatsächlichen Inanspruchnahme des Gesetzesinitiativrechts maßvoll zu korrigieren.

Zum anderen ist die hier vertretene Auslegung von Art. 76 Abs. 1 GG geeignet, das überkommene Lager- und Fraktionsdenken im Deutschen Bundestag aufzubrechen und die Rolle des einzelnen Abgeordneten zu stärken. Insoweit ist daran zu erinnern, dass das Grundgesetz nicht die Fraktionen – die es nur beiläufig in Art. 53a Abs. 1 Satz 2 Hs. 1 GG erwähnt – in den Mittelpunkt des parlamentarischen Wirkens stellt, sondern die Abgeordneten. Ist der einzelne Abgeordnete aber daran gehindert, eigene Gesetzesinitiativen in die Beratungen des Bundestages einzubringen, siegt die Fraktionsdisziplin insoweit über das freie Mandat des einzelnen Abgeordneten. Gerade den die Regierung tragenden Abgeordneten ist unter dem Verständnis der (noch) herrschenden Auffassung in der parlamentarischen Praxis regelmäßig die Möglichkeit verstellt, eigene Gesetzesinitiativen einzubringen, die nicht mit dem „Fraktionskurs“ übereinstimmen. Ebendieser „Fraktionskurs“ ist jedoch wiederum nicht selten – insbesondere aufgrund der personellen Verflechtungen zur Regierung und der regelmäßig bedeutungsvollen Rolle der Regierungsmitglieder innerhalb der Fraktionen – durch den Regierungskurs vorgegeben. Somit sind von den die Regierung tragenden Abgeordneten in der Parlamentspraxis praktisch keine eigenständigen Gesetzesinitiativen zu erwarten, die nicht mit dem Regierungskurs in Einklang stehen. Dieser Zustand eines faktischen Ausschlusses einer Vielzahl von (einzelnen) Abgeordneten vom Recht der Gesetzesinitiative entspricht jedoch ebenso wenig den

---

in der Bundesrepublik Deutschland, § 30 Rn. 9, 12, 15 ff.; *M. Elicker*, JA 2005, S. 513 (513); *J. Kersten*, in: Maunz/Dürig, GG, Art. 76 Rn. 54.

[140] *H. Schulze-Fielitz*, Theorie und Praxis parlamentarischer Gesetzgebung, S. 286 [im Original z. T. hervorgehoben].

[141] Beachte aber *C. Tomuschat*, Verfassungsgewohnheitsrecht?, S. 90, der die Frage aufwirft, ob die „Schwächung der Stellung des Bundestages“ im Gesetzgebungsverfahren eine Abänderung des „ursprüngliche[n] Verfassungszustand[es] durch die Ausbildung eines Gewohnheitsrechtssatzes“ darstellt.

[142] *B.-O. Bryde*, in: H.-P. Schneider/W. Zeh (Hrsg.), Parlamentsrecht und Parlamentspraxis in der Bundesrepublik Deutschland, § 30 Rn. 9: „Bundestag als ‚eigentliche[r] Gesetzgeber‘“.

Vorstellungen des geltenden Verfassungsrechts wie demokratietheoretischen Idealvorstellungen vom Funktionieren des parlamentarischen Betriebs; er nimmt den Abgeordneten ein wesentliches Element ihrer parlamentarischen Funktion und steht dem Verfassungsgrundsatz effektiver Ausübung parlamentarischer Opposition entgegen, ohne dabei durch zwingende Gründe verfassungsrechtlicher Relevanz gerechtfertigt zu sein.

III. Prozessstandschaft des einzelnen Abgeordneten im Organstreitverfahren

Nachdem an früherer Stelle der Arbeit bereits die Rolle des Organstreitverfahrens für die oppositionelle Aufgabenwahrnehmung im Allgemeinen analysiert wurde und dabei unter anderem herausgearbeitet wurde, dass der verfassungsprozessualen Figur der Prozessstandschaft eine bedeutende Funktion zukommt,[143] soll es nun im Besonderen um die Frage gehen, ob dieses Instrument auch einem einzelnen Abgeordneten offensteht. Die Verfassungsrechtsprechung[144] verneint dies und befindet sich dabei auf einer Linie mit den überwiegenden Literaturmeinungen[145]. Allerdings finden sich auch einige gewichtige Stimmen in der Literatur, welche die Prozessstandschaft eines einzelnen Abgeordneten für zulässig erachten.[146] Ziel der nachfolgenden Ausführungen ist es,

[143] Vgl. 2. Kapitel § 2 II. 2. e) bb) (2), S. 96 ff.

[144] BVerfG, Urt. v. 12.7.1994 – Az. 2 BvE 3/92, 5/93, 7/93, 8/93, BVerfGE 90, 286 (343 f.); Beschl. v. 12.3.2007 – Az. 2 BvE 1/07, BVerfGE 117, 359 (367 f.); Urt. v. 30.6.2009 – Az. 2 BvE 2, 5/08, 2 BvR 1010, 1022, 1259/08, 182/09, BVerfGE 123, 267 (337); Beschl. v. 17.9.2013 – Az. 2 BvR 2436/10, 2 BvE 6/08, BVerfGE 134, 141 (Rn. 172).

[145] Vgl. exemplarisch und statt aller *H. Bethge*, in: Maunz/Schmidt-Bleibtreu/Klein/ders., BVerfGG, § 64 Rn. 89; *E. Benda/E. Klein/O. Klein*, Verfassungsprozessrecht, Rn. 1028 f.; *D. C. Umbach*, in: ders./T. Clemens/F.-W. Dollinger (Hrsg.), BVerfGG, §§ 63, 64 Rn. 8 f.; *H. Lechner/R. Zuck*, BVerfGG, § 64 Rn. 5 Fn. 10; *R. Grote*, Der Verfassungsorganstreit, S. 136 ff., 432 f.; *C. Hillgruber/C. Goos*, Verfassungsprozessrecht, Rn. 381; *H.-P. Schneider*, in: Festschrift 50 Jahre Bundesverfassungsgericht, Bd. II, S. 627 (644); *F. Schorkopf*, in: C. Burkiczak/F.-W. Dollinger/ders. (Hrsg.), BVerfGG, § 63 Rn. 53.

[146] *A. Voßkuhle*, in: H. von Mangoldt/F. Klein/C. Starck (Hrsg.), GG, Bd. 3, Art. 93 Rn. 110; *K. Schlaich/S. Korioth*, Das Bundesverfassungsgericht, Rn. 94; *D. Murswiek*, in: Festschrift P. Gauweiler, S. 225 (228 ff.); *A. Ingold*, Das Recht der Oppositionen, S. 249 f., 440 f.; *ders.*, ZRP 2016, S. 143 (145); *C. Pestalozza*, Verfassungsprozeßrecht, § 7 II Rn. 33 und Rn. 12 Fn. 58; *M. Geis*, ZG 1993, S. 148 (158 f.); *S. Magiera*, in: H.-P. Schneider/W. Zeh (Hrsg.), Parlamentsrecht und Parlamentspraxis in der Bundesrepublik Deutschland, § 52 Rn. 84; *D. Ehlers*, in: ders./F. Schoch (Hrsg.), Rechtsschutz im Öffentlichen Recht, § 17 Rn. 41; *T. Barczak*, in: ders. (Hrsg.), BVerfGG, § 64 Rn. 26. Tendenziell auch *J. Pietzcker*, in: Festschrift 50 Jahre Bundesverfassungsgericht, Bd. I, S. 587 (605 f.). *U. Volkmann*, ZParl 2017, S. 473 (483), weist darauf hin, dass jedenfalls die Individualisierung der Oppositionsgarantie in der neueren Rechtsprechung des Bundesverfassungsgerichts sich schlecht mit der beharrlichen Weigerung des Ge-

nach einer Analyse der rechtsdogmatischen Legitimation der Figur der Prozessstandschaft im Verfassungsorganstreit (1.) die Richtigkeit letzterer Auffassung nachzuweisen – und dies insbesondere unter Berücksichtigung des Grundsatzes effektiver parlamentarischer Opposition, der vom Bundesverfassungsgericht als Maxime für die Auslegung der die Prozessstandschaft zulassenden Normen bisher außer Acht gelassen wird (2.). Abschließend wird noch auf die verfassungspraktische Bedeutung der Prozessstandschaft durch einen einzelnen Abgeordneten einzugehen sein (3.).

1. Rechtsdogmatische Legitimation der Prozessstandschaft im Verfassungsorganstreit

Der Begriff der Prozessstandschaft[147] bezeichnet die prozessuale Befugnis, fremde Rechte im eigenen Namen geltend zu machen. Die Prozessstandschaft stellt damit eine Ausnahme zu dem allgemeinen verfahrensrechtlichen Grundsatz dar, wonach Verfahrensbeteiligte nur eigene Rechte geltend machen können, und bedarf insoweit einer ausdrücklichen gesetzlichen Zulassung.[148] Diese findet sich nach der verfassungsgerichtlichen Rechtsprechung in einer Kombination der §§ 63, 64 Abs. 1 BVerfGG.[149] Trotz ihrer nur einfachgesetzlichen Verwurzelung kommt der Prozessstandschaft eine originär verfassungsrechtliche Bedeutung zu: Sie ist rechtsdogmatisch „sowohl Ausdruck der Kontrollfunktion des Parlaments als auch Instrument des Minderheitenschutzes“[150].

Der Kontrollfunktion des Parlaments ist die Prozessstandschaft deshalb zuträglich, weil sie es erlaubt, dass Teile des Parlaments die formal dem Parlament

richts vertrage, dem einzelnen Abgeordneten die Möglichkeit der Geltendmachung der Rechte des gesamten Bundestages im Organstreitverfahren zuzuerkennen.

[147] Begriffsprägend *J. Kohler*, Jahrbücher für die Dogmatik des heutigen römischen und deutschen Privatrechts 24 (1886), S. 187 (319): „[...] was ich die Proceßstandschaft nenne, nämlich das Recht, alle die Sache betreffenden Processe mit der Wirkung zu führen, daß die Proceßführung für den Drittbetheiligten, also hier den Eigenthümer, bindend ist“ sowie weiter auf S. 320: „Proceßstandschaft, d. h. [die] Rechtsmacht, den Proceß über fremdes Vermögen in eigenem Namen zu führen“.

[148] Vgl. statt vieler BVerfG, Urt. v. 30.6.2009 – Az. 2 BvE 2, 5/08, 2 BvR 1010, 1022, 1259/08, 182/09, BVerfGE 123, 267 (337).

[149] BVerfG, Urt. v. 25.5.1977 – Az. 2 BvE 1/74, BVerfGE 45, 1 (28); Urt. v. 30.6.2009 – Az. 2 BvE 2, 5/08, 2 BvR 1010, 1022, 1259/08, 182/09, BVerfGE 123, 267 (337); Beschl. v. 19.8.2011 – Az. 2 BvG 1/10, BVerfGE 129, 108 (123). Demgegenüber eine unmittelbare Herleitung der Prozessstandschaft aus Art. 93 Abs. 1 Nr. 1 GG befürwortend *R. Grote*, Der Verfassungsorganstreit, S. 135; *A. Voßkuhle*, in: H. von Mangoldt/F. Klein/C. Starck (Hrsg.), GG, Bd. 3, Art. 93 Rn. 110; *E. Benda/E. Klein/O. Klein*, Verfassungsprozessrecht, Rn. 1027.

[150] Ständige Rechtsprechung, vgl. statt aller BVerfG, Urt. v. 30.6.2009 – Az. 2 BvE 2, 5/08, 2 BvR 1010, 1022, 1259/08, 182/09, BVerfGE 123, 267 (339); Urt. v. 3.5.2016 – Az. 2 BvE 4/14, BVerfGE 142, 25 (Rn. 66); jeweils m. w. N.

als Ganzem zustehende Kontrollaufgabe gegenüber der Regierung wahrnehmen. Die verfassungsprozessuale Möglichkeit zur Wahrnehmung der Rechte des gesamten Parlaments durch dessen Organteile ist somit letztlich eine zwingende Konsequenz des sich in der Bundesrepublik Deutschland entfaltenden parlamentarischen Regierungssystems, in dem die Regierung von der Parlamentsmehrheit gestützt wird und sich die Kontrolle im Wesentlichen durch die oppositionellen Kräfte im Parlament vollzieht.[151] Wenn die Konzeption der Prozessstandschaft darüber hinaus teleologisch zu einem bedeutenden Teil auf dem Gedanken des Minderheitenschutzes beruht,[152] so erlaubt sie es gerade einer Minderheit im Parlament, „die Einhaltung der Kompetenzordnung der staatsorganschaftlichen Willensbildung gegen die Mehrheit zu erzwingen“[153]. Die Prozessstandschaft ist in diesem Sinne also ein wichtiges Mittel oppositioneller Aufgabenwahrnehmung.[154]

Gerade mit Blick auf diese doppelte Legitimation und angesichts der Oppositionsrelevanz der Prozessstandschaft stellt sich die Frage, ob sich auch ein einzelner Abgeordneter dieses Instruments bedienen kann, um Rechte des Bundestages – gegebenenfalls auch gegenüber diesem selbst als Antragsgegner[155] – geltend zu machen.

2. Zuerkennung der Prozessstandschaftsbefugnis für den einzelnen Abgeordneten als Gebot des Oppositionseffektivitätsgrundsatzes

Argumentativ werden von den Gegnern einer Prozessstandschaft des einzelnen Abgeordneten im Wesentlichen zwei Erwägungen vorgebracht. Zum einen lie-

---

[151] Vgl. *K. Schlaich/S. Korioth*, Das Bundesverfassungsgericht, Rn. 94: „Diese (schon in § 64 I BVerfGG angelegte) Ausweitung der Aktivlegitimation ist im parlamentarischen Regierungssystem, in dem die Regierung politisch von der Parlamentsmehrheit gestützt wird, unerlässlich, um die Kontrollfunktion des Parlaments, d.h. praktisch in erster Linie der Oppositionsfraktion, gegenüber der Regierung zu gewährleisten.“ Vgl. zur Wahrnehmung der Kontrollfunktion schon oben, 2. Kapitel § 2 I. 2., S. 77ff.

[152] BVerfG, Urt. v. 22.11.2001 – Az. 2 BvE 6/99, BVerfGE 104, 151 (197); Urt. v. 7.5.2008 – Az. 2 BvE 1/03, BVerfGE 121, 135 (151); Urt. v. 30.6.2009 – Az. 2 BvE 2, 5/08, 2 BvR 1010, 1022, 1259/08, 182/09, BVerfGE 123, 267 (338f.); Beschl. v. 19.8.2011 – Az. 2 BvG 1/10, BVerfGE 129, 108 (123).

[153] *A. Voßkuhle*, in: H. von Mangoldt/F. Klein/C. Starck (Hrsg.), GG, Bd. 3, Art. 93 Rn. 110.

[154] Vgl. ausführlich schon 2. Kapitel § 2 II. 2. e) bb) (2), S. 96ff.

[155] So handelt es sich nicht etwa um einen verbotenen Insichprozess, vgl. BVerfG, Urt. v. 30.6.2009 – Az. 2 BvE 2, 5/08, 2 BvR 1010, 1022, 1259/08, 182/09, BVerfGE 123, 267 (338f.); Urt. v. 12.9.2012 – Az. 2 BvR 1390, 1421, 1438, 1439, 1440/12, 2 BvE 6/12, BVerfGE 132, 195 (Rn. 125); Beschl. v. 14.1.2014 – Az. 2 BvR 2728, 2729, 2730, 2731/13, 2 BvE 13/13, BVerfGE 134, 366 (Rn. 54); Urt. v. 3.5.2016 – Az. 2 BvE 4/14, BVerfGE 142, 25 (Rn. 67). Vgl. zur Frage des Insichprozesses auch schon oben, 2. Kapitel § 2 II. 2. e) bb) (2), S. 97f.

ßen §§ 63, 64 Abs. 1 BVerfGG nur eine Prozessstandschaft eines Organteils für das Gesamtorgan zu, wobei als Organteile nur die nach der Geschäftsordnung ständig vorhandenen Gliederungen des Bundestages berufen seien; bei dem einzelnen Abgeordneten handele es sich jedoch nicht um einen solchen Organteil.[156] Zum anderen sei zwar im Parlamentarischen Rat der Schutz der Parlamentsminderheit der Grund dafür gewesen, andere Beteiligte, die durch dieses Grundgesetz oder in der Geschäftsordnung eines obersten Bundesorgans mit eigenen Rechten ausgestattet sind (Art. 93 Abs. 1 Nr. 1 GG), zum Organstreit zuzulassen; dabei sei aber trotz allem nicht an die Zulassung „ganz kleine[r] Gruppen" zum Organstreit gedacht worden, sondern der Parlamentarische Rat habe allein die Oppositionsfraktionen im Blick gehabt:[157] Die Möglichkeit der Prozessstandschaft solle „nach der Vorstellung des Parlamentarischen Rates vor allem dazu dienen, Oppositionsfraktionen und damit der organisierten parlamentarischen Minderheit als dem Gegenspieler der Regierungsmehrheit den Rechtsweg zum Bundesverfassungsgericht zu eröffnen, um somit die tatsächliche Geltendmachung der dem Parlament im Verfassungsgefüge zukommenden Rechte zu ermöglichen"[158]. Beide Argumentationsstränge erweisen sich jedoch bei näherer Betrachtung als verfassungsrechtlich nicht tragfähig.[159]

a) Grammatische und systematische Auslegung: Der einzelne Abgeordnete als „Teil" des Bundestags

Zunächst einmal ergibt sich ein Ausschluss des einzelnen Abgeordneten von der Prozessstandschaft gerade nicht aus dem Wortlaut der §§ 63, 64 Abs. 1 BVerfGG. Denn wenn in einer Zusammenschau der beiden Normen lediglich die mit eigenen Rechten ausgestatteten Teile der in § 63 BVerfGG genannten Organe zur Prozessstandschaft befugt sein sollen, so erschließt sich nicht, warum dem einzelnen Abgeordneten dieses verfassungsprozessuale Institut verschlossen bleiben soll, obwohl er doch – so könnte man meinen – als Mitglied des Bundestages zugleich ein „Teil" des in § 63 BVerfGG genannten Organs Bundestag ist, der sowohl im Grundgesetz als auch in der Geschäftsordnung des Bundestages mit eigenen Rechten ausgestattet ist.[160] Zu einem anderen Ergebnis könnte man allenfalls

---

156 BVerfG, Urt. v. 7.3.1953 – Az. 2 BvE 4/52, BVerfGE 2, 143 (160); Urt. v. 12.7.1994 – Az. 2 BvE 3/92, 5/93, 7/93, 8/93, BVerfGE 90, 286 (343); Beschl. v. 12.3.2007 – Az. 2 BvE 1/07, BVerfGE 117, 359 (367); Urt. v. 30.6.2009 – Az. 2 BvE 2, 5/08, 2 BvR 1010, 1022, 1259/08, 182/09, BVerfGE 123, 267 (337).

157 BVerfG, Urt. v. 12.7.1994 – Az. 2 BvE 3/92, 5/93, 7/93, 8/93, BVerfGE 90, 286 (344).

158 BVerfG, Beschl. v. 12.3.2007 – Az. 2 BvE 1/07, BVerfGE 117, 359 (368).

159 Ausführlich *A. Ingold*, Das Recht der Oppositionen, S. 249 f., 440 f.

160 Vgl. ebenso *C. Pestalozza*, Verfassungsprozeßrecht, § 7 II Rn. 12 Fn. 58: „selbstverständlich"; *K. Schlaich/S. Korioth*, Das Bundesverfassungsgericht, Rn. 94: „ohne weiteres"; *J.*

dann gelangen, wenn man gesetzessystematisch auf § 22 Abs. 1 Satz 2 BVerfGG Bezug nehmen wollte, der seinerseits zwischen gesetzgebenden Körperschaften, Teilen von ihnen und Mitgliedern unterscheidet. Zum einen ist jedoch bereits fraglich, „inwieweit der Bestimmung [des § 22 Abs. 1 Satz 2 BVerfGG] diesbezüglich determinierende Wirkung zukommt und ob es sich überhaupt um eine Differenzierung in der Sache handelt."[161] Zum anderen ist es normenhierarchisch vordergründiger, bei der Interpretation des § 63 BVerfGG den systematischen Zusammenhang mit Art. 93 Abs. 1 Nr. 1 GG zu berücksichtigen. Denn auch wenn der „die Grenze zur Verfassungswidrigkeit streifende"[162] § 63 BVerfGG angesichts des klaren Widerspruchs zu Art. 93 Abs. 1 Nr. 1 GG zu Recht als nur partielle Regelung angesehen wird[163] und man somit nicht umhin kommt, Art. 93 Abs. 1 Nr. 1 GG und § 63 BVerfGG weiterhin nebeneinander anzuwenden, muss aufgrund des systematischen Zusammenhangs der beiden Normen und des prima facie klar einschränkenden Wortlauts von § 63 BVerfGG („nur") dennoch versucht werden, die Norm des § 63 BVerfGG so auszulegen, dass Diskrepanzen im Anwendungsbereich – soweit eben möglich – unterbleiben.[164] Methodisch handelt es sich insoweit um eine verfassungs*orientierte* Gesetzesauslegung:[165] Zwar hat man es nach der Anwendung einer verfassungskonformen Auslegung des

Pietzcker, in: Festschrift 50 Jahre Bundesverfassungsgericht, Bd. I, S. 587 (605): „sowieso"; *D. Murswiek*, in: Festschrift P. Gauweiler, S. 225 (228): „selbstverständlich"; *M. Goessl*, Organstreitigkeiten innerhalb des Bundes, S. 126 f.; *M. Hermanns*, in: R. Wendt/R. Rixecker, Verfassung des Saarlandes, Art. 97 Rn. 10; tendenziell auch *R. Zippelius/T. Würtenberger*, Deutsches Staatsrecht, § 49 Rn. 16. Anders aber *H. Lechner/R. Zuck*, BVerfGG, § 63 Rn. 11; *D. C. Umbach*, in: ders./T. Clemens/F.-W. Dollinger (Hrsg.), BVerfGG, §§ 63, 64 Rn. 6.

161 *A. Ingold*, Das Recht der Oppositionen, S. 441 Fn. 371. Gegen eine Differenzierung in der Sache auch *D. Murswiek*, in: Festschrift P. Gauweiler, S. 225 (230).

162 *H. Bethge*, in: Maunz/Schmidt-Bleibtreu/Klein/ders., BVerfGG, § 63 Rn. 20.

163 Vgl. statt vieler *G. Morgenthaler*, in: V. Epping/C. Hillgruber (Hrsg.), GG, Art. 93 Rn. 20.

164 Zu diesem Argumentationsansatz *D. Murswiek*, in: Festschrift P. Gauweiler, S. 225 (230 f.). In diese Richtung gehen auch die – freilich allgemeinen – Ausführungen von *M. Goessl*, Organstreitigkeiten innerhalb des Bundes, S. 83 f.: „Das Verfahren nach §§ 63–67 BVerfGG steht [...] sowohl rechtssystematisch wie nach dem Willen des Gesetzgebers in einem engen Zusammenhang mit dem Verfahren nach Art. 93 I 1 GG: es sollte dieses Verfahren konkretisieren und ausgestalten. Kann auch dieser Erfolg nicht eintreten, so ist doch bei Berücksichtigung der Systematik des BVerfGG und des Willens des Gesetzgebers anzunehmen, daß sich beide Verfahren eng anpassen und die Voraussetzungen, unter denen Entscheidungen im einen oder anderen Verfahren ergehen können, nur da und insoweit verschieden sind, als dies durch das Gesetz zwingend und unausweislich geboten wird."

165 *R. Wendt*, in: Festschrift T. Würtenberger, S. 123 (130): „Hat man es nach der Anwendung dieses Verfahrens [scil. der verfassungskonformen Auslegung] nur noch mit ‚verfassungs*konformen*' Auslegungsvarianten einer Norm zu tun oder gibt es von vornherein nur ‚verfassungs*konforme*' Auslegungsvarianten, so hat man im Rahmen der ‚verfassungs*orientierten*'

§ 63 BVerfGG – welche dadurch sichergestellt wird, dass man die Norm als lediglich partielle Regelung erachtet, welche *neben* Art. 93 Abs. 1 Nr. 1 GG anwendbar ist – mit verschiedenen verfassungskonformen Auslegungsvarianten zu tun, allerdings ist die hier vertretene Auslegungsvariante (der einzelne Abgeordnete als „Teil" des Bundestages im Sinne des § 63 BVerfGG) der Verfassung am nächsten. Nur soweit eine solche verfassungsorientierte Auslegung – wie etwa bei den politischen Parteien – aufgrund des Wortlauts von § 63 BVerfGG nicht in verfassungskonformer Weise möglich ist, bedarf es zur Zuerkennung der Parteifähigkeit eines unmittelbaren Rückgriffs auf Art. 93 Abs. 1 Nr. 1 GG. Eine Bedeutungsverschiedenheit zwischen dem Begriff „andere Beteiligte" (Art. 93 Abs. 1 Nr. 1 GG) und dem Begriff „Teile dieser Organe" (§ 63 BVerfGG) lässt sich somit nach hier vertretener Auffassung nur rechtfertigen, soweit es um andere Beteiligte geht, die nicht Teile eines Bundesorgans sind.[166]

Mit Blick auf die vorstehenden Ausführungen ist es zu begrüßen, dass das Bundesverfassungsgericht jüngst von seinem Wortlautargument abgerückt ist und konzediert hat, es treffe zu, „dass jeder einzelne Abgeordnete ‚Teil' des Bundestags ist und § 64 Abs. 1 BVerfGG es seinem Wortlaut nach genügen lässt, wenn ein Organteil im Sinne des § 63 BVerfGG Rechte des Organs, dem es angehört, geltend macht."[167]

b) Fehlgehen des verfassungsgerichtlichen historisch-teleologischen Argumentationsmusters

Wenngleich die verfassungsgerichtliche „Argumentationsdecke" durch das Abrücken vom Wortlautargument „dünner" wird, verbleiben die Karlsruher Richter bei ihrem historisch-teleologischen Argument und halten im Ergebnis weiterhin am Ausschluss des einzelnen Abgeordneten von der Prozessstandschaft fest.[168] Grundlage der historisch-teleologischen Argumentation ist, dass der Parlamentarische Rat bei der Zulassung von durch das Grundgesetz oder die Geschäftsordnung eines obersten Bundesorgans mit eigenen Rechten ausgestatteten anderen Beteiligten (Art. 93 Abs. 1 Nr. 1 GG) „vor allem an die Oppositionsfraktion[en]" gedacht habe und damit „nicht ‚ganz kleinen Gruppen', sondern dem parlamentarischen Gegenspieler der Regierungsmehrheit den Rechtsweg zum Bundesverfassungsgericht eröffnen" wollte.[169]

Auslegung – nur noch – danach zu fragen, welche dieser Auslegungsvarianten der Verfassung am nächsten ist, und diese Auslegungsvariante vorzuziehen." [Hervorhebungen im Original].

166 *D. Murswiek*, in: Festschrift P. Gauweiler, S. 225 (231).

167 BVerfG, Beschl. v. 12.3.2007 – Az. 2 BvE 1/07, BVerfGE 117, 359 (367).

168 Vgl. BVerfG, Urt. v. 30.6.2009 – Az. 2 BvE 2, 5/08, 2 BvR 1010, 1022, 1259/08, 182/09, BVerfGE 123, 267 (337).

169 BVerfG, Urt. v. 12.7.1994 – Az. 2 BvE 3/92, 5/93, 7/93, 8/93, BVerfGE 90, 286 (344).

Bemerkenswert ist zunächst einmal schon die Unschärfe in der Argumentation des Bundesverfassungsgerichts: In einer früheren Entscheidung nahm es noch an, der Parlamentarische Rat habe „vor allem an die Oppositionsfraktion“ (im Singular) und nicht an die „ganz kleinen Gruppen“ gedacht.[170] Wenn das Gericht nunmehr im gleichen Zusammenhang von „Oppositionsfraktionen“ (im Plural) spricht,[171] so geht damit zwar einerseits eine durchaus zutreffende Reflektion der parlamentarischen Realität einher, allerdings wird andererseits – wie *Albert Ingold* zutreffend annotiert – „[d]em identischen Hinweis auf die Entstehungsmaterialien [...] vom Bundesverfassungsgericht nunmehr eine pluralistischere Aussage entnommen“[172], welche durchaus geeignet ist, die Überzeugungskraft des historisch-teleologischen Arguments in Frage zu stellen.

Abgesehen von den terminologischen Ungenauigkeiten der verfassungsgerichtlichen Argumentation ist dem historisch-teleologischen Argument auch aus anderen Gründen mit Skepsis zu begegnen. Wenn das Bundesverfassungsgericht sich im Zusammenhang mit den Fragen der Prozessstandschaft letztlich entscheidend auf Äußerungen im Parlamentarischen Rat beruft,[173] so setzt es sich damit zum einen – nicht zum ersten Mal[174] – in einen methodischen Widerspruch zu der durch das Gericht selbst in ständiger Rechtsprechung propagierten nachrangigen Bedeutung der Vorstellung des historischen Gesetz- bzw. Verfassungsgebers, welche nicht mit dem objektiven Norminhalt gleichzusetzen sei.[175] Zum

Unter Bezugnahme auf das vorgenannte Urteil schließlich auch BVerfG, Beschl. v. 12.3.2007 – Az. 2 BvE 1/07, BVerfGE 117, 359 (367 f.).

[170] BVerfG, Urt. v. 12.7.1994 – Az. 2 BvE 3/92, 5/93, 7/93, 8/93, BVerfGE 90, 286 (344).

[171] BVerfG, Beschl. v. 12.3.2007 – Az. 2 BvE 1/07, BVerfGE 117, 359 (368).

[172] *A. Ingold*, Das Recht der Oppositionen, S. 250.

[173] Das Gericht nimmt ausdrücklich Bezug auf die Äußerungen der Mitglieder des Parlamentarischen Rats *Thomas Dehler* (FDP) und *Paul de Chapeaurouge* (CDU), vgl. Urt. v. 12.7.1994 – Az. 2 BvE 3/92, 5/93, 7/93, 8/93, BVerfGE 90, 286 (344). Kritisch dazu, ob vereinzelte Äußerungen im Parlamentarischen Rat überhaupt geeignet sind, Rückschlüsse auf den Willen des Parlamentarischen Rats insgesamt zu ziehen, *D. Murswiek*, in: Festschrift P. Gauweiler, S. 225 (235).

[174] Vgl. zu ähnlichen Fällen, in denen das Bundesverfassungsgericht zur Verfassungsauslegung „in Abweichung von seinen eigenen Grundsätzen die Entstehungsgeschichte als entscheidendes, nicht nur Zweifel behebendes Argument verwendet [hat], ohne dies näher zu begründen“ (*K. Hesse*, Grundzüge des Verfassungsrechts der Bundesrepublik Deutschland, Rn. 58): BVerfG, Beschl. v. 7.5.1953 – Az. 1 BvL 104/52, BVerfGE 2, 266 (276); Beschl. v. 9.5.1972 – Az. 1 BvR 518/62 und 308/64, BVerfGE 33, 125 (153 f.). Vgl. zur Inkonsequenz des Bundesverfassungsgerichts auch *H. Ehmke*, VVDStRL 20 (1963), S. 53 (57 f.); *M. Sachs*, DVBl. 1984, S. 73 (80 f.); *F. Müller*, Normstruktur und Normativität, S. 114.

[175] BVerfG, Urt. v. 21.6.1977 – Az. 1 BvL 14/76, BVerfGE 45, 187 (227). Vgl. im Übrigen BVerfG, Urt. v. 21.5.1952 – Az. 2 BvH 2/52, BVerfGE 1, 299 (312); Beschl. v. 17.1.1957 – Az. 1 BvL 4/54, BVerfGE 6, 55 (75); Urt. v. 10.5.1957 – Az. 1 BvR 550/52, BVerfGE 6, 389 (431); Beschl. v. 15.12.1959 – Az. 1 BvL 10/55, BVerfGE 10, 234 (244); Beschl. v. 29.1.1974 – Az. 2

anderen ist – und dies ist das noch gewichtigere Argument – zu beachten, dass im Parlamentarischen Rat bei der Aufnahme der „anderen Beteiligten“ in den Kanon der beteiligungsfähigen Antragsteller und Antragsgegner des Art. 93 Abs. 1 Nr. 1 GG nicht nur an den Minderheitenschutz im Allgemeinen bzw. die Oppositionsfraktion(en) im Besonderen gedacht wurde, sondern zugleich dem einfachen Gesetzgeber – entweder durch Art. 93 Abs. 3 GG oder jedenfalls durch Art. 94 Abs. 2 Satz 1 GG[176] – die Möglichkeit gegeben werden sollte, die Zuständigkeit des Bundesverfassungsgerichts zu erweitern.[177] Von dieser verfassungsrechtlichen Ermächtigung hat der einfache Gesetzgeber durch die Schaffung der §§ 63, 64 Abs. 1 BVerfGG und die dortige Zulassung der Prozessstandschaft im Organstreit Gebrauch gemacht. Mit Blick darauf, dass die Zulassung der Prozessstandschaft letztlich also durch den einfachen Gesetzgeber erfolgt ist und nicht durch den Verfassungsgeber selbst, stellt es ein methodisch fragwürdiges Argumentationsmuster dar, wenn sich das Bundesverfassungsgericht bei der Be-

BvN 1/69, BVerfGE 36, 342 (367); Beschl. v. 10.2.1976 – Az. 2 BvG 1/74, BVerfGE 41, 291 (309); Beschl. v. 11.6.1980 – Az. 1 PBvU 1/79, BVerfGE 54, 277 (297 f.); Urt. v. 16.2.1983 – Az. 2 BvE 1, 2, 3, 4/83, BVerfGE 62, 1 (45); Beschl. v. 17.6.2004 – Az. 2 BvR 383/03, BVerfGE 111, 54 (91). Vgl. allgemein zu den Schwierigkeiten beim Auffinden der gesetzgeberischen Zweckvorstellung auf Ebene des einfachen Rechts *H.-J. Koch/H. Rüßmann*, Juristische Begründungslehre, S. 211 ff. Kritisch zur untergeordneten Bedeutung der historischen Auslegung in der Rechtsprechung des Bundesverfassungsgerichts *C. Gröpl/Y. Georg*, AöR 139 (2014), S. 125 (135 f.): Der historischen Interpretation komme eine ähnliche Bedeutung wie der grammatischen Auslegung zu, sodass der Wille des pouvoir constituant bzw. des zur Verfassungsänderung legitimierten pouvoir constitué – soweit dieser erkennbar sei – die Grenze zwischen zulässiger Verfassungsauslegung und unzulässiger Verfassungsrevision darstelle.

[176] *J. Pietzcker*, in: Festschrift 50 Jahre Bundesverfassungsgericht, Bd. I, S. 587 (605): Die Regelung der Prozessstandschaft in § 64 BVerfGG „ist entweder als weitere Zuweisung nach Art. 93 II GG [nunmehr Art. 93 Abs. 3 GG; Anm. d. Verf.] oder richtigerweise als Verfahrensregelung nach Art. 94 II GG zulässig.“ In diesem Sinne auch *W. Löwer*, in: J. Isensee/P. Kirchhof (Hrsg.), Handbuch des Staatsrechts der Bundesrepublik Deutschland, Bd. III, § 70 Rn. 21.

[177] Dies belegen die Äußerungen diverser Mitglieder des Parlamentarischen Rats während der 23. Sitzung des Hauptausschusses am 8. Dezember 1948, vgl. Deutscher Bundestag/Bundesarchiv (Hrsg.), Der Parlamentarische Rat 1948–1949, Bd. 14, Teilband I, S. 688: „*Dr. Laforet* (CSU): [...] Die Frage, wieweit sie Beteiligte sind, wird nicht nur der Rechtsprechung überlassen; sondern ich habe das so aufgefasst, daß im Vollzug des Art. 137a darüber auch der einfache Gesetzgeber Bestimmungen im Rahmen eines Bundesgesetzes erlassen kann.“; ebenda, S. 690: „*Dr. Strauß* (CDU): [...] bin gleichfalls der Ansicht des Kollegen Dr. Laforet, daß der Abs. 2, wo es erforderlich erscheint, dem einfachen Bundesgesetzgeber die Möglichkeit gibt, die Zuständigkeit des Bundesverfassungsgerichts zu erweitern.“; ebenda, S. 690: „*Vors. Dr. Schmid* (SPD): [...] Dieser Abs. 2 ist eine Generalklausel. Danach kann durch Bundesgesetz jeder beliebige Fall für die Judikatur des Bundesverfassungsgerichts vorgesehen werden. Der Gesetzgeber ist nicht beschränkt. Er kann also, wenn er will, alle möglichen Streitfälle und Streitfälle zwischen allen möglichen Parteien vor dem Bundesverfassungsgericht justiziabel machen.“

gründung des Ausschlusses eines einzelnen Abgeordneten von der Prozessstandschaft argumentativ ausschließlich auf den Willen des *Verfassungs*gebers beruft, der sich jedoch mit der Frage der Prozessstandschaft explizit nicht befasst hat[178].

Mit anderen Worten: Das Abstellen des Bundesverfassungsgerichts auf einen vermeintlichen Willen im Parlamentarischen Rat, der eine Monopolisierung der Prozessstandschaft bei den (Oppositions-)Fraktionen unter Ausschluss des einzelnen Abgeordneten habe anstreben wollen, ist für die hier diskutierte und verfassungsgerichtlich entschiedene Frage in zweifacher Hinsicht fehlerhaft. Erstens hat sich der Parlamentarische Rat mit der Frage der Prozessstandschaft nicht ausdrücklich befasst, sondern lediglich mit der – nicht die Berechtigung zur Prozessstandschaft regelnden – Norm des Art. 93 Abs. 1 Nr. 1 GG. Wenn das Bundesverfassungsgericht dennoch den historischen Willen des Verfassungsgebers heranzieht, obgleich sich die Zulassung der Prozessstandschaft aus den – später entstandenen – Bestimmungen der §§ 63, 64 Abs. 1 BVerfGG ergibt, so hätte es sich mit dieser argumentativen Hürde zwingend befassen müssen.[179] Allein schon deshalb ist die Argumentation des Verfassungsgerichts kaum tragfähig. Das Gericht begründet ein offenbar teleologisch gewolltes Ergebnis mit einer „falschen entstehungsgeschichtlichen These“[180]. Zweitens ergibt sich aus den Diskussionen im Parlamentarischen Rat, dass es ausdrücklich dem einfachen Gesetzgeber vorbehalten bleiben sollte, die Zuständigkeit des Bundesverfassungsgerichts zu erweitern. Diese Kompetenzübertragung hat der einfache Gesetzgeber in der Folge durch die Zulassung der Prozessstandschaft im Organstreit wahrgenommen. Wenn es also um Fragen der Reichweite der Prozessstandschaft geht, muss es in erster Linie auf den Willen des einfachen Gesetzgebers, nicht aber auf den des Verfassungsgebers ankommen. Dem Willen des einfachen Gesetzgebers lassen sich jedoch – soweit ersichtlich – keine Hinweise zur Frage

---

[178] Dies übersieht *R. Grote*, Der Verfassungsorganstreit, S. 136, der unter Bezugnahme auf das Bundesverfassungsgericht vorträgt, die Entstehungsgeschichte zeige, dass die Möglichkeit zur prozessstandschaftlichen Geltendmachung von Organrechten gerade im Interesse von Bundestagsfraktionen geschaffen worden sei. Richtigerweise standen diese Erwägungen aber nicht mit der Einführung der Prozessstandschaft im Zusammenhang, sondern lediglich – und nichts anderes betont auch das Bundesverfassungsgericht – mit der Zulassung anderer Beteiligter, die durch das Grundgesetz oder die Geschäftsordnung eines obersten Bundesorgans mit eigenen Rechten ausgestattet sind, zum Organstreit in Art. 93 Abs. 1 Nr. 1 GG. Unmittelbar im Zusammenhang mit der Prozessstandschaft können diese Erwägungen nur dann stehen, wenn man – wie konsequenterweise auch *Grote* (vgl. ebenda, S. 135) – die Prozessstandschaft bereits in Art. 93 Abs. 1 Nr. 1 GG angelegt sieht.

[179] Vgl. schon *W. Geiger*, Gesetz über das Bundesverfassungsgericht vom 12. März 1951, S. 208: „Unabhängig von diesen für die Auslegung [des Bundesverfassungsgerichtsgesetzes] nicht maßgeblichen Motiven des Verfassunggebers […].“

[180] Zutreffend *D. Murswiek*, in: Festschrift P. Gauweiler, S. 225 (240).

der Prozessstandschaft eines einzelnen Abgeordneten entnehmen,[181] sodass der verfassungsgerichtliche Verweis auf die Entstehungsgeschichte im Parlamentarischen Rat im Ergebnis aus mehreren Gründen nicht verfängt.

c) Telos der Prozessstandschaft als Bestätigung der grammatisch-systematischen Auslegung

Als Zwischenergebnis ist zunächst festzuhalten, dass das historisch-teleologische Argument, das vom Bundesverfassungsgericht zum Ausschluss der Prozessstandschaftsmöglichkeit des einzelnen Abgeordneten vorgebracht wird, zu einem reinen teleologischen Argument verkommt, indem sich das Bundesverfassungsgericht den – vermeintlichen – Telos des Parlamentarischen Rats zu eigen macht: Die Prozessstandschaft sei ein Instrument des Minderheitenschutzes; da der Minderheitenschutz auf den „Schutz der organisierten parlamentarischen Minderheit" ziele, solle die Prozessstandschaft insbesondere den Oppositionsfraktionen zugutekommen.[182] Diese knappe[183] Begründung ist jedoch aus verschiedenen Gründen nicht überzeugend. Bereits die Prämisse, wonach der Minderheitenschutz auf den Schutz der *organisierten* parlamentarischen Minderheit ziele, ist in dieser Absolutheit nicht zutreffend.[184] Der Minderheitenschutz als Ausprägung des Demokratieprinzips beginnt vielmehr bei der kleinsten parla-

---

[181] *C. Pestalozza*, Verfassungsprozeßrecht, § 7 II Rn. 32, weist zutreffend darauf hin, dass die Möglichkeit der Prozessstandschaft im Regierungsentwurf des Bundesverfassungsgerichtsgesetzes noch nicht vorhanden war (vgl. §§ 57, 58 Abs. 1 des Entwurfs eines Gesetzes über das Bundesverfassungsgericht, BT-Drs. I/788, S. 15 f.; auch die Begründung [ebenda, S. 31 f.] enthält keinen Hinweis auf die Prozessstandschaft) und erst auf Vorschlag des Bundestagsausschusses für Rechtswesen und Verfassungsrecht eingefügt wurde (vgl. §§ 63, 64 Abs. 1 des Entwurfs eines Gesetzes über das Bundesverfassungsgericht, BT-Drs. I/1724, S. 17). Erkenntnisse bezüglich der Prozessstandschaft ergeben sich auch nicht aus den Ausschussberatungen (vgl. Deutscher Bundestag – Ausschuß für Rechtswesen und Verfassungsrecht, 1. Wahlperiode, Ausschuß-Drs. 94, Die Verhandlungen des Ausschusses für Rechtswesen und Verfassungsrecht über das Gesetz über das Bundesverfassungsgericht, Teil VI, S. 6–8).

[182] BVerfG, Urt. v. 12.7.1994 – Az. 2 BvE 3/92, 5/93, 7/93, 8/93, BVerfGE 90, 286 (344).

[183] So wirft auch der in dem Verfahren BVerfG, Beschl. v. 12.3.2007 – Az. 2 BvE 1/07, BVerfGE 117, 359 ff., als Prozessvertreter des Antragstellers tätige *Dietrich Murswiek* dem Gericht vor, es habe jede Auseinandersetzung mit der von ihm vorgebrachten Argumentation vermissen lassen, vgl. *ders.*, in: Festschrift P. Gauweiler, S. 225 (239 f.).

[184] Anders aber *R. Grote*, Der Verfassungsorganstreit, S. 137, der dem Minderheitenschutz in der Konstellation der Prozessstandschaft nur eine abgeschwächte Bedeutung beimisst, da der einzelne Abgeordnete die mit seiner mitgliedschaftlichen Stellung verbundenen Rechte ja umfassend im Organstreitverfahren durchsetzen könne. Dagegen sei nicht ersichtlich, warum er aus Gründen des Minderheitenschutzes auch befugt sein solle, Maßnahmen und Unterlassungen, die auf seine mitgliedstaatliche Stellung keinen unmittelbaren Einfluss haben, vor das Verfassungsgericht zu bringen.

mentarischen Einheit – also dem einzelnen Abgeordneten – und setzt sich bei den organisierten parlamentarischen Minderheiten fort. In Übereinstimmung dazu kommt parlamentarische Opposition als regelmäßige Aufgabe einer Minderheit im Parlament sowohl durch einzelne Abgeordnete als auch durch organisierte parlamentarische Formierungen wie Gruppen und Fraktionen zum Ausdruck.[185]

Darüber hinaus streitet insbesondere die rechtsdogmatische Legitimation der Prozessstandschaft – Ausdruck der Kontrollfunktion einerseits und des Minderheitenschutzes andererseits – dafür, eine Prozessstandschaft des einzelnen Abgeordneten für zulässig zu erachten.[186] Wenn der verfassungsrechtliche Grundsatz effektiver parlamentarischer Opposition besagt, dass parlamentarische Opposition grundsätzlich wirksam sein können muss, so ist dies auch bei der Auslegung der §§ 63, 64 Abs. 1 BVerfGG zu berücksichtigen. Ein wirksames oppositionelles Instrument kann die Prozessstandschaft nämlich nur dann sein, wenn auch der einzelne Abgeordnete Rechte des Bundestages im eigenen Namen geltend machen kann. Eine andere Auslegung würde der verfassungsgerichtlich proklamierten Zielvorgabe, den Organstreit durch „[d]ie in § 64 Abs. 1 BVerfGG vorgesehene Prozessstandschaft [...] in die Wirklichkeit des politischen Kräftespiels [zu stellen], in der sich Gewaltenteilung nicht so sehr in der klassischen Gegenüberstellung der geschlossenen Gewaltenträger, sondern in erster Linie in der Einrichtung von Oppositions- und Minderheitenrechten verwirklicht“[187], nicht vollständig gerecht werden. Denn schließlich ist auch der einzelne Abgeordnete ein oppositionskonstituierender Akteur im Deutschen Bundestag.[188] Soweit diesem aus pragmatischen Erwägungen – das Bundesverfassungsgericht solle vor einer übermäßigen Zunahme prozessstandschaftlich geführter Organstreitverfahren geschützt werden – der Zugang zum Bundesverfassungsgericht versagt werden soll,[189] findet sich hierfür nicht nur keine Grundlage im positiven Recht,[190]

---

[185] Vgl. 1. Kapitel § 2 II. 2. b), S. 38 ff.

[186] Vgl. *K. Schlaich/S. Korioth*, Das Bundesverfassungsgericht, Rn. 94; *A. Ingold*, Das Recht der Oppositionen, S. 441. Dezidiert unter Berufung auf den Minderheitenschutz *J. Pietzcker*, in: Festschrift 50 Jahre Bundesverfassungsgericht, Bd. I, S. 587 (605); *D. Murswiek*, in: Festschrift P. Gauweiler, S. 225 (236).

[187] BVerfG, Urt. v. 30.6.2009 – Az. 2 BvE 2, 5/08, 2 BvR 1010, 1022, 1259/08, 182/09, BVerfGE 123, 267 (338).

[188] Vgl. 1. Kapitel, § 2 II. 2. b) bb), S. 39 ff.

[189] *W. Löwer*, in: J. Isensee/P. Kirchhof (Hrsg.), Handbuch des Staatsrechts der Bundesrepublik Deutschland, Bd. III, § 70 Rn. 21; *J. Pietzcker*, in: Festschrift 50 Jahre Bundesverfassungsgericht, Bd. I, S. 587 (606). Ähnlich auch *R. Grote*, Der Verfassungsorganstreit, S. 137 f., der den repräsentativen Charakter der Fraktionen betont und die Ausübung der Prozessstandschaft im Verfassungsorganstreit auf „repräsentative, in Fraktionen und Gruppen organisierte Strömungen der politischen Opposition beschränkt“ wissen will.

[190] *A. Ingold*, Das Recht der Oppositionen, S. 441.

sondern entsprechende Bedenken dürften sich auch als unbegründet erweisen: Zum einen ist die Vorbereitung und Durchführung eines solchen Verfahrens mit einem erheblichen organisatorischen und inhaltlichen Aufwand verbunden, den ein einzelner Abgeordneter nur in wohlüberlegten Fällen eingehen dürfte.[191] Zum anderen fehlt dem einzelnen Abgeordneten, der seine prozessualen Möglichkeiten rechtsmissbräuchlich wahrnimmt, schon das allgemeine Rechtsschutzbedürfnis.[192]

Als Fazit ist mit Blick auf den Telos der Prozessstandschaft Folgendes zu konstatieren: Wenn einerseits die Prozessstandschaft aufgrund der neuen dualistischen Ordnung als ein Instrument der „Parlamentsopposition und -minderheit" zur Wahrnehmung der Rechte des Bundestages auch gegen den Willen der die Regierung stützenden Parlamentsmehrheit wahrnehmbar sein soll,[193] so ist es andererseits wegen des Grundsatzes effektiver parlamentarischer Opposition von Verfassungs wegen geboten, dass – mangels gegenläufiger verfassungsrechtlicher Erwägungen – alle oppositionellen Akteure im Parlament sich dieses Instruments bedienen können müssen. Soweit dieses schon durch Wortlaut und Systematik vorgezeichnete Auslegungsergebnis durch entsprechende teleologische Erwägungen gestützt wird, führt schließlich kein Weg daran vorbei, eine Prozessstandschaft des einzelnen Abgeordneten für den Bundestag zuzulassen.

d) Zwischenergebnis

Zusammenfassend ist somit festzuhalten, dass der einzelne Abgeordnete – entgegen der Rechtsprechung des Bundesverfassungsgerichts[194] – gemäß § 63 BVerf-

---

[191] *D. Murswiek*, in: Festschrift P. Gauweiler, S. 225 (244): „Denn die Annahme, das Bundesverfassungsgericht würde von querulatorischen Abgeordneten mit Organstreitanträgen überhäuft, wenn man ihnen die Möglichkeit zur prozeßstandschaftlichen Verteidigung von Rechten des Bundestages einräumte, scheint mir sehr unrealistisch zu sein."

[192] *K. Schlaich/S. Korioth*, Das Bundesverfassungsgericht, Rn. 94. *T. Barczak*, in: ders. (Hrsg.), BVerfGG, § 64 Rn. 26.

[193] BVerfG, Urt. v. 30.6.2009 – Az. 2 BvE 2, 5/08, 2 BvR 1010, 1022, 1259/08, 182/09, BVerfGE 123, 267 (338 f.).

[194] Bemerkenswert ist jedoch das obiter dictum einer Entscheidung, in der das Bundesverfassungsgericht im Zusammenhang mit der Prozessstandschaft ausgeführt hat, dass „im Verfahren des Organstreits Ausschüsse, Fraktionen und einzelne Abgeordnete die Rechte des Parlaments im Wege der Prozessstandschaft geltend machen" können (BVerfG, Beschl. v. 19.8.2011 – Az. 2 BvG 1/10, BVerfGE 129, 108 [123]), obgleich dies in dem konkreten Verfahren nicht von Relevanz war. Dieser Ausspruch ist umso bemerkenswerter, als das Gericht auf eine ständige Rechtsprechung „seit BVerfGE 1, 351 [359]" verweist, die als solche – jedenfalls für einzelne Abgeordnete – jedoch überhaupt nicht besteht. Es bleibt abzuwarten, welche Tragweite diesem obiter dictum in der künftigen Rechtsprechung des Gerichts zukommen wird (die Möglichkeit einer „entkontextualisierenden Weiterentwicklung von Maßstäben durch ‚Kettenverweise'" in Betracht ziehend *A. Ingold*, Das Recht der Oppositionen, S. 441 Fn. 377). Die

GG ein mit eigenen Rechten ausgestatteter Organteil ist und sich somit nach § 64 Abs. 1 BVerfGG des verfassungsprozessualen Instituts der Prozessstandschaft für den Bundestag bedienen kann. Die durch das Bundesverfassungsgericht vorgenommene teleologische Reduktion des Wortlauts der §§ 63, 64 Abs. 1 BVerfGG ist aus den vorgebrachten Gründen verfassungsrechtlich nicht tragfähig. Stattdessen stützen sowohl die Ratio des Instituts der Prozessstandschaft als auch der Grundsatz effektiver parlamentarischer Opposition als die Auslegung der §§ 63, 64 Abs. 1 BVerfGG mitbestimmende Maxime die sich isoliert nach dem Wortlaut ergebende Auslegung. De lege lata kann dem einzelnen Abgeordneten mithin nicht versagt werden, im Organstreit Rechte des Bundestags in Prozessstandschaft geltend zu machen.

3. Verfassungspraktische Bedeutung der Prozessstandschaft durch einen einzelnen Abgeordneten

Man könnte zunächst geneigt sein, die praktische Bedeutung der Möglichkeit einer prozessstandschaftlichen Geltendmachung der Rechte des Bundestags durch einen einzelnen Abgeordneten – auch angesichts der wenigen Fälle, in denen die Frage entscheidungserheblich war[195] – zu negieren. Gerade mit Blick auf die lenkend-dominierende Funktion der Fraktionen, die insoweit in praxi das freie Mandat der Abgeordneten zumindest in Teilen usurpieren, ist dem Vorwurf mangelnder praktischer Bedeutung der Prozessstandschaftsmöglichkeit eines einzelnen Abgeordneten auf den ersten Blick nur schwer entgegenzutreten. Der einzelne Abgeordnete, der unabhängig von seiner Fraktion – und damit wohl regelmäßig auch gegen deren ausdrücklichen Willen – ein Organstreitverfahren in Prozessstandschaft für den Bundestag führt, wird sich damit nicht selten in eine Außenseiterlage manövrieren und seine Chancen, von seiner Partei bei der kommenden Wahl wieder aufgestellt zu werden, gefährden. Doch auf den zweiten Blick ist es gerade dieses innerfraktionelle Opponieren, das der Möglichkeit

Entscheidung BVerfG, Beschl. v. 17.9.2013 – Az. 2 BvR 2436/10, 2 BvE 6/08, BVerfGE 134, 141 (Rn. 172), deutet jedoch darauf hin, dass das Gericht trotz seines einmaligen gegensätzlichen Ausspruchs an dem in ständiger Rechtsprechung proklamierten Ausschluss des einzelnen Abgeordneten von der Möglichkeit der Prozessstandschaft festhält.

[195] Soweit ersichtlich, kam es auf die Frage der Prozessstandschaftsmöglichkeit des einzelnen Abgeordneten für die konkrete Entscheidung bislang nur in dem Verfahren BVerfG, Beschl. v. 12.3.2007 – Az. 2 BvE 1/07, BVerfGE 117, 359 ff., an. In den anderen verfassungsgerichtlich entschiedenen Verfahren (vgl. die Aufzählung in Fn. 144) war stets der Antrag eines anderen Antragstellers oder aber eine andere Verfahrensart zulässig. Gleichwohl stellt sich die Frage, ob möglicherweise einzelne Abgeordnete gerade mit Blick auf die Rechtsprechung des Bundesverfassungsgerichts von der Einleitung eines Organstreitverfahrens in Prozessstandschaft für den Bundestag bislang abgesehen haben.

der Prozessstandschaft des einzelnen Abgeordneten ihre verfassungsprozessuale Berechtigung gibt. Sie nimmt dem Fraktionenparlament einen Teil seiner Bedeutung und ermöglicht eine Rückkehr zum unmittelbar demokratisch legitimierten einzelnen Abgeordneten als Basis parlamentarischer Willensbildung. Denn dieser ist – anders als die Fraktionen *als solche* – ausweislich der verfassungsrechtlichen Konzeption nur seinem Gewissen unterworfen und erscheint insoweit demokratietheoretisch im Vergleich zu den zuvörderst politisch-taktische Erwägungen anstellenden Fraktionen als der „geeigneter[e] Hüter der Rechte des Parlaments“[196].

Darüber hinaus kommt der individuellen Prozessstandschaftsmöglichkeit gerade für die Abgeordneten der die Regierung tragenden Fraktionen eine besondere praktische Bedeutung zu. So ist es denkbar, dass sich die Oppositionsabgeordneten und -fraktionen einer verfassungsrechtlichen Problematik entweder nicht bewusst sind oder aber aus politischen Gründen nicht im Rahmen eines Organstreitverfahrens dagegen vorgehen wollen, etwa um die Folgen der Entscheidung eintreten zu lassen und die Regierungsmehrheit dann hierfür auf politischem Wege verantwortlich zu machen.[197] In diesen Fällen kommt – genau wie in den zumindest theoretischen Fällen einer Allparteienregierung oder eines Einfraktionenparlaments, in der die „Regierungsfraktion“ sich nicht gegen eine Regierungsentscheidung stellen will – nur der einzelne Abgeordnete dafür in Betracht, die Rechte des Bundestages in Prozessstandschaft geltend zu machen.

Somit erscheint die Möglichkeit der Prozessstandschaft des einzelnen Abgeordneten für den Bundestag nicht nur als eine aus dogmatisch-theoretischer Perspektive bedeutende Frage, sondern als auch verfassungspraktisch wichtiges Element einer Oppositionskonstruktion, die einen erheblichen Beitrag sowohl zur Wahrung der Rechte des Bundestages als auch zur Klärung wichtiger Verfassungsfragen leisten kann.[198]

IV. Auswirkungen des Grundsatzes effektiver parlamentarischer Opposition auf quorengebundene Minderheitenrechte

Es konnte nunmehr anhand dreier konkreter Beispiele die praktische Relevanz des Verfassungsgrundsatzes effektiver parlamentarischer Opposition aufgezeigt

---

[196] *D. Murswiek*, in: Festschrift P. Gauweiler, S. 225 (237).

[197] Vgl. die Darstellung von *D. Murswiek*, in: Festschrift P. Gauweiler, S. 225 (238).

[198] *J. Pietzcker*, in: Festschrift 50 Jahre Bundesverfassungsgericht, Bd. I, S. 587 (590): Die durch das Bundesverfassungsgericht entschiedenen Organstreitverfahren „haben insgesamt betrachtet zu einer beachtlichen Klärung und Stärkung der Rechte der einzelnen Abgeordneten und der Minderheitsfraktionen geführt und akzeptable Kompetenzabgrenzungen zwischen Bundestag und Bundesregierung vorgenommen.“

werden. Doch bei aller verfassungspraktischen Bedeutung, die dem Oppositionseffektivitätsgrundsatz zuerkannt werden muss, kann er sich nicht über die Canones der Auslegung hinwegsetzen. Dies soll im Folgenden exemplarisch anhand der quorengebundenen Minderheitenrechte deutlich gemacht werden, bei denen sich der Wortlaut des Verfassungstextes sowohl als Ausgangspunkt als auch als Grenze jeder Auslegung erweist (1.). Sodann soll der Frage nachgegangen werden, ob die Wortlautgrenze im Falle oppositionshinderlicher Quoren durch die Anerkennung eines Verfassungswandels überwunden werden kann (2.).

1. Grundsatz: Wortlaut als Ausgangspunkt und Grenze jeder Auslegung

Der Wortlaut stellt grundsätzlich die „verbale Ausgangsbasis"[199] jeder Auslegung dar. Zugleich handelt es sich bei dem möglichen Wortsinn aber auch um die Grenze der Auslegung.[200] So dienen zwar auch bei Verfassungsnormen – bei denen der Vorgang der Interpretation angesichts der tendenziellen Offenheit der Verfassung eine noch größere Rolle spielt als bei den oftmals detailreicher gefassten einfachgesetzlichen Normen[201] – alle anerkannten Auslegungscanones der Konkretisierung der jeweiligen Norm.[202] Allerdings können die übrigen Auslegungsmethoden insoweit grundsätzlich nur den „vom Wortlaut abgesteckten Spielraum"[203] präzisieren. Mithin ist der Wortlaut der Norm auch in der Rechtsprechung des Bundesverfassungsgerichts eine unübersteigbare Grenze der Interpretation.[204] Gleichwohl bedeutet dies nicht, dass eine Auslegung grundsätzlich schon dann verfassungswidrig ist, soweit sie sich nicht unmittelbar aus dem

[199] *R. Zippelius*, Juristische Methodenlehre, S. 37 f.

[200] BVerfG, Beschl. v. 11.6.1958 – Az. 1 BvL 149/52, BVerfGE 8, 28 (33 f.); Beschl. v. 23.10.1985 – Az. 1 BvR 1053/82, BVerfGE 71, 108 (115); Beschl. v. 20.10.1992 – Az. 1 BvR 698/89, BVerfGE 87, 209 (225); Beschl. v. 19.9.2007 – Az. 2 BvF 3/02, BVerfGE 119, 247 (274); *K. Larenz*, Methodenlehre der Rechtswissenschaft, S. 320 ff.; *K. Engisch*, Einführung in das juristische Denken, S. 148. Kritisch zur Grenzfunktion des Wortlauts *O. Depenheuer*, Der Wortlaut als Grenze, passim.

[201] *K. Hesse*, Grundzüge des Verfassungsrechts der Bundesrepublik Deutschland, Rn. 50.

[202] Dies ist keinesfalls selbstverständlich, da der Begründer der traditionellen Auslegungslehre, *Friedrich Carl von Savigny*, seine Lehre nur für das Privatrecht entwickelte und das – römische – Staatsrecht, vgl. *ders.*, System des heutigen Römischen Rechts, Bd. I, S. 2, 23, 39, 69. Überzeugend die Verfassungsauslegung unter methodologischen Gesichtspunkten als einen nicht anders zu behandelnden Fall der Gesetzesauslegung darlegend *C. Starck*, in: J. Isensee/P. Kirchhof (Hrsg.), Handbuch des Staatsrechts der Bundesrepublik Deutschland, Bd. XII, § 271 Rn. 18; ebenso *R. Dreier*, in: ders./F. Schwegmann (Hrsg.), Probleme der Verfassungsinterpretation, S. 13 (13 ff.). Kritisch *E.-W. Böckenförde*, NJW 1976, S. 2089 (2090 f.).

[203] *K. Hesse*, Grundzüge des Verfassungsrechts der Bundesrepublik Deutschland, Rn. 68.

[204] Vgl. etwa BVerfG, Beschl. v. 13.6.1958 – Az. 1 BvR 346/57, BVerfGE 8, 38 (41). Vgl. auch *K. Hesse*, Grundzüge des Verfassungsrechts der Bundesrepublik Deutschland, Rn. 58, mit einer zugleich kritischen Betrachtung der Rechtsprechung des Bundesverfassungsgerichts, das

Wortlaut ergibt. Vielmehr ist dies erst dann der Fall, wenn der Wortlaut „*so* jedenfalls nicht verstanden werden *kann*“[205]. Zulässige Verfassungsinterpretation endet somit dort, wo sich eine Lösung in eindeutigen Widerspruch zum Normtext begeben würde.[206]

Auch wenn der Wortlaut somit grundsätzlich als Schranke bei der auslegungsorientierten Anwendung des Oppositionseffektivitätsgrundsatzes anzuerkennen ist, stellt sich die Frage, ob diese Schranke auch im Falle besonderer Regierungskonstellationen Bestand hat oder ob sich hier gegebenenfalls aus teleologischen Erwägungen ein anderes Auslegungsergebnis aufdrängen kann. Gerade mit Blick auf die bereits angesprochene Möglichkeit der Bildung einer qualifizierten Großen Koalition und die damit verbundene Konsequenz, dass die oppositionellen Kräfte im Parlament namentlich das für die Wahrnehmung wichtiger oppositioneller Aufgaben bedeutungsvolle Quorum von einem Viertel der Mitglieder des Bundestages selbstständig nicht erreichen,[207] muss man sich die Frage stellen, ob das Grundgesetz möglicherweise dahingehend auszulegen ist, dass unter Umständen auch weniger als ein Viertel der Mitglieder des Bundestages zur Wahrung dieses Quorums genügen – ob es also gewissermaßen „eine Mathematik der Verfassung [gibt], nach der ein Viertel auch ein Fünftel (oder vielleicht noch weniger) sein kann oder gar muss“[208]. So wurde namentlich für das Untersuchungsausschussrecht vertreten, der Wortlaut des Art. 44 Abs. 1 Satz 1 GG stehe einer solchen teleologischen Auslegung nicht entgegen, wonach es sich bei dem Quorum von einem Viertel der Mitglieder des Bundestages nur um ein „’nach oben‘ verbindlich[es]“ Quorum handele, das im Falle einer qualifizierten Großen Koalition als reduziertes Antragsquorum zu verstehen sei.[209] Die Reduktion des Quorums durch Auslegung[210] sei insofern aufgrund der besonderen Bedeutung

---

in Einzelfällen dennoch Vorschriften abweichend von ihrem Wortlaut ausgelegt habe; ebenso *F. Müller*, Normstruktur und Normativität, S. 114.

[205] *F. Müller*, Normstruktur und Normativität, S. 160 [Hervorhebungen im Original].

[206] *K. Hesse*, Grundzüge des Verfassungsrechts der Bundesrepublik Deutschland, Rn. 77; *F. Müller*, Normstruktur und Normativität, S. 157 ff. Anders aber offenbar *H. Ehmke*, VVDStRL 20 (1963), S. 53 (60), der ein Hinweggehen über den Wortlaut nicht für problematisch erachtet, soweit dieser keinen Anhaltspunkt für eine „sinnvolle Problemlösung“ biete.

[207] Vgl. 2. Kapitel, § 3 II. 1. c) bb) (2), S. 127 ff.

[208] *R. Rixecker*, in: Festschrift R. Wendt, S. 1271 (1273).

[209] *P. Cancik*, NVwZ 2014, S. 18 (20 ff.) [Zitat auf S. 22]. Verkürzend *dies.*, in: Verfassungsblog, http://verfassungsblog.de/der-grundsatz-ineffektiver-opposition-zum-urteil-des-bundes verfassungsgerichts-in-sachen-oppositionsfraktionsrechte/ [zuletzt abgerufen am 30.8.2018], Rn. 2.4.

[210] Von der Frage einer Quorenreduktion *durch Auslegung* zu unterscheiden ist die Frage, ob der Gesetzgeber aufgrund des Verfassungsgrundsatzes effektiver parlamentarischer Opposition verpflichtet sein kann, etwaige Quoren durch aktives Tätigwerden zu modifizieren und hierdurch die Effektivität parlamentarischer Opposition sicherzustellen. Vgl. zu einer solchen

des Untersuchungsausschussrechts – dieses gehöre zur „verfassungsrechtlichen Grundausstattung" parlamentarischer Opposition[211] – für die Ausfüllung der Kontrollfunktion des Parlaments gerade in Zeiten einer qualifizierten Großen Koalition geboten, da praktisch nur so die vom Grundgesetz nicht berücksichtigte Fallkonstellation einer qualifizierten Großen Koalition aufgefangen werden könne.[212] Eine solche Position steht jedoch – unabhängig von einer Bewertung der in der Sache vorgebrachten Argumente – prima facie im Widerspruch zu dem insoweit eindeutigen Wortlaut des Art. 44 Abs. 1 Satz 1 GG, wonach der Bundestag „auf Antrag eines Viertels seiner Mitglieder" die Pflicht hat, einen Untersuchungsausschuss einzusetzen. Denn der Wortlaut der Verfassung lässt mit der konkreten Benennung des Quorums von einem Viertel der Mitglieder des Bundestages nur schwerlich einen Interpretationsspielraum zu.[213]

Mithin entsteht ein Widerspruch zwischen dem vorgenannten Standpunkt zur Auslegung des Viertel-Quorums einerseits und dem Grundsatz, wonach der Wortlaut stets die Grenze jeder Auslegung markiert, andererseits. Dieser Widerspruch müsste von der eine dynamische Auslegung des Einsetzungsquorums des Art. 44 Abs. 1 Satz 1 GG propagierenden Auffassung zunächst aufgelöst werden, um die in der Sache vorgebrachten Argumente für eine verfassungsteleologische Reduktion des Quorums überhaupt bewerten zu können.

Aus methodischer Sicht kann der geschilderte Widerspruch jedenfalls nicht isoliert durch den Oppositionseffektivitätsgrundsatz aufgelöst werden, da dieser Grundsatz – trotz seines Verfassungsrangs – in seiner Funktion als Auslegungsmaxime zugleich den traditionellen Auslegungsregeln unterworfen ist. Auch wenn man die – methodologisch fragwürdige[214] – wirklichkeitswissenschaftliche Verfassungsinterpretation[215] unter Einbeziehung außernormativer Faktoren zur

---

Verpflichtung für den verfassungsändernden Gesetzgeber 3. Kapitel § 2 I., S. 210 ff.; zu einer Verpflichtung für den einfachen Gesetzgeber 3. Kapitel § 2 II. 1., S. 220 ff.

211 *P. Cancik*, NVwZ 2014, S. 18 (20) [Zitat im Original hervorgehoben].

212 *P. Cancik*, NVwZ 2014, S. 18 (20 ff.).

213 BVerfG, Urt. v. 3.5.2016 – Az. 2 BvE 4/14, BVerfGE 142, 25 (Rn. 109): „Aufgrund des expliziten Wortlauts der Grundgesetzbestimmungen ist der Weg für eine Auslegung […] im Sinne einer teleologischen Reduktion der Quoren verstellt". Im Anschluss daran BVerfG, Beschl. v. 13.10.2016 – Az. 2 BvE 2/15, BVerfGE 143, 101 (Rn. 90). Vgl. ebenso *R. Rixecker*, in: Festschrift R. Wendt, S. 1271 (1276); *L. Brocker*, DÖV 2014, S. 475 (475); *H.-J. Waack*, in: M. Morlok/U. Schliesky/D. Wiefelspütz (Hrsg.), Parlamentsrecht, § 22 Rn. 89; *P. Starski*, DÖV 2016, S. 750 (756 f.); *A. Uhle*, ZG 2018, S. 1 (13 f.). Jedenfalls im Grundsatz anders aber *U. Volkmann*, ZParl 2017, S. 473 (489 f. mit Fn. 73): selbst vermeintlich klare Begriffe seien nicht davor gefeit, durch Interpretation aufgebrochen zu werden.

214 Exemplarisch *J. H. Klement*, JöR 61 (2013), S. 115 (133): „Dass die Folgenorientierung keine Form der ‚Auslegung' mehr ist, sondern eine Technik der Rechtsergänzung und -verdichtung, ist offensichtlich."

215 Vgl. hierzu *E.-W. Böckenförde*, NJW 1976, S. 2089 (2094 f.), mit Verweis auf die Ur-

Erreichung einer Anpassung der Verfassung an die Wirklichkeit (hier: eine Anpassung der Verfassungsauslegung an die Situation einer qualifizierten Großen Koalition) als Teil oder jedenfalls als Ergänzung dieser traditionellen Auslegungsregeln anerkennen wollte,[216] so könnte diese Auslegungsmethode sich ebenfalls nicht über den Verfassungstext hinwegsetzen. Der Widerspruch ließe sich somit allenfalls durch die Anerkennung eines Verfassungswandels dergestalt, dass der Verfassungstext („ein Viertel der Mitglieder des Bundestages") im Laufe der Zeit trotz gleichbleibenden Wortlauts einen anderen Bedeutungsgehalt erhalten hat, auflösen. Dann – und nur dann – wäre eine entsprechende Auslegung zumindest methodisch denkbar.

2. *Verfassungswandel versus Wortlaut der Verfassung*

Der Begriff des Verfassungswandels wird in der Rechtswissenschaft in vielen unterschiedlichen Variationen verwendet, sodass eine einheitliche Lehre vom Verfassungswandel bislang nicht auszumachen ist.[217] Aus diesem Grund scheint es angezeigt, den Begriff des Verfassungswandels in einem ersten Schritt verfassungsrechtsdogmatisch zu konkretisieren, um in einem zweiten Schritt auf die Frage einzugehen, ob der Wortlaut für den Verfassungswandel eine methodisch nicht zu überschreitende Grenze darstellt. Erst unter Berücksichtigung dieser methodologischen Vorarbeit kann eine Antwort auf die Frage gefunden werden, ob für den konkreten Fall solcher grundgesetzlicher Quoren, die sich als Oppositionshindernis darstellen, durch Anerkennung eines Verfassungswandels dem Grundsatz effektiver parlamentarischer Opposition Rechnung getragen werden kann.[218]

---

sprünge wirklichkeitswissenschaftlicher Verfassungsinterpretation bei *R. Smend*, Verfassung und Verfassungsrecht, S. 75 ff. = *ders.*, in: ders., Staatsrechtliche Abhandlungen und andere Aufsätze, S. 119 (187 ff.).

[216] Zu Recht kritisch gegenüber einer solchen Verfassungsauslegung *C. Starck*, in: J. Isensee/P. Kirchhof (Hrsg.), Handbuch des Staatsrechts der Bundesrepublik Deutschland, Bd. XII, § 271 Rn. 29: für eine solche Auslegung fehlen jegliche normativen Vorgaben, sie „tauscht die Verfassung als Norm gegen Sozialphilosophie, Weltanschauung oder politisches Wollen aus". Zutreffend *D. Grimm*, AöR 97 (1972), S. 489 (506): „Ein Verfassunggeber, der die Wirklichkeit abbilden will, verurteilt sich selbst zur permanenten Verfassungsanpassung".

[217] *M. Jestaedt*, in: Hommage J. Isensee, S. 183 (197): „prekären methodologischen wie dogmatischen Status"; *H. A. Wolff*, Ungeschriebenes Verfassungsrecht unter dem Grundgesetz, S. 98: „unklarer dogmatischer Voraussetzungen"; *A. Voßkuhle*, Der Staat 43 (2004), S. 450 (459): keine „eigenständige Lehre vom Verfassungswandel"; *G. Hornung*, Grundrechtsinnovationen, S. 81: „kein einheitliches Verständnis".

[218] Anlass zu der nachfolgenden Analyse geben die Ausführung des Bundesverfassungsgerichts, das in seiner Oppositionsentscheidung der Frage nachgeht (und diese im Ergebnis ver-

a) Der Begriff des Verfassungswandels in der verfassungsrechtlichen Dogmatik

Schon über die Fragen, ob es sich bei dem Begriff des Verfassungswandels überhaupt um einen verfassungsrechtsdogmatischen Begriff handelt[219] und – wenn ja – wie dieser zu definieren ist, besteht in der Rechtswissenschaft keine Einigkeit. So reichen die Stimmen bei der Frage der verfassungsrechtsdogmatischen Bedeutung des Verfassungswandels von einer Anerkennung als dogmatische Figur[220] über differenziertere Analysen[221] bis hin zu dem Wunsch, gänzlich darauf zu verzichten[222]. Auch bei der Frage der begrifflichen Konturierung trifft man im wissenschaftlichen Sprachgebrauch auf eine Vielzahl von Phänomenen, die unter dem Begriff des Verfassungswandels zusammengefasst werden, ohne dass sie jedoch einen Verfassungswandel im rechtsdogmatischen Sinne darstellen.[223]

In der Literatur wird bei der Frage der Begriffsdefinition an die verfassungshistorisch auf die Zeit des Spätkonstitutionalismus – namentlich auf die noch weitgehend unspezifische Schrift *Paul Labands*[224] – zurückgehende Tradition angeknüpft und unter einem Verfassungswandel ganz überwiegend eine Veränderung des normativen Gehalts einer Verfassungsnorm bei unverändertem Verfassungstext verstanden.[225] Um von einer Veränderung des normativen Gehalts

---

neint), ob ein „Verfassungswandel" die Auslegung der grundgesetzlichen Quorenregelungen beeinflussen kann, vgl. BVerfG, Urt. v. 3.5.2016 – Az. 2 BvE 4/14, BVerfGE 142, 25 (Rn. 110).

[219] *E.-W. Böckenförde*, in: Festschrift P. Lerche, S. 3 (11), sieht in der Frage der verfassungsrechtlichen Zulässigkeit des Verfassungswandels „das eigentliche verfassungsdogmatische Problem"; vgl. auch die Feststellung von *U. Becker/J. Kersten*, AöR 141 (2016), S. 1 (2): „Das Phänomen des Verfassungswandels wird seit mehr als einem Jahrhundert von der Staats- und Verfassungsrechtslehre überwiegend distanziert, wenn nicht sogar kritisch betrachtet."

[220] *E.-W. Böckenförde*, in: Festschrift P. Lerche, S. 3 (5); *H.A. Wolff*, Ungeschriebenes Verfassungsrecht unter dem Grundgesetz, S. 89, 99. Jüngst eine Erweiterung der rechtswissenschaftlichen und rechtsdogmatischen Analyse des Verfassungswandels vorschlagend *U. Becker/J. Kersten*, AöR 141 (2016), S. 1 (15 ff.).

[221] *M. Jestaedt*, in: Hommage J. Isensee, S. 183 (196 f. mit Fn. 53): heuristische Funktion des Verfassungswandels; *A. Voßkuhle*, Der Staat 43 (2004), S. 450 (459): Verfassungswandel als „Chiffre für die vielfältigen Fortentwicklungsmöglichkeiten einer zeitgeprägten offenen Verfassung jenseits der formellen Verfassungsänderung".

[222] *P. Häberle*, ZfP 21 (1974), S. 111 (130).

[223] Ausführlich zur Eingrenzung des verfassungsdogmatischen Begriffs des Verfassungswandels *E.-W. Böckenförde*, in: Festschrift P. Lerche, S. 3 (6 ff.); *A. Voßkuhle*, Der Staat 43 (2004), S. 450 (452 f.).

[224] *P. Laband*, Die Wandlungen der deutschen Reichsverfassung, passim und S. 3: „Gegensatz zwischen dem Verfassungszustand und dem Verfassungsgesetz". Vgl. auch die Schrift von *G. Jellinek*, Verfassungsänderung und Verfassungswandlung, der den Begriff des Verfassungswandels sodann konkretisiert und von der formalen Verfassungsänderung abgegrenzt hat.

[225] Vgl. exemplarisch *E.-W. Böckenförde*, in: Festschrift P. Lerche, S. 3 (6); *U. Becker/J. Kersten*, AöR 141 (2016), S. 1 (2); *A. Voßkuhle*, Der Staat 43 (2004), S. 450 (451 f.); *P. Badura*, in: J. Isensee/P. Kirchhof (Hrsg.), Handbuch des Staatsrechts der Bundesrepublik Deutschland,

ausgehen zu können, bedarf es mithin einer tatsächlichen Änderung des Norminhalts. Wann eine solche Änderung des Norminhalts vorliegt, ist im Einzelfall weithin umstritten. Nach hier vertretener Auffassung kann sich eine Änderung des Norminhalts auf vielfältige Art und Weise ergeben: beispielsweise durch eine Neubewertung der in den Tatbeständen der Verfassungsnormen erfassten Begriffe und Sachverhalte aufgrund technischer Wandlungen,[226] durch eine Neufassung von verfassungskonkretisierenden Gesetzen[227] oder durch eine Rechtsprechungsänderung des zur autoritativen Letztinterpretation des Grundgesetzes berufenen Bundesverfassungsgerichts[228]. Nicht ausreichend für die Annahme eines Verfassungswandels im juristisch-dogmatischen Sinne ist jedoch ein bloßer Wandel der Bedeutsamkeit einer Verfassungsnorm, der sich aufgrund anderer Gegebenheiten im Sach- und Lebensbereich der jeweiligen Verfassungsnorm ergeben kann.[229] Denn in solchen Fällen ändert sich nicht der Inhalt der Verfassungsnorm, sondern lediglich der Inhalt dessen, worauf die Norm Bezug nimmt. So ruft zwar grundsätzlich jeder Verfassungswandel einen Wandel der Bedeutung der entsprechenden Norm hervor, aber nicht jeder Wandel der Bedeutung einer Norm entpuppt sich zugleich als Verfassungswandel.

Das Bundesverfassungsgericht[230] entzieht sich – anders als die Literatur, die eine praktisch kaum noch überschaubare Vielzahl an Auseinandersetzungen mit der Figur des Verfassungswandels bietet – einer ausführlichen Stellungnahme zur verfassungsrechtsdogmatischen Bedeutung des Begriffs, scheint den Verfassungswandel jedoch unter Bezugnahme auf *Peter Häberle* zuvörderst als „Inter-

Bd. XII, § 270 Rn. 15; *M. Jestaedt*, in: Hommage J. Isensee, S. 183 (194 f.). Weitergehendes Begriffsverständnis offenbar bei *R. Zippelius/T. Würtenberger*, Deutsches Staatsrecht, § 7 Rn. 62 f.

226 *P. Kirchhof*, in: J. Isensee/ders. (Hrsg.), Handbuch des Staatsrechts der Bundesrepublik Deutschland, Bd. II, § 21 Rn. 63, unter Bezugnahme auf die Begriffe „Presse“ und „Rundfunk“. Ausdrücklich a.A. *E.-W. Böckenförde*, in: Festschrift P. Lerche, S. 3 (6 f.).

227 *P. Lerche*, in: Festgabe T. Maunz, S. 285 (286 ff.); *P. Kirchhof*, in: J. Isensee/ders. (Hrsg.), Handbuch des Staatsrechts der Bundesrepublik Deutschland, Bd. II, § 21 Rn. 63; *A. Voßkuhle*, Der Staat 43 (2004), S. 450 (453 f.). Begrifflich enger *E.-W. Böckenförde*, in: Festschrift P. Lerche, S. 3 (7 f.); *H.A. Wolff*, Ungeschriebenes Verfassungsrecht unter dem Grundgesetz, S. 99 ff.

228 *A. Voßkuhle*, Der Staat 43 (2004), S. 450 (453); *M. Jestaedt*, in: H. Neuhaus (Hrsg.), 60 Jahre Bundesrepublik Deutschland, S. 35 (43 ff.).

229 Vgl. *E.-W. Böckenförde*, in: Festschrift P. Lerche, S. 3 (4); *A. Voßkuhle*, Der Staat 43 (2004), S. 450 (452): Beispiel des Art. 15 GG, dem unter der heutigen wirtschaftspolitischen Ausrichtung nur deklaratorische Bedeutung zukomme, bei einer Abkehr von dem Modell der sozialen Marktwirtschaft jedoch einen praktischen Bedeutungszuwachs erlangen könne, ohne dass damit ein Verfassungswandel impliziert sei.

230 Darstellung der verfassungsgerichtlichen Rechtsprechung mit Bezug zum Verfassungswandel bei *G. Hornung*, Grundrechtsinnovationen, S. 81 f.

pretationsproblem" begreifen zu wollen.[231] Dieser Ansatz ist überzeugend, auch wenn damit ein weites Verständnis des Begriffs der Verfassungsinterpretation einhergeht. Letzterer Aspekt ist konsequenterweise auch der wesentliche Kritikpunkt *Ernst-Wolfgang Böckenfördes*, für den Verfassungsinterpretation dort endet, wo der Verfassungsinterpret zu einer „Veränderung oder gar Neuentwicklung des Vorgegebenen" gelange.[232] Bei Lichte besehen verlagert *Böckenförde* das Problem jedoch nur auf eine begriffliche Ebene.[233] Denn letztlich gibt es unter dem Grundgesetz „nur zwei Modi der Änderung von Verfassungsrecht [...]: Textänderung (unter dem GG einheitlich als Verfassungsänderung bezeichnet) und Bedeutungsänderung."[234] Wenn *Böckenförde* den Begriff des Verfassungswandels dadurch charakterisiert, dass dieser die Überschreitung der Grenzen der Verfassungsinterpretation markiert,[235] so verschiebt er ihn methodisch in die Kategorie der Verfassungsänderung. Konsequenz *dieser* Kategorisierung wäre die Unzulässigkeit des Verfassungswandels, da ein solchermaßen verstandener Verfassungswandel zum einen das formelle Verfahren zur Änderung des Grundgesetzes überginge und zum anderen das gewaltengliedernde Verfassungsgefüge des Grundgesetzes nachhaltig veränderte.[236] Somit ist es letztlich jedenfalls für die Verfassungspraxis bedeutungslos, ob man den Verfassungswandel methodisch als einen zulässigen Fall der Verfassungsinterpretation oder aber als einen unzulässigen Fall der Verfassungsänderung begreift.[237] Gleichwohl über-

---

231 So jüngst BVerfG, Urt. v. 3.5.2016 – Az. 2 BvE 4/14, BVerfGE 142, 25 (Rn. 110), unter Berufung auf *P. Häberle*, ZfP 21 (1974), S. 111 (129 f.). Ebenso *G.F. Schuppert*, AöR 120 (1995), S. 32 (68); *W. Höfling*, Offene Grundrechtsinterpretation, S. 187 ff.; *C. Walter*, AöR 125 (2000), S. 517 (524); *H.A. Wolff*, Ungeschriebenes Verfassungsrecht unter dem Grundgesetz, S. 99 ff.; *J. von Achenbach*, Der Staat 55 (2016), S. 1 (3 f.); tendenziell auch *G. Robbers*, NJW 1989, S. 1325 (1326, 1331). Anders insbesondere *E.-W. Böckenförde*, in: Festschrift P. Lerche, S. 3 (11 ff.), der vehement für die Unterscheidung von Verfassungsinterpretation und Verfassungswandel eintritt; kritisch auch *H. Dau-Lin*, Die Verfassungswandlung, S. 96; *I. Richter*, Bildungsverfassungsrecht, S. 34; *B.-O. Bryde*, Verfassungsentwicklung, S. 21.

232 *E.-W. Böckenförde*, in: Festschrift P. Lerche, S. 3 (11 f.) [Zitat auf S. 12].

233 Zutreffend *A. Voßkuhle*, Der Staat 43 (2004), S. 450 (454 f.).

234 *G. Hornung*, Grundrechtsinnovationen, S. 84. Vgl. auch *A. Roßnagel*, Der Staat 22 (1983), S. 551 (554): „bleiben von der umfassenden Palette der Veränderungsformen zur Veränderung heutigen Verfassungsrechts nur die förmliche Verfassungstextänderung gemäß Art. 79 GG und die interpretative Bedeutungsänderung geltender Verfassungsnormen"; *M. Jestaedt*, in: Hommage J. Isensee, S. 183 (196): „Trotz allen Bemühens in die eine wie in die andere Richtung darf der – zwiefache [sic] – Nachweis bislang nicht als geführt gelten, daß es ein tertium zwischen Verfassungsauslegung und Verfassungsänderung, also zwischen Verfassungsrechtserkenntnis und Verfassungsrechtsetzung, gibt."

235 So die zutreffende Analyse von *A. Voßkuhle*, Der Staat 43 (2004), S. 450 (455).

236 *E.-W. Böckenförde*, in: Festschrift P. Lerche, S. 3 (12): „Dies kann nicht rechtens sein."

237 Zutreffend *M. Jestaedt*, in: Hommage J. Isensee, S. 183 (196): „Entweder ist der Verfassungswandel doch nichts als ordinäre Auslegung [...] – dann freilich ist sowohl eine Sonder-

zeugt das Konzept des Verfassungswandels aus heuristischer Perspektive und eignet sich als Mittel zur „Rekonstruktion von Verfassungsentwicklungen", durch das „zeitbedingte Veränderungen des Verständnisses einer Norm angemessen beschrieben werden" können.[238]

b) Wortlaut als Grenze des Verfassungswandels

Soweit man den Verfassungswandel – wie auch hier – als Interpretationsproblem und damit als einen Fall der Verfassungsauslegung begreift, kann sich der Verfassungsinterpret nicht auf die abweichende Methodik einer eigenständigen Lehre vom Verfassungswandel berufen, sondern sieht sich mit den seit jeher bestehenden Grenzen der Verfassungsinterpretation konfrontiert. Ohne klare Grenzen drohte der Verfassungswandel – ebenso wie die Verfassungsinterpretation als solche – zu einer beliebigen Auslegungsmethode zu verkommen, welche die Gefahr eines Überspielens der Verfassung durch die bloße Behauptung eines Verfassungswandels sowie in der Konsequenz eine normative Schwächung der Verfassung mit sich brächte.[239] Als unübersteigbare Grenze für den Verfassungswandel ist somit insbesondere der Wortlaut des Verfassungstextes zu nennen: „wo die Möglichkeit eines sinnvollen Verständnisses des Normtextes enden oder wo eine ‚Verfassungswandlung' in eindeutigen Widerspruch zum Normtext treten würde, enden die Möglichkeiten einer Norminterpretation [...] und mit ihnen auch die Möglichkeiten eines Verfassungswandels."[240] Durch die Anerkennung einer solchen unübersteigbaren Grenze wird das Grundgesetz letztlich gegen eine sich in Widerspruch zum Verfassungswortlaut setzende Auslegung unter dem Deck-

methodik als auch eine Sonderdogmatik schwerlich zu rechtfertigen. Oder aber die Abschichtung von der Verfassungsauslegung gelingt nur um den Preis, daß die Trennlinie zur anderen Seite hin, nämlich zur Verfassungsänderung, bis zur Unkenntlichkeit aufgelöst [...] und der Verfassungswandel infolgedessen als mit den positivrechtlichen Wandlungsregeln des Grundgesetzes unvereinbar gekennzeichnet wird."

[238] *A. Voßkuhle*, Der Staat 43 (2004), S. 450 (458).

[239] So die Warnung bei *K. Hesse*, in: Festschrift U. Scheuner, S. 123 (136). Vgl. zu weiteren Gefahren eines Verfassungswandels *W.-R. Schenke*, AöR 103 (1978), S. 566 (587 f.). Das Fehlen klarer Grenzen wird kritisiert von *T. Würtenberger*, Der Staat Beiheft 20 (2012), S. 287 (296).

[240] *K. Hesse*, in: Festschrift U. Scheuner, S. 123 (139). Ebenso *W.-R. Schenke*, AöR 103 (1978), S. 566 (588 f.); *M. J. Ohms*, Die verfassungsimmanente Pflicht des Gesetzgebers zur Änderung des Grundgesetzes, S. 27; *C. Walter*, AöR 125 (2000), S. 517 (538, 540 f.); *H. A. Wolff*, Ungeschriebenes Verfassungsrecht unter dem Grundgesetz, S. 102; *J. Masing*, Der Staat 44 (2005), S. 1 (14 f.); *P. Kirchhof*, in: J. Isensee/ders. (Hrsg.), Handbuch des Staatsrechts der Bundesrepublik Deutschland, Bd. II, § 21 Rn. 63; *W. Fiedler*, Sozialer Wandel, Verfassungswandel, Rechtsprechung, S. 24; *B. Pieroth*, in: H. D. Jarass/ders., GG, Art. 79 Rn. 3. Anders dagegen *B.-O. Bryde*, Verfassungsentwicklung, S. 267 ff., nach dem der Verfassungswortlaut keine unübersteigbare Grenze für den Verfassungswandel darstellt.

mantel des Verfassungswandels geschützt. Mithin dient die Wortlautgrenze der normativen Kraft der Verfassung selbst wie auch der Umgehung der formellen Anforderungen, die das Grundgesetz in Art. 79 Abs. 1 und 2 GG für die Verfassungsänderung aufstellt.

Unabdingbare Voraussetzung für die Möglichkeit der Annahme eines Verfassungswandels ist nach dem Vorgesagten, dass eine solche Verfassungsnorm in Rede steht, die einen offenen normativen Gehalt hat. Denn wenn eine Verfassungsnorm keinen offenen normativen Gehalt hat, der Verfassungswortlaut insoweit also keinen Auslegungsspielraum bietet, ist eine Änderung des normativen Gehalts der entsprechenden Verfassungsnorm prima facie nicht möglich. Sofern eine Verfassungsnorm mit einem offenen normativen Gehalt gegeben ist, vollzieht sich der Verfassungswandel in praxi dadurch, dass die bislang vorgenommene (verfassungsgerichtliche) Konkretisierung des besagten offenen normativen Gehalts in den Grenzen des Verfassungswortlauts „durch eine andere Konkretisierung des Verfassungsinterpreten ersetzt oder ergänzt“[241] wird.

c) Kein Verfassungswandel bei grundgesetzlichen Quoren

Unter Zugrundelegung des vorstehend erörterten verfassungsdogmatischen Konzepts des Verfassungswandels stellt sich mit Blick auf das Faktum der Oppositionshinderlichkeit grundgesetzlicher Quoren die Frage, ob in diesem Zusammenhang ein Verfassungswandel – d. h. eine Änderung des Inhalts der Verfassungsnorm ohne Änderung des Verfassungstextes – dergestalt anzuerkennen ist, dass besagte Quoren gleichsam dynamisch auszulegen und an die jeweils bestehende Zahl oppositioneller Abgeordneter anzupassen sind.

Dazu stellt sich zunächst die Frage, ob methodisch überhaupt Raum für die Annahme eines Verfassungswandels ist. Denn es wurde soeben aufgezeigt, dass für die Annahme eines Verfassungswandels nur dann Raum ist, wenn der Verfassungswortlaut einen offenen normativen Gehalt aufweist. Obwohl grundgesetzliche Quoren durch die Angabe einer festen Größe prima facie keiner Auslegung – und damit auch keinem Verfassungswandel – zugänglich zu sein scheinen, wird von manchen die Eindeutigkeit solcher Zahlwörter dennoch bezweifelt: „Auch auf den ersten Blick als problemlos geltende Organisations- und Verfahrensvorschriften, die numerisch abgestützt sind (Zahl der Mitglieder eines Gremiums; Dauer von Amt oder Mandat; Termine und Fristen; Quotenregelung, usw.) können in nicht mehr ganz problemlosen Fällen, für die sie einschlägig sind, schnell die Leistungsgrenze bloß grammatischer Interpretation deutlich machen.“[242] Demgemäß seien in einem gewissen – zugegebenermaßen gegen-

---

[241] *A. Voßkuhle*, Der Staat 43 (2004), S. 450 (457).

[242] *F. Müller/R. Christensen*, Juristische Methodik, Bd. I, S. 304.

über sonstigen Wörtern engeren – Rahmen auch Zahlwörter interpretierbar, ohne dass eine solche Interpretation über den Rahmen zulässiger Wortlautkonkretisierung hinausgehe.[243] Für den Fall grundgesetzlicher Quorenregelungen kann eine solche „Leistungsgrenze grammatischer Interpretation" indessen nicht anerkannt werden. Soweit das Grundgesetz das Eintreten bestimmter Rechtsfolgen – beispielsweise die Pflicht zur Einsetzung eines Untersuchungsausschusses (Art. 44 Abs. 1 Satz 1 GG) oder die Möglichkeit der Einleitung eines abstrakten Normenkontrollverfahrens (Art. 93 Abs. 1 Nr. 2 GG) – an eine bestimmte Anzahl von Mitgliedern des Bundestages knüpft, geht damit eine eindeutige Bestimmung der benötigten Mitglieder des Bundestages einher, die im konkreten Fall zur Inanspruchnahme des mit dem Quorum verbundenen Rechts erforderlich sind. Rechtlich-mathematische Schwierigkeiten zur Ermittlung des Quorums, welche gegen die Eindeutigkeit der grundgesetzlichen Zahlwörter sprechen könnten, sind in praxi nicht ersichtlich.[244] Zweifel über die zur Erreichung des Quorums notwendige Anzahl an Mitgliedern des Bundestages könnten sich allenfalls aufgrund tatsächlicher Umstände – beispielsweise bei einer Unklarheit über die Gesamtzahl der Mitglieder des Bundestages[245] – ergeben. Insoweit bleibt für eine dynamische Auslegung nach dem oben dargestellten Prinzip jedoch kein Raum. Mithin fehlt es bereits an der conditio sine qua non des Verfassungswandels: einer Verfassungsnorm, die einen offenen normativen Gehalt aufweist.[246]

Auch darüber hinaus – wollte man den Wortlaut nicht als Grenze des Verfassungswandels anerkennen – fiele es schwer, im Falle der grundgesetzlichen Quoren einen Verfassungswandel anzuerkennen.[247] Um in diesem Zusammenhang

---

243 *F. Müller/R. Christensen*, Juristische Methodik, Bd. I, S. 305.

244 Denkbar wären allenfalls Differenzen darüber, wie sich die erforderliche Anzahl der Mitglieder des Bundestages ermitteln lässt, soweit die entsprechende Gesamtmitgliederzahl nicht durch vier (im Falle eines Viertel-Quorums) bzw. drei (im Falle eines Drittel-Quorums) teilbar ist. Hier ließe sich einerseits argumentieren, dass die zur Erreichung des Quorums erforderliche Anzahl der Mitglieder des Bundestages durch Rundung zu ermitteln sei (Beispiel: aus dem mathematischen Quorum von 156,49 „Mitgliedern des Bundestages" würde ein Quorum von 156 Mitgliedern des Bundestages, aus einem mathematischen Quorum von 156,50 hingegen ein Quorum von 157). Naheliegender ist es andererseits hingegen, auch in solchen Fällen das mathematisch ermittelte Quorum nicht durch Rundung zu modifizieren, sondern zur Erreichung des Quorums an die nächsthöhere ganze Zahl anzuknüpfen, denn schließlich ist tatsächlich erst dann das rechnerische Quorum erreicht. Darüber hinaus arbeitet das Grundgesetz auch sonst nicht mit der Technik der Rundung.

245 Vgl. insoweit nur § 46 BWahlG zu den Möglichkeiten des Verlusts der Mitgliedschaft im Deutschen Bundestag.

246 BVerfG, Urt. v. 3.5.2016 – Az. 2 BvE 4/14, BVerfGE 142, 25 (Rn. 110): „besteht angesichts des klaren Wortlauts der Quorenregelungen kein Auslegungsspielraum".

247 Ebenso BVerfG, Urt. v. 3.5.2016 – Az. 2 BvE 4/14, BVerfGE 142, 25 (Rn. 110); zustimmend *P. Starski*, DÖV 2016, S. 750 (757).

auf die verfassungsdogmatische Figur des Verfassungswandels zurückgreifen zu können, bedürfte es im Ausgangspunkt einer verfassungsrechtlichen Neubewertung des „Tatbestands" der Verfassungsnorm aufgrund tatsächlicher Änderungen. Gewiss könnte man argumentieren, dass sich die grundgesetzlichen Quorenregelungen als oppositionshinderlich erweisen, sodass manche Argumente dafür streiten, einen Widerspruch mit dem Grundsatz effektiver parlamentarischer Opposition anzuerkennen. Für die Begründung eines Verfassungswandels bedürfte es jedoch – ausweislich der Definition des Verfassungswandels – gerade einer „Änderung" des Inhalts einer Verfassungsnorm. Die vorgenannte Konfliktsituation dürfte jedoch schon seit Inkrafttreten des Grundgesetzes bestehen, da es sich bei dem Grundsatz effektiver parlamentarischer Opposition nicht um einen erst im Falle qualifizierter Großer Koalitionen zutage tretenden, sondern um einen ab initio vorhandenen Verfassungsgrundsatz handelt, der isoliert gesehen – wie schon gezeigt – keine Auslegung der Quorenregelungen gegen deren Wortlaut zulässt. Darüber hinaus hat sich auch keine die Begründung eines Verfassungswandels ermöglichende Änderung der tatsächlichen Verhältnisse ergeben, denn die Möglichkeit des Zustandekommens einer qualifizierten Großen Koalition bestand seit Inkrafttreten des Grundgesetzes und hat sich auch schon früh realisiert.[248]

Im Ergebnis bleibt somit festzuhalten, dass ein Verfassungswandel für die grundgesetzlichen Quorenregelungen nicht konstatiert werden kann, auch soweit sich diese im Einzelfall – gerade im Fall einer qualifizierten Großen Koalition – als Oppositionshindernis erweisen. Dem Versuch einer verfassungsteleologischen Reduktion grundgesetzlicher Quoren steht schon die Hürde des eindeutigen Wortlauts der Verfassung im Weg, die weder mithilfe des Grundsatzes effektiver parlamentarischer Opposition noch der Rechtsfigur des Verfassungswandels übersprungen werden kann. Mit Blick auf die Rigidität der grundgesetzlichen Quoren und deren Kasuistik[249] bleibt somit lediglich der Weg einer formellen Verfassungsänderung:[250] „Man kann das Grundgesetz und die Rechtsprechung des Bundesverfassungsgerichts auswringen so tüchtig man will. Aus einem Viertel wird nicht weniger."[251]

---

248 So auch die Argumentation von BVerfG, Urt. v. 3.5.2016 – Az. 2 BvE 4/14, BVerfGE 142, 25 (Rn. 110).

249 Vgl. allein die Vielzahl der grundgesetzlichen Quorenregelungen eines Drittels (Art. 39 Abs. 3 Satz 3 GG) oder Viertels (Art. 23 Abs. 1a Satz 2, Art. 44 Abs. 1 Satz 1, Art. 45a Abs. 2 Satz 2, Art. 61 Abs. 1 Satz 2, Art. 93 Abs. 1 Nr. 2 GG).

250 *H. Hofmann*, in: J. Isensee/P. Kirchhof (Hrsg.), Handbuch des Staatsrechts der Bundesrepublik Deutschland, Bd. I, § 9 Rn. 63; *A. Voßkuhle*, Der Staat 43 (2004), S. 450 (455).

251 *R. Rixecker*, in: Festschrift R. Wendt, S. 1271 (1276).

V. Zwischenergebnis

Die vorstehende Analyse ausgewählter Einzelprobleme hat offenbart, dass sich der Grundsatz effektiver parlamentarischer Opposition in der Parlamentspraxis nicht als bloße verfassungsrechtliche Zielvorgabe[252] entpuppt, sondern bereits de constitutione lata auf der Ebene normativer Auslegung Wirkung entfaltet. So wurde namentlich bei der Frage der Ausschussbesetzung, des Gesetzesinitiativrechts sowie der Berechtigung zur Prozessstandschaft deutlich, dass die Berücksichtigung des Grundsatzes effektiver parlamentarischer Opposition in Teilen zu mit der verfassungsgerichtlichen Rechtsprechung divergierenden Ergebnissen führt. Soweit Rechtsprechung und Literatur sich im Rahmen der vorgenannten Problemfälle bislang argumentativ nicht mit dem Verfassungsgrundsatz effektiver parlamentarischer Opposition auseinandergesetzt haben, scheint eine Neubewertung angezeigt. Hierzu sollen die in der vorliegenden Arbeit vorgenommenen Analysen anstoßen und beitragen.

Dennoch handelt es sich bei dem Grundsatz effektiver parlamentarischer Opposition nicht um ein oppositionelles „Allheilmittel", welches den oppositionellen Kräften gleichsam eine Quasi-Herrschaftsmacht zu vermitteln imstande ist. So bedeutsam es einerseits ist, mittels des Oppositionseffektivitätsgrundsatzes den Abgeordneten um der Wahrung des pluralistischen Geistes der parlamentarischen Demokratie willen ein wirksames Opponieren zu ermöglichen, so essenziell ist es andererseits, die Grenzen des Grundsatzes effektiver parlamentarischer Opposition in seiner Funktion als Auslegungsmaxime zu betonen, die dieser im klaren Wortlaut der Verfassung findet.

§ 2 Bedeutung als Handlungsmaxime

Neben seiner Funktion als Auslegungsmaxime kommt dem Grundsatz effektiver parlamentarischer Opposition weiterhin eine Bedeutung als Handlungsmaxime zu. Dazu ist zunächst zu klären, wer als Adressat für eine Handlungspflicht in Betracht kommt. Ist eine handlungsleitende Funktion gegenüber dem einfachen Gesetzgeber sowie dem Geschäftsordnungsgeber aufgrund der normenhierarchischen Höherrangigkeit des Verfassungsgrundsatzes effektiver parlamentarischer Opposition grundsätzlich denkbar (II.), so bereitet die verfassungsdogmatische Konstruktion einer Handlungsmaxime für den verfassungsändernden Gesetzgeber ungleich größere Schwierigkeiten (I.).

---

[252] So aber *K.-A. Schwarz*, ZRP 2013, S. 226 (227): Opposition als „optimierungsbedürftige Zielvorgabe".

I. Handlungsmaxime für den verfassungsändernden Gesetzgeber

In der verfassungsrechtlichen Literatur wird teilweise davon ausgegangen, die Verfassungsordnung der Bundesrepublik Deutschland trage dem Grundsatz effektiver parlamentarischer Opposition nicht in ausreichendem Maße Rechnung. So gebe es namentlich für den verfassungsändernden Gesetzgeber de constitutione lata eine Verpflichtung, die Handlungsmöglichkeiten parlamentarischer Opposition auf Ebene des Grundgesetzes zu festigen beziehungsweise für den Fall einer qualifizierten Großen Koalition zu stärken.[253] Davon zu unterscheiden sind diejenigen Stimmen in der Literatur, die ein Agieren auf Verfassungsebene zwar fordern, jedoch keine Verdichtung zu einer verfassungsrechtlichen Handlungs*pflicht* feststellen.[254] Im Folgenden soll es allein um erstere Frage gehen,[255] also darum, ob der verfassungsändernde Gesetzgeber dazu verpflichtet sein kann, Änderungen an der grundgesetzlichen Ordnung vorzunehmen. In diesem Zusammenhang wird bisweilen erwogen, der verfassungsändernde Gesetzgeber sei in bestimmten Konstellationen aus verfassungsimmanenten Erwägungen zur Änderung des geltenden Verfassungsrechts verpflichtet, um dem als verfassungswidrig kategorisierten Fehlen einer spezifischen grundgesetzlichen Regelung entgegenzuwirken (1.). Da sich diese Konstruktion jedoch als verfassungsrechtsdogmatisch nicht haltbar erweist, hängt ein etwaiges Handlungsgebot für den verfassungsändernden Gesetzgeber letztlich von der Existenz verfassungswidrigen Verfassungsrechts ab (2.).

1. Keine verfassungsimmanente Pflicht zur Verfassungsänderung

Das Verfahren zur Änderung des Grundgesetzes richtet sich grundsätzlich nach Art. 79 Abs. 1, 2 GG. Ob und wann der verfassungsändernde Gesetzgeber, dem

---

[253] So etwa *H. M. Heinig*, in: Verfassungsblog, http://verfassungsblog.de/opposition-tut-not/ [zuletzt abgerufen am 30.8.2018]. Unentschlossen *J. A. Kämmerer*, NVwZ 2014, S. 29 (32): „verfassungsrechtspolitisch und womöglich auch verfassungsrechtlich geboten". Anders insbesondere *K.-A. Schwarz*, ZRP 2013, S. 226 (227 f.); *H.-J. Waack*, in: M. Morlok/U. Schliesky/D. Wiefelspütz (Hrsg.), Parlamentsrecht, § 22 Rn. 88.

[254] *P. Cancik*, NVwZ 2014, S. 18 (18, 23 f.); *M. Kloepfer*, in: Frankfurter Allgemeine Zeitung v. 1.11.2013, S. 7; *M. Morlok*, in: Das Parlament Nr. 42–43/2013 (Interview von Claus Peter Kosfeld), http://www.das-parlament.de/2013/42_43/MenschenMeinungen/47417118/325002 [zuletzt abgerufen am 30.8.2018]. Auch unter verfassungspolitischen Gesichtspunkten gegen eine Änderung des Grundgesetzes *H.-J. Papier*, in: Deutschlandradio Kultur, 12.10.2013 (Gespräch mit Nana Brink), http://www.deutschlandradiokultur.de/das-parlamentarische-system-wuerde-eminent-geschwaecht.1008.de.html?dram:article_id=264993 [zuletzt abgerufen am 30.8.2018]; *U. Schliesky*, in: M. Morlok/ders./D. Wiefelspütz (Hrsg.), Parlamentsrecht, § 5 Rn. 84; *W. Leisner*, DÖV 2014, S. 880 (884).

[255] Vgl. zu den verfassungspolitischen Forderungen das 4. Kapitel, S. 255 ff.

es allein obliegt, formale Änderungen am Verfassungstext vorzunehmen, von diesem Verfahren Gebrauch macht, liegt grundsätzlich in seinem Ermessen. Eine ausdrückliche Norm, die den verfassungsändernden Gesetzgeber zum Handeln verpflichtet, besteht nicht. Namentlich *Martin Johannes Ohms* hat versucht, dieses Defizit zu überbrücken und eine verfassungsimmanente Pflicht des verfassungsändernden Gesetzgebers zur Vornahme einer Verfassungsänderung zu begründen.[256] Als Schlüsselnorm diene insoweit Art. 79 Abs. 3 GG, der – über den ausdrücklichen Verfassungswortlaut hinaus – ein Gebot zur Verfassungsänderung begründe, soweit die von Art. 79 Abs. 3 i. V. m. Art. 20 GG geschützten Prinzipien und die Möglichkeit ihrer tatsächlichen Verwirklichung gefährdet seien.[257] Den verfassungsändernden Gesetzgeber träfe demgemäß immer dann eine Verpflichtung zur Änderung des Verfassungstexts, wenn und soweit dies erforderlich sei, um Veränderungen in der Verfassungswirklichkeit Rechnung zu tragen und die nichtverfassungstextändernden Möglichkeiten nicht ausreichten, eine Homogenität der Verfassung zu erreichen.[258]

Ein solchermaßen begründetes ungeschriebenes Verfassungsprinzip, das den verfassungsändernden Gesetzgeber zur Verfassungsänderung verpflichten will, überzeugt jedoch aus verschiedenen Gründen nicht. Schon im Ausgangspunkt differenziert die eine verfassungsimmanente Verfassungsänderungspflicht fordernde Argumentation nicht ausreichend zwischen verfassungspolitischen und verfassungsrechtlichen Aspekten.[259] Denn die Frage, in welcher Weise der verfassungsändernde Gesetzgeber auf Veränderungen in der Verfassungswirklichkeit reagieren sollte, stellt zunächst einmal eine verfassungspolitische Überlegung dar, aus der sich grundsätzlich keine Verdichtung zu einer verfassungsrechtlichen Position ergibt.[260] Darüber hinaus würde eine Pflicht zur Verfassungsänderung den verfassungsändernden Gesetzgeber, der über Grundgesetzänderungen nach den in Art. 79 Abs. 2 GG taxativ aufgezählten Voraussetzungen entscheiden muss, in seiner Entscheidung unzulässig binden. Im Falle der Annahme einer durch die Verfassungswirklichkeit angestoßenen Verfas-

---

[256] *M. J. Ohms*, Die verfassungsimmanente Pflicht des Gesetzgebers zur Änderung des Grundgesetzes, S. 41 ff.

[257] *M. J. Ohms*, Die verfassungsimmanente Pflicht des Gesetzgebers zur Änderung des Grundgesetzes, S. 98, m. w. N. zu den detaillierten Ausführungen innerhalb der vorgenannten Arbeit. In Bezug auf die Menschenwürde und die sich aus Art. 1 Abs. 1 Satz 2 Alt. 2 GG ergebende Schutzpflicht auch *K.-E. Hain*, Die Grundsätze des Grundgesetzes, S. 78 f.; *ders.*, JZ 2016, S. 1172 (1173).

[258] *M. J. Ohms*, Die verfassungsimmanente Pflicht des Gesetzgebers zur Änderung des Grundgesetzes, S. 114.

[259] So die grundlegende Kritik von *H. A. Wolff*, Ungeschriebenes Verfassungsrecht unter dem Grundgesetz, S. 338 f.; ebenso *G. Hornung*, Grundrechtsinnovationen, S. 410.

[260] *H. A. Wolff*, Ungeschriebenes Verfassungsrecht unter dem Grundgesetz, S. 339.

sungsänderungspflicht entglitte dem demokratisch legitimierten Gesetzgeber überdies die Hoheit über das Verfassungsänderungsverfahren, das durch die Schaffung einer geänderten Verfassungswirklichkeit[261] manipuliert werden könnte. Mit dem formellen Verfassungsänderungsverfahren des Art. 79 Abs. 2 GG stünde dies nicht im Einklang.

2. Existenz verfassungswidrigen Verfassungsrechts als Voraussetzung einer Verfassungsänderungspflicht

Eine weitere Möglichkeit, in der sich aus dem Verfassungsgrundsatz effektiver parlamentarischer Opposition ein Handlungsgebot für den verfassungsändernden Gesetzgeber ergeben könnte, ist die Anerkennung der weithin umstrittenen Rechtsfigur des verfassungswidrigen Verfassungsrechts.[262] Denn soweit sich eine Verfassungswidrigkeit des gegenwärtigen Verfassungsrechts feststellen ließe, könnte sich für den verfassungsändernden Gesetzgeber de constitutione lata – schließlich ist er als pouvoir constitué in seiner Funktion als (verfassungsändernder) Gesetzgeber gemäß Art. 20 Abs. 3 GG an die verfassungsmäßige Ordnung gebunden – eine Verpflichtung zur Beseitigung dieser Verfassungssituation ergeben.

Für die Beantwortung der Frage nach der Möglichkeit verfassungswidrigen Verfassungsrechts ist es notwendig, zwischen der möglichen Verfassungswidrigkeit verfassungsändernder Gesetze einerseits (a) und der möglichen „Verfassungswidrigkeit" originären Verfassungsrechts andererseits (b) zu differenzieren, da sich jeweils ein anderer Prüfungsmaßstab ergibt.

a) Verfassungswidrigkeit verfassungsändernder Gesetze

Gemeinhin wird die Auffassung vertreten, das Grundgesetz enthalte ein Zusammenspiel von Normen, die zwar nicht gänzlich frei von Spannungen und Widersprüchen seien, gleichwohl nur dann voll verstanden und richtig interpretiert werden könnten, soweit der Verfassungstext als Einheit begriffen werde.[263] Dieser grundsätzlich zutreffende Gedanke der Einheit der Verfassung tritt prima fa-

---

[261] *M. Herdegen*, in: Maunz/Dürig, GG, Art. 79 Rn. 86, bezweifelt bereits, dass eine Änderung der Verfassungswirklichkeit überhaupt zu einer im Widerspruch mit Art. 79 Abs. 3 GG stehenden Bedeutung von Verfassungssätzen führen kann, da etwaige Widersprüche im Wege einer systematischen Verfassungsinterpretation bewältigt werden könnten. Ebenso *G. Hornung*, Grundrechtsinnovationen, S. 409, der zusätzlich die Schutzfunktion des Bundesverfassungsgerichts betont.

[262] Vgl. zum unionsrechtlichen „Parallelproblem" primärrechtswidrigen Primärrechts, d. h. zur Möglichkeit einer Hierarchisierung des europäischen Primärrechts, *H. Rieckhoff*, Der Vorbehalt des Gesetzes im Europarecht, S. 137 ff.

[263] Ständige Rechtsprechung seit BVerfG, Urt. v. 23.10.1951 – Az. 2 BvG 1/51, BVerfGE 1,

cie mit der Annahme verfassungswidrigen Verfassungsrechts in Konflikt, denn im Falle verfassungswidrigen Verfassungsrechts besteht – soweit man diese Rechtsfigur anerkennt – per definitionem ein Konflikt zwischen verschiedenen Verfassungsnormen, bei dem einer Norm letztlich ein höherer Rang zuerkannt wird. Nach dem Gedanken der Einheit der Verfassung kann eine Verfassungsnorm jedoch grundsätzlich nicht an einer anderen Verfassungsnorm gemessen werden.

Anders verhält es sich jedoch mit verfassungsändernden Gesetzen. Diese sind einer verfassungsrechtlichen – und konsequenterweise verfassungsgerichtlichen – Prüfung grundsätzlich zugänglich. Gleichwohl ist jedoch auch insoweit keine umfassende Prüfung der Vereinbarkeit des verfassungsändernden Gesetzes mit dem Grundgesetz angezeigt, denn dem verfassungsändernden Gesetzgeber steht es gerade zu, die Verfassung zu ändern; diese kann demgemäß nicht zugleich umfassender Kontrollmaßstab sein. Vielmehr beschränkt sich die Prüfung in dieser Konstellation auf den Maßstab von Art. 79 GG – formell auf die Einhaltung der Voraussetzungen von Art. 79 Abs. 1, 2 GG und materiell auf die Vereinbarkeit mit der Ewigkeitsgarantie des Art. 79 Abs. 3 GG.[264] Paradigmatisch sei dazu auf die Ausführungen des Bundesverfassungsgerichts verwiesen: „Art. 79 Abs. 3 GG als Schranke für den verfassungsändernden Gesetzgeber hat den Sinn, zu verhindern, daß die geltende Verfassungsordnung in ihrer Substanz, in ihren Grundlagen auf dem formal-legalistischen Weg eines verfassungsändernden Gesetzes beseitigt und zur nachträglichen Legalisierung eines totalitären Regimes mißbraucht werden kann. Die Vorschrift verbietet also eine prinzipielle Preisgabe der dort genannten Grundsätze."[265]

Kommt es dazu, dass der Bundespräsident ein verfassungswidriges verfassungsänderndes Gesetz trotz Wahrnehmung seiner verfassungsrechtlichen Prüfungskompetenz ausfertigt und verkündet, so ist dieses Gesetz durch das Bundesverfassungsgericht – soweit es die Möglichkeit dazu erhält – wegen des Vorrangs der Verfassung für nichtig zu erklären.[266] Gleichwohl hat sich ein solcher

---

14 (32). Vgl. in der Literatur statt vieler *K. Hesse*, Grundzüge des Verfassungsrechts der Bundesrepublik Deutschland, Rn. 20 m. w. N.

[264] BVerfG, Urt. v. 15.12.1970 – Az. 2 BvF 1/69, 2 BvR 629/68 und 308/69, BVerfGE 30, 1 (24); Urt. v. 23.4.1991 – Az. 1 BvR 1170, 1174, 1175/90, BVerfGE 84, 90 (120); Urt. v. 12.10.1993 – Az. 2 BvR 2134, 2159/92, BVerfGE 89, 155 (180); *B.-O. Bryde*, Verfassungsentwicklung, S. 224 ff., 235 ff.; *G. Hornung*, Grundrechtsinnovationen, S. 92 ff.; *M. Sachs*, in: ders. (Hrsg.), GG, Art. 79 Rn. 83; *H. Dreier*, in: ders. (Hrsg.), GG, Bd. II, Art. 79 III Rn. 14; *M. Jestaedt*, in: J. Isensee/P. Kirchhof (Hrsg.), Handbuch des Staatsrechts der Bundesrepublik Deutschland, Bd. XII, § 264 Rn. 68.

[265] BVerfG, Urt. v. 15.12.1970 – Az. 2 BvF 1/69, 2 BvR 629/68 und 308/69, BVerfGE 30, 1 (24).

[266] *H. Möller*, Die verfassungsgebende Gewalt des Volkes und die Schranken der Verfas-

Fall in praxi bislang noch nicht zugetragen.[267] Allerdings hat es zumindest schon einen Fall einer „verfassungskonformen Auslegung der Verfassung“ unter Zugrundelegung des Maßstabs von Art. 79 Abs. 3 GG gegeben.[268]

b) *Keine „Verfassungswidrigkeit“ originären Verfassungsrechts*

Von der Frage, ob verfassungsändernde Gesetze verfassungswidrig sein können, ist die Frage der Verfassungswidrigkeit originären Verfassungsrechts zu unterscheiden. Ob originäres Verfassungsrecht „verfassungswidrig“ sein kann, war insbesondere innerhalb der frühen Staatsrechtslehre nach Inkrafttreten des Grundgesetzes weithin umstritten.[269]

Anders als im oben analysierten Fall der verfassungsändernden Gesetze kann für originäres Verfassungsrecht jedoch nicht der Prüfungsmaßstab des Art. 79 Abs. 3 GG herangezogen werden, denn dieser bezieht sich ausweislich seines Wortlauts auf Änderungen des Grundgesetzes und richtet sich damit ausschließlich an den pouvoir constitué, nicht aber an den pouvoir constituant.[270] Darüber hinaus ist die vom pouvoir constituant zu schaffende Verfassung vor ihrem Erlass rechtlich noch nicht existent und kann insoweit für diesen keine Bindungswirkung entfalten.[271] Die Norm des Art. 79 Abs. 3 GG bindet somit ausschließlich

---

sungsrevision, S. 172 ff.; *R. Wernsmann*, Der Staat 44 (2005), S. 43 (50 f.); *M. Sachs*, in: ders. (Hrsg.), GG, Art. 79 Rn. 83.

[267] *R. Sannwald*, in: Schmidt-Bleibtreu/Hofmann/Henneke, GG, Art. 79 Rn. 74.

[268] Vgl. BVerfG, Urt. v. 3.3.2004 – Az. 1 BvR 2378/98, 1084/99, BVerfGE 109, 279 (318 ff.). Eine Übersicht zu Normenkontrollverfahren, in denen verfassungsändernde Gesetze Streitgegenstand waren, findet sich bei *W. Löwer*, in: J. Isensee/P. Kirchhof (Hrsg.), Handbuch des Staatsrechts der Bundesrepublik Deutschland, Bd. III, § 70 Rn. 63 Fn. 468. Vgl. zu Fällen einer mittelbaren Prüfung *M. Sachs*, in: ders. (Hrsg.), GG, Art. 79 Fn. 270.

[269] Für eine prinzipielle Anerkennung *O. Bachof*, Verfassungswidrige Verfassungsnormen?, passim, insb. S. 32 ff.; *ders.*, NJW 1952, S. 242 ff.; *W. Leisner*, DÖV 1992, S. 432 (432, 434 ff.). Dagegen *W. Apelt*, Die Gesetzgebungstechnik, S. 9 f.; *ders.*, NJW 1952, S. 1 ff.; *ders.*, NJW 1952, S. 733; durch die Ablehnung einer naturrechtlichen Prüfungskompetenz des Bundesverfassungsgerichts wohl im Ergebnis auch *A. Arndt*, DVBl. 1951, S. 297 (299). Das Bundesverfassungsgericht hat, nachdem es der Möglichkeit verfassungswidrigen Verfassungsrechts anfangs – anders als der Bundesgerichtshof (vgl. BGH, Urt. v. 15.3.1951 – Az. III ZR 153/50, BGHZ 1, 274 [276]) – jedenfalls in der Theorie offen gegenüberstand (vgl. BVerfG, Urt. v. 23.10.1951 – Az. 2 BvG 1/51, BVerfGE 1, 14 [18 Ls. 27, 32 f.]; Urt. v. 18.12.1953 – Az. 1 BvL 106/53, BVerfGE 3, 225 [225 Ls. 2, 230 ff.]), seine Auffassung offenbar in Teilen revidiert: Zwar lehnt es die Rechtsfigur verfassungswidrigen Verfassungsrechts nicht explizit ab, erachtet sie jedoch gleichwohl als „problematisch“ und scheint sie auf die Sonderkonstellation des Art. 79 Abs. 3 GG – und damit auf verfassungsändernde Gesetze unter Ausschluss originären Verfassungsrechts – beschränken zu wollen, vgl. BVerfG, Urt. v. 3.5.2016 – Az. 2 BvE 4/14, BVerfGE 142, 25 (Rn. 111).

[270] Im Ergebnis schon *J. M. Wintrich*, BayVBl. 1957, S. 137 (137).

[271] *H. J. Boehl*, Verfassunggebung im Bundesstaat, S. 105.

den verfassungsändernden Gesetzgeber; sie stellt die „denkbar schärfste Abgrenzung zwischen verfassungsgebender und verfassungsändernder Gewalt“[272] dar.

Gleichwohl wird bisweilen vertreten, auch originäres Verfassungsrecht müsse grundsätzlich einer verfassungsgerichtlichen Prüfung zugänglich sein, denn der pouvoir constituant sei in seiner Handlungsfreiheit durch vorstaatliches und überpositives Recht beschränkt.[273] Rechtspraktisch transformiere sich diese Bindung des Verfassungsgebers in eine Kontrollkompetenz des Bundesverfassungsgerichts, denn schließlich seien auch die Normen des Grundgesetzes selbst ein „Gesetz“ im Sinne des Art. 100 Abs. 1 Satz 1 GG, sodass der Wortlaut es nicht ausschließe, das Normenkontrollverfahren im Falle vermeintlich „verfassungswidriger“ Verfassungsnormen anzuwenden.[274] Soweit Art. 79 Abs. 3 GG als Prüfungsmaßstab nicht herangezogen werden kann, könne der Prüfungsmaßstab auch „in einem anderen Rechtsquellenbereich“[275] zu suchen sein. Damit stellt sich die Frage, ob der Verfassungsgeber bei Erlass des Grundgesetzes an naturrechtliche respektive überpositive Normen gebunden war, an denen die Normen des Grundgesetzes nunmehr gemessen werden könnten. Das Bundesverfassungsgericht tendierte jedenfalls in seiner frühen Rechtsprechung, die sich von der nationalsozialistischen Schreckensherrschaft abzugrenzen versuchte, zur Annahme einer Bindung des originären Verfassungsgebers an grundlegende Gerechtigkeitspostulate.[276] Mithin sei, ganz im Anschluss an die berühmte „Formel“ von *Gustav Radbruch*[277], in – gleichwohl nicht näher bestimmten – äußersten Fällen dem Grundsatz materialer Gerechtigkeit gegenüber dem Grundsatz der Rechtssicherheit, wie er in der Geltung des positiven Gesetzes zum Ausdruck komme, der Vorrang einzuräumen, denn auch der originäre Verfassungsgeber könne nicht von der Gefahr freigesprochen werden, die äußersten Grenzen der Gerechtigkeit zu überschreiten.[278]

---

[272] *M. Herdegen*, in: Maunz/Dürig, GG, Art. 79 Rn. 60 [Zitat im Original z.T. hervorgehoben].

[273] BVerfG, Urt. v. 23.10.1951 – Az. 2 BvG 1/51, BVerfGE 1, 14 (17 Ls. 21 lit. a, 61); *T. Maunz*, DÖV 1953, S. 645 (646); *E. Gutmann*, Die Konstituante nach dem Grundgesetz für die Bundesrepublik Deutschland, S. 74, 77 ff., 134 ff.; *W. Leisner*, DÖV 1992, S. 432 (434 ff.).

[274] BVerfG, Urt. v. 18.12.1953 – Az. 1 BvL 106/53, BVerfGE 3, 225 (230).

[275] BVerfG, Urt. v. 18.12.1953 – Az. 1 BvL 106/53, BVerfGE 3, 225 (230).

[276] BVerfG, Urt. v. 18.12.1953 – Az. 1 BvL 106/53, BVerfGE 3, 225 (232); Beschl. v. 14.2.1968 – Az. 2 BvR 557/62, BVerfGE 23, 98 (106); Urt. v. 23.4.1991 – Az. 1 BvR 1170, 1174, 1175/90, BVerfGE 84, 90 (121).

[277] *G. Radbruch*, SJZ 1946, S. 105 (107): „Der Konflikt zwischen der Gerechtigkeit und der Rechtssicherheit dürfte dahin zu lösen sein, daß das positive, durch Satzung und Macht gesicherte Recht auch dann den Vorrang hat, wenn es inhaltlich ungerecht und unzweckmäßig ist, es sei denn, daß der Widerspruch des positiven Gesetzes zur Gerechtigkeit ein so unerträgliches Maß erreicht, daß das Gesetz als ‚unrichtiges Recht‘ der Gerechtigkeit zu weichen hat.“

[278] BVerfG, Urt. v. 18.12.1953 – Az. 1 BvL 106/53, BVerfGE 3, 225 (232 f.).

Eine derartige Bindung des Verfassungsgebers an überpositives Recht wirft sowohl aus verfassungstheoretischer als auch aus rechtspraktischer Perspektive Probleme auf. Verfassungstheoretisch setzt eine justiziable Bindung an überpositives Recht, die rechtlich-verfahrensmäßig eingefordert werden kann, die Zugehörigkeit zur positiven Rechtsordnung voraus.[279] Diese wird aber gerade erst durch die verfassungsgebende Gewalt geschaffen und legitimiert, sodass etwaiges überpositives Recht seinerseits mit einem Legitimationsmangel behaftet ist, soweit es sich um „vor-positiv[es]“ Recht handelt.[280] In diesem Sinne würde eine Bindung der verfassungsgebenden Gewalt an naturrechtliche Vorstellungen auch rechtsanwendungstechnische Schwierigkeiten aufwerfen. Denn wenn man von der Geltung eines verbindlichen Naturrechts ausgeht, bedarf es einer Instanz, welche die Befolgung des Naturrechts garantiert.[281] Die Übertragung der Kontrollkompetenz eines „Rechts“, das sich weder objektiv beweisen noch intersubjektiv nachprüfen lässt,[282] ginge für die Kontrollinstanz jedoch letztlich mit einer originären Kompetenz zur Rechtschaffung einher, die ihr nach dem Grundsatz der Gewaltenteilung nicht zukommen kann:[283] „Das Verfassungsgesetz unter ein ausschließlich ‚überpositives‘ Kriterium stellen, heißt nichts anderes als es demjenigen ausliefern, der die Macht hat zu bestimmen, was überpositives Recht ist.“[284]

Mithin bestehen bei der originären Erzeugung von Verfassungsrecht für den Verfassungsgeber keine (natur-)rechtlich zwingenden Vorgaben.[285] Soweit naturrechtliche Normen Legitimations- und Kontrollmaßstäbe für die Verfassungsge-

---

279 *E.-W. Böckenförde*, in: ders., Staat, Verfassung, Demokratie, S. 90 (109).

280 *E.-W. Böckenförde*, in: ders., Staat, Verfassung, Demokratie, S. 90 (109 f.).

281 Vgl. *D. Murswiek*, Die verfassunggebende Gewalt nach dem Grundgesetz für die Bundesrepublik Deutschland, S. 137.

282 *D. Murswiek*, Die verfassunggebende Gewalt nach dem Grundgesetz für die Bundesrepublik Deutschland, S. 137; *W. Henke*, Die verfassunggebende Gewalt des deutschen Volkes, S. 33 f.; *H. J. Boehl*, Verfassunggebung im Bundesstaat, S. 107 f.; *E. Wiederin*, AöR 117 (1992), S. 410 (430 f.); *U. Karpen*, JZ 1987, S. 431 (437 f.).

283 Dieser Vorwurf wird bisweilen auch gegenüber dem Bundesverfassungsgericht zum Ausdruck gebracht, vgl. statt anderer *C. Möllers*, in: M. Jestaedt/O. Lepsius/ders./C. Schönberger, Das entgrenzte Gericht, S. 281 (406 ff.). Gleichwohl sind die Entscheidungen des Bundesverfassungsgerichts jedenfalls in methodischer Hinsicht nachprüfbar, was hinsichtlich naturrechtlicher Rechtssätze gerade nicht möglich ist (vgl. *C. Winterhoff*, Verfassung – Verfassunggebung – Verfassungsänderung, S. 246 f.).

284 *W. Henke*, Die verfassunggebende Gewalt des deutschen Volkes, S. 34. Ferner *D. Murswiek*, Die verfassunggebende Gewalt nach dem Grundgesetz für die Bundesrepublik Deutschland, S. 138: „Wird der Verfassunggeber auf konkrete ‚Naturrechtssätze‘ verpflichtet, so stellt sich dies für unser Erkenntnisvermögen nicht als Bindung an ‚das Naturrecht‘ dar, sondern an die Naturrechtsauffassungen derer, die den Verfassunggeber in Pflicht nehmen.“

285 *G. Hornung*, Grundrechtsinnovationen, S. 88 ff.

bung bereithalten,[286] handelt es sich ausschließlich um außerrechtliche Normativitäten.[287] Das Grundgesetz entzieht sich vielmehr einer Herleitung aus überpositiven Maßstäben und erhält seinen Geltungsgrund allein aus der Souveränität des Volkes.[288]

Im Ergebnis beschränkt sich die Möglichkeit verfassungswidrigen Verfassungsrechts nach heute wohl herrschender – und auch hier vertretener – Auffassung somit auf den Verstoß verfassungsändernder Gesetze gegen Art. 79 Abs. 3 GG unter Ausschluss des originären Verfassungsrechts.[289]

c) Keine Verfassungswidrigkeit oppositionshinderlicher Verfassungsnormen

Unter Zugrundelegung der vorstehenden Ausführungen beschränkt sich die Frage der Verfassungswidrigkeit oppositionshinderlicher Normen auf verfassungsändernde Gesetze. Originäre Verfassungsnormen, die sich im Einzelfall als oppositionshemmend erweisen, sind hingegen einer verfassungsrechtlichen Überprüfung entzogen.

In praxi sind es insbesondere die verfassungsrechtlichen Quorenregelungen,[290] welche sich – erst recht im Falle einer qualifizierten Großen Koalition – als Oppositionshindernis erweisen.[291] Da sich der Grundsatz effektiver parlamentarischer Opposition (auch) aus dem Demokratie- und Rechtsstaatsprinzip ergibt, könnte sich ein Verfassungskonflikt ergeben, soweit der Oppositionseffektivitätsgrundsatz zu den durch Art. 79 Abs. 3 GG besonders geschützten Grundsätzen des Art. 20 GG zu zählen ist.

Zugleich ist jedoch zu konstatieren, dass die verfassungsrechtlichen Quorenregelungen in Art. 39 Abs. 3 Satz 3, Art. 44 Abs. 1 Satz 1, Art. 61 Abs. 1 Satz 2, Art. 61 Abs. 1 Satz 3 und Art. 79 Abs. 2 GG im Unterschied zu Art. 23 Abs. 1a Satz 2, Art. 45a Abs. 2 Satz 2 und Art. 93 Abs. 1 Nr. 2 GG originäres Verfassungsrecht darstellen. Insoweit sind sie einer nachträglichen Prüfung von vorn-

---

[286] In diesem Sinne *F. Bydlinski*, Juristische Methodenlehre und Rechtsbegriff, S. 255 f.

[287] *C. Winterhoff*, Verfassung – Verfassunggebung – Verfassungsänderung, S. 247.

[288] *M. Herdegen*, in: Maunz/Dürig, GG, Präambel Rn. 41. Beachte gleichwohl *H.-P. Schneider*, in: J. Isensee/P. Kirchhof (Hrsg.), Handbuch des Staatsrechts der Bundesrepublik Deutschland, Bd. XII, § 255 Rn. 41: das Grundgesetz sei in einem demokratiedefizitären Verfahren zustande gekommen und weise bis heute – trotz seiner breiten Akzeptanz – einen „erheblichen Legitimationsmangel" auf, der dem Grundgesetz als „Geburtsfehler" anhafte.

[289] Vgl. *R. Herzog*, EuGRZ 1990, S. 483 (485); *H. Dreier*, in: ders. (Hrsg.), GG, Bd. II, Art. 79 III Rn. 14 Fn. 62.

[290] Vgl. Art. 23 Abs. 1a Satz 2, Art. 39 Abs. 3 Satz 3, Art. 44 Abs. 1 Satz 1, Art. 45a Abs. 2 Satz 2, Art. 61 Abs. 1 Satz 2, Art. 61 Abs. 1 Satz 3, Art. 79 Abs. 2, Art. 93 Abs. 1 Nr. 2 GG.

[291] BVerfG, Urt. v. 3.5.2016 – Az. 2 BvE 4/14, BVerfGE 142, 25 (Rn. 108): Spannungsverhältnis zwischen den grundgesetzlichen Quoren für die Ausübung von Minderheitenrechten und dem allgemeinen verfassungsrechtlichen Grundsatz effektiver Opposition.

herein entzogen. Doch auch bezüglich der verbleibenden Normen, die erst durch verfassungsändernde Gesetze ihre derzeitige Fassung erhalten haben, kann ein Verfassungsverstoß nicht festgestellt werden.

Die Quorenregelungen in Art. 23 Abs. 1a Satz 2 und Art. 45a Abs. 2 Satz 2 GG wurden durch verfassungsändernde Gesetze gerade erst eingeführt[292] und führten prima facie zu einer Stärkung der Minderheitenrechte.[293] Eine Verfassungswidrigkeit der entsprechenden verfassungsändernden Gesetze ließe sich demnach nur durch ein unechtes Unterlassen[294] dergestalt begründen, dass die vom verfassungsändernden Gesetzgeber erlassenen verfassungsändernden Gesetze nicht weit genug gingen und oppositionelle Rechte nicht oder nicht ausreichend berücksichtigt wurden. Gerade bei der durch Art. 23 Abs. 1a GG und Art. 45a GG erfolgten Begründung neuer Kompetenzen für den Bundestag könnte man sich die Frage stellen, ob die Einführung der entsprechenden Quoren mit Blick auf den Verfassungsgrundsatz effektiver parlamentarischer Opposition von Verfassungs wegen zulässig war. Gleichwohl haben sich weder Art. 23 Abs. 1a Satz 2 GG noch Art. 45a Abs. 2 Satz 2 GG bisher als oppositionsrelevante Instrumente erwiesen noch ist sonst ersichtlich, dass diesen beiden Artikeln eine besondere Relevanz für das Wirken der parlamentarischen Opposition zukommen könnte.[295] Überdies spricht auch der Gleichlauf mit anderen verfassungsrechtlichen Minderheitenrechten – bei Art. 45a Abs. 2 Satz 2 GG insbesondere die Parallelität zu Art. 44 Abs. 1 Satz 1 GG – dafür, dass oppositionelle Rechtspositionen nicht grundsätzlich übergangen wurden. Bei alledem erscheint es doch recht fernliegend, eine Verfassungswidrigkeit der verfassungsändernden Gesetze wegen des Unterschreitens eines durch den Verfassungsgrundsatz effektiver parlamentarischer Opposition vorgegebenen Schutzstandards anzunehmen.

---

[292] Art. 23 Abs. 1a wurde eingeführt durch Gesetz vom 8.10.2008 (BGBl. I S. 1926), Art. 45a Abs. 2 Satz 2 GG durch Gesetz vom 19.3.1956 (BGBl. I S. 111).

[293] Dies umso mehr vor dem Hintergrund, dass eine Ausgestaltung von Art. 23 Abs. 1a Satz 2 GG als parlamentarisches Minderheitenrecht jedenfalls unionsrechtlich aufgrund des dem Erlass des verfassungsändernden Gesetzes zugrunde liegenden Art. 12 lit. b EUV i. V. m. Art. 8 Abs. 1 Protokoll über die Anwendung der Grundsätze der Subsidiarität und der Verhältnismäßigkeit (sog. Subsidiaritätsprotokoll) nicht zwingend gewesen wäre: vgl. *R. Uerpmann-Wittzack/A. Edenharter*, EuR 2009, S. 313 (315), die im Ergebnis sogar für die Unzulässigkeit einer nationalen Ausgestaltung der Subsidiaritätsklage als parlamentarisches Minderheitsrecht optieren (ebenda, S. 328 f.).

[294] Zur Konstruktion des unechten Unterlassens *M. Graßhof*, in: C. Burkiczak/F.-W. Dollinger/F. Schorkopf (Hrsg.), BVerfGG, § 76 Rn. 27.

[295] Vgl. für Art. 23 Abs. 1a Satz 2 GG *R. Uerpmann-Wittzack/A. Edenharter*, EuR 2009, S. 313 (324 f.): „Besondere Minderheitsrechte sind aber dort überflüssig, wo sich ein Organ bereits in einer natürlichen Kontroll- und Oppositionsrolle befindet, wie es bei nationalen Parlamenten hinsichtlich der Durchsetzung des Subsidiaritätsprinzips gegenüber der Unionslegislative der Fall ist.“

Was das Quorum zur Erhebung der abstrakten Normenkontrolle in Art. 93 Abs. 1 Nr. 2 GG anbelangt, so wurde dieses im Jahr 2008 von einem Drittel auf ein Viertel der Mitglieder des Bundestages abgesenkt.[296] Dass jedoch ein verfassungsänderndes Gesetz, das ein verfassungskonformes Quorum zugunsten der parlamentarischen Minderheiten weiter absenkt, gegen die Ewigkeitsklausel des Art. 79 Abs. 3 GG verstoßen soll, erscheint verfassungsrechtlich nur schwer begründbar. Denn bei Annahme einer Verfassungswidrigkeit des das Quorum absenkenden verfassungsändernden Gesetzes ergäbe sich die paradoxe Situation, dass die minderheitenschützendere Situation verfassungswidrig wäre, das Beibehalten des (höheren) Quorums jedoch angesichts des Fehlens einer verfassungsrechtlichen Handlungspflicht verfassungskonform gewesen wäre. In Anbetracht dieser Erwägungen muss eine Verfassungswidrigkeit des die Antragsberechtigung der abstrakten Normenkontrolle modifizierenden verfassungsändernden Gesetzes abgelehnt werden, auch wenn aus verfassungspolitischen Erwägungen über die vorgenommene Lösung trefflich gestritten werden kann.[297]

Im Ergebnis bleibt somit festzuhalten, dass die grundgesetzlichen Quorenregelungen verfassungsrechtlich jedenfalls auch insoweit unbedenklich sind, als sie sich in einem Spannungsverhältnis zum verfassungsrechtlichen Grundsatz effektiver parlamentarischer Opposition befinden.[298]

3. Ergebnis: Keine gegenwärtige Handlungspflicht für den verfassungsändernden Gesetzgeber

Die vorstehenden Ausführungen haben gezeigt, dass eine auf den Verfassungsgrundsatz effektiver parlamentarischer Opposition zurückführbare Handlungspflicht für den verfassungsändernden Gesetzgeber verfassungsdogmatisch auf zwei Wegen begründet werden kann: zum einen durch die Annahme einer verfassungsimmanenten Verfassungsänderungspflicht und zum anderen durch die Billigung der Rechtsfigur verfassungswidrigen Verfassungsrechts. Nach hier vertretener Auffassung ist eine verfassungsimmanente Verfassungsänderungspflicht dogmatisch nicht begründbar; die Möglichkeit verfassungswidrigen Verfassungsrechts beschränkt sich auf verfassungsändernde Gesetze unter Ausschluss originären Verfassungsrechts. Eine Handlungspflicht für den verfassungsändernden Gesetzgeber kann sich demgemäß eventualiter dann ergeben, wenn es zur Verabschiedung eines gegen die Ewigkeitsgarantie des Art. 79 Abs. 3 GG verstoßenden Gesetzes kommen sollte und das Bundesverfassungsgericht (noch) nicht die Gelegenheit hat(te), den entsprechenden Verstoß festzustellen. Hierbei han-

---

296 Gesetz vom 8.10.2008 (BGBl. I S. 1926).

297 Vgl. zur verfassungspolitischen Bewertung das 4. Kapitel § 2 II. 2., S. 286 ff.

298 BVerfG, Urt. v. 3.5.2016 – Az. 2 BvE 4/14, BVerfGE 142, 25 (Rn. 112).

delt es sich jedoch allenfalls um eine hypothetische Handlungsmaxime, die unter den gegenwärtigen verfassungsrechtlichen Umständen nicht zum Tragen kommt.

II. Handlungsmaxime für den einfachen Gesetzgeber sowie den Geschäftsordnungsgeber

Anders als für den verfassungsändernden Gesetzgeber lassen sich für den einfachen Gesetzgeber sowie den Geschäftsordnungsgeber prima facie Handlungspflichten aus dem Grundsatz effektiver parlamentarischer Opposition ableiten. Denn als Verfassungsprinzip ist der Oppositionseffektivitätsgrundsatz normenhierarchisch sowohl gegenüber einfachem Gesetzesrecht als auch gegenüber Geschäftsordnungsrecht vorrangig, sodass sich Gesetzes- und Geschäftsordnungsrecht nicht in Widerspruch zum Grundsatz effektiver parlamentarischer Opposition setzen dürfen. Ist ein solcher Widerspruch festzustellen, so ist der Gesetz- bzw. Geschäftsordnungsgeber von Verfassungs wegen gehalten, dem Verfassungsgrundsatz effektiver parlamentarischer Opposition durch Modifikation des niederrangigeren Rechts Rechnung zu tragen. Darüber hinaus gebietet der Oppositionseffektivitätsgrundsatz aber auch isoliert gesehen eine funktionsadäquate Befugnis- und Mittelausstattung der Oppositionskräfte, welche Gesetz- und Geschäftsordnungsgeber sicherstellen müssen und insoweit verfassungsrechtlich zum Handeln verpflichtet sein können.[299] In Anbetracht dieser grundlegenden Ausführungen sollen im Folgenden vier unterschiedliche Bereiche untersucht werden, in denen der Frage nachgegangen wird, ob der Gesetz- oder Geschäftsordnungsgeber verfassungsrechtlich zu einem bestimmten Handeln verpflichtet sein kann: erstens bei der Frage der unterverfassungsrechtlichen Ergänzung von verfassungsrechtlichen Quorenregelungen (1.), zweitens bei der Frage des Oppositionszuschlags (2.), drittens bei der Verteilung der Redezeiten im Bundestag (3.) und viertens bei der nach § 10 Abs. 1 Satz 2 GOBT erforderlichen Zustimmung des Bundestags zur Anerkennung als Fraktion bei Nichterreichung des in § 10 Abs. 1 Satz 1 GOBT normierten Quorums (4.).

1. Einfachgesetzliche Ergänzung von verfassungsrechtlichen Quorenregelungen: Quorenregelungen nur als „Mindestgarantien“?

Im Vorstehenden wurde dargelegt, dass jedenfalls auf der Ebene des Grundgesetzes keine aus dem Verfassungsgrundsatz effektiver parlamentarischer Opposition ableitbare Verpflichtung für den verfassungsändernden Gesetzgeber besteht, die Verfassung zu ändern. Unbeschadet dessen könnte man jedoch die Auffas-

---

[299] *P. M. Huber*, in: J. Isensee/P. Kirchhof (Hrsg.), Handbuch des Staatsrechts der Bundesrepublik Deutschland, Bd. III, § 47 Rn. 77.

sung vertreten, bei den verfassungsrechtlichen Quorenregelungen handele es sich lediglich um „Mindestgarantien", welche durch einen Rückgriff auf den Verfassungsgrundsatz effektiver parlamentarischer Opposition einfachgesetzlich zu ergänzen seien, sofern die Verwirklichung dieses Verfassungsgrundsatzes in Gefahr zu geraten droht.[300] Damit eine etwaige Verpflichtung des einfachen Gesetzgebers zur Ergänzung verfassungsrechtlicher Quorenregelungen überhaupt angenommen werden könnte, müsste zunächst einmal die theoretische Möglichkeit eines unterverfassungsrechtlichen Abweichens von verfassungsrechtlich determinierten Quorenregelungen eröffnet sein. Auch wenn eine solche Möglichkeit grundsätzlich nicht anerkannt werden kann (a), so gibt jedenfalls die Sonderkonstellation des Art. 93 Abs. 3 GG Anlass zum Nachdenken (b).

a) Möglichkeit eines unterverfassungsrechtlichen Abweichens von verfassungsrechtlich determinierten Quorenregelungen?

Soweit verfassungsrechtliche Normen die Ausübung bestimmter Rechte durch konkrete Quoren begrenzen, kann hiervon unterverfassungsrechtlich grundsätzlich nicht abgewichen werden.[301] Dies ist naheliegend, denn würde ein einfaches Gesetz ein niedrigeres Quorum als die Verfassungsnorm festsetzen, würde sich ein normenhierarchischer Konflikt ergeben, der im Streitfall nur zugunsten der Verfassungsnorm entschieden werden könnte. Sind etwaige Normwidersprüche zwar nicht grundsätzlich unbekannt – man denke insoweit nur an die sich prima facie widersprechenden Regelungen des § 63 BVerfGG und des Art. 93 Abs. 1 Nr. 1 GG[302] –, so ergibt sich für den Sonderfall verfassungsrechtlicher Quoren doch die Problematik, dass es sich nicht lediglich um eine von Verfassungs wegen zulässige *Ergänzung* einer Verfassungsnorm handelt, sondern vielmehr um eine faktische Verfassungs*änderung*. Zu einer Verfassungsänderung ist der einfache Gesetzgeber jedoch ausweislich der Vorschrift des Art. 79 Abs. 1, 2 GG nicht legitimiert.

---

[300] Dieser Ansatz ähnelt demjenigen von *P. Cancik*, NVwZ 2014, S. 18 (21, 23), welche das Quorum des Art. 44 Abs. 1 Satz 1 GG nur als „nach oben abschließende [...] Grenze" und für den Fall einer qualifizierten Großen Koalition als verfassungsteleologisch reduziert ansieht. Im Unterschied zum hier geprüften Denkansatz, der sich allein auf die Prüfung einer einfachgesetzlichen Änderungspflicht bezieht, geht *Cancik* allerdings davon aus, eine verfassungsrechtliche Einsetzungspflicht des Bundestags bestehe de constitutione lata selbst ohne Verfassungs- oder Gesetzesänderung, wenngleich sie im Ergebnis dennoch dafür optiert, dieses verfassungsrechtliche Gebot über eine Anpassung von Geschäftsordnungs- und Gesetzesrecht umzusetzen.

[301] BVerfG, Urt. v. 3.5.2016 – Az. 2 BvE 4/14, BVerfGE 142, 25 (Rn. 120); *A. Ingold*, ZRP 2016, S. 143 (144); isoliert für die abstrakte Normenkontrolle *J. Ipsen*, Staatsrecht I, Rn. 908. Anders offenbar *P. Cancik*, NVwZ 2014, S. 18 (21, 23 f.).

[302] Vgl. hierzu 3. Kapitel § 1 III. 2. a), S. 187 ff.

Eine andere Auffassung ließe sich nur dann vertreten, wenn man verfassungsrechtliche Quoren grundsätzlich nicht als änderungsfeste Größen, sondern lediglich als „Mindestgarantien“ begreift, die der einfache Gesetzgeber durch (noch) niedrigere Quoren ergänzen könnte. Für eine solche Konzeption fehlen im Verfassungstext jedoch jegliche Anhaltspunkte. Soweit der Verfassungsgeber oder der verfassungsändernde Gesetzgeber ein Quorum in den Verfassungstext aufgenommen hat, ist nicht ersichtlich, dass es sich dabei lediglich um eine Mindestgarantie, gewissermaßen also um ein dynamisches Quorum handeln soll. Zum einen entspricht eine derartige Annahme bereits nicht dem systematischen Regelungskonzept des Grundgesetzes. Denn soweit dieses dem einfachen Gesetzgeber einen Regelungsbereich zur näheren Ausgestaltung überlassen will, wird dies regelmäßig durch die Aufnahme einer entsprechenden Gesetzgebungskompetenz (z. B. „Das Nähere wird durch Bundesgesetz geregelt.“) deutlich. Für die verfassungsrechtlichen Quoren fehlt ein solcher Zusatz indes. Zum anderen können sich einfachgesetzliche Konkretisierungen von im Grundgesetz angelegten Rechten – die im Einzelfall auch ohne eine ausdrückliche Gesetzgebungskompetenz zulässig sein können[303] – auch im Falle einer grundsätzlichen Regelungskompetenz nicht in Widerspruch zur höherrangigen Verfassungsnorm setzen. Bei einem unterverfassungsrechtlich abweichenden Quorum wäre ein solcher Widerspruch jedoch evident.

Mithin sind grundgesetzliche Quoren einer einfachgesetzlichen Ausgestaltung grundsätzlich nicht zugänglich. Einer gesonderten Analyse bedarf es insoweit jedoch im Fall der abstrakten Normenkontrolle. Denn auch wenn Art. 93 Abs. 1 Nr. 2 GG insoweit ein prima facie der näheren Ausgestaltung nicht zugängliches Quorum von einem Viertel der Mitglieder des Bundestages festsetzt, bestimmt Art. 93 Abs. 3 GG zugleich, dass das Bundesverfassungsgericht ferner in den ihm sonst durch Bundesgesetz zugewiesenen Fällen tätig wird.

b) Sonderfall des Art. 93 Abs. 3 GG

Die Reichweite der Kompetenzübertragungsnorm des Art. 93 Abs. 3 GG ist weder durch das Bundesverfassungsgericht[304] noch innerhalb der Literatur[305] en détail geklärt. Angesichts des Wortlauts der Regelung stellt sich jedoch die hier

---

303 Siehe etwa das Gesetz zur Regelung des Rechts der Untersuchungsausschüsse des Deutschen Bundestages (PUAG), das trotz des Fehlens einer ausdrücklichen Gesetzgebungskompetenz überwiegend für verfassungsrechtlich zulässig erachtet wird, vgl. *D. Wiefelspütz*, Das Untersuchungsausschussgesetz, S. 174 f. mit weiteren Nachweisen zum Meinungsstand.

304 Offengelassen in BVerfG, Beschl. v. 27.7.1971 – Az. 2 BvH 1/71, BVerfGE 31, 371 (377).

305 Exemplarisch *A. Voßkuhle*, in: H. von Mangoldt/F. Klein/C. Starck (Hrsg.), GG, Bd. 3, Art. 93 Rn. 216.

bedeutsame Frage, ob Art. 93 Abs. 3 GG den Gesetzgeber dazu berechtigt, eine einfachgesetzliche Erweiterung des Antragsrechts für die abstrakte Normenkontrolle vorzunehmen. Namentlich *Markus Krajewski* hat dies für zulässig erachtet.[306] Er stützt sich dabei im Wesentlichen auf zwei Argumente, welche im Ergebnis allerdings beide nicht überzeugen.

Zum einen sprächen sowohl der Wortlaut als auch der Kontext der Vorschrift zumindest nicht gegen eine einfachgesetzliche Erweiterungsmöglichkeit der Antragsberechtigung. In diesem Zusammenhang konzentriert sich *Krajewski* jedoch auf den Begriff „sonst zugewiesene Fälle" und lässt das Adverb „ferner" – als Synonym für „weiterhin" – sowie den systematischen Zusammenhang zur Regelung des Art. 93 Abs. 1 Nr. 5 GG gänzlich außer Acht. Gerade mit Blick auf die Regelung des Art. 93 Abs. 1 Nr. 5 GG kann die Kompetenzübertragungsnorm des Art. 93 Abs. 3 GG nur dahingehend verstanden werden, dass es sich bei den nach Art. 93 Abs. 3 GG dem Bundesverfassungsgericht übertragbaren Fällen – entsprechend der Verfassungspraxis – um nicht im Grundgesetz vorgesehene Fälle handelt.

Zum anderen ergebe sich aus einem argumentum a maiore ad minus, dass es dem Bundesgesetzgeber wegen der Möglichkeit, dem Bundesverfassungsgericht gänzlich neue und im Grundgesetz nicht vorgesehene Fälle zuzuweisen, erst recht möglich sein müsse, die Zugangsvoraussetzungen zu bestehenden Verfahren zu erweitern. Abgesehen davon, dass dieser Schluss schon methodisch nicht zulässig sein dürfte – von der außerverfassungsrechtlichen Zuweisung neuer Verfahren kann nicht auf die Erweiterung von innerverfassungsrechtlich normierten Zugangsvoraussetzungen zu bestehenden Verfahren geschlossen werden[307] –, ist er auch sonst nicht haltbar. Denn jedenfalls aus einer realitätsbezogenen Perspektive ist die Erweiterung der Antragsberechtigung eines schon im Grundgesetz angelegten Verfahrens regelmäßig ein Mehr im Vergleich zur Übertragung zwar neuer, letztlich aber doch unbedeutenderer Verfahrensarten nach Art. 93 Abs. 3 GG.

Demnach vermittelt die Norm des Art. 93 Abs. 3 GG im Ergebnis nur eine begrenzte Zuweisungskompetenz[308], die einer Ausweitung der *Antragsberechti-*

[306] *M. Krajewski*, Kurzgutachten zur Erweiterung des Antragsrechts für die abstrakte Normenkontrolle durch einfaches Bundesgesetz nach Art. 93 Abs. 3 GG, https://www.gruene-bundestag.de/fileadmin/media/gruenebundestag_de/themen_az/innenpolitik/Kurzgutachten_Abstrakte-Normenkontrolle.pdf [zuletzt abgerufen am 30.8.2018]. Zustimmend *M. Graßhof*, in: C. Burkiczak/F.-W. Dollinger/F. Schorkopf (Hrsg.), BVerfGG, § 76 Rn. 13. Dagegen aber *A. Kees*, in: T. Barczak (Hrsg.), BVerfGG, § 76 Rn. 26.

[307] Vgl. *M. Goessl*, Organstreitigkeiten innerhalb des Bundes, S. 78: „Die Modifikation oder Erweiterung grundgesetzlicher Zuständigkeiten ist gegenüber der Begründung neuer Zuständigkeiten kein minus, sondern ein aliud."

[308] *W. Meyer*, in: I. von Münch/P. Kunig, GG, Bd. 2, Art. 93 Rn. 63.

gung bei einem bestimmten Verfahren jedenfalls dann entgegensteht, soweit diese auf Ebene der Verfassung – wie im Fall der abstrakten Normenkontrolle – bereits konkret ausgestaltet worden ist.

c) Ergebnis: Kein unterverfassungsrechtliches Abweichen von verfassungsrechtlich determinierten Quorenregelungen

Die vorstehenden Ausführungen haben gezeigt, dass ein unterverfassungsrechtliches Abweichen von verfassungsrechtlich determinierten Quorenregelungen grundsätzlich nicht möglich ist. Die Sonderkonstellation des Art. 93 Abs. 3 GG führt zu keinem anderen Ergebnis. Mithin kann der Verfassungsgrundsatz effektiver parlamentarischer Opposition für den einfachen Gesetzgeber schon aus diesem Grund keine Verpflichtung kreieren, oppositionshinderlicher Minderheitsquoren zu modifizieren. Der Konflikt um verfassungsrechtliche Quorenregelungen kann somit allein auf Ebene der Verfassung gelöst werden. Soweit aber eine entsprechende Handlungspflicht für den verfassungsändernden Gesetzgeber nicht festgestellt werden kann,[309] handelt es sich letztlich (nur) um eine verfassungspolitische Frage, die einer Lösung zugeführt werden muss.[310]

Dennoch darf hieraus nicht gefolgert werden, dass dem Verfassungsgrundsatz effektiver parlamentarischer Opposition jegliche handlungsleitende Funktion für den einfachen Gesetzgeber fehlt. Dies kann die folgende Analyse zur verfassungsrechtlichen Gebotenheit eines Oppositionszuschlags exemplarisch demonstrieren.

2. Verfassungsrechtliche Gebotenheit eines Oppositionszuschlags

Im Folgenden soll zunächst der Frage nachgegangen werden, ob eine finanzielle Besserstellung oppositioneller Kräfte im Parlament im Vergleich zu nicht-oppositionellen Kräften aufgrund des Grundsatzes effektiver parlamentarischer Opposition von Verfassungs wegen geboten ist. Für Oppositionsfraktionen mag diese Frage auf den ersten Blick ohne praktische Relevanz sein, da diesen durch § 50 Abs. 2 Satz 1 AbgG ein sog. Oppositionszuschlag zugesprochen wird. Gleichwohl vermag niemand mit Gewissheit vorauszusagen, dass künftige Gesetzgeber sich einer Modifikation oder gar Abschaffung des Oppositionszuschlags für Fraktionen enthalten. Mithin ist es nicht nur von theoretischem, sondern auch von praktischem Interesse, sich mit dem Oppositionszuschlag für Oppositionsfraktionen zu befassen (a). Darüber hinaus stellt sich die Frage, ob möglicherweise auch eine verfassungsrechtliche Gebotenheit eines Oppositions-

309 Vgl. 3. Kapitel § 2 I., S. 210 ff.

310 Vgl. dazu das 4. Kapitel § 2 II. 2. b), S. 293 ff.

zuschlags für einzelne oppositionelle Abgeordnete besteht. Soweit dies der Fall ist, besteht eine Handlungsmaxime für den Gesetzgeber, der einzelnen Oppositionsabgeordneten bislang zusätzliche Geldleistungen versagt (b). Schließlich ist zu untersuchen, ob die verfassungsrechtliche Bewertung der Situation fraktionsloser oppositioneller Abgeordneter auch auf Abgeordnete der Regierungsfraktionen zu übertragen ist, die eine ad-hoc-Opposition ausüben (c).

a) Oppositionszuschlag für Oppositionsfraktionen

Gemäß § 50 Abs. 1 AbgG haben die Fraktionen zur Erfüllung ihrer Aufgaben Anspruch auf Geld- und Sachleistungen aus dem Bundeshaushalt. Auch wenn die Fraktionsfinanzierung nur einfachgesetzlich normiert ist, ist richtigerweise festgestellt worden, dass die Fraktionen wegen der Verfassungsentscheidung für die parlamentarische Demokratie und der innerhalb dieses Systems von den Fraktionen wahrgenommenen Rolle schon von Verfassungs wegen einen Anspruch auf staatliche Finanzierung haben, sodass die Fraktionsfinanzierung nicht im Belieben des Gesetzgebers liegt.[311] § 50 Abs. 2 Satz 1 AbgG legt darüber hinaus fest, dass jeder Fraktion, die nicht die Bundesregierung trägt, ein Zuschlag zu dem Grundbetrag, den jede Fraktion erhält, zuteilwird (sog. Oppositionszuschlag).[312] Die Höhe sowohl der Geldleistungen für die Fraktionen als auch des Oppositionszuschlags legt der Bundestag gemäß § 50 Abs. 2 Satz 2 AbgG jährlich fest. Die Höhe der Geldleistungen ist einfachgesetzlich nicht vorgegeben. Es liegt damit bis zu einem gewissen Maße im politischen Entscheidungsspielraum des Bundestags, nach welchem Verfahren die Geldleistungen vergeben werden.[313] Auch wenn sich die fehlende Kontrolle bei und die Selbstbefassung des Parlaments mit der Festsetzung der Fraktionszuschüsse teilweise rechtspolitischer und verfassungsrechtlicher Kritik ausgesetzt sieht,[314] dürfte dieses Festset-

---

311 Vgl. nur *G. C. Schneider*, Die Finanzierung der Parlamentsfraktionen als staatliche Aufgabe, S. 75; *W. Braun/M. Jantsch/E. Klante*, AbgG, § 50 Rn. 5; *C. Waldhoff*, in: P. Austermann/S. Schmahl (Hrsg.), AbgG, § 50 Rn. 12.

312 Vgl. zum Begriff des Oppositionszuschlags schon oben, 1. Kapitel § 2 I. 2. a) aa), S. 23.

313 Vgl. zur Unterteilung in Grundbetrag, mitgliedsbezogenen Betrag und Oppositionszuschlag *G. C. Schneider*, Die Finanzierung der Parlamentsfraktionen als staatliche Aufgabe, S. 118 ff.; *C. Waldhoff*, in: P. Austermann/S. Schmahl (Hrsg.), AbgG, § 50 Rn. 14.

314 Die Entscheidung des Parlaments in eigener Sache über die Fraktionsfinanzierung als „prekär", aber nicht verfassungswidrig charakterisierend *H. H. von Arnim*, Staatliche Fraktionsfinanzierung ohne Kontrolle?, S. 23 f.; *ders.*, ZRP 1988, S. 83 (85 f.). Weder verfassungsrechtliche noch verfassungspolitische Bedenken äußernd *S. Hölscheidt*, Das Recht der Parlamentsfraktionen, S. 579 ff.; *G. C. Schneider*, Die Finanzierung der Parlamentsfraktionen als staatliche Aufgabe, S. 83 ff. Vgl. allgemein zu Entscheidungen des Parlaments in eigener Sache *H. Lang*, Gesetzgebung in eigener Sache; J. Wieland (Hrsg.), Entscheidungen des Parlaments in eigener Sache.

zungsverfahren jedenfalls solange verfassungsrechtlich nicht angreifbar sein, wie die Rechte parlamentarischer Minderheiten gewahrt werden und es nicht zu einer willkürlichen Festsetzung der Höhe der Geldleistungen kommt.[315]

Von der allgemeinen Frage der Fraktionsfinanzierung gesondert zu behandeln ist die Frage des Oppositionszuschlags. Die verfassungsrechtliche Zulässigkeit des Oppositionszuschlags wird bisweilen angezweifelt, da mit dem Oppositionszuschlag eine Ungleichbehandlung einhergehe, die mit Blick auf das aus Art. 38 Abs. 1 Satz 2 GG ableitbare System der formalen Gleichheit aller Abgeordneten und mangels einer „Oppositionsregelung" im Grundgesetz keiner verfassungsrechtlichen Rechtfertigung zugeführt werden könne.[316] Die Kritiker des Oppositionszuschlags dürften sich durch das jüngst vom Bundesverfassungsgericht ausgesprochene obiter dictum bestärkt sehen, wonach einer Einführung spezifischer Oppositionsfraktionsrechte grundsätzlich Art. 38 Abs. 1 Satz 2 GG entgegenstehe.[317] In den Worten des Bundesverfassungsgerichts stellen „[e]xklusiv den Oppositionsfraktionen zur Verfügung stehende Rechte – wie beispielhaft die Schaffung spezifischer Oppositionsrechte im Ausschuss in § 126a Abs. 1 Nr. 2 und 7 bis 10 GO-BT – […] eine nicht zu rechtfertigende Durchbrechung des Grundsatzes der Gleichheit der Abgeordneten und ihrer Zusammenschlüsse aus Art. 38 Abs. 1 Satz 2 GG dar."[318] Es scheint durchaus denkbar, dass in der Literatur unter Berufung auf die vorgenannte Rechtsprechung des Bundesverfassungsgerichts die Verfassungsmäßigkeit des Oppositions(fraktions)zuschlags in § 50 Abs. 2 Satz 1 AbgG neuerlich in Zweifel gezogen werden wird.[319]

Gleichwohl vermag weder das Argument des Fehlens einer positiv-rechtlichen Rechtfertigungsnorm zu überzeugen noch lässt sich das verfassungsgerichtliche obiter dictum unbesehen auf die Konstellation des Oppositionszuschlags übertragen. Zunächst ist zu konstatieren, dass selbst ohne positiv-rechtliche Normierung auf der Ebene des Verfassungsrechts die mit dem Oppositionszuschlag zweifellos verbundene Ungleichbehandlung – die nicht die Regierung tragenden Fraktionen werden finanziell besser ausgestattet als die Regierungsfraktionen – grundsätzlich einer verfassungsrechtlichen Rechtfertigung zugänglich ist, denn das Recht zur effektiven Ausübung parlamentarischer Opposition kann aus un-

---

[315] Zur Festsetzung der Höhe der Geldleistungen ausführlich *C. Waldhoff*, in: P. Austermann/S. Schmahl (Hrsg.), AbgG, § 50 Rn. 17 ff.

[316] *R. Poscher*, AöR 122 (1997), S. 444 (453 f.); *S. Klenner*, DÖV 2018, S. 563 ff.

[317] BVerfG, Urt. v. 3.5.2016 – Az. 2 BvE 4/14, BVerfGE 142, 25 (Rn. 95). Vgl. allgemein zu diesem obiter dictum noch unten, 4. Kapitel § 2 II. 1., S. 277 ff.

[318] BVerfG, Urt. v. 3.5.2016 – Az. 2 BvE 4/14, BVerfGE 142, 25 (Rn. 95).

[319] Beachte zum gegenwärtigen Streitstand jedoch die Einschätzung von *C. Waldhoff*, in: P. Austermann/S. Schmahl (Hrsg.), AbgG, § 50 Rn. 16: die verfassungsrechtliche Zulässigkeit des Oppositionszuschlags sei „praktisch unbestritten".

terschiedlichen verfassungsrechtlichen Vorschriften abgeleitet werden und wird demnach verfassungsrechtlich auch ohne unmittelbar-textliche Verankerung im Grundgesetz in umfassender Weise garantiert.[320] Des Weiteren ist auch einer unbesehenen Übertragung des verfassungsgerichtlichen obiter dictums zur Verfassungswidrigkeit einer Einführung spezifischer Oppositionsfraktionsrechte auf den hier untersuchten Fall des Oppositionszuschlags entgegenzutreten. Zwar kann nicht in Abrede gestellt werden, dass das obiter dictum des Bundesverfassungsgerichts zur Begründung der Verfassungswidrigkeit einer Einführung spezifischer Oppositionsfraktionsrechte[321] isoliert betrachtet geeignet wäre, die Verfassungswidrigkeit des Oppositionszuschlags zu begründen. Sich damit zu bescheiden, griffe jedoch zu kurz. So bezieht sich das verfassungsgerichtliche obiter dictum offenbar ausschließlich auf Oppositionsfraktions*rechte* im engeren Sinne – beispielhaft nennt das Bundesverfassungsgericht die durch § 126a Abs. 1 Nr. 2 und 7 bis 10 GOBT a. F. geschaffenen spezifischen Oppositionsrechte im Ausschuss.[322] Lediglich insoweit ist eine Besserstellung oppositioneller Fraktionen – jedenfalls nach dem Bundesverfassungsgericht – nicht angezeigt. Anders verhält es sich jedoch mit einer Besserstellung bei der finanziellen Ausstattung, wie das Bundesverfassungsgericht ausdrücklich betont: „Die strukturelle, insbesondere informatorische Schwäche der Opposition gegenüber der Regierungsmehrheit, die unter anderem auf der Nähe der die Regierung tragenden Fraktionen zur Ministerialbürokratie beruht, wird ferner durch eine relative Besserstellung auf der Ebene der Ausstattung kompensiert“[323]. Auch wenn diese Differenzierung nicht frei von Widersprüchen ist – die Kompensation struktureller Schwächen durch eine finanzielle Besserstellung wird ohne Weiteres für verfassungsrechtlich gerechtfertigt erachtet, während der Kompensation gleicher und möglicher anderer struktureller Schwächen von vornherein, ja sogar ohne Prüfung des Einzelfalls, ein Riegel vorgeschoben wird –, scheint das Bundesverfassungsgericht damit trotz des prima facie entgegenstehenden obiter dictums jedenfalls die mit dem Oppositionszuschlag einhergehende Ungleichbehandlung der Fraktionen für gerechtfertigt zu halten. Über die schon durch das Bundesverfassungsgericht angesprochene informatorische Schwäche und die insoweit indizierte „negative“ Rechtfertigung[324] des Oppositionszuschlags hinaus fallen bei

320 Vgl. 2. Kapitel § 3, S. 102 ff.

321 Vgl. BVerfG, Urt. v. 3.5.2016 – Az. 2 BvE 4/14, BVerfGE 142, 25 (Rn. 95 ff.).

322 Vgl. BVerfG, Urt. v. 3.5.2016 – Az. 2 BvE 4/14, BVerfGE 142, 25 (Rn. 95).

323 BVerfG, Urt. v. 3.5.2016 – Az. 2 BvE 4/14, BVerfGE 142, 25 (Rn. 105).

324 Zur Differenzierung zwischen „negativer“ und „positiver“ Rechtfertigung der mit dem Oppositionszuschlag einhergehenden Durchbrechung der Gleichbehandlung der Fraktionen *A. Ingold*, Das Recht der Oppositionen, S. 215; *C. Waldhoff*, in: P. Austermann/S. Schmahl (Hrsg.), AbgG, § 50 Rn. 15. Kritisch gegenüber der „negativen“ Rechtfertigungsmöglichkeit

den Oppositionsfraktionen in der parlamentarischen Praxis mitunter Kosten an, welche typischerweise nicht bzw. jedenfalls im Verhältnis zur Anzahl der Fraktionsmitglieder nicht in dieser Höhe bei den die Regierung tragenden Fraktionen entstehen. Beispielsweise handelt es sich sowohl bei der abstrakten Normenkontrolle als auch beim Organstreitverfahren zwar nicht um exklusive „Oppositionsrechte", gleichwohl werden diese – bisweilen kostenintensiven – verfassungsgerichtlichen Verfahren regelmäßig von den Oppositionsfraktionen als Mittel zur Wahrnehmung der Oppositionsfunktionen in Anspruch genommen.[325] Insofern dient der Oppositionszuschlag mitunter der Deckung dieser typischen „Oppositionskosten";[326] die mit ihm einhergehende Durchbrechung des Gleichbehandlungsgrundsatzes der Fraktionen ist insoweit auch „positiv" gerechtfertigt. Im Ergebnis erweist sich der Oppositionszuschlag somit trotz des Fehlens einer als Rechtfertigungsmöglichkeit heranziehbaren ausdrücklichen verfassungsrechtlichen Oppositionsregelung zweifellos als verfassungsrechtlich zulässig.[327]

Eine andere Frage ist jedoch, ob der Oppositionszuschlag nicht nur zulässig, sondern möglicherweise sogar von Verfassungs wegen geboten ist. Hierfür streiten wesentliche verfassungsrechtliche Argumente. Ausgangspunkt der Annahme eines verfassungsrechtlichen Gebots des Oppositionszuschlags ist die in dieser Arbeit bereits ausführlich analysierte politische Identität der die Regierung tragenden Kräfte im Parlament einerseits und der Regierung andererseits. Im Zuge dieser politischen Identität profitieren die Regierungsfraktionen jedenfalls mittelbar – wenn nicht bisweilen sogar unmittelbar – von dem in den Fachministerien vorhandenen Sachverstand. Besonders deutlich wird dies beispielsweise anhand der sog. verkappten Regierungsvorlagen: Hier wird eine materiell von der Regierung erarbeitete Gesetzesvorlage formell von einer die Regierung tragenden Fraktion in den Bundestag eingebracht, um das im Falle einer Gesetzesvorlage der Bundesregierung nach Art. 76 Abs. 2 GG angezeigte (zeitintensivere) Gesetzgebungsverfahren zu umgehen.[328] Darüber hinaus finden sich traditionell nicht wenige Abgeordnete der Regierungsfraktionen in einer Doppelrolle wieder, indem sie nämlich zum einen Mitglieder des Bundestages und zum anderen Mit-

---

G. C. Schneider, Die Finanzierung der Parlamentsfraktionen als staatliche Aufgabe, S. 127 f.; *S. Klenner*, DÖV 2018, S. 563 (566).

[325] Vgl. zur abstrakten Normenkontrolle und zum Organstreitverfahren als Mittel der Aufgabenwahrnehmung parlamentarischer Opposition 2. Kapitel § 2 II. 2. e), S. 91 ff.

[326] *J. Jekewitz*, JZ 1978, S. 667 (671).

[327] Vgl. statt anderer *H.-J. Waack*, in: M. Morlok/U. Schliesky/D. Wiefelspütz (Hrsg.), Parlamentsrecht, § 22 Rn. 72.

[328] Vgl. dazu schon oben, 3. Kapitel § 1 II. 2., S. 178 Fn. 118. Darüber hinaus zum unterschiedlichen Finanzbedarf von Regierungs- und Oppositionsfraktionen bei der Aufbereitung von Sachthemen *G. C. Schneider*, Die Finanzierung der Parlamentsfraktionen als staatliche Aufgabe, S. 129.

glied der Regierung sind. In diesem Zusammenhang können sich die entsprechenden Abgeordneten den beim Regierungsapparat zweifellos gegebenen Informationsvorsprung auch in ihrer Funktion als Mitglieder des Bundestages zu eigen machen, wovon letztlich aufgrund der interfraktionellen Zusammenarbeit alle Mitglieder der jeweiligen Fraktion profitieren.[329] Es ist unter der geltenden Verfassungsordnung nicht ersichtlich, wie die mit dem Zugriff auf die Ressourcen des Regierungsapparates verbundene Ungleichbehandlung von Abgeordneten der Regierungsfraktionen einerseits und Abgeordneten der Nichtregierungsfraktionen andererseits vermieden werden könnte; vielmehr dürfte diese strukturelle Ungleichbehandlung angesichts des Fehlens einer verfassungsrechtlichen Inkompatibilitätsvorschrift von Abgeordneten- und Regierungsmandat sogar de constitutione lata intendiert sein. Im Hinblick auf die vorgenannten strukturellen Vorteile für die die Regierung tragenden Fraktionen stellt sich die Frage, ob das Grundgesetz sich im Ergebnis mit diesem strukturellen Ungleichgewicht und der damit einhergehenden „Macht der Parlamentsmehrheit" begnügt oder ob es Mechanismen bereithält, um diesem strukturellen Ungleichgewicht im Sinne einer auf Chancengleichheit bedachten parlamentarischen Demokratie entgegenzuwirken. Die Antwort auf diese Frage wurde im Ansatz bereits an früherer Stelle dieser Arbeit entwickelt:[330] Das Grundgesetz hält mit dem Grundsatz effektiver parlamentarischer Opposition ein Verfassungsprinzip bereit, das in seiner Bedeutung als Handlungsmaxime grundsätzlich dazu geeignet ist, derartige *strukturelle* Unausgewogenheiten auszugleichen. Insoweit vermag der Oppositionseffektivitätsgrundsatz den Oppositionsfraktionen zwar keinen gleichgelagerten Zugriff auf die Informationen des Regierungsapparates verschaffen – dies wäre aus tatsächlichen Gründen wohl auch nicht möglich[331] –, gleichwohl kann er die strukturelle Schwäche oppositioneller Fraktionen durch die Zuerkennung eines finanziellen Oppositionszuschlags zumindest im Ansatz ausgleichen. Gewiss wird sich ein vollständiger informatorischer Gleichlauf auch durch eine relative Besserstellung der Oppositionsfraktionen auf Ebene der Ausstattung nicht erreichen lassen, da sich regierungsinterne Informationen nicht „erkaufen" lassen. Gleichwohl ist es den Oppositionsfraktionen möglich, mithilfe der zusätzlichen Finanzmittel durch die Einstellung qualifizierten Personals und durch die Einholung externen Sachverstands den bei den Regierungsfraktionen durch den jedenfalls

---

[329] *K.-R. Korte*, APuZ 38–39/2014, S. 8 (12), hält die „Exekutivlastigkeit des Entscheidens" für die „größte strukturelle Restriktion für die Opposition": „Opposition hat unter diesen Bedingungen nur noch Bittstellcharakter und eilt den Informationen hinterher."

[330] Vgl. 2. Kapitel § 3 II. 1. d), S. 133 ff.

[331] Vgl. *F. Becker*, ZParl 1996, S. 189 (198): „[...] wäre es realitätsfremd, anzunehmen, die Exekutive würde sich gegenüber der Opposition ebenso freimütig öffnen wie gegenüber den Mehrheitsfraktionen."

mittelbar vorhandenen Zugriff auf den Regierungsapparat gegebenen Vorteil auszugleichen. Überdies trägt der Oppositionszuschlag zur Deckung des bei den Oppositionsfraktionen typischerweise höheren Ausgabenbedarfs bei der Wahrnehmung der Aufgaben der Kritik, Kontrolle und Alternativenbildung bei. Zwar soll nicht geleugnet werden, dass jedenfalls Teile dieser Aufgaben auch innerhalb der Regierungsfraktionen wahrgenommen werden.[332] Soweit es sich dabei jedoch um die charakterisierenden Funktionen parlamentarischer Opposition handelt, werden diese Aufgaben regelmäßig in überwiegendem Maße von den Oppositionsfraktionen erfüllt, denen der Oppositionszuschlag somit auch als „aufgabenorientierte Kompensation“[333] zugutekommt.

Im Ergebnis stellt sich der Oppositionszuschlag für Oppositionsfraktionen damit nicht nur als nach dem Grundgesetz zulässig, sondern sogar als dem Grunde nach verfassungsrechtlich geboten dar.[334] Die konkrete Ausgestaltung ist dabei dem einfachen Gesetzgeber überlassen, der über eine Einschätzungsprärogative verfügt, welche Leistungen erforderlich sind, um die strukturelle Überlegenheit der Regierungsfraktion(en) auszugleichen.

b) Oppositionszuschlag für fraktionslose oppositionelle Abgeordnete

In der Konsequenz stellt sich die Frage, ob auch fraktionslose oppositionelle Abgeordnete Anspruch auf eine vergleichbare Finanzierung haben. Gemäß § 50 Abs. 2 Satz 1 AbgG ist die Zuerkennung des Oppositionszuschlags bislang auf Fraktionen, die nicht die Bundesregierung tragen, beschränkt. Namentlich *Pascale Cancik* ist der Nichtberücksichtigung oppositioneller Gruppen sowie fraktionsloser oppositioneller Abgeordneter entgegengetreten und hat die auf einfachgesetzlicher Ebene erfolgte *ausschließliche* Zuweisung eines Oppositionszuschlags an Fraktionen als nicht mit der Verfassung im Einklang stehend qualifiziert.[335] Denn der Kompensationsbedarf, der für die Gewährung des Oppositionszuschlags an Fraktionen ausschlaggebend sei, sei bei einzelnen Abgeordnete mindestens genauso gegeben wie bei Fraktionen.[336] Überdies könnten einzelne Abgeordnete die besonderen Funktionen parlamentarischer Opposition – mit Ausnahme der personellen Alternativfunktion – ebenso gut erfüllen wie

---

[332] So z. B. die regierungsinterne Kontrolle, vgl. 2. Kapitel § 2 I. 2., S. 77 ff.

[333] *M. Schmidt-Preuß*, in: Festschrift W. Leisner, S. 467 (474) [im Original hervorgehoben].

[334] Im Ergebnis ebenso *J. Jekewitz*, ZParl 1982, S. 314 (337); *M. Schmidt-Preuß*, in: Festschrift W. Leisner, S. 467 (474); *C. Waldhoff*, in: P. Austermann/S. Schmahl (Hrsg.), AbgG, § 50 Rn. 16; *S. Hölscheidt*, Das Recht der Parlamentsfraktionen, S. 603; *ders.*, ZG 2015, S. 246 (254 f.); tendenziell auch *P. M. Huber*, in: J. Isensee/P. Kirchhof (Hrsg.), Handbuch des Staatsrechts der Bundesrepublik Deutschland, Bd. III, § 47 Rn. 77.

[335] *P. Cancik*, Parlamentarische Opposition in den Landesverfassungen, S. 200 ff.

[336] *P. Cancik*, Parlamentarische Opposition in den Landesverfassungen, S. 201.

Oppositionsfraktionen.[337] Diese Position ist sowohl in der landesverfassungsgerichtlichen Rechtsprechung[338] als auch in der Literatur[339] auf Ablehnung gestoßen. Anders als den Oppositionsfraktionen stehe fraktionslosen oppositionellen Abgeordneten ein Oppositionszuschlag nicht zu, da es sich um ein „parlamentsrechtliches aliud" handele. Der fraktionslose Abgeordnete habe anders als Fraktionen keinen Koordinierungsaufwand, der die Zuerkennung eines Oppositionszuschlags gebiete.[340] Wenn schon im Allgemeinen keine finanzielle Gleichstellung des fraktionslosen Abgeordneten mit Fraktionen verfassungsrechtlich geboten sei, so müsse dies erst recht für den weitergehenden Anspruch auf finanzielle Gleichstellung mit oppositionellen Fraktionen gelten.[341] Im Übrigen könne ein einzelner fraktionsloser Abgeordneter die Oppositionsrolle in praxi ohnehin nicht ausüben, sodass schon deshalb keine verfassungsrechtliche Verpflichtung der Ausdehnung des Oppositionszuschlags auf diese anzuerkennen sei.[342]

Die gegen ein verfassungsrechtliches Gebot eines „oppositionellen Abgeordnetenzuschlags" vorgebrachten Argumente erweisen sich bei näherer Betrachtung allesamt als nicht durchschlagend. Zunächst überzeugt es nicht, mit dem fehlenden Koordinierungsaufwand im Vergleich zu den Fraktionen zu argumentieren und aus diesem Grund einen Zuschlag für fraktionslose oppositionelle Abgeordnete abzulehnen. Denn der Koordinierungsaufwand von Fraktionen wird bereits durch die normale Fraktionsfinanzierung als solche, auf die Regierungs- wie Oppositionsfraktionen gleichermaßen Anspruch haben, abgegolten. Dass fraktionslose Abgeordnete auf *diese* Zahlungen mangels Koordinierungsbedarfs keinen Anspruch haben können, versteht sich von selbst.[343] Der zusätzliche Oppositionszuschlag für Fraktionen findet seine verfassungsrechtliche Rechtfertigung jedoch nicht in einem fraktionsbedingt erhöhten Koordinierungsbedarf. Er dient vielmehr zum einen der Kompensation informatorischer Schwächen und zum anderen der Ermöglichung einer wirksamen Wahrnehmung der mit der Oppositionsfunktion verbundenen Aufgaben. Nicht zu überzeugen vermag hiernach das argumentum a fortiori, wonach ein fraktionsloser Abgeordneter auf den weitergehenden Anspruch auf finanzielle Gleichstellung mit oppositionellen Frakti-

---

337 *P. Cancik*, Parlamentarische Opposition in den Landesverfassungen, S. 202.

338 Vgl. BremStGH, Urt. v. 5.11.2004 – Az. St 3/03, NVwZ 2005, S. 929 (932 f.).

339 Vgl. *L. Brocker/T. Messer*, NVwZ 2005, S. 895 (898); *H.-J. Waack*, in: M. Morlok/U. Schliesky/D. Wiefelspütz (Hrsg.), Parlamentsrecht, § 22 Rn. 72; *C. Waldhoff*, in: P. Austermann/S. Schmahl (Hrsg.), AbgG, § 50 Rn. 16.

340 *H.-J. Waack*, in: M. Morlok/U. Schliesky/D. Wiefelspütz (Hrsg.), Parlamentsrecht, § 22 Rn. 72.

341 *L. Brocker/T. Messer*, NVwZ 2005, S. 895 (898).

342 BremStGH, Urt. v. 5.11.2004 – Az. St 3/03, NVwZ 2005, S. 929 (932 f.); *C. Waldhoff*, in: P. Austermann/S. Schmahl (Hrsg.), AbgG, § 50 Rn. 16.

343 Überzeugend *F. Becker*, ZParl 1996, S. 189 (189 ff.).

onen erst recht keinen Anspruch haben könne, wenn er schon nicht einen Anspruch auf finanzielle Gleichstellung mit Fraktionen habe. Ein derartiger Erst-recht-Schluss ist hier schon deshalb nicht zulässig, weil Fraktions- und Oppositionszuschlag nicht in einem Stufenverhältnis stehen, sondern der Sache nach auf einer differenzierten Legitimationsbasis beruhen. Mithin ist die Fraktionsförderung *verfassungs*rechtlich[344] nicht conditio sine qua non für den Oppositionszuschlag, sondern der Oppositionszuschlag kann wegen der unterschiedlichen Zielrichtung auch unabhängig von der Fraktionsförderung gewährt werden. Schließlich ist ebenfalls unzutreffend, dass ein einzelner fraktionsloser Abgeordneter die Oppositionsrolle faktisch nicht ausüben könne und ihm schon deshalb kein Oppositionszuschlag zu gewähren sei. Die vorliegende Arbeit hat bereits dargelegt, dass nicht nur Fraktionen und Gruppen als oppositionelle Akteure in Betracht kommen, sondern eben gerade auch einzelne Abgeordnete.[345] Dass die Wirkungsmöglichkeiten eines einzelnen (fraktionslosen) Abgeordneten im Vergleich zu einer – schon zahlenmäßig viel größeren – Oppositionsfraktion in der Parlamentspraxis beschränkt bleiben, liegt letztlich in der Natur der Sache, führt aber nicht zu einem vollständigen Ausfall des einzelnen Abgeordneten als potenzieller Oppositionsakteur. Besonders deutlich wird dies auch daran, dass dem einzelnen Abgeordneten – jedenfalls nach hier vertretener Auffassung – von Verfassungs wegen ein Gesetzesinitiativrecht sowie die Möglichkeit der Prozessstandschaftsbefugnis für den Bundestag im Organstreitverfahren zukommt.[346]

Letztlich handelt es sich bei der von Verfassungs wegen gebotenen Zuerkennung eines Oppositionszuschlags für fraktionslose oppositionelle Abgeordnete um eine Konsequenz der Grundentscheidung, den Grundsatz effektiver parlamentarischer Opposition vom einzelnen Abgeordneten her zu denken. Argumentativ lässt sich in diesem Zusammenhang der Grundsatz der Gleichbehandlung der Abgeordneten und ihrer Zusammenschlüsse anführen, welcher den Oppositionseffektivitätsgrundsatz – wie gezeigt[347] – mit enthält. Durch das Unterlassen der Gewährung einer erhöhten finanziellen Ausstattung für fraktionslose oppositionelle Abgeordnete entsteht nämlich eine Ungleichbehandlung zu den Abgeordneten einer Oppositionsfraktion, indem letzteren jedenfalls mittelbar über ihre Fraktionen erhöhte finanzielle Mittel zum Ausgleich struktureller Schwächen sowie zur Wahrnehmung der mit der Oppositionsfunktion verbundenen Aufgaben zufließen, obwohl bei fraktionslosen oppositionellen Abgeordneten

---

[344] Anders stellt sich die gegenwärtige einfachgesetzliche Situation dar, denn gemäß § 50 Abs. 2 Satz 1 AbgG ist der Oppositionszuschlag auf Fraktionen beschränkt.

[345] Vgl. 1. Kapitel § 2 II. 2. b) bb), S. 39 ff.

[346] Vgl. zum Gesetzesinitiativrecht 3. Kapitel § 1 II., S. 175 ff.; zur Prozessstandschaft 3. Kapitel § 1 III., S. 184 ff.

[347] Vgl. 2. Kapitel § 3 II. 3., S. 141 ff.

die gleichen strukturellen Schwächen und – jedenfalls dem Grunde nach – die gleichen oppositionellen Aufgaben anfallen. Diese Ungleichbehandlung könnte nur bei Vorliegen besonderer Gründe verfassungsrechtlich gerechtfertigt sein, die ihrerseits durch die Verfassung legitimiert und von einem Gewicht sein müssten, das der Gleichheit der Abgeordneten die Waage halten könnte.[348] Solche besonderen Gründe zur Rechtfertigung der Ungleichbehandlung fraktionsloser oppositioneller Abgeordneter sind indessen nicht ersichtlich. Soweit der Staatsgerichtshof der Freien Hansestadt Bremen zu einem anderen Ergebnis kommt und die Gewährleistung eines Oppositionszuschlags auch für fraktionslose oppositionelle Abgeordnete zwar für verfassungsrechtlich denkbar, nicht jedoch für verfassungsrechtlich geboten hält,[349] vermag dies nicht zu überzeugen. Obwohl das Gericht im Ausgangspunkt zutreffend erkennt, dass mit dem ausschließlichen Oppositionszuschlag für Oppositionsfraktionen eine Chancenverschiebung zulasten fraktionsloser oppositioneller Abgeordneter eintritt, die eines Ausgleichs bedarf, hält es sodann die Möglichkeit der Inanspruchnahme des Wissenschaftlichen Dienstes „als Ausgleich für die erwähnte mittelbare Benachteiligung des Ast. gegenüber den fraktionsangehörigen Oppositionskollegen für noch adäquat“. Dabei übersieht das Gericht jedoch, dass die Inanspruchnahme des Wissenschaftlichen Dienstes zur Gewährung eines Ausgleichs für die mit dem Oppositionszuschlag für Fraktionen einhergehende Ungleichbehandlung bereits per se nicht *geeignet* ist, denn auf den Wissenschaftlichen Dienst können alle Abgeordneten gleichermaßen zugreifen, sodass es sich schon begrifflich nicht um einen Ausgleich handelt. Insoweit bleibt – anders als der Staatsgerichtshof der Freien Hansestadt Bremen meint – die Ungleichbehandlung fraktionsloser oppositioneller Abgeordneter gegenüber fraktionsangehörigen oppositionellen Abgeordneten bestehen.

Naheliegender als die soeben angeführte Argumentation des Staatsgerichtshofs der Freien Hansestadt Bremen wäre es, den ausschließlichen Oppositionszuschlag für Oppositionsfraktionen als Anreiz zur (Oppositions-)Fraktionsbildung zu verstehen, um insoweit ein klar strukturiertes und damit letztlich funktionsfähigeres Parlamentswesen zu gewährleisten. Allerdings vermag auch dieser Begründungsansatz die aufgezeigte Ungleichbehandlung nicht zu rechtfertigen, denn es liegt regelmäßig schon im ureigenen Interesse der Abgeordneten, sich zur besseren Durchsetzung ihrer Ideen in Zusammenschlüssen zu vereinigen. Hierzu bedarf es keinerlei zusätzlicher Anreize, zumal das Grundgesetz letztlich immer noch den einzelnen Abgeordneten als zentralen Akteur innerhalb des Parlaments

---

[348] Vgl. BVerfG, Urt. v. 3.5.2016 – Az. 2 BvE 4/14, BVerfGE 142, 25 (Rn. 98), mit Verweis auf BVerfG, Beschl. v. 17.7.1995 – Az. 2 BvH 1/95, BVerfGE 93, 195 (204); Beschl. v. 17.9.1997 – Az. 2 BvE 4/95, BVerfGE 96, 264 (278).

[349] BremStGH, Urt. v. 5.11.2004 – Az. St 3/03, NVwZ 2005, S. 929 (933).

begreift und dieses nicht als ausschließliches Fraktionenparlament konstituiert, was schon an der nur rudimentären Verwendung des Fraktionsbegriffs im Verfassungstext deutlich wird. Des Weiteren kann dem Interesse der Anreizschaffung zur Fraktionsbildung durch eine Abschichtung des Oppositionszuschlags – dieser sollte bei Oppositionsfraktionen höher ausfallen als bei fraktionslosen oppositionellen Abgeordneten – ausreichend Rechnung getragen werden.

Wollte man schließlich mit Blick auf die These der verfassungsrechtlichen Gebotenheit des Oppositionszuschlags auch für fraktionslose oppositionelle Abgeordnete als Gegenargument vorbringen, ein „oppositioneller Abgeordnetenzuschlag" bewirke seinerseits eine neuerliche Ungleichbehandlung der Abgeordneten – fraktionslose „oppositionelle" Abgeordnete würden durch die Zuerkennung eines finanziellen Zuschlags anders behandelt als fraktionslose „regierungsstützende" Abgeordnete –, so verfinge dieses Argument nicht. Zum einen scheint es bereits aus tatsächlichen Erwägungen fraglich, ob fraktionslose regierungsnahe Abgeordnete als Vergleichsgruppe überhaupt herangezogen werden können. Im parlamentarischen Regierungssystem der Bundesrepublik Deutschland sind die die Regierung stützenden Abgeordneten regelmäßig in einer Fraktion organisiert. Auf fraktionslose „Regierungsabgeordnete" wird man daher nur in besonderen, d. h. nicht repräsentativen Ausnahmefällen stoßen.[350] Zum anderen wäre die Ungleichbehandlung fraktionsloser Abgeordneter – soweit es in Ausnahmefällen zu dieser Konstellation kommt – jedenfalls gerechtfertigt, denn schließlich können auch fraktionslose die Regierung stützende Abgeordnete aufgrund ihrer Vertrauensbeziehung zur Regierung grundsätzlich sowohl von den informatorischen Vorteilen als auch von den besonderen Regierungsressourcen profitieren. Insoweit ergibt sich strukturell zwischen fraktionslosen „Oppositionsabgeordneten" einerseits und fraktionslosen „Regierungsabgeordneten" andererseits keine andere Situation als im Verhältnis von Oppositions- zu Regierungsfraktionen. Das Kompensationsargument greift somit auch gegenüber fraktionslosen regierungsstützenden Abgeordneter und ist imstande, die gegebenenfalls entstehende Ungleichbehandlung fraktionsloser Abgeordneter einer verfassungsrechtlichen Rechtfertigung zuzuführen.

Im Ergebnis ist somit neben der verfassungsrechtlichen Gebotenheit eines Oppositionszuschlags für Oppositionsfraktionen auch von der Gebotenheit einer zusätzlichen Geldleistung für fraktionslose oppositionelle Abgeordnete auszuge-

---

[350] Erinnert sei in diesem Zusammenhang daran, dass der Vorgang des Stützens der Regierung von einer Vertrauensbeziehung abhängig ist, die sich jedenfalls nicht einseitig konstruieren lässt, vgl. 1. Kapitel § 2 II. 3. a), S. 43 f. Insofern kann der Fall eines Abgeordneten, der sich gegen den Regierungswillen zu einem „Regierungsabgeordneten" aufschwingt, ausgeschlossen werden.

hen. Auch insoweit kommt dem einfachen Gesetzgeber eine Einschätzungsprärogative bezüglich der Höhe der Förderung zu.

c) Kein Oppositionszuschlag für ad-hoc-Opposition

Schließlich stellt sich mit Blick auf die verfassungsrechtliche Gebotenheit eines Oppositionszuschlags für fraktionslose oppositionelle Abgeordnete die Frage, ob auch Abgeordneten der Regierungsfraktionen, die sich in ad-hoc-Opposition[351] üben, von Verfassungs wegen ein finanzieller Zuschlag gewährt werden muss. Abgesehen von den tatsächlichen Schwierigkeiten, welche die Zuerkennung eines Oppositionszuschlags an im Einzelfall opponierende Abgeordnete der Regierungsfraktionen mit sich brächte, erscheint es nicht unzulässig, den Oppositionszuschlag auf dauerhafte Oppositionsakteure unter Ausschluss der nur situativ Opposition ausübenden Abgeordneten der Regierungsfraktionen zu beschränken.[352] Denn der die Gewährung des Oppositionszuschlags an Oppositionsfraktionen und fraktionslose oppositionelle Abgeordnete gebietende Regelungszweck greift bei situativ opponierenden Abgeordneten einer Regierungsfraktion nicht ein. Zum einen ist eine Kompensation struktureller informatorischer Schwächen bei im Einzelfall opponierenden Abgeordneten einer Regierungsfraktion nicht angezeigt, da es ebendiesen Abgeordneten durch den sich in vielfältiger Weise vollziehenden innerfraktionellen Austausch nach wie vor möglich ist, am Informationsfluss zwischen Regierung und Regierungsfraktion(en) zu partizipieren. Die Nähe zur Ministerialbürokratie wird insoweit durch eine ad-hoc-Opposition nicht grundlegend tangiert. Zum anderen entstehen bei situativ ausgeübter Opposition durch Abgeordnete der Regierungsfraktionen – anders als bei den Oppositionsfraktionen und den dauerhaft opponierenden fraktionslosen Abgeordneten – jedenfalls keine typischen Oppositionskosten, die durch die Zuerkennung eines Oppositionszuschlags zu decken wären.[353] Somit ist ein Oppositionszuschlag für das – verfassungsrechtlich wegen des durch Art. 38 Abs. 1 Satz 2 GG gewährleisteten freien Abgeordnetenmandats selbstverständlich zulässige – punktuelle Opponieren von Abgeordneten de constitutione lata nicht angezeigt.

---

351 Zum Begriff der ad-hoc-Opposition *P. Cancik*, Parlamentarische Opposition in den Landesverfassungen, S. 60 f., mit Verweis auf *K. A. Schachtschneider*, Der Staat 28 (1989), S. 173 (176).

352 Grundlegend *P. Cancik*, Parlamentarische Opposition in den Landesverfassungen, S. 202 f.

353 *P. Cancik*, Parlamentarische Opposition in den Landesverfassungen, S. 203.

3. Oppositionsgerechte Verteilung der Redezeiten im Bundestag

Der Verfassungsgrundsatz effektiver parlamentarischer Opposition als Handlungsmaxime ist nicht nur – wie im Falle des Oppositionszuschlags – durch den einfachen Gesetzgeber zu beachten, sondern entfaltet auch gegenüber dem Geschäftsordnungsgeber Wirkung. Im Folgenden soll das parlamentarische Rederecht, dessen konkrete Ausgestaltung überwiegend in der Geschäftsordnung des Deutschen Bundestages erfolgt, einer näheren Analyse unterzogen werden. Das Recht der Abgeordneten zur parlamentarischen Rede folgt zwar originär bereits aus Art. 38 Abs. 1 Satz 2 GG.[354] Zur Gewährleistung eines geordneten Geschäftsgangs ist es dem Geschäftsordnungsgeber jedoch grundsätzlich unbenommen, Redezeitbeschränkungen vorzusehen und die Reihenfolge der Reden zu ordnen.[355] Dabei ist der Geschäftsordnungsgeber allerdings seinerseits verfassungsrechtlich beschränkt. Er hat jedenfalls das Prinzip von Rede und Gegenrede zu beachten (a) sowie bei einer übermäßigen Inanspruchnahme des durch Art. 43 Abs. 2 Satz 2 GG gewährten ständigen Rederechts zugunsten von Mitgliedern der Bundesregierung für einen Ausgleich zu sorgen (b), um dem Grundsatz effektiver parlamentarischer Opposition gerecht zu werden.

a) Beachtung des Prinzips von Rede und Gegenrede

Das Grundgesetz enthält keine ausdrückliche Regelung über die tatsächliche Verwirklichung des parlamentarischen Rederechts in der Parlamentspraxis. Vielmehr ist es die Geschäftsordnung des Deutschen Bundestages, welche die maßgeblichen Regelungen zur Verwirklichung des Rederechts bereithält und sich damit einer der wichtigsten, aber auch schwierigsten Aufgaben des Parlamentsrechts zuwendet.[356] So legt § 27 Abs. 1 Satz 1 GOBT fest, dass ein Mitglied des Bundestages nur sprechen darf, wenn ihm der Präsident – nach vorheriger Wortmeldung des Mitglieds des Bundestages bei dem Schriftführer, der die Rednerliste führt (§ 27 Abs. 1 Satz 3 GOBT) – das Wort erteilt hat. Überdies präzisiert § 28 Abs. 1 Satz 1 GOBT, dass der Bundestagspräsident die Reihenfolge der Redner bestimmt. Bei der notwendigen Strukturierung der Parlamentsdebatte

---

[354] So die zutreffende ständige Rechtsprechung des Bundesverfassungsgerichts, vgl. BVerfG, Urt. v. 14.7.1959 – Az. 2 BvE 2, 3/58, BVerfGE 10, 4 (12); Beschl. v. 8.6.1982 – Az. 2 BvE 2/82, BVerfGE 60, 374 (379 f.); Urt. v. 13.6.1989 – Az. 2 BvE 1/88, BVerfGE 80, 188 (218, 225); Beschl. v. 17.9.1997 – Az. 2 BvE 4/05, BVerfGE 96, 264 (284); Urt. v. 28.2.2012 – Az. 2 BvE 8/11, BVerfGE 130, 318 (342, 357).

[355] Vgl. BVerfG, Urt. v. 14.7.1959 – Az. 2 BvE 2, 3/58, BVerfGE 10, 4 (13).

[356] So schon *R. von Mohl*, ZgesStW 31 (1875), S. 39 (64): „Eine der wichtigsten aber auch der schwierigsten Aufgaben für eine grosse berathende Versammlung ist es, eine zweckmässige und gerechte Rede-Ordnung für ihre Mitglieder herzustellen.“ Zur Ausgestaltung des parlamentarischen Rederechts de lege lata *V.-P. Heintz*, ZJS 2013, S. 233 (234 f.).

kommt dem Parlamentspräsidenten zur Gewährleistung der notwendigen Einzelfallflexibilität zwar ein gerichtlich nicht vollständig überprüfbarer Gestaltungsspielraum zu,[357] zugleich sind aber die von § 28 Abs. 1 Satz 2 GOBT aufgestellten Kriterien als Grundlage für die Entscheidung des Parlamentspräsidenten heranzuziehen. Hiernach soll ihn die Sorge für sachgemäße Erledigung und zweckmäßige Gestaltung der Beratung, die Rücksicht auf die verschiedenen Parteirichtungen, auf Rede und Gegenrede und auf die Stärke der Fraktionen leiten; insbesondere soll nach der Rede eines Mitgliedes oder Beauftragten der Bundesregierung eine abweichende Meinung zu Wort kommen. Im Zusammenhang mit dem parlamentarischen Rederecht gewinnt mithin das Prinzip von Rede und Gegenrede an Bedeutung. Für die Möglichkeit der Entfaltung effektiver parlamentarischer Opposition ist dieses Prinzip von zentraler Bedeutung, denn Opposition – dem Wortsinn nach also das Äußern von Widerspruch – ohne kontrastierenden Gegenpol ist schon begrifflich überhaupt nicht vorstellbar.

Es liegt im Wesen einer parlamentarischen Demokratie, dass die zentralen politischen Debatten im Parlament stattfinden – im Falle der Bundesrepublik Deutschland also im Plenum des Deutschen Bundestages. Eine kontroverse Auseinandersetzung mit dem politischen Gegner kann sich jedoch nur entwickeln, soweit die Möglichkeit besteht, auf dessen parlamentarische Rede zu reagieren. Insoweit garantiert das Prinzip von Rede und Gegenrede, das folgerichtig auch in der Judikatur des Bundesverfassungsgerichts eine zentrale Rolle einnimmt,[358] die Entstehung einer schon demokratieprinzipiell intendierten politischen Streitkultur. In diesem Zusammenhang kann insbesondere die von Art. 42 Abs. 1 Satz 1 GG statuierte öffentliche „Verhandlung" des Bundestags herangezogen werden. Eine Verhandlung impliziert die tatsächliche Möglichkeit einer Auseinandersetzung in Form von Rede und Gegenrede.[359] Denn nicht ein „beziehungslose[r] Vortrag vorformulierter Positionen", sondern nur das wechselseitige Verhandeln von Argument und Gegenargument[360] ermöglicht einen kontroversen

---

357 *V. Karcher/J. M. V. Korn*, DÖV 2012, S. 725 (728), und *V.-P. Heintz*, ZJS 2013, S. 233 (234).

358 Vgl. BVerfG, Urt. v. 14.7.1959 – Az. 2 BvE 2, 3/58, BVerfGE 10, 4 (12 f.); Urt. v. 13.6.1989 – Az. 2 BvE 1/88, BVerfGE 80, 188 (224); Urt. v. 16.7.1991 – Az. 2 BvE 1/91, BVerfGE 84, 304 (329); Beschl. v. 17.9.1997 – Az. 2 BvE 4/05, BVerfGE 96, 264 (284 f.).

359 Dass der Begriff des Verhandelns aus Art. 42 Abs. 1 Satz 1 GG als Auseinandersetzung in Rede und Gegenrede zu begreifen ist, hat das Bundesverfassungsgericht bereits im Jahr 1959 festgestellt, vgl. BVerfG, Urt. v. 14.7.1959 – Az. 2 BvE 2, 3/58, BVerfGE 10, 4 (12): „Das Grundgesetz geht davon aus, daß der Bundestag die Vertretung des Volkes ist, in der die Fragen der Staatsführung, insbesondere der Gesetzgebung, in Rede und Gegenrede der einzelnen Abgeordneten zu erörtern sind. Der Ausdruck ‚verhandeln', den das Grundgesetz in Art. 42 verwendet, um die Tätigkeit des Bundestags zu bezeichnen, hat diesen Sinn."

360 Vgl. zum Verhandeln von Argument und Gegenargument BVerfG, Urt. v. 19.6.2012 –

Dialog, der Voraussetzung dafür ist, mögliche Schwächen der Argumentation des politischen Gegners gegenüber der Öffentlichkeit aufzuzeigen.[361] Somit kann parlamentarische Opposition nur dann wirksam zur Entstehung gelangen, soweit für die Oppositionsakteure die Möglichkeit zur Gegenrede, also zur Erwiderung auf die Auffassung der Regierung und der sie stützenden Kräfte im Parlament, gegeben ist.[362]

Mithin handelt es sich bei dem Grundsatz von Rede und Gegenrede nicht lediglich um eine auch geschäftsordnungsrechtlich festgehaltene parlamentarische Übung,[363] sondern um ein von Verfassungs wegen gebotenes Prinzip,[364] das der Parlamentspräsident im Rahmen seiner Sitzungsleitung und der damit einhergehenden Befugnis zur Bestimmung der Reihenfolge der Redner zu berücksichtigen hat. Das Prinzip von Rede und Gegenrede verhilft damit nicht zuletzt dem Verfassungsgrundsatz effektiver parlamentarischer Opposition zur Geltung und stellt gleichsam ein Unterprinzip dieses Grundsatzes dar.

b) Herstellung praktischer Konkordanz zwischen dem privilegierten Rederecht des Art. 43 Abs. 2 Satz 2 GG und dem Grundsatz effektiver parlamentarischer Opposition

Eine klassische Streitfrage rund um die Verteilung der Redezeit im Deutschen Bundestag betrifft die Auslegung der Regelung des Art. 43 Abs. 2 GG. Gemäß Art. 43 Abs. 2 Satz 1 GG haben die Mitglieder des Bundesrates und der Bundesregierung sowie ihre Beauftragten zu allen Sitzungen des Bundestages und seiner Ausschüsse Zutritt. Ergänzend gewährt Art. 43 Abs. 2 Satz 2 GG den in Satz 1 genannten zutrittsberechtigten Personen ein jederzeitiges Rederecht im Bundestag und seinen Ausschüssen.

Az. 2 BvE 4/11, BVerfGE 131, 152 (205): „Öffentliches Verhandeln von Argument und Gegenargument, öffentliche Debatte und öffentliche Diskussion sind wesentliche Elemente des demokratischen Parlamentarismus."

361 *T. Schürmann*, in: M. Morlok/U. Schliesky/D. Wiefelspütz (Hrsg.), Parlamentsrecht, § 20 Rn. 11.

362 *J. C. Besch*, in: H.-P. Schneider/W. Zeh (Hrsg.), Parlamentsrecht und Parlamentspraxis in der Bundesrepublik Deutschland, § 33 Rn. 25, spricht in diesem Zusammenhang von einem „‚Oppositionsprivileg' der direkten Erwiderung".

363 So aber *H.-A. Roll*, Geschäftsordnung des Deutschen Bundestages, § 28 Rn. 1.

364 Ebenso *H.-R. Lipphardt*, Die kontingentierte Debatte, S. 69: „Verfassungsprinzip"; *H. J. Schreiner*, ZParl 2005, S. 573 (573, 582).

aa) Konzeption des Bundesverfassungsgerichts: Die fragwürdigen Thesen des Redezeit-Urteils

Nach der Rechtsprechung des Bundesverfassungsgerichts verbürgt Art. 43 Abs. 2 Satz 1 GG für die Mitglieder der Regierung ein zeitlich unbeschränktes und grundsätzlich auch nicht beschränkbares Recht, im Parlament das Wort zu ergreifen.[365] Führt man sich jedoch die dem neuen Dualismus inhärente politische Einheit von Regierung und die Regierung tragenden Kräften im Parlament vor Augen, so droht die grundsätzlich die approximativen Stärkeverhältnisse im Parlament abbildende Redezeitverteilung bei regelmäßiger Inanspruchnahme des privilegierten Rederechts durch Mitglieder der Bundesregierung aus dem Gleichgewicht zu geraten. Dieser Befund gilt unabhängig davon, dass auch die Mitglieder des Bundesrates und ihre Beauftragten nach Art. 43 Abs. 2 Satz 2 GG über ein privilegiertes Rederecht verfügen. Denn zum einen kann zwischen den oppositionellen Kräften im Parlament einerseits und dem Bundesrat bzw. Teilen desselben andererseits kein der „Aktionseinheit"[366] von Parlamentsmehrheit und Regierung vergleichbares Verhältnis konstatiert werden. Zum anderen bleiben die Mitglieder des Bundesrates trotz teilweiser Parteienidentität in erster Linie Mitglieder einer Landesregierung und in diesem Zusammenhang regelmäßig anderen Interessen verpflichtet als die der gleichen Partei angehörenden Oppositionsabgeordneten im Deutschen Bundestag.[367] Soweit es demnach zu einer starken Inanspruchnahme des privilegierten Rederechts durch Mitglieder der Bundesregierung kommt, drohen die Redebeiträge der oppositionellen Kräfte in der Vielzahl und Länge anderer Redebeiträge unterzugehen und insbesondere auch ihre Öffentlichkeitswirkung zu verlieren. Sowohl die Redebeiträge als solche als auch deren öffentliche Wirkung erweisen sich jedoch als zentrale Elemente bei der Aufgabenwahrnehmung parlamentarischer Opposition.[368]

Angesichts dieser Diagnose wird von manchen vertreten, dass die Inanspruchnahme des jederzeitigen Rederechts durch Mitglieder der Bundesregierung nach Art. 43 Abs. 2 Satz 2 GG de constitutione lata auf das Redezeitkontingent der jeweiligen Regierungsfraktion, der das Mitglied der Bundesregierung zuzurechnen sei, angerechnet werden müsse beziehungsweise die „Oppositionsredezeit" um die entsprechende Dauer der Reden der Mitglieder der Bundesregierung oder

---

365 BVerfG, Urt. v. 14.7.1959 – Az. 2 BvE 2, 3/58, BVerfGE 10, 4 (17 f.); Beschl. v. 17.9.1997 – Az. 2 BvE 4/05, BVerfGE 96, 264 (286).

366 *F. Ossenbühl*, DÖV 1980, S. 545 (547); *J. Krause*, ZParl 1999, S. 534 (545).

367 So tendenziell auch *T. Maunz*, in: Bundesrat (Hrsg.), Der Bundesrat als Verfassungsorgan und politische Kraft, S. 193 (209 f.); *H.-J. Vonderbeck*, DÖV 1976, S. 555 (557).

368 Vgl. dazu schon 2. Kapitel § 2 II. 2. a), S. 84 ff. (zur Bedeutung der parlamentarischen Rede) und 2. Kapitel § 2 II. 2. f), S. 99 ff. (zur Bedeutung der Öffentlichkeitswirkung).

ihrer Beauftragter zu verlängern sei.[369] Das Bundesverfassungsgericht hat sich diesem Verfassungsverständnis jedoch mit dem Redezeit-Urteil vom 14. Juli 1959 ausdrücklich nicht angeschlossen.[370] Die Redezeit von Regierungsmitgliedern könne schon ausweislich des Verfassungswortlauts nicht begrenzt werden, sondern gelte – vorbehaltlich eines Missbrauchsverbots – unbeschränkt und sei weder auf die Redezeit der Mehrheitsparteien anzurechnen noch müssten die Redezeiten oppositioneller Fraktionen verlängert werden.[371]

Dem kann jedoch nur im Ausgangspunkt zugestimmt werden, nämlich dahingehend, dass es sich um ein von Verfassungs wegen unbeschränktes und grundsätzlich unbeschränkbares Rederecht handelt.[372] Gleichwohl kann und darf das privilegierte Rederecht nicht isoliert betrachtet werden, sondern bedarf eines Einbaus in die parlamentarische Redeordnung in einer Weise, die insbesondere dem das parlamentarische Regierungssystem der Bundesrepublik Deutschland kennzeichnenden Dualismus von Regierung und die Regierung tragenden Kräfte im Parlament einerseits und oppositionellen Kräften im Parlament andererseits Rechnung trägt.[373] Das sich aus Art. 43 Abs. 2 Satz 2 GG ergebende privilegierte Rederecht ist mithin mit anderen Verfassungsprinzipien – darunter insbesondere den Rederechten der Abgeordneten, dem Grundsatz der Parlamentsautonomie sowie dem Grundsatz effektiver parlamentarischer Opposition und dem hiermit korrelierenden Prinzip von Rede und Gegenrede – in praktische Konkordanz zu bringen.[374]

Insoweit wissen die verfassungsgerichtlichen Ausführungen aus dem Redezeit-Urteil in ihrer Rigidität nicht zu überzeugen; der verfassungsrechtlich gebotene Ausgleich der vorgenannten Prinzipien wird durch ein nicht anzurechnendes Rederecht der Mitglieder der Bundesregierung und ihrer Beauftragten nicht erreicht.[375] Wenn das Bundesverfassungsgericht zunächst auf die neue dualistische

---

369 *N. Gehrig*, Parlament – Regierung – Opposition, S. 275 f.; *G. Schönfeld*, Das Zitier-, Zutritts- und Rederecht des Artikels 43 Grundgesetz, S. 194 ff.; *H.-R. Lipphardt*, Die kontingentierte Debatte, S. 73 f., 78 ff.; *A. Tschermak von Seysenegg*, Die Fraktionen im Deutschen Bundestag und ihre verfassungsrechtliche Stellung, S. 201 f.; *H. Steiger*, Organisatorische Grundlagen des parlamentarischen Regierungssystems, S. 100.

370 BVerfG, Urt. v. 14.7.1959 – Az. 2 BvE 2, 3/58, BVerfGE 10, 4 ff.

371 BVerfG, Urt. v. 14.7.1959 – Az. 2 BvE 2, 3/58, BVerfGE 10, 4 (17 ff.).

372 Diesbezüglich besteht auch im Schrifttum weitgehend Einigkeit, vgl. nur *M. Schröder*, in: W. Kahl/C. Waldhoff/C. Walter (Hrsg.), GG, Art. 43 Rn. 99 ff.; *U. Schliesky*, in: H. von Mangoldt/F. Klein/C. Starck (Hrsg.), GG, Bd. 2, Art. 43 Rn. 58 ff.; *L. Brocker*, in: V. Epping/C. Hillgruber (Hrsg.), GG, Art. 43 Rn. 27.

373 *J. C. Besch*, in: H.-P. Schneider/W. Zeh (Hrsg.), Parlamentsrecht und Parlamentspraxis in der Bundesrepublik Deutschland, § 33 Rn. 22.

374 Vgl. *T. Schürmann*, in: M. Morlok/U. Schliesky/D. Wiefelspütz (Hrsg.), Parlamentsrecht, § 20 Rn. 23.

375 Auch im neueren Schrifttum ist eine zunehmend kritische Auseinandersetzung mit dem

Ordnung hinweist, zugleich aber auf die weiterhin existierende Dualität von Exekutive und Parlament im Ganzen rekurriert,[376] so handelt es sich hierbei um eine im Grundsatz zutreffende Analyse der verfassungsrechtlichen Ordnung unter dem Grundgesetz der Bundesrepublik Deutschland.[377] Sodann setzt sich das Gericht jedoch mit der zentralen Erkenntnis des neuen dualistischen Systems, wonach die Regierung und die die Regierung stützenden Mitglieder des Bundestags eine politische Einheit bilden, in Widerspruch, indem es den Ausnahmefall, dass sich die Standpunkte von Regierung und Parlamentsmehrheit unterscheiden, als Grundlage seiner Argumentation heranzieht.[378] Würde es sich hierbei um den Regelfall handeln, wäre die im parlamentarischen Regierungssystem der Bundesrepublik Deutschland zwingend notwendige Vertrauensbeziehung zwischen Regierung und Parlamentsmehrheit nachhaltig gestört, was zum Scheitern der vom Grundgesetz vorausgesetzten Kooperationsbeziehung[379] zwischen Exekutive und Legislative führen würde. Naheliegender ist es indes, für die Verteilung der Redezeit und den Umgang mit Redebeiträgen privilegierter Redner vom parlamentarischen Regelfall, also der Identität der Standpunkte von Regierung und Parlamentsmehrheit, auszugehen. Soweit sich im Einzelfall die Standpunkte von Regierung und Parlamentsmehrheit nicht decken, wird die entsprechende Debatte nämlich regelmäßig nicht im Plenarsaal ausgetragen, sondern zumeist in einem außerparlamentarisch-informalen Rahmen geführt. Die Annahme einer Identität der Standpunkte von Regierung und regierungsnahen Abgeordneten

---

Redezeit-Urteil zu beobachten, vgl. *H.-P. Schneider*, in: E. Denninger/W. Hoffmann-Riem/ders./E. Stein (Hrsg.), GG, Art. 43 Rn. 16; *M. Morlok*, in: H. Dreier (Hrsg.), GG, Bd. II, Art. 43 Rn. 25; *L.-A. Versteyl*, in: I. v. Münch/P. Kunig, GG, Bd. I, Art. 43 Rn. 38; *T. Schürmann*, in: M. Morlok/U. Schliesky/D. Wiefelspütz (Hrsg.), Parlamentsrecht, § 20 Rn. 23.

376 BVerfG, Urt. v. 14.7.1959 – Az. 2 BvE 2, 3/58, BVerfGE 10, 4 (19).

377 Vgl. zum Zusammenwirken von altem und neuem Dualismus schon 2. Kapitel § 3 II. 1. b), S. 116 ff.

378 Vgl. BVerfG, Urt. v. 14.7.1959 – Az. 2 BvE 2, 3/58, BVerfGE 10, 4 (19). Für die Kritik im Schrifttum *H.-P. Schneider*, in: E. Denninger/W. Hoffmann-Riem/ders./E. Stein (Hrsg.), GG, Art. 43 Rn. 16: „am herkömmlichen Gewaltenteilungsmodell orientierte und den Funktionsbedingungen des parlamentarischen Systems inadäquate Exemption von Regierungsreden aus der Redezeitverteilung im Bundestag"; *H. Steiger*, Organisatorische Grundlagen des parlamentarischen Regierungssystems, S. 99 f.: „Seine Gründe [scil. die Gründe des Bundesverfassungsgerichts] sind nicht ganz überzeugend und betonen zwar zu Recht, aber auch ihrerseits nun zu einseitig das im Grundgesetz angelegte Gegenüber von Regierung und Bundestag. Sie berücksichtigen nicht hinreichend, daß die Aufteilung in Mehrheit und Opposition im Bundestag nicht nur eine tatsächliche, sondern durch Art. 63 GG hervorgerufene Folge der Regierungsbildung im Bund ist und so in die Verfassungsrechtsordnung eingebaut ist. Erst aus der Zusammenschau beider Gesichtspunkte kann die Lösung gefunden werden."

379 Zur Kooperation zwischen Regierung und Parlament *R. A. Lorz/M. Richterich*, in: M. Morlok/U. Schliesky/D. Wiefelspütz (Hrsg.), Parlamentsrecht, § 35 Rn. 11.

führt die verfassungsgerichtliche Argumentationskette jedoch ad absurdum. Denn wie soll sich die verfassungsseitig gebotene öffentliche Debatte und das öffentliche Verhandeln von Argument und Gegenargument[380] in praxi realisieren, wenn den Mitgliedern der Bundesregierung und ihren Beauftragten zum einen ein jederzeitiges und grundsätzlich unbeschränktes Rederecht gewährt wird, zum anderen aber – abgesehen von Fällen des Missbrauchs[381] – weder eine Anrechnung der Redezeiten erfolgen soll noch zusätzliche Redezeiten gewährt werden sollen? Vielmehr führt eine verfassungsrechtliche Beurteilung, wie sie das Bundesverfassungsgericht im Redezeit-Urteil vorgenommen hat, gerade dazu, dass das öffentliche Verhandeln von Argument und Gegenargument signifikant erschwert wird. Eine praktische Konkordanz mit den widerstreitenden Rechtspositionen führt sie jedenfalls nicht herbei.

Verfassungsrechtlich überzeugend ist es mithin, von einem grundsätzlichen Gebot der Anrechnung der Redezeit der Regierungsmitglieder auf das Redekontingent derjenigen Regierungsfraktion, der der Redebeitrag zuzurechnen ist, auszugehen. Nur durch eine solche Ausgleichsregelung ist gewährleistet, dass im Parlament alle Auffassungen entsprechend ihrer Resonanz beim Wähler zum Ausdruck kommen.[382] Zugleich ist das Erfordernis einer Ausgleichsregelung jedoch mit dem Grundsatz der Parlamentsautonomie in Einklang zu bringen, sodass dem Geschäftsordnungsgeber ein Spielraum hinsichtlich der praktischen Umsetzung des Anrechnungserfordernisses verbleibt. Hierbei hat er, trotz aller im parlamentarischen Regierungssystem auftretender Verschränkungen, auch die formale Selbstständigkeit der Regierung zu berücksichtigen, sodass eine vollständige Anrechnung der Redezeiten der nach Art. 43 Abs. 2 Satz 2 GG privilegierten Redner ebenso wenig zwingend wie der vollständige Verzicht auf eine Anrechnungslösung angezeigt ist.[383]

bb) Herstellung von praktischer Konkordanz durch den Geschäftsordnungsgeber: Partielle Verfassungswidrigkeit des § 35 Abs. 2 GOBT

Der Geschäftsordnungsgeber geht seinerseits bereits seit vielen Jahren über die zu Recht kritisierte Rechtsprechung des Bundesverfassungsgerichts aus dem Redezeit-Urteil hinaus und nimmt im Rahmen seiner Geschäftsordnungsautonomie einen Ausgleich der widerstreitenden verfassungsrechtlichen Prinzipien vor, welcher der hier vertretenen Auffassung nahekommt. Neben der schon analysier-

---

[380] Vgl. dazu BVerfG, Urt. v. 19.6.2012 – Az. 2 BvE 4/11, BVerfGE 131, 152 (205).

[381] Vgl. BVerfG, Urt. v. 14.7.1959 – Az. 2 BvE 2, 3/58, BVerfGE 10, 4 (20).

[382] *M. Morlok*, in: H. Dreier (Hrsg.), GG, Bd. II, Art. 43 Rn. 25.

[383] Vgl. *M. Morlok*, in: H. Dreier (Hrsg.), GG, Bd. II, Art. 43 Rn. 25.

ten Normierung des Grundsatzes von Rede und Gegenrede in § 28 Abs. 1 Satz 2 Hs. 1 GOBT und dem sich in Halbsatz 2 anschließenden Prinzip, dass nach der Rede eines Mitglieds oder Beauftragten der Bundesregierung eine abweichende Meinung zu Wort kommen soll, bestimmt § 35 Abs. 2 GOBT, dass nach einer länger als 20 Minuten andauernden Rede eines Mitglieds der Bundesregierung, des Bundesrates oder einer ihrer Beauftragten diejenige Fraktion, die eine abweichende Meinung vortragen lassen will, für einen ihrer Redner eine entsprechende Redezeit verlangen kann. Darüber hinaus sieht § 44 GOBT ein vielschichtiges Modell vor, das verhindern soll, dass den Mitgliedern des Bundestages bei einer Rede eines der durch Art. 43 Abs. 2 Satz 2 GG Berechtigten die Möglichkeit zur Gegenrede verwehrt bleibt. So ist bei einer Wortergreifung nach Schluss der Aussprache oder nach Ablauf der beschlossenen Redezeit die Aussprache wieder eröffnet (§ 44 Abs. 1 GOBT), Fraktionen, deren Redezeit bei einer Wortergreifung eines privilegierten Redners bereits ausgeschöpft ist, erhalten das Recht, noch einmal ein Viertel ihrer Redezeit in Anspruch zu nehmen (§ 44 Abs. 2 GOBT) und bei einer Rede außerhalb der Tagesordnung wird auf Verlangen einer Fraktion oder von anwesenden fünf vom Hundert der Mitglieder des Bundestages die Aussprache über die entsprechenden Ausführungen eröffnet (§ 44 Abs. 3 Satz 1 GOBT). Vergleichbare Regelungen zum Redezeitausgleich finden sich schließlich auch noch in Ziffer 6 Abs. 2 und 3 Anlage 5 GOBT für den Themenkomplex der sog. Aktuellen Stunde.

Mit den vorgenannten geschäftsordnungsrechtlichen Bestimmungen wird ein verfassungsrechtlicher Ausgleich im Spannungsfeld des Grundsatzes der Abgeordnetengleichheit, des verfassungsrechtlichen Redeprivilegs nach Art. 43 Abs. 2 Satz 2 GG, des Grundsatzes effektiver parlamentarischer Opposition und des Prinzips von Rede und Gegenrede vorgenommen, der zum einen dem Grunde nach von Verfassungs wegen geboten,[384] zum anderen in seiner konkreten Ausgestaltung grundsätzlich nicht zu beanstanden ist. Insbesondere die Festlegung auf ein nicht ausgleichspflichtiges Redezeitkontingent von 20 Minuten durch § 35 Abs. 2 GOBT bewegt sich im Rahmen der Geschäftsordnungsautonomie des Deutschen Bundestages nach Art. 40 Abs. 1 Satz 2 GG und ist verfassungsrechtlich nicht zu beanstanden.[385] Gleichwohl überzeugt die geschäftsordnungsrechtliche Konkretisierung der verfassungsrechtlichen Maßstäbe nicht in Gänze. So erweist sich die Regelung des § 35 Abs. 2 GOBT bei näherer Betrachtung aus

---

[384] Vgl. *M. Morlok*, in: H. Dreier (Hrsg.), GG, Bd. II, Art. 43 Rn. 25; a.A. *H. H. Klein*, in: Maunz/Dürig, GG, Art. 43 Rn. 149.

[385] Insbesondere ist eine umfassende Ausgleichsregelung in dem Sinn, dass jeder – noch so kurze – Redebeitrag eines privilegierten Redners einen Anspruch auf Redezeit für die Fraktion, die eine abweichende Meinung vortragen lassen will, hervorruft, von Verfassungs wegen nicht geboten, vgl. schon oben und *M. Morlok*, in: H. Dreier (Hrsg.), GG, Bd. II, Art. 43 Rn. 25.

einem anderen Grund als verfassungsrechtlich nicht haltbar. Indem sie ausschließlich darauf abstellt, ob *ein* Mitglied der Bundesregierung, des Bundesrates oder einer ihrer Beauftragten länger als 20 Minuten spricht und nur für diesen Fall eine Ausgleichsredezeit bereithält, ist die Norm des § 35 Abs. 2 GOBT nach ihrem Wortlaut nicht einschlägig, wenn es in einer Parlamentsdebatte zu einer Kumulation von Redebeiträgen von Regierungsmitgliedern kommt, welche – isoliert betrachtet – die 20-Minuten-Grenze nicht überschreiten. Für die verfassungsrechtliche Bewertung kann es jedoch prima facie keinen Unterschied machen, ob – beispielsweise – ein Mitglied der Bundesregierung 30 Minuten spricht oder drei verschiedene Mitglieder der Bundesregierung jeweils zehn Minuten. In beiden Fällen kommt es grundsätzlich zu einer Überrepräsentation des Regierungslagers in der Parlamentsdebatte, die jedoch de lege lata nur im ersten der beiden geschilderten Fälle durch eine entsprechende Redezeit für Fraktionen, die eine abweichende Meinung vortragen lassen wollen, kompensiert würde. Der zweite Fall – eine Kumulation von Beiträgen der nach Art. 43 Abs. 2 Satz 2 GG privilegierten Redner – wird von der Geschäftsordnung des Deutschen Bundestages hingegen nicht erfasst und kann angesichts des ausdrücklichen Wortlauts („ein Mitglied“) auch nicht durch eine verfassungskonforme Auslegung des § 35 Abs. 2 GOBT gelöst werden, sodass insoweit die von Verfassungs wegen gebotene Herstellung praktischer Konkordanz unterbleibt. Mithin erweist sich die Regelung des § 35 Abs. 2 GOBT als verfassungswidrig, soweit sie den Fall einer Kumulation von Redebeiträgen der durch Art. 43 Abs. 2 Satz 2 GG privilegierten Personen – anders als beispielsweise die Spezialregelung in Ziffer 6 Abs. 2 Satz 2 Anlage 5 GOBT – nicht erfasst.

cc) Herstellung von praktischer Konkordanz in der Parlamentspraxis

In der Parlamentspraxis kommt den im Vorstehenden dargestellten Regelungen der Geschäftsordnung des Deutschen Bundestages indes nur eine geringe Bedeutung zu. Denn in praxi wird die vor allem durch die potenzielle regierungsseitige Inanspruchnahme des ständigen Rederechts nach Art. 43 Abs. 2 Satz 2 GG entstehende Spannungslage zum Grundsatz effektiver parlamentarischer Opposition regelmäßig durch interfraktionelle Vereinbarungen und Absprachen mit Bundesregierung und Bundesrat entschärft.[386] Hiernach wird die Redezeit von Mit-

[386] Vgl. zu dieser Parlamentspraxis *H. J. Schreiner*, ZParl 2005, S. 573 (579 ff.); *H.-J. Vonderbeck*, in: ders., Parlamentarische Informations- und Redebefugnisse, S. 47 (54 ff.); *J. C. Besch*, in: H.-P. Schneider/W. Zeh (Hrsg.), Parlamentsrecht und Parlamentspraxis in der Bundesrepublik Deutschland, § 33 Rn. 29; *T. Schürmann*, in: M. Morlok/U. Schliesky/D. Wiefelspütz (Hrsg.), Parlamentsrecht, § 20 Rn. 31, 35; *R. A. Lorz/M. Richterich*, in: M. Morlok/U. Schliesky/D. Wiefelspütz (Hrsg.), Parlamentsrecht, § 35 Rn. 26; *B. Pieroth*, in: H. D. Jarass/ders., GG, Art. 43 Rn. 8; *M. Schröder*, in: W. Kahl/C. Waldhoff/C. Walter (Hrsg.), GG, Art. 43

gliedern der Bundesregierung – unbeschadet des weiterhin bestehenden jederzeitigen Rederechts nach Art. 43 Abs. 2 Satz 2 GG – grundsätzlich von vornherein auf die Redezeit der entsprechenden Fraktion, dem das Regierungsmitglied angehört bzw. zuzurechnen ist, angerechnet. Gleichermaßen verhält es sich mit Redebeiträgen von Mitgliedern des Bundesrates. Bei dieser „freiwilligen Selbstbeschränkung“[387] des Rederechts handelt es sich mithin um eine – zulässige – sogar über die verfassungsrechtlichen Anforderungen hinausgehende Vereinbarung, denn von Verfassungs wegen ist es grundsätzlich nicht geboten, die Redezeiten der durch Art. 43 Abs. 2 Satz 2 GG Privilegierten vollständig anzurechnen, sondern lediglich, vom vollständigen Verzicht auf eine Anrechnungslösung abzusehen und für einen angemessenen Ausgleich der widerstreitenden verfassungsrechtlichen Prinzipien zu sorgen.[388]

Mit Blick auf die vorstehend beschriebene langjährige Parlamentspraxis einer grundsätzlichen Anrechnung der Redezeiten von Regierungs- und Bundesratsmitgliedern sowie deren Beauftragter auf die Redezeiten der jeweiligen Fraktionen, denen diese (parteipolitisch) zugerechnet werden können, ist schließlich auch die partielle Verfassungswidrigkeit von § 35 Abs. 2 GOBT nur von geringer praktischer Relevanz.

4. *Fraktionsbildungsrecht oppositioneller Abgeordneter*

Fraktionen sind als „notwendige Einrichtungen des Verfassungslebens“[389] aus dem Deutschen Bundestag nicht mehr wegzudenken. Sie ordnen und strukturieren den politischen Willensbildungs- und Entscheidungsprozess, indem sie Abgeordnete gleicher politischer Willensrichtungen zu „politisch handlungsfähigen Einheiten“[390] zusammenfassen, und gewährleisten so die Funktionsfähigkeit des Parlaments.[391] Obwohl der Begriff der Fraktion im Verfassungstext – entgegen

---

Rn. 108. Bisweilen wird davon ausgegangen, bei dieser Parlamentspraxis handele es sich aufgrund „jahrzehntelanger Anwendung“ um parlamentarisches Gewohnheitsrecht, vgl. *W. Zeh*, in: J. Isensee/P. Kirchhof (Hrsg.), Handbuch des Staatsrechts der Bundesrepublik Deutschland, Bd. III, § 53 Rn. 31.

[387] *H. J. Schreiner*, ZParl 2005, S. 573 (580).

[388] Vgl. schon oben und *M. Morlok*, in: H. Dreier (Hrsg.), GG, Bd. II, Art. 43 Rn. 25.

[389] BVerfG, Urt. v. 14.7.1959 – Az. 2 BvE 2, 3/58, BVerfGE 10, 4 (14); Urt. v. 19.7.1966 – Az. 2 BvF 1/65, BVerfGE 20, 56 (104); Beschl. v. 14.12.1976 – Az. 2 BvR 802/75, BVerfGE 43, 142 (147); Urt. v. 16.7.1991 – Az. 2 BvE 1/91, BVerfGE 84, 304 (322); Urt. v. 8.12.2004 – Az. 2 BvE 3/02, BVerfGE 112, 118 (135).

[390] *H. H. Klein*, in: Maunz/Dürig, GG, Art. 38 Rn. 237, mit Verweis auf BVerfG, Urt. v. 21.7.2000 – Az. 2 BvH 3/91, BVerfGE 102, 224 (240, 242); Urt. v. 8.12.2004 – Az. 2 BvE 3/02, BVerfGE 112, 118 (135).

[391] Zur Bedeutung der Fraktionen statt vieler *H. H. Klein/G. Krings*, in: M. Morlok/U. Schliesky/D. Wiefelspütz (Hrsg.), Parlamentsrecht, § 17 Rn. 1 f.; *W. Zeh*, in: J. Isensee/P.

seiner zentralen Bedeutung für die Parlamentspraxis – ausdrücklich nur in Art. 53a Abs. 1 Satz 2 Hs. 1 GG verwendet wird, findet das Recht, sich mit anderen Abgeordneten zu einer Fraktion zusammenzuschließen, seine verfassungsrechtliche Grundlage bereits in Art. 38 Abs. 1 Satz 2 GG.[392] Das Fraktionsbildungsrecht ist dabei zugleich Ausdruck des Verfassungsgrundsatzes effektiver parlamentarischer Opposition (a), welcher oppositionellen Abgeordneten im Einzelfall über die Vorschrift des § 10 Abs. 1 Satz 2 GOBT einen Anspruch auf Anerkennung als Fraktion gewährt (b).

a) Fraktionsbildungsrecht als Ausdruck des Oppositionseffektivitätsgrundsatzes

Das im Abgeordnetenmandat wurzelnde Recht auf Fraktionsbildung ist insbesondere für oppositionelle Abgeordnete von besonderer Bedeutung. Mangels des Bestehens einer verfassungsrechtlichen Institution „der" parlamentarischen Opposition dienen die Fraktionen den Oppositionsabgeordneten regelmäßig als „institutionelle[s] Substrat"[393]. Der Zusammenschluss in einer Fraktion erlaubt es den Oppositionsabgeordneten, ihr Recht auf Bildung und Ausübung von Opposition effektiver durchzusetzen, als es ihnen ohne einen solchen Zusammenschluss möglich wäre. Schon *Hans-Peter Schneider* hat namentlich das Recht auf „organisierte Opposition" als Ausdruck demokratischer Oppositionseffektivität qualifiziert[394] und damit – auch wenn er in erster Linie an außerparlamentarische Zusammenschlüsse gedacht haben mag – die Verbindungslinie zwischen der Möglichkeit oppositioneller Abgeordneter, sich durch den Zusammenschluss zu einer Fraktion zu „institutionalisieren", einerseits und dem Grundsatz der Oppositionseffektivität andererseits hergestellt: „Für den externen Wirkungskreis ist die verfassungskräftig verbürgte Möglichkeit, oppositionelle Aktivitäten zusammenzufassen und im Rahmen einer übergreifenden Konzeption zielstrebig zu organisieren, zweifellos als normativer Ausdruck erhöhter demokratischer Oppositionseffektivität zu werten. Denn es läßt sich kaum bestreiten, daß die organisierte Wahrnehmung oppositioneller Interessen nicht nur eine weit größere

Kirchhof (Hrsg.), Handbuch des Staatsrechts der Bundesrepublik Deutschland, Bd. III, § 52 Rn. 6.

[392] Ständige Rechtsprechung des Bundesverfassungsgerichts, vgl. nur BVerfGE, Urt. v. 13.6.1989 – Az. 2 BvE 1/88, BVerfGE 80, 188 (218); Urt. v. 16.7.1991 – Az. 2 BvE 1/91, BVerfGE 84, 304 (317 f., 322); Beschl. v. 17.9.1997 – Az. 2 BvE 4/05, BVerfGE 96, 264 (278). Zur Entwicklung der Rechtsprechung des Bundesverfassungsgerichts in der Frage der verfassungsrechtlichen Grundlagen der Fraktionen jüngst *B. Grzeszick*, NVwZ 2017, S. 985 (985 f.).

[393] *N. Achterberg*, DVBl. 1974, S. 693 (704). Kritisch indes *M. Rossi*, JZ 2016, S. 1169 (1170): „Fraktionen sind […] keine verfassungsrechtlichen Institutionen".

[394] *H.-P. Schneider*, Die parlamentarische Opposition im Verfassungsrecht der Bundesrepublik Deutschland, S. 354 ff.

potenzielle Durchschlagskraft besitzt, sondern vielfach überhaupt nur in dieser Form von der jeweiligen Regierung(smehrheit) noch mit einiger Aussicht auf Berücksichtigung zur Kenntnis genommen wird."[395]

Mithin gewinnt die Frage, unter welchen Voraussetzungen oppositionellen Abgeordneten die Organisation in einer Fraktion möglich sein muss, an Bedeutung. Der Verfassung selbst sind indes keine konkreten Voraussetzungen für die Fraktionsbildung zu entnehmen. Diese überlässt die Ausgestaltung des Fraktionsbildungsrechts auf Grundlage der in Art. 40 Abs. 1 Satz 2 GG niedergelegten Geschäftsordnungsautonomie vielmehr der Selbstorganisation des Parlaments.[396] Mit Blick auf ebendiese Geschäftsordnungsautonomie verweist auch § 45 Abs. 2 AbgG zur konkreten Ausgestaltung des Fraktionsbildungsrechts auf die Geschäftsordnung des Deutschen Bundestages. Die geschäftsordnungsrechtlichen Voraussetzungen zur Fraktionsbildung finden sich schließlich in § 10 Abs. 1 GOBT.[397] Gemäß § 10 Abs. 1 Satz 1 GOBT sind Fraktionen Vereinigungen von mindestens fünf vom Hundert der Mitglieder des Bundestages, die derselben Partei oder solchen Parteien angehören, die auf Grund gleichgerichteter politischer Ziele in keinem Land miteinander im Wettbewerb stehen. Ergänzend sieht § 10 Abs. 1 Satz 2 GOBT vor, dass bei einem Zusammenschluss von Mitgliedern des Bundestages abweichend von Satz 1 die Anerkennung als Fraktion der Zustimmung des Bundestages bedarf. In der Parlamentspraxis greift wegen des gegenwärtigen Gleichlaufs der Fraktionsmindeststärke mit der wahlrechtlichen Fünfprozentklausel des § 6 Abs. 3 Satz 1 Alt. 1 BWahlG im Regelfall bereits die Vorschrift des § 10 Abs. 1 Satz 1 GOBT. Nichtsdestotrotz sind Situationen denkbar, in denen eine Fraktionsbildung nach § 10 Abs. 1 Satz 1 GOBT nicht möglich ist: beispielsweise bei einer Unterschreitung der Mindestfraktionsstärke aufgrund des Bundestagseinzugs einer Partei durch die Grundmandatsklausel des § 6 Abs. 3 Satz 1 Alt. 2 BWahlG oder im Falle eines Fraktionsaustritts von Abgeordneten aus einer zu Beginn der Wahlperiode gebildeten Fraktion, die nunmehr eine oder gar mehrere neue Fraktionen gründen wollen.[398] Liegen die Voraussetzungen des § 10 Abs. 1 Satz 1 GOBT nicht vor, so verbleibt lediglich die Möglichkeit einer Anerkennung als Fraktion durch zustimmenden Beschluss des Bundestages nach § 10 Abs. 1 Satz 2 GOBT. Bei dieser Entscheidung über die

---

395 *H.-P. Schneider*, Die parlamentarische Opposition im Verfassungsrecht der Bundesrepublik Deutschland, S. 355.

396 *N. Görlitz*, DÖV 2009, S. 261 (262 f.).

397 Vgl. allgemein zu den geschäftsordnungsrechtlichen Vorgaben der Fraktionsbildung *C. Lontzek*, in: P. Austermann/S. Schmahl (Hrsg.), AbgG, § 45 Rn. 29 ff.; *S. Hölscheidt*, Das Recht der Parlamentsfraktionen, S. 380 ff.; *N. Görlitz*, DÖV 2009, S. 261 (263 ff.).

398 Zum Fall der Fraktionsspaltung *C. Lontzek*, in: P. Austermann/S. Schmahl (Hrsg.), AbgG, § 45 Rn. 38; *H. Butzer*, in: V. Epping/C. Hillgruber (Hrsg.), GG, Art. 38 Rn. 141.1.

Zustimmung zur Fraktionsbildung ist der Bundestag indes nicht völlig frei.[399] Die grundsätzliche Geschäftsordnungsautonomie des Bundestages wird insoweit von Verfassungs wegen durch verschiedene Schranken begrenzt.[400] In diesem Zusammenhang kommt auch dem Grundsatz effektiver parlamentarischer Opposition Relevanz zu; dieser schränkt als verfassungsrechtliches Prinzip die grundsätzliche Entscheidungsfreiheit des Geschäftsordnungsgebers ein. Soweit in der landesverfassungsrechtlichen Rechtsprechung im Zusammenhang mit dem Fraktionsbildungsrecht neben anderen verfassungsrechtlichen Grundsätzen auch die „Einräumung von Mindestbefugnissen zur Wahrnehmung der parlamentarischen Opposition" angeführt wird, welche gegenüber der Autonomie des Parlaments und dem Zweck der Geschäftsordnung, eine möglichst reibungslose Parlamentsarbeit zu gewährleisten, abzuwägen sei,[401] dürfte es sich im Ergebnis um nichts anderes handeln.

b) Möglichkeit eines Anspruchs oppositioneller Abgeordneter auf Anerkennung als Fraktion nach § 10 Abs. 1 Satz 2 GOBT

Nachdem im Vorstehenden herausgestellt wurde, dass das Fraktionsbildungsrecht in abstracto auch Ausdruck des Oppositionseffektivitätsgrundsatzes ist, stellt sich nun die Frage, inwiefern der Grundsatz effektiver parlamentarischer Opposition die Geschäftsordnungsautonomie des Deutschen Bundestages bei der Anerkennung einer Fraktion in concreto beeinflusst. Prima facie könnte ein solcher Einfluss negiert werden, denn auch wenn einerseits das Auftreten als Fraktion die Oppositionsausübung unbestritten erleichtert, scheint es andererseits doch durchaus möglich, dass auch einzelne Abgeordnete außerhalb eines Fraktionszusammenschlusses Opposition wirksam ausüben.[402] So ist es gerade auch das Anliegen der vorliegenden Untersuchung, zu zeigen, dass der Grundsatz effektiver parlamentarischer Opposition die Möglichkeiten des einzelnen Abgeordneten gewährleistet, Opposition auszuüben.[403] Nichtsdestotrotz sind im

---

399 *H. Troßmann*, Parlamentsrecht des Deutschen Bundestages, § 10 Rn. 4; *W. Demmler*, Der Abgeordnete im Parlament der Fraktionen, S. 215; *N. Görlitz*, DÖV 2009, S. 261 (265); *H. Butzer*, in: V. Epping/C. Hillgruber (Hrsg.), GG, Art. 38 Rn. 141.2; *C. Lontzek*, in: P. Austermann/S. Schmahl (Hrsg.), AbgG, § 45 Rn. 38.

400 Umfassende – gleichwohl nicht abschließende – Darstellung möglicher Schranken bei *S. Hölscheidt*, Das Recht der Parlamentsfraktionen, S. 408 ff., der diese jedoch dogmatisch als Schranken der Fraktionsmindeststärkeregelungen und nicht – wie hier – als Schranken der freien Zustimmungsmöglichkeit nach § 10 Abs. 1 Satz 2 GOBT begreift.

401 BayVerfGH, Entsch. v. 30.4.1976 – Vf. 12-IV-75, 13-VII-75, BayVerfGHE 29, 62 (89).

402 Vgl. *P. Starski*, DÖV 2016, S. 750 (754): „Die Minderheitenrechte ermöglichen es nach ihrer normativen Ausgestaltung dem Abgeordneten durchaus, im fraktionsunabhängigen Zusammenwirken mit anderen effektiv ‚Opposition' zu üben."

403 So beispielsweise – neben dem individuellen Rede- und Antragsrecht – durch die Mög-

Einzelfall Auswirkungen des Oppositionseffektivitätsgrundsatzes auf das Fraktionsbildungsrecht auszumachen, welche sich – wie im Folgenden gezeigt werden soll – auch in praxi auswirken können.

Besondere Relevanz kommt der Frage der Anerkennung als Fraktion grundsätzlich dann zu, wenn ein Zusammenschluss von Abgeordneten die Anerkennung als Fraktion begehrt, obwohl dieser das Mindestquorum von – gegenwärtig – fünf vom Hundert der Mitglieder des Bundestages nicht erreicht. Da das durch § 10 Abs. 1 Satz 1 GOBT festgesetzte Mindestquorum nach zutreffender Auffassung des Bundesverfassungsgerichts als verfassungskonform anzusehen ist,[404] verbleibt einem Zusammenschluss von Abgeordneten unterhalb dieser Mitgliederzahl lediglich die Möglichkeit, eine Anerkennung als Fraktion nach § 10 Abs. 1 Satz 2 GOBT zu begehren. Nach den überwiegenden Stimmen in der Literatur soll sich die Regelung des § 10 Abs. 1 Satz 2 GOBT jedoch ausschließlich auf solche Konstellationen beziehen, in denen es dem Zusammenschluss von Abgeordneten, der eine Anerkennung als Fraktion begehrt, an der zweiten Voraussetzung des § 10 Abs. 1 Satz 1 GOBT, nämlich der parteipolitischen Homogenität, fehlt.[405] Bei parteipolitisch homogenen Zusammenschlüssen, welche das Mindestquorum des § 10 Abs. 1 Satz 1 GOBT von gegenwärtig fünf vom Hundert der Mitglieder des Bundestages nicht erreichen, sei § 10 Abs. 1 Satz 2 GOBT aufgrund einer systematischen Betrachtung jedoch von vornherein nicht anwendbar. Anderenfalls verlöre die Regelung des § 10 Abs. 4 Satz 1 GOBT, welche die Anerkennung als Gruppe von nicht die Fraktionsmindeststärke erreichenden Zusammenschlüssen von Mitgliedern des Bundestages regelt, als Spezialvorschrift ihren Anwendungsbereich.

Diese Auslegung des § 10 Abs. 1 Satz 2 GOBT vermag indes nicht zu überzeugen; sie beruht auf einem fehlerhaften Verständnis von § 10 Abs. 4 Satz 1 GOBT.[406] Schon dem Wortlaut nach liegt es nahe, dass § 10 Abs. 1 Satz 2 GOBT

---

lichkeiten, Gesetzesvorhaben nach Art. 76 Abs. 1 Alt. 2 GG einzubringen oder in Prozessstandschaft des Bundestages vor dem Bundesverfassungsgericht zu agieren, vgl. 3. Kapitel § 1 II. (S. 175 ff.) und III. (S. 184 ff.).

[404] BVerfG, Urt. v. 16.7.1991 – Az. 2 BvE 1/91, BVerfGE 84, 304 (322, 325). Die ganz überwiegende Literatur spricht sich ebenfalls für die Verfassungskonformität des Fünf-Prozent-Quorums in § 10 Abs. 1 Satz 1 GOBT aus, vgl. statt vieler *H. Butzer*, in: V. Epping/C. Hillgruber (Hrsg.), GG, Art. 38 Rn. 138; *H. H. Klein*, in: Maunz/Dürig, GG, Art. 38 Rn. 244.

[405] *J. Wolters*, Der Fraktions-Status, S. 33 f.; *S. Hölscheidt*, Das Recht der Parlamentsfraktionen, S. 380; *W. Braun/M. Jantsch/E. Klante*, AbgG, § 45 Rn. 11; *C. Lontzek*, in: P. Austermann/S. Schmahl (Hrsg.), AbgG, § 45 Rn. 38.

[406] Das Bundesverfassungsgericht hat die hier diskutierte Frage, ob § 10 Abs. 1 Satz 2 GOBT lediglich die qualitativen, nicht aber die quantitativen Anforderungen an die Fraktionsbildung betrifft, ausdrücklich offen gelassen, vgl. BVerfG, Urt. v. 16.7.1991 – Az. 2 BvE 1/91, BVerfGE 84, 304 (327); Beschl. v. 17.9.1997 – Az. 2 BvE 4/05, BVerfGE 96, 264 (279).

auch den Fall des Nichterreichens der Fraktionsmindeststärke erfassen will. Die Rede ist ausdrücklich von Zusammenschlüssen von Mitgliedern des Bundestages, die sich „abweichend von Satz 1" zusammenschließen.[407] Der Normtext unterscheidet mithin nicht danach, ob die Anerkennung als Fraktion nach § 10 Abs. 1 Satz 1 GOBT an der fehlenden Fraktionsmindeststärke oder an der fehlenden parteipolitischen Homogenität scheitert. Wenn nun die Literatur eine solche Differenzierung mit dem Argument vornehmen will, § 10 Abs. 4 Satz 1 GOBT halte hierfür eine Spezialregelung bereit, so verkennt sie, dass es sich bei § 10 Abs. 4 Satz 1 GOBT – ebenso wie bei § 10 Abs. 1 Satz 2 GOBT – nicht um eine Muss-, sondern um eine Kann-Vorschrift handelt.[408] Insoweit erübrigen sich die Bedenken, wonach eine grundsätzliche Anwendbarkeit von § 10 Abs. 1 Satz 2 GOBT auf den Fall nicht das Mindestquorum erreichender Zusammenschlüsse von Mitgliedern des Bundestages sinnentstellend für das „Nebeneinander" mit der Vorschrift des § 10 Abs. 4 Satz 1 GOBT sei.[409] Gerade die Tatsache, dass sowohl § 10 Abs. 1 Satz 2 als auch § 10 Abs. 4 Satz 1 GOBT als Kann-Vorschriften konzipiert sind, verdeutlicht, dass § 10 Abs. 4 Satz 1 GOBT keine Spezialvorschrift ist, sondern die Regelung des § 10 Abs. 1 Satz 2 GOBT sinnvoll ergänzt, indem Zusammenschlüsse unterhalb der Fraktionsmindeststärke – darunter auch solche Zusammenschlüsse, denen eine Anerkennung als Fraktion nach § 10 Abs. 1 Satz 2 GOBT verwehrt wurde – als Gruppe anerkannt werden können. Eine Auslegung der Geschäftsordnung des Deutschen Bundestages dahingehend, dass eine Anerkennung als Fraktion bei Nichterreichung des Mindestquorums grundsätzlich nicht möglich sein soll, ist hingegen weder mit Blick auf die Regelung des § 10 Abs. 1 Satz 2, Abs. 4 Satz 1 GOBT angezeigt noch von Verfassungs wegen geboten.[410] Mithin ist als Zwischenergebnis festzuhalten, dass § 10 Abs. 1 Satz 2 GOBT entgegen verschiedener Stimmen in der Literatur auch auf Zusam-

---

[407] Unter Hinweis auf die sprachliche Fassung der Vorschrift wie hier *J. Ipsen*, NVwZ 2006, S. 176 (177).

[408] Vgl. den Wortlaut von § 10 Abs. 4 Satz 1 GOBT: „Mitglieder des Bundestages, die sich zusammenschließen wollen, ohne Fraktionsmindeststärke zu erreichen, können als Gruppe anerkannt werden."

[409] So aber *J. Wolters*, Der Fraktions-Status, S. 34.

[410] Folgt man – anders als hier – der Literaturauffassung, wonach § 10 Abs. 1 Satz 2 GOBT bei nicht die Fraktionsmindeststärke erreichenden Zusammenschlüssen von Mitgliedern des Bundestages unanwendbar ist, und will das Parlament im Einzelfall dennoch einem solchen Zusammenschluss den Fraktionsstatus zuerkennen, so bedarf es entweder einer Änderung der Geschäftsordnung des Deutschen Bundestages und einer entsprechenden Absenkung des Mindestquorums in § 10 Abs. 1 Satz 1 GOBT oder aber eines Beschlusses des Deutschen Bundestages nach § 126 GOBT, wonach im Einzelfall von den Vorschriften dieser Geschäftsordnung abgewichen werden soll. In letzterem Fall bedürfte es jedoch einer Zweidrittelmehrheit der anwesenden Mitglieder des Bundestages.

menschlüsse von Abgeordneten, welche die Fraktionsmindeststärke des § 10 Abs. 1 Satz 1 GOBT nicht erreichen, grundsätzlich anwendbar ist.[411]

Damit ist allerdings noch nicht die Frage beantwortet, wann materiell-rechtlich eine Anerkennung als Fraktion von nicht das Mindestquorum erreichenden Zusammenschlüssen oppositioneller Mitglieder des Bundestages zu erfolgen hat. Insoweit stehen sich die Geschäftsordnungsautonomie und die Funktionsfähigkeit des Parlaments auf der einen Seite sowie das Recht der Abgeordneten, sich mit anderen Abgeordneten zu einer Fraktion zusammenzuschließen, und der Grundsatz effektiver parlamentarischer Opposition auf der anderen Seite gegenüber. Prinzipiell ist mit Blick auf die individuellen Möglichkeiten des einzelnen Abgeordneten zur Ausübung von Opposition sowie die gegenwärtigen geschäftsordnungsrechtlichen Möglichkeiten zur Fraktionsbildung davon auszugehen, dass die Geschäftsordnungsautonomie des Bundestages Bestand hat und weder die Abgeordnetenrechte noch der Oppositionseffektivitätsgrundsatz einzelnen Abgeordneten ein subjektives Recht verleihen, außerhalb der geschäftsordnungsmäßigen Voraussetzungen des § 10 Abs. 1 Satz 1 GOBT die Anerkennung als Fraktion verlangen zu können. Da das parlamentsrechtliche Fraktionsbildungsrecht nicht vom Wahlrecht determiniert wird, gewährt allein die Tatsache, dass mehrere Abgeordnete der gleichen politischen Willensrichtung in den Bundestag eingezogen sind, ohne das von der Geschäftsordnung des Deutschen Bundestages festgesetzte Mindestquorum zur Fraktionsbildung zu erreichen, diesen noch keinen Anspruch auf Anerkennung als Fraktion.[412]

Gleichwohl sind in der Parlamentspraxis Situationen denkbar, in denen ein Vorrang der Geschäftsordnungsautonomie jedenfalls nicht ohne Weiteres angenommen werden kann. Ein grundsätzlicher Vorrang der Geschäftsordnungsautonomie unter Zurücktreten des Fraktionsbildungsrechts der Abgeordneten dürfte jedenfalls dann nicht mehr haltbar sein, wenn es im Deutschen Bundestag zur Bildung einer oppositionellen Fraktion nach der Vorschrift des § 10 Abs. 1 Satz 1 GOBT nicht gekommen ist, da keine parteipolitisch homogene Gruppe von oppositionellen Abgeordneten identifizierbar ist, welche das Mindestquorum erreicht. In einer solchen – zwar durchaus außergewöhnlichen, dafür jedoch demokratietheoretisch nicht unbedenklichen – Situation, in der ausschließlich (eine) Regierungsfraktion(en) im Parlament auszumachen sind (ist), käme dem Verfas-

---

[411] Davon geht offenbar auch *J. Ipsen*, NVwZ 2006, S. 176 (177), aus, ohne auf die gegensätzlichen Stimmen in der Literatur einzugehen: „[...], so dass sich der Zustimmungsvorbehalt nicht auf die Unterschreitung des in § 10 I 1 GeschOBT vorgesehenen Quorums reduzieren lässt."

[412] BVerfG, Beschl. v. 17.9.1997 – Az. 2 BvE 4/05, BVerfGE 96, 264 (279); BayVerfGH, Entsch. v. 30.4.1976 – Vf. 12-IV-75, 13-VII-75, BayVerfGHE 29, 62 (93 f.); *H. H. Klein*, in: Maunz/Dürig, GG, Art. 38 Rn. 244.

sungsgrundsatz effektiver parlamentarischer Opposition gesteigerte Bedeutung zu. Denn diesem kommt als Optimierungsgebot die Aufgabe zu, „daß etwas in einem relativ auf die rechtlichen und tatsächlichen Möglichkeiten möglichst hohen Maße realisiert wird“[413]. Wenn aber parlamentarische Opposition trotz der Oppositionsausübungsmöglichkeiten einzelner Abgeordneter in organisierter und wirksamer Weise doch im Wesentlichen mittels Fraktionen zum Ausdruck gebracht wird, kann bei vollständigem Fehlen einer Oppositionsfraktion von einer Realisierung parlamentarischer Opposition in „hohem Maße“ nicht mehr die Rede sein. Stattdessen stünde eine Situation, in der keine Oppositionsfraktion identifizierbar ist und demnach auch keine Möglichkeit zu einer organisierten Opposition besteht, in deutlichem Gegensatz zu den durch den Grundsatz effektiver parlamentarischer Opposition intendierten Oppositionsausübungsmöglichkeiten. In einer solchen Extremsituation muss die verfassungsrechtliche Abwägung daher zugunsten des Fraktionsbildungsrechts der Abgeordneten ausfallen und die gegenläufigen Prinzipien der Geschäftsordnungsautonomie und Funktionsfähigkeit des Parlaments müssen insoweit zurücktreten.[414] Für die Parlamentspraxis bedeutet dies, dass der größte Zusammenschluss von oppositionellen Mitgliedern des Bundestages unterhalb der Mindestfraktionsstärke gegenüber dem Bundestag (nur) in einer solchen Situation einen Anspruch auf Anerkennung als Fraktion hat.

Gleichwohl verbleibt die Frage, wie sich dieser Anspruch in das geschäftsordnungsrechtliche Normgefüge einpasst. In der Literatur wird bisweilen vorgebracht, dass in der beschriebenen Sondersituation eine verfassungsrechtliche Pflicht des Bundestages bestünde, die Fraktionsmindeststärke in § 10 Abs. 1 Satz 1 GOBT herabzusetzen, da sich diese unter den konkreten Voraussetzungen als verfassungswidrig erweise.[415] Dieser Lösung ist jedoch entgegenzuhalten, dass von der Verfassungswidrigkeit der Fraktionsmindeststärkeregelung nur ausgegangen werden kann, soweit sich die verfassungsrechtliche Problemlage nicht anderweitig verfassungskonform auflösen lässt.[416] Dies ist jedoch in Anbetracht der Regelung des § 10 Abs. 1 Satz 2 GOBT – jedenfalls nach hier vertretenem Verständnis – möglich, denn es wurde bereits dem Grunde nach festgestellt, dass

---

[413] *R. Alexy*, in: ders., Recht, Vernunft, Diskurs, S. 213 (216).

[414] Im Ergebnis wie hier *J. Linck*, DÖV 1975, S. 689 (693 f.); *W. Demmler*, Der Abgeordnete im Parlament der Fraktionen, S. 237; *H. Fichtner*, Die Fraktion im Bayerischen Gemeinderecht, S. 30; *S. Hölscheidt*, Das Recht der Parlamentsfraktionen, S. 414.

[415] So ausdrücklich *J. Linck*, DÖV 1975, S. 689 (693 f.); *S. Hölscheidt*, Das Recht der Parlamentsfraktionen, S. 414.

[416] Insoweit greift auch auf Ebene des Geschäftsordnungsrechts der Grundsatz der verfassungskonformen Auslegung, vgl. BVerfG, Beschl. v. 11.10.1994 – Az. 1 BvR 337/92, BVerfGE 91, 148 (167 ff.).

der Bundestag nicht in jedem Fall frei darüber entscheiden kann, ob er einem Zusammenschluss von Abgeordneten, der nach § 10 Abs. 1 Satz 2 GOBT die Anerkennung als Fraktion begehrt, den Fraktionsstatus zuerkennt. So verhält es sich in Anbetracht der vorstehenden Ausführungen auch in dem hier diskutierten Sonderfall, in dem sich die grundsätzliche Entscheidungsfreiheit des Parlaments bei der Frage der Anerkennung als Fraktion ausnahmsweise zu einer Anerkennungspflicht verdichtet.

Im Ergebnis bleibt somit festzuhalten, dass ein verfassungsrechtlicher Anspruch des zahlenmäßig größten Zusammenschlusses oppositioneller Abgeordneter besteht, gemäß § 10 Abs. 1 Satz 2 GOBT vom Bundestag als Fraktion anerkannt zu werden, soweit eine nach § 10 Abs. 1 Satz 1 GOBT gebildete Oppositionsfraktion im Parlament nicht existiert. Bei einer Weigerung des Bundestages, die Anerkennung als Fraktion vorzunehmen, besteht für die nicht als Fraktion anerkannten oppositionellen Mitglieder des Bundestages die Möglichkeit, sich hiergegen im Rahmen eines Organstreitverfahrens zur Wehr zu setzen.[417]

---

[417] Vgl. *H. Butzer*, in: V. Epping/C. Hillgruber (Hrsg.), GG, Art. 38 Rn. 141.2.

Viertes Kapitel:

Verfassungspolitische Überlegungen zur Sicherung der Effektivität parlamentarischer Opposition

Rechtswissenschaft ist nicht nur die Wissenschaft des geltenden Rechts, sondern auch die Wissenschaft des zu schaffenden – weiterzubildenden – Rechts.[1] Solange und soweit es *die* vollkommene Rechtsordnung nicht gibt,[2] ist die Auseinandersetzung mit dem zu schaffenden Recht eine notwendige Aufgabe einer Rechtswissenschaft, die sich nicht nur als analytisch-retrospektive Wissenschaft begreift, sondern die an der Fortentwicklung des Rechts teilhaben will, indem sie „auch nach dem richtigen statt nur nach dem geltenden Recht"[3] fragt.

Neben den im dritten Kapitel dargestellten verfassungsrechtlichen Auswirkungen des Grundsatzes effektiver parlamentarischer Opposition auf die Parlamentspraxis des Deutschen Bundestages bestehen sowohl de constitutione als auch de lege ferenda Möglichkeiten, den Verfassungsgrundsatz effektiver parlamentarischer Opposition stärker im geschriebenen Recht[4] zu verankern bzw. ihn weiter auszugestalten. Dabei handelt es sich jedoch nicht um von Verfassungs wegen

---

[1] Vgl. *J. H. Klement*, Wettbewerbsfreiheit, S. 14: Rechtswissenschaft auch als „Kunst" zur Weiterbildung des Rechts, als Teilnahme „am diskursiven Rechtserzeugungsprozess" und als „Vorausdenken des *Möglichen*" [Hervorhebung im Original]; *H. Prütting*, in: Festschrift P. Gauweiler, S. 253 (253): „Rechtswissenschaft und Rechtspolitik sind Schwestern"; *C. Gusy*, „Verfassungspolitik" zwischen Verfassungsinterpretation und Rechtspolitik, S. 1: Verfassungspolitik als „zentrales Anliegen der Staatsrechtswissenschaft". Vgl. zur Interaktion von Rechtswissenschaft und Rechtspraxis im Verfassungsrecht jüngst auch *F. C. Mayer*, JZ 2016, S. 857 ff.; allgemein zur Bedeutung der Rechtswissenschaft für die Rechtspolitik *W. Kluth*, ZRP 2017, S. 194 (195 f.).

[2] *J. H. Klement*, Wettbewerbsfreiheit, S. 2: „Recht ist […] überhaupt niemals fertig oder determiniert. Recht ist die Summe der Spielregeln eines Entdeckungsverfahrens, das fortlaufend und mit nie sicher vorhersehbarem Ergebnis wiederum Recht erzeugt."; *J. Isensee*, in: ders., Recht als Grenze – Grenze des Rechts, S. 7 (8): Gesetz und Recht als „unfertige Ordnung, die sich in der Auslegung und Anwendung entwickelt und vervollständigt, doch ohne je ‚fertig' zu werden."

[3] *J. H. Klement*, Wettbewerbsfreiheit, S. 15.

[4] Der Begriff des geschriebenen Rechts ist abzugrenzen von dem Begriff des geltenden Rechts. Das geltende Recht kann – beispielsweise infolge von Richter- oder Gewohnheitsrecht – über das geschriebene Recht hinausgehen, darf allerdings nicht im Widerspruch zu diesem stehen.

gebotene Schritte. Vielmehr gehen die folgenden Überlegungen der Frage nach, ob und – wenn ja – inwieweit verfassungspolitisch ein Bedürfnis besteht, auf Gesetzes- oder Verfassungsebene in die normative Ordnung einzugreifen, um die Effektivität parlamentarischer Opposition sicherzustellen.[5] Entsprechende rechtspolitische Forderungen sind verschiedentlich im Schrifttum vorgebracht worden,[6] haben bislang jedoch weder zu einem Tätigwerden des verfassungsändernden noch des einfachen Gesetzgebers geführt.

Zu unterscheiden sind grundsätzlich drei normative Ebenen, auf denen die Effektivität parlamentarischer Opposition zusätzlich abgesichert werden könnte: erstens das Verfassungsrecht, zweitens das einfache Gesetzesrecht und drittens das Geschäftsordnungsrecht.[7] Gerade gegenüber Verfassungsänderungen wird bisweilen vorgebracht, diese erschütterten das Vertrauen in die Verfassung.[8] Abgesehen davon, dass dieser These der empirische Nachweis fehlt,[9] haben jedenfalls in der Bundesrepublik Deutschland die bislang erfolgten Änderungen des Grundgesetzes weder in der Staatsrechtslehre noch in der Bevölkerung zu einem spürbaren Vertrauensverlust in die Verfassung geführt. Schließlich haben auch die Mütter und Väter des Grundgesetzes dieses nicht als änderungsfestes Konstrukt ausgestalten wollen, wie allein die Vorschrift des Art. 79 GG zeigt. Gleichwohl sollte für Grundgesetzänderungen jedoch schon wegen der prinzipiell aufrechtzuerhaltenden Offenheit der Verfassung ein anderer Maßstab als für Änderungen des vielfach technischen Gesetzesrechts angelegt werden.[10] Im Ergebnis sollte allerdings vor einer Verfassungsänderung nicht zurückgeschreckt werden, soweit diese eine „Verfassungsverbesserung"[11] herbei-

---

[5] Schon *H.-P. Schneider* beabsichtigte offenbar, dieser Frage in einem zweiten – nie veröffentlichten – Band seiner Habilitationsschrift nachzugehen, vgl. *ders.*, Die parlamentarische Opposition im Verfassungsrecht der Bundesrepublik Deutschland, S. XII: „§ 24 Verfassungspolitische Wege zur Funktionssicherung wirksamer Parlamentsopposition".

[6] Vgl. *H. M. Heinig*, in: Verfassungsblog, http://verfassungsblog.de/opposition-tut-not/ [zuletzt abgerufen am 30.8.2018]; *J. A. Kämmerer*, NVwZ 2014, S. 29 (32); *M. Kloepfer*, in: Frankfurter Allgemeine Zeitung v. 1.11.2013, S. 7; *B. Beckermann/D. Weidemann*, Der Staat 53 (2014), S. 313 (314, 328 f.); *C. Hillgruber*, JA 2016, S. 638 (640); *A. Lorenz*, in: S. Bukow/W. Seemann (Hrsg.), Die Große Koalition, S. 59 (81); tendenziell auch schon *P. M. Huber*, in: J. Isensee/P. Kirchhof (Hrsg.), Handbuch des Staatsrechts der Bundesrepublik Deutschland, Bd. III, § 47 Rn. 37; differenzierend *P. Starski*, DÖV 2016, S. 750 (761).

[7] Vgl. auch *A. Ingold*, ZRP 2016, S. 143 (143 f.).

[8] Statt anderer *W. Hennis*, Verfassung und Verfassungswirklichkeit, S. 19 ff., 36 f.

[9] *D. Grimm*, AöR 97 (1972), S. 489 (504).

[10] *C. Gusy*, „Verfassungspolitik" zwischen Verfassungsinterpretation und Rechtspolitik, S. 37: „Der Charakter als Rahmenordnung prägt maßgeblich die Beantwortung der Frage nach der Notwendigkeit von Verfassungspolitik."

[11] *D. Grimm*, AöR 97 (1972), S. 489 (508).

führt.[12] Mit *Dieter Grimm* muss eine Verfassungsänderung sich letztlich dadurch auszeichnen, dass sie erstens ein legitimes Ziel verfolgt, welches zweitens mit einzelnen Normen der geltenden Verfassung kollidiert und drittens muss die Lösung durch das Verfassungsrecht erbracht werden können, das sein Leistungsvermögen dabei nicht überschreitet.[13]

Neben der Ebene des Verfassungsrechts ist das einfache Gesetzesrecht die zweite potenzielle Regelungsebene zur Sicherstellung der Effektivität parlamentarischer Opposition. Grundsätzlich ist dem einfachen Gesetzgeber insoweit zu raten, von seinen rechtssetzenden Handlungs- und Gestaltungsmöglichkeiten Gebrauch zu machen, denn es gehört zu seinen originären Aufgaben, Spannungslagen zwischen verschiedenen Verfassungsgütern durch eine Ausgestaltung im einfachen Recht aufzulösen.[14] Gerade der Verfassungsgrundsatz effektiver parlamentarischer Opposition befindet sich nämlich in einer ständigen Spannungslage zu anderen verfassungsrechtlichen Prinzipien. Sich insoweit schlicht darauf zu verlassen, das Bundesverfassungsgericht werde die entstehenden Spannungslagen im Einzelfall auflösen, vermag nicht zu überzeugen, denn das Bundesverfassungsgericht „kann nicht selbst die Rolle des Gesetzgebers einnehmen“[15].

Schließlich ist es grundsätzlich auch möglich, die Effektivität parlamentarischer Opposition auf Ebene des Geschäftsordnungsrechts zu gewährleisten. Dies war beispielsweise auch das Anliegen des Geschäftsordnungsgebers der 18. Wahlperiode, der mit Blick auf die Mehrheitsverhältnisse einer qualifizierten Großen Koalition[16] für ebendiese Wahlperiode in § 126a GOBT a. F.[17] die besondere Anwendung von Minderheitenrechten festgelegt hatte, um zu gewährleisten, dass bestimmte quorengebundene Minderheitenrechte, die sich in der parlamentarischen Praxis als „klassische Oppositionsinstrumente“ herausgebildet hätten und „auch in der Bevölkerung als solche wahrgenommen“ würden, selbst unter derartigen Mehrheitsverhältnissen Anwendung finden konnten.[18] Unabhängig von den Defiziten dieser konkreten Norm[19] sind geschäftsordnungsrechtliche

---

12 Vgl. nur *R. Sannwald*, in: Schmidt-Bleibtreu/Hofmann/Henneke, GG, Art. 79 Rn. 5: regelmäßiger Überprüfungsbedarf des Verfassungstexts.

13 *D. Grimm*, AöR 97 (1972), S. 489 (508).

14 *F. Ossenbühl*, in: Symposium W. Hoppe, S. 25 (36). Demgegenüber grundsätzliche Bedenken an der Regelungsebene des Gesetzesrechts für Fragen der parlamentarischen Selbstorganisation geltend machend *A. Ingold*, JöR 64 (2016), S. 43 (74).

15 *F. Ossenbühl*, in: Symposium W. Hoppe, S. 25 (36).

16 Vgl. dazu 2. Kapitel § 3 II. 1. c) bb) (2), S. 127 ff.

17 Vgl. Beschl. v. 3.4.2014, BGBl. I S. 534.

18 BT-Drs. 18/481, S. 5.

19 Das Bundesverfassungsgericht scheint – rechtlich zweifelhaft (vgl. 4. Kapitel § 2 II. 1. b), S. 279 ff.) – jedenfalls § 126a Abs. 1 Nr. 2 und 7–10 GOBT a. F. wegen einer nicht zu rechtfertigenden Durchbrechung des Grundsatzes der Gleichheit der Abgeordneten und ihrer Zusam-

Regelungen zur Sicherstellung der Effektivität parlamentarischer Opposition generell mit dem Makel fehlender Rechtssicherheit behaftet, da ein situatives Abweichen von der Geschäftsordnung grundsätzlich möglich ist.[20] Auch die für die 18. Wahlperiode verabschiedete Norm des § 126a Abs. 2 GOBT a. F., wonach auf die Regelungen nach Absatz 1 § 126 keine Anwendung findet, verbürgte insoweit keine Rechtssicherheit, denn nichts hätte den Geschäftsordnungsgeber daran gehindert, diese Regelung mit einfacher Mehrheit wieder aufzuheben.[21] Mithin scheint die Normebene des Geschäftsordnungsrechts jedenfalls nicht geeignet, die Effektivität parlamentarischer Opposition dauerhaft sicherzustellen.

Im Folgenden soll nun geprüft werden, ob zur Gewährleistung der Effektivität parlamentarischer Opposition de constitutione ferenda ein Handlungsbedarf besteht oder ob der Grundsatz effektiver parlamentarischer Opposition als verfassungsrechtliches Prinzip ausreicht, um die Wirksamkeit parlamentarischer Opposition sicherzustellen. Die Sinnhaftigkeit eines Tätigwerdens des einfachen oder gar des verfassungsändernden Gesetzgebers wird dazu aus zwei Perspektiven beleuchtet: zum einen unter dem Blickwinkel einer mittelbar-normativen Aufwertung (§ 1) und zum anderen unter dem Blickwinkel einer unmittelbar-normativen Aufwertung parlamentarischer Opposition (§ 2).

§ 1 Mittelbar-normative Aufwertung parlamentarischer Opposition

Unter den Überlegungen zu einer mittelbar-normativen Aufwertung parlamentarischer Opposition werden hier solche Rechtsänderungen verstanden werden, die sich nicht spezifisch auf den Status der Opposition beziehen, für ihre Wirksamkeit aber faktisch von Bedeutung sind. Es soll geprüft werden, ob sich durch ein etwaiges gesetzgeberisches Tätigwerden mittelbar Auswirkungen auf das Wir-

menschlüsse aus Art. 38 Abs. 1 Satz 2 GG für nicht mit der Verfassung im Einklang stehend zu erachten. Auch die Literatur stand der Regelung des § 126a GOBT a. F. – aus unterschiedlichen Gründen – bisweilen kritisch gegenüber, vgl. *R. Rixecker*, in: Festschrift R. Wendt, S. 1271 (1277 ff.); *A. Ingold*, Das Recht der Oppositionen, S. 624 ff.; *S. Hölscheidt*, ZG 2015, S. 246 (252 f.).

[20] Zum Abweichen im Einzelfall *J. Pietzcker*, in: H.-P. Schneider/W. Zeh (Hrsg.), Parlamentsrecht und Parlamentspraxis in der Bundesrepublik Deutschland, § 10 Rn. 34.

[21] Vgl. *B. Beckermann/D. Weidemann*, Der Staat 53 (2014), S. 313 (314); *S. Hölscheidt*, ZG 2015, S. 246 (254). Indes ist die Abänderbarkeit mit einfacher Mehrheit kein Vorwurf, der nur gegenüber dem Geschäftsordnungsrecht vorgebracht werden kann; vielmehr ist auch das einfache Gesetzesrecht grundsätzlich mit einfacher Mehrheit abänderbar, gleichwohl sich dieses – neben seiner Bindungswirkung – vom Geschäftsordnungsrecht vor allem dadurch unterscheidet, dass es nicht der Diskontinuität unterfällt.

ken der oppositionellen Akteure ergeben können und – wenn ja – ob diese verfassungspolitisch unter dem Blickwinkel einer Verwirklichung des Verfassungsgrundsatzes effektiver parlamentarischer Opposition erstrebenswert sind. Die Prüfung derartiger mittelbar-tatsächlicher Konsequenzen auf das Wirken parlamentarischer Opposition soll sich nachfolgend auf zwei Kernfragen beschränken: Könnten direktdemokratische Elemente parlamentarische Opposition wirksamer werden lassen (I.) und ist die wahlrechtliche Sperrklausel ein Effektivitätshindernis parlamentarischer Opposition (II.)?

I. Direktdemokratische Elemente als sinnvoller Beitrag zur Effektivität parlamentarischer Opposition?

Die Frage der Sinnhaftigkeit direktdemokratischer Elemente scheint auf den ersten Blick jedenfalls nicht in einem unmittelbaren Zusammenhang mit der Effektivität *parlamentarischer* Opposition zu stehen. Verfassungsstrukturell gewichtiger ist indes die Funktion plebiszitärer Elemente als Basis *politischer* Opposition,[22] erfüllen Plebiszite doch „eine wichtige Kontroll- und Oppositionsfunktion“[23]. Abgesehen von den eine Volksbeteiligung vorsehenden Art. 29 Abs. 2–8, Art. 118 Satz 2 und Art. 118a GG kennt das Grundgesetz jedoch gegenwärtig keine direktdemokratischen Elemente. Nichtsdestotrotz erklingt – besonders in Zeiten (qualifizierter) Großer Koalitionen – in der Rechtswissenschaft mit zunehmendem Nachdruck der Ruf nach einer Einführung direktdemokratischer Willensbildungselemente auf Bundesebene auch mit dem Ziel einer „Stärkung der parlamentarischen Oppositionsrechte“[24].[25] Dazu bedürfte es einer Änderung des Grundgesetzes.[26]

Ziel und Anspruch der nachfolgenden Ausführungen ist es weder, die Interdependenzen direktdemokratischer Elemente und politisch-gesellschaftlicher Opposition zu analysieren,[27] noch umfassend in die Diskussion um die Einfüh-

---

[22] Dazu grundlegend *A. Ingold*, Das Recht der Oppositionen, S. 518 ff.

[23] *M. Martini*, Wenn das Volk (mit)entscheidet …, S. 96.

[24] *H. M. Heinig*, in: Verfassungsblog, http://verfassungsblog.de/opposition-tut-not/ [zuletzt abgerufen am 30.8.2018].

[25] *H. M. Heinig*, in: Verfassungsblog, http://verfassungsblog.de/opposition-tut-not/ [zuletzt abgerufen am 30.8.2018]: „Nie war die Forderung, die in Art. 20 Abs. 1 [sic] GG vorgesehene Ausübung der Staatsgewalt durch Abstimmungen auch grundgesetzlich auszugestalten, so plausibel wie in diesen Tagen.“

[26] BVerfG, Urt. v. 30.6.2009 – Az. 2 BvE 2, 5/08, 2 BvR 1010, 1022, 1259/08, 182/09, BVerfGE 123, 267 (367). Vgl. in der Literatur statt vieler *P. M. Huber*, in: Festschrift P. Kirchhof, Bd. I, § 60 Rn. 8; *M. Martini*, Wenn das Volk (mit)entscheidet …, S. 20.

[27] Dazu grundlegend *A. Ingold*, Das Recht der Oppositionen, S. 518 ff.

rung zusätzlicher plebiszitärer Elemente auf Bundesebene einzugreifen.[28] Vielmehr geht es im Folgenden allein darum, die Zusammenhänge von direkter Demokratie und *parlamentarischer* Opposition zu erörtern (1.) und (nur) unter Berücksichtigung etwaiger Verbindungslinien Stellung zu beziehen zur Forderung der Einführung direktdemokratischer Willensbildungselemente auf Bundesebene (2.).

1. Auswirkungen direktdemokratischer Elemente auf die Effektivität parlamentarischer Opposition

Für die Beurteilung der Auswirkungen direktdemokratischer Elemente auf die Effektivität parlamentarischer Opposition muss zwischen „von unten" ausgehenden Volksbegehren[29] einerseits (a) und „von oben" angestoßenen Referenden[30] andererseits (b) differenziert werden.

a) Volksbegehren

Im Ausgangspunkt handelt es sich bei Elementen direkter Demokratie grundsätzlich nicht um ein Instrument parlamentarischer Opposition.[31] Direkte Demokratie soll „vielmehr typischerweise als Graswurzelbewegung aus der Mitte der Gesellschaft heraus wachsen und dadurch als Korrektiv der repräsentativen Demokratie wirksam werden"[32]. Bei Formen direkter Demokratie, bei denen die Initiative von den Bürgern – mithin „von unten" – ausgeht, wird dies besonders deutlich. In derlei Fällen verschiebt sich der Regierungs-Oppositions-Dualismus regelmäßig zu einer „Frontstellung Volk gegen Repräsentativorgane"[33], sodass

---

[28] Vgl. zum Streitstand statt vieler und m.w.N. *M. Möstl*, VVDStRL 72 (2013), S. 355 (357 ff.).

[29] Begrifflichkeit im Anschluss an *P. M. Huber*, in: Festschrift P. Kirchhof, Bd. I, § 60 Rn. 4: „*Volksbegehren und Volksentscheide* stellen nach der in Deutschland gebräuchlichen Terminologie hingegen Verfahren der Volksgesetzgebung dar, die mit einer aus dem Kreis der Staatsbürger hervorgegangenen Initiative, dem Volksbegehren, ihren Ausgang nehmen und in einen Gesetzesbeschluss des Staatsvolkes, den Volksentscheid, münden." [Hervorhebung im Original].

[30] Begrifflichkeit im Anschluss an *J.A. Kämmerer/C. Ernst/A. Winter*, ZG 2015, S. 349 (351 f.): „soll (unabhängig vom Sprachgebrauch in anderen Verfassungsurkunden) eine staatlich initiierte Sachentscheidung durch das Volk im Folgenden als Referendum verstanden werden".

[31] *M. Martini*, DÖV 2015, S. 981 (987).

[32] *M. Martini*, DÖV 2015, S. 981 (987).

[33] *M. Möstl*, VVDStRL 72 (2013), S. 355 (364). Vgl. auch *M. Schuler-Harms*, VVDStRL 72 (2013), S. 417 (429): „Direktdemokratische Elemente beeinflussen die Gewaltenbalance des Repräsentativsystems als Balance zwischen Regierung sowie Regierungsmehrheit und Opposition."

die insoweit zum Ausdruck kommende Opposition mangels unmittelbarer Anstoßmöglichkeit jedenfalls nicht in erster Linie als ein Instrument parlamentarischer Opposition betrachtet werden kann.[34] Gleichwohl kann eine mittelbare Bedeutung von Volksbegehren für die Effektivität parlamentarischer Opposition nicht geleugnet werden, denn es ist den Oppositionsabgeordneten und -fraktionen – regelmäßig durch Unterstützung ihrer (Oppositions-)Parteien – möglich, außerhalb des Parlaments für eine entsprechende Volksinitiative zu werben, die ihnen innerparlamentarisch von Nutzen ist.[35] Insoweit entspricht es der Funktion direktdemokratischer Verfahren als Korrektiv der Regierungspolitik, dass gerade auch die parlamentarischen Oppositionskräfte versuchen, entsprechende Verfahren auf den Weg zu bringen.[36] Während manche aus diesem Grund sogar davon ausgehen, Volksbegehren seien eine „außerparlamentarische Waffe der Opposition"[37], lässt sich diese These jedenfalls empirisch nicht belegen.[38] Stattdessen erscheinen Volksbegehren zumindest im deutschen parlamentsmonistischen Repräsentativsystem[39] traditionell eher als „ein Ventil für den diffusen Unmut über die Politik der Regierungsmehrheit"[40] und sind damit mehr dem politisch-gesellschaftlichen als dem parlamentarischen Oppositionsspektrum zuzuordnen.

b) Referenden

Grundsätzlich anders stellt sich die Situation bei Referenden dar, bei denen die Initiativgewalt in den Händen des Repräsentativorgans liegt und es somit zu einer „von oben" angestoßenen direkten Demokratie kommt.[41] Hier können die oppositionellen Kräfte – soweit sie das entsprechende Antragsquorum erfüllen

---

[34] Im Vordergrund steht vielmehr die *politische* Opposition des Volksgesetzgebers, vgl. *O. Jung*, in: Festschrift W. Ismayr, S. 427 (427): „ihrem politischen Sinn nach ist die Volksgesetzgebung oppositionell".

[35] Vgl. *P. M. Huber*, in: J. Isensee/P. Kirchhof (Hrsg.), Handbuch des Staatsrechts der Bundesrepublik Deutschland, Bd. III, § 47 Rn. 64: „dient die plebiszitäre Gesetzgebung [...] vor allem zur Durchsetzung oppositioneller Ziele gegen Regierung und Parlamentsmehrheit"; ebenso *ders.*, ZG 2009, S. 311 (322).

[36] *J. Rux*, Direkte Demokratie in Deutschland, S. 104. Vgl. auch *K.-R. Korte*, APuZ 38–39/2014, S. 8 (11): „neue Mitgestaltungsoptionen für die Opposition."

[37] *H.-P. Schneider*, DÖV 1987, S. 749 (755).

[38] Vgl. *J. Rux*, Direkte Demokratie in Deutschland, S. 399 ff.

[39] Anders stellt sich dies für die Schweiz dar, vgl. BVerfG, Urt. v. 30.6.2009 – Az. 2 BvE 2, 5/08, 2 BvR 1010, 1022, 1259/08, 182/09, BVerfGE 123, 267 (367), unter Verweis auf *K. Loewenstein*, Verfassungslehre, S. 67 ff.; *K.-P. Sommermann*, in: H. Bauer/P. M. Huber/K.-P. Sommermann (Hrsg.), Demokratie in Europa, S. 191 ff.; *P. Mastronardi*, Verfassungslehre, S. 268 f.: „In der Schweiz wiederum wird der Parlamentsmonismus durch starke plebiszitäre Elemente ergänzt, die auch Teile der Aufgaben einer parlamentarischen Opposition erfüllen".

[40] *J. Rux*, Direkte Demokratie in Deutschland, S. 401.

[41] Vgl. zu den verschiedenen Arten „parlamentarischer Referenden" *J. A. Kämmerer/C.*

– jedenfalls anstoßend tätig werden. In einer solchen Situation eröffnen sich den oppositionellen Akteuren im Parlament neue Möglichkeiten und Wege, Opposition auszuüben. Neben den traditionellen Instrumenten oppositioneller Aufgabenwahrnehmung steht ihnen zusätzlich die Nutzung von Referenden offen. Diese erlauben es ihnen zum einen, bei Erfüllung der Initiativvoraussetzungen eine konkrete Frage dem Volk vorzulegen und dieses als „Opposition“ gegenüber dem Regierungskurs zu instrumentalisieren. Zum anderen erfüllt die Möglichkeit staatlich initiierter Volksentscheide aber auch eine Vorwirkung, da sie „den Druck auf die Regierungsmehrheit zur Verständigung mit der Opposition [erhöht], wenn jene befürchten muss, in einem Volksentscheid zu unterliegen“[42].

Je nach der konkreten verfahrensrechtlichen Ausgestaltung des Referendums kann sich die Oppositionsrelevanz dabei als sehr groß darstellen – unabhängig davon, ob es sich um ein komplementäres[43] oder surrogatives[44] Referendum handelt. Sieht die Verfassung beispielsweise die Möglichkeit eines komplementären Referendums vor und kann dieses auf Antrag einer Minderheit – potenziell also auf Antrag oppositioneller Abgeordneter – eingeleitet werden, würden sich die initiativberechtigten Oppositionsabgeordneten bei erfolgreicher Durchführung des Referendums „im Schulterschluss mit einer außerparlamentarischen (und, was die fragliche Sachentscheidung betrifft, sogar anti-parlamentarischen) Opposition zum Mehrheitsträger verbünden“[45]. Ähnlich verhält es sich im Falle eines surrogativen Referendums, soweit die Einleitung des Referendums durch eine Parlamentsminderheit möglich ist. Auch hier kann es zu einem „oppositionell-außerparlamentarische[n] Schulterschluss“[46] kommen, soweit das Ergebnis des Referendums der Position der oppositionellen Kräfte zur Durchsetzung verhilft.

Im Ergebnis ist also eine differenzierte Beurteilung direktdemokratischer Elemente für die Effektivität parlamentarischer Opposition angezeigt. Während

---

Ernst/A. Winter, ZG 2015, S. 349 (350 ff.). Vgl. auf Landesebene etwa Art. 60 Abs. 2 BWVerf, Art. 114 Satz 1 RhPfVerf, Art. 70 Satz 1 lit. a und b BremVerf.

42 *M. Schuler-Harms*, VVDStRL 72 (2013), S. 417 (429). Ähnlich auch schon *U. Rommelfanger*, Das konsultative Referendum, S. 38.

43 Bei einem komplementären Referendum wird „eine bereits gefasste materielle Entscheidung des Parlaments dem Volk zur Bestätigung vorgelegt […]. Erreicht die Volksabstimmung […] nicht die erforderliche Mehrheit oder ggf. nicht das erforderliche Beteiligungs- oder Zustimmungsquorum, kann – trotz vorgängiger positiver Parlamentsentscheidung – der Rechtsakt nicht in Kraft treten“ (*J. A. Kämmerer/C. Ernst/A. Winter*, ZG 2015, S. 349 [353 f.]).

44 Das surrogative Referendum zeichnet sich dadurch aus, dass dem Volk die Entscheidung überlassen wird, ohne dass das Parlament zuvor in der Sache entschieden hat, vgl. *J. A. Kämmerer/C. Ernst/A. Winter*, ZG 2015, S. 349 (353).

45 *J. A. Kämmerer/C. Ernst/A. Winter*, ZG 2015, S. 349 (354). Ähnlich *A. Christmann*, Die Grenzen direkter Demokratie, S. 53: „das Volk als zusätzlicher Vetospieler“.

46 *J. A. Kämmerer/C. Ernst/A. Winter*, ZG 2015, S. 349 (354).

Volksbegehren bzw. -initiativen als „von unten" angestoßene direkte Demokratie lediglich von mittelbarer Relevanz für parlamentarische Opposition sind, kommt den „von oben" initiierten Konsultationen des Volks eine unmittelbare Bedeutung für die Effektivität parlamentarischer Opposition zu. Ob dieses Zwischenfazit für eine Einführung direktdemokratischer Elemente auf Bundesebene streitet, soll im Folgenden untersucht werden.

2. *Stellungnahme: Keine Einführung weiterer direktdemokratischer Elemente auf Bundesebene*

Es wurde bereits darauf hingewiesen, dass die Frage der Einführung direktdemokratischer Elemente auf Bundesebene innerhalb der Rechtswissenschaft äußerst umstritten ist. Führt man – wie hier – das Effektivitätskriterium parlamentarischer Opposition in die Debatte ein, so spricht dieses isoliert betrachtet entgegen anderer Auffassungen[47] nicht für, sondern tendenziell gegen eine Einführung direktdemokratischer Willensbildungselemente auf Bundesebene. Dies gilt für „von unten" ausgehende Volksbegehren (a) ebenso wie für „von oben" angestoßene Referenden (b).

a) Volksbegehren

Volksbegehren kommt unter dem Blickwinkel der *parlamentarischen* Oppositionsrelevanz – wie gezeigt – schon nur eine mittelbar-faktische Bedeutung zu. Während also einerseits eine Einführung von Volksbegehren auf Bundesebene ohnehin nur einer marginalen Steigerung der Handlungsmöglichkeiten von Oppositionsabgeordneten gleichkäme, hätte dies andererseits und zugleich eine „Entparlamentarisierung der Entscheidung"[48] zur Folge. Dies würde zwar zunächst das Parlament im Ganzen betreffen, im Besonderen bewirkte dies jedoch eine Schwächung der oppositionellen Abgeordneten, da ein Teil der typischen Oppositionsfunktionen nunmehr außerparlamentarisch wahrgenommen würde. Mithin stünde aus machtpolitischen Erwägungen der parlamentarischen Oppositionsakteure zu befürchten, dass außerparlamentarische Oppositionsbewegungen ebenfalls versuchen, entsprechende Volksbegehren anzustoßen. Insoweit entstünde unter Umständen in der öffentlichen Wahrnehmung eine Konkurrenzsituation zu den parlamentarischen Oppositionskräften, die sich für letztere nachteilig auswirken könnte. Dazu treten grundsätzliche Bedenken, die gegenüber Ple-

---

47 *H. M. Heinig*, in: Verfassungsblog, http://verfassungsblog.de/opposition-tut-not/ [zuletzt abgerufen am 30.8.2018].

48 *H.-P. Schneider*, DÖV 1987, S. 749 (756). Metaphorisch auch *H. K. Heußner/A. Pautsch*, NJW 2015, S. 1225 (1228): „der Volksentscheid führt zu einem ‚Arenenwechsel' der politischen Auseinandersetzung: ‚Heraus aus dem Plenarsaal, hinaus auf die Marktplätze.'"

bisziten „von unten" vorgebracht werden können und nicht an Aktualität verloren haben.[49] Die repräsentative Demokratie gibt der demokratischen Willensbildung dagegen durch gewählte Volksvertretungen „Dauer"[50] und verhindert Kurzschlussreaktionen ohnmächtiger oder empörter Bürger[51]. Im Ergebnis könnte die mit der Einführung von Volksbegehren auf Bundesebene einhergehende Gefahr eines „politischen Terror[s] von unten"[52] jedenfalls nicht durch Effektivitätssteigerungen parlamentarischer Opposition gerechtfertigt werden und ist daher – mindestens aus diesem Blickwinkel – abzulehnen.

b) Referenden

Referenden kommt – wie gezeigt – aufgrund des möglichen Initiativrechts oppositioneller Kräfte im Parlament eine hohe Relevanz für die Ausübung parlamentarischer Opposition zu. Doch auch wenn dies prima facie der Effektivität parlamentarischer Opposition zuträglich zu sein scheint, muss die Bewertung von Referenden aus innerparlamentarischer Oppositionsperspektive bei näherer Betrachtung letztlich doch ambivalent ausfallen.

Bislang wurde nämlich stets von der Situation ausgegangen, dass die verfahrensrechtlichen Hürden zur Einleitung eines Referendums von den oppositionellen Kräften erreicht werden können. Abgesehen davon, dass keineswegs sicher ist, dass die oppositionellen Kräfte sich zur Beantragung eines Referendums zusammenfinden werden, muss daneben auch der gegenteilige Fall untersucht werden, in dem die Anstoßung eines Referendums als Mehrheitsrecht ausgestaltet und es den Oppositionsabgeordneten selbst im Zusammenwirken regelmäßig nicht möglich ist, eine Sachfrage dem Volk zur Abstimmung vorzulegen. In einem solchen Fall entwickelte sich das Referendum aber zu einem Machtinstrument der Regierungsmehrheit, die dieses gezielt gegenüber den Oppositionsabgeordneten einsetzen könnte. Durch die faktische Herrschaft der Regierungsmehrheit über das Antragsrecht hätte diese es nämlich in der Hand, die parlamentarischen Rede- und Antragsrechte der oppositionellen Fraktionen und Abgeordneten zu umgehen, da die Entscheidung nunmehr nicht mehr im Parlament, sondern an der Urne getroffen würde.[53] Die Rechte der Oppositionsabgeordneten schrumpften insoweit zu „second order-Rechten"[54].

---

[49] Vgl. hierzu exemplarisch *R. Scholz*, in: Festschrift R. Wendt, S. 433 (440 ff.); *ders.*, in: Festschrift P. Gauweiler, S. 263 (264 f.); *H.-P. Schneider*, DÖV 1987, S. 749 (755 f.); *R. Zippelius*, JURA 1993, S. 281 (282).

[50] *C. Möllers*, Demokratie, Rn. 38.

[51] *P. M. Huber*, in: Festschrift P. Kirchhof, Bd. I, § 60 Rn. 13.

[52] *N. Luhmann*, ZfP 36 (1989), S. 13 (19).

[53] *H. K. Heußner/A. Pautsch*, NJW 2015, S. 1225 (1228).

[54] *H. K. Heußner/A. Pautsch*, NJW 2015, S. 1225 (1228).

Mithin müsste das Initiativrecht für Referenden zwingend als Minderheitenrecht ausgestaltet werden, um sich als effektives Instrument für die oppositionellen Kräfte im Parlament zu erweisen. Dies hätte jedoch mehrere Konsequenzen: Erstens wäre – je nach konkreter Ausgestaltung des Initiativrechts und je nach den konkreten Mehrheitsverhältnissen im Parlament – auch bei einer Ausgestaltung als quorengebundenes Minderheitenrecht[55] keinesfalls sicher, dass die Oppositionsabgeordneten das erforderliche Quorum erreichen. Zweitens könnte das Referendum auch bei einer Ausgestaltung als Minderheitenrecht weiterhin von der Regierungsmehrheit zu politischen Zwecken genutzt werden – was sich im Ergebnis gegen die oppositionellen Kräfte im Parlament wenden könnte[56] – und drittens stünde bei niedrigen verfahrensrechtlichen Hürden ganz allgemein zu befürchten, dass sich die politische Debatte vermehrt entparlamentarisiert,[57] was den Charakter der repräsentativen Demokratie wesentlich zu beeinflussen drohte.[58] Viertens und letztens birgt eine minderheitenorientierte Ausgestaltung des Initiativrechts für Referenden auch aus demokratietheoretischen Erwägungen Probleme, da sich zum einen die Balance der Gewalten stark verändern würde[59] und zum anderen regelmäßig Konflikte zwischen dem plebiszitären (Volks-)Gesetzgeber und dem repräsentativen Gesetzgeber zu befürchten stünden.[60]

Im Ergebnis ist daher nicht nur eine Einführung „von unten“ ausgehender Volksbegehren auf Bundesebene abzulehnen, sondern gleichfalls die grundgesetzliche Aufnahme „von oben“ initiierter Referenden. Letztere könnten die Aufgabenwahrnehmung von Oppositionsabgeordneten zwar erheblich beeinflussen, die Effekte wären aber aus oppositionsspezifischer Perspektive keinesfalls so positiv, wie dies auf den ersten Blick erscheint. Zum einen wäre eine Effektivi-

---

[55] Vgl. exemplarisch Art. 60 Abs. 2 Satz 1 BWVerf und Art. 114 Satz 1 RhPfVerf (beachte aber auch die ergänzende Regelung des Art. 115 RhPfVerf).

[56] Vgl. *M. Schuler-Harms*, VVDStRL 72 (2013), S. 417 (430): „In der Hand der Regierenden wird das Referendum auch zum Instrument der Akklamation und zum Plebiszit, mit dem sich eigene Macht vermehren und diejenige politischer Gegner schwächen lässt.“

[57] Vgl. *C. Degenhart*, Der Staat 31 (1992), S. 77 (90): durch die Möglichkeit einer Minderheitsinitiative wird „die parlamentarische Entscheidung unterlaufen“.

[58] Vgl. *J. A. Kämmerer/C. Ernst/A. Winter*, ZG 2015, S. 349 (363): „Gefahr einer Selbstentmachtung und Lahmlegung des Parlaments“. Dazu allgemein *M. Kotzur*, VVDStRL 69 (2010), S. 173 (194): „Sinnvolle Quoren können einer ‚Diktatur der Minderheiten‘ entgegenwirken.“

[59] *J. A. Kämmerer/C. Ernst/A. Winter*, ZG 2015, S. 349 (354); *M. Martini*, DÖV 2015, S. 981 (987). Vgl. für konsultative Volksbefragungen BayVerfGH, Entsch. v. 21.11.2016 – Vf. 15-VIII-14, 8-VIII-15, NVwZ 2017, S. 319 (324 Rn. 110): „Verschiebung im fein austarierten staatsorganisationsrechtlichen System“.

[60] Vgl. zu diesem Spannungsverhältnis ausführlich *P. M. Huber*, ZG 2009, S. 311 ff.; *P. Cancik*, in: T. Mörschel/M. Efler (Hrsg.), Direkte Demokratie auf Bundesebene, S. 53 ff.; *F. Wittreck*, in: ders. (Hrsg.), Volks- und Parlamentsgesetzgeber: Konkurrenz oder Konkordanz?, S. 9 ff.; *J. Ziekow*, in: Verhandlungen des 69. Deutschen Juristentages, Bd. I, S. D 24 f.

tätssteigerung parlamentarischer Opposition hiermit jedenfalls nicht ohne Weiteres verbunden, zum anderen sprechen auch die mit einer Einführung von Referenden verbundenen Konsequenzen – insbesondere, wenn diese als Minderheitenrechte ausgestaltet sind – gegen eine Verankerung von Referenden im Grundgesetz.

II. Wahlrechtliche Sperrklausel als Effektivitätshindernis parlamentarischer Opposition?

Soweit die Effektivität parlamentarischer Opposition unter rechtspolitischen Gesichtspunkten diskutiert wird, wird in der Literatur bisweilen auf das Wahlrecht rekurriert. Namentlich erweise sich die wahlrechtliche Sperrklausel als ein grundsätzliches Hindernis für die Effektivität parlamentarischer Opposition und die Ausübung oppositioneller Rechte.[61] Denn soweit die Sperrklausel verhindere, dass die nicht das erforderliche Quorum erreichenden (Minderheits-)Gruppierungen im Bundestag vertreten seien, sei eine optimale Verwirklichung der Oppositionsfunktionen im Bundestag nicht gewährleistet, da dort nicht alle gesellschaftlich relevanten Gruppen vertreten seien.[62] Überdies verhindere die Sperrklausel unter Umständen das Zustandekommen einer „beachtliche[n] Opposition [...], der die Ausübung der bestehenden Minderheitenrechte ein Leichtes gewesen wäre.“[63] In praxi könne das Fehlen bestimmter Oppositionsansichten mithin dazu führen, dass mangels Repräsentation bestimmter Gruppierungen deren spezifische Kontrollmaßstäbe sowie die daraus hervorgehenden Alternativvorschläge nicht berücksichtigt würden.[64]

Auf die Frage der Vereinbarkeit der wahlrechtlichen Sperrklausel in § 6 Abs. 3 Satz 1 Alt. 1 BWahlG mit dem Grundsatz der Gleichheit der Wahl aus Art. 38 Abs. 1 Satz 1 GG[65] soll an dieser Stelle ebenso wenig eingegangen werden wie

---

[61] *S. Haberland*, Die verfassungsrechtliche Bedeutung der Opposition nach dem Grundgesetz, S. 49 f.; *B. Beckermann/D. Weidemann*, Der Staat 53 (2014), S. 313 (314, 319); *dies.*, ZRP 2014, S. 90 (90); *M. L. Fremuth*, JZ 2018, S. 13 (13 f.).

[62] *S. Haberland*, Die verfassungsrechtliche Bedeutung der Opposition nach dem Grundgesetz, S. 49 f.

[63] *B. Beckermann/D. Weidemann*, ZRP 2014, S. 90 (90). In diese Richtung auch *M. L. Fremuth*, JZ 2018, S. 13 (13).

[64] *S. Haberland*, Die verfassungsrechtliche Bedeutung der Opposition nach dem Grundgesetz, S. 50.

[65] Das Bundesverfassungsgericht hat die Sperrklausel für die Wahl zum Deutschen Bundestag – anders als frühere Sperrklauseln im Kommunal- und Europawahlrecht – bislang stets als verfassungskonform erachtet, vgl. BVerfG, Urt. v. 29.9.1990 – Az. 2 BvE 1, 3, 4/90, 2 BvR 1247/90, BVerfGE 82, 322 (338); Urt. v. 10.4.1997 – Az. 2 BvF 1/95, BVerfGE 95, 335 (366); Urt. v. 10.4.1997 – Az. 2 BvC 3/96, BVerfGE 95, 408 (417 ff.); Beschl. v. 15.1.2009 – Az. 2

auf die grundsätzliche verfassungspolitische Diskussion über das Für und Wider der Fünfprozentklausel auf Bundesebene.[66] Stattdessen erfolgt ausschließlich eine oppositionssensible Auseinandersetzung mit der wahlrechtlichen Sperrklausel. Insoweit wissen jedoch diejenigen Stimmen im Schrifttum, die in der Sperrklausel ein Effektivitätshindernis für die Ausübung parlamentarischer Opposition sehen, nicht zu überzeugen. Das Bundesverfassungsgericht hat in Auseinandersetzung mit dieser These zutreffend festgestellt, dass sich die Sperrklausel innerparlamentarisch neutral verhält, da sie das Verhältnis der Stimmanteile der im Parlament vertretenen Parteien zueinander nicht verändert.[67] Die Annahme der gegenteiligen Auffassung, wonach die Sperrklausel eine Schwächung parlamentarischer Opposition bewirke, da – jedenfalls bei der Wahl zum 18. Deutschen Bundestag – bei Fehlen der Sperrklausel eine beachtliche Opposition zustande gekommen wäre,[68] ist spekulativ[69] und insoweit nicht haltbar.[70] Denn es bleibt offen, wie sich Parteien, die aufgrund der Sperrklausel nicht im Bundestag vertreten sind, bei der Bildung einer Regierungskoalition verhalten hätten.[71] Insoweit existiert jedenfalls kein Automatismus dergestalt, dass die an der Fünf-

---

BvC 4/04, BVerfGE 122, 304 (314 f.); Urt. v. 25.7.2012 – Az. 2 BvF 3/11, 2 BvR 2670/11, 2 BvE 9/11, BVerfGE 131, 316 (344). Vgl. zur Kritik im Schrifttum statt vieler *H. Meyer*, in: J. Isensee/P. Kirchhof (Hrsg.), Handbuch des Staatsrechts der Bundesrepublik Deutschland, Bd. III, § 46 Rn. 36 ff.; *M.L. Fremuth*, JZ 2018, S. 13 ff.

66 Aus verfassungspolitischen Gründen gegen die Fünfprozentklausel: *U. Sacksofsky*, in: T. Mörschel (Hrsg.), Wahlen und Demokratie, S. 101 (114 ff.); *U. Wenner*, Sperrklauseln im Wahlrecht, S. 383 ff.; *S. Haberland*, Die verfassungsrechtliche Bedeutung der Opposition nach dem Grundgesetz, S. 57; tendenziell auch *H.-P. Schneider*, in: E. Denninger/W. Hoffmann-Riem/ders./E. Stein (Hrsg.), GG, Art. 38 Rn. 69 („verfassungspolitisch zumindest fragwürdig"). Verfassungspolitisch hingegen für die Beibehaltung der Fünfprozentklausel: *R. Wendt*, in: Festschrift M. Schröder, S. 431 ff.; *F. Grotz*, in: T. Mörschel (Hrsg.), Wahlen und Demokratie, S. 77 (85); *E. Jesse*, in: T. Mörschel (Hrsg.), Wahlen und Demokratie, S. 119 (124); *H. Pünder*, VVDStRL 72 (2013), S. 191 (216). Differenzierend *J.A. Kämmerer*, NVwZ 2014, S. 29 (32); *B. Grzeszick*, ZG 2014, S. 239 (249 f.).

67 BVerfG, Urt. v. 3.5.2016 – Az. 2 BvE 4/14, BVerfGE 142, 25 (Rn. 94). Wie hier zustimmend *P. Starski*, DÖV 2016, S. 750 (755 Fn. 75).

68 So ausdrücklich *B. Beckermann/D. Weidemann*, ZRP 2014, S. 90 (90). In diese Richtung auch *F. Decker*, ZParl 2016, S. 460 (463 f.); *H.H. von Arnim*, DÖV 2015, S. 537 (539).

69 Dies sogar grundsätzlich eingestehend *B. Beckermann/D. Weidemann*, Der Staat 53 (2014), S. 313 (322). Für *M.L. Fremuth*, JZ 2018, S. 13 (13), steht hingegen die Entstehung weiterer Koalitions*möglichkeiten* und damit von Alternativen zur Großen Koalition im Vordergrund.

70 BVerfG, Urt. v. 3.5.2016 – Az. 2 BvE 4/14, BVerfGE 142, 25 (Rn. 94). Zutreffend ist indes die davon zu unterscheidende Feststellung von *A. Thiele*, ZRP 2017, S. 105 (106), dass eine Sperrklausel vor allem etablierten Parteien zugutekommt, da es neuen Parteien ungleich schwerer falle, überhaupt in das Parlament einzuziehen.

71 BVerfG, Urt. v. 3.5.2016 – Az. 2 BvE 4/14, BVerfGE 142, 25 (Rn. 94).

prozenthürde gescheiterten Parteien eine oppositionelle Stellung im Bundestag eingenommen hätten. In der gegenteiligen Situation, wenn also die (potenziellen) Abgeordneten dieser Partei die Regierung stützten, käme es letztlich sogar zu einer Schwächung der übrigen Oppositionsabgeordneten, da diesen das Erreichen oppositionsrelevanter Quoren sowie die Wahrnehmung in der Öffentlichkeit aufgrund des gesunkenen Anteils an der Gesamtzahl der Abgeordneten zusätzlich erschwert wäre.[72] Das Bundesverfassungsgericht betont insoweit zu Recht, dass es daher „sogar im Interesse einer Stärkung der parlamentarischen Opposition liegen [kann], dass Parteien, die potenziell die Regierung mittragen, nicht in den Bundestag einziehen“[73]. Mithin gehen diejenigen Stimmen, die sich zur Effektivierung parlamentarischer Opposition für einen Wegfall bzw. ein Absinken der wahlrechtlichen Sperrklausel aussprechen, bereits von einer falschen Prämisse aus. Richtigerweise ist die Sperrklausel mit dem Bundesverfassungsgericht als innerparlamentarisch neutral zu bewerten. Ihre Abschaffung führte jedenfalls nicht zu einem Automatismus dergestalt, dass parlamentarische Opposition ohne die Existenz einer Sperrklausel effektiver ausgeübt werden könnte.[74]

§ 2 Unmittelbar-normative Aufwertung parlamentarischer Opposition

Neben einer mittelbar-normativen Aufwertung parlamentarischer Opposition stellt sich regelmäßig die Frage nach einer unmittelbar-normativen Aufwertung parlamentarischer Opposition. Als Anknüpfungspunkte einer derartigen unmittelbaren normativen Aufwertung soll im Folgenden sowohl eine ausdrückliche positive Normierung parlamentarischer Opposition im Grundgesetz (I.) als auch die Schaffung spezifischer Oppositionsfraktionsrechte (II.) untersucht werden.

---

[72] So kann auch *R. Rixecker*, in: Festschrift R. Wendt, S. 1271 (1272), verstanden werden: Die „Zersplitterung der Parlamente kann nämlich – ganz gegen die sie begleitenden und tragenden Erwartungen – zu einer faktischen Minderung des Gewichts von Minderheitenrechten und damit gleichzeitig zu einer faktischen Stärkung einer kontrollresistenteren Exekutive führen.“

[73] BVerfG, Urt. v. 3.5.2016 – Az. 2 BvE 4/14, BVerfGE 142, 25 (Rn. 94).

[74] Einen anderen Erklärungsansatz als hier verfolgt *D. Mundil*, Die Opposition, S. 129 ff., der jedoch im Ergebnis durch einen Wegfall der Fünfprozenthürde ebenfalls keine Stärkung der parlamentarischen Oppositionsarbeit sieht: Die mit dem Wegfall der Sperrklausel einhergehende Zersplitterung des Parlaments würde sowohl die Regierungsbildung und die parlamentarische Arbeit im Allgemeinen als auch die Oppositionsarbeit im Besonderen erschweren, da sich durch die Zersplitterung des Parlaments die schon gegenwärtig fehlende Homogenität des Oppositionslagers erheblich verstärken würde. Dies wiederum könnte die effektive Wahrnehmung der Oppositionsfunktionen erschweren.

I. Positive Normierung parlamentarischer Opposition im Grundgesetz?

Eine in der rechtswissenschaftlichen Oppositionsforschung viel diskutierte Frage ist die der positiven Normierung parlamentarischer Opposition im Grundgesetz. Hierzu wurden in der Vergangenheit bereits diverse – zum Teil auf den Regelungen der Landesverfassungen aufbauende – Regelungsansätze vorgeschlagen (1.). Unter Berücksichtigung dieser Regelungsvorschläge soll nachfolgend Stellung bezogen werden zur Sinnhaftigkeit einer Oppositionsregelung auf Ebene des Grundgesetzes (2.).

1. Bestandsaufnahme der bisherigen Regelungsvorschläge für das Grundgesetz

Die landesverfassungsrechtlichen Oppositionsregelungen sind auch auf Bundesebene nicht ohne Beachtung geblieben. Mit Blick auf das Grundgesetz lassen sich Konstitutionalisierungsvorschläge sowohl in der Parlamentspraxis als auch in der Rechtswissenschaft auffinden.

a) Regelungsvorschläge der Parlamentspraxis

Die Konstitutionalisierungsdebatte parlamentarischer Opposition fand in der bundesrechtlichen Parlamentspraxis ihren Höhepunkt zu Beginn der 1990er-Jahre. Inspiriert durch die Oppositionsregelungen in den Landesverfassungen, stand die Frage einer Oppositionsregelung im Grundgesetz auch auf der Tagesordnung der nach der Wiedervereinigung eingesetzten Gemeinsamen Verfassungskommission. Hier wurde von den der SPD angehörigen Kommissionsmitgliedern im Februar 1993 ein Antrag zur grundgesetzlichen Normierung parlamentarischer Opposition eingebracht.[75] Dieser Antrag sah vor, das Recht auf Bildung und Ausübung parlamentarischer Opposition normativ in einem neuen Art. 49 Abs. 2 GG mit folgendem Wortlaut zu verankern: „Das Recht auf Bildung und Ausübung parlamentarischer Opposition wird gewährleistet." Der Antrag erhielt jedoch mit 20 Ja- und 17 Nein-Stimmen bei drei Enthaltungen nicht die erforderliche Zweidrittelmehrheit in der Gemeinsamen Verfassungskommission.[76]

Die Befürworter der vorgenannten Oppositionsregelung hatten damit argumentiert, dass eine verfassungsrechtliche Normierung der Oppositionsrolle der Entwicklung des parlamentarischen Systems in den vergangenen Jahrzehnten entspreche. Die entscheidenden Kontrollrechte des Parlaments seien nämlich – ganz im Gegensatz zur früheren Auffassung, wonach zwischen Parlament und Regierung eine strikte Gewaltenteilung bestehe – im Wesentlichen der Opposition zugewachsen. Mithin solle die „Opposition auch als Institution verfassungs-

[75] Vgl. BT-Drs. 12/6000, S. 89 f.

[76] Vgl. zum Erfordernis der Zweidrittelmehrheit BT-Drs. 12/6000, S. 9.

rechtlich abgesichert und die Rolle der Opposition als strukturelles Verfassungselement damit festgeschrieben werden". Hierdurch sollten jedenfalls „Verschlechterungen gegenüber der jetzigen Situation verhindert werden". Schließlich könne die Aufnahme einer Oppositionsregelung in das Grundgesetz auch ein verfassungspolitisches Signal aussenden und „das verständliche Bedürfnis" befriedigen, nach den spezifischen Erfahrungen aus der ehemaligen DDR, in der keine wirkliche Oppositionsmöglichkeit bestanden habe, die Opposition nunmehr ausdrücklich im Grundgesetz zu benennen.[77]

Demgegenüber waren die Gegner der Aufnahme einer Oppositionsregelung der Meinung, ein Niederschreiben im Grundgesetz sei nur deklaratorischer Natur, da die vorgesehene Formulierung des neuen Art. 49 Abs. 2 GG lediglich der Rechtsprechung des Bundesverfassungsgerichts entspreche. Das Recht, als parlamentarische Opposition zu wirken, sei ohnehin bereits durch Art. 20 Abs. 1 und Art. 21 GG[78] gewährleistet. Außerdem sei der Begriff „parlamentarische Opposition" kein Rechtsbegriff, der eine klar abgrenzbare Organisationseinheit beschreiben könne. Bei einer Aufnahme in das Grundgesetz müsse ihm jedoch ein sachlich klar umschriebener Inhalt zukommen. So werfe die vorgeschlagene Regelung viele weitere ungeklärte Fragen auf, nämlich ob es begrifflich nur eine parlamentarische Opposition geben könne, ob es eine Pflicht zur Opposition gebe, ob eine Allparteienregierung ausgeschlossen wäre, ob die Opposition als Gruppe(n) oder die einzelnen Abgeordneten der Opposition gestärkt werden sollten und wer dann Oppositionsführer sei.[79]

b) Regelungsvorschläge der Rechtswissenschaft

Die Diskussion um die Einführung einer verfassungsrechtlichen Oppositionsregelung beschäftigt nicht nur die Parlamentspraxis, sondern auch in der rechtswissenschaftlichen Diskussion wird vielfach gefordert, parlamentarische Opposition ausdrücklich im Grundgesetz zu verankern.[80] Konkrete Textvorschläge für

---

[77] Zitate aus BT-Drs. 12/6000, S. 90.

[78] Dass jedenfalls die Auffassung, Art. 21 GG gewährleiste unmittelbar das Recht, als parlamentarische Opposition zu wirken, nicht zutrifft, wurde oben bereits gezeigt, vgl. 2. Kapitel § 1 IV. 2., S. 73 f.

[79] Zum Ganzen BT-Drs. 12/6000, S. 90.

[80] Für eine solche Normierung *H.-P. Schneider*, in: ders./W. Zeh (Hrsg.), Parlamentsrecht und Parlamentspraxis in der Bundesrepublik Deutschland, § 38 Rn. 56; *ders.*, in: Festschrift 50 Jahre Bundesverfassungsgericht, Bd. 2, S. 627 (660); *S. Hölscheidt*, Das Recht der Parlamentsfraktionen, S. 55; *H. H. Klein*, in: J. Isensee/P. Kirchhof (Hrsg.), Handbuch des Staatsrechts der Bundesrepublik Deutschland, Bd. III, § 50 Rn. 45; *H. Pünder*, VVDStRL 72 (2013), S. 191 (255); *M. Kloepfer*, in: Frankfurter Allgemeine Zeitung v. 1.11.2013, S. 7; *P. M. Huber*, in: J. Isensee/P. Kirchhof (Hrsg.), Handbuch des Staatsrechts der Bundesrepublik Deutschland, Bd. III, § 47 Rn. 76; implizit auch schon *ders.*, JZ 1994, S. 689 (691). Dagegen *H. Oberreuter*,

eine verfassungsrechtliche Oppositionsnorm werden jedoch – soweit ersichtlich – in der rechtswissenschaftlichen Literatur bis auf wenige Ausnahmen[81] nicht unterbreitet. Im Übrigen divergieren die Begründungsansätze für das Desiderat einer grundgesetzlichen Oppositionsregelung bisweilen erheblich. Während manche sich von einer expliziten Oppositionsbestimmung bestimmte rechtliche Wirkungen erhoffen,[82] sehen andere hierin lediglich ein – offenbar symbolisches – Instrument, um den Bürgern die mit dem neuen Dualismus einhergehende „'intrainstitutionelle' Gewaltenteilung"[83] deutlich vor Augen zu führen und so für eine „Verbesserung des Verständnisses der Institutionen der modernen Demokratie und ihrer Funktionsweise"[84] zu sorgen.[85] Demgegenüber wird etwaigen Konstitutionalisierungsvorschlägen entgegengehalten, dass Existenz und Wirksamkeit parlamentarischer Opposition zwar zum Wesen des Parlamentarismus gehörten, diese sich aber kaum normativ im Einzelnen konkretisieren ließen.[86] Soweit dabei für eine grundgesetzliche Normierung auf Regelungen der Landesverfassungen zurück- oder aber die Rechtsprechung des Bundesverfassungsgerichts aufgegriffen werden solle, handele es sich lediglich um eine Oppositionsbestimmung mit Klarstellungsfunktion, der keine rechtliche Relevanz zukomme und die somit entbehrlich sei.[87]

---

in: ders. (Hrsg.), Parlamentarische Opposition, S. 266 (266 ff.); *S. Haberland*, Die verfassungsrechtliche Bedeutung der Opposition nach dem Grundgesetz, S. 172 f.; *R. Scholz*, in: Festschrift P. Gauweiler, S. 263 (266); tendenziell kritisch auch *K. Abmeier*, Die parlamentarischen Befugnisse des Abgeordneten des Deutschen Bundestages nach dem Grundgesetz, S. 233; *C. Degenhart*, LKV 1993, S. 33 (37).

[81] Vgl. den Textvorschlag von *M. Kloepfer*, in: Frankfurter Allgemeine Zeitung v. 1.11.2013, S. 7: „Die parlamentarische Opposition ist ein wesentlicher Bestandteil der parlamentarischen Demokratie. Die parlamentarische Opposition besteht aus Fraktionen und Abgeordneten, die die Bundesregierung nicht stützen. Die parlamentarische Opposition hat das Recht auf Chancengleichheit sowie einen Anspruch auf die erforderliche Ausstattung. Das Nähere regelt ein Gesetz."

[82] So etwa *M. Kloepfer*, in: Frankfurter Allgemeine Zeitung v. 1.11.2013, S. 7.

[83] *H. Pünder*, VVDStRL 72 (2013), S. 191 (255).

[84] *H. H. Klein*, in: J. Isensee/P. Kirchhof (Hrsg.), Handbuch des Staatsrechts der Bundesrepublik Deutschland, Bd. III, § 50 Rn. 45.

[85] *H. Pünder*, VVDStRL 72 (2013), S. 191 (255); *H. H. Klein*, in: J. Isensee/P. Kirchhof (Hrsg.), Handbuch des Staatsrechts der Bundesrepublik Deutschland, Bd. III, § 50 Rn. 45; *S. Hölscheidt*, Das Recht der Parlamentsfraktionen, S. 55.

[86] *R. Scholz*, in: Festschrift P. Gauweiler, S. 263 (266).

[87] *S. Haberland*, Die verfassungsrechtliche Bedeutung der Opposition nach dem Grundgesetz, S. 173.

2. Stellungnahme

a) Keine Notwendigkeit einer klarstellenden Oppositionsnorm

Die Frage der Einführung einer Oppositionsregelung im Grundgesetz entwickelt sich mehr und mehr zur Gretchenfrage parlamentarischer Oppositionsforschung. Die Argumente des Für und Wider einer solchen Regelung wurden umfassend ausgetauscht und diskutiert. Dennoch tauchen in regelmäßigen Abständen verfassungspolitische Forderungen nach einer textlichen Konstitutionalisierung parlamentarischer Opposition auf. Begünstigt werden entsprechende Postulate nicht zuletzt durch Phasen (scheinbarer) politischer Veränderungen – wie etwa nach der Konstituierung des 18. Deutschen Bundestages,[88] als in der öffentlichen Wahrnehmung angesichts der übergroßen Regierungsmehrheit bisweilen ein Niedergang parlamentarischer Opposition befürchtet wurde. Bezüglich der Notwendigkeit einer Oppositionsregelung soll im Folgenden differenziert werden zwischen einer „allgemeinen" Oppositionsnorm und einer den Grundsatz effektiver parlamentarischer Opposition normierenden Oppositionsregelung.

aa) Allgemeine Oppositionsnorm

Unter einer „allgemeinen" Oppositionsnorm sollen hier all diejenigen Regelungsvorschläge zusammengefasst werden, die – wie etwa der Regelungsvorschlag in der Gemeinsamen Verfassungskommission („Das Recht auf Bildung und Ausübung parlamentarischer Opposition wird gewährleistet") – das Recht auf Bildung und Ausübung parlamentarischer Opposition gewährleisten wollen.

Gewiss könnte eine solche funktionale Oppositionsregelung im Grundgesetz die verfassungsrechtlich bereits umfassend gewährleistete Möglichkeit zur Bildung und Ausübung parlamentarischer Opposition zusätzlich absichern und hätte insoweit ihren Vorteil in der „größeren verfassungsrechtlichen Determinationskraft"[89]. Gleichwohl ist zu konstatieren, dass allein mit einer positiv-rechtlichen Regelung im Grundgesetz nicht automatisch eine Verbesserung der Wirkungsmöglichkeiten parlamentarischer Opposition in der politischen Praxis verbunden wäre.[90]

Mithin stellt sich die – letztlich entscheidende – Frage, welche Wirkungen eine derartige Oppositionsregelung im Grundgesetz entfalten könnte. Handelt es

---

[88] Vgl. nur die sich hieran anschließende rechtspolitische Forderung von *M. Kloepfer*, in: Frankfurter Allgemeine Zeitung v. 1.11.2013, S. 7.

[89] *R. Poscher*, AöR 122 (1997), S. 444 (452).

[90] *C. Werner*, in: D. Herzog/H. Rebenstorf/B. Weßels (Hrsg.), Parlament und Gesellschaft – eine Funktionsanalyse der parlamentarischen Demokratie, S. 184 (212). Vgl. für die Hamburger Oppositionsklausel auch *H. Oberreuter*, in: ders. (Hrsg.), Parlamentarische Opposition, S. 266 (269): „In der Praxis hat die Opposition [...] keine Statusverbesserung erfahren".

sich lediglich um eine Norm mit Symbolkraft ohne signifikante verfassungsrechtliche Auswirkungen, sollte jedenfalls wegen der Gefahr der Überfrachtung des Verfassungstextes von einer Normierung abgesehen werden. Denn zwar würde eine Norm ohne spezifische verfassungsrechtliche Aussagekraft jedenfalls nicht die grundsätzlich erforderliche offene Normstruktur des Grundgesetzes infrage stellen,[91] gleichwohl stellte sich dann jedoch in logischer Konsequenz die Frage, warum nicht auch andere verfassungsrechtliche Prinzipien, denen es an einer ausdrücklichen positiv-rechtlichen Normierung im Grundgesetz fehlt – wie etwa der Grundsatz der Verhältnismäßigkeit, das Mehrheitsprinzip, der Parlamentsvorbehalt oder der Bestimmtheitsgrundsatz –, auf diese Weise konstitutionalisiert werden sollten. Es kommt somit nach hier vertretener Auffassung entscheidend darauf an, ob eine Oppositionsregelung normativ über das durch das Grundgesetz ohnehin bereits gewährleistete Recht auf Bildung und Ausübung parlamentarischer Opposition hinausgeht. Lässt sich ein darüber hinausgehender normativer Aussagegehalt nicht konstatieren, ist eine Oppositionsregelung in der Verfassung schlicht redundant.[92]

Gerade die Erfahrung mit den Wirkungen der landesverfassungsrechtlichen Oppositionsregelungen deutet jedoch darauf hin, dass eine allgemeine Oppositionsregelung keine über das in Rechtsprechung und Literatur anerkannte Recht auf Bildung und Ausübung parlamentarischer Opposition hinausgehenden Konsequenzen hat. Insoweit hat sich namentlich *Pascale Cancik* in einer umfassenden empirischen Untersuchung mit den Auswirkungen der Oppositionsregelungen in den Landesverfassungen auf die Parlamentspraxis – und damit letztlich auf die Rechtsprechung der Landesverfassungsgerichte – auseinandergesetzt.[93] Sie hat dabei aufgezeigt, dass die Einführung der Oppositionsregelungen zu keinen wahrnehmbaren Änderungen geführt hat und dass das sog. Oppositionsargument[94] jedenfalls nicht von einer verfassungsrechtlichen Positivierung abhängig ist.[95] Es bleibe zweifelhaft, ob die Stellung der parlamentarischen Oppositionsakteure gerade durch die landesverfassungsrechtlichen Oppositionsregelungen wirksam gestärkt worden sei.[96] Ihr Befund zu den landesverfassungsrechtlichen Oppositionsregelungen dürfte angesichts gleicher struktureller Voraussetzungen

---

[91] Zum Erfordernis einer offenen Normstruktur *A. Voßkuhle*, BayVBl. 2016, S. 289 (290 Fn. 8), mit Verweis auf *ders.*, JZ 2009, S. 917 ff.; *U. Volkmann*, JZ 2018, S. 265 (265).

[92] A. A. *P. M. Huber*, in: J. Isensee/P. Kirchhof (Hrsg.), Handbuch des Staatsrechts der Bundesrepublik Deutschland, Bd. III, § 47 Rn. 76: „Sie wäre auch keineswegs redundant, weil sie jedenfalls nach einer Konkretisierung durch den einfachen Gesetzgeber streben würde."

[93] *P. Cancik*, JöR 55 (2007), S. 151 ff.

[94] Zum Begriff *P. Cancik*, JöR 55 (2007), S. 151 (162 f.).

[95] *P. Cancik*, JöR 55 (2007), S. 151 (190 ff.).

[96] *P. Cancik*, JöR 55 (2007), S. 151 (193).

auf die Bundesebene übertragbar sein. Es ist nicht ersichtlich, inwieweit Regelungsvorschläge wie „Das Recht auf Bildung und Ausübung parlamentarischer Opposition wird gewährleistet“[97] über die im Verfassungstext bereits gewährleisteten Rechtspositionen hinausgehen könnten. Mithin ist die Aufnahme einer allgemeinen Oppositionsnorm nach hier vertretener Auffassung aus verfassungspolitischen Erwägungen nicht geboten.

bb) Oppositionsregelung zur Normierung des Verfassungsgrundsatzes effektiver parlamentarischer Opposition

Auch einer Formulierung wie „Es gilt der Grundsatz effektiver parlamentarischer Opposition“ dürfte nach hier vertretener Auffassung letztlich kein verfassungsrechtlicher Mehrwert zukommen. Die vorliegende Arbeit hat insoweit ausführlich dargelegt, dass ein solcher Verfassungsgrundsatz auch ohne ausdrückliche Normierung im Grundgesetz verankert ist und namentlich aus dem Gewaltenteilungsgrundsatz, dem Demokratieprinzip sowie dem Grundsatz des freien Abgeordnetenmandats abzuleiten ist.

Soweit man argumentieren könnte, dass eine ausdrückliche Normierung dieses Verfassungsprinzips als „Grundsatzbestimmung interpretationsausrichtend und ermessensbeeinflussend wirken“[98] kann, so soll dem zwar nicht grundsätzlich widersprochen werden. Gleichwohl hat gerade die vorliegende Arbeit paradigmatisch aufgezeigt, dass dem Verfassungsgrundsatz effektiver parlamentarischer Opposition auch schon unter dem geltenden Verfassungstext und ohne eine ausdrückliche Normierung eine interpretationsleitende Funktion zukommt, welche auf die Behandlung konkreter juristischer Fragestellungen durchschlägt.[99] Dass eine Oppositionsbestimmung im Grundgesetz eine darüber hinausgehende Ermessensbeeinflussung hervorrufen könnte, kann jedenfalls nicht ohne Weiteres angenommen werden. Auch kommt einem geschriebenen Verfassungsprinzip nicht grundsätzlich ein höherer Rang zu als einem ungeschriebenen Verfassungsprinzip.[100]

Vielmehr kann nach hier vertretener Auffassung in der fehlenden ausdrücklichen Normierung des Verfassungsgrundsatzes effektiver parlamentarischer Opposition gerade ein Vorteil liegen. Denn ohne eine Verstetigung im Verfassungstext können auch weiterhin das Demokratieprinzip, der Gewaltenteilungsgrund-

---

[97] So der in der Gemeinsamen Verfassungskommission zur Diskussion gestellte Textvorschlag, vgl. BT-Drs. 12/6000, S. 89.

[98] *M. Kloepfer*, in: Frankfurter Allgemeine Zeitung v. 1.11.2013, S. 7.

[99] Vgl. 3. Kapitel § 1, S. 154 ff.

[100] *H.A. Wolff*, Ungeschriebenes Verfassungsrecht unter dem Grundgesetz, S. 290 ff.; *E. Grabitz*, VVDStRL 39 (1981), S. 197 (198).

satz und der Grundsatz des freien Abgeordnetenmandats herangezogen werden, um sachverhaltsspezifisch die auftretenden Problemkonstellationen um die Effektivität parlamentarischer Opposition zu lösen.[101] Eine Normierung des Oppositionseffektivitätsgrundsatzes drohte insoweit die Tiefenwurzeln zu den genannten Verfassungsbestimmungen zu kappen und eine eigene – hiervon losgelöste – Dogmatik zu entwickeln. Auch ist nicht außer Betracht zu lassen, dass das Demokratieprinzip und der Gewaltenteilungsgrundsatz über Art. 79 Abs. 3 GG einen verstärkten Schutz erfahren; dieser Schutz drohte dem Grundsatz effektiver parlamentarischer Opposition bei einer „Abkopplung" von diesen Prinzipien verloren zu gehen.

Wenn nun aber einer (potenziellen) Verfassungsbestimmung kein Aussagegehalt zukommt, der über den de constitutione lata garantierten Grundsatz effektiver parlamentarischer Opposition hinausgeht, so sollte aus den vorstehend angeführten Erwägungen sowie um der Gefahr einer Überfrachtung des Verfassungstextes willen von einer ebensolchen Normierung abgesehen werden. Mithin ist nach hier vertretener Auffassung auch die Aufnahme einer Oppositionsklausel in das Grundgesetz, welche den Verfassungsgrundsatz effektiver parlamentarischer Opposition normiert, nicht angezeigt.

b) Keine Notwendigkeit einer Chancengleichheitsbestimmung

Ferner stellt sich jedoch die Frage, wie Verfassungsbestimmungen zu bewerten sind, die über das auch ohne ausdrückliche Normierung Wirkung entfaltende Recht auf Bildung und Ausübung effektiver parlamentarischer Opposition hinausgehen und der parlamentarischen Opposition ein „Recht auf Chancengleichheit sowie einen Anspruch auf die erforderliche Ausstattung"[102] zuweisen. Mit derartigen Chancengleichheitsbestimmungen sollen traditionell diejenigen tatsächlichen Vorteile kompensiert werden, welche den die Regierung tragenden Abgeordneten durch den leichten Zugang zur Regierung und zur Ministerialbürokratie entstehen.[103] Mithin geht es nicht um die Aufrechterhaltung einer über den Grundsatz der Gleichheit der Abgeordneten aus Art. 38 Abs. 1 Satz 2 GG ohnehin schon bestehenden rechtlich-formalen Chancengleichheit, sondern vielmehr um die Herstellung einer politisch-tatsächlichen Chancengleichheit.[104]

---

[101] Generell für eine relative Unbestimmtheit der Verfassung *M. Morlok*, DVBl. 2017, S. 995 (1002).

[102] Vgl. den Textvorschlag von *M. Kloepfer*, in: Frankfurter Allgemeine Zeitung v. 1.11.2013, S. 7.

[103] *R. Poscher*, AöR 122 (1997), S. 444 (466).

[104] *R. Poscher*, AöR 122 (1997), S. 444 (466).

Bezüglich eines isolierten „Rechts auf Chancengleichheit" muss ein rechtlich wahrnehmbarer Ertrag allerdings grundsätzlich infrage gestellt werden.[105] Denn eine Chancengleichheit gegenüber der Regierung bzw. einzelnen Regierungsmitgliedern lässt sich schon rechtstechnisch nicht konstruieren, da es an einer Vergleichbarkeit der Aufgaben von Regierung und parlamentarischer Opposition fehlt und somit eine wie auch immer geartete Chancengleichheit weder tatsächlich noch rechtlich herstellbar ist.[106] Zieht man somit als – einzig denkbares – Vergleichs- und Bezugsobjekt des oppositionellen Chancengleichheitsrechts die Abgeordneten der Regierungsmehrheit heran,[107] so erfolgt für die Akteure parlamentarischer Opposition – also die Abgeordneten und ihre Zusammenschlüsse – bereits eine umfassende Gewährleistung von (innerparlamentarischer) Chancengleichheit über Art. 38 Abs. 1 Satz 2 GG.[108] Akteurunabhängig findet sich das Prinzip der Chancengleichheit darüber hinaus auch schon in den Prinzipien der demokratischen Freiheit und der demokratischen Gleichheit wieder,[109] sodass insgesamt kein verfassungspolitischer Bedarf für ein allgemeines Recht auf Chancengleichheit parlamentarischer Opposition besteht.

Ein wahrnehmbarer Mehrwert von ausdrücklichen verfassungsrechtlichen Chancengleichheitsbestimmungen könnte somit nur aus einer dezidierten Rechtszuweisung resultieren, wie sie beispielsweise in dem oben wiedergegebenen Formulierungsvorschlag mit dem „Anspruch auf die erforderliche Ausstattung" hervortritt. Doch eine Besserstellung oppositioneller Akteure auf der Ebene der Ausstattung ist – wie in dieser Arbeit gezeigt – auch schon ohne eine sol-

---

[105] So auch schon *P. Cancik*, Parlamentarische Opposition in den Landesverfassungen, S. 160: „ohne eigenständigen Regelungsgehalt".

[106] Vgl. *S. Haberland*, Die verfassungsrechtliche Bedeutung der Opposition nach dem Grundgesetz, S. 168 f.; *R. Poscher*, AöR 122 (1997), S. 444 (466); *P. Cancik*, Parlamentarische Opposition in den Landesverfassungen, S. 182 f.; *A. Ingold*, Das Recht der Oppositionen, S. 211 f. Insoweit undifferenziert BVerfG, Urt. v. 14.7.1959 – Az. 2 BvE 2, 3/58, BVerfGE 10, 4 (16). Demgegenüber auch von einer Chancengleichheit zwischen Opposition und Regierung ausgehend *H.-P. Schneider*, Die parlamentarische Opposition im Verfassungsrecht der Bundesrepublik Deutschland, S. 218 f.; *ders.*, in: ders./W. Zeh (Hrsg.), Parlamentsrecht und Parlamentspraxis in der Bundesrepublik Deutschland, § 38 Rn. 26.

[107] Zutreffend *S. Haberland*, Die verfassungsrechtliche Bedeutung der Opposition nach dem Grundgesetz, S. 167; *R. Poscher*, AöR 122 (1997), S. 444 (466); *A. Ingold*, Das Recht der Oppositionen, S. 212 f. m. w. N. in Fn. 174.

[108] *S. Haberland*, Die verfassungsrechtliche Bedeutung der Opposition nach dem Grundgesetz, S. 167 ff.; *P. Starski*, DÖV 2016, S. 750 (756); tendenziell auch *A. Ingold*, Das Recht der Oppositionen, S. 371; *M. Morlok/S. Jürgensen*, JZ 2018, S. 695 (701). Anders aber *R. Poscher*, AöR 122 (1997), S. 444 (451).

[109] Vgl. BVerfG, Urt. v. 2.3.1977 – Az. 2 BvE 1/76, BVerfGE 44, 125 (145); Urt. v. 30.6.2009 – Az. 2 BvE 2, 5/08, 2 BvR 1010, 1022, 1259/08, 182/09, BVerfGE 123, 267 (343). Dazu auch *A. Ingold*, Das Recht der Oppositionen, S. 348.

che explizite Verfassungsbestimmung grundsätzlich zulässig und bisweilen sogar von Verfassungs wegen geboten, um einen Ausgleich gegenüber den sich aus der Nähe der Regierungsabgeordneten zur Exekutive ergebenden Vorteilen herzustellen. So stellt sich etwa der Oppositionszuschlag für Oppositionsfraktionen und fraktionslose Oppositionsabgeordnete als verfassungsrechtlich geboten dar und trägt letztlich zu einer faktischen Chancengleichheit zwischen oppositionellen und nicht-oppositionellen Akteuren bei.[110] Es bedürfte also nach hier vertretener Auffassung auch insoweit keines verfassungstextlich postulierten Rechts auf „die erforderliche Ausstattung", da dessen Auswirkungen nicht über die mit dem Verfassungsgrundsatz effektiver parlamentarischer Opposition verbundenen praktischen Konsequenzen hinausreichen.

Im Ergebnis ist damit festzuhalten, dass eine klarstellende Oppositionsbestimmung im Grundgesetz genau wie eine allgemeine Chancengleichheitsbestimmung mangels unmittelbar-verfassungsrechtlicher Relevanz abzulehnen ist. Will man die Wirkungsmöglichkeiten parlamentarischer Opposition tatsächlich verbessern, sind andere Instrumente in Betracht zu ziehen[111] – wie etwa die Schaffung spezifischer Oppositionsfraktionsrechte.

II. Schaffung spezifischer Oppositionsfraktionsrechte?

Als ein Instrument, das die Wirkungsmöglichkeiten parlamentarischer Opposition de facto verbessern könnte, ist die Schaffung spezifischer Oppositionsfraktionsrechte – also konkreter Rechtspositionen, die einer Oppositionsfraktion zugewiesen werden – in Betracht zu ziehen. Im Gegensatz zur Aufnahme einer verfassungsrechtlich indeterminierten Oppositionsbestimmung könnte eine den Oppositionsfraktionen spezifische Rechte vermittelnde Verfassungsnorm tatsächlich zu einer Effektivierung des Wirkens parlamentarischer Opposition beitragen. Unabhängig von der rechtspolitischen Sinnhaftigkeit der Schaffung spezifischer Oppositionsfraktionsrechte ist in einem ersten Schritt jedoch deren verfassungsrechtliche Zulässigkeit zu prüfen (1.). Erst in einem zweiten Schritt soll dann zur rechtspolitischen Debatte um die Ausweitung des Handlungsspektrums von Oppositionsfraktionen argumentativ Stellung bezogen werden (2.).

1. Kein grundsätzliches verfassungsrechtliches Verbot zur Schaffung spezifischer Oppositionsfraktionsrechte

Nachdem der Deutsche Bundestag es in seiner Sitzung vom 3. April 2014 unterlassen hat, zwei auf die Schaffung spezifischer Oppositionsfraktionsrechte ge-

[110] Vgl. 3. Kapitel § 2 II. 2. a) und b), S. 225 ff.
[111] So auch *P. Cancik*, JöR 55 (2007), S. 151 (191).

richtete Gesetzentwürfe[112] anzunehmen,[113] hat sich die Fraktion „Die Linke" in Prozessstandschaft für den Deutschen Bundestag in einem Organstreitverfahren vor dem Bundesverfassungsgericht gegen die ablehnende Entscheidung des Bundestages zur Wehr gesetzt.[114] Das Organstreitverfahren konnte – im Ergebnis zu Recht – vor allem deshalb keinen Erfolg haben, weil das Grundgesetz kein *Gebot* zur Schaffung spezifischer Oppositionsfraktionsrechte enthält.[115] Für die künftige rechtspolitische Diskussion rund um die Sicherstellung der Effektivität parlamentarischer Opposition dürfte jedoch von entscheidender Bedeutung sein, dass das Bundesverfassungsgericht in einem obiter dictum die Einführung spezifischer Oppositionsfraktionsrechte als nicht mit der Verfassung im Einklang stehend erachtet hat. Aufgrund der Tragweite dieses obiter dictums erscheint es angebracht, die verfassungsgerichtliche Argumentation im Folgenden zunächst insoweit zu rezipieren (a), um sich sodann mit derselben kritisch auseinanderzusetzen (b).

a) Rezeption der verfassungsgerichtlichen Judikatur

Das Bundesverfassungsgericht führt in seiner Entscheidung zunächst aus, das Grundgesetz begründe (in seiner geltenden Fassung) explizit keine spezifischen Oppositionsfraktionsrechte.[116] Zwar komme den grundgesetzlichen Minderheitenrechten für die Ausübung parlamentarischer Opposition entscheidende Bedeutung zu, diese seien jedoch nicht auf oppositionelle Akteure – wie etwa die Oppositionsfraktionen – beschränkt.[117] Dies ist de constitutione lata überzeugend, denn eine Institutionalisierung parlamentarischer Opposition mit einer ausschließlichen Rechtszuweisung an oppositionelle Fraktionen findet unter dem Grundgesetz gegenwärtig nicht statt.

Sodann führt das Bundesverfassungsgericht jedoch in einem obiter dictum aus, einer Einführung spezifischer Oppositionsfraktionsrechte stehe zudem Art. 38 Abs. 1 Satz 2 GG entgegen, denn exklusiv den Oppositionsfraktionen zur Verfügung stehende Rechte stellten eine nicht zu rechtfertigende Durchbrechung des Grundsatzes der Gleichheit der Abgeordneten und ihrer Zusammenschlüsse

[112] Gesetzentwurf vom 29.1.2014, BT-Drs. 18/380; Gesetzentwurf vom 18.3.2014, BT-Drs. 18/838.

[113] Vgl. Plenarprotokoll 18/26 v. 3.4.2014, S. 2082 D; Plenarprotokoll 18/26 v. 3.4.2014, S. 2087 D.

[114] Vgl. BVerfG, Urt. v. 3.5.2016 – Az. 2 BvE 4/14, BVerfGE 142, 25 ff.

[115] BVerfG, Urt. v. 3.5.2016 – Az. 2 BvE 4/14, BVerfGE 142, 25 (Rn. 91 ff.). Vgl. zum Nichtvorhandensein einer gegenwärtigen Handlungspflicht für den verfassungsändernden Gesetzgeber 3. Kapitel § 2 I., S. 210 ff.

[116] BVerfG, Urt. v. 3.5.2016 – Az. 2 BvE 4/14, BVerfGE 142, 25 (Rn. 91 ff.).

[117] BVerfG, Urt. v. 3.5.2016 – Az. 2 BvE 4/14, BVerfGE 142, 25 (Rn. 92 f.).

aus Art. 38 Abs. 1 Satz 2 GG dar.[118] Durch die Zuweisung spezifischer Rechte an die Oppositionsfraktionen würde eine Ungleichbehandlung zugunsten der oppositionellen Abgeordneten und ihrer Zusammenschlüsse gegenüber den die Regierung tragenden Abgeordneten und deren Zusammenschlüssen geschaffen, die nur durch besondere Gründe verfassungsrechtlichen Gewichts, welche den Anforderungen an Rechtfertigungsgründe für Differenzierungen innerhalb der Wahlrechtsgleichheit entsprechen müssten, gerechtfertigt werden könnte.[119] Ein diese Anforderungen erfüllender Rechtfertigungsgrund sei nicht ersichtlich:[120] Weder die faktische Kontrollzurückhaltung der strukturell die Regierung stützenden Abgeordneten könne einen Ausschluss von der Wahrnehmung bestimmter Minderheitenrechte rechtfertigen noch sei die besondere Situation einer „entrechteten" Opposition durch die Einführung von Oppositionsfraktionen vorbehaltenen Minderheitenrechten zu kompensieren. Auch die besonderen Funktionen parlamentarischer Opposition könnten die Ungleichbehandlung nicht rechtfertigen. Diese Ausführungen des Bundesverfassungsgerichts müssen so verstanden werden, dass – jedenfalls in den Augen des Karlsruher Gerichts – nicht nur die im konkreten Fall begehrten Oppositionsfraktionsrechte eine nicht zu rechtfertigende Durchbrechung des Grundsatzes der Gleichheit der Abgeordneten und ihrer Zusammenschlüsse darstellen, sondern dass grundsätzlich jede – wie auch immer ausgestaltete – Einführung spezifischer Oppositionsfraktionsrechte nicht mit der Verfassung, namentlich mit Art. 38 Abs. 1 Satz 2 GG, im Einklang stünde.

b) Kritik der verfassungsgerichtlichen Judikatur

Die vorgenannte Oppositionsrechte-Entscheidung des Bundesverfassungsgerichts ist in der Literatur zwar (überwiegend) nicht wegen ihres Ergebnisses, aber vielfach doch wegen einzelner argumentativ-dogmatischer Schwächen auf Kritik gestoßen.[121] Dieser Kritik ist insbesondere mit Blick auf das vorstehend beschriebene obiter dictum beizupflichten, denn dieses kann zum einen bereits so

---

118 BVerfG, Urt. v. 3.5.2016 – Az. 2 BvE 4/14, BVerfGE 142, 25 (Rn. 95 ff.).

119 BVerfG, Urt. v. 3.5.2016 – Az. 2 BvE 4/14, BVerfGE 142, 25 (Rn. 98 f.).

120 Hierzu und zum Folgenden BVerfG, Urt. v. 3.5.2016 – Az. 2 BvE 4/14, BVerfGE 142, 25 (Rn. 99 ff.).

121 *P. Cancik*, in: Verfassungsblog, http://verfassungsblog.de/der-grundsatz-ineffektiver-opposition-zum-urteil-des-bundesverfassungsgerichts-in-sachen-oppositionsfraktionsrechte/ [zuletzt abgerufen 30.8.2018]; *P. Starski*, in: JuWissBlog, http://www.juwiss.de/38-2016/ [zuletzt abgerufen am 30.8.2018]; *dies.*, DÖV 2016, S. 750 (751 f., 755 f.); *P. Lassahn*, NVwZ 2016, S. 929 (930); *K.-E. Hain*, JZ 2016, S. 1172 f.; *C. Hillgruber*, JA 2016, S. 638 (640); *M. Sachs*, JuS 2016, S. 764 (766); *S. Klenner*, DÖV 2018, S. 563 (568). Grundsätzliche Zustimmung hingegen bei *A. Ingold*, ZRP 2016, S. 143 (144 f.); *M. Rossi*, JZ 2016, S. 1169 ff.; *A. Uhle*, ZG 2018, S. 1 ff.

aufgefasst werden, dass selbst eine Einführung spezifischer Oppositionsfraktionsrechte durch den verfassungsändernden Gesetzgeber nicht möglich sein soll, was verfassungsrechtsdogmatisch nicht haltbar ist (aa). Zum anderen überzeugt die Argumentation des Bundesverfassungsgerichts in ihrer Stringenz auch nicht für die Bereiche des einfachen Gesetzesrechts sowie des Geschäftsordnungsrechts (bb).

aa) Einführung spezifischer Oppositionsfraktionsrechte auf Verfassungsebene

Soweit das Bundesverfassungsgericht statuiert, einer Einführung spezifischer Oppositionsfraktionsrechte stehe Art. 38 Abs. 1 Satz 2 GG entgegen,[122] stellt sich zunächst die Frage, auf welche Normebene das Gericht Bezug nimmt. Soll hiervon nur die unterverfassungsrechtliche Ebene erfasst sein oder ist das Gericht gar der Ansicht, einer Einführung spezifischer Oppositionsfraktionsrechte durch Verfassungsänderung stünde Art. 38 Abs. 1 Satz 2 GG entgegen, sodass es sich bei einem etwaigen verfassungsändernden Gesetz dieses Inhalts in der Konsequenz um verfassungswidriges Verfassungsrecht handelte? Für letztere Ansicht spricht insbesondere der systematische Aufbau der Entscheidungsbegründung: Die entsprechende Urteilspassage ist Teil des Abschnitts „I.", der sich mit der Begründetheit des Antrags zu 1 befasst. Der Antrag zu 1 zielte jedoch gerade auf die Feststellung, dass der Antragsgegner unter Verstoß gegen das Demokratieprinzip und gegen Grundsätze des parlamentarischen Regierungssystems Rechte und Pflichten des Deutschen Bundestages verletzt habe, indem er einen Gesetzentwurf zur Änderung des *Grundgesetzes* – in der Sache die Einführung spezifischer Oppositionsfraktionsrechte – abgelehnt hat. Unabhängig davon, dass eine Verfassungsänderungs*pflicht* auch nach hier vertretener Auffassung nicht besteht, sprechen aufgrund der systematischen Verortung und der undifferenzierten Fassung des verfassungsgerichtlichen obiter dictums gewichtige Gründe dafür, dass sich dieses auch auf de constitutione ferenda vornehmbare Verfassungsänderungen beziehen soll.[123]

Ein derartiges Verfassungsrechtsverständnis begegnet jedoch erheblichen dogmatischen Bedenken. Denn der verfassungsändernde Gesetzgeber unterliegt bei der Verfassungsrevision in materieller Hinsicht ausschließlich den durch

---

[122] BVerfG, Urt. v. 3.5.2016 – Az. 2 BvE 4/14, BVerfGE 142, 25 (Rn. 95).

[123] Anders *P. Lassahn*, NVwZ 2016, S. 929 (930), der von dem obiter dictum – allerdings ohne weitere Begründung – nur die Einführung spezifischer Oppositionsfraktionsrechte „durch einfaches Gesetz oder in der GO-BT" erfasst sieht; *M. Rossi*, JZ 2016, S. 1169 (1170): „ihrer (gesetzlichen) Einführung [wird] eine Absage erteilt"; ohne nähere Begründung *S. Klenner*, DÖV 2018, S. 563 (769 Fn. 84). Wie hier hingegen *P. Starski*, in: JuWissBlog, http://www.juwiss.de/38-2016/ [zuletzt abgerufen am 30.8.2018]; *dies.*, DÖV 2016, S. 750 (755); *A. Uhle*, ZG 2018, S. 1 (11 f.).

Art. 79 Abs. 3 GG gesetzten Schranken, sodass (nur) eine Änderung des Grundgesetzes, durch welche die Gliederung des Bundes in Länder, die grundsätzliche Mitwirkung der Länder bei der Gesetzgebung oder die in den Artikeln 1 und 20 niedergelegten Grundsätze berührt werden, unzulässig ist. Inwiefern jedoch eine Rechtszuweisung an oppositionelle Fraktionen die in Art. 1 und 20 GG niedergelegten Grundsätze – als allein in Betracht kommende Revisionssperre – berühren soll, kommt weder in der Urteilsbegründung zum Ausdruck noch ist dies sonst ersichtlich. Die verfassungsgerichtlich herangezogene Gleichheit der Abgeordneten ist für die Prüfung der Verfassungskonformität eines verfassungsändernden Gesetzes jedenfalls kein tauglicher Prüfungsmaßstab, da es sich insoweit um „gleichrangiges Verfassungsrecht“[124] handelt. Allenfalls das Demokratieprinzip wäre potenziell geeignet, einen materiellen Prüfungsmaßstab für ein etwaiges verfassungsänderndes Gesetz, das eine spezifische Rechtszuweisung an eine oder mehrere Oppositionsfraktionen vornimmt, zu kreieren. Solange es jedoch nicht zu einer Aushöhlung der individuellen Abgeordnetenrechte kommt und die verfassungsrechtlichen Fraktionsrechte im Allgemeinen nicht angetastet werden, was jedenfalls bei einer Einführung spezifischer Oppositionsfraktionsrechte, die *neben* die bisherigen Abgeordneten- und Fraktionsrechte treten, nicht der Fall sein dürfte, erscheint eine „Berührung“ des Demokratieprinzips im Sinne des Art. 79 Abs. 3 GG und damit eine materielle Verfassungsrevisionssperre ausgeschlossen.[125]

Im Ergebnis können somit keine Zweifel daran bestehen, dass eine Einführung spezifischer Oppositionsfraktionsrechte auf Verfassungsebene grundsätzlich möglich ist.[126] Soweit das bundesverfassungsgerichtliche obiter dictum entgegenstehende Deutungen erlaubt, muss der Ausspruch des Bundesverfassungsgerichts entweder als verfassungsrechtsdogmatisch verfehlt oder aber – wegen der undifferenzierten Fassung des obiter dictums und dessen Verortung unter dem Antrag zu 1 – zumindest als „redaktionelles Versehen“ betrachtet werden.

---

124 *P. Starski*, DÖV 2016, S. 750 (755).

125 Vgl. auch *A. Ingold*, ZRP 2016, S. 143 (143): „Auf der Ebene potenzieller Verfassungsänderungen besteht ein weiter Gestaltungsspielraum, da Art. 79 III GG als einzige verfassungsrechtliche Begrenzung insoweit keine substanzielle Limitierung bewirkt, solange wesenhaft die ‚Selbstbestimmung des Volkes nach dem Willen der jeweiligen Mehrheit‘ [Fn. mit Verweis auf BVerfGE 2, 1 (12 f.) = NJW 1952, 1407] gewahrt bleibt.“

126 Vgl. *P. Starski*, in: JuWissBlog, http://www.juwiss.de/38-2016/ [zuletzt abgerufen am 30.8.2018]; *dies.*, DÖV 2016, S. 750 (755); *M. Sachs*, JuS 2016, S. 764 (766); *A. Ingold*, ZRP 2016, S. 143 (143).

bb) Einführung spezifischer Oppositionsfraktionsrechte auf Gesetzes- und Geschäftsordnungsebene

Anders als für die Frage der Inbezugnahme verfassungsändernder Gesetze können indes keine Zweifel daran bestehen, dass das verfassungsgerichtliche obiter dictum sich auf die potenzielle unterverfassungsrechtliche Einführung spezifischer Oppositionsfraktionsrechte bezieht, der insoweit verfassungsrechtliche Gründe – namentlich der Grundsatz der Gleichheit[127] der Abgeordneten und ihrer Zusammenschlüsse aus Art. 38 Abs. 1 Satz 2 GG – entgegenstehen sollen.[128] Gegen diese Rechtsauffassung sind jedoch ebenfalls durchgreifende Bedenken in Ansatz zu bringen, denn soweit sich die unterverfassungsrechtliche Einführung spezifischer Oppositionsfraktionsrechte auf grundgesetzlich nicht speziell geregelte Minderheitenrechte bezieht, kann deren Rechtfertigungsfähigkeit jedenfalls nicht per se abgelehnt werden.

Bisweilen wird der Argumentation des Bundesverfassungsgerichts, wonach die Zuweisung spezifischer Oppositionsrechte eine Bevorzugung, mithin eine Ungleichbehandlung der oppositionellen Abgeordneten und ihrer Zusammenschlüsse zulasten der die Regierung tragenden Abgeordneten und deren Zusammenschlüssen darstelle,[129] entgegengehalten, dass bereits fraglich sei, ob wesentlich Gleiches überhaupt ungleich behandelt würde.[130] Schließlich gebe es in praxi doch signifikante Unterschiede zwischen den Regierungs- und Oppositionsabgeordneten, insbesondere was deren Informiertheit und Arbeitsweise betreffe.[131] Diese Bedenken lösen sich jedoch auf, wenn man sich zur Feststellung der Ungleichbehandlung auf einen formal-verfassungsrechtlichen Standpunkt zurückzieht. Denn obwohl es zutrifft, dass sich die faktische Rolle von Regierungs- und

---

[127] *M. Rossi*, JZ 2016, S. 1169 (1170), vermisst in der Begründung des Gerichts den Gedanken der Freiheit der Abgeordneten, der – seiner Auffassung nach – ebenso zur Begründung der Absage an spezifische Oppositionsfraktionsrechte hätte herangezogen werden können und müssen: „Denn die Anerkennung spezifischer Oppositionsfraktionsrechte nähme dem einzelnen Abgeordneten die Möglichkeit, sich allein gewissensorientiert und deshalb möglicherweise auch gegen die Fraktion zu einer bestimmten Sachfrage zu verhalten, und führte somit zu einer verfassungsrechtlichen Anerkennung eines bislang doch stets für verfassungswidrig gehaltenen Fraktionszwangs."

[128] Vgl. BVerfG, Urt. v. 3.5.2016 – Az. 2 BvE 4/14, BVerfGE 142, 25 (Rn. 122 ff.); tendenziell auch schon *K. Abmeier*, Die parlamentarischen Befugnisse des Abgeordneten des Deutschen Bundestages nach dem Grundgesetz, S. 232.

[129] BVerfG, Urt. v. 3.5.2016 – Az. 2 BvE 4/14, BVerfGE 142, 25 (Rn. 99).

[130] *P. Lassahn*, NVwZ 2016, S. 929 (930); *P. Starski*, in: JuWissBlog, http://www.juwiss.de/38-2016/ [zuletzt abgerufen am 30.8.2018]; differenzierter jedoch *dies.*, DÖV 2016, S. 750 (755 f.).

[131] *P. Lassahn*, NVwZ 2016, S. 929 (930); *P. Starski*, in: JuWissBlog, http://www.juwiss.de/38-2016/ [zuletzt abgerufen am 30.8.2018].

Oppositionsabgeordneten im System der parlamentarischen Demokratie der Bundesrepublik Deutschland unterscheidet, sind diese Diskrepanzen gleichwohl nicht geeignet, einen verfassungsrechtlich differenzierbaren Status von Regierungs- und Oppositionsabgeordneten zu begründen, sodass Differenzierungen bei den ihnen zugewiesenen Rechten wegen der formalen Abgeordnetengleichheit des Art. 38 Abs. 1 Satz 2 GG grundsätzlich rechtfertigungsbedürftig sind. Sind die Regierungs- und Oppositionsabgeordneten mit ihren Zusammenschlüssen zur Vergleichsgruppenbildung als „wesentlich Gleiches" also grundsätzlich geeignet, wird man eine infolge der Schaffung spezifischer Oppositionsfraktionsrechte eintretende Ungleichbehandlung kaum noch in Abrede stellen können. Denn soweit einer Oppositionsfraktion eine spezifische Rechtsposition zugewiesen wird, handelt es sich zunächst einmal um eine Ungleichbehandlung der Abgeordneten und ihrer Zusammenschlüsse und damit um eine Durchbrechung des aus Art. 38 Abs. 1 Satz 2 GG abzuleitenden besonderen Gleichheitsgrundsatzes.[132] Sie bedarf demnach einer verfassungsrechtlichen Rechtfertigung.

Soweit das Bundesverfassungsgericht eine Rechtfertigung jedoch nicht für möglich hält, sind dem zwei zentrale – und rechtlich durchgreifende – Beobachtungen entgegenzuhalten. Zum ersten ist es argumentativ-methodisch wenig überzeugend, der Ungleichbehandlung ihre verfassungsrechtliche Rechtfertigungsfähigkeit absolut abzusprechen,[133] zumal die Frage der Rechtfertigung von Eingriffen in Art. 38 Abs. 1 Satz 2 GG eine der zentralen verfassungsrechtsdogmatischen Fragen des Parlamentsrechts ist.[134] Wieso die insoweit herzustellende praktische Konkordanz[135] zwischen dem Schutz durch Art. 38 Abs. 1 Satz 2 GG und den übrigen betroffenen verfassungsrechtlichen Belangen stets und absolut zugunsten des Abgeordnetenmandats ausfallen sollte, wird weder in dem Urteil deutlich noch ist dies sonst ersichtlich. Jedenfalls dem Grunde nach dürfte das verfassungsrechtliche Prinzip effektiver parlamentarischer Opposition geeignet sein, die eintretende Ungleichbehandlung zu rechtfertigen, handelt es sich doch gerade um ein Verfassungsprinzip, das zum Ausgleich verfassungsrechtlicher Spannungslagen bestimmt und damit grundsätzlich geeignet ist, Einschränkun-

[132] Insoweit zutreffend BVerfG, Urt. v. 3.5.2016 – Az. 2 BvE 4/14, BVerfGE 142, 25 (Rn. 99).

[133] Wie hier *P. Starski*, DÖV 2016, S. 750 (756); *P. Lassahn*, NVwZ 2016, S. 929 (930); *C. Hillgruber*, JA 2016, S. 638 (640); *P. Cancik*, ZParl 2017, S. 516 (529); *A. Uhle*, ZG 2018, S. 1 (12 f.); letztlich auch schon *S. Schuster*, DÖV 2014, S. 516 (524). Anders jedoch *K. Abmeier*, Die parlamentarischen Befugnisse des Abgeordneten des Deutschen Bundestages nach dem Grundgesetz, S. 232.

[134] Vgl. *A. Ingold*, Das Recht der Oppositionen, S. 432: „weite Teile des Parlamentsrechts [sind] maßgeblich durch die verfassungsrechtliche Rechtfertigungslogik des Art. 38 Abs. 1 S. 2 GG geprägt".

[135] *A. Ingold*, Das Recht der Oppositionen, S. 432.

gen anderer Rechtspositionen auch von Verfassungsrang zu rechtfertigen. Der Oppositionseffektivitätsgrundsatz wird insoweit auch den verfassungsgerichtlichen Anforderungen an einen potenziellen Rechtfertigungsgrund für die Ungleichbehandlung von Abgeordneten und deren Zusammenschlüssen gerecht: Wenn das Gericht zur verfassungsrechtlichen Rechtfertigung einer Ungleichbehandlung von Abgeordneten und ihren Zusammenschlüssen besondere Gründe fordert, die ihrerseits durch die Verfassung legitimiert und von einem Gewicht sein müssten, das der Gleichheit der Abgeordneten die Waage halten könne,[136] so handelt es sich bei dem Grundsatz effektiver parlamentarischer Opposition gerade um einen solchen Grund. Denn der Grundsatz effektiver parlamentarischer Opposition ist zum einen selbst auch in Art. 38 Abs. 1 Satz 2 GG verankert[137] und damit schon formal-verfassungsrechtlich von einem Gewicht, das der Gleichheit der Abgeordneten die Waage halten kann. Zum anderen ist er geeignet, die innerparlamentarische Chancengleichheit[138] aufrechtzuerhalten bzw. wiederherzustellen und dient damit der materiellen Gleichheit der Abgeordneten.[139] Ist der verfassungsgerichtliche Ausspruch schon wegen des Außerachtlassens der grundsätzlichen Rechtfertigungsmöglichkeit von Ungleichbehandlungen durch den Grundsatz effektiver parlamentarischer Opposition bemerkenswert, so ist dessen absolute Formulierung schließlich noch verwunderlicher, wenn man berücksichtigt, dass das Gericht – nur wenige Absätze nach dem diskutablen obiter dictum – die mit der Anhebung der Redezeiten der Oppositionsfraktionen (in der 18. Wahlperiode) sowie die mit dem Oppositionszuschlag unzweifelhaft einhergehende Ungleichbehandlung zugunsten der Oppositionsfraktionen gegenüber den Regierungsfraktionen ohne Weiteres für verfassungsrechtlich gerechtfertigt erachtet.[140] Mit dem Diktum der absoluten Nichtrechtfertigungsfähigkeit ist dies nicht zu vereinbaren. Richtigerweise muss die Möglichkeit der Rechtfertigung einer durch die Schaffung spezifischer Oppositionsfraktionsrechte eintretenden Ungleichbehandlung in jedem Einzelfall geprüft werden.

Zum zweiten bewegt sich das tatsächliche Gewicht der Ungleichbehandlung jedenfalls solange im unteren Bereich, wie die spezifischen Oppositionsfraktionsrechte *neben* die bestehenden Minderheitenrechte treten.[141] Durch die alleini-

---

[136] BVerfG, Urt. v. 3.5.2016 – Az. 2 BvE 4/14, BVerfGE 142, 25 (Rn. 98). Kritisch dazu *P. Lassahn*, NVwZ 2016, S. 929 (930): „wird nicht erklärt, weshalb zur Rechtfertigung ein ‚zwingender Grund‘ (Rn. 126) erforderlich sein soll und was damit genau gemeint ist“.

[137] Vgl. 2. Kapitel § 3 II. 3., S. 141 ff.

[138] Vgl. dazu schon 4. Kapitel § 2 I. 2. b), S. 275 ff.

[139] In diese Richtung *P. Starski*, DÖV 2016, S. 750 (756).

[140] Vgl. BVerfG, Urt. v. 3.5.2016 – Az. 2 BvE 4/14, BVerfGE 142, 25 (Rn. 104 f.).

[141] *P. Lassahn*, NVwZ 2016, S. 929 (930); *P. Starski*, DÖV 2016, S. 750 (755). Anders jedoch BVerfG, Urt. v. 3.5.2016 – Az. 2 BvE 4/14, BVerfGE 142, 25 (Rn. 125).

ge Einführung spezifischer Oppositionsfraktionsrechte würde den Regierungsabgeordneten nämlich keine Rechtsposition entzogen. Die vom Bundesverfassungsgericht zu Recht hervorgehobene „Möglichkeit eines Opponierens im Einzelfall“[142] würde für die Abgeordneten der Regierungsfraktionen damit mittels der Minderheitenrechte ebenso unverändert bestehen bleiben wie die individuelle Möglichkeit des Opponierens für oppositionelle Abgeordnete.[143] Ein vom Bundesverfassungsgericht befürchteter „Ausschluss von der Wahrnehmung bestimmter Minderheitenrechte“[144] findet somit gar nicht erst statt, denn die Minderheitenrechte könnten weiterhin unterschiedslos von allen Abgeordneten in Anspruch genommen werden, soweit sie das entsprechende Quorum erfüllen. Die Ungleichbehandlung würde sich vielmehr ausschließlich auf Fraktionsebene auswirken, da eine Oppositionsfraktion bestimmte Rechte – im Gegensatz zu einer Regierungsfraktion – unabhängig von ihrer Größe geltend machen könnte. Insoweit würde eine Ungleichbehandlung zweifellos stattfinden, allerdings bleibt fraglich, inwiefern dieser Ungleichbehandlung eine praktische Bedeutung zukäme, da es sich bei den zu schaffenden Oppositionsfraktionsrechten typischerweise um solche Rechtspositionen handelte, welche zur Aufgabenwahrnehmung parlamentarischer Opposition beitragen würden. Wenn aber schon die einzelnen „Abgeordneten, die strukturell die Regierung stützen, wegen der Bindungen innerhalb der Koalitionsfraktionen in der politischen Praxis [...] vergleichsweise selten [von der Möglichkeit eines Opponierens im konkreten Einzelfall] Gebrauch“[145] machen, wird von der Möglichkeit des Opponierens durch eine komplette Regierungsfraktion noch seltener Gebrauch gemacht. Insofern entstünde durch die Schaffung spezifischer Oppositionsfraktionsrechte zwar durchaus eine Ungleichbehandlung, dieser käme in praxi jedoch so gut wie keine Relevanz zu, da es sich bei den spezifischen Oppositionsfraktionsrechten typischerweise um nicht von den Regierungsfraktionen in Anspruch genommene Rechte handelt und für die Möglichkeit eines situativen Opponierens von strukturell die Regierung stützenden Abgeordneten die bestehenden Minderheitenrechte nicht nur fortbestehen, sondern zur Erreichung der entsprechenden Vorwirkung[146] gleichsam ausreichen. Dass der politische Wettbewerb durch die Schaffung spezifi-

---

[142] BVerfG, Urt. v. 3.5.2016 – Az. 2 BvE 4/14, BVerfGE 142, 25 (Rn. 96).

[143] Vgl. *P. Starski*, DÖV 2016, S. 750 (755): „Dem einzelnen Abgeordneten einer oppositionellen Fraktion würden keine weiteren Oppositionsrechte zur eigenständigen Wahrnehmung zugewiesen.“

[144] BVerfG, Urt. v. 3.5.2016 – Az. 2 BvE 4/14, BVerfGE 142, 25 (Rn. 100).

[145] BVerfG, Urt. v. 3.5.2016 – Az. 2 BvE 4/14, BVerfGE 142, 25 (Rn. 100).

[146] Vgl. BVerfG, Urt. v. 3.5.2016 – Az. 2 BvE 4/14, BVerfGE 142, 25 (Rn. 100): „Allein das Bestehen dieser Möglichkeit [scil. der Möglichkeit eines Opponierens im konkreten Einzelfall] zwingt die Regierung aber immer wieder, für die eigene politische Position auch ‚in den eigenen Reihen‘ zu werben, was der Offenheit des politischen Prozesses nur förderlich sein kann.“

scher Oppositionsfraktionsrechte „verfälscht“ würde,[147] kann mithin nicht konstatiert werden. Diese Feststellung ist insbesondere auch deshalb von Relevanz, weil sich das Bundesverfassungsgericht bei seiner Forderung nach einem „zwingenden Rechtfertigungsgrund“ auf die Anforderungen beruft, die an Rechtfertigungsgründe für Differenzierungen innerhalb der Wahlrechtsgleichheit zu stellen sind.[148] Für die Rechtfertigungsfähigkeit von Differenzierungen innerhalb der Wahlrechtsgleichheit entspricht es jedoch ständiger Rechtsprechung, dass insoweit nicht abstrakte Fallgestaltungen zugrunde gelegt werden dürfen, sondern die politische Wirklichkeit.[149] Legt man jedoch für die Rechtfertigung im Rahmen der durch spezifische Oppositionsfraktionsrechte entstehenden Ungleichbehandlung die politische Wirklichkeit zugrunde, dürfte angesichts der „systemimmanente[n] Benachteiligung von Abgeordneten, die Mitglieder oppositioneller Fraktionen sind“[150], die grundsätzliche Rechtfertigungsfähigkeit derartiger Ungleichbehandlungen kaum noch in Zweifel zu ziehen sein.

Zusammenfassend ist festzuhalten, dass die Absolutheit des verfassungsgerichtlichen obiter dictums, wonach die mit der Schaffung spezifischer Oppositionsfraktionsrechte einhergehende Ungleichbehandlung grundsätzlich nicht zu rechtfertigen sei, nicht zu überzeugen vermag. Vielmehr kann eine Ungleichbehandlung zugunsten der oppositionellen Abgeordneten und ihren Zusammenschlüssen gegenüber den die Regierung tragenden Abgeordneten und deren Zusammenschlüssen grundsätzlich gerechtfertigt werden.

2. Regelungsbedürfnis für die Schaffung spezifischer Oppositionsfraktionsrechte?

Nachdem im Vorstehenden gezeigt werden konnte, dass die Einführung spezifischer Oppositionsfraktionsrechte – auf einfachgesetzlicher Ebene vorbehaltlich einer Rechtfertigung der damit einhergehenden Ungleichbehandlung im konkreten Einzelfall – verfassungsrechtlich grundsätzlich möglich wäre, stellt sich nun die Frage, ob rechtspolitisch ein derartiges Regelungsbedürfnis besteht. Um ein Regelungsbedürfnis zur Stärkung der Oppositionsfraktionsrechte anzuerkennen, bedürfte es der Feststellung, dass unter den gegenwärtigen rechtlichen Umständen ein Normdefizit besteht, das weder de constitutione noch de lege lata aufgelöst werden kann, sodass demzufolge ein Tätigwerden des (verfassungsändernden) Gesetzgebers von Nöten ist. Soweit ein entsprechendes Regelungsbedürfnis

---

[147] So *M. Rossi*, JZ 2016, S. 1169 (1171).

[148] BVerfG, Urt. v. 3.5.2016 – Az. 2 BvE 4/14, BVerfGE 142, 25 (Rn. 98).

[149] BVerfG, Urt. v. 10.4.1997 – Az. 2 BvC 3/96, BVerfGE 95, 408 (418 f.); Urt. v. 3.7.2008 – Az. 2 BvC 1, 7/07, BVerfGE 121, 266 (298).

[150] *P. Starski*, DÖV 2016, S. 750 (756).

besteht, stellt sich im Anschluss die Frage, auf welcher Normebene und in welcher Weise dem abgeholfen werden kann.

a) Bestehen eines Normdefizits

Im Grundsatz haben sich sowohl die verfassungsrechtlichen als auch die einfachgesetzlichen Rechtspositionen zur Wahrnehmung der spezifischen Oppositionsfunktionen bewährt. Insbesondere ist es den oppositionellen Akteuren jedenfalls durch gemeinsames Agieren und trotz des Fehlens spezifischer Oppositionsrechte regelmäßig möglich, von den typischen Minderheitenrechten, zu deren Inanspruchnahme ein Viertel der Mitglieder des Bundestages notwendig sind, Gebrauch zu machen. Insoweit kann ein grundsätzliches Normdefizit nicht konstatiert werden, denn der normative Rahmen hält – zumal unter Berücksichtigung des Oppositionseffektivitätsgrundsatzes als oppositionseffektivierende Auslegungsmaxime – zureichende Möglichkeiten bereit, durch die Opposition sichtbar und wirksam wird.

Anders verhält es sich indes im Falle einer qualifizierten Großen Koalition, die sich zum einen durch fehlende politische Gestaltungsmöglichkeiten der oppositionellen Kräfte, zum anderen aber auch durch das Versagen rechtlicher Kontrollmöglichkeiten auszeichnet.[151] Zwar ist die mit einer solchen Konstellation verbundene *politische* Schwäche der parlamentarischen Opposition grundsätzlich hinzunehmen, denn es ist prinzipiell nichts dagegen einzuwenden, dass die Regierungsmehrheit von ihrer Machtposition Gebrauch macht, um gesetzgeberische Gestaltungsspielräume in ihrem Sinn zu nutzen.[152] Eine andere Bewertung ist jedoch angezeigt, soweit „Verfassungs- oder sonstige Rechtsverletzungen von Regierung und Parlamentsmehrheit im Raum stehen. Der freiheitliche Rechtsstaat kann es nicht dulden, dass sich der Stärkere unter Beugung des Rechts gegen den Schwächeren durchsetzt."[153] Da das Verfassungsrecht für die Besonderheiten einer qualifizierten Großen Koalition jedoch grundsätzlich blind ist[154] – das Versagen wesentlicher oppositioneller Kontrollinstrumente also schlicht hinnimmt – und auch der Grundsatz effektiver parlamentarischer Opposition nicht in der Lage ist, sich über den ausdrücklichen Wortlaut der verfassungsrechtlichen Quoren hinwegzusetzen,[155] stellt sich die Frage, ob die fehlende Zugriffsmöglichkeit der oppositionellen Akteure auf wesentliche oppositionelle

---

151 Vgl. schon 2. Kapitel § 3 II. 1. c) bb) (2), S. 127 ff.
152 *C. Gröpl*, AöR 133 (2008), S. 1 (40).
153 *C. Gröpl*, AöR 133 (2008), S. 1 (40).
154 *M. Rossi*, JZ 2016, S. 1169 (1170).
155 Vgl. 3. Kapitel § 1 IV., S. 197 ff.

Instrumente rechts- und verfassungspolitisch hinzunehmen ist oder nicht. Dies ist Gegenstand kontroverser Diskussionen.[156]

Die Gegner eines verfassungspolitischen Agierens argumentieren insoweit, das Entstehen einer qualifizierten Großen Koalition und das damit verbundene Kontrolldefizit seien Ausdruck des sich im Wahlergebnis manifestierenden Wählerwillens, sodass die fehlende Zugriffsmöglichkeit seitens der oppositionellen Akteure auf wichtige oppositionelle Instrumente aufgrund der unmittelbaren demokratischen Legitimation der „übergroßen" Parlamentsmehrheit verfassungsrechtlich intendiert sei.[157] Überdies sei eine wirksame Kontrolle der Regierung nicht ausschließlich durch solche Verfahren möglich, welche die Erfüllung eines bestimmten Quorums – regelmäßig des Quorums von einem Viertel der Mitglieder des Bundestages – voraussetzten, sondern gleichfalls durch andere Instrumente wie beispielsweise die Große und Kleine Anfrage sowie das dem einzelnen Abgeordneten zustehende Fragerecht.[158] Die oppositionellen Akteure auf letztere Instrumente zur Wahrnehmung der oppositionellen Aufgaben zu verweisen, greift bei näherer Betrachtung jedoch zu kurz. Der Großen und Kleinen Anfrage sowie dem Fragerecht der Abgeordneten kommt zum einen nur eine vergleichbar geringe Öffentlichkeitswirkung zu,[159] zum anderen ist eine Rechtswirkung entfaltende Kontrolle mithilfe dieser Instrumente weder intendiert noch möglich. Stattdessen haben sich in der Parlamentspraxis insbesondere die abstrakte Normenkontrolle sowie das Untersuchungsausschussverfahren als wesentliche – wenngleich quorengebundene und nicht ausschließliche – Oppositions-

---

[156] Für eine Tätigwerden des (verfassungsändernden) Gesetzgebers *H. M. Heinig*, in: Verfassungsblog, http://verfassungsblog.de/opposition-tut-not/ [zuletzt abgerufen am 30.8.2018]; *J. A. Kämmerer*, NVwZ 2014, S. 29 (32); *M. Morlok*, in: Das Parlament Nr. 42–43/2013 (Interview von Claus Peter Kosfeld), http://www.das-parlament.de/2013/42_43/MenschenMeinungen/47417118/325002 [zuletzt abgerufen am 30.8.2018]; *M. Kloepfer*, in: Frankfurter Allgemeine Zeitung v. 1.11.2013, S. 7; *B. Beckermann/D. Weidemann*, ZRP 2014, S. 90 (91); *P. Cancik*, NVwZ 2014, S. 18 (22 ff.); tendenziell auch schon *P. M. Huber*, in: J. Isensee/P. Kirchhof (Hrsg.), Handbuch des Staatsrechts der Bundesrepublik Deutschland, Bd. III, § 47 Rn. 37. Gegen ein Tätigwerden *K.-A. Schwarz*, ZRP 2013, S. 226 ff.; *H.-J. Papier*, in: Deutschlandradio Kultur, 12.10.2013 (Gespräch mit Nana Brink), http://www.deutschlandradiokultur.de/das-parlamentarische-system-wuerde-eminent-geschwaecht.1008.de.html?dram:article_id=264993 [zuletzt abgerufen am 30.8.2018]; *W. Leisner*, DÖV 2014, S. 880 (884); *A. Ingold*, ZRP 2016, S. 143 (144 f.); implizit auch *J. Ennuschat*, VR 2015, S. 1 (5). Differenzierend *P. Starski*, DÖV 2016, S. 750 (761).

[157] Vgl. exemplarisch *K.-A. Schwarz*, ZRP 2013, S. 226 (228): „Aber der Verlust dieser Instrumente entspricht dem Wahlergebnis."

[158] *K.-A. Schwarz*, ZRP 2013, S. 226 (228).

[159] Wie hier *B. Beckermann/D. Weidemann*, ZRP 2014, S. 90 (91); anders jedoch ausdrücklich *K.-A. Schwarz*, ZRP 2013, S. 226 (228).

rechte erwiesen.[160] Die Oppositionsakteure im Fall einer qualifizierten Großen Koalition, in dem sich ohnehin bereits ein strukturelles Kontrolldefizit manifestiert,[161] dauerhaft von diesen Kontrollinstrumenten abzuschneiden, erscheint aus der Gewaltenteilungsperspektive des neuen Dualismus dysfunktional. Vielmehr ist es erforderlich, die prinzipielle Zugriffsmöglichkeit der oppositionellen Abgeordneten auf das Untersuchungsausschussverfahren und die abstrakte Normenkontrolle auch für den Fall einer qualifizierten Großen Koalition sicherzustellen.

aa) Einsetzung eines Untersuchungsausschusses

Für das Untersuchungsausschussverfahren rechtfertigt sich die hier vorgetragene rechtspolitische Forderung allein schon dadurch, dass dieses „sich unter den Bedingungen des parlamentarischen Regierungssystems maßgeblich zu einem Recht der Opposition auf eine Sachverhaltsaufklärung unabhängig von der Regierung und der sie tragenden Parlamentsmehrheit entwickelt"[162] hat und insoweit *die* politische und rechtliche „‚Waffe' der Opposition"[163] gegenüber der Regierung und den diese tragenden Abgeordneten darstellt. Handelt es sich aber anerkanntermaßen um ein vordergründig oppositionelles Instrument,[164] so sollte die Einleitung eines Untersuchungsverfahrens auch im Fall einer qualifizierten Großen Koalition nicht grundsätzlich von dem Willen und der Mitwirkung regierungstragender Abgeordneter abhängig sein und jedenfalls die Einsetzung eines Untersuchungsausschusses weitgehend „oppositionsfest" ausgestaltet werden.[165] Dieses Desiderat scheint im Übrigen auch ins Innere des Deutschen Bundestages vorgedrungen zu sein, wie sich exemplarisch anhand der Ausweitung der Einsetzungsmöglichkeiten eines Untersuchungsausschusses im Fall qualifizierter Großer Koalitionen zeigt.[166]

---

[160] Vgl. für die abstrakte Normenkontrolle 2. Kapitel § 2 II. 2. e) aa), S. 92 ff.; für das Untersuchungsausschussverfahren 2. Kapitel § 2 II. 2. c), S. 88 ff.

[161] Vgl. 2. Kapitel § 3 II. 1. c) bb) (2), S. 127 ff.

[162] BVerfG, Beschl. v. 2.8.1978 – Az. 1 BvK 1/77, BVerfGE 49, 70 (85); Urt. v. 8.4.2002 – Az. 2 BvE 2/01, BVerfGE 105, 197 (222); Beschl. v. 13.10.2016 – Az. 2 BvE 2/15, BVerfGE 143, 101 (Rn. 75).

[163] *M.-E. Geis*, in: J. Isensee/P. Kirchhof (Hrsg.), Handbuch des Staatsrechts der Bundesrepublik Deutschland, Bd. III, § 55 Rn. 6.

[164] Vgl. statt vieler BVerfG, Urt. v. 3.5.2016 – Az. 2 BvE 4/14, BVerfGE 142, 25 (Rn. 108); *L.-A. Versteyl*, in: I. v. Münch/P. Kunig, GG, Bd. I, Art. 44 Rn. 49 f.

[165] Tendenziell wie hier *R. Zippelius*, Allgemeine Staatslehre, S. 359: Einsetzung von Untersuchungsausschüssen „ohne Rücksicht auf ihre Größe [scil. die Größe der Opposition] – insbesondere unabhängig von der Majorität". Kritisch jedoch *W. Leisner*, NVwZ 2015, S. 31 (33).

[166] Vgl. in der 18. Wahlperiode die Bestimmung des § 126a Abs. 1 Nr. 1 GOBT a. F.

bb) Einleitung einer abstrakten Normenkontrolle

Auch dem Instrument der abstrakten Normenkontrolle kommt in Zeiten einer qualifizierten Großen Koalition eine besondere Bedeutung für die Kontrolle durch die oppositionellen Akteure zu. Zwar ist die abstrakte Normenkontrolle verfassungsrechtlich nach wie vor nicht als kontradiktorisches Verfahren ausgestaltet, sondern primär als ein objektives, den Schutz der Verfassung intendierendes Verfahren, gleichwohl hat sie sich jedenfalls in praxi zu einem auch der Aufgabenwahrnehmung parlamentarischer Opposition dienenden Verfahren entwickelt.[167] Obwohl die abstrakte Normenkontrolle also unstreitig eine faktisch-politische Kontrollmöglichkeit eröffnet, ist indes umstritten, ob der parlamentarischen Opposition insoweit auch eine rechtliche Kontrollfunktion – genauer: Gesetzgebungskontrollfunktion – zukommt.[168] Denn nur in letzterem Falle könnte man von einer normativ defizitären Ausgestaltung ausgehen, soweit die parlamentarische Opposition im hier untersuchten Fall einer qualifizierten Großen Koalition nicht auf das Instrument der abstrakten Normenkontrolle zugreifen kann. Richtigerweise wird man eine Gesetzgebungskontrollfunktion der parlamentarischen Opposition mit Blick auf die funktionale Identität von Regierung und regierungstragenden Abgeordneten bejahen müssen.[169] Denn wenn einerseits die Regierungskontrolle zu den essenziellen Aufgaben parlamentarischer Opposition gehört, kann es sich andererseits bei der Gesetzeskontrolle nicht anders verhalten, soweit die Regierung oder eine Regierungsfraktion einen Gesetzentwurf in den Bundestag einbringen.

Wenn es den oppositionellen Kräften im Parlament im Fall einer qualifizierten Großen Koalition jedenfalls ohne die Mitwirkung grundsätzlich die Regierung tragender Abgeordneter wegen des Antragsquorums von einem Viertel der Mitglieder des Bundestages in Art. 93 Abs. 1 Nr. 2 GG nicht mehr möglich ist, ein abstraktes Normenkontrollverfahren einzuleiten, so könnte man schließlich auch hier auf die sonstigen Möglichkeiten zur Ausübung von Kontrolle hinweisen. Gleichwohl hätten die Oppositionsabgeordneten keine unmittelbare Möglichkeit, ein von der übergroßen Parlamentsmehrheit verabschiedetes Gesetz einer verfassungsgerichtlichen Prüfung zuzuführen. Ob dies als Ausfluss einer großen Regierungsmehrheit verfassungspolitisch hinzunehmen ist oder ob in ei-

---

[167] Vgl. 2. Kapitel § 2 II. 2. e) aa), S. 92 ff.

[168] Ablehnend *P. Cancik*, NVwZ 2014, S. 18 (22): „ist Gesetzgebungskontrolle vor dem Maßstab der Verfassung nicht primäre Funktion der Opposition im Parlament"; ebenso *A. Thiele*, Verlustdemokratie, S. 162 f. mit Fn. 187.

[169] In diese Richtung auch *C. Gröpl*, LKV 2004, S. 438 (439 f.): „Da im parlamentarischen Regierungssystem die überwiegende Mehrzahl der Gesetzentwürfe von der Regierung in Absprache mit den Regierungsfraktionen eingebracht wird, fällt die eigentliche parlamentarische Kontrolle der Opposition zu."

nem solchen Fall eine demokratiepolitisch bedenkliche Situation entsteht, derer sich die Verfassungspolitik annehmen sollte, mag unterschiedlich bewertet werden. Nach hier vertretener Auffassung sprechen jedoch gute Gründe dafür, dass im Fall einer qualifizierten Großen Koalition auch mit Blick auf die abstrakte Normenkontrolle ein rechtliches Vakuum entsteht, das oppositionssensibel ausgefüllt werden sollte.[170] Denn auch wenn unter dem Geltungsbereich des Grundgesetzes der empirische Nachweis dafür fehlt, dass große Mehrheiten dazu neigen, ihre Machtfülle zu missbrauchen und zur Verabschiedung verfassungswidriger – gegebenenfalls sogar verfassungsändernder – Gesetze neigen,[171] sollte allein schon wegen der historischen Erfahrungen aus der nationalsozialistischen Schreckensherrschaft[172] einer Situation, in der die oppositionellen Kräfte ihrer Kontrollmöglichkeiten beraubt sind, Vorschub geleistet werden. Mithin ist es von besonderer Bedeutung, dass den oppositionellen Kräften nicht nur andere – durchaus auch effektive – Kontrollmöglichkeiten verbleiben, sondern dass mit der abstrakten Normenkontrolle gerade dasjenige Verfahren zur Verfügung steht, das zur verfassungsgerichtlichen Prüfung von Bundesgesetzen geeignet und bestimmt ist.

Soweit einer Adaption der Antragsberechtigung an den Fall einer qualifizierten Großen Koalition entgegenhalten wird, den Oppositionsabgeordneten stünden in einer solchen Situation andere Wege – namentlich die „mittelbare" An-

---

[170] Anders etwa *J. Ennuschat*, VR 2015, S. 1 (5); *K. Stüwe*, in: R. van Ooyen/M. Möllers (Hrsg.), Handbuch Bundesverfassungsgericht im politischen System, S. 349 (365). Wie hier *C. Gröpl*, AöR 133 (2008), S. 1 (40); *J.A. Kämmerer*, NVwZ 2014, S. 29 (32); im Ergebnis ebenso *P. Cancik*, NVwZ 2014, S. 18 (22); tendenziell auch *R. Zippelius*, Allgemeine Staatslehre, S. 359. Siehe im Übrigen zur Eingliederung der Verfassungsgerichtsbarkeit in die Gewaltengliederung und zur Einbindung hoheitlicher Akteure in die verfassungsgerichtlichen Verfahren *C. Möllers*, Gewaltengliederung, S. 144: „Die legislative Entscheidung ‚als solche' steht nur seitens repräsentativer Beteiligter am demokratischen Verfahren zur Disposition. Dies legt es nahe, Beteiligte am legislativen Verfahren auch als Prozeßbeteiligte heranzuziehen, deren Belang seinerseits durch ein Legitimationserfordernis schon einen gewissen Grad an Allgemeinheit hat – wie ein Verfassungsorgan oder die parlamentarische Opposition."

[171] Vgl. aber *P.M. Huber*, JZ 1994, S. 689 (695): „Das eigentliche Problem des Parteienstaates ist ein zutiefst menschliches, nämlich die Neigung, bestehende rechtliche Handlungsspielräume im eigenen Interesse zu nutzen, auch wenn dies mit dem Interesse der Allgemeinheit nicht identisch ist."

[172] Vgl. in diese Richtung *A. Thiele*, Verlustdemokratie, S. 76: „Möglich wäre es, an dieser Stelle auf die Mäßigung der Mehrheit zu vertrauen und zu hoffen, dass diese die genannten Grenzen von sich aus achten und nicht überschreiten wird. Eine Grenzüberschreitung bliebe dann zwar möglich, da formal keiner der Gegenstände der Mehrheitsentscheidung entzogen worden ist. Man vertraute aber darauf, dass dies letztlich nicht passieren wird. Die Geschichte hat freilich gezeigt, dass eine solche Form der Grenzsicherung die Tugendhaftigkeit der Herrschenden über- und deren menschliche Schwächen unterschätzt."

tragstellung durch eine „oppositionelle" Landesregierung – offen,[173] überzeugt dieser Einwand nicht, denn regelmäßig ist in den Regierungen der Länder zugleich wenigstens eine der Parteien, die im Bund an einer (qualifizierten) Großen Koalition beteiligt ist, vertreten und wird etwaige „mittelbare" Antragstellungen verhindern. Darüber hinaus sind die Landesregierungen durch Art. 93 Abs. 1 Nr. 2 GG mit einer *eigenen* Aktivlegitimation ausgestattet; ihnen zu unterstellen, sie seien jederzeit bereit, stellvertretend für eine nicht antragsberechtigte Oppositionsfraktion aus dem Bundestag das abstrakte Normenkontrollverfahren einzuleiten, hat sich jedenfalls mit Blick auf die Vergangenheit als nicht belegbare Vermutung erwiesen.[174]

In der Literatur wird zudem vereinzelt darauf hingewiesen, die Verfassungsmäßigkeit von Gesetzen könne auch durch andere Verfahrensarten einer verfassungsgerichtlichen Prüfung unterzogen werden,[175] sodass eine fehlende Antragsbefugnis der Oppositionsabgeordneten im Fall einer qualifizierten Großen Koalition nicht weiter ins Gewicht falle. Zwar ist der Hinweis insoweit zutreffend, als ein Gesetz auch im Rahmen einer konkreten Normenkontrolle sowie einer Verfassungsbeschwerde durch das Bundesverfassungsgericht auf seine Verfassungskonformität hin kontrolliert werden kann. Der Gleichwertigkeit dieser Verfahren stehen jedoch gleich mehrere Erwägungen entgegen: Die konkrete Normenkontrolle unterliegt besonderen Zulässigkeitsvoraussetzungen und ermöglicht keine abstrakte Prüfung der Verfassungsmäßigkeit einer Norm. Die (zulässige) Verfassungsbeschwerde gegen ein Gesetz führt lediglich dazu, dass geprüft wird, ob der Beschwerdeführer durch das Gesetz in seinen Grundrechten oder grundrechtsgleichen Rechten verletzt wird, nicht aber zu einer umfassenden Prüfung der Verfassungsmäßigkeit des Gesetzes; überdies kann ein Bundestagesabgeordneter – jedenfalls in seiner Eigenschaft als Mitglied des Bundestages – grundsätzlich kein Verfassungsbeschwerdeverfahren anstrengen. Mithin sind sowohl die konkrete Normenkontrolle als auch die Verfassungsbeschwerde keine Verfahrensarten, die den fehlenden Zugriff der Oppositionsabgeordneten auf die abstrakte Normenkontrolle adäquat ausgleichen können.

Schließlich könnte man zur Verteidigung der gegenwärtigen Rechtslage auch noch auf die grundsätzliche Prüfungskompetenz des Bundespräsidenten verweisen, die diesem gemäß Art. 82 Abs. 1 Satz 1 GG bei der Ausfertigung von Gesetzen zukommt und eine zusätzliche Gewähr für die Verfassungskonformität von

---

[173] So *J. Ennuschat*, VR 2015, S. 1 (5); implizit wohl auch *K.-A. Schwarz*, ZRP 2013, S. 226 (228).

[174] Vgl. *K. Stüwe*, in: R. van Ooyen/M. Möllers (Hrsg.), Handbuch Bundesverfassungsgericht im politischen System, S. 349 (358 f.).

[175] Vgl. *J. Ennuschat*, VR 2015, S. 1 (5); *K.-A. Schwarz*, ZRP 2013, S. 226 (228); *P. Cancik*, NVwZ 2014, S. 18 (22).

Gesetzen bieten soll. Abgesehen davon, dass die Reichweite der materiellen Prüfungskompetenz des Bundespräsidenten in der wissenschaftlich-dogmatischen Diskussion heillos umstritten ist,[176] kann auch diese den Wegfall der Zugriffsmöglichkeit der Oppositionsabgeordneten auf die abstrakte Normenkontrolle nicht ausgleichen. Denn zum einen kommt dem Bundespräsidenten bezüglich der Prüfung der materiellen Verfassungsmäßigkeit eines Gesetzes richtigerweise nur eine Evidenzkontrolle zu,[177] sodass er schon aus dieser Perspektive keine der verfassungsgerichtlichen Prüfung vergleichbare „Normenkontrolle" vornimmt;[178] zum anderen ist nicht auszuschließen, dass die qualifizierte Große Koalition, soweit sie in der Bundesversammlung ebenfalls über eine entsprechend große Mehrheit verfügt, auch bei der Wahl des Bundespräsidenten von ihrer Machtfülle Gebrauch macht und einen „regierungsnahen" Kandidaten ins Präsidentenamt wählt, der ihr bei der Inanspruchnahme seines Prüfungsrechts tendenziell wohlgesonnen ist. Mithin ist auch das Prüfungsrecht des Bundespräsidenten jedenfalls nicht grundsätzlich geeignet, die fehlende Zugriffsmöglichkeit der Oppositionsabgeordneten auf das abstrakte Normenkontrollverfahren zu kompensieren.

Im Ergebnis sollte daher auch die Antragsberechtigung für die abstrakte Normenkontrolle modifiziert werden, sodass einem Machtmissbrauch der Regierungsmehrheit im Fall einer qualifizierten Großen Koalition Vorschub geleistet wird. Die in Ermangelung einer Zugriffsmöglichkeit der Oppositionsabgeordneten auf die abstrakte Normenkontrolle fortbestehenden prozeduralen und institutionellen Kontrollmöglichkeiten bieten letztlich keine hinreichende Gewähr dafür, dass künftige Regierungsmehrheiten von einem Missbrauch der sich in der Situation einer qualifizierten Großen Koalition bietenden politischen Macht absehen.

b) Auflösung des Normdefizits durch Verfassungsänderung

Um dem vorstehend beschriebenen Normdefizit bezüglich der Einsetzung eines Untersuchungsausschusses sowie der Einleitung eines abstrakten Normenkontrollverfahrens Abhilfe zu leisten, ist ein Tätigwerden auf einfachgesetzlicher oder gar geschäftsordnungsrechtlicher Ebene nicht ausreichend. Stattdessen bedarf es – über die Anpassung einfacher Gesetze (§ 13 Nr. 6, § 76 Abs. 1 BVerfGG, § 1 Abs. 1, § 2 Abs. 1 PUAG) hinaus – einer Auflösung des Normdefizits durch Verfassungsänderung. Denn ungeachtet der grundsätzlichen Bedenken

---

[176] Vgl. statt vieler und m. w. N. *H. Butzer*, in: Maunz/Dürig, GG, Art. 82 Rn. 115 ff.; *S. U. Pieper*, in: V. Epping/C. Hillgruber (Hrsg.), GG, Art. 82 Rn. 1 ff.

[177] Vgl. statt anderer *B.-O. Bryde*, in: I. v. Münch/P. Kunig, GG, Bd. II, Art. 82 Rn. 6; *C. Gröpl*, Staatsrecht I, Rn. 1167; *J. Ipsen*, Staatsrecht I, Rn. 499.

[178] *J. Ipsen*, Staatsrecht I, Rn. 499.

gegenüber der Regelungsebene des Geschäftsordnungsrechts[179] erweisen sich sowohl die Voraussetzungen zur Einsetzung eines Untersuchungsausschusses als auch diejenigen zur Erhebung einer abstrakten Normenkontrolle als verfassungsrechtlich determinierte Regelungsbereiche. Soweit Art. 44 Abs. 1 Satz 1 und Art. 93 Abs. 1 Nr. 2 GG die Ausübung der vorgenannten Rechte durch das Quorum von einem Viertel der Mitglieder des Bundestages begrenzen, kann hiervon unterverfassungsrechtlich grundsätzlich nicht abgewichen werden.[180]

Erkennt man demnach die verfassungspolitische Notwendigkeit einer Erweiterung des Einsetzungsrechts für Untersuchungsausschüsse sowie des Antragsrechts für die abstrakte Normenkontrolle an, sind grundsätzlich zwei Möglichkeiten vorstellbar, wie die Erweiterung auf Verfassungsebene umgesetzt werden könnte: Zum einen wäre es möglich, die grundgesetzlichen Quoren in Art. 44 Abs. 1 Satz 1 und Art. 93 Abs. 1 Nr. 2 GG zu senken, zum anderen wäre die Erweiterung der vorgenannten Normen durch die Schaffung spezifischer Oppositionsfraktionsrechte denkbar.

aa) Keine Absenkung der grundgesetzlichen Quoren

Die prima facie einfachste Lösung bestünde darin, die verfassungsrechtlichen Quoren von einem Viertel der Mitglieder des Bundestages in Art. 44 Abs. 1 Satz 1 und Art. 93 Abs. 1 Nr. 2 GG abzusenken. Entsprechend niedrigere Quoren finden sich teilweise auf Ebene der Landesverfassungen[181] und werden bisweilen in der Literatur auch für das Grundgesetz ins Spiel gebracht.[182]

Auch wenn diese Lösung durch ihre Einfachheit und Rechtsklarheit besticht, würde die notwendige Oppositionssensibilität sowohl beim Untersuchungsausschuss als auch bei der abstrakten Normenkontrolle durch eine Quorenabsenkung – beispielsweise auf ein Fünftel der Mitglieder des Bundestages – nach hier

---

[179] Vgl. dazu die einleitenden Bemerkungen zum 4. Kapitel, S. 257 f.

[180] Vgl. 3. Kapitel § 2 II. 1., S. 220 ff.

[181] Vgl. für die Einsetzung eines Untersuchungsausschusses das Quorum von einem Fünftel der Mitglieder der Landtage: Art. 25 Abs. 1 BayVerf, Art. 72 Abs. 1 Satz 1 BbgVerf, Art. 92 Abs. 1 HessVerf, Art. 27 Abs. 1 Satz 1 NdsVerf, Art. 41 Abs. 1 Satz 1 NWVerf, Art. 91 Abs. 1 Satz 1 RhPfVerf, Art. 54 Abs. 1 Satz 1 SächsVerf, Art. 24 Abs. 1 Satz 1 SchlHVerf und Art. 64 Abs. 1 Satz 1 ThürVerf.

[182] Vgl. allgemein *M. Kloepfer*, in: Frankfurter Allgemeine Zeitung v. 1.11.2013, S. 7. Für die abstrakte Normenkontrolle: *P. Cancik*, NVwZ 2014, S. 18 (22); *M. Krajewski*, Kurzgutachten zur Erweiterung des Antragsrechts für die abstrakte Normenkontrolle durch einfaches Bundesgesetz nach Art. 93 Abs. 3 GG, https://www.gruene-bundestag.de/fileadmin/media/gruenebundestag_de/themen_az/innenpolitik/Kurzgutachten_Abstrakte-Normenkontrolle.pdf [zuletzt abgerufen am 30.8.2018]; a. A. *K.-A. Schwarz*, ZRP 2013, S. 226 (228). Für den Untersuchungsausschuss: *J. A. Kämmerer*, NVwZ 2014, S. 29 (32), der jedoch primär für eine Ausdehnung des Einsetzungsrechts auf Fraktionen optiert.

vertretener Auffassung nicht in hinreichendem Maße erreicht. Denn zwei wesentliche Argumente streiten gegen die Lösung, durch eine Absenkung der grundgesetzlichen Quoren parlamentarische Opposition in Zeiten qualifizierter Großer Koalitionen effektiver werden zu lassen. Zum einen erscheint letztlich jede Wahl eines Quorums in Ermangelung eines Anknüpfungspunktes für die konkrete Bemessung des jeweiligen Quorums willkürlich. Zum anderen würde der Weg einer Quorenabsenkung zwar die Hürden für das entsprechende Verfahren senken, doch eine „rechtssichere Oppositionseffektivität“ würde damit nicht erreicht. Denn würden die Quoren im Verfassungstext beispielsweise auf ein Fünftel der Mitglieder des Bundestages gesenkt, verlagerte sich die Problematik der Oppositionseffektivität nur um eine Ebene nach unten, da sich in einer Fallkonstellation, in der alle Oppositionsabgeordneten gemeinsam auch dieses neue Quorum nicht erreichen könnten, die gleichen Probleme wie bei einem Quorum von einem Viertel der Mitglieder des Bundestages stellen würden. Mithin könnte eine Absenkung der grundgesetzlichen Quoren nur eine ad-hoc-Lösung der verfassungsrechtlichen Problemlage erreichen, eine nachhaltige Lösung würde hierdurch jedoch nicht geschaffen.[183]

bb) Textvorschlag zur Schaffung spezifischer Oppositionsfraktionsrechte

Die nachhaltigere Lösung bestünde demnach nicht in einer Quorenabsenkung, sondern in der Schaffung spezifischer Oppositionsfraktionsrechte im Rahmen von Art. 44 Abs. 1 Satz 1 und Art. 93 Abs. 1 Nr. 2 GG.[184] Eine Regelung, welche einerseits die erforderliche Oppositionssensibilität sicherstellen könnte, andererseits gegenläufige Interessenspositionen wie beispielsweise die Beibehaltung einer Missbrauchsschwelle berücksichtigt, läge nach hier vertretener Auffassung darin, neben den anderen Antragsberechtigten grundsätzlich auch *zwei* Oppositionsfraktionen zur Einleitung einer abstrakten Normenkontrolle sowie zur Einsetzung eines Untersuchungsausschusses zu berechtigen[185] sowie hilfsweise die

---

[183] *M. Kloepfer*, in: Frankfurter Allgemeine Zeitung v. 1.11.2013, S. 7.

[184] In diese Richtung gehen auch die Forderungen von *J.A. Kämmerer*, NVwZ 2014, S. 29 (32), und *M. Kloepfer*, in: Frankfurter Allgemeine Zeitung v. 1.11.2013, S. 7. Während *Kämmerer* die Antragsbefugnis bei der abstrakten Normenkontrolle sowie das Recht zur Minderheitsenquête generell auf Fraktionsstärke ausdehnen will, optiert *Kloepfer* für eine Zwei-Fraktionen-Lösung. Eine Beschränkung auf Oppositionsfraktionen wird von beiden Autoren jedoch nicht vorgenommen. Vgl. im Übrigen schon die rechtspolitische Forderung von *C. Gröpl*, AöR 133 (2008), S. 1 (41), der sich mit Blick auf die Durchsetzung der Haushaltsverfassungsnormen dafür ausspricht, den Oppositionsfraktionen „mehr ‚Waffen‘ zur Rechtsbewehrung an die Hand zu geben“.

[185] Vgl. für die Ebene des einfachen Rechts bereits den Gesetzentwurf vom 29.1.2014, BT-Drs. 18/380.

genannten Rechte auch *einer* Oppositionsfraktion zuzuweisen, soweit sich im Deutschen Bundestag nur eine Oppositionsfraktion gebildet hat. Diese Rechtspositionen sollten die bestehenden Minderheitenrechte ergänzen und nicht an die Stelle der Quorenregelungen treten, um die gegenwärtig existierenden Anrufungs- bzw. Einsetzungsmöglichkeiten – und damit auch das situative Opponieren von grundsätzlich die Regierung tragenden Abgeordneten – nicht zu tangieren. Es sei daran erinnert, dass eine solche Ergänzung des Verfassungstexts – anders als eine etwaige einfachgesetzliche Regelung – mit Blick auf die Durchbrechung des Grundsatzes der Gleichheit der Abgeordneten und ihrer Zusammenschlüsse aus Art. 38 Abs. 1 Satz 2 GG nicht rechtfertigungsbedürftig wäre, da es sich um ein verfassungsänderndes Gesetz handelte, das materiell-rechtlich allein am Maßstab des Art. 79 Abs. 3 GG zu messen wäre.[186]

Die Ergänzung des Verfassungstexts nach den vorstehenden Maßstäben würde dazu führen, dass zwei Oppositionsfraktionen durch gemeinsames Agieren auch ohne Erreichung des Viertelquorums von den oppositionellen Instrumenten eines Untersuchungsausschusses sowie der abstrakten Normenkontrolle Gebrauch machen könnten. Dies trüge zu einer spürbaren Effektivierung der oppositionellen Funktion bei, wäre doch neben der bisweilen nicht erreichbaren Hürde der verfassungsrechtlichen Quoren eine zweite Möglichkeit zum Zugriff auf das Untersuchungsausschussverfahren und das abstrakte Normenkontrollverfahren eröffnet. Zugleich würde jedoch durch die grundsätzlich auf zwei Oppositionsfraktionen beschränkten Erweiterungen des Verfassungstexts verschiedenen Einwänden Rechnung getragen, die gegenüber einer unbesehenen Ausweitung der bestehenden Minderheitenrechte in Ansatz gebracht werden können.[187] Zum einen könnte das Zwei-Fraktionen-Erfordernis verhindern, dass eine Oppositionsfraktion zur Fundamentalopposition übergehen und durch ständige – selbst aussichtslose – Inanspruchnahme des sich nunmehr bietenden Einsetzungsrechts parlamentarischer Untersuchungsausschüsse die Lähmung parlamentarischer Arbeit provozieren kann.[188] Das Einigungserfordernis zwischen den Oppositionsfraktionen diente insoweit als „zusätzlicher politischer Filter“[189]. Zum anderen wäre auch der Schutz des Bundesverfassungsgerichts vor Überbeanspruchung – so es sich dabei überhaupt um einen verfassungsrechtlichen Belang von Gewicht handelt, dem nicht auf anderem Weg begegnet werden müsste – ge-

---

[186] Vgl. 4. Kapitel § 2 II. 1. b) aa), S. 280 f.

[187] Kritisch etwa *K.-A. Schwarz*, ZRP 2013, S. 226 (228): „Fragmentierung der Kontrollrechte“.

[188] Gegen die Gefährdung der Arbeitsfähigkeit des Parlaments bei einer Reduktion von Einsetzungsminderheiten auch *P. Cancik*, NVwZ 2014, S. 18 (21 f.); *R. Rixecker*, in: Festschrift R. Wendt, S. 1271 (1275 f.).

[189] *M. Kloepfer*, in: Frankfurter Allgemeine Zeitung v. 1.11.2013, S. 7.

wahrt, da aufgrund des Zwei-Fraktionen-Erfordernisses und der regelmäßig zu beobachtenden politischen Heterogenität der Oppositionsfraktionen „die Gefahr einseitig-parteipolitischer Inanspruchnahme des *BVerfG* nicht allzu hoch sein dürfte“[190]. Soweit schließlich gegen die hier favorisierte Lösung einer Rechtszuweisung an Oppositionsfraktionen vorgebracht wird, diese führe angesichts der binnenrechtlich bestimmten Mehrheitsanforderungen für einen Fraktionsbeschluss gegebenenfalls dazu, dass es für das Ausüben eines Fraktionsrechts ausreiche, „wenn in jeder Fraktion beispielsweise nur 20 Mitglieder dafür votiert haben“[191], so ist dies ein Einwand, der sich nicht isoliert gegen den hier unterbreiteten Vorschlag richtet, sondern allgemein gegen Rechtszuweisungen an Fraktionen. Die Mediatisierung der Abgeordneten durch die jeweiligen Fraktionen ist jedoch verfassungsrechtlich anerkannt und jedenfalls im Rahmen der bestehenden Rechtsordnung verfassungsrechtlich nicht zu beanstanden. Zudem dürften sich diese Bedenken zumindest in der Verfassungspraxis erübrigen, da sich im Falle eines angestrebten Fraktionsbeschlusses, der bei der Mehrheit der die Fraktion konstituierenden Abgeordneten keine Zustimmung findet, regelmäßig eine innerfraktionelle Opposition bilden wird. Überdies dient auch insoweit das Zwei-Fraktionen-Erfordernis als zusätzlicher verfassungsrechtlicher Schutzschild gegen eine „Herrschaft der Minderheit“.

Lediglich für den Fall, dass dem Deutschen Bundestag nur eine Oppositionsfraktion angehört, sollten die genannten Rechte dieser Oppositionsfraktion auch allein zugutekommen. In einer solchen Situation müssen die Einwände der Wahrung der Funktionsfähigkeit des Parlaments sowie des Schutzes des Bundesverfassungsgerichts vor Überbeanspruchung, denen im Übrigen durch die Zwei-Fraktionen-Lösung Rechnung getragen wird, gegenüber der aufrechtzuerhaltenden Oppositionseffektivität zurücktreten. Dies scheint insbesondere vor dem Hintergrund, dass das wirksame Ausüben von Opposition ein zentrales Element des demokratisch-rechtsstaatlichen Parteiensystems der Bundesrepublik Deutschland sowie des ihm inhärenten parlamentarischen Regierungssystems ist, gerechtfertigt. Im Ergebnis leidet unter einer solchen Auffangregelung auch nicht die grundsätzliche Herrschaft der Mehrheit, sondern es verbleibt ein Gewinn für die parlamentarisch-demokratische Streit- und Diskussionskultur und damit für die Demokratie im Ganzen.

Die verfassungspolitisch wünschenswerten und im Vorstehenden beschriebenen Verfassungstextänderungen könnten wie folgt im Grundgesetz umgesetzt werden:[192]

---

[190] *P. Cancik*, NVwZ 2014, S. 18 (22) [Hervorhebung im Original].

[191] *S. Hölscheidt*, ZG 2015, S. 246 (259).

[192] Die Änderungsvorschläge des Verfassers sind durch Hervorhebung gekennzeichnet. Da-

Art. 44 Abs. 1 GG: „Der Bundestag hat das Recht und auf Antrag eines Viertels seiner Mitglieder *oder von zwei Oppositionsfraktionen* die Pflicht, einen Untersuchungsausschuß einzusetzen, der in öffentlicher Verhandlung die erforderlichen Beweise erhebt. Die Öffentlichkeit kann ausgeschlossen werden. *Gehört dem Bundestag nur eine Oppositionsfraktion an, so besteht die Pflicht des Bundestages nach Satz 1 auch auf Antrag dieser Fraktion.*"

Art. 93 Abs. 1: „Das Bundesverfassungsgericht entscheidet: [...] 2. bei Meinungsverschiedenheiten oder Zweifeln über die förmliche und sachliche Vereinbarkeit von Bundesrecht oder Landesrecht mit diesem Grundgesetze oder die Vereinbarkeit von Landesrecht mit sonstigem Bundesrechte auf Antrag der Bundesregierung, einer Landesregierung, eines Viertels der Mitglieder des Bundestages *oder zweier Oppositionsfraktionen im Bundestag. Gehört dem Bundestag nur eine Oppositionsfraktion an, so kann der Antrag auch von dieser Fraktion gestellt werden;* [...]."

rüber hinaus sind – wie im Text bereits erwähnt – Anpassungen namentlich des BVerfGG sowie des PUAG notwendig.

Zusammenfassung in Thesen

Die vorliegende Arbeit hat die Geltung eines Verfassungsgrundsatzes effektiver parlamentarischer Opposition herausgearbeitet, dessen praktische Signifikanz dargelegt sowie verfassungspolitische Gestaltungsmöglichkeiten zur Sicherung der Effektivität parlamentarischer Opposition aufgezeigt. Die wesentlichen Ergebnisse werden im Folgenden thesenartig zusammengefasst.

Erstes Kapitel: Der Begriff der Opposition

1. Der Begriff der Opposition findet im Grundgesetz bislang keine Verwendung. Auch aus diesem Grund hat die Rechtswissenschaft den Begriff erst vergleichsweise spät für sich entdeckt. Über eine längere Tradition verfügt die Forschung zum Konzept der Opposition auf dem Feld der Politikwissenschaft.[1]

2. Ein juristischer Bedeutungsgehalt lässt sich den politikwissenschaftlichen Typologisierungen nur entnehmen, soweit sie es ermöglichen, ein konkretes oppositionelles Verhalten einer Klassifizierung zuzuführen, anhand derer dieses dann (verfassungs-)rechtlich bewertet werden kann.[2]

3. Eine rechtstheoretische Begriffsanalyse führt zu dem Ergebnis, dass dem Oppositionsbegriff nur innerhalb einzelner Gesetze der Charakter eines Rechtsbegriffs im engeren Sinne zukommt. Eine Qualifizierung als einheitlicher Rechtsbegriff im engeren Sinne muss ihm hingegen auf der Ebene des Bundesrechts versagt bleiben. Vielmehr handelt es sich bei dem Begriff der Opposition um einen heuristischen Rechtsbegriff, dem ein dogmatischer Wert zukommt.[3]

4. Angesichts vielfältiger Erscheinungsweisen scheidet eine an organisatorische Maßstäbe anknüpfende Definition für den Oberbegriff „Opposition" aus. Stattdessen ist der Begriff der Opposition funktional zu begreifen; er dient als Platzhalter für das Äußern von Widerspruch.[4]

---

[1] 1. Kapitel § 1, S. 8 ff.

[2] 1. Kapitel § 1 IV., S. 18 f.

[3] 1. Kapitel § 2 I. 2., S. 22 ff.

[4] 1. Kapitel § 2 I. 3. a), S. 29 ff.

5. Parlamentarische Opposition ist eine der zahlreichen Erscheinungsformen von Opposition, allerdings regelmäßig auch die wichtigste und wirksamste.[5]

6. Der Begriff der parlamentarischen Opposition beschreibt auch unter dem Grundgesetz kein organisatorisch-institutionelles Gebilde.[6]

7. Parlamentarische Opposition kann durch eine Vielzahl möglicher Oppositionsakteure zum Ausdruck kommen. Als oppositionelle Akteure lassen sich einerseits Fraktionen und Gruppen benennen. Andererseits konstituiert sich Opposition auch vom einzelnen Abgeordneten aus.[7]

8. Zur Ermittlung parlamentarischer Opposition und der oppositionellen Akteure bedarf es eines materiellen Ansatzes, der auf das Nichttragen bzw. Nichtstützen der Regierung als entscheidendes Kriterium abstellt. Ein formeller Ansatz, der sich an der Nichtbeteiligung an der Regierung orientiert, steht hingegen mit der funktionellen Oppositionskonzeption des Grundgesetzes nicht im Einklang.[8]

Zweites Kapitel: Normative Begründung des Verfassungsgrundsatzes effektiver parlamentarischer Opposition

9. Das Recht auf Bildung und Ausübung parlamentarischer Opposition wird im Grundgesetz nicht ausdrücklich normiert. Seine Geltung wird aber von einer Reihe grundgesetzlicher Vorschriften vorausgesetzt.[9]

10. Demokratie setzt die Möglichkeit zur Opposition begrifflich voraus.[10]

11. Von der rechtswissenschaftlichen Dogmatik bisher nicht ausreichend beachtet wurde die Verortung des Rechts auf Bildung und Ausübung parlamentarischer Opposition im Rechtsstaatsprinzip.[11]

12. Das Recht auf Bildung und Ausübung parlamentarischer Opposition ist Bestandteil der freiheitlich demokratischen Grundordnung.[12]

13. Verfassungsrechtlich getragen wird das Recht auf Bildung und Ausübung parlamentarischer Opposition auch durch die Abgeordnetenrechte des Art. 38

---

[5] 1. Kapitel § 2 I. 3. b), S. 31.
[6] 1. Kapitel § 2 II. 2. a), S. 35 ff.
[7] 1. Kapitel § 2 II. 2. b), S. 38 ff.
[8] 1. Kapitel § 2 II. 3., S. 41 ff.
[9] 2. Kapitel § 1, S. 53 ff.
[10] 2. Kapitel § 1 I. 1., S. 54 ff.
[11] 2. Kapitel § 1 I. 2., S. 57 ff.
[12] 2. Kapitel § 1 II., S. 63 f.

Abs. 1 Satz 2 GG. Der Widerspruch zur Regierung – also das Opponieren – ist eine Form der Repräsentation des Volkes.[13]

14. Das Recht auf Bildung und Ausübung parlamentarischer Opposition wird mittelbar auch durch die Grundrechte des Grundgesetzes sowie das Recht politischer Parteien aus Art. 21 Abs. 1 GG abgesichert.[14]

15. Der parlamentarischen Opposition kommt eine dreifache Funktion zu: Kritik, Kontrolle und Alternativenbildung (sog. Funktionentrias). Auch wenn es sich dabei zunächst um keinen originär verfassungsrechtlichen Aufgabenkanon handelt, darf den oppositionellen Akteuren im Parlament die Wahrnehmung dieser Funktionen jedenfalls nicht unmöglich gemacht werden.[15]

16. Zur Wahrnehmung der oppositionellen Funktionen stehen den Akteuren parlamentarischer Opposition de constitutione lata keine spezifischen Oppositionsrechte zu. Als Korrelat für das Fehlen solcher Rechte dienen ihnen die Abgeordneten- und Minderheitenrechte des Grundgesetzes; diese sind also (auch) Oppositionsrechte.[16]

17. Als zentrale Mittel zur Ausfüllung der Funktionentrias erweisen sich in praxi das parlamentarische Rede- und Fragerecht, das Recht zur Mitwirkung am Willensbildungs- und Gesetzgebungsprozess, das Recht zur Einberufung eines Untersuchungsausschusses, das Recht zur Durchführung eines konstruktiven Misstrauensvotums und das Recht zur Initiierung verfassungsgerichtlicher Verfahren – namentlich der abstrakten Normenkontrolle und des Organstreitverfahrens. Zur vertikalen Kommunikation mit dem Bürger ist die parlamentarische Opposition darüber hinaus auf die Herstellung von Öffentlichkeit angewiesen.[17]

18. Das Grundgesetz begnügt sich weder mit der reinen Gewährleistung eines Rechts auf Bildung und Ausübung parlamentarischer Opposition noch mit der schlichten Verfügbarkeit der vorgenannten allgemeinen Rechte, derer sich die oppositionellen Akteure zur Wahrnehmung ihrer Aufgaben bedienen können. Es enthält vielmehr das Gebot einer *effektiven* parlamentarischen Opposition. Mit anderen Worten: Das Grundgesetz garantiert nicht nur das „Ob" parlamentarischer Opposition, sondern auch das „Wie".[18]

19. Ein allgemeines Verfassungsprinzip der Effizienz, das auch den Wirkungskreis der oppositionellen Akteure berühren würde, ist unter der Geltung des Grundgesetzes nicht anzuerkennen.[19]

---

[13] 2. Kapitel § 1 III., S. 64 ff.

[14] 2. Kapitel § 1 IV., S. 67 ff.

[15] 2. Kapitel § 2 I., S. 75 ff.

[16] 2. Kapitel § 2 II. 1., S. 82 f.

[17] 2. Kapitel § 2 II. 2., S. 84 ff.

[18] 2. Kapitel § 3, S. 102 ff.

[19] 2. Kapitel § 3 I., S. 103 ff.

20. Ein Verfassungsgrundsatz effektiver parlamentarischer Opposition lässt sich aber aus einzelnen verfassungsrechtlichen Bestimmungen ableiten. Zuvörderst kommt dabei dem Grundsatz der Gewaltenteilung Bedeutung zu. Aber auch das Demokratieprinzip und der Grundsatz des freien Abgeordnetenmandats streiten für ein Verfassungsgprinzip effektiver parlamentarischer Opposition.[20]

21. Dem Gewaltenteilungsgrundsatz liegt im Ausgangspunkt die Vorstellung von einem Dualismus von Regierung und Parlament zugrunde (sog. alter oder klassischer Dualismus). Gleichwohl lässt das Grundgesetz sowohl in funktioneller als auch in organisatorischer und personeller Hinsicht Verzahnungen zwischen diesen beiden Gewalten zu. Bei der Interpretation der Verfassung ist dessen unbeschadet darauf zu achten, dass der Grundsatz der Gewaltenteilung nicht durch zu weitgehende Gewaltenverschränkungen unterwandert wird.[21]

22. Realiter verläuft die Trennlinie zwischen den Gewalten indes nicht nur zwischen Regierung und Parlament, sondern auch und vor allem zwischen den oppositionellen Kräften im Parlament auf der einen sowie der Regierung und den sie tragenden Kräften im Parlament auf der anderen Seite (sog. neuer Dualismus). Als entscheidende Faktoren für diese Entwicklung lassen sich die Vertrauensbeziehung zwischen der Regierung und dem sie stützenden Lager des Parlaments sowie die verbindende Rolle der politischen Parteien benennen.[22]

23. Der neue Dualismus tritt *neben* den klassischen Dualismus von Legislative und Exekutive. Das parlamentarische Regierungssystem der Bundesrepublik Deutschland ist maßgeblich vom Zusammenwirken beider Dualismen geprägt; je nach den tatsächlichen politischen Verhältnissen gewinnt der eine oder andere Dualismus an Bedeutung.[23]

24. Der neue Dualismus führt in der parlamentarischen Praxis zur Herausbildung eines strukturellen Ungleichgewichts zulasten des Oppositionslagers. Besonders deutlich tritt dies in den Fällen einer Großen Koalition sowie einer qualifizierten Großen Koalition zutage.[24]

25. Ein solches strukturelles Ungleichgewicht der „funktionalen Gewalten“ ruft aus der Perspektive des Gewaltenteilungsgrundsatzes Bedenken hervor. Die gegenseitige Kontrolle der Gewalten kann nur dann wirkungsvoll sein, wenn zwischen den verschiedenen Gewalten wenigstens annähernd ein institutionelles Gleichgewicht besteht.[25]

---

[20] 2. Kapitel § 3 II., S. 108 ff.
[21] 2. Kapitel § 3 II. 1. a), S. 109 ff.
[22] 2. Kapitel § 3 II. 1. b), S. 113 ff.
[23] 2. Kapitel § 3 II. 1. b), S. 116 ff.
[24] 2. Kapitel § 3 II. 1. c), S. 123 ff.
[25] 2. Kapitel § 3 II. 1. c), S. 123 ff.

26. Der Grundsatz effektiver parlamentarischer Opposition wirkt der strukturellen Unterlegenheit parlamentarischer Opposition im neuen Dualismus entgegen. Das Effektivitätsgebot findet mithin eine verfassungsrechtliche Stütze im Grundsatz der Gewaltenteilung.[26]

27. Die Möglichkeit der Entwicklung eines öffentlich wahrnehmbaren Antagonismus von Regierung und Opposition, in dem minoritäre Positionen hinreichend dargetan werden können, kann sich nur dann entfalten, wenn die Akteure parlamentarischer Opposition in die Lage versetzt werden, die Oppositionsfunktionen wirksam wahrzunehmen. Insofern ist das Recht zur effektiven Bildung und Ausübung parlamentarischer Opposition unabdingbare Voraussetzung für die volle Entfaltung des demokratischen Prinzips.[27]

28. Der Grundsatz des freien Abgeordnetenmandats will die Abgeordneten in die Lage versetzen, ihr Mandat bestmöglich wahrzunehmen. Oppositionsabgeordnete müssen ihre oppositionelle Haltung in effektiver Weise zum Ausdruck bringen können.[28]

29. Der Verfassungsgrundsatz effektiver parlamentarischer Opposition ist rechtsdogmatisch ein Optimierungsgebot.[29]

30. Eine allgemeingültige Bestimmung des Aussagegehalts und der praktischen Konsequenzen des Grundsatzes effektiver parlamentarischer Opposition ist indes nicht möglich, da sich Prinzipien außer durch Regeln wesentlich durch gegenläufige Prinzipien definieren.[30] Als konfligierende Rechtsprinzipien bei den in der Parlamentspraxis auftretenden Kollisionslagen kommen insbesondere die Wahrung des Mehrheitsprinzips, der Grundsatz der Abgeordneten- und Fraktionsgleichheit sowie die Funktionsfähigkeit von Regierung und Parlament in Betracht.[31]

---

[26] 2. Kapitel § 3 II. 1. d), S. 133 ff.
[27] 2. Kapitel § 3 II. 2., S. 139 ff.
[28] 2. Kapitel § 3 II. 3., S. 141 ff.
[29] 2. Kapitel § 4 I., S. 144 ff.
[30] 2. Kapitel § 4 I., S. 146.
[31] 2. Kapitel § 4 II., S. 146 ff.

Drittes Kapitel: Praktische Bedeutung des Verfassungsgrundsatzes effektiver parlamentarischer Opposition

31. Der Verfassungsgrundsatz effektiver parlamentarischer Opposition erlangt auf zweifache Weise praktische Bedeutung: zum einen als Auslegungsmaxime[32] und zum anderen als Handlungsmaxime[33].

32. Der Verfassungsgrundsatz effektiver parlamentarischer Opposition beschränkt die Geschäftsordnungsautonomie des Bundestages bei der Besetzung von Ausschüssen.[34]

33. Jeder Fraktion – und damit auch jeder Oppositionsfraktion – muss von Verfassungs wegen in jedem Ausschuss mindestens ein Ausschusssitz zur Verfügung stehen. § 57 Abs. 1 Satz 1 i. V. m. § 12 Satz 1 GOBT ist dementsprechend verfassungskonform auszulegen. Zur gleichzeitigen Wahrung des Prinzips der Spiegelbildlichkeit kann eine Erhöhung der Zahl der Ausschusssitze verfassungsrechtlich geboten sein.[35]

34. Soweit nach den Bestimmungen des Grundgesetzes, der Bundesgesetze oder besonderer Geschäftsordnungen anstelle der Benennung durch die Fraktionen eine Wahl der Ausschussmitglieder durch den Bundestag stattfindet, ist vor Durchführung des Wahlverfahrens eine solche Ausschussgröße zugrunde zu legen, die bei spiegelbildlicher Abbildung des Plenums eine Vertretung aller Fraktionen im Ausschuss gewährleistet.[36]

35. Auch dem einzelnen Abgeordneten steht nach Art. 76 Abs. 1 GG ein Gesetzesinitiativrecht zu. Die verbreitet befürwortete einschränkende Auslegung des Tatbestandsmerkmals „Mitte des Bundestages" ist mit dem verfassungsrechtlichen Grundsatz effektiver parlamentarischer Opposition nicht zu vereinbaren. Die Vorschrift des § 76 Abs. 1 GOBT stellt sich als verfassungswidrig dar, soweit sie bestimmt, dass Gesetzesvorlagen von Mitgliedern des Bundestages von einer Fraktion oder von fünf vom Hundert der Mitglieder des Bundestages unterzeichnet sein müssen.[37]

36. Die Figur der Prozessstandschaft im Verfassungsorganstreit dient sowohl der Kontrollfunktion des Parlaments als auch dem Minderheitenschutz. Sie ist damit ein wichtiges Mittel oppositioneller Aufgabenwahrnehmung.[38]

---

[32] 3. Kapitel § 1, S. 154 ff.
[33] 3. Kapitel § 2, S. 209 ff.
[34] 3. Kapitel § 1 I. 2., S. 160 ff.
[35] 3. Kapitel § 1 I. 2. a), S. 161 ff.
[36] 3. Kapitel § 1 I. 2. b), S. 171 ff.
[37] 3. Kapitel § 1 II. 2., S. 178 ff.
[38] 3. Kapitel § 1 III. 1., S. 185 f.

37. Entgegen der Rechtsprechung des Bundesverfassungsgerichts und der überwiegenden Stimmen im Schrifttum ist im Lichte des Oppositionseffektivitätsgrundsatzes de lege lata auch ein einzelner Abgeordneter berechtigt, im Organstreitverfahren in Prozessstandschaft für den Deutschen Bundestag zu agieren. §§ 63, 64 Abs. 1 BVerfGG sind dementsprechend auszulegen.[39]

38. Der Wortlaut des Grundgesetzes stellt sich nicht nur als Ausgangspunkt, sondern auch als Grenze jeder Auslegung dar. Ausdrücklich im Grundgesetz festgeschriebene Quoren können deshalb nicht zu bloßen Mindestgarantien uminterpretiert werden. Auch der Oppositionseffektivitätsgrundsatz ermöglicht keine teleologische Wortlautkorrektur.[40]

39. Für die Annahme eines Verfassungswandels bleibt im Falle der grundgesetzlichen Quoren kein Raum.[41]

40. Originäres Verfassungsrecht kann a priori nicht „verfassungswidrig" sein.[42] Lediglich im Falle eines am Maßstab des Art. 79 GG verfassungswidrigen verfassungsändernden Gesetzes kann den verfassungsändernden Gesetzgeber eine Verfassungsänderungspflicht treffen („verfassungswidriges Verfassungsrecht").[43] Für die bis dato vorliegenden verfassungsändernden Gesetze lässt sich eine Verfassungswidrigkeit unter dem Blickwinkel des Grundsatzes effektiver parlamentarischer Opposition indes nicht nachweisen.[44]

41. Ein einfachrechtliches Abweichen von verfassungsrechtlichen Quorenregelungen ist grundsätzlich nicht möglich.[45] Auch Art. 93 Abs. 3 GG berechtigt den einfachen Gesetzgeber nicht dazu, den Kreis der Antragsrechtsberechtigten im Verfahren der abstrakten Normenkontrolle zu erweitern.[46]

42. Der gemäß § 50 Abs. 2 Satz 1 AbgG gewährte Oppositionszuschlag für Oppositionsfraktionen ist verfassungsrechtlich geboten.[47] Über das einfache Recht hinaus haben auch fraktionslose Oppositionsabgeordnete einen Anspruch auf einen Zuschlag.[48] Abgeordneten, die sich in einer ad-hoc-Opposition befinden, muss der Oppositionszuschlag hingegen von Verfassungs wegen nicht gewährt werden.[49]

---

[39] 3. Kapitel § 1 III. 2., S. 186 ff.
[40] 3. Kapitel § 1 IV. 1., S. 198 ff.
[41] 3. Kapitel § 1 IV. 2., S. 201 ff.
[42] 3. Kapitel § 2 I. 2. b), S. 214 ff.
[43] 3. Kapitel § 2 I. 2. a), S. 212 ff.
[44] 3. Kapitel § 2 I. 2. c), S. 217 ff.
[45] 3. Kapitel § 2 II. 1. a), S. 221 ff.
[46] 3. Kapitel § 2 II. 1. b), S. 222 ff.
[47] 3. Kapitel § 2 II. 2. a), S. 225 ff.
[48] 3. Kapitel § 2 II. 2. b), S. 230 ff.
[49] 3. Kapitel § 2 II. 2. c), S. 235.

43. Das Prinzip von Rede und Gegenrede ist nicht nur eine geschäftsordnungsrechtlich festgehaltene parlamentarische Übung, sondern ist als Ausfluss des Grundsatzes effektiver parlamentarischer Opposition auch von Verfassungs wegen geboten.[50]

44. Die Redezeiten von Regierungsmitgliedern sind von Verfassungs wegen auf das Redekontingent derjenigen Regierungsfraktion anzurechnen, der der Redebeitrag zuzurechnen ist. Die Norm des § 35 Abs. 2 GOBT erweist sich als verfassungswidrig, soweit sie ausschließlich darauf abstellt, ob *ein* Mitglied der Bundesregierung, des Bundesrates oder einer ihrer Beauftragten länger als 20 Minuten spricht und nur für diesen Fall eine Ausgleichsredezeit bereithält, ohne den Fall einer Kumulation von Redebeiträgen der durch Art. 43 Abs. 2 Satz 2 GG privilegierten Personen zu erfassen.[51]

45. Das Fraktionsbildungsrecht ist Ausdruck des Verfassungsgrundsatzes effektiver parlamentarischer Opposition. Dieser schränkt als verfassungsrechtliches Prinzip die grundsätzliche Entscheidungsfreiheit des Deutschen Bundestages bei der Frage der Anerkennung von Abgeordnetenzusammenschlüssen als Fraktion ein.[52]

46. Ein Zusammenschluss von Abgeordneten, der das von § 10 Abs. 1 Satz 1 GOBT festgesetzte Mindestquorum von fünf vom Hundert der Mitglieder des Bundestages nicht erreicht, ist berechtigt, eine Anerkennung als Fraktion nach § 10 Abs. 1 Satz 2 GOBT zu beantragen. Soweit sich im Deutschen Bundestag keine Oppositionsfraktion gebildet hat, hat der größte Zusammenschluss von oppositionellen Abgeordneten unterhalb der Mindestfraktionsstärke gegenüber dem Bundestag einen verfassungsrechtlichen Anspruch auf Anerkennung als Fraktion.[53]

Viertes Kapitel: Verfassungspolitische Überlegungen zur Sicherung der Effektivität parlamentarischer Opposition

47. Sowohl de constitutione als auch de lege ferenda bestehen Möglichkeiten, die Effektivität parlamentarischer Opposition zu erhöhen. Dieses Ziel kann prinzipiell auf zwei Wegen erreicht werden: zum einen über eine mittelbar-normati-

---

[50] 3. Kapitel § 2 II. 3. a), S. 236 ff.
[51] 3. Kapitel § 2 II. 3. b), S. 238 ff.
[52] 3. Kapitel § 2 II. 4. a), S. 246 ff.
[53] 3. Kapitel § 2 II. 4. b), S. 248 ff.

ve[54] und zum anderen über eine unmittelbar-normative[55] Aufwertung parlamentarischer Opposition.

48. Volksbegehren bzw. Volksinitiativen als „von unten“ angestoßene direkte Demokratie sind lediglich von geringer Relevanz für die Effektivität parlamentarischer Opposition. Den „von oben“ initiierten Konsultationen des Volkes kommt hingegen eine unmittelbare Bedeutung für die Effektivität parlamentarischer Opposition zu. Derartige Referenden sind jedoch aus innerparlamentarischer Oppositionsperspektive ambivalent zu beurteilen und führen letztlich jedenfalls nicht zu einer Steigerung oder auch nur Sicherung der Effektivität parlamentarischer Opposition.[56]

49. Die wahlrechtliche Sperrklausel ist als innerparlamentarisch neutral zu bewerten, da sie das Verhältnis der Stimmenanteile der im Parlament vertretenen Parteien zueinander nicht verändert. Es existiert jedenfalls kein Automatismus dergestalt, dass parlamentarische Opposition ohne die Existenz einer Sperrklausel effektiver ausgeübt werden könnte.[57]

50. Für die Aufnahme einer klarstellenden Oppositionsnorm in das Grundgesetz besteht kein verfassungspolitisches Bedürfnis. Weder eine „allgemeine“ Oppositionsnorm noch eine den Oppositionseffektivitätsgrundsatz ausdrücklich normierende Oppositionsregelung gingen über das hinaus, was das Grundgesetz in seiner derzeitigen Fassung ohnehin bereits gewährleistet.[58]

51. Ein allgemeines „Recht auf Chancengleichheit“ der oppositionellen Akteure ist mangels eines eigenständigen Regelungsgehalts abzulehnen. Ein wahrnehmbarer Mehrwert einer verfassungsrechtlichen Chancengleichheitsbestimmung könnte allein aus einer konkreten Rechtszuweisung resultieren.[59]

52. Entgegen der Auffassung des Bundesverfassungsgerichts besteht kein grundsätzliches Verbot zur Schaffung spezifischer Oppositionsfraktionsrechte.[60]

53. Unter den gegenwärtigen rechtlichen Umständen existiert ein Normdefizit im Hinblick auf die Möglichkeiten zur Einsetzung eines Untersuchungsausschusses sowie zur Einleitung einer abstrakten Normenkontrolle. Es besteht ein rechts- und verfassungspolitisches Regelungsbedürfnis für eine oppositionsgerechte Ausgestaltung dieser beiden Instrumente.[61]

---

[54] 4. Kapitel § 1, S. 258 ff.
[55] 4. Kapitel § 2, S. 268 ff.
[56] 4. Kapitel § 1 I., S. 259 ff.
[57] 4. Kapitel § 1 II., S. 266 ff.
[58] 4. Kapitel § 2 I. 2. a), S. 272 ff.
[59] 4. Kapitel § 2 I. 2. b), S. 275 ff.
[60] 4. Kapitel § 2 II. 1., S. 277 ff.
[61] 4. Kapitel § 2 II. 2. a), S. 287 ff.

54. Um eine oppositionsgerechte Ausgestaltung der Möglichkeiten zur Einsetzung eines Untersuchungsausschusses und zur Einleitung einer abstrakten Normenkontrolle zu erreichen, ist das Grundgesetz zu ändern. Anstelle einer Absenkung der grundgesetzlichen Quoren in Art. 44 Abs. 1 Satz 1 und Art. 93 Abs. 1 Nr. 2 GG sollte die Schaffung spezifischer Oppositionsfraktionsrechte in Erwägung gezogen werden; hierzu wird in dieser Arbeit ein Formulierungsvorschlag gemacht.[62]

[62] 4. Kapitel § 2 II. 2. b), S. 293 ff.

Literaturverzeichnis

van Aaken, Anne: „Rational Choice“ in der Rechtswissenschaft. Zum Stellenwert der ökonomischen Theorie im Recht, Baden-Baden 2003.

Abmeier, Klaus: Die parlamentarischen Befugnisse des Abgeordneten des Deutschen Bundestages nach dem Grundgesetz, Berlin 1984.

von Achenbach, Jelena: Verfassungswandel durch Selbstorganisation: Triloge im europäischen Gesetzgebungsverfahren, Der Staat 55 (2016), S. 1–39.

Achterberg, Norbert: Das Parlament im modernen Staat, DVBl. 1974, S. 693–707.

–: Die Grundsätze der parlamentarischen Verhandlung, DVBl. 1980, S. 512–521.

–: Parlamentsrecht, Tübingen 1984.

Adorno, Theodor W.: Einleitung, in: ders./Hans Albert/Ralf Dahrendorf/Jürgen Habermas/Harald Pilot/Karl R. Popper, Der Positivismusstreit in der deutschen Soziologie, Neuwied und Berlin 1969, S. 7–79.

Alberts, Hans-Werner: Die Änderungsbefugnisse der Legislative im Bereich der Verfassungsgerichtsbarkeit. Zugleich ein Beitrag zur Auslegung des Art. 79 Abs. 3 GG., Marburg 1972.

Alexy, Robert: Rechtssystem und praktische Vernunft, in: ders., Recht, Vernunft, Diskurs. Studien zur Rechtsphilosophie, Frankfurt am Main 1995, S. 213–231.

–: Verfassungsrecht und einfaches Recht – Verfassungsgerichtsbarkeit und Fachgerichtsbarkeit, VVDStRL 61 (2002), S. 7–33.

Apelt, Willibalt: Geschichte der Weimarer Verfassung, München 1946.

–: Die Gesetzgebungstechnik. Referat und Diskussionsbeiträge der Arbeitstagung der Hochschule für Politische Wissenschaften mit Abgeordneten des Bundestages und Bayerischen Landtages am 23.8.1950, München 1950.

–: Erstreckt sich das richterliche Prüfungsrecht auf Verfassungsnormen?, NJW 1952, S. 1–3.

–: Erstreckt sich das richterliche Prüfungsrecht auf Verfassungsnormen?, NJW 1952, S. 733.

Arndt, Adolf: Das Bundesverfassungsgericht, DVBl. 1951, S. 297–300.

–: Die Entmachtung des Bundestages, Die neue Gesellschaft 6 (1959), S. 431–438.

–: Opposition, Neue Sammlung 8 (1968), S. 1–17.

von Arnim, Hans Herbert: Staatliche Fraktionsfinanzierung ohne Kontrolle?, Wiesbaden 1987.

–: Verfassungsfragen der Fraktionsfinanzierung im Bundestag und in den Landesparlamenten, ZRP 1988, S. 83–91.

–: Wahlgesetze: Entscheidungen des Parlaments in eigener Sache, JZ 2009, S. 813–820.

–: Entscheidungen des Parlaments in eigener Sache: Das Problem ihrer gerichtlichen Kontrolle, DÖV 2015, S. 537–546.

Assmann, Heinz-Dieter: Kommentar, in: Claus Ott/Hans-Bernd Schäfer (Hrsg.), Allokationseffizienz in der Rechtsordnung – Beiträge zur ökonomischen Analyse des Zivilrechts, Berlin/Heidelberg/New York/London/Paris/Tokyo 1989, S. 45–49.

Augsberg, Ino: Noli me tangere – Funktionale Aspekte der Religionsfreiheit, Der Staat 48 (2009), S. 239–258.

Austermann, Philipp/Schmahl, Stefanie (Hrsg.): Abgeordnetengesetz, Baden-Baden 2016.

Bachof, Otto: Verfassungswidrige Verfassungsnormen?, Tübingen 1951.

–: Zum richterlichen Prüfungsrecht gegenüber Verfassungsnormen, NJW 1952, S. 242–244.

Badura, Peter: Die parlamentarische Demokratie, in: Josef Isensee/Paul Kirchhof (Hrsg.), Handbuch des Staatsrechts der Bundesrepublik Deutschland, Band II: Verfassungsstaat, 3. Auflage, Heidelberg 2004, § 25, S. 497–540.

–: Verfassungsänderung, Verfassungswandel, Verfassungsgewohnheitsrecht, in: Josef Isensee/Paul Kirchhof (Hrsg.), Handbuch des Staatsrechts der Bundesrepublik Deutschland, Band XII: Normativität und Schutz der Verfassung, 3. Auflage, Heidelberg 2014, § 270, S. 591–612.

–: Staatsrecht. Systematische Erläuterungen des Grundgesetzes für die Bundesrepublik Deutschland, 7. Auflage, München 2018.

Barczak, Tristan (Hrsg.): Mitarbeiterkommentar zum Bundesverfassungsgerichtsgesetz, Berlin/Boston 2018.

Bäumlin, Richard: Staat, Recht und Geschichte. Eine Studie zum Wesen des geschichtlichen Rechts, entwickelt an den Grundproblemen von Verfassung und Verwaltung, Zürich 1961.

Becker, Florian: Defizite im Fraktionsgesetz des Bundes: § 50 AbgG, ZParl 1996, S. 189–199.

Becker, Ulrich/Kersten, Jens: Demokratie als optimistische Staatsform. Zehn Fragen zur Flüchtlingskrise, NVwZ 2016, S. 580–584.

–: Phänomenologie des Verfassungswandels. Eine verfassungstheoretische und rechtsdogmatische Perspektiverweiterung anlässlich der demografischen Entwicklung, AöR 141 (2016), S. 1–39.

Beckermann, Benedikt/Weidemann, Daniel: K(l)eine Opposition ohne Rechte? Parlamentarische Minderheitenrechte im Schatten der Fünfprozenthürde, Der Staat 53 (2014), S. 313–329.

–: Unkontrollierbare Regierung – Rechte der Opposition (zu *Schwarz*, ZRP 2013, 226), ZRP 2014, S. 90–91.

–: Die Opposition im Deutschen Bundestag – Aktuelles aus studentischer Sicht –, AL 2015, S. 243–250.

Beichelt, Timm: Auf dem Wege zur europäischen Gewaltenverschränkung: der Deutsche Bundestag während der Eurozonenkrise, ZParl 2015, S. 778–794.

Benda, Ernst/Klein, Eckart/Klein, Oliver: Verfassungsprozessrecht. Ein Lehr- und Handbuch, 3. Auflage, Heidelberg 2012.

Bernauer, Thomas/Jahn, Detlef/Kuhn, Patrick/Walter, Stefanie: Einführung in die Politikwissenschaft, 4. Auflage, Baden-Baden 2018.

Besch, Johann Christoph: Rederecht und Redeordnung, in: Hans-Peter Schneider/Wolfgang Zeh (Hrsg.), Parlamentsrecht und Parlamentspraxis in der Bundesrepublik Deutschland, Berlin/New York 1989, § 33, S. 939–959.

Binder, Reinhart: Die „Öffentlichkeit“ nach Art. 42 Abs. 1 Satz 1, 44 Abs. 1 Satz 1 GG und das Recht der Massenmedien zur Berichterstattung, DVBl. 1985, S. 1112–1119.

Birk, Dieter: Gleichheit im Parlament, NJW 1988, S. 2521–2525.

Böckenförde, Ernst-Wolfgang: Organ, Organisation, Juristische Person – Kritische Überlegungen zu Grundbegriffen und Konstruktionsbasis des staatlichen Organisationsrechts, in: Christian-Friedrich Menger (Hrsg.), Fortschritte des Verwaltungsrechts, Festschrift für Hans J. Wolff zum 75. Geburtstag, München 1973, S. 269–305.

–: Die Methoden der Verfassungsinterpretation – Bestandsaufnahme und Kritik, NJW 1976, S. 2089–2099.

–: Gesetz und gesetzgebende Gewalt. Von den Anfängen der deutschen Staatsrechtslehre bis zur Höhe des staatsrechtlichen Positivismus, 2. Auflage, Berlin 1981.

–: Die verfassunggebende Gewalt des Volkes – Ein Grenzbegriff des Verfassungsrechts, in: ders., Staat, Verfassung, Demokratie – Studien zur Verfassungstheorie und zum Verfassungsrecht, Frankfurt am Main 1991, S. 90–112.

–: Grundrechte als Grundsatznormen – Zur gegenwärtigen Lage der Grundrechtsdogmatik, in: ders., Staat, Verfassung, Demokratie – Studien zur Verfassungstheorie und zum Verfassungsrecht, Frankfurt am Main 1991, S. 159–199.

–: Anmerkungen zum Begriff Verfassungswandel, in: Peter Badura/Rupert Scholz (Hrsg.), Wege und Verfahren des Verfassungslebens, Festschrift für Peter Lerche zum 65. Geburtstag, München 1993, S. 3–14.

Bode, Ingeborg: Ursprung und Begriff der parlamentarischen Opposition, Stuttgart 1962.

Bodenheim, Dieter G.: Kollision parlamentarischer Kontrollrechte. Zum verfassungsrechtlichen Verhältnis von parlamentarischem Frage- und Untersuchungsrecht, Hamburg 1979.

Boehl, Henner Jörg: Verfassunggebung im Bundesstaat. Ein Beitrag zur Verfassungslehre des Bundesstaates und der konstitutionellen Demokratie, Berlin 1997.

von Bogdandy, Armin: Gubernative Rechtsetzung. Eine Neubestimmung der Rechtsetzung und des Regierungssystems unter dem Grundgesetz in der Perspektive gemeineuropäischer Dogmatik, Tübingen 2000.

Bolingbroke, Henry Saint-John Viscount: On the Spirit of Patriotism, in: ders., Letters on the Spirit of Patriotism: on the Idea of a Patriot King: and on the State of Parties, Dublin 1749, S. 9–54 [zuerst 1736].

Bollmann, Gerhard: Verfassungsrechtliche Grundlagen und allgemeine verfassungsrechtliche Grenzen des Selbstorganisationsrechts des Bundestages, Berlin 1992.

Borgs-Maciejewski, Hermann/Ebert, Frank: Das Recht der Geheimdienste, Kommentar zum Bundesverfassungsschutzgesetz (Gesetz über die Zusammenarbeit des Bundes und der Länder in Angelegenheiten des Verfassungsschutzes) sowie zum G 10 (Gesetz zur Beschränkung des Brief-, Post- und Fernmeldegeheimnisses – Gesetz zu Artikel 10 Grundgesetz) nebst Sammlung aller einschlägigen Gesetze des Bundes und der Länder sowie einer Chronik der Nachrichtendienste, Stuttgart/München/Hannover 1986.

Braun Binder, Nadja: Fragmentierungen und grundgesetzliche Gewaltenteilung, DVBl. 2017, S. 1066–1072.

Braun, Werner/Jantsch, Monika/Klante, Elisabeth: Abgeordnetengesetz des Bundes – unter Einschluß des Europaabgeordnetengesetzes und der Abgeordnetengesetze der Länder, Kommentar, Berlin/New York 2002.

Brocker, Lars: Die „Splitterenquete“: Rechte der nicht qualifizierten („einfachen“) Minderheit im parlamentarischen Untersuchungsverfahren, DÖV 2014, S. 475–479.

–: Plenaröffentlichkeit und nichtöffentliche Ausschussberatung: Das arbeitsteilige Konzept des Art. 42 Abs. 1 Satz 1 GG, ZParl 2016, S. 50–57.

Brocker, Lars/Messer, Thomas: Funktionszulagen für Abgeordnete und Oppositionszuschläge – Fortentwicklung der verfassungsgerichtlichen Rechtsprechung durch den BremStGH, NVwZ 2005, S. 895–898.

Bryde, Brun-Otto: Verfassungsentwicklung. Stabilität und Dynamik im Verfassungsrecht der Bundesrepublik Deutschland, Baden-Baden 1982.

–: Stationen, Entscheidungen und Beteiligte im Gesetzgebungsverfahren, in: Hans-Peter Schneider/Wolfgang Zeh (Hrsg.), Parlamentsrecht und Parlamentspraxis in der Bundesrepublik Deutschland, Berlin/New York 1989, § 30, S. 859–881.

–: Geheimgesetzgebung: Zum Zustandekommen des Justizmitteilungsgesetzes und Gesetzes zur Änderung kostenrechtlicher Vorschriften und anderer Gesetze, JZ 1998, S. 115–120.

Burkiczak, Christian/Dollinger, Franz-Wilhelm/Schorkopf, Frank (Hrsg.): Bundesverfassungsgerichtsgesetz, Neuausgabe, Heidelberg 2015.

Bydlinski, Franz: Juristische Methodenlehre und Rechtsbegriff, 2. Auflage, Wien/New York 1991.

Canaris, Claus-Wilhelm: Grundrechtswirkungen und Verhältnismäßigkeitsprinzip in der richterlichen Anwendung und Fortbildung des Privatrechts, JuS 1989, S. 161–172.

Cancik, Pascale: Oppositionszugehörigkeit als Anspruchsvoraussetzung: Das Definitionsproblem der neuen Oppositionsregelungen. Zur Entscheidung des Landesverfassungsgerichtes Sachsen-Anhalt zu Art. 48 LVerf-LSA, AöR 123 (1998), S. 623–645.

–: Wer wann Opposition sei: Zur Entscheidung des SachsAnhVerfG vom 29.5.1997, LKV 1998, S. 95–96.

–: Parlamentarische Opposition in den Landesverfassungen. Eine verfassungsrechtliche Analyse der neuen Oppositionsregelungen, Berlin 2000.

–: Entwicklungen des Parlamentsrechts – Die Bedeutung des verfassungsgerichtlichen Organstreitverfahrens –, DÖV 2005, S. 577–587.

–: Die Rezeption neuer Verfassungsregelungen. Ein Beitrag zur ‚Wirkung' der Oppositionsregelungen in den Landesverfassungen, JöR 55 (2007), S. 151–194.

–: Vom Charme formaler Anknüpfungen im Parlamentsrecht – Zur Änderung des Auftrags eines Untersuchungsausschusses, Der Staat 49 (2010), S. 251–273.

–: Konfrontation oder Kooperation: zur Verschränkung von direktdemokratischen und parlamentarischen Abstimmungsverfahren – ein Diskussionsbeitrag, in: Tobias Mörschel/Michael Efler (Hrsg.), Direkte Demokratie auf Bundesebene. Ausgestaltung direktdemokratischer Verfahren im deutschen Regierungssystem, Baden-Baden 2013, S. 53–74.

–: Der „Kernbereich exekutiver Eigenverantwortung" – zur Relativität eines suggestiven Topos, ZParl 2014, S. 885–907.

–: Wirkungsmöglichkeiten parlamentarischer Opposition im Falle einer qualifizierten Großen Koalition. Anforderungen des Grundgesetzes, NVwZ 2014, S. 18–24.

–: Daniel Mundil: Die Opposition. Eine Funktion des Verfassungsrechts [Besprechung], Der Staat 54 (2015), S. 626–629.

–: Der Grundsatz (in)effektiver Opposition: zum Urteil des Bundesverfassungsgerichts in Sachen Oppositionsfraktionsrechte, in: Verfassungsblog, 9.5.2016, http://verfassungsblog.de/der-grundsatz-ineffektiver-opposition-zum-urteil-des-bundesverfassungsgerichts-in-sachen-oppositionsfraktionsrechte/ [zuletzt abgerufen am 30.8.2018].

–: „Effektive Opposition" im Parlament – eine ausgefallene Debatte?, ZParl 2017, S. 516–534.

Christmann, Anna: Die Grenzen direkter Demokratie. Volksentscheide im Spannungsverhältnis von Demokratie und Rechtsstaat, Baden-Baden 2012.

Cornils, Matthias: Leitbilder des Abgeordneten – Das Mandat als Lebensberuf oder Zeitengagement?, JURA 2009, S. 289–297.

Cremer, Wolfram: Der sog. objektiv-rechtliche Gehalt der Grundrechte in der Rechtsprechung des Bundesverfassungsgerichts – Eine kritische Würdigung eines „Grundbestands des Grundrechtswissens", in: Wilfried Erbguth/Friedrich Müller/Volker Neumann (Hrsg.), Rechtstheorie und Rechtsdogmatik im Austausch, Gedächtnisschrift für Bernd Jeand'Heur, Berlin 1999, S. 59–82.

–: Praktische Konkordanz als grundrechtliche Kollisionsauflösungsregel – Einebnung gesetzgeberischer Entscheidungsspielräume, in: Martin Kment (Hrsg.), Das Zusammenwirken von deutschem und europäischem Öffentlichen Recht – Festschrift für Hans D. Jarass zum 70. Geburtstag, München 2015, S. 175–183.

Dach, R. Peter: Das Ausschußverfahren nach der Geschäftsordnung und in der Praxis, in: Hans-Peter Schneider/Wolfgang Zeh (Hrsg.), Parlamentsrecht und Parlamentspraxis in der Bundesrepublik Deutschland, Berlin/New York 1989, § 40, S. 1103–1130.

Dahl, Robert A.: Patterns of Opposition, in: ders. (Hrsg.), Political Oppositions in Western Democracies, New Haven/London 1966, S. 332–347.

Dau-Lin, Hsü: Die Verfassungswandlung, Berlin/Leipzig 1932.

Decker, Frank: Ist die Fünf-Prozent-Sperrklausel noch zeitgemäß? Verfassungsrechtliche und -politische Argumente für die Einführung einer Ersatzstimme bei Landtags- und Bundestagswahlen, ZParl 2016, S. 460–471.

Degenhart, Christoph: Direkte Demokratie in den Ländern – Impulse für das Grundgesetz?, Der Staat 31 (1992), S. 77–97.

–: Grundzüge der neuen sächsischen Verfassung, LKV 1993, S. 33–39.

–: Staatsrecht I. Staatsorganisationsrecht. Mit Bezügen zum Europarecht, 33. Auflage, Heidelberg 2017.

Dellmann, Hansjörg: Fraktionsstatus als geschäftsordnungsmäßige Voraussetzung für die Ausübung parlamentarischer Rechte – Erwiderung auf Linck, in DÖV 1975, 689, DÖV 1976, S. 153–156.

Demmler, Wolfgang: Der Abgeordnete im Parlament der Fraktionen, Berlin 1994.

Denninger, Erhard: „Streitbare Demokratie“ und Schutz der Verfassung, in: Ernst Benda/Werner Maihofer/Hans-Jochen Vogel (Hrsg.), Handbuch des Verfassungsrechts der Bundesrepublik Deutschland, 2. Auflage, Berlin 1994, § 16, S. 675–716.

Denninger, Erhard/Hoffmann-Riem, Wolfgang/Schneider, Hans-Peter/Stein, Ekkehart (Hrsg.): Kommentar zum Grundgesetz für die Bundesrepublik Deutschland, Reihe Alternativkommentare (Gesamtherausgeber: Rudolf Wassermann), 3 Bände, Loseblatt, Stand: 3. Auflage, 2. Aufbaulieferung, August 2002, Neuwied/Kriftel.

Depenheuer, Otto: Der Wortlaut als Grenze. Thesen zu einem Topos der Verfassungsinterpretation, Heidelberg 1988.

Deutscher Bundestag/Bundesarchiv (Hrsg.): Der Parlamentarische Rat 1948–1949. Akten und Protokolle, Band 14: Hauptausschuß, Teilband I, München 2009.

Dieterich, Roland: Die Funktion der Öffentlichkeit der Parlamentsverhandlungen im Strukturwandel des Parlamentarismus, Bamberg 1970.

Di Fabio, Udo: Parlament und Parlamentsrecht. Aufgaben, Organisation und Konflikte parlamentarischer Arbeit, Der Staat 29 (1990), S. 599–618.

–: Gewaltenteilung, in: Josef Isensee/Paul Kirchhof (Hrsg.), Handbuch des Staatsrechts der Bundesrepublik Deutschland, Band II: Verfassungsstaat, 3. Auflage, Heidelberg 2004, § 27, S. 613–658.

–: Grundrechte als Werteordnung, JZ 2004, S. 1–8.

Dimroth, Johannes: Antragsberechtigung beim Normenkontrollverfahren – Wächterfunktion oder Minderheitenschutz?, ZRP 2006, S. 50–51.

Doemming, Klaus-Berto/Füsslein, Rudolf Werner/Matz, Werner: Entstehungsgeschichte der Artikel des Grundgesetzes im Auftrage der Abwicklungsstelle des Parlamentarischen Rates und des Bundesministers des Innern auf Grund der Verhandlungen des Parlamentarischen Rates, JöR 1 (1951).

Döring, Herbert: Das klassische Modell in Großbritannien – Ein Sonderfall, in: Walter Euchner (Hrsg.), Politische Opposition in Deutschland und im internationalen Vergleich, Göttingen 1993, S. 21–38.

Dreier, Horst: Das Majoritätsprinzip im demokratischen Verfassungsstaat, ZParl 1986, S. 94–118.

–: Regelungsform und Regelungsinhalt des autonomen Parlamentsrechts, JZ 1990, S. 310–321.

–: Dimensionen der Grundrechte. Von der Wertordnungsjudikatur zu den objektiv-rechtlichen Grundrechtsgehalten, Hannover 1993.

–: Grenzen demokratischer Freiheit im Verfassungsstaat, JZ 1994, S. 741–752.

– (Hrsg.): Grundgesetz, Kommentar, Band II, Artikel 20–82, 3. Auflage, Tübingen 2015.

– (Hrsg.): Grundgesetz, Kommentar, Band III, Artikel 83–146, 3. Auflage, Tübingen 2018.

Dreier, Ralf: Zur Problematik und Situation der Verfassungsinterpretation, in: ders./Friedrich Schwegmann (Hrsg.), Probleme der Verfassungsinterpretation. Dokumentation einer Kontroverse, Baden-Baden 1976, S. 13–47.

Droege, Michael/Broscheit, Jannis: (Original-)Referendarexamensklausur – Öffentliches Recht: Staatsorganisationsrecht – Land unter … Der Einsatz der Bundeswehr als letztes Mittel?, JuS 2015, S. 633–639.

Edinger, Florian: Wahl und Besetzung parlamentarischer Gremien. Präsidium, Ältestenrat, Ausschüsse, Berlin 1992.

Ehlers, Dirk: Organstreitverfahren, in: Dirk Ehlers/Friedrich Schoch (Hrsg.), Rechtsschutz im Öffentlichen Recht, Berlin 2009, § 17, S. 407–421.

Ehmke, Horst: Grenzen der Verfassungsänderung, Berlin 1953.

–: Prinzipien der Verfassungsinterpretation, VVDStRL 20 (1963), S. 53–102.

Eidenmüller, Horst: Effizienz als Rechtsprinzip. Möglichkeiten und Grenzen der ökonomischen Analyse des Rechts, 4. Auflage, Tübingen 2015.

Elicker, Michael: Examensrelevante Probleme aus dem Bereich der Gesetzesinitiative und des Vorverfahrens (Art. 76 GG), JA 2005, S. 513–516.

Emmelius, Hans Hermann: Der Gemeinsame Ausschuß (Art. 53a, 115a Abs. 1, 2 und 5, Art. 115e, 115f, 115g, 115h Abs. 2, Art. 115k Abs. 1), in: Dieter Sterzel (Hrsg.), Kritik der Notstandsgesetze, Kommentierungen, Mit dem Text der Notstandsverfassung, Frankfurt am Main 1968, S. 118–160.

Emmenegger, Sigrid: Die Stärkung des Parlaments in der neueren Rechtsprechung des Bundesverfassungsgerichts, in: dies./Ariane Wiedmann (Hrsg.), Linien der Rechtsprechung des Bundesverfassungsgerichts – erörtert von den wissenschaftlichen Mitarbeitern, Band 2, Berlin/Boston 2011, S. 447–470.

Engisch, Karl: Einführung in das juristische Denken, 11. Auflage, herausgegeben und bearbeitet von Thomas Würtenberger und Dirk Otto, Stuttgart/Berlin/Köln 2010.

Ennuschat, Jörg: Große Koalition und Oppositionsrechte – Zugleich ein erster Blick auf den neuen § 126a GeschO BT –, VR 2015, S. 1–5.

Epping, Volker: Die Trennung von Amt und Mandat – Die parlamentarische Grundposition von Bündnis 90/Die Grünen und die Regierungsbeteiligung: Schlägt die Wirklichkeit den Anspruch? –, DÖV 1999, S. 529–540.

Epping, Volker/Hillgruber, Christian (Hrsg.): Beck'scher Online-Kommentar GG, 37. Edition, München 2018.

Erichsen, Hans-Uwe: Zu den Grenzen von Verfassungsänderungen nach dem Grundgesetz, VerwArch 62 (1971), S. 291–300.

Euchner, Walter: Opposition, in: Wolfgang W. Mickel (Hrsg.), Handlexikon zur Politikwissenschaft, München 1983, S. 322–325.

–: Einleitung: Opposition als Gegenstand politikwissenschaftlicher Forschung, in: ders. (Hrsg.), Politische Opposition in Deutschland und im internationalen Vergleich, Göttingen 1993, S. 7–20.

Fezer, Karl-Heinz: Aspekte einer Rechtskritik an der economic analysis of law und am property rights approach, JZ 1986, S. 817–824.

–: Nochmals: Kritik an der ökonomischen Analyse des Rechts, JZ 1988, S. 223–228.
Fichtner, Harald: Die Fraktion im Bayerischen Gemeinderecht, Bayreuth 1997.
Fiedler, Wilfried: Sozialer Wandel, Verfassungswandel, Rechtsprechung, Freiburg/München 1972.
Forsthoff, Ernst: Die Umbildung des Verfassungsgesetzes, in: Hans Barion/Ernst Forsthoff/Werner Weber (Hrsg.), Festschrift für Carl Schmitt zum 70. Geburtstag – dargebracht von Freunden und Schülern, Berlin 1959, S. 35–62.
–: Zur heutigen Situation einer Verfassungslehre, in: Hans Barion/Ernst-Wolfgang Böckenförde/Ernst Forsthoff/Werner Weber (Hrsg.), Epirrhosis, Festgabe für Carl Schmitt, Berlin 1968, S. 185–211.
–: Die Umbildung des Verfassungsgesetzes, in: Ralf Dreier/Friedrich Schwegmann (Hrsg.), Probleme der Verfassungsinterpretation, Baden-Baden 1976, S. 51–79.
Fraenkel, Ernst: Opposition, in: ders./Karl Dietrich Bracher (Hrsg.), Staat und Politik, Frankfurt am Main 1957, S. 226–231.
–: Parlament und öffentliche Meinung, in: Wilhelm Berges/Carl Hinrichs (Hrsg.), Zur Geschichte und Problematik der Demokratie. Festgabe für Hans Herzfeld, Berlin 1958, S. 163–186.
Fremuth, Michael Lysander: Die Verfassung kennt sie nicht und die Demokratie bedarf ihrer nicht – Zur Notwendigkeit der Revision der Fünf-Prozent-Sperrklausel im Recht zur Wahl des Deutschen Bundestages, JZ 2018, S. 13–22.
Frenzel, Eike Michael: Das Gesetzgebungsverfahren – Grundlagen, Problemfälle und neuere Entwicklungen, JuS 2010, S. 119–124.
Friauf, Karl Heinrich/Höfling, Wolfram (Hrsg.): Berliner Kommentar zum Grundgesetz, 5 Bände, Loseblatt, Stand: Lieferung 2/18, Berlin 2018.
Friedrich, Manfred: Opposition ohne Alternative? Über die Lage der parlamentarischen Opposition im Wohlfahrtsstaat, Köln 1962.
Friesenhahn, Ernst: Die Staatsgerichtsbarkeit, Pflichten und Rechte, in: Gerhard Anschütz/Richard Thoma (Hrsg.), Handbuch des Deutschen Staatsrechts, Band II, Tübingen 1932, § 98, S. 523–545.
–: Parlament und Regierung im modernen Staat, VVDStRL 16 (1958), S. 9–73.
Galka, Sebastian: Parlamentarismuskritik und Grundgesetz – Parlamentarismuskonzeptionen in der Verfassungsdiskussion des Parlamentarischen Rates 1948/1949, Baden-Baden 2014.
Gärditz, Klaus Ferdinand: Hochschulorganisation und verwaltungsrechtliche Systembildung, Tübingen 2009.
Gehrig, Norbert: Parlament – Regierung – Opposition. Dualismus als Voraussetzung für eine parlamentarische Kontrolle der Regierung, München 1969.
–: Gewaltenteilung zwischen Regierung und parlamentarischer Opposition, DVBl. 1971, S. 633–638.
Geiger, Willi: Gesetz über das Bundesverfassungsgericht vom 12. März 1951, Kommentar, Berlin, Frankfurt am Main 1952.
Geis, Max-Emanuel: Die Organklage des Bundestagsabgeordneten als „Waffe“ gegen Organisationsakte der Bundesregierung?, ZG 1993, S. 148–161.
–: Parlamentsausschüsse, in: Josef Isensee/Paul Kirchhof (Hrsg.), Handbuch des Staatsrechts der Bundesrepublik Deutschland, Band III: Demokratie – Bundesorgane, 3. Auflage, Heidelberg 2005, § 54, S. 853–880.
–: Untersuchungsausschuß, in: Josef Isensee/Paul Kirchhof (Hrsg.), Handbuch des Staatsrechts der Bundesrepublik Deutschland, Band III: Demokratie – Bundesorgane, 3. Auflage, Heidelberg 2005, § 55, S. 881–908.

Gellner, Winand/Glatzmeier, Armin: Macht und Gegenmacht. Einführung in die Regierungslehre, Baden-Baden 2004.

Glaser, Andreas: Nachhaltige Entwicklung und Demokratie. Ein Verfassungsrechtsvergleich der politischen Systeme Deutschlands und der Schweiz, Tübingen 2006.

Glauben, Paul J.: Parlamentarische Aufarbeitung mutmaßlichen politischen und rechtlichen Fehlverhaltens von Regierungs- und Parlamentsmitgliedern, DVBl. 2014, S. 894–901.

Glauben, Paul J./Brocker, Lars: Das Recht der parlamentarischen Untersuchungsausschüsse in Bund und Ländern. Ein Handbuch mit Kommentierungen zum PUAG, 3. Auflage, Köln 2016 [zit. nach Bearbeiter].

Goessl, Manfred: Organstreitigkeiten innerhalb des Bundes. Eine Untersuchung des Art. 93 Abs. 1 Nr. 1 des Grundgesetzes und der zu seiner Ausführung ergangenen Bestimmungen des Bundesverfassungsgerichtsgesetzes, Berlin 1961.

Görlitz, Niklas: Voraussetzungen und Grenzen des Rechts auf Fraktionsbildung im Deutschen Bundestag, DÖV 2009, S. 261–268.

Gostomzyk, Tobias: Grundrechte als objektiv-rechtliche Ordnungsidee, JuS 2004, S. 949–954.

Grabitz, Eberhard: Diskussionsbeitrag, VVDStRL 39 (1981), S. 197–198.

Grimm, Dieter: Verfassungsfunktion und Grundgesetzreform, AöR 97 (1972), S. 489–537.

–: Politische Parteien, in: Ernst Benda/Werner Maihofer/Hans-Jochen Vogel (Hrsg.), Handbuch des Verfassungsrechts der Bundesrepublik Deutschland, 2. Auflage, Berlin 1994, § 14, S. 599–656.

–: Zum Stand der demokratischen Legitimation der Europäischen Union nach Lissabon, in: ders., Europa ja – aber welches? Zur Verfassung der europäischen Demokratie, 2. Auflage, München 2016, S. 71–94.

Gröpl, Christoph: Verzicht auf die „Erste Lesung" bei Änderungen von Gesetzentwürfen? Problematisierung am Beispiel des Haushaltsrechtsgesetzes 2004/2005 des Landes Mecklenburg-Vorpommern, LKV 2004, S. 438–442.

–: Staatseinnahmen und Staatsausgaben im demokratischen Verfassungsstaat, AöR 133 (2008), S. 1–42.

–: Staatsrecht I. Staatsgrundlagen, Staatsorganisation, Verfassungsprozess, mit Einführung in das juristische Lernen, 9. Auflage, München 2017.

–: Die Finanzierung der Parlamente am Beispiel des Deutschen Bundestages, DÖV 2018, S. 537–545.

Gröpl, Christoph/Georg, Yves: Die Begriffe „Eltern" und „Familie" in der neueren Rechtsprechung des Bundesverfassungsgerichts aus methodischer und verfassungstheoretischer Sicht. Zu den Grenzen zwischen *Verfassungsauslegung* und *Verfassungsrevision*, AöR 139 (2014), S. 125–139.

Gröpl, Christoph/Windthorst, Kay/von Coelln, Christian: Grundgesetz, Studienkommentar, 3. Auflage, München 2017.

Groß, Thomas: Die asymmetrische Funktionenordnung der demokratischen Verfassung – Zur Dekonstruktion des Gewaltenteilungsgrundsatzes, Der Staat 4 (2016), S. 489–517.

Grote, Rainer: Der Verfassungsorganstreit. Entwicklung, Grundlagen, Erscheinungsformen, Tübingen 2010.

Grotz, Florian: Reform der Reform? Eine kritische Würdigung des neuen Bundestagswahlsystems, in: Tobias Mörschel (Hrsg.), Wahlen und Demokratie. Reformoptionen des deutschen Wahlrechts, Baden-Baden 2016, S. 77–99.

Grube, Konrad Dieter: Die Stellung der Opposition im Strukturwandel des Parlamentarismus, Köln 1965.

Grzeszick, Bernd: Wahlrecht: Ist nach der Reform vor der Reform? Eine Bewertung des Bundestags- und Europawahlrechts nach den letzten Wahlen, ZG 2014, S. 239–260.

–: Fraktionsautonomie als Teil des verfassungsrechtlichen Status der Bundestagsfraktionen, NVwZ 2017, S. 985–992.

Guckelberger, Annette: Die Drittwirkung der Grundrechte, JuS 2003, S. 1151–1157.

Gusy, Christoph: Die „freiheitliche demokratische Grundordnung" in der Rechtsprechung des Bundesverfassungsgerichts, AöR 105 (1980), S. 279–310.

–: Das Mehrheitsprinzip im demokratischen Staat, AöR 106 (1981), S. 329–354.

–: „Verfassungspolitik" zwischen Verfassungsinterpretation und Rechtspolitik, Heidelberg 1983.

Gutmann, Egbert: Die Konstituante nach dem Grundgesetz für die Bundesrepublik Deutschland, Würzburg 1965.

Haberland, Stephan: Die verfassungsrechtliche Bedeutung der Opposition nach dem Grundgesetz, Berlin 1995.

Häberle, Peter: Die Abhörentscheidung des Bundesverfassungsgerichts vom 15.12.1970 – Analyse und Kritik des Urteils sowie des Minderheitsvotums vom 4. Januar 1971, JZ 1971, S. 145–156.

–: Zeit und Verfassung. Prolegomena zu einem „zeit-gerechten" Verfassungsverständnis, ZfP 21 (1974), S. 111–137.

–: Das Mehrheitsprinzip als Strukturelement der freiheitlich-demokratischen Grundordnung, JZ 1977, S. 241–245.

–: Öffentlichkeitsarbeit der Regierung zwischen Parteien- und Bürgerdemokratie. Zum Urteil des BVerfG vom 2. März 1977, JZ 1977, S. 361–371.

–: Verfassungsrechtliche Ewigkeitsklauseln als verfassungsstaatliche Identitätsgarantien, in: Yvo Hangartner/Stefan Trechsel (Hrsg.), Völkerrecht im Dienste des Menschen, Festschrift für Hans Haug, Bern/Stuttgart 1986, S. 81–108.

–: Effizienz und Verfassung, in: ders., Verfassung als öffentlicher Prozeß – Materialien zu einer Verfassungstheorie der offenen Gesellschaft, 3. Auflage, Berlin 1998, S. 290–302 [zuerst 1973 mit Nachtrag 1978].

Hain, Karl-Eberhard: Die Grundsätze des Grundgesetzes. Eine Untersuchung zu Art. 79 Abs. 3 GG, Baden-Baden 1999.

–: Anmerkung [zu BVerfG, Urt. v. 3.5.2016 – Az. 2 BvE 4/14], JZ 2016, S. 1172–1173.

Hartmann, Bernd J.: Volksgesetzgebung und Grundrechte, Berlin 2005.

–: Verfassungsvorgaben für Gesetzesinitiativen im Bundestag, ZG 2008, S. 42–50.

Hartmann, Bernd J./Kamm, Kristof M.: Gesetzgebungsverfahren in Land, Bund und Union, JURA 2014, S. 283–294.

Hassenpflug-Hunger, Dorothee: Verfassungsrechtliche Abmessungen parlamentarischer Opposition nach dem Grundgesetz und Art. 12 der Verfassung des Landes Schleswig-Holstein, Frankfurt am Main 1999.

Hauenschild, Wolf-Dieter: Wesen und Rechtsnatur der parlamentarischen Fraktionen, Berlin 1968.

Heinig, Hans Michael: Opposition tut not!, in: Verfassungsblog, 21.10.2013, http://verfassungsblog.de/opposition-tut-not/ [zuletzt abgerufen am 30.8.2018].

Heintz, Veris-Pascal: Das Rederecht der Abgeordneten im Deutschen Bundestag. Zu den Grenzen der Einschränkbarkeit der Redefreiheit, ZJS 2013, S. 233–237.

Helms, Ludger: Opposition nach dem Machtwechsel: Ein Vergleich der CDU/CSU-Opposition im 6. und 14. Deutschen Bundestag, ZPol 2000, S. 511–538.

–: Politische Opposition. Theorie und Praxis in westlichen Regierungssystemen, Opladen 2002.

Henke, Wilhelm: Die verfassunggebende Gewalt des deutschen Volkes, Stuttgart 1957.

–: Das Recht der politischen Parteien, 2. Auflage, Göttingen 1972.

Hennis, Wilhelm: Verfassung und Verfassungswirklichkeit. Ein deutsches Problem, Tübingen 1968.

–: Parlamentarische Opposition und Industriegesellschaft – Zur Lage des parlamentarischen Regierungssystems, in: Hans-Gerd Schumann (Hrsg.), Die Rolle der Opposition in der Bundesrepublik Deutschland, Darmstadt 1976, S. 88–113.

–: Integration durch Verfassung? – Rudolf Smend und die Zugänge zum Verfassungsproblem nach 50 Jahren unter dem Grundgesetz, JZ 1999, S. 485–495.

Herzog, Dietrich/Rebenstorf, Hilke/Werner, Camilla/Weßels, Bernhard: Abgeordnete und Bürger – Ergebnisse einer Befragung der Mitglieder des 11. Deutschen Bundestages und der Bevölkerung, Opladen 1990.

Herzog, Roman: Allgemeine Staatslehre, Frankfurt am Main 1971.

–: Hierarchie der Verfassungsnormen und ihre Funktion beim Schutz der Grundrechte, EuGRZ 1990, S. 483–486.

Hesse, Konrad: Grundzüge des Verfassungsrechts der Bundesrepublik Deutschland, 1. Auflage, Karlsruhe 1967 [zit. als 1. Auflage].

–: Grenzen der Verfassungswandlung, in: Horst Ehmke/Joseph H. Kaiser/Wilhelm A. Kewenig/Karl Matthias Meessen/Wolfgang Rüfner (Hrsg.), Festschrift für Ulrich Scheuner zum 70. Geburtstag, Berlin 1973, S. 123–141.

–: Bestand und Bedeutung der Grundrechte in der Bundesrepublik Deutschland, EuGRZ 1978, S. 427–438.

–: Grundzüge des Verfassungsrechts der Bundesrepublik Deutschland, 20. Auflage, Heidelberg 1995.

Heun, Werner: Das Mehrheitsprinzip in der Demokratie. Grundlagen – Struktur – Begrenzungen, Berlin 1983.

–: Die Verfassungsordnung der Bundesrepublik Deutschland, Tübingen 2012.

Heußner, Hermann K./Pautsch, Arne: „Plebiszit von oben" bald bundesweit? Zur Verfassungswidrigkeit einfachgesetzlicher konsultativer Volksbefragungen, NJW 2015, S. 1225–1229.

Hillgruber, Christian: Mehrheitsprinzip, in: Hanno Kube/Rudolf Mellinghoff/Gerd Morgenthaler/Ulrich Palm/Thomas Puhl/Christian Seiler (Hrsg.), Leitgedanken des Rechts, Paul Kirchhof zum 70. Geburtstag, Band I: Staat und Verfassung, Heidelberg 2013, § 61, S. 659–668.

–: Zur Geltung des Grundsatzes der Spiegelbildlichkeit von Parlament und Ausschüssen hinsichtlich der Zusammensetzung von Arbeitsgruppen des Vermittlungsausschusses, JA 2016, S. 156–158.

–: Kein grundgesetzliches Gebot zur Schaffung spezifischer Oppositionsfraktionsrechte, JA 2016, S. 638–640.

Hillgruber, Christian/Goos, Christoph: Verfassungsprozessrecht, 4. Auflage, Heidelberg 2015.

Hoffmann-Riem, Wolfgang: Innovation und Recht – Recht und Innovation. Recht im Ensemble seiner Kontexte, Tübingen 2016.

Höfling, Wolfram: Offene Grundrechtsinterpretation. Grundrechtsauslegung zwischen amtlichem Interpretationsmonopol und privater Konkretisierungskompetenz, Berlin 1987.

–: Ökonomische Theorie der Staatsverschuldung in rechtswissenschaftlicher Perspektive, in: Christoph Engel/Martin Morlok (Hrsg.), Öffentliches Recht als ein Gegenstand ökonomischer Forschung. Die Begegnung der deutschen Staatsrechtslehre mit der Konstitutionellen Politischen Ökonomie, Tübingen 1998, S. 85–110.

Hofmann, Hasso: Die Entwicklung des Grundgesetzes von 1949 bis 1990, in: Josef Isensee/Paul Kirchhof (Hrsg.), Handbuch des Staatsrechts der Bundesrepublik Deutschland, Band I: Historische Grundlagen, 3. Auflage, Heidelberg 2003, § 9, S. 355–421.

Hofmann, Hasso/Dreier, Horst: Repräsentation, Mehrheitsprinzip und Minderheitenschutz, in: Hans-Peter Schneider/Wolfgang Zeh (Hrsg.), Parlamentsrecht und Parlamentspraxis in der Bundesrepublik Deutschland, Berlin/New York 1989, § 5, S. 165–197.

Hohm, Karl-Heinz: Recht auf Chancengleichheit der Fraktionen und oppositioneller Minderheitenschutz. Zur Nichtrepräsentanz der GRÜNEN-Fraktion in Gremien und Ausschüssen des „sicherheitsempfindlichen Bereiches“, NJW 1985, S. 408–413.

Hölscheidt, Sven: Das Recht der Parlamentsfraktionen, Rheinbreitbach 2001.

–: Die Rechte der Opposition im 18. Deutschen Bundestag, ZG 2015, S. 246–259.

Hölscheidt, Sven/Mundil, Daniel: Bildung und Status von Abgeordnetengruppen, DÖV 2018, S. 546–552.

Holterhus, Till Patrik: Anfängerklausur – Öffentliches Recht: Staatsorganisationsrecht – Entrechtete Opposition, JuS 2016, S. 711–716.

Horn, Hans-Detlef: Die grundrechtsunmittelbare Verwaltung. Zur Dogmatik des Verhältnisses zwischen Gesetz, Verwaltung und Individuum unter dem Grundgesetz, Tübingen 1999.

Horn, Wolfgang: Probleme der Gewaltenteilung – heute, in: Klaus Dicke (Hrsg.), Der demokratische Verfassungsstaat in Deutschland – 80 Jahre Weimarer Reichsverfassung, 50 Jahre Grundgesetz, 10 Jahre Fall der Mauer, Baden-Baden 2001, S. 119–123.

Hornung, Gerrit: Grundrechtsinnovationen, Tübingen 2015.

Huber, Peter M.: Der Parteienstaat als Kern des politischen Systems – Wie tragfähig ist das Grundgesetz?, JZ 1994, S. 689–696.

–: Regierung und Opposition, in: Josef Isensee/Paul Kirchhof (Hrsg.), Handbuch des Staatsrechts der Bundesrepublik Deutschland, Band III: Demokratie – Bundesorgane, 3. Auflage, Heidelberg 2005, § 47, S. 605–637.

–: Parlamentarische und plebiszitäre Gesetzgebung im Widerstreit, ZG 2009, S. 311–337.

–: Größe der Ausschüsse im Bayerischen Landtag, BayVBl. 2010, S. 289–298.

–: Plebiszite, in: Hanno Kube/Rudolf Mellinghoff/Gerd Morgenthaler/Ulrich Palm/Thomas Puhl/Christian Seiler, Leitgedanken des Rechts. Paul Kirchhof zum 70. Geburtstag, Band I: Staat und Verfassung, Heidelberg 2013, § 60, S. 651–657.

Ingold, Albert: Das Recht der Oppositionen. Verfassungsbegriff – Verfassungsdogmatik – Verfassungstheorie, Tübingen 2015.

–: Das „Amt“ der Abgeordneten. Zum Nutzen eines Relationsbegriffs im Spannungsfeld von Mandat und Person, JöR 64 (2016), S. 43–80.

–: Oppositionsrechte stärken?, ZRP 2016, S. 143–145.

Ipsen, Jörn: Erwerb und Verlust des Fraktionsstatus im Deutschen Bundestag, NVwZ 2006, S. 176–178.

–: Staatsrecht I. Staatsorganisationsrecht, 29. Auflage, München 2017.

Isensee, Josef: Wer definiert die Freiheitsrechte? Selbstverständnis der Grundrechtsträger und Grundrechtsauslegung des Staates, Heidelberg/Karlsruhe 1980.

–: Grundrechte und Demokratie. Die polare Legitimation im grundgesetzlichen Gemeinwesen, Der Staat 20 (1981), S. 161–176.

–: Von der Notwendigkeit der Grenze, in: ders., Recht als Grenze – Grenze des Rechts. Texte 1979–2009, Bonn 2008, S. 7–10.

Jarass, Hans Dieter: Politik und Bürokratie als Elemente der Gewaltenteilung, München 1975.

–: Die Grundrechte: Abwehrrechte und objektive Grundsatznormen – Objektive Grundsatzgehalte, insbes. Schutzpflichten und privatrechtsgestaltende Wirkung, in: Peter Badura/Horst Dreier (Hrsg.), Festschrift 50 Jahre Bundesverfassungsgericht, Zweiter Band: Klärung und Fortbildung des Verfassungsrechts, Tübingen 2001, S. 35–53.

Jarass, Hans Dieter/Pieroth, Bodo: Grundgesetz für die Bundesrepublik Deutschland, Kommentar, 15. Auflage, München 2018.

Jekewitz, Jürgen: Umfang und Inhalt des parlamentarischen Initiativrechts von Bundestagsabgeordneten, DÖV 1969, S. 136–137.

–: Die Kostenlast beim Verfassungsprozeß. Zum Beitrag des Verfassungsprozeßrechts zur „Konstitutionalisierung" der Opposition unter dem Grundgesetz, JZ 1978, S. 667–675.

–: Das Geld der Parlamentsfraktionen. Zur rechtlichen Verortung der Fraktionen an Hand ihrer finanziellen Ausstattung, ZParl 1982, S. 314–338.

–: Politische Bedeutung, Rechtsstellung und Verfahren der Bundestagsfraktionen, in: Hans-Peter Schneider/Wolfgang Zeh (Hrsg.), Parlamentsrecht und Parlamentspraxis in der Bundesrepublik Deutschland, Berlin/New York 1989, § 37, S. 1021–1053.

Jellinek, Georg: Verfassungsänderung und Verfassungswandlung. Eine staatsrechtlich-politische Abhandlung, Berlin 1906.

Jennings, W. Ivor: Die Theorie der Institution, in: Roman Schnur (Hrsg.), Institution und Recht, Darmstadt 1968, S. 99–117.

–: Parliament, Second edition, Cambridge 1969.

Jesse, Eckhard: Aktuelle Reformvorschläge zum Wahlrecht: die Modifizierung der Fünfprozentklausel durch die Einführung einer Nebenstimme und die Abschaffung des Zweistimmensystems, in: Tobias Mörschel (Hrsg.), Wahlen und Demokratie. Reformoptionen des deutschen Wahlrechts, Baden-Baden 2016, S. 119–139.

Jestaedt, Matthias: Verfassungsgerichtspositivismus. Die Ohnmacht des Verfassungsgesetzgebers im verfassungsgerichtlichen Jurisdikationsstaat, in: Otto Depenheuer/Markus Heintzen/Matthias Jestaedt/Peter Axer (Hrsg.), Nomos und Ethos. Hommage an Josef Isensee zum 65. Geburtstag von seinen Schülern, Berlin 2002, S. 183–228.

–: Herr und Hüter der Verfassung als Akteure des Verfassungswandels – Betrachtungen aus Anlass von 60 Jahren Grundgesetz –, in: Helmut Neuhaus (Hrsg.), 60 Jahre Bundesrepublik Deutschland. Atzelsberger Gespräche 2009, Erlangen 2010, S. 35–99.

–: Selbstand und Offenheit der Verfassung gegenüber nationalem, supranationalem und internationalem Recht, in: Josef Isensee/Paul Kirchhof (Hrsg.), Handbuch des Staatsrechts der Bundesrepublik Deutschland, Band XII: Normativität und Schutz der Verfassung, 3. Auflage, Heidelberg 2014, § 264, S. 327–382.

Johnson, Nevil: Opposition als Staatseinrichtung und Alternativregierung: Das britische Modell, in: Heinrich Oberreuter (Hrsg.), Parlamentarische Opposition. Ein internationaler Vergleich, Hamburg 1975, S. 25–51.

Jung, Otmar: Volksgesetze und parlamentarische Konterlegislatur, in: Klemens H. Schrenk/Markus Soldner (Hrsg.), Analyse demokratischer Regierungssysteme. Festschrift für Wolfgang Ismayr zum 65. Geburtstag, Wiesbaden 2010, S. 427–442.

Kahl, Wolfgang/Waldhoff, Christian/Walter, Christian (Hrsg.): Bonner Kommentar zum Grundgesetz, 17 Bände, Loseblatt, Stand: 191. Aktualisierung, Heidelberg 2018.

Kämmerer, Jörn Axel: Muss Mehrheit immer Mehrheit bleiben? Über die Kontroversen um die Besetzung des Vermittlungsausschusses, NJW 2003, S. 1166–1168.

–: Deutschland auf dem Weg zur „Lame Duck Democracy"? – Eine kleine Systemkritik, NVwZ 2014, S. 29–32.

Kämmerer, Jörn Axel/Ernst, Christian/Winter, Alina: Das Referendum: Rechtliche und politische Betrachtungen zum staatlich initiierten Volksentscheid, ZG 2015, S. 349–371.

Kant, Immanuel: Kritik der reinen Vernunft, herausgegeben von Wilhelm Weischedel, Werke in sechs Bänden, Band II, Wiesbaden 1956.

Karcher, Victoria/Korn, Juhani M. V.: Ist Schweigen tatsächlich Gold? – Zur Regelung des Rederechts „abweichender" Abgeordneter in der Geschäftsordnung des Bundestages –, DÖV 2012, S. 725–732.

Karpen, Ulrich: Die verfassungsrechtliche Grundordnung des Staates – Grundzüge der Verfassungstheorie und Politischen Philosophie. Überblick: Das Grundgesetz und der Typus des westlichen Verfassungsstaates, JZ 1987, S. 431–442.

Kassing, Reinhold: Das Recht der Abgeordnetengruppe, Berlin 1988.

Kastning, Lars: Vereinigtes Königreich, in: Winfried Steffani (Hrsg.), Regierungsmehrheit und Opposition in den Staaten der EG, Opladen 1991, S. 375–413.

Kaufmann, Erich: Die Gleichheit vor dem Gesetz im Sinne des Art. 109 der Reichsverfassung, VVDStRL 3 (1927), S. 2–24.

Kelsen, Hans: Vom Wesen und Wert der Demokratie, 2. Auflage, Tübingen 1929.

–: Wesen und Entwicklung der Staatsgerichtsbarkeit, VVDStRL 5 (1929), S. 30–88.

Kirchheimer, Otto: Vom Wandel der politischen Opposition, ARSP 43 (1957), S. 59–86.

Kirchhof, Paul: Die Identität der Verfassung, in: Josef Isensee/ders. (Hrsg.), Handbuch des Staatsrechts der Bundesrepublik Deutschland, Band II: Verfassungsstaat, 3. Auflage, Heidelberg 2004, § 21, S. 261–316.

Kißler, Leo: Die Öffentlichkeitsfunktion des Deutschen Bundestages. Theorie – Empirie – Reform, Berlin 1976.

Klein, Hans Hugo: Verfassungstreue und Schutz der Verfassung, VVDStRL 37 (1979), S. 53–113.

–: Stellung des Abgeordneten, in: Josef Isensee/Paul Kirchhof (Hrsg.), Handbuch des Staatsrechts der Bundesrepublik Deutschland, Band III: Demokratie – Bundesorgane, 3. Auflage, Heidelberg 2005, § 51, S. 741–767.

–: Stellung und Aufgaben des Bundestages, in: Josef Isensee/Paul Kirchhof (Hrsg.), Handbuch des Staatsrechts der Bundesrepublik Deutschland, Band III: Demokratie – Bundesorgane, 3. Auflage, Heidelberg 2005, § 50, S. 711–739.

Klein, Hans Hugo/Krings, Günter: Fraktionen, in: Martin Morlok/Utz Schliesky/Dieter Wiefelspütz (Hrsg.), Parlamentsrecht, Praxishandbuch, Baden-Baden 2016, § 17, S. 524–552.

Klement, Jan Henrik: Verantwortung. Funktion und Legitimation eines Begriffs im Öffentlichen Recht, Tübingen 2006.

–: Common Law Thinking in German Jurisprudence – on Alexy's Principles Theory, in: Matthias Klatt (Hrsg.), Institutionalized Reason. The Jurisprudence of Robert Alexy, Oxford 2012, S. 173–200.

–: Das Schwinden der Legalität. Von der Doppelbewegung aus Verrechtlichung und Entrechtlichung, JöR 61 (2013), S. 115–161.

–: Wettbewerbsfreiheit. Bausteine einer europäischen Grundrechtstheorie, Tübingen 2015.

Klenner, Stephan: Verfassungswidriger Oppositionszuschlag auf Bundesebene, DÖV 2018, S. 563–570.

Kloepfer, Michael: Das Gesetzgebungsverfahren nach dem Grundgesetz, JURA 1991, S. 169–175.

–: Öffentliche Meinung, Massenmedien, in: Josef Isensee/Paul Kirchhof (Hrsg.), Handbuch des Staatsrechts der Bundesrepublik Deutschland, Band III: Demokratie – Bundesorgane, 3. Auflage, Heidelberg 2005, § 42, S. 389–424.

–: Verfassungsrecht I. Grundlagen, Staatsorganisationsrecht, Bezüge zum Völker- und Europarecht, München 2011.

–: In großer Gefahr, in: Frankfurter Allgemeine Zeitung vom 1.11.2013, S. 7.

Kluth, Winfried: Aufgaben und Perspektiven der Rechtspolitik, ZRP 2017, S. 194–197.

Koch, Hans-Joachim: Die normtheoretische Basis der Abwägung, in: Wilfried Erbguth/Janbernd Oebbecke/Hans-Werner Rengeling/Martin Schulte (Hrsg.), Abwägung im Recht. Symposium und Verabschiedung von Werner Hoppe am 30. Juni 1995 in Münster aus Anlaß seiner Emeritierung, Köln/Berlin/Bonn/München 1996, S. 9–24.

Koch, Hans-Joachim/Rüßmann, Helmut: Juristische Begründungslehre. Eine Einführung in Grundprobleme der Rechtswissenschaft, München 1982.

Kohler, Josef: Der Dispositionsnießbrauch, Jahrbücher für die Dogmatik des heutigen römischen und deutschen Privatrechts 24 (1886), S. 187–328.

Korte, Karl-Rudolf: Über das Politikmanagement einer modernen Opposition, APuZ 38–39/2014, S. 8–14.

Kotzur, Markus: Demokratie als Wettbewerbsordnung, VVDStRL 69 (2010), S. 173–226.

Krajewski, Markus: Kurzgutachten zur Erweiterung des Antragsrechts für die abstrakte Normenkontrolle durch einfaches Bundesgesetz nach Art. 93 Abs. 3 GG, https://www.gruene-bundestag.de/fileadmin/media/gruenebundestag_de/themen_az/innenpolitik/Kurzgutachten_Abstrakte-Normenkontrolle.pdf [zuletzt abgerufen am 30.8.2018].

Krause, Joachim: Der Bedeutungswandel parlamentarischer Kontrolle: Deutscher Bundestag und US-Kongreß im Vergleich, ZParl 1999, S. 534–555.

Kropp, Sabine: Oppositionsprinzip und Mehrheitsregel in den Landesverfassungen: Eine Analyse am Beispiel des Verfassungskonflikts in Sachsen-Anhalt, ZParl 1997, S. 373–390.

–: Regieren in Koalitionen. Handlungsmuster und Entscheidungsbildung in deutschen Länderregierungen, Wiesbaden 2001.

Kuhn, David: Die Reichweite der Organisationsautonomie des Geschäftsordnungsgebers bei der Entscheidung über die Zusammensetzung parlamentarischer Ausschüsse, NVwZ 2018, S. 1116–1120.

Kunig, Philip: Parteien, in: Josef Isensee/Paul Kirchhof (Hrsg.), Handbuch des Staatsrechts der Bundesrepublik Deutschland, Band III: Demokratie – Bundesorgane, 3. Auflage, Heidelberg 2005, § 40, S. 297–356.

Kürschner, Sylvia: Das Binnenrecht der Bundestagsfraktionen, Berlin 1995.

Küster, Otto: Das Gewaltenproblem im modernen Staat, AöR 75 (1949), S. 397–413.

Laband, Paul: Die Wandlungen der deutschen Reichsverfassung. Vortrag gehalten in der Gehe-Stiftung zu Dresden am 16. März 1895, Dresden 1895.

Landshut, Siegfried: Formen und Funktionen der parlamentarischen Opposition, in: Gottfried Eisermann (Hrsg.), Wirtschaft und Kultursystem, Festschrift Alexander Rüstow zum siebzigsten Geburtstag, Erlenbach-Zürich/Stuttgart 1955, S. 214–228.

Lang, Heinrich: Gesetzgebung in eigener Sache. Eine rechtstheoretische und rechtssystematische Untersuchung zum Spannungsverhältnis von Distanzgebot und Eigennutz, Tübingen 2007.

Larenz, Karl: Methodenlehre der Rechtswissenschaft, 6. Auflage, Berlin/Heidelberg/New York 1991.

Lassahn, Philipp: Anmerkung [zu BVerfG, Urt. v. 3.5.2016 – Az. 2 BvE 4/14], NVwZ 2016, S. 929–930.

Lauth, Hans-Joachim/Wagner, Christian (Hrsg.): Politikwissenschaft: Eine Einführung, 8. Auflage, Paderborn 2016 [zit. nach Bearbeiter].

Lechner, Hans/Zuck, Rüdiger: Bundesverfassungsgerichtsgesetz. Kommentar, 7. Auflage, München 2015.

Leisner, Walter: Effizienz als Rechtsprinzip, Tübingen 1971.

–: Verfassungswidriges Verfassungsrecht – Nach dem „Bodenreform-Urteil" des BVerfG –, DÖV 1992, S. 432–439.

–: Opposition in der „Großen Koalition" – Grundsatzfragen zum Begriff der Opposition –, DÖV 2014, S. 880–884.

–: „Straßendemokratie" – Aufstand oder Widerstand? Hoffnung oder Gefahr?, NVwZ 2015, S. 31–34.

Lenk, Hans: Von Deutungen zu Wertungen. Eine Einführung in aktuelles Philosophieren, Frankfurt am Main 1994.

Lepsius, Oliver: Die Ökonomik als neue Referenzwissenschaft für die Staatsrechtslehre?, Die Verwaltung 32 (1999), S. 429–444.

–: Rechtswissenschaft in der Demokratie, Der Staat 52 (2013), S. 157–186.

Lerche, Peter: Übermaß und Verfassungsrecht. Zur Bindung des Gesetzgebers an die Grundsätze der Verhältnismäßigkeit und der Erforderlichkeit, Köln/Berlin/München/Bonn 1961.

–: Stiller Verfassungswandel als aktuelles Politikum, in: Hans Spanner/Peter Lerche/Hans Zacher/Peter Badura/Axel Freiherr von Campenhausen (Hrsg.), Festgabe für Theodor Maunz zum 70. Geburtstag am 1. September 1971, München 1971, S. 285–300.

–: Gewaltenteilung – deutsche Sicht, in: Josef Isensee (Hrsg.), Gewaltenteilung heute, Symposium aus Anlaß der Vollendung des 65. Lebensjahres von Fritz Ossenbühl, Heidelberg 2000, S. 75–98.

Ley, Isabelle: Opposition im Völkerrecht. Ein Beitrag zur Legitimation internationaler Rechtserzeugung, Heidelberg/New York/Dordrecht/London 2015.

Linck, Joachim: Fraktionsstatus als geschäftsordnungsmäßige Voraussetzung für die Ausübung parlamentarischer Rechte. Zur individuellen und kollektiven Gestaltung parlamentarischer Tätigkeit, DÖV 1975, S. 689–694.

Lindner, Franz Josef: Theorie der Grundrechtsdogmatik, Tübingen 2005.

Lipphardt, Hanns-Rudolf: Die kontingentierte Debatte. Parlamentsrechtliche Untersuchung zur Redeordnung des Bundestages, Berlin 1976.

Loewenstein, Karl: Die neue Dreiteilung der Staatsfunktionen, in: Heinz Rausch (Hrsg.), Zur heutigen Problematik der Gewaltentrennung, Darmstadt 1969, S. 272–285.

–: Verfassungslehre, übersetzt von Rüdiger Boerner, 3. Auflage, Tübingen 1975.

Lorenz, Astrid: Schutz vor der Mehrheitstyrannei? Parlamentarische Opposition, Bundesverfassungsgericht und Bundespräsident als Kontrolleure der Zweidrittelmehrheit, in: Sebastian Bukow/Wenke Seemann (Hrsg.), Die Große Koalition. Regierung – Politik – Parteien 2005–2009, Wiesbaden 2010, S. 59–84.

Lorenz, Dieter: Der Organstreit vor dem Bundesverfassungsgericht, in: Christian Starck (Hrsg.), Bundesverfassungsgericht und Grundgesetz – Festgabe aus Anlaß des 25jährigen Bestehens des Bundesverfassungsgerichts, Erster Band: Verfassungsgerichtsbarkeit, Tübingen 1976, S. 225–259.

Lorz, Ralph Alexander/Richterich, Maike: Regierung im Parlament, in: Martin Morlok/Utz Schliesky/Dieter Wiefelspütz (Hrsg.), Parlamentsrecht, Praxishandbuch, Baden-Baden 2016, § 35, S. 1063–1111.

Löwer, Wolfgang: Zuständigkeiten und Verfahren des Bundesverfassungsgerichts, in: Josef Isensee/Paul Kirchhof (Hrsg.), Handbuch des Staatsrechts der Bundesrepublik Deutschland, Band III: Demokratie – Bundesorgane, 3. Auflage, Heidelberg 2005, § 70, S. 1285–1526.

Lübbe-Wolff, Gertrude: Rechtsfolgen und Realfolgen: welche Rolle können Folgenerwägungen in der juristischen Regel- und Begriffsbildung spielen?, Freiburg/München 1981.

–: Die Grundrechte als Eingriffsabwehrrechte. Struktur und Reichweite der Eingriffsdogmatik im Bereich staatlicher Leistungen, Baden-Baden 1988.

Luhmann, Niklas: Die Zukunft der Demokratie, in: ders., Soziologische Aufklärung 4. Beiträge zur funktionalen Differenzierung der Gesellschaft, Opladen 1987, S. 126–132.

–: Enttäuschungen und Hoffnungen. Zur Zukunft der Demokratie, in: ders., Soziologische Aufklärung 4. Beiträge zur funktionalen Differenzierung der Gesellschaft, Opladen 1987, S. 133–141.

–: Theorie der politischen Opposition, ZfP 36 (1989), S. 13–26.

–: Komplexität und Demokratie, in: ders., Politische Planung. Aufsätze zur Soziologie von Politik und Verwaltung, 4. Auflage, Opladen 1994, S. 35–45.

Magiera, Siegfried: Parlament und Staatsleitung in der Verfassungsordnung des Grundgesetzes. Eine Untersuchung zu den Grundlagen der Stellung und Aufgaben des Deutschen Bundestages, Berlin 1979.

–: Rechte des Bundestages und seiner Mitglieder gegenüber der Regierung, in: Hans-Peter Schneider/Wolfgang Zeh (Hrsg.), Parlamentsrecht und Parlamentspraxis in der Bundesrepublik Deutschland, Berlin/New York 1989, § 52, S. 1421–1446.

Mahrenholz, Ernst Gottfried: Zur Änderung des durch Volksbegehren angenommenen Hamburgischen Wahlrechts in derselben Wahlperiode, NordÖR 2007, S. 11–18.

von Mangoldt, Hermann/Klein, Friedrich/Starck, Christian: Kommentar zum Grundgesetz, 3 Bände, 7. Auflage, München 2018.

Marcic, René: Die Koalitionsdemokratie. Das österreichische Modell im Lichte der Wiener rechtstheoretischen Schule – Vortrag gehalten vor der Juristischen Studiengesellschaft in Karlsruhe am 10. November 1965, Karlsruhe 1966.

Martens, Wolfgang: Öffentlich als Rechtsbegriff, Bad Homburg v.d.H./Berlin/Zürich 1969.

Martini, Mario: Wenn das Volk (mit)entscheidet … – Wechselbeziehungen und Konfliktlinien zwischen direkter und indirekter Demokratie als Herausforderung für die Rechtsordnung, Berlin 2011.

–: Die Bürger-/Volksbefragung als Baustein der Demokratie, DÖV 2015, S. 981–992.

Masing, Johannes: Zwischen Kontinuität und Diskontinuität: Die Verfassungsänderung, Der Staat 44 (2005), S. 1–17.

Mastronardi, Philippe: Verfassungslehre. Allgemeines Staatsrecht als Lehre vom guten und gerechten Staat, Bern/Stuttgart/Wien 2007.

Maunz, Theodor: Die verfassunggebende Gewalt im Grundgesetz, DÖV 1953, S. 645–648.

–: Die Rechtsstellung der Mandatsträger im Bundesrat, in: Bundesrat (Hrsg.), Der Bundesrat als Verfassungsorgan und politische Kraft. Beiträge zum fünfundzwanzigjährigen Bestehen des Bundesrates der Bundesrepublik Deutschland, Bad Honnef/Darmstadt 1974, S. 193–211.

Maunz, Theodor/Dürig, Günter: Grundgesetz, Kommentar, 7 Bände, Loseblatt, Stand: 82. Ergänzungslieferung, München 2018.

Maunz, Theodor/Schmidt-Bleibtreu, Bruno/Klein, Franz/Bethge, Herbert: Bundesverfassungsgerichtsgesetz, Kommentar, 2 Bände, Loseblatt, Stand: 53. Ergänzungslieferung, München 2018.

Maurer, Hartmut: Der Verwaltungsvorbehalt, VVDStRL 43 (1984), S. 135–171.

–: Idee und Wirklichkeit der Grundrechte, JZ 1999, S. 689–697.

–: Staatsrecht I. Grundlagen, Verfassungsorgane, Staatsfunktionen, 6. Auflage, München 2010.

Mayer, Franz C.: Das Verhältnis von Rechtswissenschaft und Rechtspraxis im Verfassungsrecht in Deutschland, JZ 2016, S. 857–866.

Merten, Detlef: Montesquieus Gewaltenteilungslehre und deutsche Verfassungsstaatlichkeit, in: Paul-Ludwig Weinacht (Hrsg.), Montesquieu. 250 Jahre „Geist der Gesetze" – Beiträge aus Politischer Wissenschaft, Jurisprudenz und Romanistik, Baden-Baden 1999, S. 31–62.

du Mesnil de Rochemont, Tassilo/Müller, Michael Wolfgang: Die Rechtsstellung der Bundestagsabgeordneten. Teil 2: Statusrechte und Rechtsschutz, JuS 2016, S. 603–608.

Meyer, Hans: Das parlamentarische Regierungssystem des Grundgesetzes. Anlage – Erfahrungen – Zukunftseignung, VVDStRL 33 (1975), S. 69–119.

–: Die Stellung der Parlamente in der Verfassungsordnung des Grundgesetzes, in: Hans-Peter Schneider/Wolfgang Zeh (Hrsg.), Parlamentsrecht und Parlamentspraxis in der Bundesrepublik Deutschland, Berlin/New York 1989, § 4, S. 117–163.

–: Wahlgrundsätze, Wahlverfahren, Wahlprüfung, in: Josef Isensee/Paul Kirchhof (Hrsg.), Handbuch des Staatsrechts der Bundesrepublik Deutschland, Band III: Demokratie – Bundesorgane, 3. Auflage, Heidelberg 2005, § 46, S. 543–603.

von Mohl, Robert: Kritische Erörterungen über Ordnung und Gewohnheiten des deutschen Reiches, ZgesStW 31 (1875), S. 39–113.

Möller, Hauke: Die verfassungsgebende Gewalt des Volkes und die Schranken der Verfassungsrevision. Eine Untersuchung zu Art. 79 Abs. 3 GG und zur verfassungsgebenden Gewalt nach dem Grundgesetz, Berlin 2004.

Möllers, Christoph: Gewaltengliederung. Legitimation und Dogmatik im nationalen und internationalen Rechtsvergleich, Tübingen 2005.

–: Dogmatik der grundgesetzlichen Gewaltengliederung, AöR 132 (2007), S. 493–538.

–: Demokratie – Zumutungen und Versprechen, Bonn 2008.

–: Legalität, Legitimität und Legitimation des Bundesverfassungsgerichts, in: Matthias Jestaedt/Oliver Lepsius/ders./Christoph Schönberger (Hrsg.), Das entgrenzte Gericht. Eine kritische Bilanz nach sechzig Jahren Bundesverfassungsgericht, Berlin 2011, S. 281–422.

–: Die drei Gewalten. Legitimation der Gewaltengliederung in Verfassungsstaat, Europäischer Integration und Internationalisierung, 2. Auflage, Weilerswist 2015.

Möllers, Christoph/Schneider, Linda: Demokratiesicherung in der Europäischen Union. Studie zu einem Dilemma. Im Auftrag und in Zusammenarbeit mit der Heinrich-Böll-Stiftung, Tübingen 2018.

Morlok, Martin: Selbstverständnis als Rechtskriterium, Tübingen 1993.

–: Gesetzliche Regelung des Rechtsstatus und der Finanzierung der Bundestagsfraktionen, NJW 1995, S. 29–31.

–: Vom Reiz und vom Nutzen, von den Schwierigkeiten und den Gefahren der Ökonomischen Theorie für das Öffentliche Recht, in: Christoph Engel/ders. (Hrsg.), Öffentliches Recht als ein Gegenstand ökonomischer Forschung. Die Begegnung der deutschen Staatsrechtslehre mit der Konstitutionellen Politischen Ökonomie, Tübingen 1998, S. 1–29.

–: Wirksame Kontrolle ist nötig, in: Das Parlament Nr. 42–43/2013 (Interview von Claus Peter Kosfeld), http://www.das-parlament.de/2013/42_43/MenschenMeinungen/47417118/325002 [zuletzt abgerufen am 30.8.2018].

–: Notwendigkeit und Schwierigkeit eines Rechtes der Politik, DVBl. 2017, S. 995–1002.

Morlok, Martin/Jürgensen, Sven: Faktische Chancengleichheit – insbesondere im Recht der politischen Parteien, JZ 2018, S. 695–702.

Morlok, Martin/Kalb, Moritz: Informationsansprüche und der Kernbereich politisch-parlamentarischer Willensbildung. Zugleich Besprechung von BVerwG, Urteil v. 25.6.2015 – 7 C 1.14, JZ 2017, S. 670–676.

Möstl, Markus: Elemente direkter Demokratie als Entwicklungsperspektive, VVDStRL 72 (2013), S. 355–416.

Müller, Friedrich: Normstruktur und Normativität. Zum Verhältnis von Recht und Wirklichkeit in der juristischen Hermeneutik, entwickelt an Fragen der Verfassungsinterpretation, Berlin 1966.

–: Die Einheit der Verfassung – Elemente einer Verfassungstheorie III, Berlin 1979.

Müller, Friedrich/Christensen, Ralph: Juristische Methodik, Band I: Grundlagen für die Arbeitsmethoden der Rechtspraxis, 11. Auflage, Berlin 2013.

von Münch, Ingo: Rechtliche und politische Probleme von Koalitionsregierungen. Vortrag gehalten vor der Juristischen Gesellschaft zu Berlin am 14. Oktober 1992, Berlin/New York 1993.

–: Minister und Abgeordneter in einer Person: die andauernde Verhöhnung der Gewaltenteilung, NJW 1998, S. 34–35.

–: Anmerkungen zur Koalitionsdemokratie und ein Plädoyer für die Beendigung des Lagerdenkens, ZParl 2015, S. 874–886.

von Münch, Ingo/Kunig, Philip (Hrsg.): Grundgesetz, Kommentar, 2 Bände, 6. Auflage, München 2012.

Mundil, Daniel: Die Opposition. Eine Funktion des Verfassungsrechts, Berlin 2014.

Murswiek, Dietrich: Die verfassunggebende Gewalt nach dem Grundgesetz für die Bundesrepublik Deutschland, Berlin 1978.

–: Der Abgeordnete im Organstreit um die Rechte des Bundestages, in: Wolf-Rüdiger Bub/Volkmar Mehle/Ekkehard Schumann (Hrsg.), Festschrift für Peter Gauweiler zum 60. Geburtstag am 22. Juni 2009, Köln 2009, S. 228–244.

Münkler, Laura: Der Nichtakt. Eine dogmatische Rekonstruktion, Berlin 2015.

Mußgnug, Reinhard: Das Mehrheitsprinzip, in: Marten Breuer/Astrid Epiney/Andreas Haratsch/Stefanie Schmahl/Norman Weiß (Hrsg.), Der Staat im Recht. Festschrift für Eckart Klein zum 70. Geburtstag, Berlin 2013, S. 249–58.

Niedermayer, Oskar: Das deutsche Parteiensystem nach der Bundestagswahl 2013, in: ders. (Hrsg.), Die Parteien nach der Bundestagswahl 2013, Wiesbaden 2015, S. 1–23.

–: Halbzeit: Die Entwicklung des Parteiensystems nach der Bundestagswahl 2013, ZParl 2015, S. 830–851.

Nohlen, Dieter/Schultze, Rainer-Olaf (Hrsg.): Lexikon der Politikwissenschaft, Band 2: N–Z, 4. Auflage, München 2010 [zit. nach Bearbeiter].

Nolte, Martin/Tams, Christian: Das Gesetzgebungsverfahren nach dem Grundgesetz, JURA 2000, S. 158–164.

Oberreuter, Heinrich: Einleitung, in: ders. (Hrsg.), Parlamentarische Opposition. Ein internationaler Vergleich, Hamburg 1975, S. 8–24.

–: Institutionalisierung der Opposition? Opposition und Parlamentsreform, in: ders. (Hrsg.), Parlamentarische Opposition. Ein internationaler Vergleich, Hamburg 1975, S. 266–291.

Ohms, Martin Johannes: Die verfassungsimmanente Pflicht des Gesetzgebers zur Änderung des Grundgesetzes. Ein Beitrag zur Bedeutung von Art. 79 GG für die Grundrechte, unter besonderer Berücksichtigung von Art. 3 Abs. 2 GG, Sinzheim 1996.

Oppermann, Thomas: Das parlamentarische Regierungssystem des Grundgesetzes. Anlage – Erfahrungen – Zukunftseignung, VVDStRL 33 (1975), S. 7–68.

Ossenbühl, Fritz: Verwaltungsvorschriften und Grundgesetz, Bad Homburg v. d. H./Berlin/Zürich 1968.

–: Aktuelle Probleme der Gewaltenteilung, DÖV 1980, S. 545–553.

–: Abwägung im Verfassungsrecht, in: Wilfried Erbguth/Janbernd Oebbecke/Hans-Werner Rengeling/Martin Schulte (Hrsg.), Abwägung im Recht. Symposium und Verabschiedung von Werner Hoppe am 30. Juni 1995 in Münster aus Anlaß seiner Emeritierung, Köln/Berlin/Bonn/München 1996, S. 25–41.

–: Gesetz und Verordnung im gegenwärtigen Staatsrecht, ZG 1997, S. 305–320.

–: Schlußwort, in: Josef Isensee (Hrsg.), Gewaltenteilung heute, Symposium aus Anlaß der Vollendung des 65. Lebensjahres von Fritz Ossenbühl, Heidelberg 2000, S. 123–130.

–: Verfahren der Gesetzgebung, in: Josef Isensee/Paul Kirchhof (Hrsg.), Handbuch des Staatsrechts der Bundesrepublik Deutschland, Band V: Rechtsquellen, Organisation, Finanzen, 3. Auflage, Heidelberg 2007, § 102, S. 223–258.

Ott, Claus/Schäfer, Hans-Bernd: Die ökonomische Analyse des Rechts – Irrweg oder Chance wissenschaftlicher Rechtserkenntnis?, JZ 1988, S. 213–223.

Papier, Hans-Jürgen: Rechtliche Möglichkeiten und Grenzen einer Änderung des Asylgrundrechts (Art. 16 Abs. 2 Satz 2 GG), Der Staat 27 (1988), S. 33–55.

–: Verfassungsrechtliche Probleme der Eigentumsregelung im Einigungsvertrag, NJW 1991, S. 193–197.

–: „Das parlamentarische System würde eminent geschwächt", in: Deutschlandradio Kultur, 12.10.2013 (Gespräch mit Nana Brink), http://www.deutschlandradiokultur.de/das-parlamentarische-system-wuerde-eminent-geschwaecht.1008.de.html?dram:article_id=264993 [zuletzt abgerufen am 30.8.2018].

Papier, Hans-Jürgen/Durner, Wolfgang: Streitbare Demokratie, AöR 128 (2003), S. 340–371.

Parlamentarischer Rat: Stenographischer Bericht, 1.–12. Sitzung, Bonn 1948/1949.

Pestalozza, Christian: Verfassungsprozeßrecht. Die Verfassungsgerichtsbarkeit des Bundes und der Länder mit einem Anhang zum Internationalen Rechtsschutz, 3. Auflage, München 1991.

Peters, Hans: Die Opposition in der parlamentarischen Demokratie, ÖZöR 10 (1960), S. 424–438.

Pfetsch, Barbara/Adam, Silke: Die Akteursperspektive in der politischen Kommunikationsforschung – Fragestellungen, Forschungsparadigmen und Problemlagen, in: dies. (Hrsg.), Massenmedien als politische Akteure. Konzepte und Analysen, Wiesbaden 2008, S. 9–26.

Pieroth, Bodo: Organstreitverfahren vor dem Verfassungsgerichtshof, in: Michael Bertrams (Hrsg.), Verfassungsgerichtsbarkeit in Nordrhein-Westfalen. Festschrift zum 50-jährigen Bestehen des Verfassungsgerichtshofs für das Land Nordrhein-Westfalen, Stuttgart/München/Hannover/Berlin/Weimar/Dresden/Boorberg 2002, S. 103–116.

–: Das Demokratieprinzip des Grundgesetzes, JuS 2010, S. 473–481.

Pieroth, Bodo/Haghgu, Katrin: Stärkung der Rechte der Abgeordneten und der Opposition im Landesverfassungsrecht, Münster 2004.

Pietzcker, Jost: Schichten des Parlamentsrechts: Verfassung, Gesetze und Geschäftsordnung, in: Hans-Peter Schneider/Wolfgang Zeh (Hrsg.), Parlamentsrecht und Parlamentspraxis in der Bundesrepublik Deutschland, Berlin/New York 1989, § 10, S. 333–357.

–: Organstreit, in: Peter Badura/Horst Dreier (Hrsg.), Festschrift 50 Jahre Bundesverfassungsgericht, Erster Band: Verfassungsgerichtsbarkeit – Verfassungsprozeß, Tübingen 2001, S. 587–613.

Pietzcker, Jost/Pallasch, Dirk: Verfassungswidrige Bundesverfassungsrichterwahl? – Ein Bericht über eine öffentlichrechtliche Hausarbeit, JuS 1995, S. 511–516.

Pilniok, Arne: Anmerkung [zu BVerfG, Beschl. v. 14.6.2017 – Az. 2 BvQ 29/17], JZ 2017, S. 890–894.

Plöhn, Jürgen: Der Oppositionsstatus der PDS nach dem Urteil des Landesverfassungsgerichts Sachsen-Anhalt, ZParl 1997, S. 558–571.

Pollex, Jan: Parlamentarische Opposition im Europäischen Parlament: nicht institutionell, sondern funktional gefasst. Stefan Thierse: Governance und Opposition im Europäischen Parlament – Minderheitenrechte und Agendakontrolle im legislativen Entscheidungsprozess [Besprechung], ZParl 2017, S. 712–713.

PONS: Wörterbuch für Schule und Studium, Latein – Deutsch, bearbeitet von Rita Hau, Neubearbeitung 2012 unter Mitwirkung von Anette Dralle, Gregor Vetter, Marieluise Schmitz, Stuttgart 2016.

Poscher, Ralf: Die Opposition als Rechtsbegriff, AöR 122 (1997), S. 444–468.

Posner, Richard A.: Economic Analysis of Law, 9. Auflage, New York 2014.

Prütting, Hanns: Rechtswissenschaft und Rechtspolitik in den Zeiten der Finanzmarktkrise, in: Wolf-Rüdiger Bub/Volkmar Mehle/Ekkehard Schumann (Hrsg.), Festschrift für Peter Gauweiler zum 60. Geburtstag am 22. Juni 2009, Köln 2009, S. 253–261.

Pünder, Hermann: Wahlrecht und Parlamentsrecht als Gelingensbedingungen repräsentativer Demokratie, VVDStRL 72 (2013), S. 191–267.

Radbruch, Gustav: Gesetzliches Unrecht und übergesetzliches Recht, SJZ 1946, S. 105–108.

Radojevic, Marco: Die Einsetzung Parlamentarischer Untersuchungsausschüsse im Deutschen Bundestag: Welchen Einfluss hat die Auffälligkeit eines Themas?, ZParl 2016, S. 58–68.

Reinhardt, Martin: Der Untersuchungsausschuss. Funktionen, Funktionswandel und Instrumentalisierung, NVwZ 2014, S. 991–994.

Renzsch, Wolfgang/Schieren, Stefan: Große Koalition oder Minderheitsregierung: Sachsen-Anhalt als Zukunftsmodell des parlamentarischen Regierungssystems in den neuen Bundesländern?, ZParl 1997, S. 391–407.

Richter, Ingo: Bildungsverfassungsrecht. Studien zum Verfassungswandel im Bildungswesen, Stuttgart 1973.

Rieckhoff, Henning: Der Vorbehalt des Gesetzes im Europarecht, Tübingen 2007.

Riede, Matthias/Scheller, Henrik: Parlamentarische Untersuchungsausschüsse im Deutschen Bundestag – bloßes Skandalisierungsinstrument der Opposition?, ZParl 2013, S. 93–114.

Rixecker, Roland: Minderheit und Kontrolle – Die Enquête in den Zeiten der Großen Koalition: Eine Skizze, in: Heike Jochum/Michael Elicker/Steffen Lampert/Roberto Bartone (Hrsg.), Freiheit, Gleichheit, Eigentum – Öffentliche Finanzen und Abgaben. Festschrift für Rudolf Wendt zum 70. Geburtstag, Berlin 2015, S. 1271–1281.

Robbers, Gerhard: Die Änderungen des Grundgesetzes, NJW 1989, S. 1325–1332.

Rodi, Michael: Ökonomische Analyse des Öffentlichen Rechts, Berlin/Heidelberg 2014.

Roellecke, Gerd: Verfassungstreue und Schutz der Verfassung, DÖV 1978, S. 457–464.

Roll, Hans-Achim: Geschäftsordnung des Deutschen Bundestages, Kommentar, Baden-Baden 2001.

Rommelfanger, Ulrich: Das konsultative Referendum. Eine verfassungstheoretische, -rechtliche und -vergleichende Untersuchung, Berlin 1988.

Rossi, Matthias: Anmerkung [zu BVerfG, Urt. v. 3.5.2016 – Az. 2 BvE 4/14], JZ 2016, S. 1169–1172.

Roßnagel, Alexander: Verfassungsänderung und Verfassungswandel in der Verfassungspraxis, Der Staat 22 (1983), S. 551–577.

Ruland, Michael: Der Begriff der freiheitlichen demokratischen Grundordnung im Grundgesetz für die Bundesrepublik Deutschland, Berlin 1971.

Rux, Johannes: Direkte Demokratie in Deutschland. Rechtsgrundlagen und Rechtswirklichkeit der unmittelbaren Demokratie in der Bundesrepublik Deutschland und ihren Ländern, Baden-Baden 2008.

Sachs, Michael: Die Entstehungsgeschichte des Grundgesetzes als Mittel der Verfassungsauslegung in der Rechtsprechung des Bundesverfassungsgerichts, DVBl. 1984, S. 73–82.

–: Staatsorganisationsrecht: Parlamentsrecht [Anmerkung zu BVerfG, Urt. v. 3.5.2016 – Az. 2 BvE 4/14], JuS 2016, S. 764–766.

– (Hrsg.): Grundgesetz, Kommentar, 8. Auflage, München 2018.

Sacksofsky, Ute: Reform des Wahlrechts zum Deutschen Bundestag, in: Tobias Mörschel (Hrsg.), Wahlen und Demokratie. Reformoptionen des deutschen Wahlrechts, Baden-Baden 2016, S. 101–118.

von Savigny, Friedrich Carl: System des heutigen Römischen Rechts, Band 1, Berlin 1840.

Schachtschneider, Karl Albrecht: Das Hamburger Oppositionsprinzip – Zum Widerspruch des entwickelten Parteienstaates zur republikanischen Repräsentation, Der Staat 28 (1989), S. 173–200.

–: Prinzipien des Rechtsstaates, Berlin 2006.

Schäfer, Hans-Bernd/Ott, Claus: Lehrbuch der ökonomischen Analyse des Zivilrechts, 5. Auflage, Berlin/Heidelberg 2012.

Schenke, Wolf-Rüdiger: Verfassung und Zeit – von der „entzeiteten" zur zeitgeprägten Verfassung, AöR 103 (1978), S. 566–602.

Scherer, Joachim: Fraktionsgleichheit und Geschäftsordnungskompetenz des Bundestages, AöR 112 (1987), S. 189–214.

Scherzberg, Arno: „Objektiver" Grundrechtsschutz und subjektives Grundrecht – Überlegungen zur Neukonzeption des grundrechtlichen Abwehrrechts –, DVBl. 1989, S. 1128–1136.

Scheuner, Ulrich: Diskussionsbeitrag, VVDStRL 20 (1963), S. 125–126.

–: Pressefreiheit, VVDStRL 22 (1965), S. 1–100.

–: Das Mehrheitsprinzip in der Demokratie, Opladen 1973.

Schladebach, Marcus: Praktische Konkordanz als verfassungsrechtliches Kollisionsprinzip. Eine Verteidigung, Der Staat 53 (2014), S. 263–283.

Schlaich, Klaus: Verfassungsprozessuale Auswirkungen des materiellen Verfassungsrechts – Am Beispiel des Organstreits um die Auflösung des 9. Deutschen Bundestages –, in: Günter Püttner (Hrsg.), Festschrift für Otto Bachof zum 70. Geburtstag am 6. März 1984, München 1984, S. 321–342.

Schlaich, Klaus/Korioth, Stefan: Das Bundesverfassungsgericht. Stellung, Verfahren, Entscheidungen, 11. Auflage, München 2018.

Schliesky, Utz: Parlamentsfunktionen, in: Martin Morlok/ders./Dieter Wiefelspütz (Hrsg.), Parlamentsrecht, Praxishandbuch, Baden-Baden 2016, § 5, S. 204–278.

Schlink, Bernhard: Abwägung im Verfassungsrecht, Berlin 1976.

–: Freiheit durch Eingriffsabwehr – Rekonstruktion der klassischen Grundrechtsfunktion, EuGRZ 1984, S. 457–468.

Schmid, Carlo: Die Opposition als Staatseinrichtung, Der Wähler 5 (1955), S. 498–506.

Schmidt, Walter: Chancengleichheit der Fraktionen unter dem Grundgesetz, Der Staat 9 (1970), S. 481–500.

Schmidt-Aßmann, Eberhard: Der Rechtsstaat, in: Josef Isensee/Paul Kirchhof (Hrsg.), Handbuch des Staatsrechts der Bundesrepublik Deutschland, Band II: Verfassungsstaat, 3. Auflage, Heidelberg 2004, § 26, S. 541–612.

Schmidt-Bleibtreu, Bruno/Hofmann, Hans/Hopfauf, Axel: Kommentar zum Grundgesetz, 12. Auflage, Köln 2011.

Schmidt-Bleibtreu, Bruno/Hofmann, Hans/Henneke, Hans-Günter: Kommentar zum Grundgesetz, 14. Auflage, Köln 2018.

Schmidt-Jortzig, Edzard: Die Absenkung des parlamentseigenen Antragsquorums zur abstrakten Normenkontrolle im Grundgesetz, in: Hermann Butzer/Markus Kaltenborn/Wolfgang Meyer (Hrsg.), Organisation und Verfahren im sozialen Rechtsstaat, Festschrift für Friedrich E. Schnapp zum 70. Geburtstag, Berlin 2008, S. 271–285.

–: Regierungskontrolle durch die Parlamentsmehrheit, in: Jörn Ipsen/Edzard Schmidt-Jortzig (Hrsg.), Recht – Staat – Gemeinwohl, Festschrift für Dietrich Rauschning, Köln, Berlin, Bonn, München 2011, S. 143–156.

Schmidt-Jortzig, Edzard/Hansen, Frank: Neue Rechtsgrundlage für die Bundestagsfraktionen, NVwZ 1994, S. 1145–1150.

Schmidt-Preuß, Matthias: Gestaltungskräfte im parlamentarischen Regierungssystem der Bundesrepublik Deutschland, in: Josef Isensee/Helmut Lecheler (Hrsg.), Freiheit und Eigentum, Festschrift für Walter Leisner zum 70. Geburtstag, Berlin 1999, S. 467–484.

Schmitt, Carl: Die Tyrannei der Werte, in: Säkularisation und Utopie. Erbracher Studien. Ernst Forsthoff zum 65. Geburtstag [zit. als: Festschrift E. Forsthoff], Stuttgart/Berlin/Köln/Mainz 1967, S. 37–62.

Schmitt Glaeser, Walter: Mißbrauch und Verwirkung von Grundrechten im politischen Meinungskampf. Eine Untersuchung über die Verfassungsschutzbestimmung des Art. 18 GG und ihr Verhältnis zum einfachen Recht, insbesondere zum politischen Strafrecht, Bad Homburg v. d. H./Berlin/Zürich 1968.

Schneider, Georg Christoph: Die Finanzierung der Parlamentsfraktionen als staatliche Aufgabe. Eine verfassungsrechtliche Untersuchung unter besonderer Berücksichtigung der aktuellen Fraktionsgesetzgebung, Berlin 1997.

Schneider, Hans-Peter: Die parlamentarische Opposition im Verfassungsrecht der Bundesrepublik Deutschland, Band I, Frankfurt am Main 1974.

–: Verfassungsrecht der Länder – Relikt oder Rezept?, DÖV 1987, S. 749–756.

–: Gewaltenverschränkung zwischen Parlament und Regierung, in: Detlef Merten (Hrsg.), Gewaltentrennung im Rechtsstaat, Zum 300. Geburtstag von Charles de Montesquieu, Vorträge und Diskussionsbeiträge der 57. Staatswissenschaftlichen Fortbildungstagung 1989 der Hochschule für Verwaltungswissenschaften Speyer, Berlin 1989, S. 77–89.

–: Verfassungsrechtliche Bedeutung und politische Praxis der parlamentarischen Opposition, in: ders./Wolfgang Zeh (Hrsg.), Parlamentsrecht und Parlamentspraxis in der Bundesrepublik Deutschland, Berlin/New York 1989, § 38, S. 1055–1086.

–: Das parlamentarische System, in: Ernst Benda/Werner Maihofer/Hans-Jochen Vogel (Hrsg.), Handbuch des Verfassungsrechts der Bundesrepublik Deutschland, 2. Auflage, Berlin 1994, § 13, S. 538–598.

–: Keine Demokratie ohne Opposition, in: Michael Buckmiller/Joachim Perels (Hrsg.), Opposition als Triebkraft der Demokratie: Bilanz und Perspektiven der zweiten Republik, Festschrift für Jürgen Seifert zum 70. Geburtstag, Hannover 1998, S. 245–257.

–: Das Parlamentsrecht im Spannungsfeld von Mehrheitsentscheidungen und Minderheitsschutz, in: Peter Badura/Horst Dreier (Hrsg.), Festschrift 50 Jahre Bundesverfassungsgericht, Zweiter Band: Klärung und Fortbildung des Verfassungsrechts, Tübingen 2001, S. 627–661.

–: Verfassunggebende Gewalt, in: Josef Isensee/Paul Kirchhof (Hrsg.), Handbuch des Staatsrechts der Bundesrepublik Deutschland, Band XII: Normativität und Schutz der Verfassung, 3. Auflage, Heidelberg 2014, § 255, S. 53–84.

Schneider, Hans-Peter/Schwarz, Kyrill-Alexander: Einführung, in: dies. (Hrsg.), Parlamentarische Opposition zwischen Effektivität und Egalität. Dokumentation des Verfahrens über Oppositions- und Minderheitenrechte vor dem Bundesverfassungsgericht, Baden-Baden 2017, S. 7–10.

– (Hrsg.): Parlamentarische Opposition zwischen Effektivität und Egalität. Dokumentation des Verfahrens über Oppositions- und Minderheitenrechte vor dem Bundesverfassungsgericht, Baden-Baden 2017.

Scholz, Rupert: Wahl- und Parteienrecht – Reformen notwendig?, in: Wolf-Rüdiger Bub/Volkmar Mehle/Ekkehard Schumann (Hrsg.), Festschrift für Peter Gauweiler zum 60. Geburtstag am 22. Juni 2009, Köln 2009, S. 263–273.

–: Mehr Gleichheit in der Demokratie? Zum Streit um mehr plebiszitäre Demokratie, in: Heike Jochum/Michael Elicker/Steffen Lampert/Roberto Bartone (Hrsg.), Freiheit, Gleichheit, Eigentum – Öffentliche Finanzen und Abgaben. Festschrift für Rudolf Wendt zum 70. Geburtstag, Berlin 2015, S. 433–443.

Schönberger, Christoph/Schönberger, Sophie: Die AfD im Bundestag. Zum rechtlichen Umgang mit einem parlamentarischen Neuling, JZ 2018, S. 105–114.

Schönfeld, Gert: Das Zitier-, Zutritts- und Rederecht des Artikels 43 Grundgesetz, Berlin 1974.

Schreiner, Hermann J.: Die Berliner Stunde – Funktionsweise und Erfahrungen: Zur Redeordnung des Deutschen Bundestages, ZParl 2005, S. 573–588.

Schröder, Meinhard: Grenzen der Gestaltungsfreiheit des Parlaments bei der Festlegung des Beratungsmodus – Urt. des BVerfG vom 14.1.1986 – 2 BvE 14/83 u. 4/84 –, JURA 1987, S. 469–475.

–: Untersuchungsausschüsse, in: Hans-Peter Schneider/Wolfgang Zeh (Hrsg.), Parlamentsrecht und Parlamentspraxis in der Bundesrepublik Deutschland, Berlin/New York 1989, § 46, S. 1245–1259.

Schuler-Harms, Margarete: Elemente direkter Demokratie als Entwicklungsperspektive, VVDStRL 72 (2013), S. 417–470.

Schulze-Fielitz, Helmuth: Der informale Verfassungsstaat. Aktuelle Beobachtungen des Verfassungslebens der Bundesrepublik Deutschland im Lichte der Verfassungstheorie, Berlin 1984.

–: Theorie und Praxis parlamentarischer Gesetzgebung – besonders des 9. Deutschen Bundestages (1980–1983) –, Berlin 1988.

Schumann, Hans-Gerd: Die Opposition – Stiefkind der deutschen Forschung?, in: ders. (Hrsg.), Die Rolle der Opposition in der Bundesrepublik Deutschland, Darmstadt 1976, S. 4–22.

–: Parlamentarische und außerparlamentarische Opposition – der Stiefkinder zweie?, in: ders. (Hrsg.), Die Rolle der Opposition in der Bundesrepublik Deutschland, Darmstadt 1976, S. 501–515.

Schuppert, Gunnar Folke: Rigidität und Flexibilität von Verfassungsrecht. Überlegungen zur Steuerungsfunktion von Verfassungsrecht in normalen wie in „schwierigen Zeiten", AöR 120 (1995), S. 32–99.

Schürmann, Martin: Die Umgehung des Bundesrates im sog. „Ersten Durchgang" einer Gesetzesvorlage, AöR 115 (1990), S. 45–63.

Schürmann, Thomas: Plenardebatte, in: Martin Morlok/Utz Schliesky/Dieter Wiefelspütz (Hrsg.), Parlamentsrecht, Praxishandbuch, Baden-Baden 2016, § 20, S. 609–653.

Schuster, Simon: Verfassungsrechtliche Anforderungen an die öffentliche parlamentarische Debatte in Zeiten einer Großen Koalition, DÖV 2014, S. 516–526.

Schütt-Wetschky, Eberhard: Grundtypen parlamentarischer Demokratie. Klassisch-altliberaler Typ und Gruppentyp – Unter besonderer Berücksichtigung der Kritik am „Fraktionszwang", Freiburg/München 1984.

–: Gewaltenteilung zwischen Legislative und Exekutive?, APuZ B 28/2000, S. 5–12.

–: Gewaltenteilung zwischen Bundestag und Bundesregierung? Nach dem Scheitern des Gewaltenteilungskonzeptes des Parlamentarischen Rates: Gemeinwohl durch Parteien statt durch Staatsorgane?, in: Klaus Dicke (Hrsg.), Der demokratische Verfassungsstaat in Deutschland – 80 Jahre Weimarer Reichsverfassung, 50 Jahre Grundgesetz, 10 Jahre Fall der Mauer, Baden-Baden 2001, S. 67–117.

Schüttemeyer, Suzanne S.: Politische Führung im Parlament, APuZ 2–3/2010, S. 15–21.

Schwarz, Kyrill-Alexander: Unkontrollierbare Regierung – Die Rechte der Opposition bei der Bildung einer Großen Koalition im Deutschen Bundestag, ZRP 2013, S. 226–228.

Schwintowski, Hans-Peter: Die „Opposition" – Fehlender Strukturbaustein im System der gesellschaftsrechtlichen Corporate Governance?, NZG 2013, S. 1406–1412.

Sebaldt, Martin: Die Thematisierungsfunktion der Opposition. Die parlamentarische Minderheit des Deutschen Bundestags als innovative Kraft im politischen System der Bundesrepublik Deutschland, Frankfurt am Main/Berlin/Bern/New York/Paris/Wien 1992.

Seidel, Hanns: Die Funktion der Opposition im parlamentarischen System, Politische Studien 66 (1955), S. 24–35.

Seifarth, Dennis: Anfängerklausur – Öffentliches Recht: Staatsorganisationsrecht – Verfahrene Gesetzgebung, JuS 2010, S. 790–795.

Sieberer, Ulrich: Lehren aus Weimar? Die erste Geschäftsordnung des Deutschen Bundestages von 1951 zwischen Kontinuität und Reform, ZParl 2016, S. 3–25.

Siefken, Sven T.: Parlamentarische Frageverfahren – Symbolpolitik oder wirksames Kontrollinstrument?, ZParl 2010, S. 18–36.

Smend, Rudolf: Das Recht der freien Meinungsäußerung, VVDStRL 4 (1928), S. 44–74.

–: Verfassung und Verfassungsrecht, München/Leipzig 1928.

–: Verfassung und Verfassungsrecht, in: ders., Staatsrechtliche Abhandlungen und andere Aufsätze, 3. Auflage, Berlin 1994, S. 119–276.

Sommermann, Karl-Peter: Demokratiekonzepte im Vergleich, in: Hartmut Bauer/Peter M. Huber/Karl-Peter Sommermann (Hrsg.), Demokratie in Europa, Tübingen 2005, S. 191–221.

Sontheimer, Kurt: Außerparlamentarische Opposition (APO), in: ders./Hans-Helmut Röhring (Hrsg.), Handbuch des politischen Systems der Bundesrepublik Deutschland, München 1977, S. 44–48.

Spier, Tim: Große Koalitionen in den deutschen Bundesländern 1949–2013, ZPol 23 (2013), S. 489–516.

Starck, Christian: Stabile Minderheitsregierung als heimliche Mehrheitsregierung – Zum „Magdeburger Modell" –, in: Jörn Ipsen/Edzard Schmidt-Jortzig (Hrsg.), Recht – Staat – Gemeinwohl, Festschrift für Dietrich Rauschning, Köln/Berlin/Bonn/München 2011, S. 157–172.

–: Maximen der Verfassungsauslegung, in: Josef Isensee/Paul Kirchhof (Hrsg.), Handbuch des Staatsrechts der Bundesrepublik Deutschland, Band XII: Normativität und Schutz der Verfassung, 3. Auflage, Heidelberg 2014, § 271, S. 613–657.

Starski, Paulina: Die „Große Koalition" als Problem des Verfassungsrechts – Recht auf effektive Opposition vs. Gleichheit der Abgeordneten –, DÖV 2016, S. 750–761.

–: Grenzen der Karlsruher Oppositionsfreundlichkeit – Gebot effektiver Opposition vs. Gleichheit der Abgeordneten – Teil I, in: JuWissBlog, http://www.juwiss.de/37-2016/ [zuletzt abgerufen am 30.8.2018].

–: Grenzen der Karlsruher Oppositionsfreundlichkeit – Gebot effektiver Opposition vs. Gleichheit der Abgeordneten – Teil II, in: JuWissBlog, http://www.juwiss.de/38-2016/ [zuletzt abgerufen am 30.8.2018].

Steffani, Winfried: Die Untersuchungsausschüsse des Preußischen Landtages zur Zeit der Weimarer Republik. Ein Beitrag zur Entwicklung, Funktion und politischen Bedeutung parlamentarischer Untersuchungsausschüsse, Düsseldorf 1960.

–: Zur Kritik am Parteienstaat und zur Rolle der Opposition, APuZ B 45/1965, S. 17–40.

–: Möglichkeiten der Opposition – In einer parlamentarischen Demokratie und anderswo, Die politische Meinung 13 (1968), S. 43–54.

–: Gewaltenteilung im demokratisch-pluralistischen Rechtsstaat, in: Heinz Rausch (Hrsg.), Zur heutigen Problematik der Gewaltentrennung, Darmstadt 1969, S. 313–352.

–: Opposition, in: Hans-Helmut Röhring/Kurt Sontheimer, Handbuch des deutschen Parlamentarismus, München 1970, S. 314–320.

–: Opposition, in: Kurt Sontheimer/Hans-Helmut Röhring (Hrsg.), Handbuch des politischen Systems der Bundesrepublik Deutschland, München 1977, S. 427–433.

–: Parlamentarische und präsidentielle Demokratie. Strukturelle Aspekte westlicher Demokratien, Opladen 1979.

–: Regierungsmehrheit und Opposition, in: ders. (Hrsg.), Regierungsmehrheit und Opposition in den Staaten der EG, Opladen 1991, S. 11–35.

–: Semi-Präsidentialismus: ein eigenständiger Systemtyp? Zur Unterscheidung von Legislative und Parlament, ZParl 1995, S. 621–641.

Steiger, Heinhard: Organisatorische Grundlagen des parlamentarischen Regierungssystems. Eine Untersuchung zur rechtlichen Stellung des Deutschen Bundestages, Berlin 1973.

Steinack, Katrin: Auf verlorenem Posten? Eine Untersuchung zu Einflussmöglichkeiten der Opposition im Bayerischen Landtag, ZParl 2007, S. 327–348.

Steinbach, Armin: Spiegelbildlichkeit als Proporzprinzip, DÖV 2016, S. 286–293.

Stern, Klaus: Das Staatsrecht der Bundesrepublik Deutschland, Band II: Staatsorgane, Staatsfunktionen, Finanz- und Haushaltsverfassung, Notstandsverfassung, München 1980.

–: Das Staatsrecht der Bundesrepublik Deutschland, Band I: Grundbegriffe und Grundlagen des Staatsrechts, Strukturprinzipien der Verfassung, 2. Auflage, München 1984.

–: Das Staatsrecht der Bundesrepublik Deutschland, Band III: Allgemeine Lehren der Grundrechte, 2. Halbband: Grundrechtstatbestand, Grundrechtsbeeinträchtigungen und Grundrechtsbegrenzungen, Grundrechtsverluste und Grundpflichten, Schutz der Grundrechte, Grundrechtskonkurrenzen, Grundrechtssystem, München 1994.

Sternberger, Dolf: Gewaltenteilung und parlamentarische Regierung in der Bundesrepublik Deutschland, in: Theo Stammen (Hrsg.), Strukturwandel der modernen Regierung, Darmstadt 1967, S. 186–209.

–: Opposition des Parlaments und parlamentarische Opposition – Eine Studie zum Problem der Gewaltenteilung, in: Hans-Gerd Schumann (Hrsg.), Die Rolle der Opposition in der Bundesrepublik Deutschland, Darmstadt 1976, S. 66–87.

Stolleis, Michael: Parteienstaatlichkeit – Krisensymptome des demokratischen Verfassungsstaats?, VVDStRL 44 (1986), S. 7–45.

Strohmeier, Gerd: Große Koalitionen in Deutschland und Österreich, ZPol 19 (2009), S. 5–37.

Stüwe, Klaus: Die Opposition im Bundestag und das Bundesverfassungsgericht. Das verfassungsgerichtliche Verfahren als Kontrollinstrument der parlamentarischen Minderheit, Baden-Baden 1997.

–: Bundesverfassungsgericht und Opposition, in: Robert Chr. van Ooyen/Martin H. W. Möllers (Hrsg.), Handbuch Bundesverfassungsgericht im politischen System, 2. Auflage, Wiesbaden 2015.

Sydow, Gernot/Jooß, Hendrik: „Her Majesty's Opposition": Eine Institution ohne Macht? Rechte der parlamentarischen Opposition in Großbritannien, ZParl 2017, S. 535–556.

Tatarin-Tarnheyden, Edgar: Die Rechtsstellung der Abgeordneten; ihre Pflichten und Rechte, in: Gerhard Anschütz/Richard Thoma (Hrsg.), Handbuch des Deutschen Staatsrechts, Band I, Tübingen 1930, § 38, S. 413–439.

Thiele, Alexander: Neugestaltung des Wahlrechts zur Wiederbelebung der Demokratie, ZRP 2017, S. 105–108.

–: Verlustdemokratie. Die drei Verlustebenen der Demokratie, 2. Auflage, Tübingen 2018.

Thierse, Stefan: Governance und Opposition im Europäischen Parlament. Minderheitenrechte und Agendakontrolle im legislativen Entscheidungsprozess, Baden-Baden 2015.

Thoma, Richard: Die juristische Bedeutung der grundrechtlichen Sätze der deutschen Reichsverfassung im allgemeinen, in: Hans Carl Nipperdey (Hrsg.), Die Grundrechte und Grundpflichten der Reichsverfassung, Kommentar zum zweiten Teil der Reichsverfassung, Erster Band: Allgemeine Bedeutung der Grundrechte und die Artikel 102–117. Berlin 1929, S. 1–53.

Tomuschat, Christian: Verfassungsgewohnheitsrecht? Eine Untersuchung zum Staatsrecht der Bundesrepublik Deutschland, Heidelberg 1972.

Towfigh, Emanuel V.: Das Parteien-Paradox. Ein Beitrag zur Bestimmung des Verhältnisses von Demokratie und Parteien, Tübingen 2015.

Troßmann, Hans: Parlamentsrecht des Deutschen Bundestages. Kommentar zur Geschäftsordnung des Deutschen Bundestages unter Berücksichtigung des Verfassungsrechts, München 1977.

Tschermak von Seysenegg, Armin: Die Fraktionen im Deutschen Bundestag und ihre verfassungsrechtliche Stellung, Freiburg 1971.

Turpin, Colin/Tomkins, Adam: British Government and the Constitution. Text and Materials, 7. Auflage, Cambridge/New York/Melbourne/Madrid/Cape Town/Singapore/São Paulo/Delhi/Tokyo/Mexico City 2012.

Uerpmann-Wittzack, Robert/Edenharter, Andrea: Subsidiaritätsklage als parlamentarisches Minderheitsrecht?, EuR 2009, S. 313–330.

Uhle, Arnd: Qualifizierte Regierungsmehrheit und effektive Opposition. Die bundesverfassungsgerichtliche Entscheidung zu spezifischen Oppositionsfraktionsrechten vom 3. Mai 2016, ZG 2018, S. 1–15.

Umbach, Dieter C./Clemens, Thomas (Hrsg.): Grundgesetz, Mitarbeiterkommentar und Handbuch, Band II: Art. 38–146 GG, Heidelberg 2002.

Umbach, Dieter C./Clemens, Thomas/Dollinger, Franz-Wilhelm (Hrsg.): Bundesverfassungsgerichtsgesetz, Mitarbeiterkommentar und Handbuch, 2. Auflage, Heidelberg 2005.

Unger, Sebastian: Das Verfassungsprinzip der Demokratie. Normstruktur und Norminhalt des grundgesetzlichen Demokratieprinzips, Tübingen 2008.

Vogel, Hans-Jochen: Gewaltenvermischung statt Gewaltenteilung?, NJW 1996, S. 1505–1511.

Vogt, Hannah: Parlamentarische und außerparlamentarische Opposition, Opladen 1972.

Volkmann, Uwe: Hat das Verfassungsrecht eine Theorie der Opposition – und braucht es eine?, ZParl 2017, S. 473–490.

–: Verfassungsänderung und Verfassungswandel. Beobachtungen zum Verhältnis von Stabilität und Dynamik im Verfassungsrecht der Bundesrepublik Deutschland, JZ 2018, S. 265–271.

Vonderbeck, Hans-Josef: Das Rederecht der Mitglieder des Bundesrates und ihrer Beauftragten im Deutschen Bundestag, DÖV 1976, S. 555–558.

–: Regelung der Debattendauer im Deutschen Bundestag – 1. bis 8. Wahlperiode, in: ders., Parlamentarische Informations- und Redebefugnisse, Berlin 1981, S. 47–60.

Voßkuhle, Andreas: Gibt es und wozu nutzt eine Lehre vom Verfassungswandel?, Der Staat 43 (2004), S. 450–459.

–: Stabilität, Zukunftsoffenheit und Vielfaltssicherung – Die Pflege des verfassungsrechtlichen „Quellcodes" durch das BVerfG, JZ 2009, S. 917–924.

–: Wie betreibt man offen(e) Rechtswissenschaft?, in: Wolfgang Hoffmann-Riem, Offene Rechtswissenschaft. Ausgewählte Schriften von Wolfgang Hoffmann-Riem mit begleitenden Analysen, Tübingen 2010, S. 153–173.

–: Opposition im Europäischen Parlament, in: Ulrich Becker/Armin Hatje/Michael Potacs/Nina Wunderlich (Hrsg.), Verfassung und Verwaltung in Europa, Festschrift für Jürgen Schwarze zum 70. Geburtstag, Baden-Baden 2014, S. 283–303.

–: Verfassung und Parlamentarismus, BayVBl. 2016, S. 289–300.

–: Demokratie und Populismus, Der Staat 57 (2018), S. 119–134.

Voßkuhle, Andreas/Kaufhold, Ann-Katrin: Grundwissen – Öffentliches Recht: Der Grundsatz der Gewaltenteilung, JuS 2012, S. 314–316.

Vulpius, Axel: Die Allparteienregierung. Eine Studie über ihre Erscheinungsformen, ihre Wirkungsweise und die Verfassungslage bei fehlender Parlamentsopposition, Frankfurt am Main 1957.

Waack, Hans-Jochen: Parlamentarische Opposition, in: Martin Morlok/Utz Schliesky/Dieter Wiefelspütz (Hrsg.), Parlamentsrecht, Praxishandbuch, Baden-Baden 2016, § 22, S. 710–753.

Wahl, Rainer: Die Reformfrage, in: Peter Badura/Horst Dreier (Hrsg.), Festschrift 50 Jahre Bundesverfassungsgericht, Erster Band: Verfassungsgerichtsbarkeit – Verfassungsprozeß, Tübingen 2001, S. 461–491.

Walter, Christian: Hüter oder Wandler der Verfassung? Zur Rolle des Bundesverfassungsgerichts im Prozeß des Verfassungswandels, AöR 125 (2000), S. 517–550.

Warg, Gunter: Die freiheitliche demokratische Grundordnung und § 6 II Nr. 4 ThürVSG n.F.: Bildungs- und Wirtschaftsförderungsfeinde als die neuen Extremisten?, LKV 2015, S. 1–6.

Weber, Werner: Die Teilung der Gewalten als Gegenwartsproblem, in: Hans Barion/Ernst Forsthoff/ders. (Hrsg.), Festschrift für Carl Schmitt zum 70. Geburtstag – dargebracht von Freunden und Schülern, Berlin 1959, S. 253–272.

Weber-Fas, Rudolf: Freiheit durch Gewaltenteilung – Montesquieu und der moderne Verfassungsstaat, JuS 2005, S. 882–884.

Webert, Karin: Die Opposition im Deutschen Bundestag 1995–2005, Hamburg 2009.

Weinberger, Ota: Rechtslogik, 2. Auflage, Berlin 1989.

Wendt, Rudolf: Sperrklauseln im Wahlrecht?, in: Matthias Ruffert (Hrsg.), Dynamik und Nachhaltigkeit des Öffentlichen Rechts. Festschrift für Professor Dr. Meinhard Schröder zum 70. Geburtstag, Berlin 2012, S. 431–456.

–: Verfassungsorientierte Gesetzesauslegung, in: Dirk Heckmann/Ralf P. Schenke/Gernot Sydow (Hrsg.), Verfassungsstaatlichkeit im Wandel. Festschrift für Thomas Würtenberger zum 70. Geburtstag, Berlin 2013, S. 123–135.

Wendt, Rudolf/Rixecker, Roland: Verfassung des Saarlandes, Kommentar, herausgegeben von den Mitgliedern des Verfassungsgerichtshofs des Saarlandes, Saarbrücken 2009.

Wenner, Ulrich: Sperrklauseln im Wahlrecht der Bundesrepublik Deutschland, Frankfurt am Main 1986.

Werner, Camilla: Das Dilemma parlamentarischer Opposition, in: Dietrich Herzog/Hilke Rebenstorf/Bernhard Weßels (Hrsg.), Parlament und Gesellschaft – eine Funktionsanalyse der repräsentativen Demokratie, Opladen 1993, S. 184–217.

Wernsmann, Rainer: Das demokratische Prinzip und der demographische Wandel. Brauchen wir ein Familienwahlrecht?, Der Staat 44 (2005), S. 43–66.

Wiederin, Ewald: Die Verfassunggebung im wiedervereinigten Deutschland. Versuch einer dogmatischen Zwischenbilanz zu Art. 146 GG n. F., AöR 117 (1992), S. 410–448.

–: Sozialstaatlichkeit im Spannungsfeld von Eigenverantwortung und Fürsorge, VVDStRL 64 (2005), S. 53–84.

Wiefelspütz, Dieter: Das Untersuchungsausschussgesetz, Baden-Baden 2003.

Wieland, Joachim (Hrsg.): Entscheidungen des Parlaments in eigener Sache. Tagungsband zum Kolloquium anlässlich des 70. Geburtstages von Professor Dr. Hans Herbert von Arnim am 19. März 2010, Berlin 2011.

–: Parlament oder Regierung: Wer trifft die wesentlichen Entscheidungen?, in: Hermann Hill/ders. (Hrsg.), Zukunft der Parlamente – Speyer Konvent in Berlin. Beiträge zur Tagung der Deutschen Universität für Verwaltungswissenschaften in Zusammenarbeit mit dem Innenausschuss des Deutschen Bundestages, Berlin 2018, S. 9–19.

Winterhoff, Christian: Verfassung – Verfassunggebung – Verfassungsänderung. Zur Theorie der Verfassung und der Verfassungsrechtserzeugung, Tübingen 2007.

Wintrich, Josef M.: Die Bedeutung der „Menschenwürde" für die Anwendung des Rechts, BayVBl. 1957, S. 137–140.

Wittreck, Fabian: Einleitung: Direkte und repräsentative Demokratie zwischen Konkurrenz und Konkordanz, in: ders. (Hrsg.), Volks- und Parlamentsgesetzgeber: Konkurrenz oder Konkordanz? Dokumentation eines Thüringer Verfassungsstreits, Baden-Baden 2012, S. 9–17.

Wolff, Heinrich Amadeus: Ungeschriebenes Verfassungsrecht unter dem Grundgesetz, Tübingen 2000.

Wolters, Jürgen: Der Fraktions-Status. Eine verfassungsrechtliche Neubestimmung, Baden-Baden 1996.

Würtenberger, Thomas: Verfassungsänderungen und Verfassungswandel des Grundgesetzes, Der Staat Beiheft 20 (2012), S. 287–305.

Zeh, Wolfgang: Das Ausschußsystem im Bundestag, in: Hans-Peter Schneider/ders. (Hrsg.), Parlamentsrecht und Parlamentspraxis in der Bundesrepublik Deutschland, Berlin/New York 1989, § 39, S. 1087–1102.

–: Die parlamentarische Kontrolle der Regierung durch Mehrheit und Minderheit, in: Friedhelm Hufen (Hrsg.), Bundesstaat – Parlament – Opposition. Symposium aus Anlaß des 60. Geburtstags von Prof. Dr. Dr. h.c. Hans-Peter Schneider, Baden-Baden 2001, S. 41–49.

–: Diskussionsbeitrag, in: Friedhelm Hufen (Hrsg.), Bundesstaat – Parlament – Opposition. Symposium aus Anlaß des 60. Geburtstags von Prof. Dr. Dr. h.c. Hans-Peter Schneider, Baden-Baden 2001, S. 51.

–: Gliederung und Organe des Bundestages, in: Josef Isensee/Paul Kirchhof (Hrsg.), Handbuch des Staatsrechts der Bundesrepublik Deutschland, Band III: Demokratie – Bundesorgane, 3. Auflage, Heidelberg 2005, § 52, S. 769–806.

–: Parlamentarisches Verfahren, in: Josef Isensee/Paul Kirchhof (Hrsg.), Handbuch des Staatsrechts der Bundesrepublik Deutschland, Band III: Demokratie – Bundesorgane, 3. Auflage, Heidelberg 2005, § 53, S. 807–851.

Ziekow, Jan: Neue Formen der Bürgerbeteiligung? Planung und Zulassung von Projekten in der parlamentarischen Demokratie, Gutachten D zum 69. Deutschen Juristentag, in: Ständige Deputation des Deutschen Juristentages (Hrsg.), Verhandlungen des 69. Deutschen Juristentages, Band I: Gutachten, Teil D, München 2012.

Ziller, Gebhard: Zum Spannungsverhältnis zwischen Bundestag und Bundesrat im Gesetzgebungsverfahren, in: Eckart Busch (Hrsg.), Parlamentarische Demokratie. Bewährung und Verteidigung. Festschrift für Helmut Schellknecht zum 65. Geburtstag, Heidelberg 1984, S. 135–152.

Zippelius, Reinhold: Entwicklungslinien im deutschen Staatsrecht seit 1949, JURA 1993, S. 281–288.

–: Juristische Methodenlehre, 11. Auflage, München 2012.

–: Allgemeine Staatslehre, 17. Auflage, München 2017.

Zippelius, Reinhold/Würtenberger, Thomas: Deutsches Staatsrecht, 33. Auflage, München 2018.

Zirker, Georg: Die staatsrechtliche Stellung der Opposition nach dem Grundgesetz, Würzburg 1968.

Personenregister

Sachregister

Beiträge zum Organisationsverfassungsrecht

herausgegeben von
Julian Krüper und Arne Pilniok

Die Schriftenreihe *Beiträge zum Organisationsverfassungsrecht* (OrgVR) gilt dem Recht der Politik in einem weit verstandenen Sinne. Das umfasst etwa das Wahl-, Parteien- und Parlamentsrecht, aber auch das Recht der Gewaltenorganisation und der föderalen Kompetenzordnung im Mehrebenensystem. Damit soll der wissenschaftliche Diskurs gebündelt und ein Beitrag zu einer theoretischen und dogmatischen Weiterentwicklung des Organisationsverfassungsrechts geleistet werden, in dem nicht zuletzt die umfassende Einbindung der „Berliner Republik" in die Europäische Union berücksichtigt wird. Die rechtliche Ausformung der spezifischen Organisationslogiken und -bedürfnisse der Politik stehen dabei im Vordergrund. Besonders willkommen sind daher interdisziplinär informierte rechtswissenschaftliche Beiträge sowie Arbeiten zum europäischen, ausländischen und vergleichenden Organisationsverfassungsrecht. Die Reihe steht herausragenden Qualifikationsschriften und anderen Monografien aus den Rechts- und Politikwissenschaften ebenso offen wie thematisch geschlossenen Sammelbänden.

ISSN: 2626-4412
Zitiervorschlag: OrgVR

Alle lieferbaren Bände finden Sie unter *www.mohrsiebeck.com/orgvr*

Mohr Siebeck
www.mohrsiebeck.com